대승기신론 소 · 별기 하

大乘起信論疏別記 下

원효학 토대연구소
원효전서 번역총서 02

대승기신론 소·별기 하
大乘起信論疏別記 下

-

초판 인쇄 2019년 12월 23일
초판 발행 2019년 12월 30일

-

주저자 박태원
발행인 이방원
편　집 정우경 · 김명희 · 안효희 · 윤원진 · 정조연 · 송원빈 · 최선희
디자인 손경화 · 박혜옥 · 양혜진 **영 업** 최성수 **마케팅** 이미선

-

발행처 세창출판사
신고번호 제300-1990-63호
주소 03735 서울시 서대문구 경기대로 88 냉천빌딩 4층
전화 02-723-8660 **팩스** 02-720-4579
이메일 edit@sechangpub.co.kr **홈페이지** www.sechangpub.co.kr

-

ISBN 978-89-8411-926-0 94150
978-89-8411-815-7(세트)

_ 이 도서의 국립중앙도서관 출판예정도서목록(CIP)은 서지정보유통지원시스템 홈페이지(http://seoji.nl.go.kr)와 국가자료공동목록시스템(http://www.nl.go.kr/kolisnet)에서 이용하실 수 있습니다.(CIP제어번호: CIP2019053215)

_ 이 저서는 2015년 정부(교육부)의 재원으로 한국연구재단의 지원을 받아 수행된 연구임
(NRF-2015S1A5B4A01036232)

원효학 토대연구소
원효전서 번역총서 02

대승기신론 소·별기 하

大乘起信論疏別記 下

'모두 탈 수 있는 큰 수레와 같은 진리에 대해 믿음을 일으키게 하는 이론'(『大乘起信論』)에 대한
원효의 해석(疏)과 연구초록(別記)

원효학 토대연구소 번역
주저자 박태원

세창출판사

일러두기

❶ 본서는 『한국불교전서韓國佛教全書』 제1권(677c1~789b5)에 실린 『대승기신론별기大乘起信論別記』와 『대승기신론소大乘起信論疏』 및 『대승기신론소기회본大乘起信論疏記會本』(海印寺藏木板本)을 저본으로 삼았다. 『한국불교전서』의 『별기』와 『소』는 『대정신수대장경大正新修大藏經』 제44권에 실린 『소疏』(元祿九年刊 宗教大學藏本)와 『별기別記』(萬治二年刊 宗教大學藏本)의 판본을 사용한 것이다.

❷ 회본會本에 의거하지 않고 『소』와 『별기』를 각각 번역하였다. 또한 『소』와 『별기』의 구문 차이 및 회본과의 차이를 확인할 수 있는 대조표를 만들어 세 가지의 공통점과 차이점을 쉽게 확인할 수 있게 하였다.

❸ 『소』와 『별기』의 내용이 거의 동일하여 구문상의 차이를 대조할 필요가 없는 경우에는 『소』만 번역하고 『별기』 원문과 번역은 생략하였다. 다만 이 경우에도 『소』·『별기』 구문 대조표에는 『별기』의 해당 원문을 게재해 두었다.

❹ 『대승기신론』에 대한 원효의 과문科文은 내용별로 나누어 각주에 소개하였다. 아울러 부록에 전체 과문표와 부분별 과문표 및 『대승기신론』의 해당 구절을 종합해 두었다.

❺ 모든 원문 교감은 해당 원문의 각주에서 교감의 내용 및 그 근거와 이유를 밝히는 것을 기본방식으로 하였다. 문맥에 따른 교감의 경우에는 해

당 번역문의 각주에서 그 근거와 이유를 밝히기도 했다. 또한 교감할 필요는 있어도 원효의 의도를 고려하거나 당시 문헌의 판본을 보존하는 의미가 있다고 판단되는 경우라면, 문맥에 저촉되지 않는 사례에 한하여 교감하지 않은 경우도 있다.

❻ 학인들의 연구를 돕기 위해 각 문단마다 해당 원문의 출처를 밝혀 두었다.

❼ 원전 개념어의 뜻을 풀어 번역하는 경우, 번역문은 작은 따옴표(' ')로 표시했고 해당하는 한문 개념어는 괄호 안에 제시했다. 또한 번역문에서 '[ ]'로 표시된 보조문의 내용은 단어와 문장 및 문맥에 대한 번역자의 이해를 나타낸 것이다.

❽ 원전의 개념어나 문맥의 해석을 위해 역주가 필요한 경우에는 관련된 경론經論의 문구를 제시함으로써 해석의 근거를 밝히는 것을 역주 작성의 원칙으로 삼았다. 참고한 사전과 연구서들에 관해서도 출처를 밝혔다.

❾ 『한국불교전서韓國佛敎全書』는 H, 『대정신수대장경大正新修大藏經』은 T, 『만자속장경卍字續藏經』은 X로 약칭했다.

❿ 원효가 인용하고 있는 경론들의 산스크리트본이 현존하는 경우, 해당하는 산스크리트 문구들을 찾아 번역하여 역주에 반영시킴으로써 한역漢譯 내용과 대조해 볼 수 있게 하였다. 원효가 인용하고 있는 경론들의 내용과 현존하는 산스크리트본의 해당 내용을 대조할 때 사용한 참고문헌과 약호는 다음과 같다.

AS(AS^{P}). *Abhidharmasamuccaya of Asanga*, ed. by P. Pradhan, Visva-Bharati Series 12, Santiniketan, 1950.

ASBh. *Abhidharmasamuccaya-bhāṣya*, ed. by N. Tatia, Tibetan Sanskrit Work Series 17, K. P. Jayaswal Research Institute, Patna, 1976.

BoBh. *Bodhisattvabhūmi*, ed. by U. Wogihara, Tokyo, 1930-1936(repr. Tokyo, 1971).

BoBh^{D}. *Bodhisattvabhūmiḥ*, ed. by Dutt, Nalinaksha, Patna: K. P. Jayaswal Research Institute, 1978.

DśBh. *Daśabhūmīśvaro nāma Mahāyānasūtraṃ*, rev. & ed. by Ryūkō Kondō, 1936(repr, Kyoto: Rinsen Book, 1983).

LAS. *The Laṅkāvatāra Sūtra*, ed. by Bunyiu Nanjio, Kyoto: Otani University Press, 1923.

MAV(MAVBh). *Madhyāntavibhāgabhāṣya*, ed. by Gadjin M. Nagao, Tokyo: Suzuki Research Foundation, 1964.

MSA. *Mahāyānasūtrālaṁkāra*, tome I texte, éd. par Sylvain Lévi, Bibliothèque de l'Ecole des Hauts études, Paris, 1907.

PvsP. Ⅰ-2 *Pañcaviṃśatisāhasrikā Prajñāpāramitā Ⅰ-2*, ed. by Kimura Takayasu, Tokyo: Sankibo, 2009.

PvsP. Ⅴ *Pañcaviṃśatisāhasrikā Prajñāpāramitā Ⅳ*, ed. by Kimura Takayasu, Tokyo: Sankibo, 1992.

PvsP. Ⅵ-Ⅷ *Pañcaviṃśatisāhasrikā Prajñāpāramitā Ⅵ-Ⅷ*, ed. by Kimura Takayasu, Tokyo: Sankibo, 2006.

Triṃś. *Vijñāptimātratāsiddhi. Deux Traités de Vasubandhu: Viṃśatika et Triṃśika*, Paris(Bibliothèque des Hautes Études, Sciences historiques te philologiques, fasc. 245).

RGV. *The Ratnagotra-vibhāga Mahāyānottaratantraśāstra*, ed. by Edward H. Johnston, Patna: The Bihar Research Society, 1950.

ŚrBh. *Śrāvakabhūmi of Ācārya Asaṅga*, ed. by Karunesha Shukla, J. P. Jayaswal Research Institute, Patna, 1973.

Suv. *Suvarṇaprabhāsa sūtra*, ed. by Bunyiu Nanjo & Hokei Idzumi, Kyoto: The Eastern Buddhis Society, 1931.

Suv[N]. *Suvarṇabhāsottamasūtra: Das Goldglanz-Sūtra*, ed. by Nobel, Johannes, Liepzig: Otto Harrassowitz, 1937.

VKN. *Vimalakīrtinirdeśa: a Sanskrit edition based upon the manuscript newly found at the Potala Palace*, 大正大学綜合仏教研究所梵語仏典研究会[編], 2006.

YBh(YoBh). *The Yogācārabhūmi of Ācārya Asaṅga*, Part 1, ed. by V. Bhattacharya, University of Calcutta, 1975.

안성두, 『보살지菩薩地: 인도대승불교 보살사상의 금자탑』, 서울: 세창출판사, 2015.

⓫ 『열반종요』 서문에 게재했던 「원효학의 철학적 과제와 전망」(박태원)을 상권에서 「이해와 마음 —원효와 붓다의 대화(Ⅰ)」라는 글로 대체하였다. 상권의 「원효전서를 번역하면서」와 하권의 「원효의 삶을 증언하는 기록들(三大傳記)」 「원효의 생애 연보年譜」는 다시 게재하였다.

⓬ 본本 · 말末 두 부분으로 나뉘어 있는 『별기』를 기준 삼아 책 전체를 상 · 하 2권으로 나누었다. 『별기』의 내용으로 볼 때 상권은 『별기』의 본권本卷까지의 내용이 수록되어 있고, 하권은 그 이하의 내용이다.

하권 차례

상권 차례

『대승기신론소大乘起信論疏』와 『별기別記』

『대승기신론』에 대한 원효의 해석(疏)과 연구초록(別記)

Ⅰ. 『대승기신론』의 '전체 취지'(大意)와 '가장 중요한 본연'(宗體)

Ⅱ. 대승기신론이라는 명칭을 해석함(釋題名)

1. '대승大乘'을 해석함(言大乘)
2. '기신起信'을 해석함(言起信)
3. '논論'을 해석함(言論)

Ⅲ. 문장에 따라 뜻을 밝힘(依文顯義)

1. '의지하고 공경함'과 '『대승기신론』을 지은 뜻'에 관한 게송(歸敬述意偈)

1) 세 가지 보배에 대해 바르게 귀의함(正歸三寶)

(1) 귀의하는 자의 모습(能歸相)

(2) 귀의하게 되는 대상에 갖추어진 능력을 드러냄(顯所歸德)

① 부처님이라는 보배를 찬탄함(歎佛寶)

② 진리의 가르침이라는 보배를 나타냄(顯法寶)

③ 진리의 가르침대로 수행하는 사람이라는 보배를 찬탄함(歎僧寶)

2) 『대승기신론』을 지은 전체의 취지를 설명함(述造論大意)

(1) 아래로는 중생을 교화함(下化衆生)

(2) 위로는 부처가 되는 길을 넓힘(上弘佛道)

2. 『대승기신론』의 본연을 곧바로 세움(正立論體)

1) 『대승기신론』을 지은 인연을 밝히는 부분(因緣分)

(1) 『대승기신론』을 지은 여덟 가지 인연을 곧바로 밝힘(直顯因緣)

① 보편적 특징을 지닌 인연(總相因)

(A) 깨닫지 못함(不覺)

(B) '사실 그대로와 만나는 근원적 마음'에 가까워진 비슷한 깨달음 (相似覺)

(C) '사실 그대로와 만나는 근원적 마음'의 범주에 부분적으로 들어간 깨달음(隨分覺)

(D) 궁극적인 깨달음(究竟覺)

C. '비로소 깨달아 감'이 '깨달음의 본연'과 다르지 않음을 총괄적으로 밝힘(總明始覺不異本覺)

㉡ 깨달음의 본연을 자세히 밝힘(廣本覺)

A. 분별에 오염된 것에 응하여 작용하는 '깨달음의 본연'을 밝힘 (明隨染本覺)

A) 지혜를 온전하게 하는 양상을 밝힘(辨智淨相)

B) 생각으로 가늠하기 어려운 행위를 드러내는 양상을 풀이함 (釋不思議業相)

B. 본래의 온전함인 '깨달음의 본연'을 밝힘(顯性淨本覺)

번역어 색인

『대승기신론소大乘起信論疏』와 『별기別記』

『대승기신론』에 대한 원효의 해석(疏)과 연구초록(別記)

원효는 『대승기신론』 해설서를 저술하기 위해 먼저 일종의 연구초록인 『별기』를 저술하였고, 번뇌론을 정밀하게 연구한 『이장의』를 저술한 이후 어느 시기에 『대승기신론』에 대한 본격적이고도 체계적인 『소』를 저술하였다. 이런 저술 시차로 인해 『소』는 『별기』의 내용에 의거하면서도 간과할 수 없는 차이들이 추가된다. 원효는 『소』에서 『별기』의 내용으로 설명을 대체하기도 하는 등 기본적으로 『별기』의 연구성과에 의존하지만 『소』와 『별기』를 동일하게 취급할 수는 없다. 저술 시차에 따른 원효의 이해 변화 등을 유심히 음미할 필요가 있다. 본 번역에서는 이러한 비교탐구가 가능하도록 『소』와 『별기』를 따로 번역하는 동시에, 『소』와 『별기』의 구문 대조표를 만들어 양자의 구문 차이를 확인할 수 있게 하였다. 『소』와 『별기』를 임의로 편집한 종래의 『회본』으로는 이러한 비교연구가 불가능하다.

ㄴ) 깨닫지 못함을 해석함(釋不覺)

【소】 次釋不覺, 於中有三. 先明根本不覺, 次顯枝末不覺, 第三總結本末不覺.

『소』(1-712b6~7); 『회본』(1-755b9~10)

다음으로 '깨닫지 못함'(不覺)을 해석하니, 여기에는 세 가지가 있다. 먼저 '근본에서 깨닫지 못함'(根本不覺)을 밝히고, 다음에는 '지말에서 깨닫지 못함'(枝末不覺)을 드러내며, 세 번째로는 '근본에서 깨닫지 못함'(根本不覺)과 '지말에서 깨닫지 못함'(枝末不覺)을 총괄하여 결론짓는다.

【별기】 此下明不覺中, 有二. 一明根本不覺, 二"復次"以下, 明枝末不覺.

『별기』(1-688a5~6)

이 아래에서 '깨닫지 못함'(不覺)을 밝히는 데에는 두 가지가 있다. 첫 번째는 '근본에서 깨닫지 못함'(根本不覺)을 밝히고, 두 번째인 "다시"(復次) 이하에서는 '지말에서 깨닫지 못함'(枝末不覺)을 밝힌다.

〈『소』와 『별기』의 구문 대조〉

『소』(1-712b6~7)	『별기』(1-688a5~6)
次釋不覺, 於中有三. 先明根本不覺, 次顯枝末不覺, 第三總結本末不覺.	此下明不覺中, 有二. 一明根本不覺, 二"復次"以下, 明枝末不覺.
※ 『소』에서 '第三總結本末不覺'의 과문이 추가되었음을 알 수 있다. 총결 부분의 『대승기신론』 본문에서 보면 근본불각은 '無明'이고 지말불각은 '一切染法'이 된다.	

(ㄱ) '근본에서 깨닫지 못함'을 밝힘(明根本不覺)

所言不覺義者, 謂不如實知眞如法一故, 不覺心起而有其念. 念無自相, 不離本覺. 猶如迷人依方故迷, 若離於方則無有迷, 衆生亦爾, 依覺故迷, 若離覺性則無不覺. 以有不覺妄想心故, 能知名義, 爲說眞覺. 若離不覺之心, 則無眞覺自相可說.

『논』(T32, 576c29~577a6); 『회본』(1-755b11~17)

'깨닫지 못함의 면모'(不覺義)라고 말하는 것은, '참 그대로인 현상'(眞如法)이 '하나[처럼 통하는 것]'(一)임을 '사실 그대로'(如實) 알지 못하기 때문에 '깨닫지 못함에 따라 생겨난 마음'(不覺心)[1]이 일어나 '분별하는 생각'(念)이 있게 되는 것을 일컫는다. '분별하는 생각'(念)에는 '[독자적 본질로서의] 자기 모습'(自相)이 없어 '깨달음의 본연'(本覺)에서 떠나지 않는다. 마치 길을 헤매는 사람은 방향에 의존하기 때문에 길을 헤매는 것이어서 만약 방향 [그 자체]에서 떠나면 길을 헤매는 것도 없는 것처럼, 중생도 그와 마찬가지로 깨달음(覺)에 의거하기 때문에 미혹한 것이어서 만약 '깨달음의 면모'(覺性)에서 떠나면 '깨닫지 못함'(不覺)도 없다. '깨닫지 못함에 따라 생겨난 잘못 분별하는 마음'(不覺妄想心)이 있기 때문에 명칭(名)과 의미(義)를 알 수 있어 '참된 깨달음'(眞覺)에 대해 말하게 된다. 만약 '깨닫지 못함에 따라 생겨난 마음'(不覺之心)에서 떠난다면, '참된 깨달음'(眞覺)이라는 '자기 양상'(自相)을 말할 수 없는 것이다.

㉠ '깨닫지 못함'이 '깨달음의 본연'에 의거하여 성립하는 것을 밝힘(明不覺依本覺立)

【소】 初中亦二, 先明不覺依本覺立, 後顯本覺亦待不覺. 初中有三, 謂法喩合. 初中言"不如實知眞如法一故"者, 根本無明, 猶如迷方也. "不覺心起而有其念"者, 業相動念, 是如邪方. 如離正東, 無別邪西, 故言"念無自相, 不離本覺". 喩合之文, 文相可見也.

『소』(1-712b7~14); 『회본』(1-755b18~24)

처음[인 '근본에서 깨닫지 못함'(枝末不覺)을 밝히는 것]에도 두 가지가 있으니,

---

1 불각심不覺心: 원효는 기신론의 '不覺心起而有其念'의 '不覺心'을 '불각의 마음'으로 나누어 '불각'은 무명無明, '심'은 무명을 조건으로 생겨난 마음작용으로 해석한다. '不覺心起而有其念'을 '불각에 의한 마음작용으로 분별하는 생각이 있게 된다'는 뜻으로 파악하는 것이다. 이러한 원효의 관점에 따라 '不覺心' '不覺之心'을 모두 〈'깨닫지 못함'(不覺)에 따라 생겨난 마음〉으로 번역한다.

먼저 〈‘깨닫지 못함’(不覺)이 ‘깨달음의 본연’(本覺)에 의거하여 성립함〉(不覺依本覺立)을 밝혔고, 나중에는 〈‘깨달음의 본연’(本覺) 역시 ‘깨닫지 못함’(不覺)에 의거함〉(本覺亦待不覺)을 드러내었다. [이 두 가지 가운데] 처음[인 〈‘깨닫지 못함’(不覺)이 ‘깨달음의 본연’(本覺)에 의존하여 성립함을 밝히는 것〉]에는 세 가지가 있으니, 도리(法)와 비유(喩)와 ‘[비유와의] 합치’(合)가 그것이다. 처음[인 도리(法)]에서 “‘참 그대로인 현상’이 ‘하나[처럼 통하는 것]’임을 사실 그대로 알지 못하기 때문에”(不如實知眞如法一故)라고 말한 것은 ‘근본적인 무지’(根本無明)이니, 마치 방향을 잃은 것과 같은 것이다. “‘깨닫지 못함에 따라 생겨난 마음’이 일어나 ‘분별하는 생각’이 있게 된다”(不覺心起而有其念)라는 것은 ‘[근본무지에 의해 본연적 깨달음을 동요시키는] 움직이는 양상’(業相)이 ‘분별하는 생각’(念)을 움직이는 것이니, 이것은 방향을 잘못 택하는 것과 같다. ‘올바른 동쪽’(正東)[이라는 방향 자체]에서 떠나 버리면 ‘잘못된 서쪽’(邪西)이라는 것이 별도로 없는 것과 같으니, 그러므로 “‘분별하는 생각’에는 ‘[독자적 본질로서의] 자기모습’이 없어 ‘깨달음의 본연’에서 떠나지 않는다”(念無自相, 不離本覺)라고 말하였다. 비유와 [그 비유에] 해당하는 글의 내용은 [어렵지 않게] 알 수 있다.

〈『소』와 『별기』의 구문 대조〉

『소』(1-712b7~14)	『별기』(1-688a6~12)
初中①亦二, ②先明不覺依本覺立, ③後顯本覺④亦待不覺(⑤). ⑥初中有三, 謂法喩合. ⑦初中言“不如實知眞如法一故(⑧)”者, (⑨)根本無明, ⑩猶如迷方⑪也. “⑫不覺心起而有其念”者, (⑬)業相(⑭)動念, 是如邪方. 如離正⑮東, 無別邪⑯西, 故言“念無自相, 不離本覺”. ⑰喩合之文, 文相可見也.	初中①立二, ②一正明不覺依本覺立, ③二明本覺④待不覺⑤有. (⑥) (⑦)言“不如實知眞如法一故, ⑧不覺心起”者, ⑨卽是根本無明, ⑩此如迷方(⑪). “(⑫)而[2]有其念”者, ⑬是業相⑭等之動念, 是如邪方. 如離正⑮方外, 無別邪⑯方, 邪方卽是正方, 故言“念無自相, 不離本覺”. (⑰)
※ 『소』와 『별기』는 내용상 같지만, 주목되는 차이는 두 가지이다. 『별기』에서는 “不如實知眞如法一故, 不覺心起”까지를 ‘根本無明’이라 하는데 비해, 『소』에서는 “不	

如實知眞如法一故"까지를 '根本無明'이라 하고 있다. 또 『별기』에 있던 "邪方卽是正方"의 문장을 『소』에서는 삭제하고 있다.

㉡ '깨달음의 본연' 역시 '깨닫지 못함'에 의존하는 것을 밝힘(顯本覺亦待不覺)

【소】 次明本覺亦待不覺, 於中有二. 初言"以有不覺妄想心"者, 無明所起妄想分別, 由此妄想能知名義故, 有言說, 說於眞覺. 是明眞覺之名待於妄想也. "若離不覺,[3] 則無眞覺自相可說"者, 是明所說眞覺必待不覺. 若不相待, 則無自相. 待他而有, 亦非自相, 自相旣無, 何有他相? 是顯諸法無所得義. 如下文言, "當知一切染法淨法皆悉相待, 無有自相可說". 『智度論』云, "若世諦如毫氂許有實者, 第一義諦亦應有實", 此之謂也.

『소』(1-712b14~c1); 『회본』(1-755b24~c12)

다음으로 '깨달음의 본연'(本覺)도 '깨닫지 못함'(不覺)에 의존함을 밝히니, 여기에는 두 가지가 있다. 처음에 말한 "'깨닫지 못함에 따라 생겨난 잘못 분별하는 마음'이 있기 때문이다"(以有不覺妄想心)라는 것은 근본무지(無明)가 일으킨 '잘못된 생각으로 분별하는 것'(妄想分別)이니, 이 '[근본무지에 따르는] 잘못된 생각'(妄想) 때문에 ['참된 깨달음'(眞覺)이라는] 명칭과 의미를 알 수 있는 것이므로 언설言說을 세워 '참된 깨달음'(眞覺)에 대해 말하는 것이다. 이것은 '참된 깨달음'(眞覺)이라는 명칭이 '[근본무지에 따르는] 잘못된 생각'(妄想)에 의존함을 밝히는 것이다.

[다음으로] "만약 '깨닫지 못함에 따라 생겨난 마음'에서 떠난다면, '참된 깨달음'이라는 '자기 양상'을 말할 수 없는 것이다"(若離不覺之心, 則無眞覺自相可說)라는 것은, 설해진 '참된 깨달음'(眞覺)은 반드시 '깨닫지 못함'(不覺)에 의

2 『별기』의 편집주에는 "'而' 앞에 '不覺心起'가 탈락된 듯하다"라고 되어 있다. '不覺心起'를 추가하여 번역한다.

3 『기신론』 원문은 '不覺之心'이다. '不覺之心'으로 교감하여 번역한다.

존함을 밝히는 것이다. 만약 서로 의존하지 않는다면 [서로 의존하지 않고 존재하는 것은 없으므로] '자기 양상'(自相)도 없는 것이다. [그러나] [오로지] 타자他者에 의존하여 있는 것도 역시 '자기 양상'(自相)이 아니니, '자기 양상'(自相)이 없다면 어찌 '타자 양상'(他相)이 있겠는가? 이것은 '모든 것은 [독자적으로] 얻을 수 있는 것이 없다는 뜻'(諸法無所得義)을 드러낸 것이다. 마치 아랫글에서 "모든 오염된 것과 청정한 것은 다 서로 의존하니, '[독자적] 자기 양상'이라고 말할 수 있는 것이 없음을 알아야 한다"(當知一切染法淨法皆悉相待, 無有自相可說)[4]라고 말한 것과 같다. 『대지도론大智度論』에서는 "만약 '세간적 관점'(世諦)[에서 말하는 것들]에 털끝만큼이라도 '[독자적] 실체'(實)가 있는 것이라면 '궁극적 관점'(第一義諦)[에서 말하는 것들]에도 역시 '[독자적] 실체'(實)가 있어야 할 것이다"[5]라고 말하니, 이 뜻을 말하는 것이다.

〈『소』와 『별기』의 구문 대조〉

『소』(1-712b14~c1)	『별기』(1-688a12~b1)
次明本覺①亦待不覺(②),《於中有二. 初言"以有不覺妄想心"者, 無明所起妄想分別, 由此妄想能知名義故, 有言說, 說於眞覺. 是明眞覺之名待於妄想也.》(③)"若離不覺, 則無眞覺自相可說"者, 是明所說眞覺必待不覺. 若不相待, 則無自相. 待他而有, 亦非自相, 自相旣	次明本覺①待不覺②義.《言"不覺"者, 猶是無明, "妄想心"者, 不覺所起諸取相心. 是擧本而取末. "能知名義, 爲說眞覺"者, 由妄想心知名義故, 方有言說, 說於眞覺. 是名能說眞覺之言, 要依不覺所起妄想.》③言"若離不覺, 則無眞覺自相可說"者, 是明所說眞覺必待不覺. 若不相待, 則無自相.

4 『대승기신론』(T32, 580b8~11). "復次究竟離妄執者, 當知染法淨法皆悉相待, 無有自相可說. 是故一切法從本已來, 非色非心, 非智非識, 非有非無, 畢竟不可說相." '해석분解釋分'의 '대치사집對治邪執'에서 '법아견法我見'을 논의하는 대목이다.

5 동일한 구문을 찾을 수 없으나, 비슷한 내용의 사례로는 『대지도론』 권89(T25, 688c8~11)의 "須菩提! 若諸法相當實有如毫釐許者, 菩薩摩訶薩行般若波羅蜜時, 不能知諸法無相, 無憶念得阿耨多羅三藐三菩提, 亦教衆生令得無漏法"이라든가, 권89(T25, 691c3~6)의 "佛告須菩提, 若諸法當實有如毫釐許, 菩薩坐道場時, 不能觀一切法空, 無相, 無所有, 得成阿耨多羅三藐三菩提, 亦不能以此法利益衆生" 등이 있다.

<table>
<tr><td>無, 何有他相? 是顯諸法無所得④義. 如下文言, “當知一切染法淨法皆悉相待, 無有自相可說.” 『智度論』云, “若世諦如毫釐許有實者, 第一義諦亦應⑤有實”, 此之謂也.</td><td>待他而有, 亦無自相, 自相既無, 何有他相? 是顯諸法無所得④也. 如下文言, “當知一切染法淨法皆悉相待, 無有自相可說.” 『智度論』云, “若世諦如毫釐許有實者, 第一義諦亦應⑤可實”, 此之謂也.</td></tr>
<tr><td colspan="2">※ 『별기』의 ‘《…》’ 단락 외에는 대동소이하므로 『별기』의 이 단락만 번역하면 다음과 같다. 《[“‘깨닫지 못함에 따라 생겨난 잘못 분별하는 마음’이 있기 때문이다”(以有不覺妄想心)에서] “깨닫지 못함”(不覺)이라 말하는 것은 근본무지(無明)와 같고, “잘못 분별하는 마음”(妄想心)이라는 것은 ‘깨닫지 못함’(不覺)이 일으킨 ‘차이에 집착하는 모든 마음’(諸取相心)이다. 이것은 근본(本)을 내세워 지말(末)을 아우르는 것이다. “명칭과 의미를 알 수 있어 ‘참된 깨달음’에 대해 말하게 된다”(能知名義, 爲說眞覺)라는 것은, ‘잘못 분별하는 마음’(妄想心) 때문에 [‘참된 깨달음’(眞覺)이라는] 명칭과 의미를 알게 되므로 비로소 언설을 세워 ‘참된 깨달음’(眞覺)에 대해 말한다는 것이다. 이것을 〈‘참된 깨달음’(眞覺)이라는 말을 할 수 있는 것은 반드시 ‘깨닫지 못함’(不覺)이 일으킨 ‘잘못 분별하는 생각’(妄想)에 의존해야 한다〉라고 하는 것이다.》</td></tr>
</table>

(ㄴ) ‘지말에서 깨닫지 못함’을 자세히 드러냄(廣顯枝末不覺)

【소】 此下廣顯枝末不覺, 於中有二. 先明細相, 後顯麤相.

『소』(1-712c2~3); 『회본』(1-755c13~14)

이 아래에서는 ‘지말에서 깨닫지 못함’(枝末不覺)을 자세히 드러내니, 여기에는 두 가지가 있다. 먼저는 ‘미세한 양상’(細相)을 밝히고, 나중에는 ‘뚜렷한 양상’(麤相)을 드러낸다.

【별기】 “復次”已下, 第二明支[6]末不覺.

『별기』(1-688b2)

“다시”(復次) 이하는 두 번째로 ‘지말에서 깨닫지 못함’(枝末不覺)을 밝혔다.

---

6 『별기』 편집주에 “‘支’는 ‘枝’인 듯하다”라고 되어 있다. ‘枝’로 교감한다.

〈『소』와 『별기』의 구문 대조〉

『소』(1-712c2~3)	『별기』(1-688b2)
①此下②廣顯枝末不覺, ③於中有二. 先明細相, 後顯麤相.	①"復次"已下, ②第二明支末不覺. (③)

㉠ 세 가지 미세한 분별 양상을 밝힘(明細相)

復次依不覺故, 生三種相, 與彼不覺相應不離, 云何爲三? 一者, 無明業相. 以依不覺故心動, 說名爲業. 覺則不動, 動則有苦, 果不離因故. 二者, 能見相. 以依動故能見, 不動則無見. 三者, 境界相. 以依能見故, 境界妄現, 離見則無境界.

『논』(T32, 577a7~12); 『회본』(1-755c15~21)

다시 '깨닫지 못함'(不覺)에 의존하기 때문에 세 가지 양상(相)이 생겨나고, [그 세 가지 양상은] 저 '깨닫지 못함'(不覺)과 서로 응하면서 ['깨닫지 못함'(不覺)에서] 떠나지 않으니, 어떤 것이 세 가지인가?

첫 번째는, '근본무지에 의해 ['깨달음의 본연'(本覺)을 동요시키는] 움직이는 양상'(無明業相)이다. '깨닫지 못함'(不覺)에 의거하기 때문에 마음이 동요하는 것을 움직임(業)이라고 부른다. 깨달으면 [마음이] 동요하지 않지만 ['깨닫지 못함'(不覺)에 의거하여 마음이] 동요하면 괴로움(苦)이 있으니, 결과(果)는 원인(因)에서 떠나지 않기 때문이다.

두 번째는, '[불변 · 독자의 실체로 간주되는] 주관[이 자리 잡는] 양상'(能見相)이다. ['깨닫지 못함'(不覺)에 의거한 마음의] 동요에 의거하기 때문에 '보는 자'(能見)[인 주관이 불변 · 독자의 실체처럼 자리 잡는 것]이니, ['깨닫지 못함'(不覺)에 의거하여 마음이] 동요하지 않으면 곧 '[불변 · 독자의 실체로 간주되는] 봄[이라는 주관]'(見)이 없다.

세 번째는, '[불변 · 독자의 실체로 간주되는] 대상[이 자리 잡는] 양상'(境界相)이다. [불변 · 독자의 실체로 간주되는] 주관(能見)에 의거하기 때문에 [불변 · 독자의 실체로 간주되는] 대상(境界)이 '[별개의 것처럼] 잘못 나타나니'(妄現), '[불변 · 독자의 실체로 간주되는] 봄[이라는 주관]'(見)에서 떠나면 '[불변 · 독자의 실체로 간주되는] 대상'(境界)도 없다.

【소】 初中亦二, 總標, 別釋. 初中言"與彼不覺相應不離"者, 本末相依, 故曰"相應". 非如王數相應之義, 此爲不相應染心故.

『소』(1-712c4~7); 『회본』(1-755c22~756a1)

처음[인 '미세한 양상'(細相)을 밝힘]에도 두 가지가 있으니, '총괄적으로 나타냄'(總標)과 '하나씩 해석함'(別釋)[이 그것]이다. ['총괄적으로 나타냄'(總標)인] 처음에서 말한 "[그 세 가지 양상은] 저 '깨닫지 못함'과 서로 응하면서 ['깨닫지 못함'에서] 떠나지 않는다"(與彼不覺相應不離)라는 것은, 근본(本)[에서 깨닫지 못함]과 지말(末)[인 세 가지 양상]은 서로 의존하므로 "서로 응한다"(相應)라고 말하였다. [이때의 '서로 응함'(相應)은] '주관과 객관'(王數)이 [제7말나식 이하의 차원에서] '서로 응하는 면모'(相應之義)와는 같지 않으니, 이 [미세한 세 가지 양상]은 '[제7말나식 이하의 주관 및 객관과는] 서로 응하지 않는 오염된 마음'(不相應染心)이기 때문이다.[7]

〈『소』와 『별기』의 구문 대조〉

※ 『소』의 '총표總標'에 해당하는 『별기』의 대목이 구문상 많이 다르다. 이 까닭에 『회본』에서는 따로 편집하여 아래와 같이 배치한 것으로 보인다.[8]

---

7 앞에서 보았던 시각始覺의 사상四相 차별 중 생상生相을 논의하는 다음의 『소』 문단 내용에 따라 번역했다. "生相三者, 一名業相, 謂由無明不覺念動. 雖有起滅, 見相未分. 猶如未來生相將至正用之時. 二者轉相, 謂依動念轉成能見. 如未來生至正用時. 三者現相, 謂依能見現於境相. 如未來生至現在時. 無明與此三相和合, 動一心體隨轉至現. 猶如小乘未來藏心, 隨其生相轉至現在. 今大乘中如來藏心隨生至現, 義亦如是. 此三皆是阿梨耶識位所有差別."

8 『기신론』의 같은 내용에 대한 『소』와 『별기』의 해석 구문이 많이 다른 경우, 기존의 『회본』 편자가 『별기』의 내용을 처리하는 방식은 두 가지 유형이다. 하나는 여기에서처럼 『소』의 문단 다음에 연이어 배치하는 방식이고, 또 하나는 아예 삭제하는 방식이

【별기】 此中先三相是微細, 猶在阿梨耶識位, 後六麤相, 是餘七識. 但望彼根本無明, 皆是所起之末, 通名枝末不覺也.

『별기』(1-688b2~5); 『회본』(1-756a2~5)

['지말에서 깨닫지 못함'(枝末不覺)을 밝히는] 여기에서 앞의 '세 가지 양상'(三相)은 미세한 것이어서 아직 [제8식인] 아리야식(阿梨耶識)의 자리에 있고, 뒤의 '여섯 가지 뚜렷한 양상'(六麤相)은 나머지 '일곱 가지 식識'(七識)[에 해당하는 것]이다. 다만 저 '근본적인 무지'(根本無明)에 의거해 본다면, ['세 가지 미세한 양상'(三細相)과 '여섯 가지 뚜렷한 양상'(六麤相)은] 모두 [근본무지가] 일으킨 지말(末)이므로 통틀어 '지말에서 깨닫지 못함'(枝末不覺)이라 부른다.

A. 근본무지에 의해 본연적 깨달음을 동요시키는 움직이는 양상(無明業相)

【소】 別釋中言"無明業相"者, 依無明動, 名爲業相故. 起動義是業義, 故言"心動說名爲業"也. "覺則不動"者, 擧對反顯, 得始覺時, 則無動念. 是知今動只由不覺也. "動則有苦"者, 如得寂靜, 卽是極樂, 故今云動卽是苦也. 業相是無苦, 無明是無集, 如是因果俱時而有故, 言"果不離因故". 然此業相雖有動念, 而是極細, 能所未分. 其[9]本無明, 當知亦爾.

『소』(1-712c8~16); 『회본』(1-756a6~15)

'하나씩 해석함'(別釋)에서 말한 "근본무지에 의해 ['깨달음의 본연'(本覺)을 동요시키는] 움직이는 양상"(無明業相)이라는 것은, 근본무지(無明)에 의거하여 [마음이] 동요하는 것을 '움직이는 양상'(業相)이라고 부르기 때문이다. '[근본무지에 의거하여 마음이] 일어나 동요하는 면모'(起動義)가 '움직임의 면모'(業義)이니, 그러므로 "마음이 동요하는 것을 움직임이라고 부른다"(心動說名爲業)라고 말하였다.

다. 전자의 경우가 후자에 비해 훨씬 많다. 그리고 같거나 비슷한 구문일 경우에는 당연히 『별기』 대목을 삭제하고 있다.

9 '其'는 '根'의 오기로 보인다. '其本無明'이라고 해도 뜻은 통하지만 앞서의 용례에 비추어 볼 때 '根本無明'이 더 자연스럽다. 여기서는 '根本無明'으로 교감한다.

"깨달으면 [마음이] 동요하지 않는다"(覺則不動)라는 것은 반대 측면을 내세워 거꾸로 ['깨닫지 못함'(不覺)에 의거하여 마음이 동요한다는 뜻을] 드러내는 것이니, '비로소 깨달아 감'(始覺)을 증득할 때 곧 '[근본무지에 의거하여] 동요된 생각'(動念)이 없다는 것이다. 그러므로 '지금 [근본무지에 의거하여 생각이] 움직이는 것'(今動)은 단지 '깨닫지 못함'(不覺) 때문임을 알 수 있다.

"['깨닫지 못함'(不覺)에 의거하여 마음이] 동요하면 괴로움이 있다"(動則有苦)라는 것은, 만일 '[근본무지의 분별로 인한 동요가 없는] 고요함'(寂靜)을 증득하면 바로 이것이 '최고의 즐거움'(極樂)이니, 그러므로 지금 '['깨닫지 못함'(不覺)에 의거하여 마음이] 동요함이 바로 괴로움'(動卽是苦)이라고 말하는 것이다.

'움직이는 양상'(業相)은 [결과인] 괴로움이 없는 것이고 근본무지(無明)는 [괴로움의] 원인(集)이 없는 것이니,[10] 이와 같이 원인과 결과는 '시간과 함께 하면서 있는 것'(俱時而有)이므로 "결과는 원인에서 떠나지 않기 때문이다"(果不離因故)라고 말하였다. 그런데 이 '[근본무지에 의해 처음] 움직이는 양상'(業相)[의 단계]에서는 비록 '[근본무지에 의거하여] 동요된 생각'(動念)이 있지만 극히 미세하여 주관(能)과 객관(所)이 아직 갈라지지는 않는다. ['주관과 객관이 아직 갈라지지 않음'(能所未分)은] '근본적인 무지'(根本無明)에서도 당연히 그러하다는 것을 알아야 한다.

---

10 원효는 "動則有苦"를 주석하면서 '동動'이 '고苦'의 원인인 '집集'이라 보고 있는 듯하다. 사성제에서의 '고苦와 집集'의 인과관계를 '동요함(動)과 괴로움(苦)'의 인과 관계로 변형시키고 있는 것이다. 따라서 '움직이는 양상'(業相)이 괴로움의 원인으로서 사성제의 집集에 해당한다면, 근본무지(無明)는 '움직이는 양상'보다 상위의 것이므로 〈근본무지(無明)는 '괴로움의 원인'(集)이 없는 것〉이라는 말이 가능해진다. 〈근본무지를 발생시키는 원인은 없다〉는 말이 아니라, 『대승기신론』의 〈['깨닫지 못함'(不覺)에 의거하여 마음이] 동요하면 괴로움(苦)이 있다〉(動則有苦)는 말을 '업상業相의 동요'를 기준으로 인과관계와 연결시켜 설명하는 맥락에서 〈근본무지는 '괴로움의 원인'이 없는 것〉이라고 말하는 것이다. 『소』의 "如是因果俱時而有"는 『별기』에서 "無苦無集一時而有"로 되어 있다.

〈『소』와 『별기』의 구문 대조〉

『소』(1-712c8~16)	『별기』(1-688b5~14)
①**別釋中**言“無明業相”者, ②**依無明動, 名爲業相故**. 起動義是業義, 故言“心動③**說**名爲業(④)”⑤**也**. “覺則不動”者, ⑥**擧對反顯**, (⑦)得始覺時, ⑧**則無動念**. ⑨**是**知今動只由不覺⑩**也**. “動則有苦”者, 如得寂靜, ⑪**卽是極樂**, 故今云動卽是苦也. ⑫**業相是無苦, 無明是無集, 如是因果俱時而有故, 言“果不離因故”**. 然⑬**此**業相雖有⑭**動念**, ⑮**而是極細**, 能所未分. ⑯**其本無明, 當知亦爾**.	(①)言“無明業相”者, ②**無明所起業相也**. 起動義是業義, 故言“心動(③)名爲業④**相**”(⑤). “覺則不動”者, ⑥**是反釋**, ⑦**如**得始覺時, ⑧**永無動**. ⑨**當**知今動只由不覺(⑩). “動則有苦”者, 如得寂靜, ⑪**寂靜是樂**, 故今云動卽是苦也. ⑫**“果不離因”者, 無明是無集, 業相是無苦, 無苦無集一時而有, 不相離也**. 然(⑬)業相雖有⑭**生滅**, ⑮**最是微細**, 能所未分. ⑯**無明亦爾**.
※ 『소』와 『별기』의 내용에 큰 차이는 없다.	

【소】 如『無想[11]論』云, “問. 此識何相何境? 答. 相及境不可分別, 一體無異. 問. 若爾, 云何知有? 答. 由事故知有此識. 此識能起[12]一切煩惱業果報事. 譬如無明常[13]起, 此無明可欲分別不?[14] 若可分別, 非謂無明, 若不可分別, 則應非有. 而是有非無, 亦由[15]欲瞋等事, 知有無明, 本識亦爾”. 故此等文意, 正約業相顯本識也.

『소』(1-712c17~24); 『회본』(1-756a15~23)

마치 『무상론無相論』[16]에서 [다음과 같이] 말하는 것과 같다. “묻는다. 이 [아

11 ‘想’은 ‘相’의 오기이다.

12 『전식론』 본문에는 ‘生’으로 되어 있다.

13 『전식론』 본문에 의거하여 ‘常’을 ‘當’으로 교감한다.

14 『전식론』 본문에 의거하여 ‘此無明相境可分別不?’로 교감하여 번역한다.

15 『전식론』 본문에 의거하여 ‘由’ 다음에 ‘有’를 추가하여 ‘由有’로 교감한다.

16 『무상론無相論』: 『무상론』은 『삼무성론三無性論』, 『현식론顯識論』, 『전식론轉識論』을 합하여 일컫는 말이다. 이 구절은 『유식삼십론송唯識三十論頌』의 진제眞諦 번역인 『전식론』에서 인용된 것이다. 『무상론』은 대장경에서 단독으로 발견되지는 않고 『삼

리야阿梨耶]식識은 어떤 '[주관적인] 양상'(相)이며 어떤 '[객관적인] 대상'(境)인가? 답한다. [주관적인] 양상과 [객관적인] 대상을 가를 수가 없으니, 한 몸이어서 차이가 없다. 묻는다. 그렇다면 [아리야식이] 있다는 것을 어떻게 아는가? 답한다. '[일어나는] 현상'(事) 때문에 이 [아리야]식이 있음을 아는 것이다. 이 [아리야阿梨耶]식識은 모든 번뇌의 행위와 [그에 따른] 과보의 현상들을 일으킬 수 있다. 예컨대 근본무지(無明)가 일어날 때에, 이 근본무지는 '[주관적인] 양상'(相)과 '[객관적인] 대상'(境)을 분별할 수 있는가 없는가? 만약 분별할 수 있다면 [분별은 근본무지의 대상이므로 분별을] 근본무지라고 일컫지는 않을 것이고, 만약 분별할 수 없다면 [분별을 일으키는 것이 없는 것이므로 근본무지가] 있는 것도 아니어야 할 것이다. 그런데 이 [근본무지]는 있는 것이지 없는 것이 아니며, 또한 '탐욕이나 분노'(欲瞋) 등의 현상이 있음으로 인해 근본무지가 있음을 아니, '근본적인 식[인 아리야식]'(本識)도 이러하다."[17]

그러므로 이 글의 의도는 곧바로 '[근본무지에 의해 처음] 움직이는 양상'(業相)에 의거하여 '근본적인 식'(本識)[인 아리야식의 면모]를 드러내는 것이다.

무성론』·『현식론』·『전식론』 세 책의 앞머리에 "出無相論" 또는 "從無相論出"이라고 기술되어 있다. 세 책은 모두 진제역이라 되어 있다. 『금강삼매경론』 권1(T34, 969a14)에서는 "此性有五義, 如無相論說"이라고 올바로 식자되어 있다.

17 『전식론』 권1(T31, 61c6~62a3). "識轉有二種, 一轉爲衆生, 二轉爲法. 一切所緣不出此二. 此二實無, 但是識轉作二相貌也. 次明能緣有三種, 一果報識, 即是阿梨耶識, 二執識, 即阿陀那識, 三塵識, 即是六識. 果報識者爲煩惱業所引, 故名果報, 亦名本識. 一切有爲法種子所依止, 亦名宅識. 一切種子之所栖處, 亦名藏識, 一切種子隱伏之處. 〈問. 此識何相何境? 答. 相及境不可分別, 一體無異. 問. 若爾云何知有? 答. 由事故知有此識. 此識能生一切煩惱業果報事. 譬如無明當起, 此無明相境可分別不? 若可分別, 非謂無明, 若不可分別, 則應非有. 而是有非無, 亦由有欲瞋等事, 知有無明, 本識亦爾.〉 相境無差別, 但由事故知其有也." 〈산스크리트본의 해당 내용: Triṃś 52,6-8, asaṃviditakopādisthāna- vijñaptikaṃ ca tat /3ab/ asaṃviditaka upādir yasmin asaṃviditakāvasthānavijñaptir yasmin tad ālayavijñānam asaṃviditakopādisthānavijñaptikaṃ /; 그것(=알라야식)은 불분명한 집수執受(신체와 종자)와 처處(환경세계)의 표상을 가진다. /3ab/ 그것(=알라야식)은 불분명한 집수와 처의 표상을 가진다는 것은 거기(=알라야식)에 불분명한 집수와 불분명한 처의 표상이 있다는 뜻이다.〉

〈『소』와 『별기』의 구문 대조〉

『소』(1-712c17~24)	『별기』(1-688b14~22)
如『無想論』云, "問. 此識何相何境? 答. 相及境不可分別, 一體無異. 問. 若爾, 云何知有? 答. 由事故知有①<u>此識</u>. 此識能②<u>起</u>一切煩惱業果報事. 譬如無明常起, 此無明可欲分別不? 若可分別, 非謂無明, 若不可分別, ③<u>則</u>應非有. 而是有④<u>非</u>無, 亦由欲瞋等事, 知有無明, 本識亦爾". (⑤) ⑥<u>故此</u>等文意, 正約業相⑦<u>顯本識</u>也.	如『無想論』云, "問. 此識何相何境? 答. 相及境不可分別, 一體無異. 問. 若爾, 云何知有? 答. 由事故知有(①). 此識能②<u>生</u>一切煩惱業果報事. 譬如無明常起, 此無明可欲分別不? 若可分別, 非謂無明, 若不可分別, ③<u>相</u>[18]應非有. 而是有(④)[19]無, 亦由欲瞋等事, 知有無明, 本識亦爾". ⑤<u>阿毘達摩藏經中, 亦同此說</u>. ⑥<u>如是</u>等文意, 正約業相⑦<u>而說</u>也.
※『소』와 『별기』의 내용에 큰 차이는 없다. 『별기』의 ⑤ "阿毘達摩藏經中, 亦同此說"이 『소』에서는 삭제되었다.	

B. 불변·독자의 실체로 간주되는 주관이 자리 잡는 양상(能見相)

【소】 第二"能見相"者, 卽是轉相, 依前業相, 轉成能緣. 故言"以依動能見".[20] 依性靜門, 則無能見, 故言"不動則無見"也. 反顯能見要依動義. 如是轉相雖有能緣, 而未能顯所緣境相. 直是外向, 非託境故. 如『攝論』云, "意識緣三世及非三世境, 是則可知, 此識所緣境, 不可知故". 此言"不可知"者, 以無可知境故. 如說十二因緣, 始不可知, 此亦如是. 是約轉相顯本識也.

『소』(1-713a1~10); 『회본』(1-756a23~b9)

두 번째인 "[불변 · 독자의 실체로 간주되는] 주관[이 자리 잡는] 양상"(能見相)이라는 것은 바로 '[불변 · 독자의 실체로 간주되는 주관으로] 바뀌어 가는 양상'(轉

18 『별기』 편집주에 "'相'은 '則'인 듯하다"라고 되어 있다.

19 ④에서 보듯이 『별기』에는 '非'가 빠져 있는데, 『전식론』 원문에 '非'가 있으므로 탈자인 것으로 보인다.

20 『대승기신론』 원문은 '以依動故能見'이다. '故'자가 빠져 있다.

相)이니, 앞의 '[근본무지에 의해 처음] 움직이는 양상'(業相)에 의존하여 바뀌어 '[불변 · 독자의 실체로 간주되는] 주관이 되는 조건'(能緣)을 이루는 것이다. 그러므로 "['깨닫지 못함'(不覺)에 의거한 마음의] 동요에 의거하기 때문에 '보는 자'[인 주관이 불변 · 독자의 실체처럼 자리 잡는 것]이다"(以依動故能見)라고 말했다.

'[아리야식의] 본연인 [근본무지에 의한 동요가 없이] 고요한 측면'(性靜門)에 의거하면 '[불변 · 독자의 실체로 간주되는] 주관'(能見)은 없으니, 그러므로 "[마음이 '깨닫지 못함'에 의거하여] 동요하지 않으면 곧 [불변 · 독자의 실체로 간주되는] 봄[이라는 주관]이 없다"(不動則無見)라고 말했다. [이것은] '[불변 · 독자의 실체로 간주되는] 주관'(能見)은 반드시 '[아리야식이 근본무지에 의해] 동요하는 측면'(動義)에 의거한다는 것을 [말을] 뒤집어 드러낸 것이다.

이와 같은 '[불변 · 독자의 실체로 간주되는 주관으로] 바뀌어 가는 양상'(轉相)에는 비록 '[불변 · 독자의 실체로 간주되는] 주관이 되는 조건'(能緣)은 있지만 아직 '대상인 [불변 · 독자의 실체로 간주되는] 객관 양상'(所緣境相)을 드러낼 수는 없다. ['[불변 · 독자의 실체로 간주되는 주관으로] 바뀌어 가는 양상'(轉相)은] 오로지 '바깥으로 향함'(外向)이지 '대상에 의존하는 것'(託境)이 아니기 때문이다. 마치 『섭대승론석攝大乘論釋』에서 "제6의식이 과거 · 현재 · 미래 및 과거 · 현재 · 미래가 아닌 대상과 관계 맺는 것은 알 수 있지만, 이 [아리야]식識이 관계 맺는 대상은 알 수 없는 것이다"[21]라고 말한 것과 같다. 이 [『섭대승론석』에서] "알 수 없다"라고 말한 것은 '알 수 있는 대상'(可知境)이 없기 때문이다. 마치 '12가지 조건들의 인과관계'(十二因緣)를 말할 때 처음[인 근본무지(無明)의 대상]을 알 수 없는 것처럼, ['[불변 · 독자의 실체로 간주되는] 주관으로 바뀌어 가는 양상'(轉相)에서 '[불변 · 독자의 실체로 간주되는] 주관이 되는 조건'(能緣)은 있어도 '알 수 있는 [불변 · 독자의 실체로 간주되는] 객관대상'(可知境)은 없다고 하는] 이것도

21 『섭대승론석』 권3(T31, 170a9~11). "論曰, 所緣境不可知故. 釋曰, 初受生識所緣境不可知, 意識緣三世境及非三世境, 此則可知." 원문에 따르면 『섭대승론』에서 "所緣境不可知故"라고 한 말을 『섭대승론석』에서 "意識緣三世境及非三世境, 此則可知"라고 주석한 것으로 되어 있다.

마찬가지이다. 이것은 '[불변 · 독자의 실체로 간주되는 주관으로] 바뀌어 가는 양상'(轉相)에 의거하여 '근본적인 식'(本識)[인 아리야식의 면모]를 드러낸 것이다.

【별기】 第二"能見相", 卽梨耶見分.

『별기』(1-688b22~23)

두 번째인 "'[불변 · 독자의 실체로 간주되는] 주관[이 자리 잡는] 양상'(能見相)"은 바로 아리야식의 '주관으로서의 면모'(見分)이다.

〈『소』와 『별기』의 구문 대조〉

『소』(1-713a1~10)	『별기』(1-688b22~23)
第二"能見相"者, 卽是轉相, 依前業相, 轉成能緣. 故言"以依動能見". 依性靜門, 則無能見, 故言"不動則無見"也. 反顯能見要依動義. 如是轉相雖有能緣, 而未能顯所緣境相. 直是外向, 非託境故. 如『攝論』云, "意識緣三世及非三世境, 是則可知, 此識所緣境, 不可知故". 此言"不可知"者, 以無可知境故. 如說十二因緣, 始不可知, 此亦如是. 是約轉相顯本識也.	第二"能見相", 卽梨耶見分.
※ '능견상能見相'에 대한 『별기』의 이 주석문은 현행 『회본』에 빠져 있다.	

C. 불변·독자의 실체로 간주되는 대상이 자리 잡는 양상(境界相)

【소】 第三"境界相"者, 卽是現相, 依前轉相能現境界. 故言"能見故, 境界妄現". 如四卷經言, "大慧, 略說有三種識, 廣說有八相. 何等爲三? 謂眞識 · 現識 · 分別事識. 譬如明鏡持諸色像, 現識處,[22] 亦復如是". 又下文言, "譬如藏識頓分別, 知自心現身及身安立受用境界".

『소』(1-713a10~16); 『회본』(1-756b9~16)

세 번째인 "[불변 · 독자의 실체로 간주되는] 대상[이 자리 잡는] 양상"(境界相)이라는 것은 바로 '[불변 · 독자의 실체로 간주되는 대상을] 나타내는 양상'(現相)이

22 『능가아발다라보경』 본문에 따라 '現識處現'으로 교감하여 번역한다.

니, 앞의 '[불변 · 독자의 실체로 간주되는 주관으로] 바뀌어 가는 양상'(轉相)에 의거하여 '[불변 · 독자의 실체로 간주되는] 대상'(境界)을 나타내는 것이다. 그러므로 "[불변 · 독자의 실체로 간주되는] 주관에 의거하기 때문에 [불변 · 독자의 실체로 간주되는] 대상이 [별개의 것처럼] 잘못 나타난다"(能見故, 境界妄現)라고 말했다. 마치 4권으로 된 『능가아발다라보경』에서 "대혜여, 간략히 말하면 3가지 식識이 있고 자세히 말하면 8가지 양상(相)이 있다. 어떤 것들이 세 가지인가? '참된 식'(眞識)과 '[불변 · 독자의 실체로 간주되는 대상을] 나타내는 식'(現識)과 '[불변 · 독자의 실체로 간주된] 현상을 분별하는 식'(分別事識)이 그것이다. 비유하자면 밝은 거울이 모든 형색의 영상을 지니는 것처럼, '[불변 · 독자의 실체로 간주되는 대상을] 나타내는 식'(現識)에서 나타나는 것도 이와 같다"[23]라고

23 『능가아발다라보경』 권1(T16, 483a15~18). "大慧! 略說有三種識, 廣說有八相. 何等爲三? 謂眞識, 現識, 及分別事識. 大慧! 譬如明鏡持諸色像, 現識處現, 亦復如是." 〈산스크리트본의 해당 내용: LAS 37,12-18, trividhaṃ vijñānaṃ pravṛttilakṣaṇaṃ karmalakṣaṇaṃ jātilakṣaṇaṃ ca / dvividhaṃ mahāmate vijñānaṃ saṃkṣepeṇa [/] aṣṭalakṣaṇoktaṃ khyātivijñānaṃ vastuprativikalpavijñānaṃ ca / yathā mahāmate darpaṇasya rūpagrahaṇam evaṃ khyātivijñānasyākhyāsyati; 식은 세 가지니, 발생을 특징[으로 하는 식], 작용을 특징[으로 하는 식], 보편적 특징[을 가진 식]이다. 대혜여, 식은 간략하게는 두 가지니, 현식과 분별사식이다. [자세하게는] 여덟 가지 특징을 가[진 여덟 가지 식이 있]다고 말한다. 대혜여! 비유하자면 마치 맑은 거울에 여러 색상이 [나타나듯이] 현식이 드러나는 것 또한 이와 같다.〉 이 단락을 전체 인용하면 다음과 같다. "爾時大慧菩薩摩訶薩復白佛言: '世尊! 諸識有幾種生住滅?' 佛告大慧: '諸識有二種生住滅, 非思量所知. 諸識有二種生, 謂流注生及相生. 有二種住, 謂流注住相住. 有二種滅, 謂流注滅及相滅. 諸識有三種相, 謂轉相, 業相, 眞相. 大慧! 略說有三種識, 廣說有八相. 何等爲三? 謂眞識, 現識, 及分別事識. 大慧! 譬如明鏡持諸色像, 現識處現, 亦復如是. 大慧! 現識及分別事識, 此二壞不壞, 相展轉因. 大慧! 不思議薰及不思議變, 是現識因. 大慧! 取種種塵, 及無始妄想薰, 是分別事識因. 大慧! 若覆彼眞識, 種種不實諸虛妄滅, 則一切根識滅. 大慧! 是名相滅. 大慧! 相續滅者, 相續所因滅, 則相續滅, 所從滅及所緣滅, 則相續滅. 大慧! 所以者何? 是其所依故. 依者, 謂無始妄想薰, 緣者, 謂自心見等識境妄想. 大慧! 譬如泥團微塵, 非異非不異, 金莊嚴具, 亦復如是. 大慧! 若泥團微塵異者, 非彼所成, 而實彼成, 是故不異. 若不異者, 則泥團微塵應無分別. 如是, 大慧! 轉識藏識眞相若異者, 藏識非因, 若不異者, 轉識滅, 藏識亦應滅. 而自眞相實不滅. 是故, 大慧! 非自眞相識滅, 但業相滅. 若自眞相滅者, 藏識則滅. 大慧! 藏識滅者, 不異外道斷見論議. 大慧! 彼諸外道, 作如是論, 謂〈攝受境界滅, 識流注亦滅. 若識流注滅者, 無始流注應

말하는 것과 같다. 또 [『능가아발다라보경』의] 아래 문장에서는, "비유하자면 '[모든 가능성이] 함장된 식'(藏識)[인 알라야식/아리야식]이 '자기 마음이 나타낸 몸'(自心現身)과 '몸이 확정하여 받아들이는 대상'(身安立受用境界)[인 기세간器世間과 경험대상]을 한꺼번에 분별하여 아는 것과 같다"[24]라고 말한다.

【별기】 第三"境界相", 是梨耶相分. 如四卷經云, "譬如藏識頓分別, 自心現身及身安立具等".

『별기』(1-688b23~c1)

세 번째인 "[불변·독자의 실체로 간주되는] 대상[이 자리 잡는] 양상"(境界相)이라는 것은 아리야식의 '객관으로서의 면모'(相分)이다. 마치 4권으로 된 『능가아발다라보경』에서 "비유하자면 '[모든 가능성이] 함장된 식'(藏識)[인 알라야식/아리야식]이 '자기 마음이 나타낸 몸'(自心現身)과 '몸이 확정하여 갖추는 것들'(身安立具等)[인 기세간器世間과 경험대상]을 한꺼번에 분별하는 것과 같다"[25]라고 말하는 것과 같다.

斷.〉 大慧! 外道說流注生因, 非眼識色明集會而生, 更有異因. 大慧! 彼因者說言, 〈若勝妙, 若士夫, 若自在, 若時, 若微塵〉'"(T16, 483a10~b10).

24 『능가아발다라보경』 권1(T16, 486a12~14). 〈산스크리트본의 해당 내용: LAS 56,6-8, tadyathā mahāmate ālayavijñānaṃ svacittadṛśyadehapratiṣṭhābhogaviṣayaṃ yugapad vibhāvayati …; 예를 들면 대혜여, 알라야식이 자신의 마음에 드러난 신체와 기세간과 경험대상을 [순차적이 아니라] 동시에 변별하듯이.〉 이 단락을 전체 인용하면 다음과 같다. "譬如明鏡, 頓現一切無相色像, 如來淨除一切衆生自心現流, 亦復如是, 頓現無相, 無有所有清淨境界. 如日月輪, 頓照顯示一切色像, 如來爲離自心現習氣過患衆生. 亦復如是, 頓爲顯示不思議智最勝境界. 譬如藏識頓分別, 知自心現及身安立受用境界, 彼諸依佛, 亦復如是" (T16, 486a8~14).

25 『별기』 인용문에는 『능가경』 원문의 '知'가 빠져 있다. 『소』의 해당 인용문에서는 '知'가 기재된 것으로 볼 때, 원효가 『별기』를 지을 때는 제대로 기재했지만 후인이 필사할 때 빠트린 경우이거나, 원효 자신이 『별기』를 지을 때는 빠트렸지만 『소』를 저술할 때는 제대로 기재했을 경우 가운데 하나일 것이다.

〈『소』와 『별기』의 구문 대조〉

『소』(1-713a10~16)	『별기』(1-688b23~c1)
第三"境界相"者, 卽是現相, 依前轉相能現境界. 故言"能見故, 境界妄現". 如四卷經言, "大慧, 略說有三種識, 廣說有八相. 何等爲三? 謂眞識·現識·分別事識. 譬如明鏡持諸色像, 現識處, 亦復如是". 又下文言, "譬如藏識頓分別, 知自心現身及身安立受用境界".	第三"境界相", 是梨耶相分. 如四卷經云, "譬如藏識頓分別, 自心現身及身安立具等".
※ 4권으로 된 『능가아발다라보경』을 인용하는 대목은 서로 겹치고 있다.	

【별기】 "頓分別"者, 是能見相, "自心及現等",[26] 是境界相. 『瑜伽論』中亦同此說, 如是等文是約後二相說. 此二雖有二分, 不離業相, 是唯量門. 業相雖無能所, 含有二分, 是唯二.[27] 此三皆是異熟識攝. 但爲業煩惱所惑義邊, 不別業相動轉差[28]轉相等異, 是故總說爲異熟識. 爲無明風所動義邊, 從細至麤動轉差別, 是故細分立三種相. 又此三但爲無明所動故, 在第八, 後六乃爲境界所動故, 在七識. 卽由是義故, 說七識一向生滅, 不同梨耶俱含二義也.

『별기』(1-688c1~12); 『회본』(1-756b17~c6)

"한꺼번에 분별한다"(頓分別)라는 것은 '[불변·독자의 실체로 간주되는] 주관[이 자리 잡는] 양상'(能見相)이고, "자기 마음이 나타낸 것 등"(自心現及等)은 '[불변·독자의 실체로 간주되는] 대상[이 자리 잡는] 양상'(境界相)이다. 『유가사지론』에서도 이것과 같은 입장이니,[29] [『능가아발다라보경』과 『유가사지론』의] 이와 같

---

26 '自心及現等'은 '自心現及等'의 오기로 보인다, 여기서는 '自心現及等'으로 번역한다.

27 『별기』 편집주에 "'二' 아래에 '門'이 빠진 듯하다"라고 되어 있다. 『회본』에는 '二門'이라고 되어 있다. '二門'으로 교감하여 번역한다.

28 『회본』에는 '差' 아래에 '別'이 첨가되어 있다. '差別'로 교감하여 번역한다.

29 일치하는 전거는 찾아지지 않으나 『유가사지론』에서 능견상과 경계상을 논의하는 대목으로 다음과 같은 내용이 있다. 『유가사지론』 권1(T30, 280b6~9). "云何意自性? 謂

은 글들은 뒤의 ['[불변 · 독자의 실체로 간주되는] 주관이 자리 잡는 양상'(能見相)과 '[불변 · 독자의 실체로 간주되는] 객관대상이 자리 잡는 양상'(境界相), 이] 두 가지 양상(相)에 의거하여 말한 것이다.

이 두 가지[의 양상]은 비록 '두 가지 구분'(二分)이 있지만 [이 두 면모는 모두] '[근본무지에 의해 처음] 움직이는 양상'(業相)에서 떠나지 않으니, 이것은 [모두] '오로지 [분별하여] 헤아리는 측면'(唯量門)이다.[30]

'[근본무지에 의해 처음] 움직이는 양상'(業相)에는 비록 '[불변 · 독자의 실체로 간주되는] 주관과 객관'(能所)이 없지만 '두 가지 구분'(二分)을 함유하고 있으니, 이것은 '오로지 [주관과 객관의] 두 가지[로 나뉘는] 측면'(唯二門)이다.

이 ['[근본무지에 의해 처음] 움직이는 양상'(業相) · '[불변 · 독자의 실체로 간주되는 주관으로] 바뀌어 가는 양상'(轉相) · '[불변 · 독자의 실체로 간주되는 대상을] 나타내는 양상'(現相)] 세 가지는 모두 '다르게 변해가는 식[으로서의 아리야식]'(異熟識)에 포함된다. ['[근본무지에 의해 처음] 움직이는 양상'(業相) · '[불변 · 독자의 실체로 간주되는 주관으로] 바뀌어 가는 양상'(轉相) · '[불변 · 독자의 실체로 간주되는 대상을] 나타내는 양상'(現相)은] 단지 '[근본무지에 의해] 움직인 번뇌에 미혹되는 측면'(業煩惱所惑義邊)이기에 '[근본무지에 의해 처음] 움직이는 양상'(業相)과 '움직이고 바뀌어 달라지는'(動轉差別) '바뀌어 가는 양상'(轉相) 등의 차이를 구별하지는 않으니, 그러므로 총괄적으로 '다르게 변해가는 식[으로서의 아리야식]'(異熟識)이

心意識. 心謂一切種子所隨依止性. 所隨(依附依止)性, 體能執受, 異熟所攝阿賴耶識. 意謂恒行意及六識身無間滅. 意識謂現前了別所緣境界."; 『유가사지론』 권51(T30, 580a2~12). "云何建立所緣轉相? 謂若略說阿賴耶識. 由於二種所緣境轉, 一由了別內執受故, 二由了別外無分別器相故. 了別內執受者, 謂能了別遍計所執自性妄執習氣, 及諸色根根所依處, 此於有色界. 若在無色, 唯有習氣執受了別. 了別外無分別器相者, 謂能了別依止, 緣內執受阿賴耶識故. 於一切時無有間斷, 器世間相譬如燈焰生時內執膏炷外發光明. 如是阿賴耶識緣內執受緣外器相, 生起道理應知亦爾."

30 『섭대승론석』 권5(T31, 184c13~19)의 다음 내용에 근거하여 번역하였다. "論曰, 此中說偈, 入唯量唯二, 種種觀人說, 通達唯識時, 及伏離識位. 釋曰, 此偈顯三種通達唯識義. 一通達唯量外塵實無所有故, 二通達唯二相及見唯識故, 三通達種種色生. 但有種種相貌而無體異故."

라 말했다.

[또] ['[근본무지에 의해 처음] 움직이는 양상'(業相) · '[불변 · 독자의 실체로 간주되는 주관으로] 바뀌어 가는 양상'(轉相) · '[불변 · 독자의 실체로 간주되는 대상을] 나타내는 양상'(現相)은] '근본무지의 바람에 의해 동요되는 측면'(無明風所動義邊)이기에, '미세한 것'(細)에서부터 '뚜렷한 것'(麤)에 이르기까지 '움직이고 바뀌어 달라지니'(動轉差別), 그러므로 미세하게 구분하여 '세 가지 양상'(三種相)을 세운다. 또한 이 [미세한 양상] 세 가지는 단지 근본무지(無明)에 의해서 움직여지는 것이므로 제8아리야식[의 자리]에 있고, 뒤의 [뚜렷한 양상] 여섯 가지는 대상(境界)에 의해 움직여지는 것이므로 '[말나식 이하] 일곱 가지 식識'(七識)[의 자리]에 있다. 바로 이러한 뜻으로 인해 〈'[말나식 이하] 일곱 가지 식'은 오로지 [분별에 따라] 생멸하기만 한다〉(七識一向生滅)고 말하니, [일곱 가지 식識의 이러한 면모는] 아리야식이 ['[근본무지에 의해] 움직인 번뇌에 미혹되는 측면'(業煩惱所惑義邊)과 '근본무지의 바람에 의해 동요되는 측면'(無明風所動義邊), 이] 두 가지 측면(義)을 모두 지닌 것과는 같지 않다.

【소】 此論下文, 明現識云, "所謂能現一切境界, 猶如明鏡現於色像, 現識亦爾. 以一切時任運而起, 常在前故". 如是等文, 約於現相, 以顯本識. 如是現相旣在本識, 何況其本轉相業相反在六七識中說乎?

『소』(1-713a16~22); 『회본』(1-756c7~12); 『별기』에 없음.

이 『대승기신론』의 아래 문장에서는 '[불변 · 독자의 실체로 간주되는 대상을] 나타내는 식'(現識)[의 면모]를 [다음과 같이] 설명하고 있다.

"이른바 [불변 · 독자의 실체로 간주되는] 모든 대상을 나타낼 수 있는 것이니, 마치 밝은 거울이 형색의 영상을 나타내는 것처럼 '[불변 · 독자의 실체로 간주되는 대상을] 나타내는 식'(現識)도 그러하다. [[불변 · 독자의 실체로 간주되는] 대상이 이 현식에 의해] 모든 때에 인연대로 일어나 항상 [일곱 가지 식識] 앞에 있기 때문이다"(所謂能現一切境界, 猶如明鏡現於色像, 現識亦爾. 以一切時任運而起, 常在前故).[31]

이와 같은 글들은 '[불변 · 독자의 실체로 간주되는 대상을] 나타내는 양상'(現相)에 의거하여 '근본적인 식'(本識)[인 아리야식의 면모]를 드러낸다. 이와 같이 '[불변 · 독자의 실체로 간주되는 대상을] 나타내는 양상'(現相)이 이미 근본적인 식[인 아리야식]에 있는데, 어찌 그 ['[불변 · 독자의 실체로 간주되는 대상을] 나타내는 양상'(現相)의] 근본인 '[불변 · 독자의 실체로 간주되는 주관으로] 바뀌어 가는 양상'(轉相)과 '[근본무지에 의해 처음] 움직이는 양상'(業相)이 도리어 제6의식과 제7말나식에 있다고 말하겠는가?

㉡ 여섯 가지 뚜렷한 분별 양상을 밝힘(明麤相)

以有境界緣故, 復生六種相. 云何爲六? 一者, 智相, 依於境界, 心起分別愛與不愛故. 二者, 相續相, 依於智故, 生其苦樂, 覺心起念, 相應不斷故. 三者, 執取相, 依於相續, 緣念境界, 住持苦樂, 心起著故. 四者, 計名字相, 依於妄執, 分別假名言相故. 五者, 起業相, 依於名字, 尋名取著, 造種種業故. 六者, 業繫苦相, 以依業受果, 不自在故.

『논』(T32, 577a12~20); 『회본』(1-756c13~21)

'[불변 · 독자의 실체로 간주되는] 대상이라는 조건'(境界緣)이 있기 때문에 다시 '여섯 가지 양상'(六種相)을 일으킨다. 어떤 것이 그 여섯이 되는가?

첫 번째는 '분별하는 양상'(智相)이니, 대상(境界)에 의거하여 [제7말나식의] 마음이 좋아함(愛)과 좋아하지 않음(不愛)을 분별하는 것을 일으키는 것이다.

두 번째는 '서로 이어지게 하는 양상'(相續相)이니, 분별(智)에 의거하기 때문에 [좋아하지 않는 것과 좋아하는 것에 대해] 괴로움과 즐거움을 일으키고 [다시 그 괴로움과 즐거움을] '헤아리는 마음'(覺心)으로 '[분별하는] 생각'(念)을

31 『대승기신론』(T32, 577b9~11). 과문으로는 '생멸문'의 '생멸인연生滅因緣'의 '생멸의인연의生滅依因緣義'의 '석의전釋意轉'에서 '의意'의 다섯 가지 명칭 중 '현식現識'을 논의하는 대목이다.

일으켜 서로 응하면서 끊이지 않는 것이다.

세 번째는 '[괴로운 느낌과 즐거운 느낌에] 집착하는 양상'(執取相)이니, '['분별하는 생각'(念)들이] 서로 이어짐'(相續)에 의거하여 대상(境界)과 관계 맺어 분별하면서 괴로움(苦)[의 느낌]과 즐거움(樂)[의 느낌]에 머물고 붙들어 마음이 [그 괴로운 느낌과 즐거운 느낌에 대해] 집착을 일으키는 것이다.

네 번째는 '언어문자에 대해 분별하는 양상'(計名字相)이니, '[괴로운 느낌과 즐거운 느낌에 대한] 잘못된 집착'(妄執)에 의거하여 '불변 · 독자의 실체나 본질을 지니지 않고 세워진 언어양상'(假名言相)들을 [불변 · 독자의 실체나 본질을 지닌 것으로 간주하면서] 분별하는 것이다.

다섯 번째는 '[갖가지 의도적] 행위를 일으키는 양상'(起業相)이니, 언어문자에 의거하여 '언어를 좇아가 [언어에 불변 · 독자의 실체나 본질이 있는 것이라 분별하면서] 집착하여'(尋名取著) 갖가지 행위를 짓는 것이다.

여섯 번째는 '행위로 인해 괴로움에 묶이는 양상'(業繫苦相)이니, [갖가지 의도적] 행위에 의거하여 과보를 받아서 자유롭지 못하는 것이다.

【소】 "以有"已下, 次明麤相. 於中亦二, 總標別釋. 初言"以有境界緣"者, 依前現識所現境故, 起七識中六種麤相. 是釋經言"境界風所動七識波浪轉"之意也.

『소』(1-713a23~b2); 『회본』(1-756c22~757a1); 『별기』에 없음.

"['[불변 · 독자의 실체로 간주되는] 대상이라는 조건'(境界緣)이] 있기 때문에"(以有) 이하에서는 다음으로 '뚜렷한 양상'(麤相)을 밝힌다. 여기에도 두 가지가 있으니, '총괄적으로 나타냄'(總標)과 '하나씩 해석함'(別釋)이다.

처음[인 '총괄적으로 나타냄'(總標)]에서 말한 "'[불변 · 독자의 실체로 간주되는] 대상이라는 조건'이 있기 때문에"(以有境界緣)라는 것은, 앞의 '[불변 · 독자의 실체로 간주되는 대상을] 나타내는 식'(現識)에 의해 나타난 대상에 의거하기 때문에 '일곱 가지 식識'(七識)에서의 '여섯 가지 뚜렷한 양상'(六麤相)을 일으킨다는 것이다. 이것은 [『능가경』 등의] 경전에서 말하는 "'대상의 바람'(境界風)

에 의해 움직인 '일곱 가지 식'의 파도가 [출렁이며] 바뀌어 간다"[32]라는 의미를 해석한 것이다.[33]

【별기】 "以有境界緣故, 生六相"[34]者, 前細相中, 依能見現境界, 非境界動能見, 此後六相, 爲彼所現境界所動, 非此六種能現彼境. 別義如是, 通而[35]而言云,[36] 彼亦還依自所現境, 此還能作自所依境. 今此論中, 宜就別門故, 言有境界故, 生六種相.

『별기』(1-688c13~19); 『회본』(1-757a2~8)

---

32 『능가아발다라보경』 권1(T16, 484b11~16). "藏識海常住, 境界風所動, 種種諸識浪, 騰躍而轉生. 靑赤種種色, 珂乳及石蜜, 淡味衆華果, 日月與光明, 非異非不異. 海水起波浪, 七識亦如是, 心俱和合生." 〈산스크리트본의 해당 내용: LAS 46,5-12, ālayaughas tathā nityaṃ viṣayapavaneritaḥ / citrais taraṅgavijñānair nṛtyamānaḥ pravartate /2-100/ nīle rakte 'tha lavaṇe śaṅkhe kṣīre ca śārkare / kaṣāyaiḥ phalapuṣpādyaiḥ kiraṇā yatha bhāskare /2-101/ na cānyena ca nānanyena taraṅgā hyudadher matā / vijñānāni tathā sapta cittena saha saṃyutāḥ /2-102/ udadheḥ pariṇāmo 'sau taraṅgāṇāṃ vicitratā / ālayaṃ hi tathā citraṃ vijñānākhyaṃ pravartate /2-103/; 마찬가지로 알라야[식이라는] 바다는 상주하지만, 대상이라는 바람에 흔들려 여러가지 파도와 같은 식에 의해 춤추면서 발생한다. 마치 햇빛과 달빛이 푸른색, 붉은색 그리고 소금, 조개, 우유, 설탕, 수액, 과일, 꽃 등의 빛과 다르지도 않고 다르지 않지도 않듯이, 대해와 파도도 [그와 같다고] 생각된다. 마찬가지로 마음과 결합한 칠식도 [그와 같다.] 이 대해의 변화가 파도의 다양성으로 [발생하듯이] 마찬가지로 알라야[식]도 다양한 식의 이름을 갖고 발생한다.〉 원효는 경계상을 앞에서 설명하면서 『능가아발다라보경』을 인용하였으므로 여기의 경전은 일차적으로 『능가아발다라보경』이 되겠지만, 『화엄경』에서도 유사한 내용이 검색된다. 『화엄경』 권9(T10, 704b29~c3). "善男子! 譬如猛風, 吹大海水, 波浪不停, 由境界風, 飄靜心海, 起識波浪, 相續不斷, 因緣相作, 不相捨離, 不一不異, 如水與波, 由業生相, 深起繫縛."

33 이제까지의 원효 해설에 따르면, '무명풍無明風'의 구체적 내용은 '아뢰야식의 삼세상三細相'이고, '파랑波浪'은 '칠전식七轉識의 육추상六麤相'이라 할 수 있다.

34 『대승기신론』 원문에 따라 '生六相'을 '復生六種相'으로 교감하여 번역한다.

35 『별기』의 편집주에 "'而'는 잉자剩字인 듯하다"라고 되어 있다.

36 『별기』의 편집주에 "'云'은 '之'인 듯하다"라고 되어 있다. 『회본』에는 『별기』의 편집주에 따라 "通而而言云"이 "通而言之"로 고쳐져 있다. 여기서도 "通而言之"로 교감하여 번역한다.

"'[불변 · 독자의 실체로 간주되는] 대상이라는 조건'이 있기 때문에 다시 '여섯 가지 양상'을 일으킨다"(以有境界緣故, 復生六種相)라는 것은, 앞의 '[세 가지] 미세한 양상'(細相)에서는 주관(能見)에 의거하여 대상(境界)을 나타내는 것이지 대상이 주관을 움직이는 것은 아니지만, 이후의 '[뚜렷한] 여섯 가지 양상'(六[麤]相)은 저 나타난 대상에 의해 움직여지는 것이지 이 여섯 가지 [뚜렷한 양상]이 저 대상을 나타낼 수 있는 것은 아니라는 것이다. [미세한 양상과 뚜렷한 양상의] 면모를 구별하면 이와 같지만, 통틀어 말하면 저 [대상을 나타내는 주관]도 자신이 나타낸 대상에 의해 다시 의거하고, 이 [대상에 의존하는 '여섯 가지 양상'(六相)]은 다시 자신이 의존하는 대상을 만들 수 있다. 지금 이 『대승기신론』에서는 '구별하는 측면'(別門)에 의거해야 하므로 〈대상이 있기 때문에 '여섯 가지 양상'을 일으킨다〉(有境界故, 生六種相)라고[만] 말한다.

【별기】 如經本說, "境界風吹動, 七識波浪轉", 正謂此也.

『별기』(1-688c19~20); 『소』와 『회본』에 모두 없음.

[『능가경』 등] '[이런 내용의] 기본이 되는 경전'(經本)에서 "'대상의 바람'(境界風)이 불어 움직여 '일곱 가지 식識'(七識)의 파도가 [출렁이며] 바뀌어 간다"[37] 라고 말한 것은 바로 이를 일컫는다.

A. 분별하는 양상(智相)

【소】 次別釋中, 初之一相是第七識, 次四相者在生起識, 後一相者彼所生果也. 初言"智相"者, 是第七識, 麤中之始. 始有慧數, 分別我塵, 故名"智相". 如『夫人經』言, "於此六識及心法智, 此七法刹那不住". 此言"心法智"者, 慧數之謂也. 若在善道, 分別可愛法, 計我我所, 在惡道時, 分別

37 『능가아발다라보경』 권1(T16, 484b11~16). "藏識海常住, 境界風所動, 種種諸識浪, 騰躍而轉生. 青赤種種色, 珂乳及石蜜, 淡味衆華果, 日月與光明, 非異非不異. 海水起波浪, 七識亦如是, 心俱和合生."

不愛法, 計我我所, 故言"依於境界, 心起分別愛與不愛故"也.

『소』(1-713b3~11); 『회본』(1-757a9~18)

다음인 '하나씩 해석함'(別釋) 가운데 처음의 한 가지 양상(相)은 제7[말나末那]식(第七識)[의 양상]이고, 다음의 네 가지 양상은 '[다양한 대상적 인식들을] 생겨나게 하는 식'(生起識)[인 전6식(前六識)의 양상]이며, 마지막의 한 가지 양상은 저 [다섯째인 '행위를 일으키는 양상'(起業相)[38]]에 의해 생기는 과보[의 양상]이다.

첫 번째로 "분별하는 양상"(智相)이라는 것은 제7[말나末那]식(第七識)[의 양상]이니, '[여섯 가지] 뚜렷한 [양상]'([六]麤) 중에서 처음[에 해당하는 것]이다. 비로소 '현상을 분별하는 마음현상'(慧數)[39]이 있게 되어 자기(我)와 대상(塵)을 분별하기 때문에 "분별하는 양상"(智相)이라 부른다. 『승만경』에서 "이 '[눈에 상응하는 인식, 귀에 상응하는 인식, 코에 상응하는 인식, 혀에 상응하는 인식, 몸에 상응하는 인식, 의식에 상응하는 인식으로 구성되는] 여섯 가지 식'(六識)과 '[여섯 가지 식의] 마음현상[을 자아의 현상이라고 헤아리는 7식의] 분별하는 작용'(心法智)에서 이들 '일곱 가지 현상'(七法)은 잠깐(刹那) 동안도 머무르지 않는다"[40]라고 말하는 것과 같다. 여기서 "'[여섯 가지 식의] 마음 현상[을 불변·독자의 자아의 현상이라고 헤아리는 7식의] 분별하는 작용'"(心法智)이라는 것은, '현상을 분별

38 뒤에서 원효는 마지막의 업계고상業繫苦相을 설명하면서 "업계고상이라는 것은 앞의 행온이 만든 업에 의하여 삼유와 육취의 고통의 과보를 받는 것이다"(業繫苦相者, 依前行蘊所造之業, 而受三有六趣苦果)라고 한다. 원효는 다섯 번째인 기업상起業相을 설명하면서 "기업상이라는 것은 곧 행온이다"(起業相者, 卽是行蘊)라고 하므로 "앞의 행온"이란 곧 기업상을 가리킨다. 이러한 내용에 따라 여기서 "彼所生果"의 '彼'가 가리키는 대상을 기업상으로 파악하여 보조문에 반영하였다.

39 혜수慧數: 『현양성교론』 권1(T31, 481b18~21). "慧者, 謂即於所觀境簡擇爲體, 如理不如理非如理非不如理悟入所知爲業." 『아비달마구사론』 권4(T29, 19a20). "慧謂於法能有簡擇." 아비달마의 심소법 체계에 따르면, '혜慧'는 의식의 모든 순간에 나타나는 보편적 정신적 작용인 심대지법心大地法에 속한다. 심대지법은 10가지로서, '수受·상想·사思·촉觸·욕欲·혜慧·염念·작의作意·승해勝解·삼마지三摩地'가 그것이다.

40 『승만경』(T12, 222b16~19). "於此六識及心法智, 此七法刹那不住, 不種衆苦, 不得厭苦樂求涅槃." 앞서 시각의 사상四相을 논의할 때에도 인용된 적이 있다.

하는 마음현상'(慧數)을 일컫는다. [자기에게] 이로운 환경에 있는 때라면 좋아할 만한 것을 분별하면서 나(我)와 '나의 소유'(我所)를 [불변 · 독자의 실체로] 헤아리고, 해로운 환경에 있는 때라면 좋아하지 않는 것을 분별하면서 나와 '나의 소유'(我所)를 [불변 · 독자의 실체로] 헤아리니, 그러므로 "대상에 의거하여 [제7말나식의] 마음이 좋아함과 좋아하지 않음을 분별하는 것을 일으키는 것이다"(依於境界, 心起分別愛與不愛故)라고 말하였다.

〈『소』와 『별기』의 구문 대조〉

『소』(1-713b3~11)	『별기』(1-688c20~689a9)
①**次別釋**中，初②**之**一相是第七識，次四相③**者在**生起識(④)， 後一相⑤**者彼所生果也**． ⑥**初**言"智相"者，⑦**是**第七識，麤中之始．始⑧**有慧數**，分別我⑨**塵**，故名"智相"．如『夫人經』⑩**言**，"於此六識⑪**及**心法智，⑫**此七法**剎那不住"．⑬**此**言"心法智"者，⑭**慧數之謂**也．(⑮) 若在善道，分別可愛法，⑯**計**我我所，在惡道時，分別不愛法，⑰**計**我我所，故言"⑱**依於境界，心起**分別愛與不愛⑲**故**"⑳**也**．	①**六相**中，初(②)一相是第七識，次四相③**是**生起識④**四陰**， 後一相⑤**是行陰爲因所生果報**．(⑥)言"智相"者，⑦**此**第七識，麤中之始．始⑧**與惠[41]相應**，分別我⑨**我所**，故名"智相"．如『夫人經』⑩**云**，"於此六識(⑪)心法智，(⑫)剎那不住"．(⑬)言"心法智"者，⑭**惠數**也．⑮**故知此中智相正在第七識．言"依於境界，心起"者，依前境界相，第七識心起也**．若在善道，分別可愛法，⑯**爲**我我所，在惡道時，分別不愛法，⑰**爲**我我所，故言"(⑱)分別愛與不愛(⑲)"(⑳)．

※ 『별기』의 ⑤번 "行陰爲因": '행음行陰'은 '기업상起業相'을 가리키므로 마지막 일상一相인 '업계고상業繫苦相'은 행음인 기업상을 원인으로 삼는다는 뜻으로 보인다.

※ 『별기』에서는 『대승기신론』 본문 "依於境界, 心起分別愛與不愛故"를 "依於境界, 心起"와 "分別愛與不愛故"의 둘로 나누어 주석하고 있는 데 비해, 『소』에서는 『대승기신론』 본문대로 "依於境界, 心起分別愛與不愛故"로 바꾸어 주석하고 있다.

※ 『별기』 ⑮번 문장 번역은 다음과 같다. "그러므로 여기서의 '분별하는 양상'(智相)은 바로 제7[말나末那]식(第七識)에 있음을 알 수 있다. "대상에 의존하여 마음이 일으킨다"(依於境界, 心起)라고 말한 것은, 앞의 '대상의 양상'(境界相)에 의거하여 제7[말나末那]식(第七識)의 마음이 일어난다는 것이다"(故知此中智相正在第七識. 言"依於境界, 心起"者, 依前境界相, 第七識心起也).

【소】具而言之, 緣於本識, 計以爲我, 緣所現境, 計爲我所, 而今此中就其麤顯, 故說"依於境界, 心起". 又此境界不離現識, 猶如影像不離鏡面. 此第七識直爾內向計我我所, 而不別計心外有塵, 故餘處說還緣彼識.

『소』(1-713b11~17); 『회본』(1-757a18~24)

자세히 말하자면 '근본적인 식'(本識)[인 아리야식]과 관계 맺어 [그 식을] '[불변·독자인] 나'(我)라고 헤아리고, [근본적인 식인 아리야식이] 나타낸 대상(境)에 반연하여 [그 대상을] '[불변·독자인] 나의 소유'(我所)라고 헤아리는 것이지만, 지금 여기서는 [아리야식의 분별이] '뚜렷하게 나타난 양상'(麤顯[相])에 나아가 말하는 것이기 때문에 "대상에 의거하여 [제7말나식의] 마음이 [분별하는 작용을] 일으킨다"(依於境界, 心起)라고 말하였다. 또 이 대상(境界)은 '[불변·독자의 실체로 간주되는 대상을] 나타내는 식'(現識)에서 떠나지 않으니, 마치 영상이 거울의 표면에서 분리되지 않는 것과 같다.

이 제7[말나末那]식(第七識)은 오로지 안으로 향하여 나(我)와 '나의 소유'(我所)를 [불변·독자의 실체로] 헤아리는 것이지 마음 바깥에 있는 대상을 따로 헤아리는 것은 아니니, 그러므로 다른 곳에서는 〈[제7말나식은] 다시 그 [제8 아리야식 범주에 있는] '[불변·독자의 실체로 간주되는 대상을] 나타내는 식'(現識)과 관계 맺는다〉(還緣彼識)고 말한다.

【별기】具而言之, 計能見相爲我, 計所現境爲我所, 而今直就相顯而說, 是故但說"依於境界". 又此第七識, 雖復通緣梨耶能見及境界相, 然此境界, 不離能見, 如鏡中影不離鏡面. 此第七識直爾內向自計我我所, 非計爲外, 故余[42]處說緣梨耶識, 不言緣境界. 又略說故, 但就我執之境, 故說緣識, 除我所執境故, 不說亦緣境界.

『별기』(1-689a9~17); 『회본』에 일부 있음.

---

41 『별기』 편집주에 "'惠'는 '慧'와 통한다. 다음도 같다"라고 되어 있다.

42 『소』에는 '餘'로 되어 있다.

〈자세히 말하자면 '주관 양상'(能見相)을 헤아려 나(我)로 삼고 '나타낸 대상'(所現境)을 헤아려 '나의 소유'(我所)로 삼는 것이지만, 지금은 오로지 '[대상의] 모습이 나타남'(相顯)에 나아가 말하는 것이니, 그러므로 단지 "대상에 의거한다"(依於境界)라고 말하였다. 또 이 제7[말나末那]식(第七識)은 비록 '아리야식의 주관 양상'(梨耶能見) 및 '[아리야식이 나타낸] 대상 양상'(境界相)과 모두 다시 관계 맺지만, 이 대상[양상]은 주관[양상]과 분리되는 것이 아니니, 마치 거울 속의 영상이 거울의 표면과 분리되지 않는 것과 같다.

이 제7[말나末那]식(第七識)은 오로지 안으로 향하여 스스로 나(我)와 '나의 소유'(我所)를 [불변·독자의 실체로] 헤아리는 것이지 [마음] 바깥[에 있는 대상]을 헤아리는 것이 아니니, 그러므로 다른 곳에서는 〈아리야식과 관계 맺는다〉(緣梨耶識)고 말하지 〈대상과 관계 맺는다〉(緣境界)고는 말하지 않았다. 또 간략하게 말하기 때문에 다만 '[불변·독자인] 나[라는 생각]에 집착하는 측면'(我執之境)에만 나아가는 것이며 따라서 〈아리야식과 관계 맺는다〉(緣識)고 말하였고, '[불변·독자인] 나의 소유[라는 생각]에 집착하는 측면'(我所執境)을 제외하기 때문에 〈또한 대상과 관계 맺는다〉(亦緣境界)고는 말하지 않았다.〉

〈『소』와 『별기』의 구문 대조〉

『소』(1-713b11~17)	『별기』(1-689a9~17)
具而言之, ①緣於本識,[43] 計以爲我, ②緣所現境, 計爲我所, 而今③此中就其麤顯, 故說"依於境界④心起". 又此⑤境界不離現識, ⑥猶如影像不離鏡面. 此第七識直爾內向(⑦)計我我所, ⑧而不別計心外有塵, 故⑨餘處說⑩還緣⑪彼識. (⑫)	具而言之, ①計能見相爲我, ②計所現境爲我所, 而今③直就相顯而說, 是故但說"依於境界(④)". 又此⑤第七識, 雖復通緣梨耶能見及境界相, 然此境界, 不離能見, ⑥如鏡中影不離鏡面. 此第七識直爾內向⑦自計我我所, ⑧非計爲外, 故⑨余處說(⑩)緣⑪梨耶識, ⑫不言緣境界. 又略說故, 但就我執之境, 故說緣識, 除我所執境故, 不說亦緣境界.

※『별기』의 "又略說故, 但就我執之境, 故說緣識, 除我所執境故, 不說亦緣境界"는『소』에서 삭제된 부분이다.『회본』에서는 이 부분만『별기』로 표기하여 수록하였다.

【소】問. 云何得知, 第七末那, 非但緣識, 亦緣六塵? 答. 此有二證, 一依比量, 二聖言量. 言比量者, 此意根必與意識同境, 是立宗也. 不共所依故, 是辨因也. 諸是不共所依, 必與能依同境, 如眼根等, 是隨同品言也. 或時不同境者, 必非不共所依, 如次第滅意根等, 是遠離言也. 如是宗因譬喩無過, 故知意根亦緣六塵也.

『소』(1-713b17~c1);『회본』(1-757b1~9)

묻는다. 제7[말나]식이 [제6의]식識과 관계 맺을 뿐만 아니라 '인식 능력의 여섯 가지 대상'(六塵)과도 관계 맺는다는 것을 어떻게 아는가?

답한다. 여기에는 두 가지 증명법이 있으니, 첫째는 '추리에 의한 증명'(比量)[44]이요, 둘째는 '경론에 의거한 증명'(聖言量)[45]이다. '추리에 의한 증명'

---

43 『별기』에서는 나오지 않는 '근본적인 식[인 아리야식]'(本識)이라는 개념을 써서 해석하고 있는 사례이다. 바로 다음에 나오는 '[실체로서 간주하는 대상을] 나타내는 식'(現識)의 경우도 마찬가지이다.『별기』와『소』상호간의 내용 차이를 통해 원효 사상의 추이를 살펴볼 수 있는 한 사례이다.

44 비량比量: 지식의 연원이나 지식의 진위를 판정하는 표준인 비량·성언량聖言量·현량現量의 삼량三量 중 하나이다. 양量의 범어인 'pramāṇa'는 척도(measure), 기준(standard) 등의 뜻이다. ① 비량의 범어는 'anumāna-pramāṇa'이다. 'anumāna'는 주어진 전제들로부터 결론을 추론하는 행위(the act of inferring or drawing a conclusion from given premises)라는 뜻으로서 이미 알고 있는 원인(因)을 가지고 아직 알지 못하는 명제(宗)를 추론하여 증명하는 것을 말한다. ② 성언량(聖敎量)의 범어는 'āgama-pramāṇa'이다. 'āgama'는 전통적 교리(a traditional doctrine), 성전聖典(sacred work) 등의 뜻으로서 스스로 존중하는 성전이나 성인聖人의 가르침을 지식의 연원으로 삼는 것을 말한다. ③ 현량의 범어는 'pratyakṣa-pramāṇa'이다. 'pratyakṣa'는 눈 앞에 있음(present before the eyes), 지각할 수 있음(perceptible) 등의 뜻으로서 다섯 가지 감각기관의 능력으로 외계의 현상을 직접 지각하여 지식의 연원을 구성하거나 그 진위를 판정하는 것을 말한다(『불광대사전』, pp.633, 1481, 5582 및 *Sanskrit English Dictionary*, pp.36, 129, 674, 685 참조).

45 성언량聖言量: 앞 '비량比量' 조목 참조.

(比量)이라는 것은 [다음과 같은 것이다.]

① 〈이 '의식을 일으키는 능력'(意根)은 반드시 의식意識과 대상(境)이 함께해야 한다.〉 —이것은 '주장을 세움'(立宗)[에 해당하는 것]이다. ② ['의식을 일으키는 능력'(意根)은] 〈'다른 것과 공유되지 않는 의지처'(不共所依)[46]이기 때문이다.〉 —이것은 '이유를 판별함'(辨因)[에 해당하는 것]이다. ③ 〈이들 '다른 것과 공유되지 않는 의지처'(不共所依)는 모두 반드시 의존주체(能依)와 의존대상(境)이 함께해야 하는 것이니, 마치 '눈에 상응하는 인식을 일으키는 능력'(眼根)[은 형색을 지닌 대상과 함께해야 하는 것] 등과 같다.〉 —이것은 '[이유에 따라 그에 해당하는] 동일한 사례들을 제시함'(隨同品言)[47]이다. ④ 〈만일 [한 감관능력이 그에 상응하는 고유의] 감관대상과 함께하지 않는 때[가 있다고 한다면], [이는] 반드시 '다른 것과 공유되지 않는 의지처'(不共所依)가 아니어서 차례대로 '의식을 일으키는 능력'(意根) 등이 작용하지 않을 것이다.〉 —이것은 '[이치에서] 멀리 벗어난 말'(遠離言)이다.

이와 같이 주장(宗)·이유(因)·'해당하는 사례'(喩)에 오류가 없기 때문에 '의식을 일으키는 능력'(意根)도 '인식 능력의 여섯 가지 대상'(六塵)과 관계 맺는다는 것을 알 수 있다.

〈『소』와 『별기』의 구문 대조〉

『소』(1-713b17~c1)	『별기』(1-689a18~b2); 『회본』에 없음.
問. 云何得知, ①<u>第七末那</u>, ②<u>非</u>但緣③<u>識</u>,	問. 云何得知, ①<u>此第七識</u>, ②<u>不</u>但緣③

---

46 불공소의不共所依: 『유가사지론석瑜伽師地論釋』 권1에서 "言五識身相應地者, 謂眼等根是眼等識不共所依, 眼等不爲餘識依故"(T30, 885c5~7)라고 하는 것에 따르면 안근眼根과 안식眼識이 상응하고 내지 의근意根과 의식意識이 상응하는 관계 하에서 안식의 소의所依가 안근이 되는데, 여기서 불공소의란 안식의 소의인 안근이 다른 이식耳識 내지 의식의 소의가 되지 않는 것을 말한다.

47 동품同品: 인명因明 논리학에서 '해당하는 사례'(喩)가 주장(宗) 및 이유(因)의 진술과 동류인 경우이다.

<table>
<tr><td>亦緣④<u>六塵</u>? 答. 此有二證, 一依比量(⑤), 二(⑥)聖言量. ⑦<u>言比量</u>者, 此意根必與意識⑧<u>同境</u>, 是立宗也. (⑨)不共所依故, 是辨因也. 諸是不共所依, 必與能依同境, 如眼根等, 是隨同品言也. 或⑩<u>時不同境</u>者, 必非不共所依, 如次第滅意根等, 是遠離言也. 如是宗因譬喩無⑪<u>過</u>, 故知意根亦緣六塵⑫<u>也</u>.</td><td><u>心</u>, 亦緣④<u>境界</u>? 答. 此有二證, 一依比量⑤<u>道理</u>, 二⑥<u>依</u>聖言量. ⑦<u>比量道理</u>者, 此意根必與意識⑧<u>同緣境界</u>, 是立宗也. ⑨<u>爲彼意識</u>不共所依故, 是辨因也. 諸是不共所依, 必與能依同境, 如眼根等, 是隨同品言也. 或⑩<u>不同緣</u>者, 必非不共所依, 如次第滅意根等, 是遠離言也. 如是宗因譬喩無⑪<u>邊</u>, 故知意根亦緣六塵(⑫).</td></tr>
<tr><td colspan="2">※『소』와『별기』의 내용상 특기할 만한 차이가 없어『별기』에 대한 번역은 생략한다.</td></tr>
</table>

【소】若依是義, 能依意識緣意根時, 所依意根亦對自體, 以有自證分故, 無過. 亦緣自所相應心法, 以無能障法故得緣. 諸心心所法皆證自體, 是故不廢同一所緣. 此義唯不通於五識, 依色根起不通利故, 但對色塵, 非餘境故.

『소』(1-713c2~7);『회본』(1-757b20~c2)

만약 이러한 뜻에 의거한다면, '주체인 의식'(能依意識)이 '의식을 일으키는 능력'(意根)과 관계 맺어 [함께]할 때는 〈[의식이] 의존하게 되는 '의식을 일으키는 능력'〉(所依意根) 또한 [의존주체(能依)로서] '그 자신'(自體)을 대상으로 삼아 관계 맺으니, ['의식을 일으키는 능력'(意根)에는] '자기인식을 다시 인지하는 면모'(自證分)[48]가 있기 때문에 [이 점에서도] 오류가 없다. 또한 ['의존주체로

48 자증분自證分: 유식학에서 마음의 기능적 양상을 설명하기 위해 견분見分·상분相分·자증분의 세 가지로 분류한 것 중 하나이다.『성유식론』권2에서는 먼저 견분과 상분에 관해 "然有漏識自體生時, 皆似所緣能緣相現, 彼相應法應知亦爾. 似所緣相說名相分, 似能緣相說名見分"(T31, 10a21~24)이라고 설명한다. 이에 따르면 유루식有漏識이 생겨날 때 모두 사소연상似所緣相과 사능연상似能緣相으로 나타나는데, 여기서 사소연상이 상분이고 사능연상이 견분이다. 같은 곳에서는 소연所緣의 개념에 관해 "執有離識所緣境者, 彼說外境是所緣"(T31, 10b2)이라고 하여, 식識을 떠나서도 소연경所緣境이 존재한다고 집착하는 자, 즉 소박한 실재론자는 외부에 실재하는 대상(外境)을 소연이라 말한다고 규정한다. 그러므로 유식학에서 제시하는 상분은 사소연상, 즉 외부에 실재하는 대상(外境)인 것처럼 나타나는 유루식의 한 모습이고, 견분은 사능연상, 즉 내부에 실

서의 의식'(能依意識)과 〈의존대상으로서의 '의식을 일으키는 능력'(意根)〉은] '자신과 상응하는 마음 현상'(自所相應心法)과도 관계 맺으니, [이 관계 맺음에] 장애 되는 현상들이 없기 때문에 관계 맺을 수 있는 것이다. 모든 마음(心)과 마음현상(心所)들은 다 '그 자신'(自體)을 '다시금 인지'(證)하니, 그러므로 ['의존주체로서의 의식'(能依意識)과 〈의존대상으로서의 '의식을 일으키는 능력'〉(意根)의] '동일한 관계대상'(同一所緣)을 버리지 않는다. 이러한 도리는 오직 [제6의식意識을 제외한 나머지] '다섯 가지 의식'(五識)에서는 통하지 않으니, [이들 '다섯 가지 의식'(五識)은] '형태가 있는 [다섯 가지] 감각기관'(色根)에 의존하여 일어나 서로 통하지 않기 때문이며, [각 감각기관은 그것에 상응하는] '형태가 있는 대상'(色塵)에만 대응하고 나머지 대상과는 [상응하는 것이] 아니기 때문이다.

【별기】 若言此意與意識不必[49]同緣者, 亦可眼與眼識不必同境. 俱是不共所依故, 眼等識根 旣不得爾, 無同類故, 義不得成. 若言此意非不共依者, 則無不共依, 識不應起. 如眼識等, 只是自教相違過失. 如佛經說故,[50] "眼不壞故, 眼識得生, 乃至意不壞故, 意識得生" 乃至廣說. 又論

재하는 대상(內境)인 것처럼 나타나는 유루식의 또 다른 모습이다. 다음으로 같은 곳에서는 자증분에 관해 "達無離識所緣境者, 則說相分是所緣, 見分名行相, 相見所依自體名事, 即自證分. 此若無者應不自憶心心所法. 如不曾更境必不能憶故" (T31, 10b5~9)라고 설명한다. 소박한 실재론자들과는 달리 식識을 떠나서는 소연경이 없음을 통달한 자, 즉 유식론자에게는, 사소연상인 상분이 실재론자에게는 외부에 실재하는 대상인 소연에 해당하고, 사능연상인 견분은 실재론자에게는 내부에 실재하는 마음의 행상行相에 해당한다. 자증분은 이 상분과 견분이 의거하는 바탕(自體)으로서, 이 자증분이 없다면 유루식은 마음(心)과 마음현상(心所法)들을 기억하지 못해야 한다. 자증분은 사소연상인 상분과 사능연상인 견분이 성립하는 바탕(自體)이 된다. 바꾸어 말하면 자증분은, 〈'대상인 것처럼 나타난 식'(相分, 似所緣相)을 인지하는 '주관인 것처럼 나타난 식'(見分, 似能緣相)〉을 다시 대상으로 삼아 '다시금 인지하는 식'이다. 〈'거울을 본다'는 것을 안다〉는 문장에서 '안다'는 현상에 해당하는 식識이다.

49 '心'이 아니라 '必'로 보는 것이 문맥상 적절해 보인다. 한불전 교감주에서도 그렇게 보고 있다.

50 '故'는 불필요한 글자로 보인다. '如佛經說'로 교감하여 번역한다.

說此不共依, 故知此意但緣於識不緣餘境, 是義不成.[51]

『별기』(1-689b2~11); 『회본』(1-757b10~19)

만약 〈이러한 '의식을 일으키는 능력'(意[根])과 의식意識이 반드시 함께 관계 맺는 것은 아니다〉라고 말한다면, 눈(眼)과 '눈에 상응하는 인식'(眼識) 또한 반드시 동일한 대상(境)과 함께하지는 않을 것이다. [그러나] ['의식을 일으키는 능력'(意根)이나 '눈에 상응하는 인식을 일으키는 능력'(眼根)은] 모두 '다른 것과 공유되지 않는 의지처'(不共所依)이기 때문에, 눈 등에서 [결합하는] 의식(識)과 감관능력(根)이 [동일한 대상과] 함께 관계 맺을 수 없다면 [함께 관계 맺는] '동일한 대상'(同類)[52]이 없기 때문에 [지각의] 내용이 성립될 수가 없다.

[또] 만약 〈이 '의식을 일으키는 능력'(意[根])은 '다른 것과 공유되지 않는 의지처'(不共依)가 아니다〉라고 말한다면, ['의존주체로서의 의식'(能依意識)의] '다른 것과 공유되지 않는 의지처'(不共依)가 없어서 의식이 상응하여 발생하지 않을 것이다. '눈에 상응하는 인식'(眼識) 등에서도 마찬가지이니, 이것은 '자신의 교의와 모순되는 오류'(自教相違過失)[53]이다. 불교경전에서 "눈이 파괴되지 않으므로 '눈에 상응하는 인식'(眼識)이 생겨날 수 있고 내지 '의식을 일으키는 능력'(意[根])이 파괴되지 않기 때문에 의식意識이 생겨날 수 있으니"[54]라고 하면서 자세하게 말한 것과 같은 것이다. 또 논서(論)에서도 이

---

51 이 문단은 다음에 이어지는 『별기』와 더불어 바로 위에 나온 『소』(H1, 713b17~c1)와 대응한다. 그러나 전체 대의와 취지는 일치하는 듯 보이지만, 문구로는 일치하지 않는 내용이기도 하다. 오히려 다음 『별기』가 『소』와 그 내용의 의미와 표현이 대응된다. 원효가 『소』를 지으면서 이 부분의 『별기』를 모두 삭제하고, 이어지는 『별기』의 내용을 약간 수정하여 채택하고 있음을 알 수 있다. 그런데 『회본』의 편집방식을 보면, 『별기』(H1, 689b2~11)는 모두 수록하고 있으면서, 정작 『소』와 대응되는 『별기』(H1, 689b11~18)의 내용에서는 이 점을 주목하지 못하고 있다.

52 '동품同品'의 의미와 같다.

53 자교상위과自教相違過: 인명因明 논리학에서 말하는 오류의 하나이다. 어떤 주장을 내세워 논증할 때, 그 결과가 자신이 속한 종교나 학파의 교의와 서로 어긋나게 되는 경우를 말한다.

54 『중아함경中阿含經』 권7 「사리자상응품舍梨子相應品」 「상적유경象跡喩經」 제10(T1,

[‘의존주체로서의 의식’(能依意識)과 〈의존대상으로서의 ‘의식을 일으키는 능력’〉(意根)이 함께 관계 맺는] ‘다른 것과 공유되지 않는 의지처’(不共依)를 말하니, 그러므로 〈이 ‘의식을 일으키는 능력’(意[根])이 단지 [주관으로서의] 의식(識)하고만 관계 맺고 다른 대상들과는 관계 맺지 않는다〉라는 이러한 뜻은 성립하지 않는다는 것을 알아야 한다.

【별기】 若依此, 能依意識緣一切法, 當知所依意根亦對一切法. 是故此意亦緣自體, 以有自證分故. 亦緣自所相應心法, 以無能障法故. 彼諸心法背[55]證自體, 有自證分, 是故不廢度[56]同一所緣. 當知此義通於八識, 所以得知.

『별기』(1-689b11~17); 『회본』에 없음.

만약 이 [뜻]에 의거하면 ‘주체인 의식’(能依意識)은 모든 현상(法)과 관계 맺는다는 것이니, 〈[의식이] 의존하게 되는 ‘의식을 일으키는 능력’〉(所依意根)도 모든 현상과 관계 맺는다는 것을 알아야 한다. 그러므로 이 ‘의식을 일으키는 능력’(意[根])은 또한 ‘그 자신’(自體)과 [대상으로] 관계 맺으니, ‘자기인식을 다시 인지하는 면모’(自證分)가 있기 때문이다. 또한 [‘의존주체로서의 의식’(能依意識)과 〈의존대상으로서의 ‘의식을 일으키는 능력’〉(意根)은] ‘자신과 상응하는 마음 현상’(自所相應心法)과도 관계 맺으니, [이 관계 맺음에] 장애 되는 현상들이 없기 때문이다. 저 모든 ‘마음의 현상’(心法)들은 다 ‘그 자신’(自體)을 ‘다시금 인지’(證)하여 ‘자기인식을 다시 인지하는 면모’(自證分)를 지니니, 그러므로 [‘의존주체로서의 의식’(能依意識)과 〈의존대상으로서의 ‘의식을 일으키는 능력’〉(意根)의] ‘동일한 관계대상’(同一所緣)을 버리지 않는다. 이러한 도리는 ‘여덟 가지 식識’(八識)에 [모두] 통함을 알아야 하니, 그런 까닭에 인식내용

467a4~15). “諸賢, 若內眼處不壞者, 外色便爲光明所照, 而便有念, 眼識得生 … 諸賢, 若內意處不壞者, 外法便爲光明所照而便有念, 意識得生.”

55 ‘背’가 아니라 ‘皆’로 보는 것이 타당하다. 한불전 교감주에서도 그렇게 보고 있다.

56 ‘度’가 아니라 ‘廢’로 보는 것이 타당하다. 한불전 교감주에서도 그렇게 보고 있다.

(知)을 얻게 된다.

〈『소』와 『별기』의 구문 대조〉

『소』(1-713c2~7)	『별기』(1-689b11~17)
若依①是義, 能依意識緣②意根時, (③)所依意根亦對(④)自體, 以有自證分故, ⑤無過. 亦緣自所相應心法, 以無能障法故⑥得緣. (⑦)諸心⑧心所法皆證自體, (⑨) 是故不廢同一所緣. (⑩)此義⑪唯不通於五識, 依色根起不通利故, 但對色塵, 非餘境故.	若依①此, 能依意識緣②一切法, ③當知所依意根亦對④一切法. 是故此意亦緣自體, 以有自證分故, (⑤) 亦緣自所相應心法, 以無能障法故(⑥). ⑦彼諸心(⑧)法皆證自體, ⑨有自證分, 是故不廢同一所緣. ⑩當知此義⑪通於八識, 所以得知.[57]

【별기】 故『莊嚴論』云, "已說求染淨, 說[58]說成唯識. 偈曰. 能取及所取, 此二唯心光, 貪光及信光, 二光無二法. 釋曰. 上半者, 成唯識人, 應知能取所取, 唯是心光. 下半者, 貪等煩惱光, 信等善法光, 如是二光, 亦無染淨二法, 以不離心光別有貪等信等法故". 以此文證故, 知諸心數法亦爲心光所照, 故不離心光. 以不離心光故, 卽是心光也. 如鏡中像, 鏡光所照, 是故此像不離鏡光, 以不離故, 卽是鏡光. 當知, 此中道理亦爾. 然雖似影像, 無別本法所不緣者. 設有本法心數, 異影像心數者, 則同

57 구문을 대조해 보면 이 문단에서 가장 큰 차이가 나타나고 있는 부분이다. 즉 『별기』에서 "'여덟 가지 식識'(八識)에 [모두] 통함을 알아야 한다"(當知此義通於八識)라고 말한 내용이, 『소』에서는 "이러한 도리는 오직 [제6의식意識을 제외한 나머지] '다섯 가지 의식'(五識)에서는 통하지 않으니, [이들 '다섯 가지 의식'(五識)은] '형태가 있는 [다섯 가지] 감관 능력'(色根)에 의존하여 일어나 서로 통하지 않기 때문이며, [각 감관 능력은 그것에 상응하는] '형태가 있는 대상'(色塵)에만 대응하고 나머지 대상과는 [상응하는 것이] 아니기 때문이다"(此義唯不通於五識, 依色根起不通利故, 但對色塵, 非餘境故)라고 함으로써 해석의 차이가 드러나고 있다.

58 한불전 교감주에 따라 '說' 앞에 누락된 '次'자를 넣었다. 이 글자가 있어야 인용한 원문과 통한다.

一所緣之義不成故.

『별기』(1-689b17~c6); 『회본』(1-757c3~18); 『소』에 없음.

그러므로 『대승장엄론大乘莊嚴論』에서는 [다음과 같이] 말하였다. "이미 '더러운 것'(染)과 '청정한 것'(淨)을 구하는 것에 대해 말하였으니, 다음으로 '오로지 분별하는 마음[에 의한 구성]일 뿐[이라는 이치]의 성취'(成唯識)에 대해 설명하겠다. 게송에서 말하였다. 〈집착함(能取)과 '집착된 대상'(所取) 이 두 가지는 오직 '마음이 드러난 것'(心光)이고, '탐욕이 드러남'(貪光)과 '믿음이 드러남'(信光)이라는 두 가지 드러남도 별개의 것이 아니다.〉 주석에서 말하였다. 〈[게송에서 앞의] 두 구절은 '오로지 분별하는 마음[에 의한 구성]일 뿐[이라는 이치]의 성취'(成唯識)를 추구하는 사람은 집착함(能取)과 '집착된 대상'(所取)이 [모두] 오직 '마음이 드러난 것'(心光)임을 알아야 한다는 것이다. [게송에서 뒤의] 두 구절은 탐욕 등 '번뇌가 드러남'(煩惱光)과 믿음 등 '이로운 현상이 드러남'(善法光)이라는 이러한 두 가지 드러남에도 '더러운 것'(染)과 '청정한 것'(淨)이라는 [별개의 실체인] 두 가지가 없다는 것이니, '마음이 드러난 것'(心光)을 벗어나 탐욕이나 믿음 등의 현상(法)이 별개[의 실체]로 없기 때문이다.〉"[59]

---

59 『대승장엄경론大乘莊嚴經論』 권5(T31, 613b11~18)에 나온다. 전문을 인용하면 다음과 같다. "已說求染淨, 次說求唯識. 偈曰. 能取及所取, 此二唯心光, 貪光及信光, 二光無二法. 釋曰. 能取及所取, 此二唯心光者, 求唯識人應知, 能取所取此之二種, 唯是心光. 貪光及信光, 二光無二法者, 如是貪等煩惱光, 及信等善法光, 如是二光亦無染淨二法. 何以故? 不離心光別有貪等信等染淨法故." 〈산스크리트본의 해당 내용: LAS 63,16-21, ity evaṃ vyavadānaṃ paryeṣitavyaṃ / vijñaptimātratāparyeṣṭau dvau ślokau / cittaṃ dvayaprabhāsaṃ rāgādyābhāsam iṣyate tadvat / śraddhādyābhāsaṃ na tadanyo dharmaḥ kliṣṭakuśalo 'sti // 34 // cittamātram eva dvayapratibhāsam iṣyate grāhyapratibhāsaṃ grāhakapratibhāsaṃ ca / tathā rāgādikleśābhāsaṃ tadeveṣyate / śraddhādikuśaladharmābhāsaṃ vā / na tu tadābhāsādanyaḥ kliṣṭo dharmo 'sti rāgādilakṣaṇaḥ kuśalo vā śraddhādilakṣaṇaḥ / yathā dvayapratibhāsādanyo na dvayalakṣaṇaḥ /; 이상과 같이 청정이 탐구되어야 한다. 유식의 탐구에 두 게송이 있다. 마음은 둘로 현현한다. 그와 마찬가지로, 욕망 등이 현현하는 것

이러한 '경문에 의한 증명'(文證) 때문에 모든 '마음작용과 마음현상'(心數法)도 '마음의 빛이 비추어 낸 것'(心光所照)임을 알 수 있으니, 그러므로 〈'마음이 드러난 것'에서 벗어나지 않는다〉(不離心光)고 하였다. '마음이 드러난 것'(心光)에서 벗어나지 않기 때문에 [모든 현상이] 바로 '마음이 드러난 것'(心光)이다. 마치 거울 속의 영상은 거울의 빛이 비추어 낸 것이기 때문에 이 영상은 거울의 빛에서 떠나지 않으며, 떠나지 않기 때문에 [영상이] 바로 거울의 빛인 것과 같다. 여기서의 도리도 그러함을 알아야 한다. 그런데 비록 [거울 속의] 영상과 흡사하지만, '관계 맺지 않는 별개의 본래의 것'(別本法所不緣)은 없다. 만약 '[관계 맺지 않는] 본래의 것으로서의 마음작용과 마음현상'(本法心數)이 있어 '영상과 같은 [관계 맺는] 마음작용과 마음현상'(影像心數)과는 다른 것이라면 곧 ['의존주체로서의 의식'(能依意識)과 〈의존대상으로서의 '의식을 일으키는 능력'〉(意根)의] '동일한 관계대상'(同一所緣)이라는 뜻이 성립하지 않기 때문이다.

【소】 聖言量者有經有, 『金鼓經』言, "眼根受色, 耳根分別聲, 乃至意根分別一切諸法". 大乘意根, 卽是末那, 故知遍緣一切法也. 又『對法論』十種分別中言, "第一相分別者, 謂身所居處所受用義,[60] 彼復如其次第, 以諸色根器世界色等境界爲相. 第二相顯現分別者, 謂六識身及意, 如前所說, 取相而顯現故". 此中五識, 唯現色等五塵, 意識及意, 通現色根及器

과 혹은 믿음 등이 현현하는 것이다. 그리고 그것과 별개로 오염되었거나 선한 법은 없다. 마음뿐인 것이 둘로 현현한다고 인정된다. [곧] 파악대상으로 현현하는 것과 파악주체로 현현하는 것이다. 마찬가지로 욕망 등의 번뇌로 현현하는 것과 믿음 등 선법으로 현현하는 것이 인정된다. 그리고 그것의 현현과 별개로 욕망 등을 특징으로 하는 [법]과 믿음 등을 특징으로 하는 선법은 없다. 둘로 현현하는 것과 별개로 둘을 특징으로 하는 것이 없듯이.〉

60 『대승아비달마잡집론』 권14(T31, 764a25~b13)의 해당 원문은 "相分別者, 謂身所居處所受用識, 是所取相故, 彼復如其次第, 以諸色根器世界色等境界爲相"이다. 원문에 따라 '義'를 '識'으로 교감하고 "是所取相故"를 추가하여 번역한다.

世界色等境界. 設使末那不緣色根器世界等, 則能現分別唯應取六識, 而言"及意", 故知通緣也. 且置傍論, 還釋本文.

『소』(1-713c8~19); 『회본』(1-757c19~758a7)

'경론에 의거한 증명'(聖言量)이란 경전에 [논거가] 있다는 것이니, 『금고경金鼓經』에서는 [다음과 같이] 말하였다.

"'눈에 상응하는 인식을 일으키는 능력'(眼根)은 '모양과 색깔'(色)[이 있는 현상]을 받아들이고, '귀에 상응하는 인식을 일으키는 능력'(耳根)은 소리를 식별하며 내지 '의식을 일으키는 능력'(意根)은 '모든 현상'(一切諸法)을 식별한다."[61]

대승[에서 말하는] '의식을 일으키는 능력'(意根)은 바로 제7[말나]식이니, 그러므로 ['의식을 일으키는 능력'(意根)이] 모든 현상과 두루 관계 맺는다는 것을 알 수 있다. 또한 『대법론對法論』의 '열 가지 분별'(十種分別)에서는 [다음과 같이] 말하였다.

"첫 번째인 '차이들로 나타나는 분별'(相分別)이라는 것은 신체와 거주하는 곳과 수용하는 것들로 나타난 식識을 일컫는 것인데, [이것들은 [식識이] '취

---

61 원효가 인용한 『금고경』의 전문全文은 다음과 같다. 『금광명경金光明經』 권1(T16, 340a16~18). "眼根受色, 耳分別聲, 鼻嗅諸香, 舌嗜於味, 所有身根, 貪受諸觸, 意根分別, 一切諸法." 〈산스크리트본의 해당 내용: SuvN 56.07-12, cakṣvrindriyaṃ rūpageteṣu dhāvati śrotrendriyaṃ śabdavicāraṇeṣu / ghrāṇendriyaṃ gandhavi- citrahāri jihvendriyaṃ nitya raseṣu dhāvati // 5 // kāyendriyaṃ sparśagateṣu dhāvati manendriyaṃ dharmavicāraṇeṣu /; 시각능력(眼根)은 형태(色)로 된 것들로 달려가고, 청각능력(耳根)은 소리에 대한 분별들로 [달려간다.] 후각능력(鼻根)은 다양한 냄새를 자신의 것으로 삼고, 미각능력(舌根)은 지속적으로 맛들로 달려간다. 촉각능력(身根) 접촉으로 이루어진 것들로 달려가고, 사유능력(意根)은 대상인 법에 대한 분별들로 [달려간다.]〉 한편 『합부금광명경合部金光明經』, 『금광명최승왕경金光明最勝王經』에도 이와 유사한 내용이 보이므로 참고할 만하다. 『합부금광명경』 권4(T16, 379b18~18). "眼根受色, 耳分別聲, 鼻嗅諸香, 舌嗜於味, 所有身根, 貪受諸觸, 意根分別, 一切諸法."; 『금광명최승왕경』 권5(T16, 424b2~4), "眼根常觀於色處, 耳根聽聲不斷絶, 鼻根恒嗅於香境, 舌根鎭嘗於美味, 身根受於輕軟觸, 意根了法不知厭."

한 차이'(所取相)들이기 때문이다.][62] 그 [분별]들은 다시 차례대로 '[눈 · 귀 · 코 · 혀 · 몸이라는] 형태가 있는 [다섯 가지] 감관 능력'(色根)들, '물질적 환경세계'(器世界), '모양과 색깔 있는 것'(色) 등의 대상을 '분별된 차이'(相)로 삼는다. 두 번째인 '차이들로 나타난 것들에 대한 분별'(相顯現分別)이라는 것은 〈[분별된 차이들을 대상으로 삼아 발생하는] '제6의식'([第]六識)과 '[제7]말나식'(意)을 일컫는 것인데, 앞에서 말한 것처럼 차이들을 취하여 [다시 분별한 차이들을] 나타내는 것이다."[63]

이 중에서 '[눈 · 귀 · 코 · 혀 · 몸에 의거하여 발생하는 안식 · 이식 · 비식 · 설식 · 신식의] 다섯 가지 식識'(五識)은 오직 모양(色) 등 '다섯 가지 대상'(五塵)만을 드러내고, '제6의식'([第]六識)과 '[제7]말나식'(意)은 '[눈 · 귀 · 코 · 혀 · 몸이라는] 형태가 있는 [다섯 가지] 감관 능력'(色根)과 [그 대상인] '물질적 환경세계'(器世界)의 '모양과 색깔 있는 것'(色)들을 통틀어 드러낸다. 만약 [제7]말나식(末那)이 '[눈 · 귀 · 코 · 혀 · 몸이라는] 형태가 있는 [다섯 가지] 감관능력'(色根) 및 [그

62 『대승아비달마잡집론』 원문에는 있지만 삭제된 "是所取相故"를 번역한 것이다.

63 해당하는 내용을 모두 인용하면 다음과 같다. 『대승아비달마잡집론』 권14(T31, 764a 25~b13). "示現一切佛菩薩行, 虛妄分別者, 略有十種. 謂根本分別, 相分別, 相顯現分別, 相變異分別, 相顯現變異分別, 他引分別, 不如理分別, 如理分別, 執著分別, 散亂分別. 根本分別者, 謂阿賴耶識, 是一切分別種子故. 相分別者, 謂身所居處所受用識. 是所取相故. 彼復如其次第, 以諸色根器世界色等境界爲相. 相顯現分別者, 謂六識身及意, 如前所說, 所取相而顯現故. 相變異分別者, 謂如前所說, 身等相變異生起. 相顯現變異分別者, 謂如前所說, 眼識等相顯現, 於苦樂等位差別生起. 他引分別者, 謂教法所攝名句文身相. 此復二種, 一惡說法律爲體, 二善說法律爲體, 由此增上力如其次第引二作意所攝. 謂不如理分別如理分別執著分別者, 謂不如理分別所起六十二見所攝. 所有分別散亂分別者, 謂如理分別所起, 無性等執爲相所有分別." 〈산스크리트본의 해당 내용: ASBh 137.09-11, nimittavikalpo dehapratiṣṭhābhogapratibhāsā vijñaptayaḥ grāhyanimittabhūtatvāt / tāḥ punar yathākramaṃ rūpīndriyabhājanalokarūpādiviṣayalakṣaṇā draṣṭavyāḥ /; '상相으로 [나타나는] 분별'은 신체 · 거주처 · 수용의 대상으로 [거짓되게] 나타나는 표상表象들인데, 이것이 소취상으로 작용하기 때문이다. 그런데 그 [표상]들은 차례대로 형태를 갖춘 감각능력들(色根) · 그릇으로서의 세계(器世界) · 색 등의 대상(境界)으로 특징지어진다고 보아야 한다.〉

대상인] '물질적 환경세계'들과 관계 맺지 않는다면, 분별을 나타낼 수 있는 것은 오직 '제6의식'(六識)만을 취해야 하지만, "및 제7식"(及意)이라고 말했기 때문에 ['제6의식'(意識) 및 '제7말나식'(意)이 색근色根과 기세계器世界와] 통틀어 관계 맺는다는 것을 알 수 있다. 부차적인 논의는 그만하고 다시 [기신론] 본문 해설로 돌아간다.

【별기】 聖言量者, 如『十卷經』云, "彼七種識, 依諸境界念觀而生". 又云, "境界風吹動, 七識波浪轉". 今此論中, 釋彼經意云, "以有境界緣故, 復生六種相", 由此等文故得知乎.[64]

『별기』(1-689c6~10); 『회본』에 없음.

'경론에 의거한 증명'(聖言量)이라는 것은 『십권경十卷經』에서 [다음과 같이] 말한 것과 같다. "저 [여섯 가지 식識과 제7말나식의] '일곱 가지 식識'(七種識)은 모든 대상들에 의거하여 [그것들을] 분별하여 생겨난다."[65] 또 말하기를, "대상(境界)이라는 바람이 일어나 움직이면 일곱 가지 식의 파도가 출렁인다."[66]

지금 이 『대승기신론』에서는 저 『능가경』의 뜻을 해석하여 "대상이라는 조건이 있기 때문에 다시 여섯 가지 양상을 일으킨다"(以有境界緣故, 復生六種相)라고 말한 것이니, 이와 같은 경문들 때문에 [맞다는 것을] 알 수 있지 않은가.

---

64 이 부분은 『소』의 해당 내용과 구문 대조를 할 수가 없다. 논술한 내용과 전개 방식이 다를 뿐만 아니라, 논증을 위해 인용한 경문도 서로 달라서 구문을 비교하는 것 자체가 불가능하기 때문이다.

65 『입능가경入楞伽經』 권7(T16, 556c13~14). "彼七種識, 依諸境界念觀而生." 〈산스크리트본의 해당 내용: LAS 221,14, taddhetvālambanapravṛttatvād vijñānānām; [7]식은 그것(=전의하지 않은 알라야식)을 인연과 소연연으로 하여 발생하기 때문이다.〉

66 원효가 인용한 경문은 축약된 것이다. 그 전문을 옮기면 다음과 같다. 『입능가경』 권1(T16, 515a6~8). "爾時, 如來觀察衆生阿梨耶識大海水波, 爲諸境界猛風吹動, 轉識波浪隨緣而起." 〈산스크리트본의 해당 내용: 앞의 『능가경』(LAS 46,5-12) 경문 참조.〉

B. 서로 이어지게 하는 양상(相續相)

【소】 "第二, 相續相"者, 是生起識識蘊. 是麤分別, 遍計諸法, 得長相續. 又能起愛取, 引持過去諸行不斷, 亦得潤生, 能令未來果報相續. 依是義故, 名相續相, 不同前說相續心也. "依於智"者, 依前智相, 爲根所生故. 所依是細, 唯一捨受, 能依是麤, 具起苦樂, 故言"生起[67]苦樂"也. 又所依智相, 內緣而住, 不計外塵, 故是似眠, 此相續識, 遍計內外, 覺觀分別, 如似覺悟. 以之故言"覺心起念", 起念卽是法執分別. 識蘊與此麤執相應, 遍馳諸境, 故言"相應不斷故"也.

『소』(1-713c20~714a7); 『회본』(1-758a8~20)

"두 번째는 '서로 이어지게 하는 양상'이다"(第二相續相)라는 것은 '[대상들과 관계 맺어] 생겨난 [제6]의식'(生起識)과 '[그] 의식들의 더미'(識蘊)[에서의 양상]이다. 이는 '뚜렷하게 분별[하여 집착하는 양상]'(麤分別)이니, '모든 현상'(諸法)을 '[근본무지(無明)에 매인 생각으로] 두루 분별하여'(遍計) 오래도록 [그 분별과 집착을] 서로 이어 가게 하는 것이다. 또 애착(愛取)을 일으켜 지나간 일들을 끌어안아 끊어지지 않게 하고 또한 [그것들에 미래로 이어지는] 생명력을 부여하여 미래의 과보들이 서로 이어지게 한다. 이러한 뜻에 의거하므로 '서로 이어지게 하는 양상'(相續相)이라고 부르니, 앞에서 말한 '분별을 서로 이어 가는 마음'(相續心)과는 같지 않다. "분별에 의거한다"(依於智)라는 것은, 그 이전의 '분별하는 양상'(智相)에 의거하여 [대상을 분별하는] 능력(根)이 발생하기 때문이다. [대상을 분별하는 여섯 가지 감관능력이] '의거하게 되는 것'(所依)[인 '분별하는 양상'(智相)]은 [분별이 아직] '미세한 것'(細)으로 오로지 '좋지도 싫지도 않은 느낌'(捨受)[에 해당하는 것]이지만, ['분별하는 양상'(智相)에] '의거하는 것'(能依)[인 대상을 분별하는 '제6의식'(六識)]은 [분별이 이미] '뚜렷해진 것'(麤)으로 '괴로운 [느낌]과 즐거운 [느낌]'(苦樂[受])을 모두 일으키기 때문에 "괴로움과 즐거움을 일으킨다"(生其苦樂)라고 말한 것이다.

67 『대승기신론』 본문에 따라 '起'를 '其'로 교감하여 번역한다.

또 [대상을 분별하는 제6의식이] 의지하는 '분별하는 양상'(智相)은 [제7말나식인] 안(內)과 관계 맺으면서 머물러 '밖의 대상'(外塵)을 헤아리지는 않기 때문에 흡사 수면상태와도 같은 것이지만, 이 '[분별과 집착을] 서로 이어 가는 식'(相續識)은 안(內)[인 제7말나식]과 밖(外)[인 대상]을 '두루 헤아려'(遍計) '사유하고 숙고하며 분별하는 것'(覺觀分別)이 마치 '깨어 있는 상태'(覺悟)와 같다. 그렇기 때문에 "헤아리는 마음으로 '[분별하는] 생각'을 일으킨다"(覺心起念)라고 말하였으니, '[분별하는] 생각을 일으킴'(起念)이라는 것은 바로 '현상에 불변·독자의 실체나 본질이 있다는 집착으로 행하는 분별'(法執分別)이다. '[안과 밖을 두루 분별하는 여섯 가지] 의식의 더미'(識蘊)와 이 '뚜렷하게 [분별하는] 집착'(麤執)이 서로 응하면서 두루 모든 대상(境)으로 달려 나가니, 그러므로 "서로 응하면서 끊이지 않는 것이다"(相應不斷故)라고 말했다.

【별기】 次"第二, 相續相"者, 卽是識蘊. 是麤分別, 通緣一切, 得長相續, 名相續相. 又此識起愛, 引持過去諸業, 亦得潤生, 能令未來果報相續, 故名相續識. 言"依於智"者, 依前智相, 相續始生也. 所依是細, 唯一捨受, 能依是麤, 具起苦樂, 故言"生起苦樂". 又所依智相, 內緣而住, 似眠, 此相續識, 遍馳外境, 如覺. 故言"覺心起念", 起念卽是法執分別. 識蘊與此麤執相應, 遍馳諸境, 故言"相應不斷故".

『별기』(1-689c11~21); 『회본』에 없음.

다음으로 "두 번째는 '서로 이어지게 하는 양상'이다"(第二相續相)라는 것은 '[안과 밖을 두루 분별하는 제6]의식들의 더미'(識蘊)[에서의 양상]이다. 이는 '뚜렷하게 분별[하여 집착하는 양상]'(麤分別)으로서 모든 현상과 다 관계 맺으면서 오래 이어지게 하므로 '서로 이어지게 하는 양상'(相續相)이라고 부른다. 또한 이 식은 애착(愛取)을 일으켜 지나간 행위들을 끌어안고 또한 [그것들에 미래로 이어지는] 생명력을 부여하여 미래의 과보들이 서로 이어지게 하니, 따라서 '서로 이어지게 하는 양상'(相續相)이라고 부른다.

"분별에 의거한다"(依於智)라는 것은, 그 이전의 '분별하는 양상'(智相)에 의거하여 '서로 이어짐'(相續)이 비로소 생겨나는 것이다. [대상을 분별하는 여섯 가지 감관능력이] '의거하게 되는 것'(所依)[인 '분별하는 양상'(智相)]은 [분별이 아직] '미세한 것'(細)으로 오로지 '좋지도 싫지도 않은 느낌'(捨受)[에 해당하는 것]이지만, ['분별하는 양상'(智相)에] '의거하는 것'(能依)[인 '대상을 분별하는 여섯 가지 감관능력'(六根)]은 [분별이 이미] '뚜렷해진 것'(麤)으로 '괴로운 [느낌]과 즐거운 [느낌]'(苦樂[受])을 모두 일으키기 때문에 "괴로움과 즐거움을 일으킨다"(生其苦樂)라고 말한 것이다.

또 [대상을 분별하는 '여섯 가지 감관능력'(六根)이] 의지하는 '분별하는 양상'(智相)은 [제7말나식인] 안(內)과 관계 맺으면서 머물러 흡사 수면상태와도 같은 것이지만, 이 '[분별과 집착을] 서로 이어 가는 [여섯 가지] 식'(相續識)은 '밖의 대상'(外境)으로 두루 달려 나가는 것이 마치 '깨어 있는 상태'(覺)와 같다. 그러므로 "헤아리는 마음으로 '[분별하는] 생각'을 일으킨다"(覺心起念)라고 말하였으니, '[분별하는] 생각을 일으킴'(起念)이라는 것은 바로 '현상에 불변 · 독자의 실체나 본질이 있다는 집착으로 행하는 분별'(法執分別)이다. '[안과 밖을 두루 분별하는 여섯 가지] 식의 더미'(識蘊)와 이 '뚜렷하게 [분별하는] 집착'(麤執)이 서로 응하면서 두루 모든 대상(境)으로 달려 나가니, 그러므로 "서로 응하면서 끊이지 않는 것이다"(相應不斷故)라고 말했다.

〈『소』와 『별기』의 구문 대조〉

『소』(1-713c20~714a7)	『별기』(1-689c11~21)
(①)"第二, 相續相"者, (②)是③生起識識蘊. 是麤分別, ④遍計諸法, 得長相續. (⑤) 又⑥能起愛取, 引持過去諸⑦行不斷, 亦得潤生, 能令未來果報相續. ⑧依是義故, 名相續相, 不同前說相續心也.[68] (⑨)"依於智"者, 依前智相, ⑩爲根所生故. 所依是細, 唯一捨受, 能依是麤, 具起苦樂, 故言"生起苦樂"⑪也. 又所依智相, 內緣而住, ⑫不計外塵, 故是似	①次"第二, 相續相"者, ②卽是(③)識蘊. 是麤分別, ④通緣一切, 得長相續, ⑤名相續相. 又⑥此識起愛, 引持過去諸⑦業, 亦得潤生, 能令未來果報相續, ⑧故名相續識. ⑨言"依於智"者, 依前智相, ⑩相續始生也. 所依是細, 唯一捨受, 能依是麤, 具起苦樂, 故言"生起苦樂"(⑪). 又所依智相, 內緣而住, (⑫)似

眠, 此相續識, ⑬**<u>遍計內外, 覺觀分別, 如似覺悟. 以之</u>**故言"覺心起念", 起念卽是法執分別. 識蘊與此麤執相應, 遍馳諸境, 故言"相應不斷故"⑭<u>也</u>.	眼, 此相續識, ⑬**<u>遍馳外境, 如覺</u>**, 故言"覺心起念", 起念卽是法執分別. 識蘊與此麤執相應, 遍馳諸境, 故言"相應不斷故"(⑭).

【소】 "第三, 執取相"者, 卽是受蘊. 以依識蘊, 分別違順, 領納苦樂, 故言"依於相續乃至住苦樂等"[69]也. "第四, 計名字相"者, 卽是想蘊. 依前受蘊, 分別違順等名言相, 故言"依妄執乃至名言相故"[70]也. "第五, 起業相"者, 卽是行蘊. 依於想蘊所取名相, 而起思數造作善惡, 故言"依於名字乃至造種種業故"[71]也. "第六, 業繫苦相"者, 依前行蘊所造之業, 而受三有六趣苦果, 故言"依業受果, 不自在故"也.

『소』(1-714a7~17); 『회본』(1-758a20~b6)

C. 괴로운 느낌과 즐거운 느낌에 집착하는 양상(執取相)

"세 번째는 [괴로운 느낌과 즐거운 느낌에] 집착하는 양상이다"(第三, 執取相)라는 것은 바로 '느낌들의 더미'(受蘊)[에서의 양상]이다. '[안과 밖을 두루 분별하는 여섯 가지] 의식들의 더미'(識蘊)에 의지해서 거부(違)와 수용(順)을 분별하여 괴로움[의 느낌]과 즐거움[의 느낌]을 받아들이니, 그러므로 "['분별하는 생각'(念)들이] 서로 이어짐'(相續)에 의거하여 대상(境界)과 관계 맺어 분별하면서 괴

68 구문 대조에서 드러나듯이, 『별기』에서 "分別通緣一切, 得長相續, 名相續相"으로 간략히 서술되어 있는 내용을 『소』에서는 "分別, **遍計諸法得長相續. 又能起愛取, 引持過去諸行不斷, 亦得潤生, 能令未來果報相續, 依是義故**, 名相續相, **不同前說相續心也**"로 자세한 해석을 추가하고 있음을 알 수 있다. 원효 사상의 추이를 살펴볼 수 있는 지점이다.

69 『대승기신론』 원문은 "依於相續, 緣念境界, 住持苦樂, 心起著故"이다. 번역에서는 원문대로 번역하였다.

70 『대승기신론』의 원문은 "依於妄執, 分別假名言相故"이다. 번역에서는 원문대로 번역하였다.

71 『대승기신론』의 원문은 "依於名字, 尋名取著, 造種種業故"이다. 번역에서는 원문대로 번역하였다.

로움(苦)[의 느낌]과 즐거움(樂)[의 느낌]에 머물고 붙들어 마음이 [그 괴로운 느낌과 즐거운 느낌에 대해] 집착을 일으키는 것이다"(依於相續, 緣念境界, 住持苦樂, 心起著故)라고 말하였다.

D. 언어문자에 대해 분별하는 양상(計名字相)

"네 번째는 언어문자에 대해 분별하는 양상이다"(第四, 計名字相)라는 것은 바로 '개념적 지각들의 무더기'(想蘊)[에서의 양상]이다. 앞의 '느낌들의 더미'(受蘊)[에서의 양상]에 의지해서 거부(違)와 수용(順) 등과 관련된 언어·문자적 차이들을 [불변·독자의 실체나 본질을 지닌 것으로 간주하면서] 분별하니, 그러므로 "'[괴로운 느낌과 즐거운 느낌에 대한] 잘못된 집착'(妄執)에 의거하여 '불변·독자의 실체나 본질을 지니지 않고 세워진 언어양상'(假名言相)들을 [불변·독자의 실체나 본질을 지닌 것으로 간주하면서] 분별하는 것이다"(依於妄執, 分別假名言相故)라고 말하였다.

E. 갖가지 의도적 행위를 일으키는 양상(起業相)

"다섯 번째는 [갖가지 의도적] 행위를 일으키는 양상이다"(第五, 起業相)라는 것은 바로 '의도적 행위들의 더미'(行蘊)[에서의 양상]이다. '개념적 지각들의 더미'(想蘊)가 취한 '언어적 차이'(名相)들에 의거하여 '[지각된 대상을] 살펴 [좋거나 나쁨을 불변·독자의 실체로] 헤아림'(思數)을 일으켜 '이로운 것'(善)과 '해로운 것'(惡)을 지어내니, 그러므로 "언어문자에 의거하여 언어를 좇아가 [언어에 불변·독자의 실체나 본질이 있는 것이라 분별하면서] 집착하여 갖가지 행위를 짓는 것이다"(依於名字, 尋名取著, 造種種業故)라고 말한 것이다.

F. 행위로 인해 괴로움에 묶이는 양상(業繫苦相)

"여섯 번째는 행위로 인해 괴로움에 묶이는 양상이다"(第六, 業繫苦相)라는 것은, 앞의 '의도적 행위들의 더미'(行蘊)가 지어낸 행위들에 의해 '['욕망의 세계'(欲界)·'유형의 세계'(色界)·'무형의 세계'(無色界), 이] 세 가지 세계'(三有)[72]와

'여섯 가지 [삶의 형태]로 살아가는 세계'(六趣)에서의 괴로운 결과를 받게 되므로 "[갖가지 의도적] 행위에 의거하여 과보를 받아서 자유롭지 못하는 것이다"(依業受果, 不自在故)라고 하였다.

【별기】 次"執取相", 卽受蘊, 次"計名字相", 是想蘊, 次"起業相", 是行蘊. 文自顯不須煩惱釋.[73]

『별기』(1-689c21~690a1); 『회본』에 없음.

다음인 "[괴로운 느낌과 즐거운 느낌에] 집착하는 양상"(執取相)은 바로 '느낌들의 더미'(受蘊)[에서의 양상]이고, 그다음인 "언어문자에 대해 분별하는 양상"(計名字相)이란 '개념적 지각들의 더미'(想蘊)[에서의 양상]이며, 그다음인 "[갖가지 의도적] 행위를 일으키는 양상"(起業相)이란 '의도적 행위들 더미'(行蘊)[에서의 양상]이다. 문장의 의미가 스스로 분명히 드러나므로 번거롭게 [다시] 해석할 필요는 없다.

(ㄷ) '근본에서 깨닫지 못함'과 '지말에서 깨닫지 못함'을 총괄하여 결론지음(總結本末不覺)

當知無明能生一切染法, 以一切染法, 皆是不覺相故.

『논』(T32, 577a20~21); 『회본』(1-758b7~8)

근본무지(無明)가 모든 '오염된 현상'(染法)을 생겨나게 함을 알아야 하니, 모든 '오염된 현상'(染法)은 다 '깨닫지 못함의 양상'(不覺相)이기 때문이다.

---

72 삼유三有: 세 가지 특징적 존재범주로서의 세계를 가리키니, 세 가지란 '감관욕망에 의존하는 세계'(欲界), '유형有形적인 것에 의존하는 세계'(色界), '무형인 것에 의존하는 세계'(無色界)를 말한다.

73 이 단락도 구문을 대조하기 어려운 부분이다. 『대승기신론』 본문에서 제시한 '여섯 가지 양상'(六種相) 중에서 이 세 가지 양상에 대해 『별기』에서는 간략히 풀이하고 있다. 즉 각각 '느낌들의 더미'(受蘊), '개념적 지각들의 더미'(想蘊), '의도적 행위들의 더미'(行蘊)로 간략히 대응하는 것으로 그치고 있다. 이것은 『소』의 자세한 해석과는 큰 차이를 보여 준다.

【소】 "當知"以下,[74] 第三總結. 如前所說, 六種麤相, 依於現相所現境起, 三種細相, 親依無明. 如是六三, 總攝諸染, 是故當知無明住地, 能生一切染法根本. 以諸染相雖有麤細, 而皆不覺諸法實相, 不覺之相是無明氣, 故言"一切染法, 皆是不覺相故". 第二依義別解有三分內, 第一略明功能, 第二廣顯體相, 如是二分, 竟在於前.

『소』(1-714a18~b2); 『회본』(1-758b9~18); 『별기』에 없음.

"… 알아야 한다"(當知) 이하는 세 번째인[75] '총괄적인 결론'(總結)이다. 앞에서 설명한 것처럼 여섯 종류의 '뚜렷한 [분별] 양상'(麤相)은 '[불변 · 독자의 실체로 간주되는 대상을] 나타내는 양상'(現相)이 나타낸 대상(境)에 의거하여 일어나고, 세 가지 '미세한 [분별] 양상'(細相)은 직접 근본무지(無明)에 의거한다. 이와 같은 '여섯 가지 [뚜렷한 분별 양상]'(六[麤相])과 '세 가지 [미세한 분별 양상]'(三[細相])이 모든 오염(染)을 '총괄하여 포섭'(總攝)하니, 그러므로 '근본무지가 자리 잡은 단계'(無明住地)가 모든 '오염된 현상'(染法)의 근본을 만들어 냄을 알아야 한다. 모든 '오염된 양상'(染相)에 비록 '뚜렷한 것과 미세한 것'(麤細)[의 차이]가 있지만 다 '모든 현상의 사실 그대로인 모습'(諸法實相)을 깨닫지 못한 것이고 [이] '깨닫지 못하는 양상'(不覺之相)은 '근본무지의 기운'(無明氣)이니, 그러므로 "모든 오염된 현상은 다 '깨닫지 못함의 양상'이기 때문이다"(一切染法, 皆是不覺相故)라고 말하였다.

두 번째로 '의미에 따라 하나씩 해석함'(依義別解)에 있는 세 가지 가운데, 첫째는 '[깨달음(覺)과 '깨닫지 못함'(不覺)의] 능력을 간략히 밝힘'(略明功能)이고 둘째는 '[깨달음(覺)과 '깨닫지 못함'(不覺)의] 근본양상을 자세하게 드러냄'(廣顯體相)이니, 이와 같은 두 가지가 여기에서 끝난다.[76]

---

74 『회본』에는 '當知以下'가 없다.

75 과문에 따르면 석불각 단락에서 명근본불각明根本不覺과 현지말불각顯枝末不覺에 이어 세 번째인 총결(앞의 과문에서는 총결본말불각總結本末不覺)에 해당한다는 말이다.

76 본서에서는 제목의 차례를 최대한 간결하게 하기 위해 제목을 달지 않아도 문단 구분상에서 크게 무리가 없는 과문들을 제외했는데, 지금 본문에서 원효가 거론하는 약명

ㄷ) 깨달음과 깨닫지 못함의 서로 같은 양상과 서로 다른 양상을 밝힘(明同異相)

復次覺與不覺有二種相, 云何爲二? 一者, 同相, 二者, 異相. 同相者,[77] 譬如種種瓦器, 皆同微塵性相, 如是無漏無明種種業幻, 皆同眞如性相. 是故修多羅中, 依於此眞如義故, 說一切衆生本來常住, 入於涅槃菩提之法, 非可修相, 非可作相, 畢竟無得. 亦無色相可見, 而有見色相者, 唯是隨染業幻所作, 非是智色不空之性, 以智相無可見故. 異相者,[78] 如種種瓦器, 各各不同, 如是無漏無明, 隨染幻差別, 性染幻差別故.

『논』(T32, 577a22~b2); 『회본』(1-758b19~c5)

또한 깨달음(覺)과 '깨닫지 못함'(不覺)[의 관계]에는 두 가지 양상(相)이 있으니, 무엇을 두 가지라 하는가? 첫 번째는 '[서로] 같은 양상'(同相)이고, 두 번째는 '[서로] 다른 양상'(異相)이다.

'[서로] 같은 양상'(同相)이라는 것은, 비유하면 갖가지 질그릇이 모두 '미세한 동일 진흙 입자의 [여러] 양상'(同微塵性相)인 것처럼, 이와 같이 '번뇌가 스며듦이 없음'(無漏)[의 경지]와 근본무지(無明)가 지어낸 갖가지 '실체 없는 행위'(業幻)는 모두 '동일한 참 그대로의 [여러] 양상'(同眞如性相)이다. 그러므로 경전에서는 이 '참 그대로인 측면'(眞如義)에 의거했기 때문에, 〈모든 중생들이 '본래부터 늘 ['참 그대로'(眞如)에] 머무르면서'(本來常住) '열반과 깨달음이라는 현상'(涅槃菩提之法)에 들어간다〉고 설하였으니, [이러한 '참 그대로의 측면'(眞如義)은] '닦아 [얻을 수] 있는 것'(可修相)도 아니고

공능略明功能과 광현체상廣顯體相의 과문이 그 제외한 사례들 중 하나이다. 이에 따라 다음 단락의 제목으로 제시되는 명동이상明同異相은 원효의 전체 과문상에서는 약명공능과 광현체상으로부터 이어지는 세 번째 제목이지만, 본서에서는 석각의釋覺義와 석불각釋不覺으로부터 이어지는 세 번째 제목으로 제시되어 있음을 하나의 사례로서 밝혀 둔다. 원효의 세부 과문이 본서의 제목 차례에서 제외되는 사례들과 관련해서는 본서의 부록에서 제시되는 원효의 전체 과문을 참고하기 바란다.

77 T32, 577쪽의 주4를 보면, 여기에 '言'자를 넣어 '言同相者'로 풀어야 한다고 보았다. 『회본』에도 '言同相者'로 되어 있다.

78 『회본』에는 '言異相者'로 되어 있다.

‘지어낼 수 있는 것’(可作相)도 아니어서 ‘끝내 얻을 수가 없다’(畢竟無得). 또한 [이 ‘참 그대로의 측면’(眞如義)에서는] 볼 수 있는 ‘[실체로서의] 모습’(色相)이 없는데도 모습을 보는 것이 있음은, 오직 ‘[분별에 의한] 오염에 따르는 실체 없는 행위’(隨染業幻)가 지어낸 것일 뿐이지 ‘지혜의 공하지 않은 면모’(智色不空之性)가 아니니, ‘지혜의 양상’(智相)에는 볼 수 있는 것이 없기 때문이다.

‘[서로] 다른 양상’(異相)이라는 것은, 마치 갖가지 질그릇이 각각 똑같지 않은 것처럼, 이와 같이 ‘번뇌가 스며듦이 없음’(無漏)[의 경지]와 근본무지(無明)는 [각각] ‘오염된 것들에 따르는 [번뇌 없는 깨달음의] 실체 없는 차별[적 작용]’(隨染幻差別)과 ‘본연이 오염된 [근본무지(無明)의] 실체 없는 차별[적 전개]’(性染幻差別)[로서 서로 같지 않은 것]이기 때문이다.

(ㄱ) 서로 같은 양상을 밝힘(明同相)

【소】 此下,[79] 第三明同異相, 此中有三. 總標, 列名, 次第辨相. 辨相之中, 先明同相, 於中有三. 一者, 引喩, 二者, 合喩, 三者, 引證. 第二中言“無漏”者, 本覺始覺也, “無明”者, 本末不覺也. 此二皆有業用顯現, 而非定有, 故名“業幻”.

『소』(1-714b3~8); 『회본』(1-758c6~11); 『별기』에 없음.

이 아래는 [‘의미에 따라 하나씩 해석함’(依義別解)에 있는 세 가지 가운데] 세 번째인 〈‘[서로] 같은 양상’과 ‘[서로] 다른 양상’을 밝힘〉(明同異相)이니, 여기에는 세 가지가 있다. ‘총괄적 해설’(總標), ‘명칭의 나열’(列名), ‘차례대로 양상을 자세히 설명함’(次第辨相)이 그것이다.

‘양상을 자세히 설명함’(辨相)에서는 먼저 ‘[서로] 같은 양상’(同相)을 밝혔으니, 거기에는 세 가지가 있다. 첫 번째는 비유를 끌어 들었고, 두 번째는 비유에 합치시켰으며, 세 번째는 [경론을] 인용하여 증명하였다.

---

79 『회본』에는 ‘此下’가 없다.

[『기신론』 본문의] 두 번째 부분에서 말한 "번뇌가 스며듦이 없음"(無漏)[의 경지]라는 것은 '깨달음의 본연'(本覺)과 '비로소 깨달아 감'(始覺)이고, "근본무지"(無明)라는 것은 '근본에서 깨닫지 못함'(根本不覺)과 '지말에서 깨닫지 못함'(枝末不覺)이다. ['번뇌가 스며듦이 없음'(無漏)과 근본무지] 이 둘에는 모두 '행위의 작용'(業用)이 나타남이 있지만 정해져 있는 것이 아니기 때문에 "실체 없는 행위"(業幻)라고 부른 것이다.

【소】 第三中言"本來常住, 入於涅槃菩提法"者, 如『大品經』言, "以是智慧, 斷一切結使, 入無餘涅槃, 元是世俗法, 非第一義, 何以故? 空中無有滅, 亦無使滅者, 諸法畢竟空, 卽是涅槃故". 又言. "何義故爲菩提? 空義是菩提義, 如義・法性義・實際義是菩提義. 復次諸法實相不誑不異是菩提義故". 當知此中約於性淨菩提, 本來淸淨涅槃, 故諸衆生本來入也. "非可修相"者, 無因行故, "非可作相"者, 無果起故. "畢竟無得"者, 以無能得者, 無得時, 無得處故. "亦無"以下, 猶是經文, 而非此中所證之要. 但是一處相續之文, 是故相從引之而已.

『소』(1-714b8~22); 『회본』(1-758c11~759a2); 『별기』에 없음.

[『기신론』 본문의] 세 번째 부분에서 말한 "본래부터 늘 [참 그대로에] 머무르면서 열반과 깨달음이라는 현상에 들어간다"(本來常住, 入於涅槃菩提法)라는 것은, 『대품경大品經』[80]에서 "이 지혜로써 모든 번뇌(結使)를 끊어 '[육체에도]

80 『마하반야바라밀경』 권25(T8, 401b7~11). "以是智慧, 斷一切結使煩惱習, 入無餘涅槃. 是世俗法, 非第一實義, 何以故? 空中無有滅, 亦無使滅者, 諸法畢竟空卽是涅槃." 〈산스크리트본의 해당 내용: PvsP VI-VIII 91.02-06, yayā prajñayā sarvānuśayaparyutthānāni cchitvānupadhiśeṣe nirvāṇadhātau parinirvāti lokavyavahāreṇa na punaḥ paramārthena. tat kasya hetoḥ? na hi śūnyatāyāṃ kaścid dharma upalabhyate yaḥ parinirvāyād yena ca parmirvāyād, api tu khalu punar etad eva tat parinirvāṇaṃ yad utātyantaśūnyatā.; [보살은] 그 지혜(반야)로써 모든 잠세력과 드러난 번뇌들을 자르고서 무여열반계에 들어간다. 그렇지만 이것은 세간적인 언설의 관점으로부터이지 궁극적 실재의 관점은 아니다. 왜 그러한가? 공성에는 반열반하는 주

의존하지 않는 열반[의 경지]'(無餘涅槃)로 들어가지만 원래 이것은 '세속에서 추구하는 진리'(世俗法)이지 '가장 높은 뜻'(第一義)은 아니니, 무엇 때문인가? '불변 · 독자의 실체가 없음'(空)[의 세계]에서는 '[번뇌가 끊기어] 없어짐'(滅)이란 없고, 또한 '[번뇌를 끊어] 없어지게 함'(使滅)도 없으며, '모든 존재'(諸法)가 결국 '불변 · 독자의 실체가 없음'(空)일 뿐이니, 바로 이것이 열반이기 때문이다"라고 하고, 또 "[수보리가 말하길] 어떤 의미에서 깨달음(菩提)이라 합니까? [세존이 말하길] '불변 · 독자의 실체가 없음'(空)이라는 뜻이 바로 깨달음의 의미이고, 그대로임(如)이라는 뜻, '현상의 본연'(法性)이라는 뜻, '사실 그대로의 지평'(實際)이라는 뜻이 깨달음(菩提)의 의미이다. 또 '모든 현상의 사실 그대로인 모습'(諸法實相)은 [서로] 속이지도 않고 [서로] 다르지도 않다는 것이 깨달음(菩提)의 의미인 것이다"라고 말하는 것과 같다. 여기서는 '본래의 온전함을 보는 깨달음'(性淨菩提)과 '본래부터 온전한 열반'(本來淸淨涅槃)에 의거하기 때문에 모든 중생이 본래부터 ['열반과 깨달음이라는 현상'(涅槃菩提

체도 반열반하게 만드는 것이라는 그 어떠한 다르마도 지각되지 않는다. 게다가 '필경공'이라는 이것이 바로 [보살의] 반열반이기 때문이다.〉 두 번째 인용문은 원효가 원문을 축약하여 서술한 것이다. 『마하반야바라밀경』 권22(T8, 379a17~22). "須菩提言. 何義故名菩提. 須菩提! 空義是菩提義. 如義法性實際義是菩提義. 復次須菩提! 名相言說是菩提義. 菩提實義不可壞, 不可分別是菩提義. 復次須菩提! 諸法實相, 不誑不異, 是菩提義." 〈산스크리트본의 해당 내용: PvsP Ⅴ, 140.11-19, subhūtir āha: bodhir iti bhagavan kasyaitad adhivacanam? bhagavān āha: bodhir iti subhūte śūnyatāyā etad adhivacanaṃ, tathatāyā etad adhivacanaṃ, dharmatāyā etad adhivacanaṃ, bhūtakoṭer etad adhivacanaṃ, dharmadhātor etad adhivacanam. api tu khalu punaḥ subhūte nāmadheyamātram etad bodhir iti. api tu khalu punaḥ subhūte abhedārtho bodhyarthaḥ. api tu khalu punaḥ subhūte bodhis tathatāvitathatānanyatathatānanyathībhāvas tasmād bodhir ity ucyate.; 수부띠: 세존이시여! 보리(=붓다[들]의 깨달음)라고 하는 이것은 무엇의 동의어입니까? 세존: 수부띠여! '보리'라고 하는 이것은 공성의 동의어이다. ['보리'라고 하는 이것은] 진여, 법성, 실제實際, 법계의 동의어이다. 수부띠여! '보리'라고 하는 이것은 단지 이름일 뿐이다. 수부띠여! 또한 보리는 분별할 수 없다/나누어지지 않는다는 의미를 가지고 있다(혹은 분별되지 않는 대상을 의미한다). 수부띠여! 또한 보리는 진여 · 허망하지 않은 것(不虛妄性) · 변이가 없는 것(不變異性) · 변화하지 않기 때문에 '보리'라고 불린다.〉

之法)에] 들어가 있다는 것임을 알아야 한다.

"[이러한 '참 그대로의 측면'(眞如義)은] 닦아 [얻을 수] 있는 것이 아니다"(非可修相)라는 것은 ['참 그대로의 측면'(眞如義) 그 자체는] [그것의] '원인이 되는 것'(因行)이 없기 때문이고, "지어낼 수 있는 것도 아니다"(非可作相)라는 것은 ['참 그대로의 측면'(眞如義) 그 자체는] [그것의] '결과가 일어남'(果起)도 없기 때문이다. "끝내 얻을 수가 없다"(畢竟無得)라는 것은, ['참 그대로의 측면'(眞如義) 그 자체는] '[실체로서] 얻을 수 있는 것'(能得者)이 없고 [특정한] '얻는 때'(得時)도 없으며 [특정한] '얻는 곳'(得處)도 없기 때문이다.

"또한 … 없다"(亦無) 이하는[81] 경의 본문[에 있는 내용]이지만 이 [본문]에서 증명해야 할 요점은 아니다. 단지 한곳에서 [내용상] 서로 이어지는 글이므로 연결하여 끌어왔을 뿐이다.

(ㄴ) 서로 다른 양상을 밝힘(明異相)

【소】 明異相中, 先喩, 後合. 合中言, "隨染幻差別"者, 是無漏法, "性染幻差別"者, 是無明法, 何者? 本末無明, 違平等性, 是故其性自有差別. 諸無漏法順平等性, 直置其性, 應無差別, 但隨染法差別之相, 故說無漏有差別耳. 謂對業識等染法差別, 故說本覺恒沙性德, 又對治此諸法差別, 故成始覺萬德差別. 然如是染淨, 皆是相待, 非無顯現而非是有, 是故通名"幻差別"也. 上來廣釋立義分中"是心生滅", 竟在於前.

『소』(1-714b22~c8); 『회본』(1-759a2~13); 『별기』에 없음.

'[서로] 다른 양상'(異相)을 밝힘에서는 먼저 비유를 들고 나중에 [그 비유에] 합치시킨다. [비유에] 합치시키는 데서 말한 "오염된 것들에 따른 [번뇌 없는 깨달음의] 실체 없는 차별[적 작용]"(隨染幻差別)이라는 것은 '번뇌가 스며듦이 없는 현상'(無漏法)이고, "본연이 오염된 [근본무지(無明)의] 실체 없는 차별[적 전개]"(性

81 『대승기신론』 본문에서 전문을 옮기면 다음과 같다. "亦無色相可見, 而有見色相者, 唯是隨染業幻所作, 非是智色不空之性, 以智相無可見故."

染幻差別)라는 것은 '근본무지의 현상'(無明法)이니, [이것은] 무슨 말인가?

'원천적인 근본무지'(本無明)와 '지말적인 근본무지'(末無明)는 ['참 그대로'(眞如)의] '평등한 본연'(平等性)을 위배하니, 따라서 그 [평등한] 본연(性)에 [근본무지] 스스로 차별을 둔다. [이에 비해] 모든 '번뇌가 스며듦이 없는 현상'(無漏法)은 ['참 그대로'(眞如)의] '평등한 본연'에 순응하니, 오직 그 [평등한] 본연에 의거하여 [자기 안에는] 차별이 없지만 단지 [현상적으로는] '[근본무지에] 오염된 현상의 차별양상'(染法差別之相)을 따르기 때문에 〈'번뇌가 스며듦이 없는 것'(無漏)에 차별[적 작용]이 있게 된다〉고 말할 뿐이다.

말하자면, '[근본무지에 따라 처음] 움직이는 식'(業識) 등의 '오염된 현상의 차별'(染法差別)에 대응시키기에 '깨달음의 본연이 지닌 갠지스강 모래알처럼 많은 능력'(本覺恒沙性德)을 말하는 것이며, 또 이 모든 [근본무지에 오염된] 현상의 차별을 치유하기에 '비로소 깨달아 감의 온갖 다양한 능력'(始覺萬德差別)을 이루는 것이다. 그런데 이와 같은 '오염된 것'(染)과 '온전한 것'(淨)은 모두 '서로에게 기대어 있는 것'(相待)이니, [모두] 나타나지 않음이 없지만 [각자 독자적 실체로서] 존재하는 것이 아니므로 통틀어 "실체 없는 차별[적 작용]"(幻差別)이라 부른다.

이상으로 '[대승의 현상과 면모에 관한] 뜻을 세우는 부분'(立義分) 가운데의 "이 생멸하는 마음"(是心生滅[因緣相])에 대한 자세한 해석을 마친다.

【별기】 "復次"以下, 第三明同異. 言"無漏無明, 隨染幻差別, 性染幻差別"者, 無漏是隨染幻差別, 無明是性染差別. 何者? 其無明是違平等性, 故其所起一切染法, 性自差別, 無漏法是順平等性, 直置其性, 應無差別, 但隨染法差別, 故說無漏有差別耳. 何者? 對彼業識染幻差別故, 有本覺無漏性德差別, 又爲對治彼染差別, 故成始覺萬德差別. 是故無漏但隨彼染而有差別, 不由自性有差別也. 然此染淨, 皆悉相待, 性無所有, 故言"幻"也. 上來總爲廣上立義分中"是心生滅", 已竟.

『별기』(1-690a2~14); 『소』와 『회본』에 일부 있음.[82]

"또한"(復次) 이하는 세 번째로 '[서로] 같은 양상'(同相)과 '[서로] 다른 양상'(異相)을 밝혔다. "'번뇌가 스며듦이 없음'[의 경지]와 근본무지는 [각각] '오염된 것들에 따르는 [번뇌 없는 깨달음의] 실체 없는 차별[적 작용]'과 '본연이 오염된 [근본무지(無明)의] 실체 없는 차별[적 전개]'[로서 서로 같지 않은 것]이다"(無漏無明, 隨染幻差別, 性染幻差別)라고 말한 것은, '번뇌가 스며듦이 없음'(無漏)[의 경지]는 '오염된 것들에 따른 [번뇌 없는 깨달음의] 실체 없는 차별[적 작용]'(隨染幻差別)이고 근본무지는 '본연이 오염된 [근본무지의] 실체 없는 차별[적 전개]'(性染幻差別)라는 것이다.

어째서인가? 저 근본무지(無明)라는 것은 ['참 그대로'(眞如)의] '평등한 본연'(平等性)을 위배하니, 따라서 저 [근본무지]가 일으킨 모든 오염된 현상은 그 [평등한] 본연(性)을 [근본무지] 스스로 차별한 것이고, [이에 비해] '번뇌가 스며듦이 없는 현상'(無漏法)은 ['참 그대로'(眞如)의] '평등한 본연'(平等性)에 순응하는 것이니, 오직 그 [평등한] 본연에 의거하여 [자기 안에는] 차별이 없지만 단지 [현상적으로는] '[근본무지에] 오염된 현상의 차별'(染法差別)을 따르기 때문에 〈'번뇌가 스며듦이 없는 것'(無漏)에 차별[적 작용]이 있게 된다〉고 말할 뿐이다.

어떤 뜻인가? 저 '[근본무지에 따라 처음] 움직이는 식'(業識)의 '실체 없는 오염에 의한 차별'(染幻差別)에 대응시키기에 〈'깨달음의 본연'이 지닌 '번뇌가 스며듦이 없는 능력'의 차별[적 작용]〉(本覺無漏性德差別)이 있고, 또한 저 '[근본무지에 의해] 오염된 차별'(染差別)을 치유하려 하기 때문에 '비로소 깨달아 감의 온갖 다양한 능력'(始覺萬德差別)을 이루는 것이다. 그러므로 '번뇌가 스며듦이 없음'(無漏)[의 경지]는 다만 저 '[근본무지에 의해] 오염된 것'(染)에 따라 차별[적 작용]이 있는 것이지 [자신의] 본연(自性) 때문에 차별이 있는 것은 아니다. 그런데 이와 같은 '오염된 것'(染)과 '온전한 것'(淨)은 모두 '서로에게

---

82 『회본』에는 『별기』의 내용 중에서 "是故無漏但隨彼染而有差別, 不由自性有差別也" 부분만 한불전 제1권(759a11)에 수록되어 있다.

기대어 있는 것'(相待)이어서 [각자의] 본질(性)을 지니지 않으니, 따라서 "실체 없는 것"(幻)이라고 말했다.

이상은 모두 위의 '[대승의 현상과 면모에 관한] 뜻을 세우는 부분'(立義分) 가운데의 "이 생멸하는 마음"(是心生滅[因緣相])을 자세히 설명한 것인데 여기서 마친다.[83]

---

83 원효의 과문에 따른 『대승기신론』 해당 구절.

ㄴ) 生滅門(釋生滅門)

(ㄱ) 正廣釋

㉠ 釋上立義分中是心生滅

A. 就體總明

A) 標體: "心生滅者, 依如來藏故有生滅心."

B) 辯相: "所謂不生不滅, 與生滅和合, 非一非異."

C) 立名: "名爲阿梨耶識."

B. 依義別解

A) 開義總標, 略明功能: "此識有二種義, 能攝一切法, 生一切法."

B) 依義別釋, 廣顯體相

(A) 問數發起: "云何爲二?"

(B) 依數列名: "一者, 覺義, 二者, 不覺義."

(C) 別解

Ⓐ 釋覺義

a. 略(略明二覺)

a) 明本覺

(a) 明本覺體: "所言覺義者. 謂心體離念. 離念相者, 等虛空界, 無所不徧, 法界一相, 卽是如來平等法身. 依此法身說名本覺."

(b) 釋本覺義: "何以故? 本覺義者, 對始覺義說, 以始覺者卽同本覺."

b) 釋始覺

(a) 顯亦對本覺不覺起義: "始覺義者, 依本覺故而有不覺."

(b) 對不覺釋始覺義: "依不覺故說有始覺."

b. 廣(廣釋二覺)

a) 釋始覺

(a) 總標滿不滿義: "又以覺心源故, 名究竟覺, 不覺心源故, 非究竟覺."

(b) 別解始覺差別

ⓐ 明四相

一. 總說

二. 分別

ⓑ 消文(約於四相以別四位)

一. 初位(不覺): "此義云何? 如凡夫人, 覺知前念起惡故, 能止後念令其不起. 雖復名覺, 卽是不覺故."

二. 第二位(相似覺): "如二乘觀智, 初發意菩薩等, 覺於念異, 念無異相. 以捨麤分別執著相故, 名相似覺."

三. 第三位(隨分覺): "如法身菩薩等, 覺於念住, 念無住相. 以離分別麤念相故, 名隨分覺."

四. 第四位(究竟覺): "如菩薩地盡, 滿足方便, 一念相應, 覺心初起, 心無初相. 以遠離微細念故, 得見心性, 心卽常住, 名究竟覺. 是故脩多羅說, 若有衆生能觀無念者, 則爲向佛智故."

(c) 總明始覺不異本覺

ⓐ 重明究竟覺相

一. 直顯究竟相: "又心起者, 無有初相可知, 而言知初相者, 卽謂無念."

二. 擧非覺顯是覺(擧非顯是): "是故一切衆生不名爲覺, 以從本來念念相續, 未曾離念, 故說無始無明."

三. 對境廣顯智滿(對境顯智): "若得無念者, 則知心相生住異滅. 以無念等故."

ⓑ 正明不異本覺(正明無異): "而實無有始覺之異, 以四相俱時而有, 皆無自立, 本來平等同一覺故."

b) 廣本覺

(a) 明隨染本覺

ⓐ 總標: "復次本覺隨染分別, 生二種相, 與彼本覺不相捨離, 云何爲二?"

ⓑ 列名: "一者, 智淨相, 二者, 不思議業相."

ⓒ 辨相

一. 辨智淨相

一) 法

(一) 直明: "智淨相者, 謂依法力熏習, 如實修行, 滿足方便故, 破和合識相, 滅相續心相, 顯現法身, 智淳淨故."

(二) 重顯前說滅不滅義: "此義云何? 以一切心識之相, 皆是無明, 無明之相, 不離覺性, 非可壞, 非不可壞."

二) 喩: "如大海水, 因風波動, 水相風相不相捨離, 而水非動性, 若風止滅, 動相則滅, 濕性不壞故."

三) 合: "如是衆生自性清淨心, 因無明風動, 心與無明俱無形相, 不相捨離, 而心非動性, 若無明滅, 相續則滅, 智性不壞故."

二. 釋不思議業相: "不思議業相者, 以依智淨, 能作一切勝妙境界, 所謂無量功德之相, 常無斷絶, 隨衆生根, 自然相應, 種種而現, 得利益故."

(b) 顯性淨本覺(明性淨本覺之相)

ⓐ 總標: "復次覺體相者, 有四種大義, 與虛空等, 猶如淨鏡. 云何爲四?"

ⓑ 別解

一. 如實空鏡: "一者, 如實空鏡, 遠離一切心境界相, 無法可現, 非覺照義故."

二. 因熏習鏡: "二者, 因熏習鏡, 謂如實不空. 一切世間境界, 悉於中現, 不出不入, 不失不壞, 常住一心. 以一切法卽眞實性故. 又一切染法所不能染, 智體不動, 具足無漏, 熏衆生故."

三. 法出離鏡: "三者, 法出離鏡, 謂不空法. 出煩惱礙智礙, 離和合相, 淳淨明故."

四. 緣熏習鏡: "四者, 緣熏習鏡, 謂依法出離故, 徧照衆生之心, 令修善根, 隨念示現故."

Ⓑ 解不覺(釋不覺)

a. 明根本不覺

a) 明不覺依本覺立

(a) 法: "所言不覺義者, 謂不如實知眞如法一故, 不覺心起而有其念. 念無自相, 不離本覺."

(b) 喩: "猶如迷人依方故迷, 若離於方則無有迷."

(c) 合: "衆生亦爾, 依覺故迷, 若離覺性則無不覺."

b) 顯本覺亦待不覺

(a) 明眞覺之名待於妄想: "以有不覺妄想心故, 能知名義, 爲說眞覺."

(b) 明所說眞覺必待不覺: "若離不覺之心, 則無眞覺自相可說."

b. 廣顯枝末不覺

a) 明細相

(a) 總標: "復次依不覺故, 生三種相, 與彼不覺相應不離, 云何爲三?"

(b) 別釋

ⓐ 無明業相: "一者, 無明業相. 以依不覺故心動, 說名爲業. 覺則不動, 動則有苦, 果不離因故."

ⓑ 能見相: "二者, 能見相. 以依動故能見, 不動則無見."

ⓒ 境界相: "三者, 境界相. 以依能見故, 境界妄現, 離見則無境界."

b) 顯麤相(明麤相)

(a) 總標: "以有境界緣故, 復生六種相. 云何爲六?"

(b) 別釋

ⓐ 智相: "一者, 智相, 依於境界, 心起分別愛與不愛故."

ⓑ 相續相: "二者, 相續相, 依於智故, 生其苦樂, 覺心起念, 相應不斷故."

ⓒ 執取相: "三者, 執取相, 依於相續, 緣念境界, 住持苦樂, 心起著故."

ⓓ 計名字相: "四者, 計名字相, 依於妄執, 分別假名言相故."

〈『소』와 『별기』의 구문 대조〉

『소』(1-714b22~c8)	『별기』(1-690a2~14)
①明異相中, 先喩, 後合. 合中言, ②"隨染幻差別"者, 是無漏法, "性染幻差別"者, 是無明法, 何者? ③本末無明, 違平等性, ④是故其性自有差別. 諸無漏法順平等性, 直置其性, 應無差別, 但隨染法差別⑤之相, 故說無漏有差別耳. (⑥) ⑦謂對(⑧)業識⑨等染法差別(⑩), ⑪故說本覺⑫恒沙性德, 又(⑬)對治⑭此諸法差別, 故成始覺萬德差別. (⑮) 然⑯如是染淨, 皆⑰是相待, ⑱非無顯現而非是有, 是故通名"幻差別"也. 上來⑲廣釋立義分中"是心生滅", ⑳竟在於前.	①"復次"以下, 第三明同異. 言"無漏無明, ②隨染幻差別, 性染幻差別"者, 無漏是隨染幻差別, 無明是性染差別. 何者? ③其無明是違平等性, ④故其所起一切染法, 性自差別, 無漏法是順平等性, 直置其性, 應無差別, 但隨染法差別(⑤), 故說無漏有差別耳. ⑥何者? (⑦)對⑧彼業識⑨染幻差別⑩故, ⑪有本覺⑫無漏性德差別, 又⑬爲對治⑭彼染差別, 故成始覺萬德差別. ⑮是故無漏但隨彼染而有差別, 不由自性有差別也. 然⑯此染淨, 皆⑰悉相待, ⑱性無所有, 故言"幻"也. 上來⑲總爲廣上立義分中"是心生滅", ⑳已竟.
※ 『회본』에는 "是故無漏但隨彼染而有差別, 不由自性有差別也"(1-759a11)만 수록되어 있다.	

ⓔ 起業相: "五者, 起業相, 依於名字, 尋名取著, 造種種業故."

ⓕ 業繫苦相: "六者, 業繫苦相, 以依業受果, 不自在故."

c. 總結本末不覺: "當知無明能生一切染法, 以一切染法, 皆是不覺相故."

C) 明同異相

(A) 總標: "復次覺與不覺有二種相, 云何爲二?"

(B) 列名: "一者, 同相, 二者, 異相."

(C) 次第辨相

Ⓐ 明同相

a. 引喩: "同相者, 譬如種種瓦器, 皆同微塵性相."

b. 合喩: "如是無漏無明種種業幻, 皆同眞如性相."

c. 引證: "是故修多羅中, 依於此眞如義故, 說一切衆生本來常住, 入於涅槃菩提之法, 非可修相, 非可作相, 畢竟無得. 亦無色相可見, 而有見色相者, 唯是隨染業幻所作, 非是智色不空之性, 以智相無可見故."

Ⓑ 明異相

a. 喩: "言異相者, 如種種瓦器, 各各不同."

b. 合: "如是無漏無明, 隨染幻差別, 性染幻差別故."

㉯ 입의분立義分에서 말한 '생멸하는 마음의 원인과 조건'을 해석함(釋上生滅因緣)

ㄱ. 생멸하는 마음은 원인과 조건에 의거한다는 뜻을 밝힘(明生滅依因緣義)

【소】 此下, 第二釋其因緣. 於中有二, 先明生滅依因緣義, 後顯所依因緣體相. 初中亦二, 總標, 別釋.

『소』(1-714c9~11); 『회본』(1-759a16~18)

이 아래는 두 번째로 그 ['[근본무지에 따른] 마음의 생멸'(心生滅)의] '원인과 조건'(因緣)을 풀이한 것이다. 여기에는 두 가지가 있으니, 먼저 〈'생멸[하는 마음]'은 '원인과 조건'에 의거한다는 뜻〉(生滅依因緣義)을 밝혔고, 나중에는 〈'의거하는 원인과 조건'의 '본연과 양상'〉(所依因緣體相)을 드러내었다. 앞의 것에도 두 가지가 있으니, '총괄적으로 해석함'(總標)과 '하나씩 해석함'(別釋)이다.

【별기】 "復次"已下, 第二廣上生滅因. 於中有二. 初正明生滅依因緣義. 二 "依無明熏習所起識者"以下, 重顯所依因緣體相. 初先總表, 後別釋.

『별기』(1-690a15~18); 『회본』에 없음.

"또한"(復次) 이하는 두 번째로 위에서 말한 ['[근본무지에 따른] 마음의 생멸'(心生滅)에서의] '생멸하게 하는 원인'(生滅因)을 자세히 풀이한 것이다. 그중에 두 가지가 있다. 첫 번째는 〈'[마음의] 생멸'은 '원인과 조건'에 의거한다는 뜻〉(生滅依因緣義)을 밝힌 것이다. 두 번째는 "'근본무지가 거듭 영향을 끼침'에 의거하여 일으킨 식이라는 것"(依無明熏習所起識者) 이하에서, 〈'의거하는 원인과 조건'의 '본연과 양상'〉(所依因緣體相)을 거듭 밝힌 것이다. 앞의 것은 먼저 '총괄적으로 드러낸 것'(總表)이고, 뒤의 것은 '하나씩 풀이한 것'(別釋)이다.

〈『소』와 『별기』의 구문 대조〉

『소』(1-714c9~11)	『별기』(1-690a15~18)
①此下, 第二②釋其因緣. 於中有二, ③先明生滅依因緣義, (④) ⑤後顯所依因緣體相. 初⑥中亦二, 總標, 別釋.	①"復次"已下, 第二②廣上生滅因. 於中有二. ③初正明生滅依因緣義. ④二"依無明熏習所起識者"以下, ⑤重顯所依因緣體相. 初⑥先總表, 後別釋.

復次生滅因緣者, 所謂衆生依心, 意意識轉故.

『논』(T32, 577b3~4); 『회본』(1-759a19~20)

또한 '[근본무지에 따라] 생멸하게 하는 원인과 조건'(生滅因緣)은, 이른바 [아리야식에 의거하는 주체인] 중생이 마음(心)에 의거하여 의意와 의식意識으로 바뀌어 가는 것이다.

【소】 初中言"因緣"者, 阿梨耶心體, 變作諸法, 是生滅因, 根本無明熏動心體, 是生滅緣. 又復無明住地, 諸染根本, 起諸生滅, 故說爲因, 六塵境界, 能動七識波浪生滅, 是生滅緣. 依是二義, 以顯因緣. 諸生滅相, 聚集而生, 故名"衆生", 而無別體, 唯依心體, 故言"依心", 卽是梨耶自相心也. 能依衆生是意意識, 以之故言"意意識轉".

『소』(1-714c11~20); 『회본』(1-759a21~b5); 『별기』에 있지만 서술에 차이가 많음(1-690a19~b4).

처음에 말한 "[분별에 따라 생멸함의] 원인과 조건"(因緣)이라는 것은, 아리야식阿梨耶識이라는 '바탕이 되는 마음'(心體)이 '모든 현상'(諸法)을 바꾸어 가며 지어내니 이 ['바탕이 되는 마음'(心體)인 아리야식]이 '[분별에 따라] 생멸함의 원인'(生滅因)이고, '근본적인 무지'(根本無明)가 '바탕이 되는 마음'(心體)[인 아리야식]에 거듭 영향을 끼쳐 동요하게 하니 이 ['근본적인 무지'(根本無明)]가 '[분별에 따라] 생멸함의 조건'(生滅緣)이다. 또한 '근본무지가 자리 잡은 단계'(無明住地)는 모든 오염(染)의 근본으로 갖가지 [분별에 따른] 생멸을 일으키기 때문에 '[분별에 따라 생멸함의] 원인'([生滅]因)이라 하고, '인식 능력의 여섯 가지 대상'(六塵境界)은 '일곱 가지 식識'(七識)을 움직여 물결과도 같이 [분별에 따라] 생멸하게 하니 이것이 '[분별에 따라] 생멸함의 조건'(生滅緣)이다. 이러한 두 가지 뜻에 의거하여 '[생멸하는 마음의] 원인과 조건'(因緣)을 드러낸다.

'온갖 생멸하는 양상들'(諸生滅相)이 '모여서 생겨나기'(聚集而生) 때문에 "중생衆生"이라 부르고, 그러나 [생멸하는 현상들은] '서로 다른 실체'(別體)가 없고 오직 '바탕이 되는 마음'(心體)[인 아리야식]에 의거하므로 "마음에 의거한다"(依心)라고 말하였으니 바로 '아리야식 양상으로서의 마음'(梨耶自相心)이다. [아리야식에] '의거하는 [주체인] 중생'(能依衆生)은 의意와 의식意識이니, 따라서 "의와 의식으로 바뀌어 간다"(意意識轉)라고 말하였다.

【별기】 言"因緣"者, 梨耶心體, 反[84]作諸法生滅, 是生滅因, 生滅諸法, 細麤相資而起, 是生滅緣. 如經云, "如來藏是善不善因故".[85] 又無明住地, 能熏心體轉作諸識, 名生滅因, 所起諸識轉, 相資因緣. 如下文云, "一切染因, 名爲無明". 故今此文中, 二義俱有. 言"衆生依心"者, 諸生滅法, 聚集而生, 故名"衆生", 而無自體, 唯依心體. 故言"依心". 能依衆生, 只是意意識, 故言"意意識轉".

『별기』(1-690a19~b4); 『회본』에 없음; 『소』(1-714b3~8) 참조.

"[분별에 따라 생멸함의] 원인과 조건"(因緣)이라 말한 것은 아리야식阿梨耶識이라는 '바탕이 되는 마음'(心體)이 '모든 현상의 생멸'(諸法生滅)을 바꾸어 가며 지어내니 이 ['바탕이 되는 마음'(心體)인 아리야식]이 '[분별에 따라] 생멸함의 원인'(生滅因)이고, '생멸하는 모든 현상'(生滅諸法)은 [근본무지(無明)의] '미세한 분별과 뚜렷한 분별'(細麤)이 서로 도와 가며 일으키니, 이 [근본무지의 미세한 분별과 뚜렷한 분별]이 '[분별에 따라] 생멸함의 조건'(生滅緣)이다. 『능가경』에서

84 한불전에는 '反'으로 되어 있지만, 교감주대로 '變'자로 고쳐서 번역한다.
85 『능가아발다라보경』 권4(T16, 510b4). "如來之藏是善不善因."

"'여래의 면모가 간직된 창고'(如來藏)는 '이로운 것'(善)과 '해로운 것'(不善)의 원인이다"라고 말한 것과 같다. 또 '근본무지가 자리 잡은 단계'(無明住地)가 '바탕이 되는 마음'(心體)[인 아리야식]에 거듭 영향을 끼쳐 갖가지 식識으로 바꾸어 지어내는 것을 '[분별에 따라] 생멸함의 원인'(生滅因)이라 하고, 갖가지 식으로 바뀌어 일어난 것들이 '서로 돕는 원인과 조건'(相資因緣)이다. 마치 아랫글에서 〈모든 오염(染)의 원인을 근본무지라 부른다〉(一切染因, 名爲無明)[86]고 말한 것과 같다. 그러므로 지금 이 [『대승기신론』] 본문은 [인因과 연緣, 이] 두 가지 뜻을 모두 갖추[어 말하]고 있는 것이다.

"[아리야식에 의거하는 주체인] 중생이 마음에 의거하여"(衆生依心)라고 말한 것은, 모든 '생멸하는 현상들'(生滅法)이 모여서 생겨나기 때문에 "중생衆生"이라 부르고, 그러나 [생멸하는 현상들은] '자신만의 실체'(自體)가 없고 오직 '바탕이 되는 마음'(心體)[인 아리야식]에 의거하므로 "마음에 의거한다"(依心)라고 말하였다. [아리야식에] '의거하는 [주체인] 중생'(能依衆生)은 단지 의意와 의식意識이니, 따라서 "의와 의식으로 바뀌어 간다"(意意識轉)고 말하였다.

〈『소』와 『별기』의 구문 대조〉

『소』(1-714c11~20)	『별기』(1-690a19~b4)
①初中言"因緣"者, ②阿梨耶心體, 變作諸法(③), 是生滅因, ④根本無明熏動心體, 是生滅緣. (⑤) 又⑥復無明住地, ⑦諸染根本, 起諸生滅, 故說爲因, 六塵境界, 能動七識波浪生滅, 是生滅緣. 依是二義, 以顯因緣. 諸生滅⑧相, 聚集而生, 故名"衆生", 而無⑨別體, 唯依心體, 故言"依心", ⑩卽是梨耶自	(①)言"因緣"者, (②)梨耶心體, 變作諸法③生滅, 是生滅因, ④生滅諸法, 細麤相資而起, 是生滅緣. ⑤如經云, "如來藏是善不善因故". 又(⑥)無明住地, ⑦能熏心體轉作諸識, 名生滅因, 所起諸識轉, 相資因緣. 如下文云, "一切染因, 名爲無明". 故今此文中, 二義俱有. 言"衆生依心"者, 諸生滅⑧法, 聚集而生, 故名"衆生", 而無⑨自體, 唯依心體. 故言"依

86 『대승기신론』(T32, 578a15~16). "一切染因, 名爲無明." '인언중현因言重顯' 단락의 서두에 나오는 문장이다.

相心也. 能依衆生⑪是意意識, ⑫以之故言"意意識轉".	心". (⑩) 能依衆生, ⑪只是意意識, (⑫)故言"意意識轉".

【소】 以下別釋, 於中有三. 先釋"依心", 次釋"意轉", 後釋"意識轉".

『소』(1-714c21~22); 『회본』(1-759b6~7); 『별기』에 없음.

아래는 '하나씩 해설한 것'(別釋)으로, 여기에는 세 가지가 있다. 먼저 "마음에 의거한다"(依心)는 것을 해설하였고, 다음에는 "의意로 바뀌어 간다"(意轉)는 것을 해설하였으며, 마지막에는 "의식意識으로 바뀌어 간다"(意識轉)는 것을 해설하였다.

【별기】 此卽表二章門, "此義云何?"以下, 釋二章門. 先釋意中有三. 初略明意, 次廣辨意, "是故"以下, 結成唯心.[87]

『별기』(1-690b4~7); 『회본』에 없음; 『소』(1-714c21~22) 참조.

이것은 바로 '두 단락'(二章門)을 드러낸 것이니, "이 뜻은 어떤 것인가?"(此義云何) 이하에서 '두 단락'(二章門)을 해석하고 있다. 먼저 '의意'를 해석하는 것에는 세 가지가 있다. 처음에는 '의'를 간략하게 밝혔고, 다음에는 '의'를 자세하게 설명하였으며, [마지막으로] "그러므로" 이하에서는 '오직 마음[에 의거할] 뿐'(唯心)[이라는 이치]를 이루는 것으로써 결론을 맺었다.

ㄱ) 마음에 의거한다는 것을 해석함(釋依心)

此義云何? 以依阿梨耶識, 說有無明,

『논』(T32, 577b4); 『회본』(1-759b8)

87 이 내용은 『소』와 대조하기 곤란한 부분이다. 『소』에서는 "此義云何?" 이하를 별석別釋하면서 석의심釋依心, 석의전釋意轉, 석의식전釋意識轉의 삼장문三章門으로 나누었다면, 『별기』에서는 석의釋意와 석의식釋意識의 이장문二章門으로 나누는 차이를 보인다. 『별기』에서 석의식의 장문章門은 H1, 692a14 이하("復次以下, 第二釋意識章門. …")에서 시작된다.

이 뜻은 어떤 것인가? 아리야식阿梨耶識에 의거하여 근본무지(無明)가 있다고 말하니,

【소】 初中言“阿梨耶識”者，是上說“心”，卽是生滅之因，“說有無明”者，在梨耶識，卽是生滅之緣．欲明依此因緣意意識轉，故言“以依阿梨耶識，說有無明”．上總標中略標其因，是故但言“依心”，此別釋中具顯因緣，故說亦“依梨耶識內，[88] 所[89]有無明”也．

『소』(1-714c22~a4); 『회본』(1-759b9~15); 『별기』(1-690a19~b4) 참조.

처음에 말한 “아리야식阿梨耶識”이라는 것은 앞서 말한 “마음”(心)이니 [아리야식이] 바로 ‘[분별에 따라] 생멸함의 원인’(生滅之因)이라는 것이고, “근본무지가 있다고 말한다”(說有無明)라는 것은 [근본무지(無明)가] 아리야식에 있으니 [근본무지(無明)가] 바로 ‘[분별에 따라] 생멸함의 조건’(生滅之緣)이라는 것이다. 〈이러한 ‘원인과 조건’(因緣)에 의거하여 ‘의意와 의식意識으로 바뀌어 간다’(意意識轉)〉는 것을 밝히려고 했기 때문에 “아리야식에 의거하여 근본무지가 있다고 말한다”(以依阿梨耶識, 說有無明)라고 하였다.

앞에서의 ‘총괄적인 제시’(總標)에서는 그 [분별에 따라 생멸함의] 원인(因)을 간략하게 나타내었기 때문에 단지 “마음에 의거한다”(依心)라고만 하였고, 이곳 ‘하나씩 해석함’(別釋)에서는 [분별에 따라 생멸함의] ‘원인과 조건’(因緣)을 모두 드러내기 때문에 또한 “아리야식에 의거하여 근본무지가 있다고 말한다”(以依阿梨耶識, 說有無明)라고 하였다.

---

88 『대승기신론』 본문에 없는 ‘內’자가 추가되어 있다.

89 『대승기신론』 본문에는 ‘所’가 아니라 ‘說’이다. ‘內’가 추가되고 ‘說’이 ‘所’로 바뀌어 있는 이유로 두 가지를 추정할 수 있다. 하나는 원효가 기신론 본문의 해당 구절에 대한 자신의 이해를 명확히 하려고 의도적으로 문장의 변형을 시도했을 가능성이고, 다른 하나는 필사 과정에서 발생한 원효나 후인들의 오기誤記 가능성이다. 오기일 가능성이 높아 보인다. 여기서는 『대승기신론』 원문대로 교감하여 번역한다.

【별기】 初言“依阿梨耶識”者, 釋上“依心”義. 相[90]本無明, 親依識體而有, 故言“依識,[91] 說有無明”. 如上文云, “此識有二義, 一者覺義, 二者不覺義”, 正謂此也. 『四卷經』云, “如來藏爲無始虛僞惡習所熏, 名爲識藏生, 無明住地與七識俱”, 當知無明住地, 非七識攝, 亦非爲彼所熏種子.

『별기』(1-690b7~14)[92]

처음에 말한 “아리야식에 의거한다”(依阿梨耶識)라는 것은 앞에서 말한 “마음에 의거한다”(依心)라는 뜻을 해석한 것이다. ‘근본적인 무지’(根本無明)는 ‘바탕이 되는 [아리야]식’(識體)에 직접 의거해야 있는 것이기 때문에 “[아리야]식에 의거하여 근본무지가 있다고 말한다”(依[阿梨耶]識, 說有無明)라고 하였다. 앞서의 『대승기신론』 문장에서 “이 [아리야]식에는 [‘깨달음’(覺)과 ‘깨닫지 못함’(不覺)의] 두 가지 면모가 있는데, 첫 번째는 ‘깨달음의 면모’이고, 두 번째는 ‘깨닫지 못함의 면모’이다”(此識有二義, 一者覺義, 二者不覺義)[93]라고 말한 것이 바로 이것을 일컫는 것이다.

『사권능가경四卷楞伽經』에서는 “‘여래의 면모가 간직된 창고’(如來藏)는 시작을 알 수 없는 때부터의 거짓과 해로운 버릇에 의해 거듭 영향을 받아 왔기에 ‘[분별하는] 식의 창고’(識藏)[인 알라야식/아리야식]이라 부르는 것이 생기는데, [이 식장識藏에는] ‘근본무지가 자리 잡은 단계’(無明住地)와 제7[말나]식이 함께 있다”[94]라고 말하는데, ‘근본무지가 자리 잡은 단계’(無明住地)는 제7[말

90 한불전 원문에는 ‘相’으로 되어 있지만, ‘根’으로 보는 것이 적절하다. ‘根’으로 교감하여 번역한다.

91 『대승기신론』 원문은 “以依阿梨耶識”이다. 축약된 표현이다.

92 『회본』(1-759b15)에는 “當知無明住地, 非七識攝, 亦非爲彼所熏種子”라는 부분만 세주로 있다.

93 『대승기신론』의 “此識有二種義, 能攝一切法, 生一切法. 云何爲二? 一者覺義, 二者不覺義”(T32, 576b10~11)라는 구절을 축약시킨 것이다.

94 원효가 『사권능가경』의 내용을 축약하여 인용하였다. 전문을 옮기면 다음과 같다. 『사권능가경』 권4(T16, 510b4~11). “佛告大慧. 如來之藏是善不善因, 能遍興造一切趣生. 譬如伎兒變現諸趣離我我所, 不覺彼故, 三緣和合方便而生, 外道不覺計著作者, 爲無始虛僞惡習所薰, 名爲識藏. 生無明住地與七識俱, 如海浪身常生不斷. 離無常過離於我論, 自性無垢畢竟淸淨, 其諸

나]식을 포섭하는 것이 아니며, 또한 그 [제7말나식]이 거듭 영향을 끼친 종자인 것도 아니라는 것을 알아야 한다.

ㄴ) '의意로 바뀌어 감'을 해석함(釋意轉)

不覺而起能見能現, 能取境界, 起念相續, 故說爲意. 此意復有五種名, 云何爲五? 一者, 名爲業識, 謂無明力不覺心動故. 二者, 名爲轉識, 依於動心能見相故. 三者, 名爲現識, 所謂能現一切境界, 猶如明鏡現於色像. 現識亦爾, 隨其五塵對至即現, 無有前後, 以一切時任運而起, 常在前故. 四者, 名爲智識, 謂分別染淨法故. 五者, 名爲相續識, 以念相應不斷故, 住[95]持過去無量世等善惡之業, 令不失故, 復能成熟現在未來苦樂等報無差違故, 能令現在已經之事, 忽然而念, 未來之事, 不覺妄慮. 是故三界虛僞, 唯心所作, 離心則無六塵境界. 此義云何? 以一切法皆從心起, 妄念而生, 一切分別即分別自心, 心不見心, 無相可得. 當知世間一切境界, 皆依衆生無明妄心而得住持. 是故一切法, 如鏡中像, 無體可得, 唯心虛妄. 以心生則種種法生, 心滅則種種法滅故.

餘識有生有滅, 意意識等念念有七." 〈산스크리트본의 해당 내용: LAS 220,9-16, tathāgatagarbho mahāmate kuśalākuśalahetukaḥ sarvajanmagatikartā / pravartate naṭavad gatisaṃkaṭa ātmātmīyavarjitas tadanavabodhāt trisaṅgatipratyayakriyāyogaḥ pravartate / na ca tīrthyā avabudhyante kāraṇābhiniveśābhiniviṣṭāḥ / anādikālavividhaprapañcadauṣṭhulyavāsanāvāsitā ālayavijñānasaṃśabdito 'vidyāvāsanabhūmijaiḥ saptabhir vijñānaiḥ saha mahodadhitaraṅgavan nityam avyucchinnaśarīraḥ pravartate; 대혜여, 여래의 장은 선과 불선의 원인으로서 모든 생존형태(趣)와 탄생형태(生)를 남김없이 만들 수 있으니, 배우가 [여러 배역을 연기하듯이] 여러 가지 생존형태로 변해 나타나지만, 자아의식(我)과 소유의식(我所)을 벗어나 있다. 그것을 이해하지 못하기 때문에 [무지, 갈애, 업이라는] 세 가지 조건이 결합하는 방편이 발생한다. 비불교도는 [그것을] 이해하지 못하고 행위자를 계착한다. [그 여래장이] 무한한 과거로부터 허위의 악의 습기에 훈습된 것을 식장이라 하니, 무명주지로부터 발생한 7식과 함께 바다의 파도와 같이 몸(身)이 항상 발생하는 것이 끊이지 않는다.〉

95 대정장 원문에는 '住'자가 '任'자와 같다고 주석하였지만, '住'로 풀이해도 크게 문제가 되지 않는다. '住'로 보고 번역한다.

『논』(T32, 577b5~23); 『회본』(1-759b16~c11)

'깨닫지 못하여'(不覺) '능히 봄'(能見)[인 주관]과 '능히 나타냄'(能現)[인 대상]을 일으켜 [그 주관과 대상을 불변 · 독자의 실체로 간주하고] [그] 대상(境界)을 붙들어 '[그 대상에 대한] 분별'(念)을 일으키며 '서로 이어 가니'(相續), 그러므로 '의意'라고 말한다. 이 '의意'에는 다시 다섯 가지 이름이 있으니, 무엇이 다섯 가지인가?

첫 번째는 '[근본무지에 따라 처음] 움직이는 식'(業識)이라 부르는 것이니, '근본무지의 힘'(無明力)에 의해 '깨닫지 못하는 마음'(不覺心)이 움직이기 때문이다.

두 번째는 '[불변 · 독자의 실체로 간주되는 주관으로] 바뀌어 가는 식'(轉識)이라 부르는 것이니, '움직여진 [깨닫지 못하는] 마음'(動心)에 의거한 '[불변 · 독자의 실체로 간주되는] 주관[이 자리 잡는] 양상'(能見相)이기 때문이다.

세 번째는 '[불변 · 독자의 실체로 간주되는 대상을] 나타내는 식'(現識)이라 부르는 것이니, 이른바 [불변 · 독자의 실체로 간주되는] 모든 대상세계를 나타내는 것이 마치 밝은 거울이 사물의 영상을 나타내는 것과 같다. '[불변 · 독자의 실체로 간주되는 대상을] 나타내는 식'(現識)도 [밝은 거울이 사물의 영상을 나타내는 것과] 같으니, 그 ['[불변 · 독자의 실체로 간주되는 대상을] 나타내는 식'(現識)]에 따라 '다섯 가지 감관대상들'(五塵)이 ['[불변 · 독자의 실체로 간주되는 대상을] 나타내는 식'(現識)에] 대응하여 오면 곧 ['[불변 · 독자의 실체로 간주되는 대상을] 나타내는 식'(現識)이 그 '다섯 가지 감관대상들'(五塵)을 불변 · 독자의 실체로서] 나타냄에 선후[의 시차]가 없으니, 모든 때에 '인연대로 일어나'(任運而起) 항상 ['[불변 · 독자의 실체로 간주되는 대상을] 나타내는 식'(現識)] 앞에 있기 때문이다.

네 번째는 '분별하는 식'(智識)이라 부르는 것이니, '오염된 것'(染法)과 '온전한 것'(淨法)으로 분별하기 때문이다.

다섯 번째는 '[분별을] 서로 이어 가는 식'(相續識)이라 부르는 것이니, 분별(念)들이 서로 응하면서 끊어지지 않기 때문이고, 헤아릴 수 없는 과거

세상에서의 '이롭거나 해로운 행위'(善惡業)를 간직하여 없어지지 않게 하기 때문이며, 또 현재와 미래의 괴롭거나 즐거운 과보를 무르익게 하여 [인과법에] 어긋남이 없게 하기 때문인데, 이미 지나간 일을 현재에서 문득 떠올리고 미래의 일을 자기도 모르는 사이에 망상하여 생각하게 한다.

그러므로 '[욕망세계(欲界) · 유형세계(色界) · 무형세계(無色界), 이] 세 가지 세계'(三界)는 '실재가 아니며'(虛僞) '오직 마음[의 분별]이 지어낸 것'(唯心所作)이라서, [분별하는] 마음에서 떠나면 곧 [불변 · 독자의 실체로 간주되는] '인식 능력의 여섯 가지 대상'(六塵境界)도 없다. 이 뜻은 어떤 것인가? '모든 현상들'(一切法)은 다 마음을 따라서 일어나고 '잘못 분별하여'(妄念) 생겨나니, 모든 분별은 곧 '분별하는 자신의 마음'(分別自心)이어서 '마음이 마음을 볼 수 없기에'(心不見心) 얻을 수 있는 '별개의 실체'(相)는 없다.[96] 이 세상의 모든 [불변 · 독자의 실체로 간주되는] 대상세계는 다 중생들이 지닌 '근본무지에 따라 잘못 분별하는 마음'(無明妄心)에 의거하여 자리 잡게 된다는 것을 알아야 한다. 따라서 [불변 · 독자의 실체로 간주되는] '모든 현상'(一切法)은 거울 속의 영상과 같아서 얻을 수 있는 실체(體)가 없으니, '오직 마음[에 의한 분별]일 뿐 사실 그대로가 아니다'(唯心虛妄). '마음[에 의한 분별]이 생겨나면 [불변 · 독자의 실체로 간주되는] 갖가지 현상이 생겨나고, 마음[에 의한 분별]이 사라지면 [불변 · 독자의 실체로 간주되는] 갖가지 현상이 사라지기 때문이다'(以心生則種種法生, 心滅則種種法滅故).

---

96 "以一切法皆從心起, 妄念而生, 一切分別即分別自心, 心不見心, 無相可得"에서 '無相可得'을 "얻을 수 있는 '별개의 실체'(相)는 없다"라고 번역하였다. 그런데 기신론의 심생멸문은 기본적으로 유식학적 통찰을 근간으로 구성된 것이기 때문에 '無相可得'도 중관적 공사상의 맥락에서 '실체 없음'을 말하는 것이 아니라 유식적 맥락에서 '실체 없음'을 말하는 것이다. "能所二相皆無所得, 故言無相可得也"(『소』, H1, 715c18~19)라는 원효의 주석은 그런 점에서 타당하다.

(ㄱ) '의意로 바뀌어 감'을 간략히 밝힘(略明意轉)

【소】 "不覺"以下,[97] 次釋意轉, 於中有三. 一者, 略明意轉, 二者, 廣顯轉相, 三者, 結成依心之義. 初中卽明五種識相. "不覺而起"者, 所依心體, 由無明熏, 擧體起動, 卽是業識也. 言"能見"者, 卽彼心體轉成能見, 是爲轉識. 言"能現"者, 卽彼心體復成能現, 卽是現識. "能取境界"者, 能取現識所現境界, 是爲智識. "起念相續"者, 於所取境起諸麤念, 是相續識. 依此五義次第轉成, 能對諸境而生意識, 故說此五以"爲意"[98]也.

『소』(1-715a5~15); 『회본』(1-759c12~22); 『별기』에 없음.

"깨닫지 못하여"(不覺) 이하는 다음으로 '의意로 바뀌어 감'(意轉)을 해석한 것인데, 여기에는 세 가지가 있다. 첫 번째는 '의意로 바뀌어 감'(意轉)을 간략히 밝혔고, 두 번째는 '바뀌어 가는 양상'(轉相)을 자세하게 나타냈으며, 세 번째는 '마음에 의거함'(依心)의 뜻을 마무리하였다. 처음[인 '의意로 바뀌어 감'(意轉)을 간략히 밝히는 곳]에서는 바로 '다섯 가지 식識의 양상'(五種識相)을 밝혔다.

"깨닫지 못하여 일으킨다"(不覺而起)라는 것은, [의意가] 의존하는 '바탕이 되는 마음'(心體)[인 아리야식]이 '근본무지의 거듭되는 영향'(無明熏) 때문에 '[온전한] 본연'(體)에 의거하여 '움직이게 되니'(起動), 이것이 바로 '[근본무지에 따라 처음] 움직이는 식'(業識)이다.

"'능히 봄'[인 주관]"(能見)이라고 말한 것은, 저 '바탕이 되는 마음'(心體)[인 아리야식]이 바뀌어 '능히 봄[인 주관]'(能見)을 성립시키니, 이것이 바로 '[불변·독자의 실체로 간주되는 주관으로] 바뀌어 가는 식'(轉識)이다.

"'능히 나타냄'[인 대상]"(能現)이라고 말한 것은, 저 '바탕이 되는 마음'(心體)[인 아리야식]이 다시 '능히 나타냄[인 대상]'(能現)을 성립시키니, 이것이 바로 '[불변·독자의 실체로 간주되는 대상을] 나타내는 식'(現識)이다.

---

97 『회본』에는 '不覺以下'가 없다.

98 『대승기신론』 원문은 "故說爲意"이다.

"[그] 대상을 붙든다"(能取境界)라는 것은, '[불변 · 독자의 실체로 간주되는 대상을] 나타내는 식'(現識)에 의해 나타난 대상을 붙드는 것이니, 이것이 '분별하는 식'(智識)이다.

"'[그 대상에 대한] 분별'을 일으키며 서로 이어간다"(起念相續)라는 것은, 붙든 대상에 대해 갖가지 뚜렷한 분별을 일으키는 것이니, 이것이 '[분별을] 서로 이어 가는 식'(相續識)이다.

이 다섯 가지 면모(義)에 의거하여 차례로 바뀌어 가서 모든 감관대상을 짝하여 의식意識을 발생시키니, 따라서 이 다섯 가지를 "의意라고 한다"(爲意)라고 말하였다.

【별기】 言"不覺而起"者, 心體爲此無明所熏, 動作生滅, 故名"起". 又卽此心體, 由無明熏, 轉成能見, 乃至轉成"起念相續". 如是心體有此五用, 對境界能生意識, 故名"爲意". 此中第五, 猶是意識, 而約生後義, 通入意中攝.

『별기』(1-690b14~19)[99]; 『회본』에 일부 있음.

"깨닫지 못하여 일으킨다"(不覺而起)라고 말한 것은, '바탕이 되는 마음'(心體)[인 아리야식]이 이 근본무지(無明)에 의해 영향을 받게 되어 움직여 [분별의] 생멸을 지어내기 때문에 "일으킨다"(起)라고 하였다. 또 바로 이 '바탕이 되는 마음'(心體)[인 아리야식]이 '근본무지의 거듭되는 영향'(無明熏) 때문에 바뀌어 '능히 봄[인 주관]'(能見)을 성립시키고 [또 그 뒤에 이어지는] "'[그 대상에 대한] 분별'을 일으키며 서로 이어간다"(起念相續)는 것에 이르기까지 바뀌어 성립시킨다.

이와 같이 '바탕이 되는 마음'(心體)[인 아리야식]에 이 다섯 가지 작용이 있어서 감관대상과 짝지어 의식意識을 생겨나게 하니, 그러므로 "의意라고 한

99 『기신론』 본문에서 동일한 내용을 주석한 부분이지만, 『소』와 비교하면 서술된 내용과 논술방식이 매우 달라 서로 대응하는 구문을 대조하기 어렵다.

다"(爲意)라고 하였다. 이 가운데 다섯 번째[인 '[분별을] 서로 이어 가는 식'(相續識)]은 [내용상으로는] 오히려 의식이지만, [상속식相續識이 지닌] '그다음[인 의식意識]을 생겨나게 하는 의미'(生後義)에 의거하여 통틀어 의意 가운데 넣어 포섭시킨 것이다.

〈『소』와 『별기』의 구문 대조〉

『소』(1-715a5~15)	『별기』(1-690b14~19)
①"不覺"以下, 次釋意轉, 於中有三. 一者, 略明意轉, 二者, 廣顯轉相, 三者, 結成依心之義. 初中卽明五種識相. (②)"不覺而起"者, ③所依心體, 由無明熏, 擧體起動, 卽是業識也. 言"能見"者, 卽彼心體轉成能見, 是爲轉識. 言"能現"者, 卽彼心體復成能現, 卽是現識. "能取境界"者, 能取現識所現境界, 是爲智識. "起念相續"④者, ⑤於所取境起諸麤念, 是相續識. ⑥依此五義次第轉成, 能對諸境而生意識, 故說此五以"爲意"也.	(①) ②言"不覺而起"者, ③心體爲此無明所熏, 動作生滅, 故名"起". 又卽此心體, 由無明熏, 轉成能見, 乃至轉成"起念相續"(④). ⑤如是心體有此五用, 對境界能生意識, 故名"爲意". ⑥此中第五, 猶是意識, 而約生後義, 通入意中攝.
※ 『별기』의 해당 내용을 『소』에서는 대폭 보완하고 있다. ※ 『회본』에는 『별기』 가운데 "此中第五, 猶是意識, 而約生後義, 通入意中攝" 부분만 세주細注로 있다(1-759c22-c23).	

(ㄴ) 바뀌어 가는 양상을 자세하게 나타냄(廣顯轉相)

【소】 "此意"以下, 第二廣明. 於中有二, 總標別釋. 別釋中言"無明力"者, 擧所依緣. "不覺心動"者, 釋其業義, 起動之義是業義故. 轉識中言"依於動心能見相故"者, 依前業識之動, 轉成能見之相. 然轉識有二. 若就無明所動轉成能見者, 是在本識, 如其境界所動轉成能見者, 是謂七識. 此中轉相, 約初義也.

『소』(1-715a15~23); 『회본』(1-759c23~760a7)

"이 의意에는"(此意) 이하는 두 번째로 '자세히 밝힘'(廣明)이다. 여기에는 두 가지가 있으니, '총괄적으로 나타냄'(總標)과 '하나씩 해석함'(別釋)이다.

㉠ 근본무지에 따라 처음 움직이는 식(業識)

'하나씩 해석함'(別釋)에서 말한 "근본무지의 힘"(無明力)이라는 것은 ['[근본무지에 따라 처음] 움직이는 식'(業識)이] 의거하는 '[원인으로서의] 조건'(緣)을 거론한 것이다. "깨닫지 못하는 마음이 움직인다"(不覺心動)는 것은 그 ['업식業識'이라는 말의] '업業'의 뜻을 해석한 것이니, '움직임을 일으킴'(起動)이라는 뜻이 '업'[이라는 말]의 뜻이기 때문이다.

㉡ 불변·독자의 실체로 간주되는 주관으로 바뀌어 가는 식(轉識)

'[불변·독자의 실체로 간주되는 주관으로] 바뀌어 가는 식'(轉識)[을 해석하는 곳]에서 "'움직여진 [깨닫지 못하는] 마음'(動心)에 의거한 '[불변·독자의 실체로 간주되는] 주관[이 자리 잡는] 양상'(能見相)이기 때문이다"(依於動心能見相故)라고 말한 것은, 앞의 '[근본무지에 따라 처음] 움직이는 식'(業識)의 움직임에 의거하여 바뀌어 가서 '[불변·독자의 실체로 간주되는] 주관[이 자리 잡는] 양상'(能見之相)을 이루는 것이다. 그런데 '[불변·독자의 실체로 간주되는 주관으로] 바뀌어 가는 식'(轉識)에는 두 가지가 있다. 만약 근본무지(無明)에 의해 움직여져 바뀌어 가서 주관(能見)을 이루는 것이라면 이 ['[불변·독자의 실체로 간주되는 주관으로] 바뀌어 가는 식'(轉識)]은 '근본적인 식'(本識)[인 아리야식]에 있고, 만약 그것이 대상(境界)에 의해 움직여져 바뀌어 가서 주관을 이루는 것이라면 이 ['[불변·독자의 실체로 간주되는 주관으로] 바뀌어 가는 식'(轉識)]은 '제7[말나]식'(七識)을 일컫는다. 여기서의 '[불변·독자의 실체로 간주하는 주관으로] 바뀌어 가는 양상'(轉相)은 [근본무지에 의해 움직여져 바뀌어 가서 주관을 이루는] 앞의 측면(義)에 의거한 것이다.

【별기】"此意"以下, 第二廣解, 開上五用, 立五識名. 初業識義如前已說. 言"轉識"者, 是能見相, 緣境而轉, 名爲轉識. 然轉識有二. 若說無明所動能見名爲轉識者, 是在阿梨耶識, 如其境界所動能見名轉識者, 是謂七識. 二義不同, 不可相濫. 又有處說, 諸是能見通名轉識, 則通八識.

今此中轉相, 是緣初義也.

『별기』(1-690b19~c3); 『회본』에 일부 있음; 위의 『소』(1-715a15~23)에 해당.[100]

"이 의意에는"(此意) 이하는 둘째로 자세히 해석하는 것이니, 위의 다섯 가지 작용[101]에 입각하여 다섯 가지 식識의 명칭을 세운다. 처음인 '[근본무지에 따라 처음] 움직이는 식'(業識)의 면모(義)는 앞에서 이미 설명한 것과 같다. '[불변 · 독자의 실체로 간주되는 주관으로] 바뀌어 가는 식'(轉識)이라고 말한 것은 '[불변 · 독자의 실체로 간주되는] 주관[이 자리 잡는] 양상'(能見相)이니, 대상(境)과 관계 맺으면서 바뀌어 가기에 '[불변 · 독자의 실체로 간주하는 주관으로] 바뀌어 가는 식'(轉識)이라고 부른다.[102] 그런데 '[불변 · 독자의 실체로 간주되는 주관으로] 바뀌어 가는 식'(轉識)에는 두 가지 [면모]가 있다. 만약 〈근본무지(無明)에 의해 움직여진 주관(能見)을 '[불변 · 독자의 실체로 간주되는 주관으로] 바뀌어 가는 식'(轉識)이라 부른다〉고 말하는 것이라면 이 ['[불변 · 독자의 실체로 간주되는 주관으로] 바뀌어 가는 식'(轉識)]은 아리야식阿梨耶識에 있고, 만약 그것이 〈대상(境界)에 의해 움직여진 주관을 '[불변 · 독자의 실체로 간주되는 주관으로] 바뀌어 가는 식'(轉識)이라 부른다〉는 것이라면 이것은 '제7[말나]식'(七識)을 일컫는다. [이러한] 두 가지 면모(義)는 같지 않아서, 서로 침범할 수 없다. 또 어떤 곳에서는 [근본무지에 의해 움직여지거나 대상에 의해 움직여지거나] 이 모든 주관을 통틀어 '[불변 · 독자의 실체로 간주되는 주관으로] 바뀌어 가는 식'(轉識)이라고 부르니, 이것은 '여덟 가지 식'(八識)에 [두루] 통하는 것이다. 지금 여기서의 '[불변 · 독자의 실체로 간주되는 주관으로] 바뀌어 가는 양상'(轉相)은 [근본무지(無

---

100 『소』의 내용과는 많이 다르므로 전체를 번역한다.

101 오용五用: '의전意轉'의 다섯 가지 작용이다. 『대승기신론』 본문의 '不覺而起', '能見', '能現', '能取境界', '起念相續'에 해당한다. 『소』의 '약명의전略明意轉' 과목에서는 여기의 '오용'을 '오종식상五種識相'이라고 표현하여 업식業識의 상相이 '불각이기不覺而起', 전식轉識의 상이 '능견能見', 현식現識의 상이 '능현能現', 지식智識의 상이 '능취경계能取境界', 상속식相續識의 상이 '기념상속起念相續'이라고 주석했다.

102 『소』에서 '전식轉識'에 대한 총괄적 설명이 "依前業識之動, 轉成能見之相"이었던 것과 대비되는 『별기』의 주석이다.

明)에 의해 움직여져 바뀌어 가서 주관을 이루는] 앞의 측면(義)에 의거한 것이다.

〈『소』와 『별기』의 구문 대조〉

『소』(1-715a15~23)	『별기』(1-690b19~c3)
"此意"以下, 第二廣①明. ②於中有二, 總標別釋. 別釋中言"無明力"者, 擧所依緣. "不覺心動"者, 釋其業義, 起動之義是業義故. ③轉識中言"依於動心能見相故"者, 依前業識之動, 轉成能見之相. 然轉識有二. ④若就無明所動轉成能見者, 是在本識, 如其境界所動轉成能見者, 是謂七識. (⑤) (⑥)此中轉相, ⑦約初義也.	"此意"以下, 第二廣①解, ②開上五用, 立五識名. 初業識義如前已說. ③言"轉識"者, 是能見相, 緣境而轉, 名爲轉識. 然轉識有二. ④若說無明所動能見名爲轉識者, 是在阿梨耶識, 如其境界所動能見名轉識者, 是謂七識. ⑤二義不同, 不可相濫. 又有處說, 諸是能見通名轉識, 則通八識. ⑥今此中轉相, ⑦是緣初義也.
※『별기』와 『소』의 ②는 과문科文과 업식業識에 대한 이해가 달라짐에 따라 서술의 차이가 나타난 부분이다. ※ 전식에 대한 주석에서 『별기』의 ③은 『소』의 ③에 해당하는 것으로 보이는데, 양자의 차이가 목격된다. ※『별기』의 ④와 『소』의 ④는 구문이나 용어상에서 조금의 차이를 보이나 의미상으로는 그다지 차이가 없어 보인다. ※『별기』의 ⑤는 『소』에서 삭제되었다. ※『회본』에는 『별기』 가운데 "又有處說, 諸是能見通名轉識, 則通八識" 부분만 세주로 있다(1-760a7~8).	

ⓒ 불변 · 독자의 실체로 간주되는 대상을 나타내는 식(現識)

【소】 現識中言"能現一切境界"者, 依前轉識之見, 復起能現之用. 如上文言, "以依能見故, 境界妄現". 當知現識依於轉識. 非能見用卽是能現. 是故前言, "能見能現". 次喩. 後合. 合中言"五塵"者, 且擧麤顯以合色像, 實論通現一切境故. "以一切時任運而起, 常在前故"者, 非如第六七識有時斷滅故. 以是文證, 當知是三皆在本識之內別用也.

『소』(1-715a23~b7); 『회본』(1-760a8~17)

'[불변 · 독자의 실체로 간주되는 대상을] 나타내는 식'(現識)[을 해석하는 곳]에서 "[불변 · 독자의 실체로 간주되는] 모든 대상세계를 나타낸다"(能現一切境界)라고 말한 것은, 앞의 '[불변 · 독자의 실체로 간주되는 주관으로] 바뀌어 가는 식'(轉識)의 주관(見)에 의거하여 다시 '[불변 · 독자의 실체로 간주되는 대상을] 나타내는 작용'(能現之用)을 일으키는 것이다. 위의 [『대승기신론』] 본문에서 "[불변 · 독자의 실체로 간주되는] 주관에 의거하기 때문에 [불변 · 독자의 실체로 간주되는] 대상이 [별개의 것처럼] 잘못 나타난다"(以依能見故, 境界妄現)[103]라고 말한 것과 같다. '[불변 · 독자의 실체로 간주되는 대상을] 나타내는 식'(現識)은 '[불변 · 독자의 실체로 간주되는 주관으로] 바뀌어 가는 식'(轉識)에 의거하지만 ['[불변 · 독자의 실체로 간주되는 주관으로] 바뀌어 가는 식'(轉識)의] '주관 작용'(能見用)이 곧 ['[불변 · 독자의 실체로 간주되는 대상을] 나타내는 식'(現識)의] '[대상을] 나타냄(能現)은 아님을 알아야 한다. 그러므로 앞 [『대승기신론』 본문]에서 "'능히 봄'[인 주관]과 '능히 나타냄'[인 대상]"(能見能現)이라고 [구분하여] 말한 것이다.

다음으로는 비유를 들고, 나중에는 [비유와] 합치시킨다. [비유와] 합치시키는 데서 말한 "다섯 가지 감관대상들"(五塵)이라는 것은, 우선 [다섯 가지 감관대상들처럼] '뚜렷하게 드러난 양상'(麤顯)을 내세워 '[거울에 나타나는] 사물의 영상'(色像)[이라는 비유]에 합치시킨 것이지만, 실제로 따지자면 ['다섯 가지 감관대상들'(五塵)이라는 말로써] [아리야식 내의 미세한 양상까지 포함하는] 모든 대상을 통틀어 나타내는 것이다. "모든 때에 인연대로 일어나 항상 ['불변 · 독자의 실체로 간주되는 대상을 나타내는 식'(現識)] 앞에 있기 때문이다"(以一切時任運而起, 常在前故)라는 것은, ['[불변 · 독자의 실체로 간주되는 대상을] 나타내는 식'(現識)은] '제6의식'이나 '제7말나식'에는 끊어지거나 소멸하는 때가 있는 것과 같지 않기 때문이다. 이러한 '문구에 의한 증명'(文證)으로써 ['[근본무지에 따라 처음] 움직이는 식'(業識), '[불변 · 독자의 실체로 간주되는 주관으로] 바뀌어 가는 식'(轉識), '[불

103 『대승기신론』(T32, 577a11~12); 『회본』(H1, 755c20). 과문으로는 '광현지말불각廣顯枝末不覺'의 '명세상明細相'에서 셋째로 '경계상境界相'의 대목에 해당한다. 해당하는 『대승기신론』의 전문은 다음과 같다. "三者境界相. 以依能見故, 境界妄現, 離見則無境界."

변 · 독자의 실체로 간주되는 대상을] 나타내는 식'(現識)] 이 세 가지는 모두 '근본적인 식'(本識)[인 아리야식] 내의 개별적 작용이라는 것을 알아야 한다.

【별기】 三現相者, 猶是上三相中境界相. 但此中爲明離轉識無別境相故, 擧能現明所現境. 言"猶如明鏡現色相"[104]者, 如四卷經云, "大慧, 廣[105]說有三種識, 廣說有八相. 何等爲三? 謂眞識現識[106]分別事識. 譬如明鏡持諸色像, 現識處現亦復如是". 又此文中說現義云, "以一切時任運而起, 常在前故", 當知現識定在第八. 其業識等與此作本, 其相彌細, 如何强將置七識中, 甚[107]可乎? 言"隨其五塵對至卽現"者, 隨所起相, 皆不離見, 唯於能見鏡中而現. 故言"對至卽現". 就實而言, 亦現法塵, 且約塵[108]顯略擧之耳.

『별기』(1-690c4~18); 『회본』(1-760a18~b8); 『소』에 없음.

셋째인 '[불변 · 독자의 실체로 간주되는 대상을] 나타내는 양상'(現相)이라는 것은, 위의 세 가지 [미세한] 양상[109] 중의 '[불변 · 독자의 실체로 간주되는] 대상[이 자리 잡는] 양상'(境界相)과 같다. 다만 여기서는 '[불변 · 독자의 실체로 간주되는 주관으로] 바뀌어 가는 식'(轉識)을 떠나서는 별도로 '[불변 · 독자의 실체로 간주되는] 대상[이 자리 잡는] 양상'(境[界]相)이 없다는 것을 밝히고자 하기 때문에 ['[불변 · 독자의 실체로 간주되는 주관으로] 바뀌어 가는 식'(轉識)에 의존하여 성립하는 '[불

---

104 『대승기신론』 원문에 따라 "猶如明鏡現於色像"으로 교감하여 번역한다.

105 『회본』에는 '廣'이 '略'이라고 되어 있다. 『능가아발다라보경』에는 '略'이라고 되어 있다. '略'으로 교감한다.

106 『회본』에는 '現識'과 '分別事識' 사이에 '及'이 있다. 『능가아발다라보경』에는 '及'이 있다.

107 『회본』에는 '甚'이 '其'라고 되어 있다. '其'로 교감한다.

108 『회본』에는 '塵'이 '麤'라고 되어 있다. '麤'로 교감한다.

109 '지말에서 깨닫지 못함'(枝末不覺)의 세 가지 미세한 양상인 '근본무지에 의해 ['깨달음의 본연'(本覺)을 동요시키는] 움직이는 양상'(無明業相), '[불변 · 독자의 실체로 간주되는] 주관[이 자리 잡는] 양상'(能見相) 그리고 '[불변 · 독자의 실체로 간주되는] 대상[이 자리 잡는] 양상'(境界相)을 말한다.

변 · 독자의 실체로 간주되는 대상을] 나타내는 식'(現識)의] 나타냄(能現)을 내세워 '나타난 대상'(所現境)을 밝혔다.

"마치 밝은 거울이 사물의 영상을 나타내는 것과 같다"(猶如明鏡現於色像)라고 말한 것은, 『사권능가경』에서 "대혜여, 간략히 말하자면 세 가지의 식識이 있고, 자세히 말하면 여덟 가지의 양상(相)이 있다. 어떤 것들이 세 가지인가? '참된 식'(眞識)과 '[불변 · 독자의 실체로 간주되는 대상을] 나타내는 식'(現識)과 '[불변 · 독자의 실체로 간주된] 현상을 분별하는 식'(分別事識)을 일컫는다. 비유하자면 밝은 거울이 모든 사물의 영상을 지니는 것처럼, '[불변 · 독자의 실체로 간주되는 대상을] 나타내는 식'(現識)에서 [대상을] 나타내는 것도 이와 같다"[110]라고 말한 것과 같다.

또 이 [『대승기신론』의] 본문에서 '나타냄'(現)의 뜻을 설명하여 "모든 때에 인연대로 일어나 항상 ['불변 · 독자의 실체로 간주되는 대상을 나타내는 식'(現識)] 앞에 있기 때문이다"(以一切時任運而起, 常在前故)라고 했으니, '[불변 · 독자의 실체로 간주되는 대상을] 나타내는 식'(現識)은 반드시 제8[아리야식]에 있음을 알아야 한다. 그 '[근본무지에 따라 처음] 움직이는 식'(業識)[과 '[불변 · 독자의 실체로 간주되는 주관으로] 바뀌어 가는 식'(轉識)] 등이 이 ['[불변 · 독자의 실체로 간주되는 대상을] 나타내는 식'(現識)]과 함께 근본[적인 식인 아리야식]을 지어 그 양상이 더욱

110 『능가아발다라보경』 권1(T16, 483a15~18). "大慧! 略說有三種識, 廣說有八相. 何等爲三? 謂眞識現識及分別事識. 大慧! 譬如明鏡持諸色像, 現識處現亦復如是." 〈산스크리트본의 해당 내용: LAS 37,12-18, trividhaṃ vijñānaṃ pravṛttilakṣaṇaṃ karmalakṣaṇaṃ jātilakṣaṇaṃ ca / dvividhaṃ mahāmate vijñānaṃ saṃkṣepeṇa [/] aṣṭalakṣaṇoktaṃ khyātivijñānaṃ vastuprativikalpavijñānaṃ ca / yathā mahāmate darpaṇasya rūpagrahaṇam evaṃ khyātivijñānasyākhyāsyati; 식은 세 가지니, 발생을 특징[으로 하는 식], 작용을 특징[으로 하는 식], 보편적 특징[을 가진 식]이다. 대혜여, 식은 간략하게는 두 가지니, 현식과 분별사식이다. [자세하게는] 여덟 가지 특징을 가[진 여덟 가지 식이 있]다고 말한다. 대혜여! 비유하자면 마치 맑은 거울에 여러 색상이 [나타나듯이] 현식이 드러나는 것 또한 이와 같다.〉 앞서 『소』에서는 지말불각의 '세 가지 미세한 양상'(三細相)의 세 번째인 '경계상境界相'을 논의하는 자리에서 『능가아발다라보경』의 이 문장을 인용한 바 있다.

미세하니, 어찌 ['[불변 · 독자의 실체로 간주되는 대상을] 나타내는 식'(現識)을] 억지로 일곱 가지 식識 가운데 배치할 수 있겠는가?

"그 ['[불변 · 독자의 실체로 간주되는 대상을] 나타내는 식'(現識)]에 따라 '다섯 가지 감관대상들'이 ['[불변 · 독자의 실체로 간주되는 대상을] 나타내는 식'에] 대응하여 오면 곧 ['[불변 · 독자의 실체로 간주되는 대상을] 나타내는 식'이 그 '다섯 가지 감관대상들'(五塵)을 불변 · 독자의 실체로서] 나타낸다"(隨其五塵對至卽現)라고 말한 것은, ['[불변 · 독자의 실체로 간주되는 대상을] 나타내는 식'(現識)에 의해] 일어난 양상에 따르는 것은 모두 ['[불변 · 독자의 실체로 간주되는 주관으로] 바뀌어 가는 식'(轉識)의] 주관(見)에서 떠나지 않아, ['다섯 가지 감관대상들'(五塵)은] 오로지 '주관[이라는] 거울'(能見鏡)[이 된 '[불변 · 독자의 실체로 간주되는 대상을] 나타내는 식'(現識)]에서만 나타난다는 것이다.[111] 그러므로 "['[불변 · 독자의 실체로 간주되는 대상을] 나타내는 식'에] 대응하여 오면 곧 ['[불변 · 독자의 실체로 간주되는 대상을] 나타내는 식'이 그 '다섯 가지 감관대상들'을 불변 · 독자의 실체로서] 나타낸다"(對至卽現)라고 말한 것이다. 실제에 나아가 말하자면 ['[불변 · 독자의 실체로 간주되는 대상을] 나타내는 식'(現識)은 여섯 번째 인식대상인] '개념적 대상'(法塵)[112]도 [불변 · 독자의 실체로서] 나타내지만, 우선 ['다섯 가지 감관대상들'(五塵)과 같이] 뚜렷하게 드러나는 것에 의거하여 간략히 거론했을 뿐이다.

【별기】 問. 此識境界寬狹云何? 此論中但說五塵,『楞伽經』云, "阿梨耶識分別現境, 自身資生器世間等, 一時而知, 非是前後".『瑜伽論』說, "此由了別二種境故轉.[113] 一由了別內執受者, 謂[114]了別遍計所執自性, 妄

---

111 능견경能見鏡: 주목되는 용어는 '능견경'인데, 능견能見은 전식轉識에 속하는 개념이고 경鏡은 현식現識에 속하는 개념으로 본다면, '능견경'은 전식과 현식의 양면을 모두 지닌 개념인 동시에 전식에서 현식으로 바뀌어 가는 과정을 담아내려는 용어로 볼 수도 있겠다.

112 법진法塵: '五塵'을 '다섯 가지 감관대상'이라 번역한 것에 대비하여 '法塵'을 '개념적 대상'이라 번역해 보았다. 인간의 '여섯 가지 인식 능력'(六根) 가운데 여섯 번째 인식 능력인 의근意根은 '개념적 현상'(法)을 대상으로 삼아 작용하는 능력이기 때문이다.

執習氣，及諸色根根所依處，謂[115]有色界．若無色界，[116] 唯有妄執習氣了別．[117] 二[118]了別外無分相器[119]者，謂[120]了別依止緣內執受阿梨耶識故，於一切時無有間斷器世界[121]相．譬如燈炎[122]生時，內執受識，[123] 外發光明，如是阿梨耶識，內緣[124]執受境，外緣器世界境．[125] 生起道理，應知亦爾”．[126] 『中邊論』云，“此[127]識所取四種境界，謂塵根我及識所攝．[128] 所取旣無，能緣本識亦爾得生?[129]”[130] 若依『中邊論』及『楞伽經』，則習氣

---

113 『회본』과 『유가사지론』에는 ‘此由了別二種境故轉’이 ‘阿賴耶識由於二種所緣境轉’이라고 되어 있다. 『유가사지론』의 ‘阿賴耶識由於二種所緣境轉’을 반영하여 번역한다. 원효가 의미를 명확히 하기 위해 의도적으로 문장을 변형시켰을 가능성이 있으므로 현재 전해지는 『별기』의 구절을 따르는 것을 기본으로 하고 『유가사지론』의 구절을 보충하는 방식을 택한다.

114 『회본』과 『유가사지론』에는 ‘謂’와 ‘了’ 사이에 ‘能’이 있다.

115 『회본』과 『유가사지론』에는 ‘謂’가 ‘此於’라고 되어 있다. ‘此於’로 교감하여 번역한다.

116 『회본』과 『유가사지론』에는 ‘若無色界’가 ‘若在無色’이라고 되어 있다. ‘若在無色’으로 번역한다.

117 『회본』과 『유가사지론』에는‘唯有妄執習氣了別’이 ‘唯有習氣執受了別’이라고 되어 있다. 원효의 의중이 반영된 변화일지 몰라 그대로 둔다.

118 『회본』과 『유가사지론』에는 ‘二’와 ‘了’ 사이에 ‘由’가 있다. ‘由’를 넣어 번역한다.

119 『별기』 편집주에 “‘分相器’는 ‘分別器相’인 듯하다”라고 되어 있다. 『회본』과 『유가사지론』에는 ‘分別器相’이라고 되어 있다. ‘分別器相’으로 번역한다.

120 『회본』과 『유가사지론』에는 ‘謂’와 ‘了’ 사이에 ‘能’이 있다.

121 『회본』과 『유가사지론』에는 ‘界’가 ‘間’이라고 되어 있다.

122 『회본』과 『유가사지론』에는 ‘炎’이 ‘燄’이라고 되어 있다.

123 『별기』 편집주에 “‘受識’은 ‘膏炷’인 듯하다”라고 되어 있다. 『회본』과 『유가사지론』에는 ‘膏炷’라고 되어 있다. ‘膏炷’로 번역한다.

124 『회본』과 『유가사지론』에는 ‘內緣’이 ‘緣內’라고 되어 있다.

125 『회본』과 『유가사지론』에는 ‘外緣器世界境’이 ‘緣外器相’이라고 되어 있다. ‘外緣器世界境’으로 번역한다.

126 『회본』은 『유가사지론』의 원문에 따라 『별기』의 인용문을 교정한 것으로 보인다.

127 『회본』에는 ‘此’가 ‘是’라고 되어 있다.

128 『회본』에는 ‘攝’과 ‘所’ 사이에 ‘實無體相’이 있다. “實無體相”의 번역은 “[아리야식이 취하는 네 가지 대상은] 실제로는 [불변 · 독자의] 실체적 양상이 없다”가 된다.

129 『중변분별론』과 『회본』에는 ‘能緣本識亦爾得生’이 ‘能取亂識亦復是無’라고 되어 있다.

等非此識境, 若依『瑜伽論』, 聲塵及七種識等非其所緣, 依此論說, 現根及識等亦非此識所現境界. 如是相違, 云何和會? 答. 此非相違. 何以故? 不以言唯緣如此法故, 不言餘法非境界故.

『별기』(1-690c18~691a15); 『회본』(1-760b8~c8); 『소』에 없음.

묻는다. 이 [[불변 · 독자의 실체로 간주되는 대상을] 나타내는] 식識[인 현식現識]의 '대상 범위'(境界寬狹)는 어떠한가? 이 『대승기신론』에서는 단지 '다섯 가지 감관대상'(五塵)을 말했지만, 『입능가경』에서는 "아리야식이 분별하여 대상(境)을 나타냄에 있어서 자신自身과 '[자신이] 살아가는 물질적 환경 세계'(資生器世間)[131] 등을 동시에 아는 것이지 전후[의 시차]는 없다"[132]라고 말한다. [그리고] 『유가사지론』에서는 "이 [아리야식은] 관계 맺는 두 가지 대상[을 분별하기]][133] 때문에 바뀌어 간다. 첫째로 '내부에 집착으로 간직하고 있는 것'(內執受)을 분별하기 때문이라는 것은, [아리야식의] '분별로 두루 헤아려 집착하는 면모'(了別遍計所執自性)가 '[번뇌의] 누적된 경향성'(習氣)과 여러 '[눈 · 귀 · 코 · 혀 · 몸의] 감관능력'(色根) 및 '감관능력이 의존하는 감관대상'(根所依處)에 잘못 집착하는 것을 일컬으니, [이것은] '유형 세계'(有色界)에서의 일이다. 만약 '무형 세계'(無色界)에서라면 오직 '[번뇌의] 누적된 경향성'(習氣)에 잘못 집착하여 분별하는 것만 있다. 둘째로 '분별과 무관한 외부 자연세계의 양상'

'能取亂識亦復是無'로 교감하여 번역한다.

130 『회본』은 『중변분별론』의 원문에 따라 『별기』의 인용문을 교정한 것으로 보인다.

131 『입능가경』에서는 오진에 해당하는 '자생기세계資生器世界' 외에도 오근의 '자신自身'도 현식의 대상으로 삼고 있다는 의미에서 이 경전을 인용한 듯하다.

132 『입능가경』 권2(T16, 525b9~10). "大慧! 譬如阿梨耶識分別現境, 自身資生器世間等, 一時而知, 非是前後." 〈산스크리트본의 해당 내용: LAS 56,6-8, tadyathā mahāmate ālayavijñānaṃ svacittadṛśyadehapratiṣṭhābhogaviṣayaṃ yugapad vibhāvayati …; 예를 들면 대혜여, 알라야식이 자신의 마음에 드러난 신체와 기세간과 경험대상을 [순차적이 아니라] 동시에 변별하듯이….〉

133 "此由了別二種境故轉"에 해당하는 『유가사지론』 구절은 "阿賴耶識由於二種所緣境轉"이어서 '了別'이라는 말이 없지만 원효가 의도적으로 문장을 재구성했을 가능성도 있기에 보조문으로 반영하였다.

(外無分別器相)을 분별하기 때문이라는 것은, '내부에 집착으로 간직하고 있는 것'(內執受)을 조건으로 삼[아 작용하]는 아리야식에 의존하기 때문에 언제나 〈'물질적 환경 세계 양상'(器世界相)이 끊어짐이 없다〉고 분별하는 것을 일컫는다. 비유하자면 등불이 일어날 때 안으로는 기름심지를 지니고 밖으로는 빛을 내는 것과 같으니, 이와 같이 아리야식은 안으로는 '집착으로 간직하고 있는 대상'(執受境)과 관계 맺고 밖으로는 '물질적 환경 세계 대상'(器世界境)과 관계 맺는다. [분별세계가] 생겨나는 도리도 이러함을 알아야 한다"[134]라고 말한다. [또] 『중변분별론』에서는 "이 [아리야]식이 취하는 네 가지 대상은 객관대상(塵)과 감관능력(根)과 자아의식(我)[인 제7식識] 및 '[여섯 가지] 식에 의해 포섭되는 것'(識所攝)이 그것이다.[135] 취하는 것이 이미 없기에 '어지럽게 [대상들을] 취하는 식'(能取亂識)[인 아리야식] 또한 없다"[136]라고 말한다.

만약 『중변분별론』과 『입능가경』에 의거한다면 '[번뇌의] 누적된 경향성'(習氣) 등은 이 [[불변 · 독자의 실체로 간주되는 대상을] 나타내는] 식識[인 현식現識]

---

134 『유가사지론』 권51(T30, 580a2~12). "云何建立所緣轉相? 謂若略說阿賴耶識, 由於二種所緣境轉. 一由了別內執受故, 二由了別外無分別器相故. 了別內執受者, 謂能了別遍計所執自性妄執習氣, 及諸色根根所依處, 此於有色界. 若在無色, 唯有習氣執受了別. 了別外無分別器相者, 謂能了別依止緣內執受阿賴耶識故, 於一切時無有間斷器世間相. 譬如燈焰生時, 內執膏炷, 外發光明. 如是阿賴耶識, 緣內執受, 緣外器相. 生起道理, 應知亦爾."

135 네 가지 대상의 번역에 도움을 주는 『중변분별론』 권1의 본문을 인용하면 다음과 같다. "塵根我及識, 本識生似彼, 但識有無彼, 彼無故識無. <u>似塵者, 謂本識顯現相似色等, 似根者, 謂識似五根於自他相續中顯現, 似我者, 謂意識與我見無明等相應故, 似識者, 謂六種識</u>"(T31, 451b7~11).

136 『중변분별론』 권1(T31, 451b15~18). "塵既是無識亦是無. 是識所取四種境界, 謂塵根我及識所攝, 實無體相, 所取既無, 能取亂識亦復是無." 〈산스크리트본의 해당 내용: MAVBh 19.01-04, yat tadgrāhyaṃ rūpādi pañcendriyaṃ* manaḥ ṣaḍvi- jñānasaṃjñakaṃ caturvvidhaṃ tasya grāhyasyārthasyābhāvāt tad api grāhakaṃ vijñānam asat /(*rūpādipañcendriyaṃ의 복합어를 rūpādi pañcendriyaṃ으로 교정.); 그 [식에 의해] 취해지는 것(所取)은 색 등의 감각대상(塵) · 다섯 감각능력(五根) · 의意 · 육식六識이라 불리는 것이라는 4종류인데, 이러한 [4종류]의 소취는 존재하지 않기 때문에 그 [소취를] 취하는 주체(能取)인 식 또한 실재하지 않는 것이다.〉

의 대상이 아니고, 만약 『유가사지론』에 의거한다면 '소리[와 같은 자연현상으로서의] 대상'(聲塵)과 '일곱 가지 식'(七種識) 등은 그 ['[불변·독자의 실체로 간주되는 대상을] 나타내는 식'(現識)의] 대상이 아니며, [만약] 이 『대승기신론』에 의거하여 말한다면 감관능력(根)과 '[여러 가지] 식識' 등을 나타내는 것도 이 [[불변·독자의 실체로 간주되는 대상을] 나타내는] 식[인 현식]이 나타내는 대상이 아니다. 이와 같이 서로 어긋나니, 어떻게 '서로 만나 통하게'(和會) 하겠는가?

답한다. 이러한 것[들과 『대승기신론』의 말]은 서로 어긋나는 것이 아니다. 어째서인가? [『대승기신론』은 현식現識이] 오로지 이와 같은 것들과 관계 맺는다고 말하지 않았기 때문이고, ['다섯 가지 감관대상'(五塵) 이외의] 나머지 것들은 [현식이 관계 맺는] 대상이 아니라고 말하지도 않았기 때문이다.

【별기】 問. 雖無相違, 而有不同, 不同之意, 可得而聞乎? 答. 不同之意, 各有道理. 如『中邊論』, 欲明現起諸法, 皆是本識所現, 離識之外更無別法. 是故唯說現行諸法, 習氣種子其相不顯, 與識無異, 是故不說. 『瑜伽論』等, 爲顯諸相無有離見自相續者故, 除心心法以外, 諸餘相續之法, 說爲此識所了別. 諸心之法, 離塵不立, 其義自顯故, 不別說. 諸餘論顯沒之意, 準之可知, 不可偏執一隅, 以謗通法之說也. 且止傍論, 令釋大文.[137]

『별기』(1-691a15~b2); 『회본』(1-760c8~19); 『소』에 없음.

묻는다. 서로 어긋나는 것은 없더라도 [서로] 같지 않은 것은 있으니, [서로] 같지 않은 뜻에 대해 들어 볼 수 있겠는가?

답한다. 같지 않은 뜻에는 각각 [나름대로의 타당한] 이치가 있다. 『중변분별론』 같은 곳에서는,[138] 나타난 모든 현상은 다 '근본적인 식'(本識)[인 아리야

137 『회본』에서는 "且止傍論, 令釋大文"의 문장을 삭제했다.

138 앞에서 질문자는 '塵, 根, 我, 識(六識)'이 아리야식의 대상이라고 말하는 『중변분별론』을 인용한 후 이에 따르면 습기는 현식現識의 대상이 아니라고 지적한 바 있다.

식]이 나타낸 것이어서 [아리야]식을 떠나서는 다시 별도의 현상이 없다는 것을 밝히고자 했다. 그러므로 오로지 '나타나 작용하는 모든 현상'(現行諸法)만을 말했고, '[번뇌의] 누적된 경향성을 지닌 씨앗'(習氣種子)은 그 양상이 드러나지 않아 [아리야]식과 다르지 않으므로 말하지 않았다.

『유가사지론』 등에서는 '모든 [현상의] 양상들'(諸相)이 '주관에서 벗어나 스스로 서로 이어 가는 것이 없음'(無有離見自相續)을 드러내고자 했기 때문에, '마음 작용'(心)과 '마음 현상'(心法)을 제외한 여타의 모든 '서로 이어 가는 현상들'(相續之法)에 대해 이 [아리야]식에 의해 분별되는 것이라고 말했다. 모든 마음의 현상들이 객관대상(塵)을 떠나서는 이루어지지 않는다는 것은 그 뜻이 자명하기 때문에 따로 말하지 않았다.

여타 모든 논서에서의 드러내거나 드러내지 않는 뜻은 이에 비추어 보면 알 수 있으니, 한쪽에 치우쳐 집착하여 '도리들을 통하게 하는 설명'(通法之說)을 비방해서는 안 된다. 이제 부차적인 논의는 그치고 [『대승기신론』] 본문을 해석하도록 한다.

〈『소』와 『별기』의 구문 대조〉

『소』(1-715a23~b7)	『별기』(1-690c4~691b2)
現識中言"能現一切境界"者, 依前轉識之見, 復起能現之用. 如上文言, "以依能見故, 境界妄現". 當知現識依於轉識. 非能見用卽是能現. 是故前言, "能見能現". 次喩. 後合. 合中言"五塵"者, 且擧麤顯以合色像, 實論通現一切境故. "以	三現相者, 猶是上三相中境界相. 但此中爲明離轉識無別境相故, 擧能現明所現境. 言"猶如明鏡現色相"者, 如四卷經云, "大慧, 廣說有三種識, 廣說有八相. 何等爲三? 謂眞識現識分別事識. 譬如明鏡持諸色像, 現識處現亦復如是". 又此文中說現義云, "以一切時任運而起, 常在前故", 當知現識定在第八. 其業識等與此作本, 其相彌細, 如何强將置七識中, 甚可乎? 言"隨其五塵對至卽現"者, 隨所起相, 皆不離見, 唯於能見鏡中而現. 故言"對至卽現". 就實而言, 亦現法塵, 且約塵顯略擧之耳. 問. 此識境界寬狹云何? 此論中但說五塵, 『楞伽經』云, "阿梨耶識分別現境, 自身資生器世間等, 一時而知, 非是前後". 『瑜伽論』說, "此由了別二種境故轉. 一由了別內執受者, 謂了別遍計所執自性, 妄執習氣, 及諸色根根所依處, 謂有色界. 若無色界,

<table>
<tr><td>一切時任運而起, 常在前故”者, 非如第六七識有時斷滅故. 以是文證, 當知是三皆在本識之內別用也.</td><td>唯有妄執習氣了別. 二了別外無分相器者, 謂了別依止緣內執受阿梨耶識故, 於一切時無有間斷器世界相. 譬如燈炎生時, 內執受識, 外發光明, 如是阿梨耶識, 內緣執受境, 外緣器世界境. 生起道理, 應知亦爾”. 『中邊論』云, “此識所取四種境界, 謂塵根我及識所攝. 所取旣無, 能緣本識亦爾得生?” 若依『中邊論』及『楞伽經』, 則習氣等非此識境, 若依『瑜伽論』, 聲塵及七種識等非其所緣, 依此論說, 現根及識等亦非此識所現境界. 如是相違, 云何和會? 答. 此非相違. 何以故? 不以言唯緣如此法故, 不言餘法非境界故. 問. 雖無相違, 而有不同, 不同之意, 可得而聞乎? 答. 不同之意, 各有道理. 如『中邊論』, 欲明現起諸法, 皆是本識所現, 離識之外更無別法. 是故唯說現行諸法, 習氣種子其相不顯, 與識無異, 是故不說. 『瑜伽論』等, 爲顯諸相無有離見自相續者故, 除心心法以外, 諸餘相續之法, 說爲此識所了別. 諸心之法, 離塵不立, 其義自顯故, 不別說. 諸餘論顯沒之意, 準之可知, 不可偏執一隅, 以謗通法之說也. 且止傍論, 令釋大文.</td></tr>
<tr><td colspan="2">※『별기』는『소』에 비해『대승기신론』본문에 대한 수문해석이 자세하고, 문답 형식의 논의가 덧붙여져 있다.『별기』와『소』의 내용에서 유사한 부분이 거의 발견되지 않아 비교 · 대조가 가능하게 보이지 않으므로 그대로 두었다.</td></tr>
</table>

㉣ 분별하는 식(智識)

【소】 第四“智識”者, 是第七識, 上六相內初之智相. 義如前說. 愛非愛果名染淨法, 分別彼法, 計我我所, 故言“分別染淨法”也.

『소』(1-715b8~11);『회본』(1-760c20~23)

네 번째인 “분별하는 식”(智識)이란 제7[말나末那]식이니, 위[에서 언급한 ‘지말적인 깨닫지 못함’(枝末不覺)]의 ‘여섯 가지 [뚜렷한] 양상’(六相) 가운데 처음인 ‘분별하는 양상’(智相)이다. [그] 의미는 앞[의『대승기신론』본문]에서 말한 것과 같다. ‘좋아하는 것과 좋아하지 않는 것[에 집착한] 결과’(愛非愛果)를 ‘오염된 것과 온전한 것’(染淨法)이라 부르는데, 그 현상들을 분별하여 ‘[불변 · 독자의] 나’(我)와 ‘[불변 · 독자의] 나의 것’(我所)이라 헤아리므로 “오염된 것과 온전한 것으로 분별한다"(分別染淨法)라고 말한 것이다.

〈『소』와 『별기』의 구문 대조〉

『소』(1-715b8~11)	『별기』(1-691b3~5)
第四"智識"者, 是第七識, 上六相①內初②之智相(③). ④義如前說. ⑤愛非愛果名染淨法, 分別彼法, 計我我所, 故言"分別染淨法"也.	第四"智識"者, 是第七識, 上六相①中初(②)智相③也. (④) ⑤愛果名染淨法, 分別彼法, 計我我所, 故言"分別染淨法"也.
※『별기』에서는 '愛果'만이 염정법이라고 주석했으나, 『소』에서는 '愛果'와 '非愛果'가 염정법이라고 바꾼 점이 주목된다. 『대승기신론』 본문에 비추어 볼 때 『소』의 주석이 더 타당하다.	

㉤ 분별을 서로 이어 가는 식(相續識)

【소】 第五"相續識"者, 卽是意識, 上六相中名相續相. "以念相應不斷故"者, 法執相應, 得長相續. 此約自體不斷, 以釋相續義也. "住持"以下, 約其功能, 釋相續義. 此識能起愛取煩惱故, 能引持過去無明所發諸行, 令成堪任來果之有. 故言"住持乃至不失故". 又復能起潤生煩惱, 能使業果續生不絶. 故言"成就[139]無差違"故. 如是三世因果流轉不絶, 功在意識. 以是義故, 名相續識. 次言"念已經事, 慮未來事"者, 顯此識用麤顯分別, 不同智識微細分別. 是知此識唯在意識, 不同上說相續心也.

『소』(1-715b11~23); 『회본』(1-760c23~761a12)

다섯 번째인 "[분별을] 서로 이어 가는 식"(相續識)이라는 것은 바로 [제6]의 식意識이니, 위의 '여섯 가지 [뚜렷한] 양상'(六相)에서는 '서로 이어지게 하는 양상'(相續相)이라고 불렀다. "분별들이 서로 응하면서 끊어지지 않기 때문이다"(以念相應不斷故)라는 것은, [분별이] '현상에 불변·독자의 실체나 본질

139 『대승기신론』 본문에는 '成就'라는 말이 없다. 관련 구절을 축약시키기 위해 원효가 추가한 것으로 보인다.

이 있다고 하는 집착'(法執)과 서로 응하면서 오랫동안 서로 이어지게 되는 것이다. 이것은 '자신의 본연'(自體)이 끊어지지 않는 측면에 의거해서 '[분별을] 서로 이어 간다'(相續)는 뜻을 풀이한 것이다.

"[헤아릴 수 없는 과거세상에서의 '이롭거나 해로운 행위'(善惡業)를] 간직하여"(住持) 이하는, 그 ['[분별을] 서로 이어 가는 식'(相續識)이 지닌] 능력(功能)의 측면에 의거하여 '[분별을] 서로 이어 간다'(相續)는 뜻을 풀이한 것이다. 이 [[분별을] 서로 이어 가는] 식은 '좋아하여 집착하는 번뇌'(愛取煩惱)를 일으킬 수 있기 때문에 과거에 근본무지(無明)가 일으킨 모든 작용을 끌어당겨 보존시켜 [그 근본무지가 일으킨 작용들로 하여금] 미래의 과보를 있게 하는 역할을 이루게 한다. 그러므로 "[헤아릴 수 없는 과거세상에서의 '이롭거나 해로운 행위'(善惡業)를] 간직하여 없어지지 않게 하기 때문이다"(住持乃至不失故)라고 말했다.

또 ['[분별을] 서로 이어 가는 식'(相續識)은] '[과거의 모든 일에] 생명력을 부여하는 번뇌'(潤生煩惱)[140]를 일으킬 수 있어서 '행위의 과보'(業果)를 계속 생겨나게 하여 끊어지지 않게 할 수 있다. 그러므로 "[현재와 미래의 괴롭거나 즐거운 과보를 무르익게 하여 인과법에] 어긋남이 없게 한다"(成就無差違)라고 한 것이다. 이와 같이 '과거·현재·미래에 걸친 원인과 결과'(三世因果)가 흘러 변해 가며 끊어지지 않으니, [그] 능력은 [제6]의식意識에[서 발현되고] 있다. 이와 같은 뜻으로 인해 '[분별을] 서로 이어 가는 식'(相續識)이라고 한 것이다.

다음으로 "이미 지나간 일을 [현재에서 문득] 떠올리고 미래의 일을 [자기도 모르는 사이에 망상하여] 생각하게 한다"(念已經事, 慮未來事)[141]라고 말한 것은, 이 [[분별을] 서로 이어 가는] 식識의 작용인 '뚜렷하게 나타나는 분별'(麤顯分別)

---

140 애취번뇌愛取煩惱와 윤생번뇌潤生煩惱: 앞에서 나온 '여섯 가지 뚜렷한 양상'(六麤相) 가운데 '서로 이어지게 하는 양상'(相續相)에 대한 원효의 주석 중 이 문맥과 관련되는 문장은 다음과 같다. "又能起愛取, 引持過去諸行不斷, 亦得潤生, 能令未來果報相續, 依是義故名相續相."

141 "念已經事, 慮未來事"는 『대승기신론』의 "能令現在已經之事, 忽然而念, 未來之事, 不覺妄慮"를 축약한 것이다.

이 '분별하는 식'(智識)의 '미세한 분별'(微細分別)과는 같지 않다는 것을 나타낸 것이다. 그러므로 이 [[분별을] 서로 이어 가는] 식識은 오로지 [제6]의식意識에 있는 것이며, 위에서 언급한 '분별을 서로 이어 가는 마음'(相續心)[142]과는 같지 않음을 알아야 한다.

〈『소』와 『별기』의 구문 대조〉

『소』(1-715b11~23)	『별기』(1-691b5~18)
①第五"相續識"者, 卽是意識, 上六相中②名相續相(③). "以念相應不斷故"者, ④法執相應, 得長相續. ⑤此約自體不斷, ⑥以釋相續⑦義也. "住持"以下, 約其功能, 釋相續⑧義. 此識能起愛取⑨煩惱故, 能引持過去無明所發諸行, 令成堪任來果之有. 故言"住持⑩乃至不失故". (⑪) 又⑫復能起潤生煩惱, 能使業果續生不絶. 故言"成就(⑬)無差違故". 如是三世因果流轉不絶, 功在意識. ⑭以是義故, 名相續識. ⑮次言"念已經事, 慮未來事"者, 顯此識用⑯麤顯分別, 不同智識⑰微細分別. (⑱) ⑲是知此⑳識唯在意識, 不同上說相續心也.	(①)"相續識"者, 卽是意識, 上六相中(②)相續相③也. "以念相應不斷故"者, (④) ⑤是約自體不斷, (⑥)釋相續⑦名, "住持"以下, 約其功能, 釋相續⑧名. 此識能起愛取(⑨)故, 能引持過去無明所發諸行, 令成堪任來果之有. 故言"住持⑩過去之果令不失故". ⑪此義具如『瑜伽論』說. 又⑫識能起潤生煩惱, 能使業果續生不絶. 故言"成就⑬現未等報無差違故". 如是三世因果流轉不絶, 功在意識. ⑭故名相續. (⑮)言"念已〈辶+至〉[143]事, 慮未來事"者, 顯此識用(⑯)不同智識(⑰), ⑱以彼但緣現在境故. 由此文證故, (⑲)知此⑳相續識正是意識, 不同上說相續心也.

※ 『소』에서 ④의 내용이 추가되었다.

※ 『별기』 ⑪의 번역: "이러한 뜻은 『유가사지론』의 설명에 자세히 갖추어져 있다"(此義具如『瑜伽論』說).[144]

142 제8식 범주에 속하는 상속심相續心: 『대승기신론』에서는 수염본각隨染本覺의 지정상智淨相을 논의하는 대목에서 제8식 범주에 속하는 상속심을 말하고 있는데 해당 본문은 다음과 같다. "破和合識相, 滅相續心相. 顯現法身, 智淳淨故." 상속심과 관련된 이 대목에 대한 원효 주석은 다음과 같다. "此時能滅相續心中業相・轉相, 令其隨染本覺之心, 遂得歸源, 成淳淨智."

※『소』에서 ⑯과 ⑰의 내용이 추가되었다.
※『소』에서『별기』의 ⑱이 삭제되었다.『별기』⑱의 번역은 다음과 같다. "저 [분별하는 식'(智識)]은 단지 '현재에 나타난 객관대상'(現在境)과 관계 맺기 때문이다. 이러한 [『대승기신론』] 문장을 증거로"(以彼但緣現在境故. 由此文證故)

(ㄷ) 의意로 바뀌어 가는 현상이 마음에 의거한다는 뜻을 결론적으로 밝힘(結明依心之義)

【소】"是故"以下, 第三結明依心之義. 於中有二, 先略, 後廣. 初言"是故"者, 是前所說五種識等, 依心而成, 以是義故, 三界諸法唯心所作. 如『十地經』言, "佛子, 三界但一心作", 此之謂也.

『소』(1-715b23~c3);『회본』(1-761a12~17)

"그러므로"(是故) 이하는 세 번째로 '[의意로 바뀌어 가는 현상이] 마음에 의거한다는 뜻을 결론적으로 밝힌 것'(結明依心之義)이다. 여기에 두 가지가 있으니, 먼저는 '간략히 밝힌 것'(略)이고 나중은 '자세히 해석한 것'(廣)이다. 처음에 말한 "그러므로"(是故)라는 것은, 앞에서 설명한 다섯 가지 식識들은 마음에 의거하여 이루어지니 이러한 뜻 때문에 '[욕망세계(欲界)·유형세계(色界)·무형세계(無色界), 이] 세 가지 세계의 모든 현상들'(三界諸法)은 오직 마음에 의해 지어진 것이다[라는 말이다.] 예를 들면『십지경十地經』에서 "부처의

143 '〈辶+至〉'는 '經'의 오기인 듯하다.

144『유가사지론』권9에서는 생사윤회하는 연기법緣起法의 바탕(體)에 관해 "云何緣起體? 若略說, 由三種相建立緣起, 謂從前際中際生, 從中際後際生"(T30, 321a17~18)이라고 하여 과거(前際)·현재(中際)·미래(後際)의 삼종상三種相으로 나누는데, 이어서 다음과 같이 설명한다. "如有一不了前際無明所攝, 無明爲緣, 於福非福及與不動身語意業, 若作若增長, 由此隨業識, 乃至命終流轉不絕, 能爲後有相續識因, 此識將生果時, 由內外貪愛正現在前. …"(T30, 321a20~24). 이에 따르면 과거(前際)가 무명無明에 속함을 알지 못하여 이 무명을 조건(緣)으로 삼아 복福·비복非福 및 신身·어語·의업意業들이 증장하게 되면 이 업식業識에 따라 목숨이 다할 때까지 유전함이 끊어지지 않아 미래에 있을 상속식相續識의 원인이 되고, 다시 이 상속식이 장차 결과를 생겨나게 할 때 탐애貪愛가 현재에 나타나게 된다. 본문에서 연기법에 관해 상속식을 중심으로 과거의 무명과 행行 그리고 미래의 애愛·취取 및 유有를 논의하는 내용과 대체로 유사한 설명이다.

제자들이여, '[욕망세계(欲界) · 유형세계(色界) · 무형세계(無色界), 이] 세 가지 세계'(三界)는 단지 '하나처럼 통하는 마음'(一心)이 지은 것일 뿐이다"[145]라고 한 것은 이것을 말한 것이다.

【별기】"是故"以下, 結成唯識, 是上所明五種識等, 無別自體, 皆依一心義故, "三界虛僞, 唯心所作"也.

『별기』(1-691b18~20)

"그러므로"(是故) 이하에서는 '[모든 현상은] 오로지 분별하는 마음[에 의한 구성]일 뿐'(唯識)이라는 [이치로써] 결론지은 것이니, 앞에서 설명한 다섯 가지 식識들은 별도의 '자기 실체'(自體)가 없고 모두 '하나처럼 통하는 마음'(一心)에 의거한다는 뜻 때문에 "[욕망세계(欲界) · 유형세계(色界) · 무형세계(無色界), 이] 세 가지 세계는 실재가 아니며 '오직 마음[의 분별]이 지어낸 것'이다"(三界虛僞, 唯心所作)라고 하였다.

〈『소』와 『별기』의 구문 대조〉

『소』(1-715b23~c3)	『별기』(1-691b18~20)
"是故"以下, ①第三結②明依心之義. ③於中有二, 先略, 後廣. ④初言"是故"者, 是前所說五種識等⑤依心而成, 以是義故, 三界⑥諸法唯心所作(⑦). ⑧如『十地經』言, "佛子, 三界但一心作", 此之謂也.	"是故"以下, (①)結②成唯識, (③)④是上所明五種識等, ⑤無別自體, 皆依一心義故, "三界⑥虛僞, 唯心所作"⑦也. (⑧)
※『별기』에는 『소』③의 '略廣'의 과문이 없고, 『소』⑧의 인용이 없다.	

145 『십지경』 권4(T10, 553a11~12). "即此菩薩作是思惟 : 所言三界, 此唯是心, 如來於此分別演說十二有支, 皆依一心如是而立." 〈산스크리트본의 해당 내용: DBhK 98.08-09, tasyaivaṃ bhavati / cittamātram idaṃ yad idaṃ traidhātukam /; 그 [보살]에게는 이와 같은 [생각이] 일어난다. '삼계와 관련한/삼계에 속하는 이러한 것은 단지 마음일 뿐이다.'〉 『화엄경』 권25(T9, 558c9~11). "又作是念: 三界虛妄但是一心作, 十二緣分是皆依心." 『화엄경』 권37(T10, 194a13~15). "佛子! 此菩薩摩訶薩復作是念: 三界所有, 唯是一心. 如來於此分別演說十二有支, 皆依一心, 如是而立."

【소】“此義云何”以下, 廣釋. 於中有二, 先明諸法不無而非是有, 後顯諸法不有而非都無. 初中言“以一切法皆從心起, 妄念而生”者, 是明諸法不無顯現也. “一切分別卽分別自心, 心不見心, 無相可得”者, 是明諸法非有之義. 如十卷經言. “身資生住持, 若如夢中生, 應有二種心, 而心無二相. 如刀不自割, 指亦不自指, 如心不自見, 其事亦如是”. 解云. 若如夢中所見諸事, 知是所見是實有者, 則有能見所見二相, 而其夢中實無二法. 三界諸心, 皆如此夢, 離心之外, 無可分別. 故言“一切分別卽分別自心”. 而就自心不能自見, 如刀指等, 故言“心不見心”. 既無他可見, 亦不能自見, 所見無故, 能見不成. 能所二相, 皆無所得, 故言“無相可得”也. 此中釋難, 會通新古, 如『別記』中廣分別也.

『소』(1-715c3~21); 『회본』(1-761a17~b11)

“이[146] 뜻은 어떤 것인가?” 이하는 ‘자세한 해석’(廣釋)이다. 여기에는 두 가지가 있으니, 먼저 ‘모든 현상은 [전혀] 없는 것이 아니지만 [불변 · 독자의 실체로] 있는 것도 아니다’(諸法不無而非是有)는 것을 밝혔고, 뒤이어 ‘모든 현상은 [불변 · 독자의 실체로] 있는 것이 아니지만 전혀 없는 것도 아니다’(諸法不有而非都無)는 것을 드러내었다.

처음에 “모든 현상들은 다 마음을 따라서 일어나고 ‘잘못 분별하여’ 생겨난다”(以一切法皆從心起, 妄念而生)라는 것은, 모든 현상들이 드러나 나타남이 없지 않다는 것을 밝힌 것이다. [뒤이어] “모든 분별은 곧 ‘분별하는 자신의 마음’이어서 ‘마음이 마음을 볼 수 없기에’ 얻을 수 있는 ‘별개의 실체’는 없다”(一切分別卽分別自心, 心不見心, 無相可得)라는 것은, 모든 현상들이 [불변 · 독자의 실체로서] 존재하는 것이 아니라는 뜻을 밝힌 것이다.

예를 들면, 『입능가경入楞伽經』에서 [다음과 같이] 말한 것과 같다. “몸이 살아서 유지되는 것이 만약 꿈속에서와 같이 생겨난다면,[147] [그렇다면 현실의

146 『대승기신론』의 ‘此義云何’ 바로 앞에서 설명한 다음 내용이다. “是故三界虛僞, 唯心所作, 離心則無六塵境界.” 『논』(T32, 577b16~17); 『회본』(H1, 759c4~5).

마음과 꿈꾸는 마음, 이] 두 종류의 마음이 있어야 하지만 마음 [자체]에는 두 가지 별개의 것이 [있을 수] 없다. 마치 칼이 스스로를 베지 못하고 손가락이 스스로를 가리키지 못하며 마음이 자신을 보지 못하는 것처럼, 그 일도 이와 같다."[148]

[이 『입능가경』의 문장을] 해석하면 다음과 같다. 만일 꿈속에 본 온갖 일에 대해 이 본 것들이 실제로 있는 것이라고 아는 경우, [실제로 있다고 아는] '보는 자'(能見)와 [실제로 있다고 여겨지는] '본 것'(所見)이라는 두 가지 별개의 것이 있어야 하지만, 그 꿈속에 실제로 두 가지 별개의 것이 있는 것은 아니다. '[욕망세계(欲界) · 유형세계(色界) · 무형세계(無色界), 이] 세 가지 세계'(三界)의 온갖 마음은 모두 이 꿈[에서의 일]과 같아서, 마음에서 떠나 그 외에서는 분별할 수 있는 것이 없다. 그러므로 [『대승기신론』에서] "모든 분별은 곧 '분별하는 자신의 마음'이다"(一切分別卽分別自心)라고 한 것이다.

또한 '자기의 마음이 자기를 볼 수 없음이 마치 칼[이 자기를 벨 수 없고] 손가락[이 자신을 가리킬 수 없는 것] 등과 같다'(自心不能自見, 如道指等)는 측면에 의거하기 때문에, [『대승기신론』에서] "마음이 마음을 볼 수 없다"(心不見心)라고 한 것이다. 이미 볼 수 있는 '[자기 아닌] 다른 것'(他)이 없고 또한 자신을 볼 수도 없으니, '보이는 것'(所見)이 없기 때문에 '보는 자'(能見)도 성립할 수 없다. [이처럼] '보는 자'(能見)와 '보이는 것'(所見)이라는 두 가지 실체(相)를

147 『별기』에서는 "마치 꿈에서 보여지는 것과 같다"(若如夢所見)라고 되어 있다.

148 『입능가경入楞伽經』 권10(T16, 578c19~22). "身資生住持, 若如夢中生, 應有二種心而心無二相. 如刀不自割, 指亦不自指, 如心不自見, 其事亦如是." 〈산스크리트본의 해당 내용: LAS 335,13-16, dehabhogapratiṣṭhābhaṃ svapnavaj jāyate yadi / dvicittatā prasajyeta na ca cittaṃ dvilakṣaṇaṃ /10-567/ svadhāraṃ hi yathā khaṅgaṃ svāgraṃ vai aṅgulir yathā / na cchindate na spṛśate tathā cittaṃ svadarśane /10-568/; 만약 신체와 경험대상과 기세간이 꿈에서와 같이 발생한다면 마음에는 두 가지가 있어야 하지만 [실제로는] 마음은 두 가지 특징을 갖지 않는다. 마치 칼이 자신을 베지 못하고, 손가락이 자신을 가리키지 못하듯이 마찬가지로 마음은 자신을 [보지 못한다.]〉

모두 얻을 수 없기 때문에 [『대승기신론』에서는] "얻을 수 있는 별개의 실체는 없다"(無相可得)라고 한 것이다. 이 [내용과 관련한] 논란을 해석하여 [『입능가경』과 『집량론集量論』이 각각 보여 주는] '새로운 관점'(新)과 '예전 관점'(古)을 '만나게 하여 소통시키는 것'(會通)은 『별기』에서 자세히 설명한 것과 같다.

〈『소』와 『별기』의 구문 대조〉

『소』(1-715c3~21)	『별기』(1-691b20~c10)
①"此義云何"以下, 廣釋. 於中有二, 先明諸法不無而非是有, 後顯諸法不有而非都無. ②初中言"以一切法皆從③心起, 妄念而生"者, 是明諸法不無顯現也. "一切分別卽分別自心, 心不見心, 無相可得"者, ④是明諸法非有之義. 如十卷經⑤言. "身資生住持, 若如夢⑥中生, 應有二種心, 而⑦心無二相. 如刀不自割, 指亦不自指, 如⑧心不自見, 其事亦如是". ⑨解云. 若⑩如夢中所見諸事, ⑪知是所見是實有者, 則有⑫能見所見二相, 而其夢中實無⑬二法. 三界諸心, 皆如此夢, ⑭離心之外, 無可分別. 故言"一切分別卽分別自心". 而⑮就自心不能自見, 如刀指等. 故言"心不見心". ⑯旣無他可見, 亦不⑰能自見, (⑱) 所見無故, 能見不成. ⑲能所二相, 皆無所得, 故言"無相可得也". ⑳此中釋難, 會通新古, 如別記中廣分別也.	(①) (②)言"以一切法皆從③心起[149]妄念而生, 一切分別卽分別自心, 心不見心, 無相可得"者. (④) 如十卷經⑤偈云. "身資生住持, 若如夢⑥所見. 中應有二種心, 而(⑦)無二相, 如刀不自割, 指亦不自指. 如⑧目不自見. 其事亦如是". ⑨此義云何? 若⑩其夢中所見諸事, ⑪如其所見是實有者, 則有⑫二故, 而其夢中實無. ⑬能取所取二相, 三界諸心, 皆如此夢, (⑭) 故言"一切分別卽分別自心". 而⑮論自心, 不能自見. 如刀指等. 故言"心不見心". ⑯現無他可見, 亦不(⑰)自見, ⑱則無所見, 所見無故, 能見不成. ⑲能見所見, 皆不可得, 除此之外, 更有何相. 故言"無相可得". (⑳)
※『소』에는 ①의 과문이 추가되어 있다. 『별기』에 없는 ④, ⑭, ⑳의 글을 보완하였다.	

【별기】如彼偈云, "非他非因緣. 分別分別事, 五法及二心, 寂靜無如是".

問. 如『集量論』說, "諸心心法, 皆證自體, 是名現量. 若不爾者, 如不曾

149 『대승기신론』 원문에는 '從' 뒤에 '心起'가 있으므로 '心起'를 추가한다.

見, 不應憶念". 此中經說, 云"不自見". 如是相違, 云何會通? 答. 此有異意, 欲不相違. 何者? 此經論意, 欲明離見分外無別相分. 相分現無所見, 亦不可說, 卽此見分反見見分. 非二用故, 外向起故. 故以刀指爲同法喩. 集量論意. 雖其見分不能自見, 而有自證分用, 能證見分之體. 以用有異故, 向內起故. 故以燈餤爲同法喩. 由是義故, 不相違背. 又復此經論中, 爲顯實相故, 就非有義說無自見, 集量論主爲立假名故, 依非無義說有自證. 然假名不動實相, 實相不壞假名. 不壞不動, 有何相違? 如此中說, 離見無相, 故見不見相, 而餘處說, 相分非見分, 故見能見相分. 如是相違, 何不致怪? 當知如前, 亦不相壞. 又說, 爲顯假有, 故說有相有見, 爲顯假無, 故說無相無見. 假有不當於有, 故不動於無, 假無不當於無, 故不壞於有. 不壞於有, 故宛然而有, 不動於無, 故宛然而無. 如是甚深因緣道理, 蕭焉靡據, 蕩然無礙, 豈容違諍於其間哉.

『별기』(1-691c10~692a13); 『회본』(1-761b12~c16)

[『대승기신론』에서 "얻을 수 있는 별개의 실체는 없다"(無相可得)라고 한 것은] 『입능가경入楞伽經』 게송에서 [다음과 같이] 말한 것과 같다. "[자신의 마음 이외에] 다른 것[150]도 아니고 [마음을 떠난] 인연因緣도 아니다. '분별[하는 것]'(分別)과 '분별된 것'(分別事), '다섯 가지로 분류한 모든 현상'(五法)[151] 및 ['[불변 · 독자의 실체로 간주되는] 주관으로서의 면모'(見分)와 '[불변 · 독자의 실체로 간주되는] 객관으로서의 면모'(相分), 이] '두 가지 마음'(二心)은 '[불변 · 독자의 실체가 없는] 고요한 것'(寂靜)이어서 이와 같은 [별개의 실체들로 있는] 것이 아니다."[152]

---

150 이것은 앞에서 언급한 『소』의 "旣無他可見, 亦不能自見"에 기반을 두어서 번역하였다. 이역본인 실차난타實叉難陀 역 『대승입능가경』 권7의 해당 대목에는 인용문 중 '他'가 '影像處'라고 되어 있다. 해당 대목은 다음과 같다. "無有影像處, 則無依他起, 妄計性亦無, 五法二心盡"(T16, 634b14~15). 본문의 '因緣'이 실차난타 역에는 '依他起'로, '分別分別事'는 '妄計性'으로 되어 있다.

151 오법五法: 색色 · 수受 · 상想 · 행行 · 식識의 오온五蘊을 가리키는 것으로 보인다.

152 『입능가경』 권10(T16, 578c23~24). "非他非因緣. 分別分別事, 五法及二心, 寂靜無如是." 〈산스크리트본의 해당 내용: LAS 335,17-18, na paraṃ na ca vai tantraṃ

묻는다. 예를 들면 『집량론集量論』[153]에서는 [다음과 같이] 설명한다. "모든 마음(心)과 '마음에서 일어나는 작용'(心法)들은 다 자기를 인식한 것이니, 이를 직접지각(現量)[154]이라고 한다. 만약 그렇지 않다면 이전에 경험하지 못한 것은 기억하지 못할 것이다."[155] [156] [그런데] 여기[에서 언급하고 있는] 『입능가경』의 설명에서는 "[마음이] 자신을 보지 못한다"라고 하였다. 이처럼 서로 어긋나는 것을 어떻게 '만나게 하여 통하게'(會通) 할 것인가?

답한다. 이 [『집량론』과 『입능가경』]에는 다른 뜻이 있지만 [그 다른 뜻이] 서로 어긋나려는 것은 아니다. 어째서인가? 이 『입능가경』과 『기신론』에서 [말하고자 한] 의미는, '[불변·독자의 실체로 간주되는] 주관으로서의 면모'(見分)를 떠

---

kalpitaṃ vastum eva ca / pañcadharmā dvicittaṃ ca nirābhāse na santi vai /10-569/; 의타기성도 아니고 변계소집의 대상도 아니다. 5법과 두 마음은 현현하지 않는 것이고 실재하지 않는 것이다.〉

153 『집량론集量論』: 불교논리학의 창시자인 디그나가의 대표작이다.

154 현량現量: 범어는 'pratyakṣa-pramāṇa'이다. 'pratyakṣa'는 눈 앞에 있음(present before the eyes), 지각할 수 있음(perceptible) 등의 뜻으로서 다섯 가지 감각기관의 능력으로 외계의 현상을 직접 지각하여 지식의 연원을 구성하거나 그 진위를 판정하는 것을 말한다. 비량比量·성언량聖言量·현량의 삼량三量에 관해서는 앞서의 '비량' 역주 참조.

155 이 『집량론』의 내용은 『불지경론佛地經論』에서 재인용한 것으로 보인다. 지주智周의 『성유식론연비成唯識論演祕』에도 아래에서 보듯이 같은 내용이 찾아지지만, 당대唐代 법상종法相宗 승려인 지주(668-723)의 생몰 연대로 보아 원효(617-686)가 이 책을 참고했을 것으로 보이지는 않는다. 『불지경론』 권3(T26, 303a26~27). "集量論說. 諸心心法, 皆證自體, 名爲現量. 若不爾者, 如不曾見, 不應憶念."; 『성유식론연비』 권3(T43, 866b24~26). "集量論說. 諸心心法, 皆證自體, 名爲現量. 若不爾者, 如不曾見, 不應憶念."

156 디그나가의 견해이지만, 〈모든 마음(心)과 '마음에서 일어나는 작용'(心法)은 다 자기인식을 본연으로 한다〉는 것은 소승 아비달마에서 논의되는 견해이기도 하다는 관점도 있다. 예컨대, 심心의 분위를 견분見分·상분相分의 이상성二相性으로 분석하여 자기인식의 자증분自證分으로 나아가는 디그나가의 삼분설三分說 구조는 어떤 대상에 관한 즐거움·괴로움 등의 감수작용에 있어 증어촉增語觸의 순수順受와 심수心受의 의근행意近行의 관계에 관해 진술하는 『아비달마구사론』 「세간품世間品」의 논의와 논리적으로 일치한다고 한다(박기열, 「불교인식론의 '의지각'과 '자기인식'을 위한 구사론의 수(vedanā)에 관한 고찰」, 『인도철학』 제40집, 2014).

나 그 외에 별도로 '[불변 · 독자의 실체로 간주되는] 객관으로서의 면모'(相分)가 [있을 수] 없다는 것을 밝히고자 한 것이다. '[불변 · 독자의 실체로 간주되는] 객관으로서의 면모'(相分)가 나타나도 '본 것'(所見)[인 대상의 불변 · 독자적 실체]는 없으며 또한 [불변 · 독자의 대상에 대해] 말할 수도 없으니, [그렇다면] 곧 이것은 '[불변 · 독자의 실체로 간주되는] 주관으로서의 면모'(見分)가 [다시] '[불변 · 독자의 실체로 간주되는] 주관으로서의 면모'(見分)를 돌이켜 보는 것이다. ['[불변 · 독자의 실체로 간주되는] 주관으로서의 면모'(見分)와 '[불변 · 독자의 실체로 간주되는] 객관으로서의 면모'(相分), 이] 두 가지 [별개의] 작용이 아니기 때문이며, ['[불변 · 독자의 실체로 간주되는] 주관으로서의 면모'(自分)가] 밖을 향하여 일어난 것이기 때문이다. 그러므로 칼과 손가락[157]으로써 ['자기의 마음이 자기를 볼 수 없다'(不能自見)는] '같은 도리'(同法)에 대한 비유로 삼은 것이다.

『집량론』[에서 말하고자 하는] 의미는 [다음과 같다.] 비록 그 '[불변 · 독자의 실체로 간주되는] 주관으로서의 면모'(見分)가 자신을 볼 수는 없다고 해도 '자기 재인식'(自證分)의 작용이 있어서 '[불변 · 독자의 실체로 간주되는] 주관으로서의 면모'(見分)의 토대(體)를 [대상으로 삼아 다시] 인지할 수 있다. 그 ['자기 재인식'(自證分)과 '[불변 · 독자의 실체로 간주되는] 주관으로서의 면모'(見分)의] 작용에는 차이가 있기 때문이며, '[불변 · 독자의 실체로 간주되는] 주관으로서의 면모'(見分)가 안을 향해 일어나는 것이기 때문이다. 그러므로 등과 불꽃으로써 ['자기의 마음이 자기를 볼 수 있다'(能自見)는] '같은 도리'(同法)에 대한 비유로 삼은 것이다.[158] 이와 같은 뜻에 의해 서로 어긋나지 않는다.

---

157 앞서 원효는 심불자견心不自見을 논의하는 『입능가경』 권10의 논의를 인용한 적이 있다. "如刀不自割, 指亦不自指, 如心不自見, 其事亦如是"(T16, 578c21~22).

158 등불과 불꽃의 비유: 등불과 불꽃은 어두운 방을 비추어 주변을 환하게 밝히는 역할을 한다. 이때에 방안뿐만 아니라 등불, 혹은 불꽃 자신도 드러나게 된다. 이와 마찬가지로 마음은 어떤 것을 인식하는 동시에 자기 자신도 인식된다는 의미이다. 특히 등불의 비유는 아비달마의 대중부에서 시작된 것이었지만, 이후 유부와 중관학파에게 비판받고 등불의 비유가 내포하고 있는 자기인식과 관련해서 경량부와 유식학파, 디그나가의 지지를 받다가 다르마끼르띠에 의해 비유로서 다시 한번 사용된다. 비유가 어떻든

또한 이 『입능가경』과 『기신론』에서는 '사실 그대로의 양상'(實相)을 나타내려고 하기 때문에 '[불변 · 독자의 실체로] 있는 것이 아니라는 측면'(非有義)에 의거하여 [마음이] '자신을 봄이 없다'(無自見)고 설명한 것이고, 『집량론』의 저자[인 디그나가]는 [불변 · 독자의 실체를 갖지 않는] '방편으로 세운 명칭'(假名)을 세우려 했기 때문에 '[전혀] 없는 것은 아니라는 측면'(非無義)에 의거하여 [마음이] '자기 자신을 다시금 인지함이 있다'(有自證)고 설명한 것이다. 그러나 [불변 · 독자의 실체를 갖지 않는] '방편으로 세운 명칭'(假名)은 '사실 그대로의 양상'(實相)을 움직[여 왜곡시키지] 않고, '사실 그대로의 양상'(實相)은 [불변 · 독자의 실체를 갖지 않는] '방편으로 세운 명칭'(假名)을 파괴하지 않는다. [이렇게] 파괴하지도 않고 움직[여 왜곡시키지]도 않는데, 어떤 어긋남이 있겠는가?

[다시 묻는다.] 이 [『입능가경』과 『기신론』]과 같은 데에서는 〈'[불변 · 독자의 실체로 간주되는] 주관으로서의 면모'(見分)를 떠나서는 '[불변 · 독자의 실체로 간주되는] 객관으로서의 면모'(相分)가 없기 때문에 '[불변 · 독자의 실체로 간주되는] 주관으로서의 면모'(見分)는 '[불변 · 독자의 실체로 간주되는] 객관으로서의 면모'(相分)를 보지 못한다〉고 말하지만, [『집량론』과 같은] 다른 곳에서는 〈'[불변 · 독자의 실체로 간주되는] 객관으로서의 면모'(相分)는 '[불변 · 독자의 실체로 간주되는] 주관으로서의 면모'(見分)가 아니기 때문에 '[불변 · 독자의 실체로 간주되는] 주관으로서의 면모'(見分)는 '[불변 · 독자의 실체로 간주되는] 객관으로서의 면모'(相分)를 볼 수 있다〉고 설명한다. 이와 같이 서로 어긋나는데, 어째서 의아하게 여기지 않겠는가?

[또 답한다.] [이 경우에도] 앞[에서 설명한 것]처럼 또한 서로 파괴하지 않는다는 것을 알아야 한다. 또 [다음과 같이] 설명[할 수 있다.] [불변 · 독자의 실체를 갖지 않는] '방편으로 세운 있음'(假有)을 나타내려 하기 때문에 〈'[불변 · 독자의

인식 내부의 주관적 인식을 증명하는 인식 내부의 자기인식을 본격적으로 다룬 것은 디그나가라고 할 수 있다.

실체로 간주되는] 객관으로서의 면모'(相分)도 있고 '[불변 · 독자의 실체로 간주되는] 주관으로서의 면모'(見分)도 있다〉고 말하고, [불변 · 독자의 실체는 없지만 전혀 없는 것도 아닌] '방편으로 세운 없음'(假無)을 나타내려 하기 때문에 〈'[불변 · 독자의 실체로 간주되는] 객관으로서의 면모'(相分)도 없고 '[불변 · 독자의 실체로 간주되는] 주관으로서의 면모'(見分)도 없다〉고 말한다. '방편으로 세운 있음'(假有)은 '[불변 · 독자의 실체로] 있음'(有)에 해당하지 않기 때문에 없음(無)을 움직[여 없애지] 않고, '방편으로 세운 없음'(假無)은 '[전혀] 없음'(無)에 해당하지 않기 때문에 있음을 파괴하지 않는다. 있음을 파괴하지 않기 때문에 '[실체처럼] 뚜렷하지는 않지만 있는 것'(宛然而有)이고, 없음을 움직[여 없애지] 않기 때문에 '[전혀 없는 것처럼] 뚜렷하지는 않지만 없는 것'(宛然而無)이다. 이와 같이 깊고 깊은 연기緣起의 도리는 우뚝하여 의지하는 것이 없고 탁 트여 걸림이 없으니, 어찌 그 안에서 '서로 어긋나는 말다툼'(違諍)을 허용하겠는가!

【소】 "當知"以下, 次明非有而不無義. 初言"當知世間, 乃至無體可得, 唯心虛妄"[159]者, 是明非有. 次言"以心生則法生"[160]以下, 顯其非無. 依無明力, 不覺心動, 乃至能現一切境等, 故言"心生則種種法生"也. 若無明心滅, 境界隨滅, 諸分別識皆得滅盡. 故言"心滅則種種法滅", 非約刹那以明生滅也. 廣釋意竟.

『소』(1-715c22~716a7); 『회본』(1-761c17~24)

"알아야 한다"(當知) 이하에서는, 다음으로 '[모든 것은 불변 · 독자의 실체로] 있는 것이 아니지만 [전혀] 없는 것도 아닌 뜻'(非有而不無義)을 밝힌다.[161]

---

159 『대승기신론』 본문 "當知世間一切境界, 皆依衆生無明妄心而得住持. 是故一切法, 如鏡中像, 無體可得, 唯心虛妄"을 줄인 것이다. 번역에서는 원문을 모두 반영했다.

160 『대승기신론』 본문은 "以心生則種種法生"이다. 본문에 따라 번역한다.

161 『대승기신론』 본문으로는 "當知世間一切境界, 皆依衆生無明妄心而得住持. 是故一切法, 如鏡中像, 無體可得, 唯心虛妄. 以心生則種種法生. 心滅則種種法滅故"에 해당한다.

처음에 "이 세상의 모든 [불변 · 독자의 실체로 간주되는] 대상세계는 다 중생들이 지닌 '근본무지에 따라 잘못 분별하는 마음'에 의거하여 자리 잡게 된다는 것을 알아야 한다. 따라서 [불변 · 독자의 실체로 간주되는] '모든 현상'은 거울 속의 영상과 같아서 얻을 수 있는 실체가 없으니, 오직 마음[에 의한 분별]일 뿐 사실 그대로가 아니다"(當知世間一切境界, 皆依衆生無明妄心而得住持. 是故一切法, 如鏡中像, 無體可得, 唯心虛妄)라고 말한 것은, '[모든 것이 불변 · 독자의 실체로] 있는 것이 아니다'(非有)는 것을 밝힌 것이다.

다음에 말한 "마음[에 의한 분별]이 생겨나면 [불변 · 독자의 실체로 간주되는] 갖가지 현상이 생겨난다"(以心生則種種法生) 이하에서는, 그 ['있는 것이 아니다'(非有)는 것이] '[전혀] 없는 것도 아니다'(非無)라는 것을 드러낸 것이다. '근본무지의 힘'(無明力)에 의거하여 '깨닫지 못하는 마음'(不覺心)이 움직이고 이에 모든 대상(境)을 나타내는 것 등에 이르니, 그러므로 "마음[에 의한 분별]이 생겨나면 [불변 · 독자의 실체로 간주되는] 갖가지 현상이 생겨난다"(以心生則種種法生)라고 말했다.

만약 '근본무지[에 매인] 마음'(無明心)이 사라지면, [근본무지에 매인 마음이 수립한] 대상세계(境界)도 따라서 사라지며, [그리하여] 분별하는 모든 식識들도 다 사라지게 된다. 그러므로 "마음[에 의한 분별]이 사라지면 [불변 · 독자의 실체로 간주되는] 갖가지 현상이 사라진다"(心滅則種種法滅)라고 말했으니, [이것은 근본무지(無明)에 의한 분별심이 사라진다는 것을 밝힌 것이지] '잠깐의 시간'(刹那)을 기준으로 삼아 '생겨나고 사라짐'(生滅)을 밝힌 것이 아니다.

'의意'[로 바뀌어 가는 것]에 대한 자세한 해석을 마친다.

〈『소』와 『별기』의 구문 대조〉

『소』(1-715c22~716a7)	『별기』
"當知"以下, 次明非有而不無義. 初言"當知世間, 乃至無體可得, 唯心虛妄"者, 是明非有. 次言"以心生則法生"以下, 顯其非無. 依無明力, 不覺心動, 乃至能現一切境等, 故言"心生則種種法生"也. 若無明心滅, 境界隨滅, 諸分別識皆得滅盡. 故言"心滅則種種法滅", 非約刹那以明生滅也. 廣釋意竟.	내용 없음
※ 『소』에서는 '結成依心之義'의 단락에서 '明諸法不無而非是有'와 '顯諸法不有而非都無'로 나누어 해설한 반면, 『별기』에서는 이 단락을 나누지 않고 한꺼번에 해설하므로 『소』의 '顯諸法不有而非都無'의 대목이 없는 것으로 보인다.	

ㄷ) '의식이 바뀌어 감'을 해석함(釋意識轉)

復次言意識者, 卽此相續識, 依諸凡夫取著轉深, 計我我所, 種種妄執, 隨事攀緣, 分別六塵, 名爲意識, 亦名分離識, 又復說名分別事識. 此識依見愛煩惱增長義故.

『논』(T32, 577b24~27); 『회본』(1-762a1~5)

다음으로 의식意識이라고 말한 것은, 곧 이 '[분별을] 서로 이어 가는 식'(相續識)이 모든 범부凡夫의 집착이 더욱 깊어짐에 의거하여 '나'(我)와 '나의 것'(我所)을 [불변·독자의 실체인 양] 헤아리고 갖가지로 허망하게 집착하며 [만나는] 현상(事)마다 '[분별로] 관계 맺어'(攀緣) '인식 능력의 여섯 가지 대상'(六塵)을 [불변·독자의 실체인 양] 분별하는 것이니, 의식意識이라 부르며 또 '[여섯 가지 객관대상을 불변·독자의 실체로] 분리하는 식'(分離識)이라고도 부르고 또한 '현상을 [불변·독자의 실체로 간주하여] 분별하는 식'(分別事識)이라고도 말한다. 이 [의]식[意]識은 '견해[에 미혹된] 번뇌와 [현상에] 애착하는 번뇌'(見愛煩惱)가 증가하여 자라 가는 면모에 의거하기 때문이다.

【소】 次釋意識. 意識卽是先相續識. 但就法執分別相應生後義門, 則說爲

意, 約其能起見愛煩惱從前生門, 說名意識. 故言"意識者卽此相續乃至分別六塵名爲意識".[162] 此論就其一意識義故, 不別出眼等五識. 故說意識"分別六塵". "亦名分離識"者, 依於六根別取六塵, 非如末那不依別根. 故名"分離". 又能分別去來內外種種事相故, "復說名分別事識". "依見愛煩惱增長義故"者, 是釋分別事識之義. 以依見修煩惱所增長故, 能分別種種事也. 上六相內受想行蘊, 相從入此意識中攝. 上來廣明生滅依因緣義竟.

『소』(1-716a8~20); 『회본』(1-762a6~19)

다음으로 의식意識[이 바뀌어 가는 것]을 해석한다.[163] 의식은 곧 앞의 '[분별을] 서로 이어 가는 식'(相續識)이다. 다만 〈'현상에 불변 · 독자의 실체나 본질이 있다는 집착으로 행하는 분별'(法執分別)에 서로 응하면서 이후의 [식의] 면모를 생기게 하는 측면〉(法執分別相應生後義門)에 의거한다면 의意라 말하고, 〈'견해[에 미혹된] 번뇌와 [현상에] 애착하는 번뇌'(見愛煩惱)를 일으켜 앞[에서 불변 · 독자의 실체로 간주한 여섯 가지 객관대상]에 따라 생겨나는 측면〉(能起見愛煩惱從前生門)에 의거한다면 의식이라고 부른다. 그러므로 "의식이라고 말한 것은 곧 이 '[분별을] 서로 이어 가는 식'이 모든 범부의 집착이 더욱 깊어짐에 의거하여 '나'와 '나의 것'을 [불변 · 독자의 실체인 양] 헤아리고 갖가지로 허망하게 집착하며 [만나는] 현상마다 [분별로] 관계 맺어 인식 능력의 여섯 가지 대상을 [불변 · 독자의 실체인 양] 분별하는 것이니, 의식이라 부른다"(意識者, 卽此相續識, 依諸凡夫取著轉深, 計我我所, 種種妄執, 隨事攀緣, 分別六塵, 名爲意識)라고 말했다.

이 『대승기신론』에서는 [여섯 가지 식識 가운데] 의식意識 하나의 측면에 의

162 『대승기신론』 전체 본문은 "意識者, 卽此相續識, 依諸凡夫取著轉深, 計我我所, 種種妄執, 隨事攀緣, 分別六塵, 名爲意識"이다. 번역에는 본문 전체를 반영했다.

163 『대승기신론』 본문으로는 "復次言意識者, 卽此相續識, 依諸凡夫取著轉深, 計我我所, 種種妄執, 隨事攀緣, 分別六塵, 名爲意識, 亦名分離識, 又復說名分別事識. 此識依見愛煩惱增長義故"에 해당한다.

거하기 때문에, '눈에 상응하는 식'(眼識) 등 '다섯 가지 식'(五識)을 따로 드러내지 않았다. 그러므로 의식이 "인식 능력의 여섯 가지 대상을 [불변 · 독자의 실체인 양] 분별한다"(分別六塵)라고 말했다.

"또 '[인식 능력의 여섯 가지 대상을 불변 · 독자의 실체로] 분리하는 식'이라고도 부른다"(亦名分離識)라는 것은, '여섯 가지의 인식 능력'(六根)에 의존하여 '인식 능력의 여섯 가지 대상'(六塵)을 별개의 [불변 · 독자의 실체인] 것으로 취하는 것이니, [제7]말나식이 '개별적인 [여섯 가지] 감관능력'(別根)에 의거하지 않는 것과는 같지 않다. 그러므로 "[인식 능력의 여섯 가지 대상을 불변 · 독자의 실체로] 분리한다"(分離)라고 불렀다.

또 [이 의식意識은] 가는 것과 오는 것, 안과 밖의 갖가지 현상(事相)을 [불변 · 독자의 실체로 간주하여] 분별할 수 있기 때문에 "또한 '현상을 [불변 · 독자의 실체로 간주하여] 분별하는 식'이라고도 말한다"(復說名分別事識)라고 하였다.

"[이 의식意識은] '견해[에 미혹된] 번뇌와 [현상에] 애착하는 번뇌'(見愛煩惱)가 증가하여 자라 가는 면모에 의거하기 때문이다"(依見愛煩惱增長義故)라는 것은, '현상을 [불변 · 독자의 실체로 간주하여] 분별하는 식'(分別事識)의 면모를 해석한 것이다. '견해[에 미혹된] 번뇌와 [현상에] 애착하는 번뇌'(見修煩惱)[164]가 증가하여 자라난 것에 의거하기 때문에 갖가지 현상을 [불변 · 독자의 실체로 간주하여] 분별할 수 있는 것이다.

위의 '여섯 가지 [뚜렷한] 양상'(六相)에서 '느낌들의 더미'(受蘊)와 '개념적 지각들의 더미'(想蘊)와 '의도들의 더미'(行蘊)들은[165] 서로 따르면서 이 의식意識에 들어가 포섭된다. 이상으로 '생멸[하는 마음]이 원인과 조건에 의거하

---

164 견수번뇌見修煩惱: '견수번뇌'는 〈'[진리다운] 이해를 밝혀 가는 수행'(見道)에서 끊어지는 번뇌와 '[선정을 토대로 이해를] 거듭 익혀 가는 수행'(修道)에서 끊어지는 번뇌〉를 지칭하는 개념이다. 그런데 원효는 『대승기신론』의 '견애번뇌見愛煩惱'를 '견수번뇌'로 주석하고 있으므로 이때의 '견수번뇌'는 '견애번뇌'의 번역어를 그대로 채택한다.

165 육추상六麤相과 오온五蘊: 원효는 육추상에 대한 주석에서 상속상相續相은 '식온識蘊'에, 집취상執取相은 '수온受蘊'에, 계명자상計名字相은 '상온想蘊'에, 기업상起業相은 '행온行蘊'에, 업계고상業繫苦相은 '행온에 의한 결과'에 해당한다고 해설했다.

는 면모를 자세히 밝히는 것'(廣明生滅依因緣義)을 마친다.[166]

〈『소』와 『별기』의 구문 대조〉

<table>
<tr><th>『소』(1-716a8~20)</th><th>『별기』(1-692a14~20)</th></tr>
<tr><td>①次釋意識. 意識②卽是先相續識. ③但就法執分別相應生後義門, 則說爲意, 約其能起見愛煩惱從前生門, 說名意識. 故言"意識者卽此相續乃至分別六塵名爲意識". (④) ⑤此論就其一意識義故, 不別出眼等五識. 故說意識"分別六塵". "亦名分離識"者, 依於六根別取六塵, 非如末那不依別根. 故名"分離". 又能分別去來內外種種事相故, "復說名分別事識". "依見愛煩惱增長義故"者, 是釋分別事識之義. 以依見修煩惱所增長故, 能分別種種事也. 上六相內受想行蘊, 相從入此意識中攝. ⑥上來廣明生滅依因緣義竟.</td><td>①"復次"以下, 第二釋意識章門. 意識②猶是先相續識. ③但就其能與法執麤念相應生後義邊, 名相續識, 約其從前念生能起見愛煩惱義邊, 名爲意識. ④故言意識者, 卽此相續識. (⑤) 上六相內受相[167]行蘊, 相從入此意識中攝. ⑥又此論且依一意識門故, 不別出五識相也. 文相可知.</td></tr>
<tr><td colspan="2">※『별기』③ 번역: "다만 〈'현상에 불변 · 독자의 실체나 본질이 있다는 집착으로 행하는 뚜렷한 분별'(法執麤念)과 서로 응하면서 이후의 [식의] 면모를 생기게 할 수 있는 측면〉(能與法執麤念相應生後義邊)에 의거한다면 '[분별을] 서로 이어 가는 식'(相續識)이라 부르고, 〈앞의 분별에 따라 생겨나 '견해[에 미혹된] 번뇌와 [현상에] 애착하는 번뇌'(見愛煩惱)를 일으킬 수 있는 측면〉(從前念生能起見愛煩惱義邊)에 의거한다면 의식意識이라고 부른다"(但就其能與法執麤念相應生後義邊, 名相續識, 約其從前念生能起見愛煩惱義邊, 名爲意識).
※ ③의 문장에서 보이는 『별기』와 『소』의 차이: 『별기』에서는 상속식과 의식意識을 대비시키는 데 비해 『소』에서는 의意와 의식을 대비시키면서 차이를 거론하고 있다.
※『별기』④는 『소』에서 빠져 있다.
※ ⑤는 『소』에서 추가되어 해석이 더 자세하게 되었다.
※『별기』의 ⑥은 거의 같은 내용이지만 『소』에서는 문장 배열상의 위치가 ⑤의 앞쪽으로 옮겨져 있다.</td></tr>
</table>

166 『회본』 제3권이 여기서 끝난다.

167 '相'은 '想'의 오기로 보인다.

ㄴ. '생멸하는 마음이 의거하는 원인과 조건'의 본연과 양상을 거듭 드러냄(重顯所依因緣體相)

【소】此下, 第二重顯所依因緣體相. 於中有二. 一者, 略明因緣甚深, 二者, 廣顯因緣差別.

『소』(1-716a21~23); 『회본』[168](1-762b7~9)

이 아래에서는 둘째로 '[생멸하는 마음이] 의거하는 원인과 조건[169]의 본연과 양상을 거듭 드러낸다'(重顯所依因緣體相). 여기에는 두 가지가 있다. 첫 번째는 '원인과 조건이 매우 심오함을 간략히 밝히는 것'(略明因緣甚深)이고, 두 번째는 '원인과 조건의 차이를 자세히 드러내는 것'(廣顯因緣差別)이다.

【별기】言"依無明熏習"以下, 第二重顯因緣體相. 於中有二. 一約心體, 顯因體相染淨難測, 二"不達"以下, 約諸染淨, 明緣體相差別之義.

『별기』(1-692a21~24)

"'근본무지가 거듭 영향을 끼침'에 의거하여"(依無明熏習)라고 말한 것 이하는, 둘째로 '[생멸하는 마음의] 원인과 조건이 지닌 본연과 특징'(因緣體相)을 거듭 드러낸 것이다. 여기에는 두 가지가 있다. 첫 번째는 '마음의 [온전한] 본연'(心體)에 의거하여 [생멸하는 마음의] 원인(因)[인 아리야식]의 '본연과 특징'(體相) 및 '오염과 청정'(染淨)을 헤아리기가 어렵다는 것을 드러내었고, 두

168 『회본』, H1, 762b1~4까지의 내용은 "大乘起信論疏記會本卷四 馬鳴菩薩造論 梁天竺三藏眞諦譯 海東沙門元曉疏(幷別記)"이다.

169 '생멸인연'을 논하는 첫 대목에서 원효는 〈"[분별에 따라 생멸함의] 원인과 조건"(因緣)이라는 것은, 아리야식阿梨耶識이라는 '바탕이 되는 마음'(心體)이 '모든 현상'(諸法)을 바꾸어 가며 지어내니 이 ['바탕이 되는 마음'(心體)인 아리야식]이 '[분별에 따라] 생멸함의 원인'(生滅因)이고, '근본적인 무지'(根本無明)가 '바탕이 되는 마음'(心體)[인 아리야식]에 거듭 영향을 끼쳐 동요하게 하니 이 ['근본적인 무지'(根本無明)]가 '[분별에 따라] 생멸함의 조건'(生滅緣)이다"〉("因緣者", 阿梨耶心體, 變作諸法, 是生滅因, 根本無明熏動心體, 是生滅緣)라고 말하여 인과 연의 내용을 구분했다.

번째는 "['하나처럼 통하는 [차이들의] 현상세계'(一法界)를] 통달하지 못한다"(不達) 이하에서는 '갖가지 오염과 청정'(諸染淨)에 의거하여 [생멸하는 마음의] 조건(緣)[인 근본무지]의 '본연과 양상'(體相)이 지닌 '차이들의 면모'(差別之義)를 밝혔다.

〈『소』와 『별기』의 구문 대조〉

『소』(1-716a21~23)	『별기』(1-692a21~24)
①此下, 第二重顯②所依因緣體相. 於中有二. 一③者略明因緣甚深, 二④者, 廣顯因緣差別.	①言"依無明熏習"以下, 第二重顯(②)因緣體相. 於中有二. 一③約心體, 顯因體相染淨難測, 二④"不達"以下, 約諸染淨, 明緣體相差別之義.
※ ③과 ④에서 보듯이 『별기』에서는 인因과 연緣을 나누어 각각 첫 번째와 두 번째에 배속시키는 반면, 『소』에서는 첫 번째와 두 번째 모두 인과 연을 합하여 논하는 것으로 보고 있다. ※ 단락 구분에서도 차이가 있다. 『별기』는 첫 번째를 "依無明熏習所起識者, 非凡夫能知, 亦非二乘智慧所覺, 謂依菩薩從初正信發心觀察, 若證法身, 得少分知, 乃至菩薩究竟地, 不能盡知, 唯佛窮了. 何以故? 是心從本已來, 自性淸淨而有無明, 爲無明所染, 有其染心, 雖有染心而常恒不變. 是故此義, 唯佛能知. 所謂心性常無念故, 名爲不變"으로 보는 반면, 『소』는 마지막의 "所謂心性常無念故, 名爲不變"을 두 번째에 소속시키고, 이 문장의 세부 과목명을 별도로 '明心性因之體相'이라고 붙이고 있다.	

ㄱ) 원인과 조건이 매우 심오함을 간략히 밝힘(略明因緣甚深)

依無明熏習所起識者, 非凡夫能知, 亦非二乘智慧所覺, 謂依菩薩從初正信發心觀察, 若證法身, 得少分知, 乃至菩薩究竟地, 不能盡知, 唯佛窮了. 何以故? 是心從本已來, 自性淸淨而有無明, 爲無明所染, 有其染心, 雖有染心而常恒不變. 是故此義, 唯佛能知.

『논』(T32, 577b27~c5): 『회본』(1-762b10~16)

'근본무지가 거듭 영향을 끼침'(無明熏習)에 의해 일어난 식識은, 범부가 알 수 있는 것이 아니며 또한 '[성문聲聞 · 연각緣覺, 이] 두 부류 수행자'

(二乘)의 지혜가 깨닫는 것도 아니니, [대승 수행자인] 보살이 〈[52가지 수행단계 중에서] 처음의 '올바른 믿음'(正信)으로부터 '[최고의 깨달음을 성취하려는] 마음을 일으켜서'(發心) '이해하고 성찰하는 것'(觀察)〉에 의거하여 만약 ['열 가지 본격적인 수행경지'(十地)의 '첫 번째 경지'(初地)에서] '진리의 몸'(法身)을 직접 확인하면 [이 식識을] 조금 알 수 있으며, 보살의 '궁극적인 [수행] 경지'(究竟地)에 이르러도 다 알 수는 없고 오로지 부처[의 경지]라야 완전히 알게 되는 것이다.

어째서인가? 이 마음은 본래부터 [그] 본연(自性)은 온전(淸淨)하지만 근본무지(無明)가 있어 [그] 근본무지(無明)에 의해 오염되어 '오염된 마음'(染心)이 있게 되는데, [그러나] 비록 '오염된 마음'(染心)이 있어도 [그 온전한 면모는] 언제나 한결같아서 [온전한 면모가] 변하지는 않는다. 그러므로 이 뜻은 오로지 부처[의 경지]라야 알 수 있다.

【소】 初中有三. 先標甚深, 次釋, 後結. 初中言"無明熏習所起識"者, 牒上所說"依阿梨耶識, 說有無明, 不覺而起"等也. "非餘能知,[170] 唯佛窮了"者, 標甚深也.

『소』(1-716a24~b3); 『회본』(1-762b17~20)

처음[인 '[근본무지에 따라 생멸하는 마음의] 원인과 조건이 매우 심오함을 간략히 밝히는 것'(略明因緣甚深)]에는 세 가지가 있다. 먼저 '[원인과 조건이] 매우 심오함을 드러내고'(標甚深),[171] 다음에는 해석하며, 마지막에는 결론짓는다. 처음에 말한 "근본무지가 거듭 영향을 끼침에 의거해 일어난 식識"(無明熏習所起識)이라는 것은, 앞에서 말한 "아리야식에 의거하여 근본무지가 있다고 말

170 '非餘能知'는 『대승기신론』의 "非凡夫能知, 亦非二乘智慧所覺, 謂依菩薩從初正信發心觀察, 若證法身, 得少分知, 乃至菩薩究竟地, 不能盡知"를 축약한 것이다.

171 『대승기신론』 본문으로는 "依無明熏習所起識者, 非凡夫能知, 亦非二乘智慧所覺, 謂依菩薩從初正信發心觀察, 若證法身, 得少分知, 乃至菩薩究竟地, 不能知盡, 唯佛窮了"에 해당한다.

하니, 깨닫지 못하여 ['능히 봄'(能見)[인 주관]과 '능히 나타냄'(能現)[인 대상]을] 일으켜"(依阿梨耶識, 說有無明, 不覺而起) 등을 이은 것이다. "[범부, 성문, 연각, 보살 등] 여타의 사람들이 알 수 있는 것이 아니고 오로지 부처[의 경지]라야 완전히 알게 되는 것이다"(非餘能知, 唯佛窮了)라는 것은, [원인과 조건이] 매우 심오함을 드러낸 것이다.

〈『소』와 『별기』의 구문 대조〉

『소』(1-716a24~b3)	『별기』(1-692a24~b3)
①<u>初中有三. 先標甚深, 次釋, 後結</u>. 初②<u>中</u>言"(③)無明熏習所起識"者, 牒上④<u>所說</u>"依阿梨耶識, 說有無明, 不覺而起"⑤<u>等也</u>. (⑥) ⑦<u>"非餘能知, 唯佛窮了"者, 標甚深也</u>.	(①) 初(②)言"③<u>依</u>無明熏習所起識"者, 牒上(④)"依阿梨耶識, 說有無明, 不覺而起"(⑤). ⑥<u>此文正明自性淸淨心因無明風動, 故言"無明所起識"也</u>. (⑦)
※『별기』⑥의 번역: "이 문장에서는 〈'본연이 온전한 마음'(自性淸淨心)이 '근본무지의 바람'(無明風)에 의해 움직인다〉는 것을 곧바로 밝혔으니, 그러므로 '근본무지에 의해 일어난 식'(無明所起識)이라고 말했다"(此文正明自性淸淨心因無明風動, 故言"無明所起識"也).	

【별기】 若此心體一向生滅, 直是染心, 則非難了. 又若一向常住, 唯是淨心, 亦非離知. 說[172]使體實淨而相似染者, 亦可易解. 如其識體動而空性靜者, 有何難了? 而今此心, 體淨而體染, 心動而心靜, 染淨無二, 動靜莫別. 無二無別, 而亦非一. 如是之絶, 故難可知.

『별기』(1-692b3~10); 『회본』(1-762b21~c4); 『소』에 없음.

만약 이 '마음의 본연'(心體)이 오로지 [근본무지에 의거하여] 생멸하기만 한다면 단지 '오염된 마음'(染心)이니, 그렇다면 이해하기 어려운 것이 아니다. 또 만약 [마음의 본연이] 오로지 늘 [그 온전함에] 머문다면 오직 '온전한 마음'(淨心)이니, [그렇다면 이것] 역시 알기 어려운 것이 아니다. 설사 '[마음의] 본연

172 『회본』에는 '說'이 '設'이라고 되어 있다. '設'로 교감한다.

은 실제로 온전하지만 [그] 양상은 오염된 것 같은 것'(體實淨而相似染者)이라고 해도, 역시 쉽게 이해할 수 있다. 만약 그 '[아리야]식의 본연'(識體)은 움직이지만 '불변 · 독자의 실체가 없어서'(空性) 고요한(靜) 것이라면, [이것도] 어찌 이해하기 어렵겠는가? 그런데 지금 이 [『대승기신론』에서 말하는] 마음(心)은 '본연이 온전하면서도 본연이 오염되고'(體淨而體染) '마음이 동요하면서도 마음이 고요하여'(心動而心靜), '오염됨과 온전함이 [불변 · 독자의 실체나 본질에 의해] 둘[로 나뉨]이 없고'(染淨無二) '동요함과 고요함이 별개의 것으로 갈라지지도 않는다'(動靜莫別). [그러나] '[불변 · 독자의 실체나 본질에 의해] 둘로 나뉘지도 않고 별개의 것으로 갈라짐도 없지만'(無二無別), 또한 '똑같은 것도 아니다'(非一). [불변 · 독자의 실체로 간주하는 분별의] 이와 같은 끊어짐(絶)이기 때문에, 알기 어려운 것이다.

【소】 "何以故"下, 次釋深義. "從本已來, 自性淸淨而無明所染, 有其染心"[173]者, 是明淨而恒染. "雖有染心而常恒不變"者, 是明動而常靜. 由是道理, 甚深難測. 如『夫人經』言, "自性淸淨心, 難可了知, 彼心爲煩惱所染, 亦難可了知", 『楞伽經』言, "以如來藏是淸淨相, 客塵煩惱垢染不淨. 我依此義, 爲勝鬘夫人及餘菩薩等說, 如來藏阿梨耶識共七識生, 名轉滅相. 大慧, 如來藏阿梨耶識境界, 我今與汝及諸菩薩甚深智者, 能了分別此二種法, 諸餘聲聞辟支佛及外道等執著名字者, 不能了知如是二法". "是故此義, 唯佛能知"者, 第三結甚深也.

『소』(1-716b4~17); 『회본』(1-762c5~19)

"어째서인가?"(何以故) 이하에서는, 다음으로 '[원인과 조건의 매우] 심오한 뜻'(深義)을 해석한다.[174] "[이 마음은] 원래부터 [그] 본연(自性)은 온전(淸淨)하

---

173 『대승기신론』 본문은 "從本已來, 自性淸淨而(有無明, 爲)無明所染, 有其染心"이다. 괄호 안의 내용이 생략된 채 인용되어 있다.

174 『대승기신론』 본문으로는 "何以故? 是心從本已來, 自性淸淨而有無明, 爲無明所染, 有其染心, 雖有染心而常恒不變"에 해당한다.

지만 [‘근본무지’(無明)가 있어 그] 근본무지에 의해 오염되어 오염된 마음이 있게 된다”([是心]從本已來, 自性清淨而[有無明, 爲]無明所染, 有其染心)라는 것은, [마음의 본연(自性)이] ‘온전하면서도 [근본무지에 의해] 항상 오염됨’(淨而恒染)을 밝힌 것이다. “비록 ‘오염된 마음’이 있어도 [그 온전한 본연은] 언제나 한결같아서 [온전한 본연이] 변하지는 않는다”(雖有染心而常恒不變)라는 것은, [마음이] ‘[근본무지에 의해 오염되어] 동요하지만 [그 온전한 본연은] 항상 고요함’(動而常靜)을 밝힌 것이다.

이러한 도리이기 때문에 매우 심오하여 측량하기 어렵다. 마치 『승만경』에서 “‘본연이 온전한 마음’(自性清淨心)을 분명하게 알기 어려우며, 저 마음이 번뇌에 오염되는 것 또한 분명하게 알기 어렵다”[175]라 말하고, 『입능가경』에서 “여래장은 [그 본연이] ‘온전한 양상’(清淨相)이지만 ‘객관대상[에 집착하는] 번뇌의 더러움’(客塵煩惱垢)이 오염시켜 온전하지 못하다. 나 [부처]는 이러한 뜻에 의거하여 승만부인과 다른 보살들을 위해 말하니, ‘여래장[의 온전한 측면을 갖춘] 아리야식’(如來藏阿梨耶識)이 일곱 가지 식識과 함께 생겨나는 것을 ‘바뀌어 가다가 사라지는 양상’(轉滅相)[176]이라고 부른다. 대혜여, ‘여래장[의 온전한 측면을 갖춘] 아리야식의 현상’(如來藏阿梨耶識境界)에 대해, 나는 이제

---

175 『승만경』 제13 「자성청정장」(T12, 222c3~7). “自性清淨心而有染污, 難可了知. 有二法難可了知, 謂自性清淨心難可了知, 彼心爲煩惱所染亦難了知. 如此二法, 汝及成就大法菩薩摩訶薩乃能聽受, 諸餘聲聞, 唯信佛語.” 〈산스크리트본의 해당 내용: 인용문이지만 『보성론』(T31, 827a18~19)에 인용되어 범본 확인 가능. RGV 22,1-4, dvāv imau devi dharmau duṣprativedhyau / prakṛti-pariśuddha-cittaṃ duṣprativedhyam / tasyaiva cittasyopakliṣṭatā duṣprativedhyā /; 왕비여! 이 두 가르침은 통달하기 어렵습니다. 본질적으로 청정한 심이란 통찰하기 어렵습니다. 바로 그 심이 염오되었다는 사실은 통찰하기 어렵습니다.〉 『승만경』에서는 ‘二法’의 내용이 ‘자성청정심’과 ‘염오’로 거론되어 있다. 아래 『입능가경』에서 ‘여래장아리야식’과 ‘칠식’으로 구분한 것과 내용상 상응하면서 대비된다.

176 ‘여래장아리야식如來藏阿梨耶識’이라는 개념은 생멸문의 첫 문장인 “心生滅者, 依如來藏故有生滅心, 所謂不生不滅, 與生滅和合, 非一非異, 名爲阿梨耶識”의 맥락과 상응하는 것으로 볼 수 있다.

그대 및 '매우 깊은 지혜를 지닌 모든 보살'(諸菩薩甚深智者)과 함께 ['여래장 측면을 갖춘 아리야식'(如來藏阿梨耶識)과 '일곱 가지 식'(七識)] 이 두 가지를 분명히 구별할 수 있지만, 다른 모든 '[가르침을] 들어서 [혼자] 부처가 되려는 수행자'(聲聞)와 '연기緣起의 이치로 혼자 깨달으려는 수행자'(辟支佛) 및 '[불법과는] 다른 가르침을 따르는 사람들'(外道) 등 명칭과 문자에 집착하는 자들은 이와 같은 두 가지를 분명히 알 수 없다"[177]라고 말한 것과 같다.

---

177 『입능가경』 권7(T16, 557a5~13). "以如來藏是清淨相, 客塵煩惱垢染不淨. 大慧! 我依此義, 依勝鬘夫人, 依餘菩薩摩訶薩深智慧者, 說如來藏阿梨耶識, 共七種識生, 名轉滅相. 爲諸聲聞辟支佛等示法無我, 對勝鬘說言如來藏是如來境界. 大慧! 如來藏識阿梨耶識境界, 我今與汝及諸菩薩甚深智者, 能了分別此二種法, 諸餘聲聞辟支佛及外道等執著名字者, 不能了知如此二法." 〈산스크리트본의 해당 내용: LAS 222,14-223,5, mahāmate ayaṃ tathāgatagarbhālayavijñānagocaraḥ sarvaśrāvakapratyekabuddhatīrthyavitarkadarśanānāṃ prakṛtipariśuddho 'pi sann aśuddha ivāgantukleśopakliṣṭatayā teṣām ābhāti na tu tathāgatānāṃ / tathāgatānāṃ punar mahāmate karatalāmalakavat pratyakṣagocaro bhavati / etad eva mahāmate mayā śrīmālāṃ devīm adhikṛtya deśanāpāṭhe 'nyāṃś ca sūkṣmanipuṇaviśuddhabuddhīn bodhisattvān adhiṣṭhāya tathāgatagarbha ālayavijñāna-saṃśabditaḥ saptabhir vijñānaiḥ saha pravartate(=pravṛtty) [/] abhiniviṣṭānāṃ śrāvakāṇāṃ dharmanairātmyapradarśanārtham śrīmālāṃ devīm adhiṣṭhāya tathāga- taviṣayo deśito na śrāvakapratyekabuddhānyatīrthakaratarkaviṣayo 'nyatra [/] mahāmate tathāgataviṣaya eva tathāgatagarbha ālayavijñānaviṣayas 〈tvat〉 sadṛśānāṃ ca sūkṣmani-puṇamatibuddhiprabhedakānāṃ bodhisattvānāṃ mahāsattvānām arthapratisara-ṇānāṃ no tu yathārutadeśanāpāṭhābhiniviṣṭānāṃ sarvān tīrthyaśrāvaka-pratyekabuddhānāṃ / tasmāt tarhi mahāmate tvayānyaiś ca bodhisattvair mahāsattvaiḥ sarvatathatāgataviṣaye 'smiṃs tathāgatagarbhālayavijñānaparijñāne yogaḥ karaṇīyo na śrutamātrasaṃtuṣṭair bhavitavyaṃ //; 대혜여, 이 여래장 [곧] 알라야식이라는 대상은 본성적으로 청정하지만, 모든 성문과 독각과 외도의 견해에는 마치 우연적 번뇌에 오염되어 부정한 것처럼 나타난다. 그러나 여래에게는 그렇지 않다. 나아가 대혜여, 여래에게 [여래장 곧 알라야식은] 손 위에 있는 망고 열매처럼 직접지각의 대상이다. 대혜여, 바로 이것을 나는 승만부인을 대상으로 하는 가르침에서, 다른 미세하고 예리하며 청정한 지혜를 가진 보살들에게 의탁하여 7식과 결합한 알라야식이라 불리는 여래장을 [가르쳤으며], 발생에 집착하는 성문에게 법무아를 가르치기 위해 승만부인에 의탁하여 [여래장은] 여래의 대상이지만, 성문과 독각 그리고 다른 비불교도의 사유의 대상은 아니라고 가르쳤다. 대혜여, 여래장 곧 알라야식이라는 대상은

"그러므로 이 뜻은 오로지 부처[의 경지]라야 알 수 있다"(是故此義, 唯佛能知)는 것은, 세 번째로 '[원인과 조건의] 매우 심오함을 결론지은 것'(結甚深)이다.

〈『소』와 『별기』의 구문 대조〉

『소』(1-716b4~17)	『별기』(1-692b10~21)
①"何以故"下, 次釋深義. (②)"③從本已來, 自性④清淨而⑤無明所染, 有其染心"者, 是明淨而恒染. "雖有染心而常恒不變"者, 是⑥明動而常靜. 由是⑦道理, ⑧甚深難測. ⑨如『夫人經』言, "自性清淨心, 難可了知, 彼心爲煩惱所染, 亦難可了知", 『⑩楞伽經』⑪言, "以如來藏是清淨相, 客塵煩惱垢染不淨. 我依此義, 爲勝鬘夫人及餘菩薩等說, 如來藏阿梨耶識共七識生, 名轉滅相. 大慧, 如來藏阿梨耶識境界, 我今與汝及諸菩薩甚深智者, 能了分別此二種法, 諸餘聲聞辟支⑫佛及外道等執著名字者, 不能了知如是二法". (⑬) ⑭"是故此義唯佛能知"者, 第三結甚深也.	(①) ②言"③心自性(④)淨而(⑤)有其染心"者, 是明淨而恒染. "雖有染心而常恒不反"[178]者, 是⑥顯動而常靜. 由是⑦義故, ⑧唯佛窮了. (⑨) 如『⑩十卷經』⑪云, "以如來藏是清淨相. 客塵煩惱垢染不淨. 我依此義, 爲勝鬘夫人及餘菩薩等說, 如來藏阿梨耶識共七識生, 名轉滅相. 大慧, 如來藏阿梨耶識境界, 我今與汝及諸菩薩甚深智者, 能了分別此二種法, 諸餘聲聞辟支(⑫)及外道等執著名字者, 不能了知如是二法". ⑬正謂此乎! (⑭)
※ 『소』에는 『별기』에 없던 ⑨의 『승만경』 인용문이 추가되어 있다. 『입능가경』의 긴 인용문은 『별기』와 『소』에 똑같이 실려 있다.	

실로 여래의 대상이다. 그리고 그와 유사한 미세하고 현명한 지혜와 지성으로 변별하며, 의미에 의지하는 보살마하살[의 대상]이다. 문자 그대로의 가르침에 집착하는 모든 외도와 성문과 독각[의 대상은 아니다.] 그러므로 그 경우에 대해여, 그대 및 다른 보살마하살은 이 모든 여래의 대상인 여래장 곧 알라야식을 철저히 인식하는 데 수행해야 하고, 들은 것만으로 만족하는 자는 수습해서는 안 된다.〉 곧바로 이어지는 게송에서는 다음과 같은 내용이 나온다. "大慧! 是故汝及諸菩薩摩訶薩, 當學此法. 爾時世尊重說偈言, 甚深如來藏, 與七識俱生. 取二法則生, 如實知不生"(T16, 557a13~17). 밑줄에서 보듯이 '二法'이 가리키는 내용은 여래장如來藏과 칠식七識이다.

178 『별기』 편집주에 "'反'은 '變'인 듯하다"라고 되어 있다. '變'으로 교감한다.

ㄴ) 원인과 조건의 차이를 자세히 드러냄(廣顯因緣差別)

【소】 "所謂"以下,[179] 第二廣顯因緣差別. 於中有六. 一, 明心性因之體相, 二, 顯無明緣之體相, 三, 明染心諸緣差別, 四, 顯無明治斷位地, 五, 釋相應不相應義, 六, 辨智礙煩惱礙義.

『소』(1-716b18~22); 『회본』(1-762c20~763a1)

"이른바"(所謂) 이하에서는[180] 두 번째로 [분별로 생멸하는 마음의] '원인과 조건의 차이'(因緣差別)를 자세히 드러낸다. 여기에는 여섯 가지가 있다. 첫 번째로 '마음의 온전한 면모'(心性)라는 원인(因)의 '본연과 양상'(體相)을 밝혔고, 두 번째로 '근본무지라는 조건'(無明緣)의 '본연과 양상'(體相)을 드러내었으며, 세 번째로 '오염된 마음들이라는 여러 조건'(染心諸緣)의 차이를 밝혔고, 네 번째로 '근본무지를 다스려 끊는 단계'(無明治斷位地)를 드러내었으며, 다섯 번째로 '서로 응함'(相應)과 '서로 응하지 않음'(不相應)의 뜻을 해석하였고, 여섯 번째로 '올바른 이해를 가로막는 방해'(智礙)와 '번뇌로 인한 방해'(煩惱礙)의 뜻을 구분하였다.

【별기】 "不達"以下, 明緣體相及差別義. 於中有三. 一, 明諸染相差別, 麤顯治斷位地. 二, "相應義者"以下, 明諸染法相應不相應義. 三, "又染心義"以下, 擧諸染法明二障義. 初中亦三. 先明無明相, 次明染心差別, 兼顯治斷. 後方明前無明治斷所以, 不次第者, 欲明直就無明, 漸治之相不顯.

『별기』(1-692b22~c5)

"['하나처럼 통하는 [차이들의] 현상세계'(一法界)를] 통달하지 못하기 때문에"(不達) 이하[181]에서는 [분별로 생멸하는 마음의] '조건들의 본연과 양상'(緣體相) 및

179 『회본』에는 '所謂'가 없다.

180 아래에 나오는 『대승기신론』 원문에 대한 해석구조를 밝히는 글이다.

181 『대승기신론』 본문으로는 "以不達一法界故心不相應, 忽然念起, 名爲無明. 染心者有六種,

'차이 나는 면모'(差別義)를 밝힌다. 여기에는 세 가지가 있다. 첫 번째로[182] '모든 오염된 양상의 차이'(諸染相差別)를 밝혀 '다스려 끊는 단계'(治斷位地)를 [뚜렷한 오염에 맞추어] 뚜렷한 유형으로 드러낸다. 두 번째로 "서로 응하는 면모라는 것은"(相應義者) 이하[183]에서는 '모든 오염된 것들이 서로 응하거나 응하지 않는 면모'(諸染法相應不相應義)를 밝힌다. 세 번째로 "또 오염된 마음의 면모라는 것"(又染心義) 이하[184]에서는 모든 오염된 것들에 의거하여 '두 가지 장애의 면모'(二障義)를 밝힌다.

첫 번째에도 세 가지가 있다. 먼저[185] '근본무지의 양상'(無明相)을 밝히고, 다음으로는[186] '오염된 마음들의 차이'(染心差別)를 밝히면서 아울러 '다스려

云何爲六? 染心者有六種, 云何爲六? 一者執相應染, 依二乘解脫及信相應地遠離故. 二者不斷相應染. 依信相應地修學方便, 漸漸能捨, 得淨心地究竟離故. 三者分別智相應染. 依具戒地漸離, 乃至無相方便地究竟離故. 四者現色不相應染. 依色自在地能離故. 五者能見心不相應染. 依心自在地能離故. 六者根本業不相應染. 依菩薩盡地, 得入如來地能離故. 不了一法界義者, 從信相應地觀察學斷, 入淨心地隨分得離, 乃至如來地能究竟離故. 言相應義者, 謂心念法異, 依染淨差別, 而知相緣相同故. 不相應義者, 謂即心不覺, 常無別異, 不同知相緣相故. 又染心義者, 名爲煩惱礙, 能障眞如根本智故. 無明義者, 名爲智礙, 能障世間自然業智故. 此義云何? 以依染心, 能見能現, 妄取境界, 違平等性故. 以一切法常靜, 無有起相, 無明不覺妄與法違故, 不能得隨順世間一切境界種種智故"에 해당한다.

182 『대승기신론』 본문으로는 "以不達一法界故心不相應, 忽然念起, 名爲無明. 染心者有六種, 云何爲六? 染心者有六種, 云何爲六? 一者執相應染, 依二乘解脫及信相應地遠離故. 二者不斷相應染. 依信相應地修學方便, 漸漸能捨, 得淨心地究竟離故. 三者分別智相應染. 依具戒地漸離, 乃至無相方便地究竟離故. 四者現色不相應染. 依色自在地能離故. 五者能見心不相應染. 依心自在地能離故. 六者根本業不相應染. 依菩薩盡地, 得入如來地能離故. 不了一法界義者, 從信相應地觀察學斷, 入淨心地隨分得離, 乃至如來地能究竟離故"에 해당한다.

183 『대승기신론』 본문으로는 "言相應義者, 謂心念法異, 依染淨差別, 而知相緣相同故. 不相應義者, 謂即心不覺, 常無別異, 不同知相緣相故"에 해당한다.

184 『대승기신론』 본문으로는 "又染心義者, 名爲煩惱礙, 能障眞如根本智故. 無明義者, 名爲智礙, 能障世間自然業智故. 此義云何? 以依染心, 能見能現, 妄取境界, 違平等性故. 以一切法常靜, 無有起相, 無明不覺妄與法違故, 不能得隨順世間一切境界種種智故"에 해당한다.

185 『대승기신론』 본문으로는 "以不達一法界故心不相應, 忽然念起, 名爲無明"에 해당한다.

186 『대승기신론』 본문으로는 "染心者有六種, 云何爲六? 一者執相應染, 依二乘解脫及信相應地遠離故. 二者不斷相應染. 依信相應地修學方便, 漸漸能捨, 得淨心地究竟離故. 三者分別

끊는 것'(治斷)을 밝힌다. 마지막에는[187] 바야흐로 앞의 근본무지를 다스려 끊는 근거를 밝히니, [근본무지부터 다스리는] 순서로 하지 않은 것은 곧바로 근본무지에 나아가면 '점점 다스리는 양상'(漸治之相)이 드러나지 않는다는 것을 밝히고자 한 것이다.

〈『소』와 『별기』의 구문 대조〉

<table>
<tr><th>『소』(1-716b18~22)</th><th>『별기』(1-692b22~c5)</th></tr>
<tr><td>①"所謂"以下， 第二廣顯因緣差別. 於中有②六. ③一， 明心性因之體相, ④④-1二, 顯無明緣之體相, ④-2三, 明染心諸緣差別, ④-3四, 顯無明治斷位地, ⑤五， 釋相應不相應義, ⑥六, 辨智礙煩惱礙義.</td><td>①"不達"以下, 明緣體相及差別義. 於中有②三. (③) ④一, 明諸染相差別, 麤顯治斷位地. ⑤二, "相應義者"以下, 明諸染法相應不相應義. ⑥三, "又染心義"以下, 擧諸染法明二障義. ④-1初中亦三. 先明無明相, ④-2次明染心差別, 兼顯治斷. ④-3後方明前無明治斷所以, 不次第者, 欲明直就無明, 漸治之相不顯.</td></tr>
<tr><td colspan="2">※ ①에서 보듯이 『별기』에서는 '不達' 이하라 하고 『소』에서는 '所謂' 이하라고 하므로 내용이 시작되는 지점이 다르고, ②에서 보듯이 과목의 개수도 다르지만, 『대승기신론』의 내용이 끝나는 지점은 같다.
※ 『소』의 ③에 해당하는 『대승기신론』의 내용을 『별기』에서는 윗 과목에 소속시켰으므로 『별기』에는 없다.
※ 『대승기신론』 본문을 기준으로 보면 『별기』 ④의 한 과목이 『소』 ④의 세 과목에 해당한다. 그리고 『별기』 ④의 과목이 밑에서 ④-1・2・3의 세 가지로 나뉘면서 『소』 ④-1・2・3의 세 과목에 대응한다.</td></tr>
</table>

智相應染. 依具戒地漸離, 乃至無相方便地究竟離故. 四者現色不相應染. 依色自在地能離故. 五者能見心不相應染. 依心自在地能離故. 六者根本業不相應染. 依菩薩盡地, 得入如來地能離故"에 해당한다.

187 『대승기신론』 본문으로는 "不了一法界義者, 從信相應地觀察學斷, 入淨心地隨分得離, 乃至如來地能究竟離故"에 해당한다.

(ㄱ) '마음의 온전한 면모라는 원인'의 본연과 양상을 밝힘(明心性因之體相)

所謂心性常無念故, 名爲不變.

『논』(T32, 577c5); 『회본』(1-763a2)

이른바 '마음의 온전한 면모'(心性)에는 언제나 '[근본무지에 따라 분별하는] 생각'(念)이 없기 때문에 [마음의 온전한 면모는] 변하지 않는다고 부른다.

【소】 初中言"心性常無念故, 名爲不變"[188]者, 釋上"雖有染心而常不變"之義. 雖擧體動而本來寂靜, 故言"心性常無念"也.

『소』(1-716b23~c1); 『회본』(1-763a3~5); 『별기』에 없음.

처음에 말한 "'마음의 온전한 면모'에는 언제나 '[근본무지에 따라 분별하는] 생각'이 없기 때문에 [마음의 온전한 면모는] 변하지 않는다고 부른다"(心性常無念故, 名爲不變)라는 것은, 앞에서 말한 "비록 오염된 마음이 있어도 [그 온전한 면모는] 언제나 한결같아서 [온전한 면모가] 변하지는 않는다"(雖有染心而常[恒]不變)[189]라는 뜻을 해석한 것이다. 비록 본연(體)에 의거하여 동요하지만 [마음의 온전한 면모는] '본래 [근본무지에 의한 동요가 없어] 고요하니'(本來寂靜), 그러므로 "'마음의 온전한 면모'에는 언제나 '[근본무지에 따라 분별하는] 생각'이 없다"(心性常無念)라고 말했다.

(ㄴ) '근본무지라는 조건'의 본연과 양상을 드러냄(顯無明緣之體相)

以不達一法界故, 心不相應, 忽然念起, 名爲無明.

『논』(T32, 577c5~7); 『회본』(1-763a6~7)

'하나처럼 통하는 [차이들의] 현상세계'(一法界)를 통달하지 못하기 때문에 마음이 ['하나처럼 통하는 [차이들의] 현상세계'(一法界)와] 서로 응하지 못하여 홀연히 ['하나처럼 통하는 [차이들의] 현상세계'(一法界)를 제대로 이해하지 못하

188 『회본』에는 "言心性常無念故, 名爲不變者"가 없다.
189 『대승기신론』 본문은 "雖有染心而常恒不變"이다. 『소』에는 '恒'이 빠져 있다.

는] 생각(念)이 일어나는 것을 근본무지(無明)라고 부른다.

【소】 第二中言"心不相應"者, 明此無明最極微細, 未有能所王數差別, 故言"心不相應". 唯此爲本, 無別染法能細於此在其前者. 以是義故, 說"忽然起". 如『本業經』言, "四住地前, 更無法起故, 名無始無明住地". 是明其前無別爲始, 唯此爲本, 故言"無始". 猶是此論"忽然"義也. 此約細麤相依之門說爲無前. 亦言"忽然起", 非約時節以說"忽然起". 此無明相, 如『二障章』廣分別也. 是釋上言"自性淸淨而有無明所染, 有其染心"[190]之句.

『소』(1-716c2~12); 『회본』(1-763a8~19); 『별기』에 없음.

두 번째에서 말한 "마음이 ['하나처럼 통하는 [차이들의] 현상세계'(一法界)와] 서로 응하지 못한다"(心不相應)라고 말한 것은 이 근본무지(無明)가 극도로 미세하여 아직 '주관과 객관'(能所) 및 '마음작용과 마음현상'(王數)의 차별이 [뚜렷하게] 존재하지 않는 [상태라는 것]을 밝혀 주는 것이니, 그러므로 "마음이 ['하나처럼 통하는 [차이들의] 현상세계'와] 서로 응하지 못한다"(心不相應)라고 말했다. 오직 이 [근본무지]가 [가장 앞선] 근본이 되니, 이 [근본무지]보다 더 미세하여 그 앞에 있을 수 있는 별개의 오염현상(染法)은 없다. 이러한 뜻 때문에 "홀연히 ['하나처럼 통하는 [차이들의] 현상세계'를 제대로 이해하지 못하는 생각(念)이] 일어난다"(忽然[念]起)라고 말했다.

마치 『보살영락본업경』에서 "'[근본무지(無明)가] 자리 잡은 네 가지 단계'(四住地)[191] 이전에는 [어떤 번뇌] 현상도 일어남이 없기 때문에 '[그 이전에는 번뇌가 일어나는] 시작을 알 수 없는 근본무지가 자리 잡은 단계'(無始無明住地)라

190 『대승기신론』의 "自性淸淨而有無明, 爲無明所染, 有其染心"을 줄인 것이다.

191 사주지四住地: 『본업경』에서 '근본무지(無明)가 자리 잡은 네 가지 단계'를 지칭하는 개념이다. '선천적인 단계의 미혹'(生得惑), '욕망세계에 [대한 애착으로] 자리 잡은 단계'(欲界住地), '유형세계에 [대한 애착으로] 자리 잡은 단계'(色界住地), '무형세계에 [대한 애착으로] 자리 잡은 단계'(無色界住地)가 그것이다.

고 한다"[192]라고 말한 것과 같다. 이 [『보살영락본업경』의 구절]은 그 [근본무지] 앞에 다른 시초가 없고 오직 이 [근본무지]만이 근본인 것을 밝힌 것이니, 그러므로 "시작을 알 수 없다"(無始)라고 말했다. 이는 『대승기신론』에서의 "홀연히"(忽然)의 뜻과 같다. 이것은 '미세[한 세 가지 양상]과 뚜렷[한 여섯 가지 양상]이 서로 의존하는 측면'(細麤相依之門)에 의거하여 '앞서는 것이 없다'(無前)고 말하는 것이다.

또 "홀연히 일어난다"(忽然起)라고 말하는 것은, '시간 순서'(時節)에 의거하여 "홀연히 일어난다"라고 말하는 것이 아니다. 이 '근본무지의 양상'(無明相)은 『이장의二障義』에서 자세히 구분한 것[193]과 같다. 이것은 앞의 [원인과 조건을 간략히 밝히는 단락에서] "[그] 본연은 온전하지만 근본무지가 있어 [그] 근본무지에 의해 오염되어 '오염된 마음'이 있게 된다"(自性淸淨而有[無明, 爲]無明所染, 有其染心)라는 구절을 해석한 것이다.

【별기】 但除甚[194]染心, 從麤至細, 能令根本無明隨有漸捨漸輒[195]之義. 爲是義故, 無明治斷在後方說.

『별기』(1-692c5~7); 『회본』(1-763a20~22); 『소』에 없음.

---

192 『보살영락본업경』 권2(T24, 1021c28~1022a8) "以智知一切衆生識始起一相住於緣, 順第一義諦起名善, 背第一義諦起名惑, 以此二爲住地故, 名生得善, <u>生得惑</u>. … 起欲界惑, 名<u>欲界住地</u>. 起色界惑, 名<u>色界住地</u>. 起心惑故, 名<u>無色界住地</u>. 以此四住地, 起一切煩惱故, 爲始起四住地. <u>其四住地前更無法起故, 故名無始無明住地</u>." 『본업경』에서 '4주지住地'란 생득, 욕계, 색계, 무색계의 네 가지 주지住地를 말한다.

193 『이장의』(H1, 801a6~802b19)에 따르면 무명주지無明住地는 대지에 비유되어 대지 위에 모든 초목이 번성하듯이 무명주지에 의해 모든 번뇌가 일어난다고 한다. 무명무지는 생득주지生得住地와 작득주지作得住地로 나뉜다. 생득주지는 '일여一如'를 깨닫지 못하여 홀연히 생기는 무명주지이고, 견일처주지見一處住地라고도 부른다. 작득주지는 욕계 · 색계 · 무색계의 삼계에서 애착을 일으키는 세 가지 무명주지이다. 여기서도 위의 『보살영락본업경』이 인용되는데, 『소』보다 더 자세하다.

194 『별기』의 편집주에 "'甚'은 '其'인 듯하다"라고 되어 있다. 『회본』에는 이 자리에 글자가 빠져 있다. '其'로 교감하여 번역한다.

195 『회본』에는 '輒'이 '輟'이라고 되어 있다.

다만 그 오염된 마음을 없애는 것은 '뚜렷한 것'(麤)에서부터 '미세한 것'(細)에 이르러야 '근원적인 무지'(根本無明)로 하여금 점차 버려지고 점차 그치는 뜻에 따르도록 할 수 있다. 이러한 뜻이기 때문에 '근본무지를 다스려 끊는 것'(無明治斷)을 뒤에서 말한 것이다.

(ㄷ) '오염된 마음이라는 여러 조건들'의 차이를 밝힘(明染心諸緣差別)

染心者有六種, 云何爲六? 一者, 執相應染, 依二乘解脫及信相應地遠離故. 二者, 不斷相應染. 依信相應地修學方便, 漸漸能捨, 得淨心地究竟離故. 三者, 分別智相應染. 依具戒地漸離, 乃至無相方便地究竟離故. 四者, 現色不相應染. 依色自在地能離故. 五者, 能見心不相應染. 依心自在地能離故. 六者, 根本業不相應染. 依菩薩盡地, 得入如來地能離故.

『논』(T32, 577c7~15); 『회본』(1-763a23~b8)

'오염된 마음'(染心)에는 여섯 가지가 있으니, 무엇이 여섯 가지인가?

첫 번째는 '집착에 서로 응하는 오염[된 마음]'(執相應染)이니, [이 오염된 마음은] '[가르침을] 들어서 [혼자] 부처가 되려는 수행자'(聲聞)와 '연기의 이치를 깨달아 [혼자] 부처가 되려는 수행자'(緣覺)의 해탈 및 [대승의] '[진리에 대한] 믿음과 서로 응하는 경지'(信相應地)에 의거하여 멀리 벗어나는 것이다.

두 번째는 '[집착이] 끊어지지 않는 것에 서로 응하는 오염[된 마음]'(不斷相應染)이니, '[진리에 대한] 믿음과 서로 응하는 경지'(信相應地)에 의거하여 '수행의 수단과 방법'(方便)을 익히고 배워서 [이 오염된 마음을] 점점 버려 나가다가 [대승보살의 '열 가지 본격적인 수행경지'(十地) 가운데 '첫 번째 경지'(初地, 歡喜地)인] '온전한 마음의 경지'[196](淨心地)[197]를 성취하여 궁극적으로

196 원효는 보살의 수행단계에서 특히 십지十地의 초지初地에 특별한 의미를 부여하고 있다. 원효는 관행觀行을 그 차원에 따라 크게 두 범주/지평으로 분류한다. 하나는 방편관方便觀(수단이 되는 관행)이고, 다른 하나는 정관正觀(온전한 관행)이다. 자리행과 이타행을 하나로 결합시킬 수 있는 관행이면 '온전한 관행'(正觀)이자 '참된 관행'(眞觀)이며, 그렇지 못하면 그 경지에 접근하기 위해 수단이 되는 방편관이다. 정관은 진관眞

벗어날 수 있는 것이다.

세 번째는 '[근본무지에 따라] 분별하는 이해에 서로 응하는 오염[된 마음]'(分別智相應染)이니, ['열 가지 본격적인 수행경지'(十地)의 '두 번째 경지'(第二地, 離垢地)인] '윤리적 행위능력을 두루 갖춘 경지'(具戒地)[198]에 의거하여 [이

觀(참된 관행)이라고도 하는데, 진여문眞如門에 들어가게 되는 것은 정관에 의해서이다. 방편관은 자아를 포함한 대상들(所取)에 대한 '실체관념/개념적 환각'(相)의 제거를 겨냥하는 것이고, 정관은 대상들에 대한 실체관념(相)뿐 아니라 실체관념(相)을 제거하는 마음(能取) 자체에 대한 실체관념(相)마저 제거하는 것이다. 또한 정관/진관은 지止와 관觀을 하나의 지평에서 융합적으로 펼쳐 가는 수행단계다. 구체적으로는, 유식무경唯識無境의 유식 지평에서 '그침' 국면과 '살핌/이해' 국면을 동시적으로 구현해 가는 경지다. 이것을 '그침과 이해를 동근원적으로 함께 굴림'(止觀雙運)이라 부른다. 보살 수행의 52단계(52位)에 비추어 보면, 십지 이전인 십신十信·십주十住·십행十行·십회향十廻向 단계에서의 관행은 모두 방편관에 속하고, 십지 초지부터의 관행은 정관에 해당한다. 그런데 원효는 십지 이전과 이후의 차이를, 자리행과 이타행의 결합 여하를 기준으로 삼아 구별하고 있어 주목하고 있다. 그에 의하면, 자리행과 이타행이 하나로 결합되는 분기점은 십지의 초지이다. 십지부터는 자리행과 이타행이 근원에서 하나로 결합하는 경지가 펼쳐지게 되며, 등각等覺과 묘각妙覺에 이르러 그 완벽한 경지가 된다. 따라서 자리와 이타의 동시상응同時相應을 강조하는 대승불교 수행에서의 중요한 분기점은 십지의 초지가 된다. 원효는 선수행의 초점도 자리행과 이타행이 하나로 결합되는 지평에 두고 있으며, 십지의 초지가 그 지평이 열리는 분기점이다. 또 십지의 초지 이상의 지평을 여는 정관의 핵심을 원효는 유식관唯識觀으로 본다. 십지의 초지 이전과 이후의 경지는 그 차원에서 확연히 구분된다. 원효는 이 점을 주목하고 있다. 그리하여 시각始覺과 본각本覺도 초지와 연관시킨다. 정관이 작동하는 초지 이상의 경지에서 존재의 참모습인 진여공성眞如空性에 직접 접속하게 되고, 그 때 '비로소 깨달은' 시각을 증득하여 본각과 상통하게 되어 '시각이 곧 본각'이라는 일각一覺의 지평에 올라선다. 이후의 과제는 본각과의 상통 정도를 확장해 가는 것이다. 초지에서 위로 올라갈수록 상통의 원만성이 확대되다가, 등각 경지에서 성취하게 되는 금강삼매에 의거하여 마침내 묘각 지평이 열려 시각과 본각이 완전하게 하나가 된다(박태원, 「자기이익 성취와 타자이익 기여의 결합 문제와 원효의 선(禪) ―자리/이타의 결합 조건과 선(禪)」, 불교학연구 제40호, 불교학연구회, 2014). 이러한 점들을 고려하여 초지인 '정심지淨心地'를 '온전한 마음의 경지'라고 번역하였다.

197 정심지淨心地: 원효의 주석에 따르면 십주十住 이상인 삼현위三賢位의 수행이 완성되어 초지初地에 들어간 경지를 말한다.

198 구계지具戒地: 구계지가 십지의 제2지에서 제6지까지에 해당한다고 하는 관점이 있으

오염된 마음에서] 점점 벗어나다가 '[십지의 '일곱 번째 경지'(第七地, 遠行地)인] '불변 · 독자의 실체가 있다는 생각 없이 방편을 쓸 수 있는 경지'(無相方便地)에 이르러 궁극적으로 벗어나는 것이다.

네 번째는 '[식識이] 나타낸 유형적인 대상에 [의식 차원에서는] 서로 응하지 않는 오염[된 마음]'(現色不相應染)이니, [십지의 '여덟 번째 경지'(第八地, 不動地)인] '유형적인 것으로부터 자유로운 경지'(色自在地)에 의거하여 [이 오염된 마음에서] 벗어날 수 있는 것이다.

다섯 번째는 '주관이 된 마음에 [의식 차원에서는] 서로 응하지 않는 오염[된 마음]'(能見心不相應染)이니, [십지의 '아홉 번째 경지'(第九地, 善慧地)인] '마음에서 자유로운 경지'(心自在地)에 의거하여 [이 오염된 마음에서] 벗어날 수 있는 것이다.

여섯 번째는 '[근본무지에 의한] 애초의 움직임에 [의식 차원에서는] 서로 응하지 않는 오염[된 마음]'(根本業不相應染)이니, [십지의 '열 번째 경지'(第十地, 法雲地)인] '보살의 수행단계를 모두 마친 경지'(菩薩盡地)에 의거하여 '여래의 경지'(如來地)에 들어가면 [이 오염된 마음에서] 벗어날 수 있는 것이다.

【소】於[199]中有二. 總標, 別釋. 別釋之中, 兼顯治斷. 此中六染, 卽上意識幷五種意. 但前明依因而起義故, 從細至麤而說次第, 今欲兼顯治斷位故, 從麤至細而說次第. 第一"執相應染"者, 卽是意識, 見愛煩惱所增長義, 麤分別執而相應故. 若二乘人至羅漢位, 見修煩惱究竟離故, 若論菩薩, 十解以上能遠離故. 此言"信相應地"者, 在十解位, 信根成就, 無有退失, 名"信相應". 如『仁王經』言, "伏忍聖胎三十人, 十信十止十堅心". 當知, 此中十向名"堅", 十行名"止", 十信解名"信". 入此位時, 已得人空, 見

나, 제2지인 이구지離垢地에만 해당하는 것으로 보아야 한다. 그래야 기신론 본문의 내용에도 부합한다.

199 『소』의 편집주에 "'於' 앞에 '第三明染心諸緣差別'이 탈락된 듯하다"라고 되어 있다. 보조문에 반영하여 번역한다.

修煩惱不得現行, 故名爲"離". 當知此論上下所明, 約現起以說治斷也.

『소』(1-716c13~717a4); 『회본』(1-763b9~24)

[세 번째로 '오염된 마음들이라는 여러 조건의 차이'(染心諸緣差別)를 밝히니] 여기에 두 가지가 있다. [하나는] '총괄적으로 드러내는 것'(總標)[200]이고, [다른 하나는] '하나씩 해석하는 것'(別釋)이다. '하나씩 해석하는 것'(別釋)에서는 [오염된 마음을] '다스려 끊는 것'(治斷)도 함께 드러낸다. 여기에서의 '여섯 가지의 오염'(六染)[된 마음]은 바로 앞에서 말한 의식意識과 ['[근본무지에 따라 처음] 움직이는 식'(業識) · '[불변 · 독자의 실체로 간주되는 주관으로] 바뀌어 가는 식'(轉識) · '[불변 · 독자의 실체로 간주되는 대상을] 나타내는 식'(現識) · '분별하는 식'(智識) · '[분별을] 서로 이어 가는 식'(相續識), 이] 다섯 가지 의意이다. 다만 앞에서는 ['여래장 측면을 갖춘 아리야식'(如來藏阿梨耶識)이라는] 원인에 의거하여 [오염된 마음이] 일어나는 뜻을 밝혔기 때문에 '미세한 것'(細)에서부터 '뚜렷한 것'(麤)에 이르면서 [그] 차례를 설했지만, 지금은 [오염된 마음을] '다스려 끊는 단계'(治斷位)를 아울러 드러내고자 하기 때문에 '뚜렷한 것'(麤)에서부터 '미세한 것'(細)에 이르면서 [그] 차례를 설한다.

㉠ 집착에 서로 응하는 오염된 마음(執相應染)

첫 번째인 "집착에 서로 응하는 오염[된 마음]"(執相應染)이라는 것은 곧 의식意識이니, '견해[에 미혹된] 번뇌와 [현상에] 애착하는 번뇌'(見愛煩惱)에 의해 증가하여 자라 가는 면모이고, [나타난 현상에 대해] 뚜렷하게 분별하여 집착하고 [그 집착들에] 서로 응하기 때문이다. 만약 '[가르침을] 들어서 [혼자] 부처가 되려는 수행자'(聲聞)와 '연기의 이치를 깨달아 [혼자] 부처가 되려는 수행자'(緣覺)라면 [최고단계인] 아라한의 경지에 이르러 '견해[에 미혹된] 번뇌와 [현상에] 애착하는 번뇌'(見修煩惱)[201]에서 궁극적으로 벗어나는 것이고, 만약 [대

200 『대승기신론』 본문으로는 "染心者有六種, 云何爲六?"에 해당한다.

201 견수번뇌見修煩惱: 앞서의 역주에서 언급했듯이, '견수번뇌'는 〈'[진리다운] 이해를 밝혀 가는 수행'(見道)에서 끊어지는 번뇌와 '[선정을 토대로 이해를] 거듭 익혀 가는 수

승 수행자인] 보살의 경우라면 '[진리에 대한] 이해가 확고해지는 열 가지 단계'(十解, 十住)[202] 이상[의 경지]에서 멀리 벗어날 수 있는 것이다.

여기서 말한 "[진리에 대한] 믿음과 서로 응하는 경지"(信相應地)라는 것은, '[진리에 대한] 이해가 확고해지는 열 가지 단계'(十解位, 十住位)에서 '믿음의 능력'(信根)이 성취되어 [진리에 대한 믿음에서] 물러나거나 [그 믿음을] 잃어버림이 없음을 "[진리에 대한] 믿음과 서로 응한다"(信相應)라고 부르는 것이다. 마치 『인왕반야경』에서 "'번뇌를 제어하는 성스러운 태아들'(伏忍聖胎)[203]은 [십주十住·십행十行·십회향十廻向에 속하는] 30가지의 사람들이니, '열 가지 믿는 마음'(十信心)[을 가진 사람들]과 '열 가지 [이기적 행위를] 그치는 마음'(十止心)[을 가진 사람들]과 '[쌓은 공덕을 모든 중생들에게 돌리는] 열 가지 견고한 마음'(十堅心)[을 가진 사람들]이다"[204]라고 말한 것과 같다. 이 [『인왕반야경』]에서는 '[쌓은 공덕을 모든 중생들에게] 돌리는 열 가지 행위'(十向)[205]를 "견고함"(堅)이라 부르고, '열 가

행'(修道)에서 끊어지는 번뇌〉를 지칭하는 개념인데, 원효는 『대승기신론』의 '견애번뇌見愛煩惱'를 '견수번뇌'로 지칭하고 있다. 이때 원효는 '견애번뇌'를, '견수번뇌'를 치단治斷의 관점에서 부르는 이름으로 이해한 것으로 보인다. 그런 점에서 『대승기신론』의 '여섯 가지 오염된 마음'(六染)에 관한 주석에서 거론되는 '견수번뇌'는 '견애번뇌'의 번역어로 대치한다.

202 십주十住: 십신十信 다음의 수행단계로서 '이해가 확고해지는 단계'이며, 10가지 믿음에 기초한 이해(解) 아래 전개되는 수행이라는 점에서 십해十解라고도 부른다. ① 발심주發心住·초발심주初發心住·초주初住, ② 치지주治地住, ③ 수행주修行住, ④ 생귀주生貴住, ⑤ 방편구족주方便具足住, ⑥ 정심주正心住, ⑦ 불퇴주不退住, ⑧ 동진주童眞住, ⑨ 법왕자주法王子住, ⑩ 관정주灌頂住의 열 가지를 그 내용으로 한다.

203 복인성태伏忍聖胎: '복인伏忍'은 『인왕경』에서 말하는 오인五忍 중 첫 번째로서, 견도見道 초지初地 이전의 십주十住·십행十行·십회향十廻向인 삼현위三賢位의 사람이 아직 무루지無漏智를 얻지는 못했지만 유루有漏의 우수한 지혜로 번뇌를 제어하여 일어나지 못하게 하는 활동을 말한다. 여기서 '인忍'이란 지혜의 마음으로 불법佛法에 편안히 자리 잡는 것을 말한다. '성태聖胎'는 이 초지 이전의 삼현위에 있는 수행자들을 가리키는 말로 복인 수행을 통해 불가佛家에 태어날 가능성을 갖는다는 점에서 태아라고 부른다.

204 『인왕반야바라밀경仁王般若波羅蜜經』 권1(T8, 827b18). "伏忍聖胎三十人, 十信十止十堅心."

지 [이타적] 행위'(十行)[206]를 "그침"(止)이라고 부르며, '믿음이 자리 잡는 열 가지 이해'(十信解, 十住)를 "믿음"(信)이라고 부른다는 것을 알아야 한다.

이 ['[진리에 대한] 이해가 확고해지는 열 가지 단계'(十解位, 十住位)의] 경지에 들어갈 때는 이미 '자아에 불변·독자의 실체나 본질이 없음'(人空)[에 대한 지혜]를 얻어 '견해[에 미혹된] 번뇌와 [현상에] 애착하는 번뇌'(見修煩惱)가 작용할 수 없으니, 그러므로 "벗어난다"(離)고 말한 것이다. 이 『대승기신론』의 앞뒤에서 밝힌 것은 '나타나 일어난 [오염]'(現起)에 의거하여 '다스려 끊음'(治斷)을 말하는 것임을 알아야 한다.

【별기】 此中云[207]染, 卽上意識幷開五種意. 但令除時, 從麤至細故, 逆次說耳. 初"執相應染"者, 是上意識所起見修煩惱, 如上云, "計我我所, 種種妄執, 乃至此識依見愛煩惱增長義故". 言"信相應地能[208]離"者, 三賢之中十解位也. 如『仁王經』云, "伏忍聖胎三十人, 十信十心賢心".[209] 入此位中, 見修麤惑不得現行, 故名爲"離". 當知此論上下所明, 皆約現行以說治斷.

『별기』(1-692c7~16)

여기에서의 '여섯 가지의 오염'(六染)[된 마음]은 바로 앞에서 말한 의식意識과 ['[근본무지에 따라 처음] 움직이는 식'(業識)·'[불변·독자의 실체로 간주되는 주관으로] 바뀌어 가는 식'(轉識)·'[불변·독자의 실체로 간주되는 대상을] 나타내는 식'(現識)·'분별하는 식'(智識)·'[분별을] 서로 이어 가는 식'(相續識), 이] 다섯 가지 의意이다. 다만 [오염된 마음을] 제거할 때에는 '뚜렷한 것'(麤)에서부터 [시작하여] '미

205 십향十向: 또는 십회향十迴向이라고도 한다. 대비심으로 모든 중생들에게 이전까지 쌓은 공덕을 돌리는 단계로, 십행十行도 같은 이타행이지만 대비심이 결여된 반면 십회향은 대비심에 기초한 이타행이라고 한다.

206 십행十行: 십신과 십주까지는 자리행이고, 십행 이상부터 이타행으로 분류된다고 한다.

207 '云'은 '六'인 듯하다. '六'으로 교감한다.

208 '能'은 『대승기신론』에 따라 '遠'으로 교감한다

209 '十心賢心'은 『인왕경』에 따라 '十止十堅心'으로 교감한다.

세한 것'(細)에 이르기 때문에 역순으로 말하는 것일 뿐이다. 처음의 "집착에 서로 응하는 오염[된 마음]"(執相應染)이라는 것은 앞에서 말한 의식이 일으킨 '견해[에 미혹된] 번뇌와 [현상에] 애착하는 번뇌'(見修煩惱)이니, 앞[의 의식을 말하는 곳]에서 "'나'와 '나의 것'을 [불변 · 독자의 실체인 양] 헤아리고 갖가지로 허망하게 집착하며 [[만나는] 현상(事)마다 '[분별로] 관계 맺어'(攀緣) '인식 능력의 여섯 가지 대상'(六塵)을 [불변 · 독자의 실체인 양] 분별하는 것이니, 의식意識이라 부르며 또 '[인식 능력의 여섯 가지 대상을 불변 · 독자의 실체로] 분리하는 식'(分離識)이라고도 부르고 또한 '현상을 [불변 · 독자의 실체로 간주하여] 분별하는 식'(分別事識)이라고도 말한다.] 이 [의]식[意]識은 '견해[에 미혹된] 번뇌와 [현상에] 애착하는 번뇌'가 증가하여 자라 가는 면모에 의거하기 때문이다"(計我我所, 種種妄執, 乃至此識依見愛煩惱增長義故)라고 말한 것과 같다.

"'[진리에 대한] 믿음과 서로 응하는 경지'[에 의거하여] 멀리 벗어난다"(信相應地遠離)라고 말한 것은, '[십주十住 · 십행十行 · 십회향十廻向, 이] 세 가지 지혜로운 [경지]'(三賢[位]) 가운데 [첫 번째인] '[진리에 대한] 이해가 확고해지는 열 가지 단계'(十解位, 十住位)이다. 마치 『인왕반야경』에서 "'번뇌를 제어하는 성스러운 태아들'(伏忍聖胎)은 [십주 · 십행 · 십회향에 속하는] 30가지의 사람들이니, '열 가지 믿는 마음'(十信心)[을 가진 사람들]과 '열 가지 [이기적 행위를] 그치는 마음'(十止心)[을 가진 사람들]과 '[쌓은 공덕을 모든 중생들에게 돌리는] 열 가지 견고한 마음'(十堅心)[을 가진 사람들]이다"[210]라고 말한 것과 같다.

이 ['[진리에 대한] 이해가 확고해지는 열 가지 단계'(十解位, 十住位)의] 경지에 들어가면 〈'견해[에 미혹된] 뚜렷한 번뇌와 [현상에] 애착하는 뚜렷한 번뇌'〉(見修麤惑)가 작용할 수 없으니, 그러므로 "벗어난다"(離)라고 말한 것이다. 이 『대승기신론』의 앞뒤에서 밝힌 것은 모두 '나타나 일어난 [오염]'(現起)에 의거하여 '다스려 끊음'(治斷)을 말하는 것임을 알아야 한다.

---

210 『인왕반야바라밀경』 권1(T8, 827b18). "伏忍聖胎三十人, 十信十止十堅心."

〈『소』와 『별기』의 구문 대조〉

『소』(1-716c13~717a4)	『별기』(1-692c7~16)
①於中有二. 總標, 別釋. 別釋之中, 兼顯治斷. 此中②六染, 卽上意識幷(③)五種意. ④但前明依因而起義故, 從細至麤而說次第, 今欲兼顯治斷位故, 從麤至細而說次第. ⑤第一"執相應染"者, 卽是意識, 見愛煩惱所增長義, 麤分別執而相應故. 若二乘人至羅漢位, 見修煩惱究竟離故, 若論菩薩, 十解以上能遠離故. ⑥此言"信相應地"者, 在十解位, 信根成就, 無有退失, 名"信相應". 如『仁王經』⑦言, "伏忍聖胎三十人, 十信十⑧止十堅心". ⑨當知此中十向名"堅", 十行名"止", 十信解名"信". 入此位時, 已得人空, 見修煩惱不得現行, 故名爲"離". 當知此論上下所明, (⑩)約現⑪起以說治斷⑫也.	(①) 此中②云染, 卽上意識幷③開五種意. ④但令除時, 從麤至細故, 逆次說耳. ⑤初"執相應染"者, 是上意識所起見修煩惱, 如上云, "計我我所, 種種妄執, 乃至此識依見愛煩惱增長義故". ⑥言"信相應地能離"者, 三賢之中十解位也. 如『仁王經』⑦云, "伏忍聖胎三十人, 十信十⑧心賢心". ⑨入此位中, 見修麤惑不得現行, 故名爲"離". 當知此論上下所明, ⑩皆約現⑪行以說治斷(⑫).
※ 6염을 의식과 5가지 의(업식, 전식, 현식, 지식, 상속식)의 다른 이름으로 보는 관점은 『별기』에서도 동일하다. 구문상으로 차이가 많고 『소』에서 더 자세해진 점이 있으나, 내용상으로는 대동소이하다.	

【별기】 不論種子. 是故與餘經所說治斷位地亦有懸珠,[211] 不可致怪.

『별기』(1-692c16~18); 『회본』(1-763c1~2); 『소』에 없음.

[이 『대승기신론』에서는] '[잠재적인 번뇌의] 씨앗'(種子)에 대해서는 논하지 않는다. 그러므로 다른 경전에서 말하는 '다스려 끊는 경지'(治斷位)와도 현격한 차이가 있으니, 이상하게 여겨서는 안 된다.

【소】 第二"不斷相應染"者, 五種意中之相續識. 法執相應相續生起, "不斷"卽是相續異名. 從十解位, 修唯識觀尋思方便, 乃至初地證三無性, 法執分別不得現行. 故言"得淨心地究竟離故"也. 第三"分別智相應染"者,

211 『별기』의 편집주에 "'珠'는 '殊'인 듯하다"라고 되어 있다. 『회본』에는 '殊'라고 되어 있다. '殊'로 교감하여 번역한다.

五種意中第四智識. 七地以還, 二智起時, 不得現[212]行, 出觀緣事, 任運心時, 亦得現行. 故言"漸離". 七地以上, 長時入觀故, 此末那永不現行. 故言"無相方便地究竟離". 此第七地, 於無相觀有加行有功用故, 名"無相方便地"也.

『소』(1-717a5~16); 『회본』(1-763c3~14)

ⓛ 집착이 끊어지지 않는 것에 서로 응하는 오염된 마음(不斷相應染)

두 번째인 "[집착이] 끊어지지 않는 것에 서로 응하는 오염[된 마음]"(不斷相應染)이라는 것은, ['[근본무지에 따라 처음] 움직이는 식'(業識) · '[불변 · 독자의 실체로 간주되는 주관으로] 바뀌어 가는 식'(轉識) · '[불변 · 독자의 실체로 간주되는 대상을] 나타내는 식'(現識) · '분별하는 식'(智識) · '[분별을] 서로 이어 가는 식'(相續識), 이] 다섯 가지 의意 가운데 '[분별을] 서로 이어 가는 식'(相續識)이다. '현상에 불변 · 독자의 실체나 본질이 있다고 하는 집착'(法執)에 서로 응하면서 '[분별을] 서로 이어 감'(相續)을 생겨나게 하는 것이니, "[집착이] 끊어지지 않음"(不斷)은 바로 '[분별을] 서로 이어 감'(相續)의 다른 명칭이다. '[진리에 대한] 이해가 확고해지는 열 가지 단계'(十解位, 十住位)에서부터 '[모든 현상은] 오로지 분별하는 마음[에 의한 구성]일 뿐이다'(唯識)는 것을 성찰하는 〈'사유 착수'(尋)와 '사유 심화'(思)라는 수단과 방법〉(尋思方便)을 익히고, '[십지十地의] 첫 번째 경지'(初地)에 이르러 [유식학에서 말하는] '세 가지에 모두 각자의 본질이 없음'(三無性)을 직접 체득하면, '현상에 불변 · 독자의 실체나 본질이 있다고 하는 집착'(法執)으로 행하는 분별이 나타나 작용할 수 없다. 그러므로 "[대승보살 수행단계 가운데 십지十地의 '첫 번째 경지'(初地, 歡喜地)인] '온전한 마음의 경지'를 성취하여 궁극적으로 벗어날 수 있는 것이다"(得淨心地究竟離故)라고 말했다.

---

212 『회본』에는 '現'이 '能'이라고 되어 있다. '現'으로 번역한다.

㉢ '근본무지에 따라 분별하는 이해'에 서로 응하는 오염된 마음(分別智相應染)

세 번째인 "[근본무지에 따라] 분별하는 이해에 서로 응하는 오염[된 마음]"(分別智相應染)이라는 것은, ['[근본무지에 따라 처음] 움직이는 식'(業識) · '[불변 · 독자의 실체로 간주되는 주관으로] 바뀌어 가는 식'(轉識) · '[불변 · 독자의 실체로 간주되는 대상을] 나타내는 식'(現識) · '분별하는 식'(智識) · '[분별을] 서로 이어 가는 식'(相續識), 이] 다섯 가지 의意 가운데 네 번째인 '분별하는 식'(智識)이다. [십지十地의] '일곱 번째 경지'(七地) 이하에서 ['자아에는 불변 · 독자의 실체나 본질이 없다'(人空)는 지혜와 '현상에는 불변 · 독자의 실체나 본질이 없다'(法空)는 지혜, 이] '두 가지 지혜'(二智)[213]가 일어날 때에는 [이 오염된 마음이] 작용하지 못하지만, '[두 가지 지혜로] 관찰하는 것에서 나와'(出觀) 일(事)과 관계 맺으며 마음을 이리저리 움직일 때에는 [이 오염된 마음이] 다시 작용할 수 있다. 그러므로 "점점 벗어난다"(漸離)라고 말했다. [십지十地의] '일곱 번째 경지'(七地) 이상에서는 오랫동안 '[두 가지 지혜로] 관찰하는 것에 들어가기'(入觀) 때문에 이 [제7]말나식末那識[인 '분별하는 식'(智識)]이 영원히 작용하지 않는다. 그러므로 "'[십지의 '일곱 번째 경지'(第七地, 遠行地)인] '불변 · 독자의 실체가 있다는 생각 없이 방편을 쓸 수 있는 경지'에 이르러 궁극적으로 벗어난다"(無相方便地究竟離)라고 말했다. 이 [십지十地의] '일곱 번째 경지'(七地)는 '불변 · 독자의 실체가 없다는 이해'(無相觀)에 '힘을 더해 감'(加行)과 작용함(功用)이 있기 때문에 "불변 · 독자의 실체가 있다는 생각 없이 방편을 쓸 수 있는 경지"(無相方便地)라고 부른다.

---

213 이지二智: '두 가지 지혜'(二智)는 통상 '[본래의 본연에 대해] 사실 그대로 아는 지혜'(如理智)와 '[현상/세상사를] 사실대로 아는 지혜'(如量智), 혹은 '본연에 대한 바른 지혜'(正體智, 根本智)와 '['본연에 대한 바른 이해'(正體智, 根本智)에 의거하여 대상에 대해] 뒤이어 얻어지는 바른 이해'(後得智)를 지칭한다. 그런데 여기서는 앞서 거론한 '자아에는 불변 · 독자의 실체나 본질이 없다'(人空)는 것과 '현상에는 불변 · 독자의 실체나 본질이 없다'(法空)는 것에 대한 지혜로 보는 것이 적절해 보인다. 이 구절에 해당하는 『별기』에서도 "二空起時"라고 되어 있다.

【별기】 第二“不斷相應染”者, 五種意中, 第五相續識, 與法我執相應不斷故. 得入初地, 法空觀時, 究竟離也. 第三“分別智相應染”者, 五意之中第四智識. 七地已還, 二空起時, 則不現行, 出觀緣俗, 任運心時, 亦得現行. 故言“漸離”. 七地以去, 永滅不起, 名“究竟離”.

『별기』(1-692c18~693a2)

두 번째인 “[집착이] 끊어지지 않는 것에 서로 응하는 오염[된 마음]”(不斷相應染)이라는 것은, [‘[근본무지에 따라 처음] 움직이는 식’(業識) · ‘[불변 · 독자의 실체로 간주되는 주관으로] 바뀌어 가는 식’(轉識) · ‘[불변 · 독자의 실체로 간주되는 대상을] 나타내는 식’(現識) · ‘분별하는 식’(智識) · ‘[분별을] 서로 이어 가는 식’(相續識), 이] 다섯 가지 의意 가운데 다섯 번째인 ‘[분별을] 서로 이어 가는 식’(相續識)이니, ‘현상에 불변 · 독자의 실체나 본질이 있다는 집착’(法我執)과 서로 응하면서 끊어지지 않기 때문이다. [십지十地의] ‘첫 번째 경지’(初地)에 들어가 ‘현상에는 불변 · 독자의 실체나 본질이 없다’(法空)는 것을 이해할 때 [이 오염된 마음에서] 궁극적으로 벗어난다.

세 번째인 “[근본무지에 따라] 분별하는 이해에 서로 응하는 오염[된 마음]”(分別智相應染)이라는 것은, [‘[근본무지에 따라 처음] 움직이는 식’(業識) · ‘[불변 · 독자의 실체로 간주되는 주관으로] 바뀌어 가는 식’(轉識) · ‘[불변 · 독자의 실체로 간주되는 대상을] 나타내는 식’(現識) · ‘분별하는 식’(智識) · ‘[분별을] 서로 이어 가는 식’(相續識), 이] 다섯 가지 의意 가운데 네 번째인 ‘분별하는 식’(智識)이다. [십지十地의] ‘일곱 번째 경지’(七地) 이하에서 [‘자아에는 불변 · 독자의 실체나 본질이 없다’(人空)는 것과 ‘현상에는 불변 · 독자의 실체나 본질이 없다’(法空)는 것, 이] ‘두 가지 불변 · 독자의 실체나 본질이 없음’(二空)[에 대한 지혜]가 일어날 때에는 [이 오염된 마음이] 작용하지 못하지만, [‘두 가지 불변 · 독자의 실체나 본질이 없음’(二空)에 대한 지혜로] 관찰하는 것에서 나와’(出觀) 세속(俗)과 관계 맺으며 마음을 이리저리 움직일 때에는 [이 오염된 마음이] 다시 작용할 수 있다. 그러므로 “점점 벗어난다”(漸離)라고 말했다. [십지十地의] ‘일곱 번째 경지’(七地) 이상에서 [이 오염된 마음이] 영원히 사라져 일어나지 않는 것을 “궁극적으로 벗어난다”(究竟離)

라고 부른다.

〈『소』와 『별기』의 구문 대조〉

『소』(1-717a5~16)	『별기』(1-692c18~693a2)
第二“不斷相應染”者, 五種意中①之相續識. ②法執相應相續生起, 不斷卽是相續異名. 從十解位, 修唯識觀尋思方便, 乃至初地證三無性, 法執分別不得現行. 故言“得淨心地究竟離故”也. 第三“分別智相應染”者, 五③種意(④)中第四智識. 七地⑤以還, 二⑥智起時, ⑦不得現行, 出觀緣⑧事, 任運心時, 亦得現行. 故言“漸離”. ⑨七地以上, 長時入觀故, 此末那永不現行. 故言“無相方便地究竟離”. ⑩此第七地, 於無相觀有加行有功用故, 名“無相方便地”也.	第二“不斷相應染”者, 五種意中, ①第五相續識, ②與法我執相應不斷故. 得入初地, 法空觀時, 究竟離也. 第三“分別智相應染”者, 五(③)意④之中第四智識. 七地⑤已還, 二⑥空起時, ⑦則不現行, 出觀緣⑧俗, 任運心時, 亦得現行. 故言“漸離”. ⑨七地以去, 永滅不起, 名“究竟離”. (⑩)
※ ②를 보면 『별기』에서는 불특정의 법공관을 거론하는 데 비해 『소』에서는 유식학의 이론에 근거한 법공관을 거론한다. ※ ⑥을 보면 『별기』의 ‘二空’이 『소』에서 ‘二智’로 바뀌었다. ※ ②, ⑨, ⑩을 보면 『소』에서 더 자세하다.	

【별기】 此義如『解深密經』說. 論其種子, 至金剛心方乃頓斷, 如『離[214]論』中之所廣說. 上來三染行相是麤, 具三等義, 故名“相應”.

『별기』(1-693a2~5); 『회본』(1-763c15~18); 『소』에 없음.

이 [‘[근본무지에 따라] 분별하는 이해에 서로 응하는 오염[된 마음]’(分別智相應染)에서 벗어나는] 뜻은 『해심밀경』에서 말한 것과 같다.[215] [오염된 마음의] 씨앗(種

214 『별기』의 편집주에 “‘離’는 ‘集’인 듯하다”라고 되어 있다. 『회본』에는 ‘集’이라고 되어 있다. ‘集’으로 교감한다.

215 ‘七地’로 검색해 보면 『해심밀경』에서 칠지七地 이상의 경지에서 치유되는 번뇌의 양상들을 말하는 대목들이 발견되는데, 그중 하나를 인용하면 다음과 같다. 『해심밀경』 권4(T16, 704b19~24). “於第七地有二愚癡. 一者微細相現行愚癡, 二者一向無相作意方便

子)을 논한다면 [십지十地 가운데 '열 번째 경지'(第十地)인] '금강[석처럼 굳센 선정에 든] 마음'(金剛心)[216]에 이르러서야 비로소 '한꺼번에 끊어지니'(頓斷), 『대승아비달마집론大乘阿毘達磨集論』에서 자세히 설명된 것과 같다.[217] 이상에서 말한 '세 가지 오염[된 마음]의 작용하는 양상'(三染行相)은 '뚜렷한 것'(麤)이고 '세 가지가 같다는 뜻'(三等義)[218]을 갖추니, 그러므로 "서로 응한다"(相應)라

愚癡, 及彼麤重爲所對治. 於第八地有二愚癡. 一者於無相作功用愚癡, 二者於相自在愚癡, 及彼麤重爲所對治."

216 금강심金剛心: '금강석처럼 굳센 선정'(金剛喩定)을 지칭하며 '금강정金剛定' '금강삼매金剛三昧'라고도 한다. 성문승聲聞乘에서 금강유정은 번뇌를 끊는 수행 중 마지막 단계인 무간도無間道에서 발생하는 선정으로서, 금강유정으로 인해 발생하는 지혜가 '진지盡智'이며 이 진지로 인해 무학의 아라한과가 이루어진다. 『아비달마구사론』 권24(T29, 126c23~26). "金剛喩定是斷惑中最後無間道所生, 盡智是斷惑中最後解脫道. 由此解脫道與諸漏盡, 得最初俱生, 故名盡智. 如是盡智至已生時, 便成無學阿羅漢果." 삼승三乘의 수행 중 최후의 선정으로서 일반적으로는 52위 중 묘각위妙覺位 이전의 등각위等覺位에 해당하는데, 이 선정으로 인해 가장 미세한 번뇌가 끊어져 가장 높은 지위인 불과佛果를 얻는다. 『성유식론』 권10(T31, 54c13~15). "由三大劫阿僧企耶修習無邊難行勝行, 金剛喩定現在前時, 永斷本來一切麤重, 頓證佛果, 圓滿轉依."

217 『대승아비달마집론』 권5(T31, 685b28~c4). "何等究竟道? 謂依金剛喩定, 一切麤重永已息故, 一切繫得永已斷故, 永證一切離繫得故, 從此次第無間轉依, 證得盡智及無生智十無學法等. 何等爲十? 謂無學正見, 乃至無學正定, 無學正解脫, 無學正智. 如是等法名究竟道." 〈산스크리트본의 해당 내용: ASP 76.09-13, niṣṭhāmārgaḥ katamaḥ / vajropamaḥ samadhiḥ / sarvadauṣṭhulyānāṃ pratipraśrabdheḥ sarvasaṃyogānāṃ prahāṇāt sarvavisaṃyogānām adhigamāc ca / tadanantaraṃ nirantarāśrayapravṛttiḥ prāptā kṣayajñānam* anutpādajñānaṃ daśāśaikṣā dharmāḥ / katame daśa / aśaikṣasya samyagdṛṣṭir yāyad aśaikṣasya samyaksamādhiḥ aśaikṣasya samyagvimokṣaḥ aśaikṣasya samyagjñānaṃ ca // evamādayo dharmā niṣṭhāmārga ucyate //(*prāptakṣayajñānam을 prāptā kṣayajñānam으로 교정하여 읽음.); '궁극적인 길'(究竟道)이란 무엇인가? '금강과 같은 삼매'이다. 왜냐하면 [이 삼매는] ① 모든 추중을 멈추게 하기 때문에, ② 모든 결박(結)을 끊기 때문에, 그리고 ③ 모든 결박으로부터 벗어남을 증득하기 때문이다. 그 후에 간격이 없는 전의轉依가 일어나는데, 이는 진지와 무생지, 무학의 열 가지 다르마들을 획득하는 것이다. 무엇이 열 가지인가? 무학에게 있는 정견으로부터 정정까지의 [8정도]들과 무학의 정해탈, 무학의 정지이다. 이러한 다르마들이 궁극적인 길이라고 가르쳐진다.〉

218 삼등의三等義: 뒤에 나오는 '염심染心의 상응의相應義와 불상응의不相應義'에 대한 논

고 말한다.

【소】 第四“現色不相應染”者, 五種意中第三現識. 如明鏡中現色像, 故名“現色不相應染”. 色自在地是第八地, 此地已得淨土自在, 穢土麤色不能得現, 故說“能離”也. 第五“能見心不相應染”者, 是五意內第二轉識, 依於動心成能見故. 心自在地是第九地, 此地已得四無礙智, 有礙能緣不得現起, 故說“能離”也. 第六“根本業不相應染”者, 是五意內第一業識, 依無明力不覺心動故. “菩薩盡地”者, 是第十地, 其無垢地屬此地故. 就實論之, 第十地中亦有微細轉相現相, 但隨地相說漸離耳. 如下文言, “依於業識, 乃至菩薩究竟地, 心所見者, 名爲報身”. 若離業識則無見相, 當知業識未盡之時, 能見能現亦未盡也.

『소』(1-717a17~b8); 『회본』(1-763c19~764a11)

㉣ ‘식識이 나타낸 유형적인 대상’에 의식 차원에서는 서로 응하지 않는 오염된 마음(現色不相應染)[219]

네 번째인 “[식이] 나타낸 유형적인 대상에 [의식 차원에서는] 서로 응하지 않는 오염[된 마음]”(現色不相應染)이라는 것은, 다섯 가지 의意 가운데 세 번째인 ‘[불변 · 독자의 실체로 간주되는 대상을] 나타내는 식’(現識)이다. [[식이] 나타낸 유형적인 대상은] 마치 밝은 거울에 색깔[이나 모양]의 영상이 나타나는 것과 같으니, 그러므로 “[식이] 나타낸 유형적인 대상에 [의식 차원에서는] 서로 응하지 않는 오염[된 마음]”(現色不相應染)이라고 부른다. ‘유형적인 것으로부터 자유

의에서 『대승기신론』에서는 ‘상응의’를 “言相應義者, 謂心念法異, 依染淨差別, 而知相緣相同故”라고 설명하는데, 원효는 ‘심념법이心念法異’ ‘지상知相’ ‘연상緣相’을 각각 ‘체등體等’ ‘지등知等’ ‘연등緣等’의 ‘삼등의’로써 설명한다.

219 현색불상응염現色不相應染의 번역: 육염六染 가운데 세 가지는 제6의식 범주의 마음으로서 ‘상응相應’이라는 개념과 결합되어 있고, 다른 세 가지는 의식 범주 밖의 마음으로서 ‘불상응不相應’이라는 개념과 결합되어 있다. 그런 점에서 ‘상응’과 ‘불상응’의 차이는 ‘의식 범주인가 아닌가의 문제’로 보인다. 번역은 이런 이해를 반영한 것이다.

로운 경지'(色自在地)는 [대승보살의 '열 가지 본격적인 수행경지'(十地) 가운데] '여덟 번째 경지'(第八地)인데, 이 경지에서는 이미 '온전한 세상'(淨土)[의 지평]에서 [이루어지는] '[유형적인 것으로부터의] 자유'(自在)를 얻어 '오염된 세상'(穢土)[의 지평]에서의 '뚜렷한 유형적인 것'(麤色)이 나타날 수 없으니, 그러므로 "벗어날 수 있다"(能離)라고 말한다.

ⓜ '주관이 된 마음'에 의식 차원에서는 서로 응하지 않는 오염된 마음(能見心不相應染)

다섯 번째인 "주관이 된 마음에 [의식 차원에서는] 서로 응하지 않는 오염[된 마음]"(能見心不相應染)이라는 것은, 다섯 가지 의意 가운데 두 번째인 '[불변·독자의 실체로 간주되는 주관으로] 바뀌어 가는 식'(轉識)이니, '움직여진 [깨닫지 못하는] 마음'(動心)에 의거하여 '[불변·독자의 실체로 간주되는] 주관'(能見)을 이루기 때문이다. '마음에서 자유로운 경지'(心自在地)는 [대승보살의 '열 가지 본격적인 수행경지'(十地) 가운데] '아홉 번째 경지'(第九地)인데, 이 경지에서는 이미 ['교법에 걸림이 없는 지혜'(法無礙智)·'교법의 뜻에 걸림이 없는 지혜'(義無礙智)·'말에 걸림이 없는 지혜'(辭無礙智)·'법문을 잘 설하는데 걸림이 없는 지혜'(樂說無礙智), 이] '걸림이 없는 네 가지 지혜'(四無礙智)를 얻어 '걸림이 있는 주관적인 것들'(有礙能緣)이 나타나 일어나지 못하니, 그러므로 "벗어날 수 있다"(能離)라고 말한다.

ⓗ '근본무지에 의한 애초의 움직임'에 의식 차원에서는 서로 응하지 않는 오염된 마음(根本業不相應染)

여섯 번째인 "[근본무지에 의한] 애초의 움직임에 [의식 차원에서는] 서로 응하지 않는 오염[된 마음]"(根本業不相應染)이라는 것은, 다섯 가지 의意 가운데 첫 번째인 '[근본무지에 따라 처음] 움직이는 식'(業識)이니, '근본무지의 힘'(無明力)에 의거하여 '깨닫지 못하는 마음'(不覺心)이 움직이기 때문이다. "보살의 수행단계를 모두 마친 경지"(菩薩盡地)라는 것은 [대승보살의 '열 가지 본격적인 수행경지'(十地) 가운데] '열 번째 경지'(第十地)이니, 저 '번뇌가 없어진 경지'(無垢

地)가 이 경지에 속하기 때문이다. 실제에 나아가 논하자면 [대승보살의 '열 가지 본격적인 수행경지'(十地) 가운데] '열 번째 경지'(第十地)에서도 미세한 '[불변 · 독자의 실체로 간주되는 주관으로] 바뀌어 가는 양상'(轉相)과 '[불변 · 독자의 실체로 간주되는 대상을] 나타내는 양상'(現相)이 있지만, 단지 [각] 경지의 특징(相)들에 따라 점차로 벗어나는 [단계]를 말한 것일 뿐이다. 아래 [『대승기신론』의] 문장에서 "[두 번째는] '[근본무지에 따라 처음] 움직이는 식'(業識)에 의거한 [진여의 작용]이니, [모든 보살이 '처음으로 깨달음에 뜻을 일으킨 [단계]'(初發意)부터] '보살의 궁극적인 [수행] 단계'(菩薩究竟地)에 이르러 마음으로 본 [진여의 작용]을 '[진리 성취의] 결실로서의 부처'(報佛)라고 부른다"(依於業識, 乃至菩薩究竟地, 心所見者, 名爲報身)[220]라고 말한 것과 같다. 만약 '[근본무지에 따라 처음] 움직이는 식'(業識)에서 벗어난다면 ['보는 자'(能見)와 '나타내는 자'(能現)라는] '주관 양상'(見相)이 없지만, '[근본무지에 따라 처음] 움직이는 식'(業識)이 아직 다 없어지지 않았을 때에는 '[불변 · 독자의 실체로 간주되는] 주관을 나타냄'(能見)과 '[불변 · 독자의 실체로 간주되는] 객관을 나타냄'(能現)도 아직 다 없어지지 않는다는 것을 알아야 한다.

【별기】 第四"現色不相應染"者, 卽五意中第三現識. 如明鏡中現諸色像故. 色自在地者是第八地. 第五"能見心不相應染"者, 五中第二轉識, 依於動心能見相故. 心自在地是第九地. 六"根本業不相應染"者, 五中第一業識, 依無明力不覺念動故. "菩薩盡地"者, 是第十地及無垢地, 總爲一位也. 就實論云, 八地以上亦有微細現相起, 但此地中已得淨土自在, 麤色永不現起, 故說"離"耳. 又九地以上亦有微細能見, 但得心自在, 見相轉細, 故說"離"也. 所以得知故. 下文云, "依於業識, 乃至菩薩究竟

220 『대승기신론』(T32, 579b23~25). "二者依於業識, 謂諸菩薩從初發意乃至菩薩究竟地, 心所見者, 名爲報身." 이것은 진여의 용대用大를 설명하는 내용이다. 인용하면서 "謂諸菩薩從初發意"를 생략했는데, '보살구경지'에 초점을 맞추기 위한 것으로 보인다.

地, 所見者, 名爲報身". 若離業識則無見相, 知業識未盡之時, 能見之相亦不相離也.

『별기』(1-693a5~20)

네 번째인 "[식이] 나타낸 유형적인 대상에 [의식 차원에서는] 서로 응하지 않는 오염[된 마음]"(現色不相應染)이라는 것은 바로 다섯 가지 의(意) 가운데 세 번째인 '[불변·독자의 실체로 간주되는 대상을] 나타내는 식'(現識)이다. [[식이] 나타낸 유형적인 대상이] 마치 밝은 거울에 여러 색깔[이나 모양]의 영상이 나타나는 것과 같기 때문이다. '유형적인 것으로부터 자유로운 경지'(色自在地)라는 것은 [대승보살의 '열 가지 본격적인 수행경지'(十地) 가운데] '여덟 번째 경지'(第八地)이다.

다섯 번째인 "주관이 된 마음에 [의식 차원에서는] 서로 응하지 않는 오염[된 마음]"(能見心不相應染)이라는 것은 다섯 가지 의意 가운데 두 번째인 '[불변·독자의 실체로 간주되는 주관으로] 바뀌어 가는 식'(轉識)이니, '움직여진 [깨닫지 못하는] 마음'(動心)에 의거하여 '[불변·독자의 실체로 간주되는] 주관 양상'(能見相)[을 이루기] 때문이다. '마음에서 자유로운 경지'(心自在地)는 [대승보살의 '열 가지 본격적인 수행경지'(十地) 가운데] '아홉 번째 경지'(第九地)이다.

여섯 번째인 "[근본무지에 의한] 애초의 움직임에 [의식 차원에서는] 서로 응하지 않는 오염[된 마음]"(根本業不相應染)이라는 것은 다섯 가지 [의意] 가운데 첫 번째인 '[근본무지에 따라 처음] 움직이는 식'(業識)이니, '근본무지의 힘'(無明力)에 의거하여 '깨닫지 못하는 마음'(不覺心)이 움직이기 때문이다. "보살의 수행단계를 모두 마친 경지"(菩薩盡地)라는 것은 [대승보살의 '열 가지 본격적인 수행경지'(十地) 가운데] '열 번째 경지'(第十地)이자 '번뇌가 없어진 경지'(無垢地)이니, [이 둘은] 모두 같은 경지이다.

실제에 나아가 논하자면 [대승보살의 '열 가지 본격적인 수행경지'(十地) 가운데] '여덟 번째 경지'(第八地) 이상에서도 미세한 '[불변·독자의 실체로 간주되는 대상을] 나타내는 양상'(現相)이 일어나는데, 다만 이 [여덟 번째] 경지에서는 이미 '온전한 세상'(淨土)[의 지평]에서 [이루어지는] '[유형적인 것으로부터의] 자유'(自在)

를 얻어 '뚜렷한 유형적인 것'(麤色)이 아예 나타나 일어나지 않기 때문에 "벗어난다"(離)라고 말한 것이다. 또 [대승보살의 '열 가지 본격적인 수행경지'(十地) 가운데] '아홉 번째 경지'(第九地) 이상에서도 미세한 '[불변·독자의 실체로 간주되는] 주관을 나타냄'(能見)이 있는데, 다만 [이 경지에서] '마음에서의 자유'(心自在)를 얻어 ['보는 자'(能見)와 '나타내는 자'(能現)라는] '주관 양상'(見相)이 더욱 미세해지기 때문에 "벗어난다"(離)라고 말한 것이다. 그러므로 [이들 경지에서도 '벗어난다'(離)고 말한] 이유를 알 수 있다. 아래 [『대승기신론』의] 문장에서는 "[두 번째는] '[근본무지에 따라 처음] 움직이는 식'(業識)에 의거한 [진여의 작용]이니, [모든 보살이 '처음으로 깨달음에 뜻을 일으킨 [단계]'(初發意)부터] '보살의 궁극적인 [수행] 단계'(菩薩究竟地)에 이르러 마음으로 본 [진여의 작용]을 '[진리성취의] 결실인 부처 몸'(報身)이라고 부른다"(依於業識, 乃至菩薩究竟地, 心所見者, 名爲報身)라고 말했다. 만약 '[근본무지에 따라 처음] 움직이는 식'(業識)에서 벗어난다면 ['보는 자'(能見)와 '나타내는 자'(能現)라는] '주관 양상'(見相)이 없지만, '[근본무지에 따라 처음] 움직이는 식'(業識)이 아직 다 없어지지 않았을 때에는 '[불변·독자의 실체로 간주되는] 주관을 나타내는 양상'(能見之相) 또한 ['[근본무지에 따라 처음] 움직이는 식'(業識)과] 서로 떠나지 않는다는 것을 알아야 한다.

〈『소』와 『별기』의 구문 대조〉

『소』(1-717a17~b8)	『별기』(1-693a5~20)
第四"現色不相應染"者, (①)五②種意中第三現識. 如明鏡中現(③)色像, 故④名"現色不相應染". 色自在地(⑤)是第八地, ⑥此地已得淨土自在, 穢土麤色不能得現, 故說"能離"也. 第五"能見心不相應染"者, ⑦是五意內第二轉識, 依於動心⑧成能見故. 心自在地是第九地, ⑨此地已得四無礙智, 有礙能緣不得現起, 故說"能離"也. ⑩第六"根本業不相應染"者, ⑪是五意內	第四"現色不相應染"者, ①卽五(②)意中第三現識. 如明鏡中現③諸色像故. (④)色自在地⑤者是第八地. (⑥) 第五"能見心不相應染"者, ⑦五中第二轉識, 依於動心⑧能見相故. 心自在地是第九地. (⑨)(⑩)六"根本業不相應染"者, ⑪五中第一業識, 依無明力不覺⑫念動故. "菩薩盡地"者, 是第十地⑬及無垢地, 總爲一位也. 就實論⑭云, ⑮八地以上亦有微細現

第一業識, 依無明力不覺⑫心動故. "菩薩盡地"者, 是第十地, ⑬**其無垢地屬此地故**. 就實論⑭之, ⑮**第十地中亦有微細轉相現相, 但隨地相說漸離耳**. ⑯如下文⑰言, "依於業識, 乃至菩薩究竟地, ⑱心所見者, 名爲報身". 若離業識則無見相, ⑲當知業識未盡之時, ⑳能見能現亦未盡也.	**相起, 但此地中已得淨土自在, 麤色永不現起, 故說"離"耳. 又九地以上亦有微細能見, 但得心自在, 見相轉細, 故說"離"也. 所以得知故**. (⑯)下文⑰云, "依於業識, 乃至菩薩究竟地, (⑱)所見者, 名爲報身". 若離業識則無見相, (⑲)知業識未盡之時, ⑳**能見之相亦不相離**也.
※ ⑮의 문장과 관련한 차이: 『별기』에서는 업식業識이 사라지지 않는 한 제8지에 속하는 현식現識은 8지 이상에서도 남아 있고 제9지에 속하는 전식轉識은 9지 이상에서도 남아 있다고 설명하는 데 비해, 『소』에서는 업식의 측면에서 전·현식을 포괄하는 방식을 취하여 제10지에도 양자가 남아 있다고 설명하고 있다.	

(ㄹ) 근본무지를 다스려 끊는 단계를 드러냄(顯無明治斷位地)

不了一法界義者, 從信相應地觀察學斷, 入淨心地隨分得離, 乃至如來地能究竟離故.

『논』(T32, 577c15~17); 『회본』(1-764a12~14)

'하나처럼 통하는 [차이들의] 현상세계'(一法界)를 알지 못하는 것[인 '근본무지'(無明)]는 '[진리에 대한] 믿음과 서로 응하는 경지'(信相應地)에서부터 [지혜에 따라] '이해하고 성찰하여'(觀察) [근본무지의 분별을] 끊는 것을 배워 [대승보살의 '열 가지 본격적인 수행경지'(十地) 가운데 첫 번째 경지인] '온전한 마음의 경지'(淨心地)에 들어가 '능력대로 [근본무지의 분별에서] 벗어나다가'(隨分得離) '여래의 경지'(如來地)에 이르러 궁극적으로 벗어날 수 있는 것이다.

【소】"不了"以下, 第四明無明治斷. 然無明住地有二種義. 若論作得住地門者, 初地以上能得漸斷, 若就生得住地門者, 唯佛菩提智所能斷. 今此論中不分生作, 合說此二, 通名無明. 故言"入淨心地隨分得離, 乃至如來地能究竟離"也.

『소』(1-717b9~14); 『회본』(1-764a15~20)

"['하나처럼 통하는 [차이들의] 현상세계'(一法界)를] 알지 못한다"(不了) 이하에서는, 네 번째로 '근본무지를 다스려 끊는 것'(無明治斷)을 밝힌다. 그런데 '근본무지가 자리 잡은 단계'(無明住地)에는 두 가지 면모(義)가 있다. 만약 '[금생에] 만들어 내어 자리 잡은 무지의 측면'(作得住地門)[221]을 논하자면 [대승보살의 '열 가지 본격적인 수행경지'(十地) 가운데] '첫 번째 경지'(初地) 이상에서 점차 끊을 수 있고, 만약 '[날 때부터] 선천적 · 심층적으로 자리 잡은 무지의 측면'(生得住地門)[222]에 나아가 말한다면 [그 근본무지는] 오로지 '부처의 깨달은

221 작득주지作得住地: 이에 대해 『이장의』(H1, 801a21~b1)에서는 이렇게 설명하고 있다. "'만들어져서 자리 잡은 무지'(作得住地)라고 한 것은, '선천적 · 심층적으로 자리 잡은 무지'(生得住地)에 의거하여 '욕망의 세계 · 유형의 세계 · 무형의 세계에 대한 [애착의] 마음'(三有心)을 일으켜 저 [욕계 · 색계 · 무색계의 세계]가 바로 '같고 같은 [진여의 세계]'(如如)라는 것을 깨닫지 못하는 것을 말하니, 이것이 '욕망의 세계 · 유형의 세계 · 무형의 세계의 번뇌'(三有煩惱)를 일으킬 수 있다. 이것은 곧 저 [욕계 · 색계 · 무색계에 대해 미혹한] 마음을 일으켰기에 그 [욕계 · 색계 · 무색계의] 세계(境)를 [제대로] 깨닫지 못하는 것이지 [선천적 · 심층적인] 스스로의 미혹에 의거하는 것이 아니니, 그러므로 '만들어 낸다'(作得)고 말한다. '욕망의 세계 · 유형의 세계 · 무형의 세계에 대한 애착'(有愛)과 더불어 대상에 미혹되기 때문에 [이 '만들어져서 자리 잡은 무지'(作得住地)는] '욕망의 세계 · 유형의 세계 · 무형의 세계에 대한 애착의 번뇌'(有愛數) 가운데 포섭되니, 이런 까닭에 '욕망의 세계 · 유형의 세계 · 무형의 세계에 대한 애착으로 자리 잡은 무지'(有愛數住地)라고도 한다"(言作得住地者, 謂依生得住地, 起三有心, 不了彼境卽是如如, 是能起三有煩惱. 此卽由起彼心不了彼境, 非任自迷, 故言作得. 由與有愛同迷境故, 入有愛數中所攝, 是故亦名爲有愛數住地). 이어지는 『이장의』(H1, 801b2~8)의 설명에 의거하면, 이 작득주지가 삼계三界에 대한 애착을 일으키기 때문에 욕계주지欲界住地, 색계주지色界住地, 무색계주지無色界住地의 세 종류로 나누어지고, 각각의 세계에 대한 애착으로 자리 잡은 단계인 욕애주지欲愛住地, 색애주지色愛住地, 유애주지有愛住地가 있게 되니, 하나의 생득生得과 이 세 가지 작득作得을 합하여 곧 네 가지의 '자리 잡은 단계'(住地)가 있게 된다고 설명하고 있다.

222 생득주지生得住地: 생득주지는 견일처주지見一處住地라고도 부르는데, 『이장의』(H1, 801a15~20)의 설명에 따르면 다음과 같다. "'선천적 · 심층적이다'(生得)라고 말한 것은, '하나로 같아진 지평'(一如)을 깨닫지 못하여 문득 생겨나고 그 이전에는 시작됨이 없으므로 '선천적 · 심층적이다'(生得)라고 한다. 그 ['선천적 · 심층적으로 자리 잡은 무지'(生得住地)가] 제대로 알지 못하는 세계(處)는 본래 '하나로 같아진 지평'(一如)이니, '만들어져서 [자리 잡은 무지]'(作得[住地])가 '욕계欲界 · 색계色界 · 무색계無色界의 세계'(三有處)를 제대로 알지 못하는 것과 같지 않으므로 '하나인 세계'(一處)라고 하였다.

지혜'(佛菩提智)만이 끊을 수 있는 것이다. 지금 이 『대승기신론』에서는 '[날 때부터] 선천적 · 심층적으로 자리 잡은 근본무지'(生)와 '[금생에] 만들어 내어 자리 잡은 무지'(作)를 구분하지 않고 이 두 가지를 합해서 말하여 통틀어 근본무지(無明)라고 부른다. 그러므로 "[대승보살의 '열 가지 본격적인 경지'(十地) 가운데 첫 번째 경지인] '온전한 마음의 경지'에 들어가 능력대로 [근본무지의 분별에서] 벗어나다가 '여래의 경지'에 이르러 궁극적으로 벗어날 수 있다"(入淨心地隨分得離, 乃至如來地能究竟離)라고 말했다.[223]

〈『소』와 『별기』의 구문 대조〉

『소』(1-717b9~14)	『별기』
"不了"以下, 第四明無明治斷. 然無明住地有二種義. 若論作得住地門者, 初地以上能得漸斷, 若就生得住地門者, 唯佛菩提智所能斷. 今此論中不分生作, 合說此二, 通名無明. 故言"入淨心地隨分得離, 乃至如來地能究竟離"也.	내용 없음
※ '무명치단위지無明治斷位地'를 드러내는 『대승기신론』 본문에 대해 『별기』에서는 수문해석이 없지만, 앞에서 "마지막에는 바야흐로 앞의 근본무지를 다스려 끊는 근	

'하나인 세계'(一處)는 '하나인 모습'(一相)이라서 평등하고도 평등하여 '보는 자'(能見)와 '보여진 것'(所見)의 차이가 없는데, 이것을 깨닫지 못하기 때문에 '깨닫지 못한다'(見)라고 하였다. 만약 그것을 깨닫는 사람이라면 곧 '깨닫지 못함'(見)이 없으니, 그러므로 '하나인 세계를 깨닫지 못하여 자리 잡은 무지'(見一處住地)라고 하였다."

223 육염과 관련한 내용을 표로 정리하면 다음과 같다.

육염六染	식	양상	벗어나는 경지	비고
집상응염	의식	집취상(계명자상, 기업상, 업계고상)	소승 아라한/대승 십주~초지 이전: 삼현위, 신상응지	見修煩惱究竟離.
부단상응염	상속식	상속상	십주~초지(정심지)	法執分別不得現行.
분별지상응염	지식	지상	제2지(구계지)~제7지(무상방편지)	末那永不現行.
현색불상응염	현식	현상	제8지(색자재지)	穢土麤色不能得現.
능견심불상응염	전식	능견상	제9지(심자재지)	有礙能緣不得現起.
근본업불상응염	업식	업상	제10지(보살진지)~여래지	無見相.

거를 밝히니, [근본무지부터 다스리는] 순서로 하지 않은 것은 곧바로 근본무지에 나아가면 '점점 다스리는 양상'(漸治之相)이 드러나지 않는다는 것을 밝히고자 한 것이다"(後方明前無明治斷所以, 不次第者, 欲明直就無明, 漸治之相不顯)라고 설명한 적이 있다(『별기』 1-692b22~c5 참고).

(ㅁ) 서로 응함과 서로 응하지 않음의 뜻을 밝힘(明相應不相應義)

言相應義者, 謂心念法異, 依染淨差別, 而知相緣相同故. 不相應義者, 謂即心不覺, 常無別異, 不同知相緣相故.

『논』(T32, 577c17~20); 『회본』(1-764a21~23)

'서로 응하는 면모'(相應義)라고 말한 것은, 마음(心)과 '[마음으로] 분별한 것'(念法)이 다르지만 [그 두 가지는 모두] '[불변·독자의 본질이나 실체로서의] 오염과 청정[으로 나누는] 차별'(染淨差別)에 의거하고 있으므로 '아는 양상'(知相)과 '관계 맺는 대상의 양상'(緣相)이 [모두 차별범주에 있는 것으로서] 같기 때문이다. '서로 응하지 않는 면모'(不相應義)란 것은, 마음에 입각한 '깨닫지 못함'(不覺)이어서 [마음과 '마음으로 분별한 것' 사이에는] 언제나 '[불변·독자의 본질이나 실체로서] 각기 다름'(別異)이 없지만 '아는 양상'(知相)과 '관계 맺는 대상의 양상'(緣相)을 같이하지는 않기 때문이다.

【소】 此下, 第五明相應不相應義. 六種染中前三染是相應, 後三染及無明是不相應. 相應中言, "心念法異"者, 心法之名也, 『迦旃延論』中, "名爲心及心所念法也". "依染淨差別"者, 分別染淨諸法, 見·慢·愛等差別也. "知相同"者, 能知相同, "緣相同"者, 所緣相同也. 此中依三等義以說相應. 謂"心念法異"者, 是體等義, 謂諸煩惱數, 各有一體, 皆無第二故. "知相同"者, 是知等義, "緣相同"者, 是緣等義. 彼前三染具此三義, 俱時而有, 故名"相應". 問. 『瑜伽論』說, "諸心心法, 同一所緣, 不同一行相, 一時俱有, 一一而轉". 今此中說知相亦同, 如是相違, 云何和會? 答. 二義俱有, 故不相違. 何者? 如我見是見性之行, 其我愛者愛性之

行, 如是行別, 名不同一行. 而見愛等, 皆作我解, 依如是義, 名知相同. 是故二說不相違也.

『소』(1-717b15~c9); 『회본』(1-764a24~b19)

이 아래는 다섯 번째로 '서로 응하거나 서로 응하지 않는 면모'(相應不相應義)를 밝힌 것이다. '여섯 가지 오염[된 마음]'(六種染) 중에서 앞의 세 가지 오염[된 마음]은 '서로 응하는 것'(相應)이고, 뒤의 세 가지 오염[된 마음] 및 근본무지(無明)는 '서로 응하지 않은 것'(不相應)이다. '서로 응함'(相應)에서 말한 "마음과 '[마음으로] 분별한 것'이 다르다"(心念法異)라는 것은 마음현상(心法)을 일컫는 것이니, 『가전연론迦旃延論』에서는[224] "이름하여 마음(心)과 '마음이 분별한 현상'(心所念法)이라 한다"라고 하였다. "'[불변·독자의 본질이나 실체로서의] 오염과 청정[으로 나누는] 차별'에 의거하고 있다"(依染淨差別)라는 것은, 오염된 것들과 청정한 것들로 분별하여 견해(見)·교만(慢)·애착(愛)

224 동일한 구문은 검색되지 않지만, 『아비담팔건도론』(『가전연론』)에서는 예를 들어 권15에 "復次欲界繫心心所念法"(T26, 845a24)이라고 하여 심과 심소념법을 병치하는 용례가 도처에서 보인다. 『가전연론』은 『아비담팔건도론』의 다른 명칭으로 보인다. 『아비담팔건도론』 권1에서는 "阿毘曇八犍度論卷第一 迦旃延子造"(T26, 771b14~16)라고 하여 『아비담팔건도론』의 저자가 가전연자迦旃延子로 밝혀져 있다. 『금강반야경선연金剛般若經宣演』 권1에서는 4종교판四宗教判의 첫 번째인 입성종立性宗에 대해 "此方先德總攝諸教以立四宗. 一立性宗, 安立五蘊界處有體, 如婆沙雜心迦延論等"(T85, 13b5~8)이라고 하여 『비바사론毘婆沙論』, 『잡심론雜心論』 등과 함께 『가전연론』이 소승 삼장교三藏教에 속하는 논서로서 나열되는 용례가 보이므로, 『아비담팔건도론』을 저자의 이름에 의거하여 『가전연론』이라고도 부르는 것으로 보인다. 원효는 『열반종요』에서도 "迦延論中, 以名句味以爲經體. 故彼論說, 十二部經名何等法? 答曰, 名身句身語身次第住故"(H1, 545c16~17)라고 하여 『가전연론』을 인용하는데, 여기에서 인용된 문장이 『아비담팔건도론』 권17에 나온다. 가전연迦旃延은 부처님의 10대 제자 중 한 사람으로 『번역명의집翻譯名義集』 권1에서는 "舍利弗智慧, 目犍連神通, 大迦葉頭陀, 阿那律天眼, 須菩提解空, 富樓那說法, 迦旃延論義, 優波離持律, 羅睺羅密行, 阿難陀多聞"(T54, 1063a17~19)이라고 하여 논의論義에 정통했던 제자로 알려지는데, 도안道安의 「아비담팔건도론서阿毗曇八犍度論序」에서는 "佛般涅槃後迦旃延(義第一), 以十部經浩博難究, 撰其大法, 爲一部八犍度四十四品也"(T26, 771a11~12)라고 하여 부처님 열반 후 논의論議 제일第一이었던 가전연이 『아비담팔건도론』을 찬술했다는 관점을 전하기도 한다.

등[의 대상]으로 [삼아] 차별하는 것이다. "아는 양상이 같다"(知相同)라는 것은 '주관의 양상'(能知相)이 같다는 것이고, "관계 맺는 대상의 양상이 같다"(緣相同)라는 것은 '객관의 양상'(所緣相)이 같다는 것이다.

여기 [『기신론』 본문]에서는 '세 가지 같은 면모'(三等義)에 의거하여 '서로 응함'(相應)을 설하였다. "마음과 '[마음으로] 분별한 것'이 다르다"(心念法異)라는 것은 '[차별의 범주로서 그] 바탕이 같은 면모'(體等義)이니, 모든 번뇌마다 각각 '[차별의 범주라는] 동일한 바탕'(一體)이 있는 것이지 [그] 모두에 또 다른 바탕은 없기 때문이다. "아는 양상이 같다"(知相同)라는 것은 '[차별의 범주로서 그] 주관양상이 같은 면모'(知等義)이고, "관계 맺는 대상의 양상이 같다"(緣相同)라는 것은 '[차별의 범주로서 그] 객관양상이 같은 면모'(緣等義)이다. 앞의 저 세 가지 오염[된 마음]에 이 세 가지[가 같다는] 뜻이 [모두] 갖추어져 동시에 있으므로 "서로 응한다"(相應)라고 말하였다.

묻는다. 『유가사지론瑜伽師地論』에서는 "모든 마음(心)과 마음현상(心法)은 대상(所緣)은 동일하지만 '작용 양상'(行相)은 동일하지 않아, 동시에 있지만 따로따로 바뀌어 간다"[225]라고 하였다. [그런데] 지금 여기 [『기신론』 본문]에서는 [주관인] '아는 양상'(知相)은 또한 동일하다고 말하니, 이처럼 서로 어긋나는 것을 어떻게 [서로] 통하게 할 것인가?

답한다. 두 가지 뜻이 모두 있기에 서로 어긋나지 않는다. [그 까닭은] 어떤 것인가? 이를테면 내가 보는 것은 '보는 성질의 작용'(見性之行)이요, 내가 애착하는 것은 '애착하는 성질의 작용'(愛性之行)이니, 이와 같은 작용의 차이를 '동일하지 않은 작용'(不同行)이라고 일컫는다. 그러나 '봄'(見)과 '애

225 『유가사지론』 권1(T32, 279b21~22). "諸心所有法, 又彼諸法同一所緣, 非一行相, 俱有相應一一而轉." 〈산스크리트본의 해당 내용: YoBh 5,13-15, ye 'py anye cakṣurvijñānena sahabhūsamprayuktāś caitasā dharmās te punar ekālambanā anekākārāḥ sahabhuvaś ca ekaikavṛttayaś ca; 또 안식과 동일한 단계[地]에서 결합하는 다른 심소법들은 [안식과] 동일한 인식대상[을 갖고], 다른 인식양상[을 가지며], 동일한 단계[에서], 개별적으로 발생한다.〉

착'(愛) 등은 모두 [내가 보고 내가 애착한다는] '나의 이해'(我解)를 만드는 것이니, 이러한 뜻에 의거하여 '아는 양상이 동일하다'(知相同)고 말한다. 그러므로 두 가지 설명이 서로 어긋나지 않는다.

【별기】 次下, 第二明相應不相應義. 初三染名相應, 後三染及無明是不相應, 如上言"心不相應, 忽然起念, 名爲無明"故. "心念法異"者, 謂煩惱數法, 其相各異, 如分別智相應染中我見愛我[226]我慢業異也. 『迦延經』中說云, "心及心所念法", 當知此中"心念法"者, 是心所念法, 皆是心數之別名也. "依染淨差別"者, 分別染淨諸法, 計我我所差別等也. "知相同"者, 能知相同, "緣相同"者, 所緣相同. 此中依三等, 說相應名. 言"心念法異"者, 是體等義, 諸煩惱數, 各有一體, 皆無第二故. "知相同"者, 是智[227]等義, "緣相同"者, 是緣等義. 具此三義, 故數名相應. 問. 『瑜伽論』說, "諸心心法, 同一所緣, 不同一行相, 一時俱有, 一一而轉", 而此中說知相亦同, 如是相違, 云何和會? 答. 二義俱有, 故不相違. 何者? 如我見是見性行, 我愛是愛性行, 如是等別, 各[228]不同行. 而見愛等, 皆作我緣, 約此義邊, 名知相同. 故知此二爾不相妨也.

『별기』(1-693a20~b17)

이 아래는 두 번째로 '서로 응하거나 서로 응하지 않는 면모'(相應不相應義)를 밝힌 것이다. ['여섯 가지 오염[된 마음]'(六種染) 중에서] 앞의 세 가지 오염[된 마음]은 '서로 응하는 것'(相應)이라 하고, 뒤의 세 가지 오염[된 마음] 및 근본무지(無明)는 '서로 응하지 않은 것'(不相應)이니 앞[의 『기신론』 본문]에서 말한 "마음이 ['하나처럼 통하는 [차이들의] 현상세계'(一法界)와] 서로 응하지 못하여 홀연히 ['하나처럼 통하는 [차이들의] 현상세계'를 제대로 이해하지 못하는] 생각이 일어

226 '愛我'는 '我愛'의 오기로 보인다.
227 '智'가 『소』에서는 '知'로 되어 있다.
228 '各'은 '名'의 오기로 보인다.

나는 것을 근본무지라고 부른다”(心不相應, 忽然起念, 名爲無明)라는 것과 같은 것이다.

“마음(心)과 ‘[마음으로] 분별한 것’이 다르다”(心念法異)라는 것은, 무수한 번뇌들의 양상이 각기 다르다는 것을 일컫는 것이니, 마치 ‘[근본무지에 따라] 분별하는 이해에 서로 응하는 오염[된 마음]’(分別智相應染)에서 ‘[불변 · 독자의] 자아라는 견해’(我見), ‘[불변 · 독자의] 자아에 대한 애착’(我愛), ‘[불변 · 독자의] 자아에 대한 교만’(我慢)의 행위(業)가 [각기] 다른 것과 같다. 『가전연론迦旃延論』에서는 “마음과 ‘마음이 분별한 현상’(心所念法)”이라 말하였는데, 여기 [대승기신론]에서의 “마음과 ‘[마음으로] 분별한 것’(念法)”이라는 것은 [『가전연론』에서 말하는] ‘마음이 분별한 현상’(心所念法)이며 모두가 마음현상(心數)의 다른 이름이라는 것을 알아야 한다.

“‘[불변 · 독자의 본질이나 실체로서의] 오염과 청정[으로 나누는] 차별’에 의거하고 있다”(依染淨差別)라는 것은, 오염된 것들과 청정한 것들로 분별하여 ‘[불변 · 독자의] 나’(我)와 ‘[불변 · 독자의] 나의 것’(我所)이라 헤아려 차별하는 것들이다.

“아는 양상이 같다”(知相同)라는 것은 ‘주관의 양상’(能知相)이 같다는 것이고, “관계 맺는 대상의 양상이 같다”(緣相同)라는 것은 ‘객관의 양상’(所緣相)이 같다는 것이다. 여기 [『기신론』 본문]에서는 ‘세 가지 같음’(三等)에 의거하여 ‘서로 응함’(相應)이라는 말을 설한 것이다.

“마음과 ‘[마음으로] 분별한 것’이 다르다”(心念法異)라고 말한 것은 ‘[차별의 범주로서 그] 바탕이 같은 면모’(體等義)이니, 모든 번뇌마다 각각 ‘[차별의 범주라는] 동일한 바탕’(一體)이 있는 것이지 [그] 모두에 또 다른 바탕은 없기 때문이다.

“아는 양상이 같다”(知相同)라는 것은 ‘[차별의 범주로서 그] 주관양상이 같은 면모’(智等義)이고, “관계 맺는 대상의 양상이 같다”(緣相同)라는 것은 ‘[차별의 범주로서 그] 객관양상이 같은 면모’(緣等義)이다. [앞에서 말한 세 가지 오염[된 마음]에] 이 세 가지[가 같다는] 뜻이 [모두] 갖추어져 있으니, 그러므로 ‘서로 응한다'(相應)라고 말하였다.

묻는다. 『유가사지론瑜伽師地論』에서는 "모든 마음(心)과 마음현상(心法)은 대상(所緣)은 동일하지만 '작용 양상'(行相)은 동일하지 않아, 동시에 있지만 따로따로 바뀌어 간다"[229]라고 하였다. [그런데] 지금 여기 [『기신론』 본문]에서는 [주관인] '아는 양상'(知相)은 또한 동일하다고 말하니, 이처럼 서로 어긋나는 것을 어떻게 [서로] 통하게 할 것인가?

답한다. 두 가지 뜻이 모두 있기에 서로 어긋나지 않는다. [그 까닭은] 어떤 것인가? 이를테면 내가 보는 것은 '보는 성질의 작용'(見性行)이요, 내가 애착하는 것은 '애착하는 성질의 작용'(愛性行)이니, 이와 같은 차이를 '동일하지 않은 작용'(不同行)이라고 일컫는다. 그러나 '봄'(見)과 '애착'(愛) 등은 모두 '내가 관계 맺는 것들'(我緣)을 만드니, 이러한 측면에 의거하여 '아는 양상이 동일하다'(知相同)고 말한다. 그러므로 이 두 가지 [설명]은 서로 방해하지 않는다는 것을 알 수 있다.

〈『소』와 『별기』의 구문 대조〉

『소』(1-717b15~c9)	『별기』(1-693a20~b17)
①此下，第五明相應不相應義. ②六種染中前三染③是相應，後三染及無明是不相應. ④相應中言，"心念法異"者，⑤心法之名也，⑥『迦旃延論』中，"名爲心及心所念法也". "依染淨差別"者，分別染淨諸法，⑦見·慢·愛等差別也. "知	①次下，第二明相應不相應義. ②初三染③名相應，後三染及無明是不相應，④如上言"心不相應，忽然起念，名爲無明"故. "心念法異"者，⑤謂煩惱數法，其相各異，如分別智相應染中我見愛我我慢業異也. ⑥『迦延經』中說云，"心及心所念法"，當知此中"心

229 『유가사지론』 권1(T32, 279b21~22). "諸心所有法, 又彼諸法同一所緣, 非一行相, 俱有相應一一而轉." 〈산스크리트본의 해당 내용: YoBh 5,13-15, ye 'py anye cakṣurvijñānena sahabhūsamprayuktāś caitasā dharmās te punar ekālambanā anekākārāḥ sahabhuvaś ca ekaikavṛttayaś ca; 또 안식과 동일한 단계(地)에서 결합하는 다른 심소법들은 [안식과] 동일한 인식대상[을 갖고], 다른 인식양상[을 가지며], 동일한 단계[에서], 개별적으로 발생한다.〉

相同"者, 能知相同, "緣相同"者, 所緣相同⑧**也**. 此中依三等⑨**義以說相應**. "⑩**謂**心念法異"者, 是體等義, 謂諸煩惱數, 各有一體, 皆無第二故. "知相同"者, 是⑪**知**等義, "緣相同"者, 是緣等義. ⑫**彼前三染具此三義, 俱時而有, 故名"相應"**. 問. 『瑜伽論』說, "諸心心法, 同一所緣, 不同一行相, 一時俱有, 一一而轉". ⑬**今**此中說知相亦同, 如是相違, 云何和會? 答. 二義俱有, 故不相違. 何者? 如我見是見性⑭**之**行, ⑮**其我愛者愛性之行, 如是行別, 名不同一行**. 而見愛等, 皆作⑯**我解, 依如是義**, 名知相同. ⑰**是故二說不相違也**.	**念法"者, 是心所念法, 皆是心數之別名也**. "依染淨差別"者, 分別染淨諸法, ⑦**計我我所差別等也**. "知相同"者, 能知相同, "緣相同"者, 所緣相同(⑧). 此中依三等, ⑨**說相應名**. ⑩**言**"心念法異"者, 是體等義, 諸煩惱數, 各有一體, 皆無第二故. "知相同"者, 是⑪**智**等義, "緣相同"者, 是緣等義. ⑫**具此三義, 故數名相應**. 問. 『瑜伽論』說, "諸心心法, 同一所緣, 不同一行相, 一時俱有, 一一而轉". ⑬**而**此中說知相亦同, 如是相違, 云何和會? 答. 二義俱有, 故不相違. 何者? 如我見是見性(⑭)行, ⑮**我愛是愛性行, 如是等別, 各不同行**. 而見愛等, 皆作⑯**我緣, 約此義邊**, 名知相同. ⑰**故知此二爾不相妨也**.

【소】 不相應中言"卽心不覺, 常無別異"者, 是明無體等義, 離心無別數法差別故. 旣無體等義, 離心無, 餘二何寄? 故無同知同緣之義, 故言"不同知相緣相". 此中"不"者, 無之謂也. 問. 『瑜伽論』說, "阿梨耶識, 五數相應, 緣二種境", 卽此論中現色不相應染, 何故此中說"不相應"? 答. 此論之意, 約煩惱數差別轉義, 說名"相應", 現識之中, 無煩惱數, 依是義故, 名"不相應". 彼新論意, 約遍行數, 故說"相應". 由是道理, 亦不相違也.

『소』(1-717c9~19); 『회본』(1-764b19~c6)

'서로 응하지 않음'(不相應)에서 말한 "마음에 입각한 '깨닫지 못함'이어서 [마음(心)과 '마음으로 분별한 것'(念法) 사이에는] 언제나 '[불변 · 독자의 본질이나 실체로서] 각기 다름'이 없다"(卽心不覺, 常無別異)라는 것은 '[차별의 범주로서 그] 바탕이 같은 면모'(體等義)가 없음을 밝힌 것이니, 마음을 떠나서 별도의 '무수한 현상'(數法)들의 차별이 없기 때문이다. 이미 '[차별의 범주로서 그] 바탕이 같은 면모'(體等義)가 없고 마음을 떠나서는 [현상들의 차별이] 없는데, ['주관 양상'(知)과 '객관 양상'(緣), 이] 나머지 둘이 어디에 의지하겠는가? 그러므로 '주관 양상을 같이함'(同知)과 '객관 양상을 같이함'(同緣)의 면모(義)가 없고,

따라서 "'아는 양상'과 '관계 맺는 대상의 양상'을 같이하지는 않는다"(不同知相緣相)라고 말한 것이다. 여기에서 "['아는 양상'과 '관계 맺는 대상의 양상'을 같이 하지] 않는다"(不)라는 말은 '['아는 양상'(知相)과 '관계 맺는 대상의 양상'(緣相)을 같이함이] 없다'(無)는 뜻이다.

묻는다. 『유가사지론瑜伽師地論』에서 "아리야식阿梨耶識[230]은 '다섯 가지 보편적인 마음현상'(五數)[231]과 서로 응하여 [주관과 객관의] 두 가지의 대상과 관계 맺는다"[232]라고 말하는 것은 바로 이 『기신론』 [본문에서 말하는] '[식識이]

230 아리야식阿梨耶識과 아뢰야식阿賴耶識: 『유가사지론』 원문에는 '阿賴耶識'이다. 원효는 '阿賴耶識'이라 했는데 후인들의 필사과정에서 바뀐 것일 수도 있고, 원효 자신이 『대승기신론』의 용어인 '阿梨耶識'에 익숙하다 보니 무심코 바꾸어 썼을 수도 있다. 유식학의 제8식인 'ālaya vijñāna'는 '阿賴耶識' '阿梨耶識' '阿黎耶識'으로 번역되어 사용되는데, 현장의 법상유식학에서는 '阿賴耶識'을, 『대승기신론』에서는 '阿梨耶識'을 채택한다. 그리고 법상유식에서는 '阿賴耶識'을 망식妄識으로 간주하는 데 비해, 『대승기신론』에서는 '阿梨耶識'을 진망화합식眞妄和合識으로 본다. 원효가 이 두 경우를 식별하여, 『대승기신론』 사상의 맥락에서는 '阿梨耶識', 현장 신유식학을 거론할 때는 '阿賴耶識'을 각각 구별하여 사용하고 있는 것인지는 관련 구문을 종합하여 판단할 필요가 있다.

231 오수五數: 유식학唯識學의 '마음현상'(心所) 분류에서, '보편적으로 작용하는 다섯 가지 마음현상'(五遍行心所)을 가리키는 말이다. 여기서 수數는 'śaṃkhya'의 번역어로서 하나의 현상/사실을 드러내는 데 필요한 조건이나 대상들을 파악하기 위해 분류한 '숫자'를 가리킨다. 『유가사지론瑜伽師地論』, 『성유식론成唯識論』, 『유식삼십송唯識三十頌』 등의 유식학 관련 논저에서는 '보편적으로 작용하는 마음 현상'(遍行心所)에 해당하는 것을 다섯 가지로 규정하고 있는데, 다섯 가지란 '감관대상과의 접촉'(觸, sparśa), '생각을 지어냄'(作意, manaskāra), '느낌'(受, vedanā), '느낌·특징/차이에 대한 지각'(想, saṃjñā), '의도'(思, cetanā)를 가리킨다. 이 다섯 가지의 자세한 설명은 바로 아래의 각주에서 제시한 『유가사지론』의 내용이 참고가 될 것이다.

232 원효가 인용한 정확한 출전을 찾기 어려우나, 다음의 내용을 축약하면 전거가 될 것이다. 『유가사지론』 권51(T32, 580a29~b8). "云何建立相應轉相. 謂阿賴耶識. 與五遍行心相應所恒共相應. 謂作意觸受想思. 如是五法. 亦唯異熟所攝最極微細. 世聰慧者亦難了故. 亦常一類緣境而轉. 又阿賴耶識相應受. 一向不苦不樂無記性攝. 當知餘心法行相亦爾. 如是遍行心所相應故. 異熟一類相應故. 極微細轉相應故. 恒常一類緣境而轉相應故. 不苦不樂相應故. 一向無記相應故. 應知建立阿賴耶識相應轉相. 云何建立相應轉相. 謂阿賴耶識. 與五遍行心相應所恒共相應. 謂作意觸受想思. 如是五法. 亦唯異熟所攝最極微細. 世聰慧者亦難了故. 亦常一類緣境而轉. 又阿賴耶識相應受. 一向不苦不樂無記性攝. 當知餘心法行相亦爾.

나타낸 유형적인 대상에 [의식 차원에서는] 서로 응하지 않는 오염[된 마음]'(現色不相應染)인데, 무엇 때문에 [『유가사지론』에서는 '서로 응한다'(相應)고 하고] 여기서는 "서로 응하지 않는다"(不相應)라고 하는가?

답한다. 이 『기신론』의 뜻은, '무수한 번뇌가 차별되어 바뀌어 가는 측면'(煩惱數差別轉義)에 의거해서는 "서로 응한다"(相應)라고 하지만, '[불변·독자의 실체로 간주되는 대상을] 나타내는 식'(現識) 중에는 '무수한 번뇌들'(煩惱數)이 없기에 이러한 뜻에 의거하므로 "서로 응하지 않는다"(不相應)라고 한다는 것이다. [이에 비해] 저 『유가사지론』의 뜻은 '보편적으로 작용하는 마음현상'(遍行數)에 의거하는 것이니, 따라서 "서로 응한다"고 말한 것이다. 이러한 이치로 인해 또한 [『대승기신론』과 『유가사지론』의 설명이] 서로 어긋나지 않는다.

【별기】 言"卽心不覺, 常無別異"者, 此明無體等義. 以離心外無別煩惱數法差別, 故言"卽心不覺, 常無別異". 旣無體等, 餘二何寄? 由是不有同知同緣, 故言"不同知相緣相故". 問. 『瑜伽論』說, "阿賴耶識, 五數相應", 卽是此中能見心染, 何故此中說"不相應"? 答. 此論之意, 約煩惱數差別而轉, 說名"相應", 能見心染, 無煩惱數, 名"不相應". 故不相違. 雖有微細遍行五數, 心與法通達無相而取相, 故是通法執. 而無別討惠[233]數之見, 故無別相法我執也. 所以得知, 阿賴耶亦是法執者. 如『解深密經』說, "八地已上, 一切煩惱皆不現行, 唯有所知障, 爲依止故". 而此位中, 餘七識感, 皆不現行, 唯有阿賴耶識現行. 故知此識是所知障. 若論有種子者, 煩惱障種, 亦猶未盡. 故知彼說正約現行所知障也.

『별기』(1-693b17~c10)

如是遍行心所相應故. 異熟一類相應故. 極微細轉相應故. 恒常一類緣境而轉相應故. 不苦不樂相應故. 一向無記相應故. 應知建立阿賴耶識相應轉相."

233 '惠'를 '慧'로 교감한다.

"마음에 입각한 '깨닫지 못함'이어서 [마음(心)과 '마음으로 분별한 것'(念法) 사이에는] 언제나 '[불변 · 독자의 본질이나 실체로서] 각기 다름'이 없다"(卽心不覺, 常無別異)라고 말한 것은 '[차별의 범주로서 그] 바탕이 같은 면모'(體等義)가 없음을 밝힌 것이다. 마음을 떠나서 별도의 '무수한 번뇌현상들'(煩惱數法)의 차별이 없으니, 따라서 "마음에 입각한 '깨닫지 못함'이어서 [마음과 '마음으로 분별한 것' 사이에는] 언제나 '[불변 · 독자의 본질이나 실체로서] 각기 다름'이 없다"(卽心不覺, 常無別異)라고 말했다. 이미 '[차별의 범주로서 그] 바탕이 같은 면모'(體等義)가 없는데 ['주관 양상'(知)과 '객관 양상'(緣), 이] 나머지 둘이 어디에 의지하겠는가? 그러므로 '주관 양상을 같이함'(同知)과 '객관 양상을 같이함'(同緣)이 없고, 따라서 "'아는 양상'과 '관계 맺는 대상의 양상'을 같이하지는 않기 때문이다"(不同知相緣相故)라고 말한 것이다.

묻는다. 『유가사지론瑜伽師地論』에서 "아리야식阿梨耶識은 '다섯 가지 보편적인 마음현상'(五數)과 서로 응한다"라고 말하는 것은 바로 이 『기신론』 [본문에서 말하는] '주관이 된 마음[에 의식 차원에서는 서로 응하지 않는] 오염[된 마음]'(能見心[不相應]染)인데, 무엇 때문에 [『유가사지론』에서는 '서로 응한다'(相應)고 하고] 여기서는 "서로 응하지 않는다"(不相應)라고 하는가?

답한다. 이 『기신론』의 뜻은, '무수한 번뇌가 차별되어 바뀌어 가는 측면'(煩惱數差別而轉)에 의거해서는 "서로 응한다"(相應)라고 하지만, '주관이 된 마음[에 의식 차원에서는 서로 응하지 않는] 오염[된 마음]'(能見心[不相應]染)에는 '무수한 번뇌들'(煩惱數)이 없기에 "서로 응하지 않는다"(不相應)라고 하였다. 따라서 [『대승기신론』과 『유가사지론』의 설명이] 서로 어긋나지 않는다. 비록 미세한 '보편적으로 작용하는 다섯 가지 마음현상'(遍行五數)이 있어도 마음(心)과 마음현상(法)에 '불변 · 독자의 실체'(相)가 없음을 통달하지만 [그럼에도 불구하고] '불변 · 독자의 실체'(相)[가 있다는 생각]을 취하니, 그러므로 이것은 '현상에 불변 · 독자의 실체나 본질이 있다고 하는 집착'(法執)과 통하는 것이다. 그러나 '현상을 분별하는 견해'(慧數之見)를 [또다시 덧붙여] 별도로 헤아리는 것은 없으니, 따라서 [또다시 덧붙인] 별개의 '현상에 불변 · 독자의 실체나 본질이 있다고 하는 집착'(法我執)은 없다. 그러므로 아뢰야식도 '현상에 불변·독자의 실체나 본질이 있다고 하는 집착'(法執)이라는 것을 알 수 있다.

마치 『해심밀경解深密經』에서 "[대승보살의 '열 가지 본격적인 수행경지'(十地) 가운데] '여덟 번째 경지'(八地) 이상에서는 모든 번뇌가 나타나지 않지만, 오직 '대상에 대한 이해를 가로막는 장애'(所知障)가 있어 의지하게 되는 것이다"[234]라고 말한 것과 같다. 그런데 이 [제8지의] 수행지위에서는 나머지 '일곱 가지 식'(七識)에 감응하는 것은 모두 '나타나 작용하지 않고'(不現行) 오직 아뢰야식의 '나타나 작용함'(現行)만 있다. 그러므로 이 [아뢰야]식이 바로 '대상에 대한 이해를 가로막는 장애'(所知障)라는 것을 알 수 있다. 만약 '[번뇌의] 씨앗'(種子)이 있는 것을 논한다면, '번뇌로 인한 장애'(煩惱障)의 씨앗도 아직 다 없어지지는 않았다. 그러므로 저 설명은 〈현재 나타나 작용하는 '대상에 대한 이해를 가로막는 장애'〉(現行所知障)에만 의거한 것임을 알 수 있다.

〈『소』와 『별기』의 구문 대조〉

『소』(1-717c9~19)	『별기』(1-693b17~c10)
①不相應中言"卽心不覺, 常無別異"者, ②是明無體等義, ③離心無別數法差別故. 旣無體等義, 離心無, 餘二何寄? ④故無同知同緣⑤之義, 故言"不同知相緣相(⑥)". ⑦此中"不"者, 無之謂也. 問. 『瑜伽論』說, "⑧阿梨耶識, 五數相應, ⑨緣二種境", ⑩卽此論中現色不相	(①)言"卽心不覺, 常無別異"者, ②此明無體等義, ③以離心外無別煩惱數法差別, 故言"卽心不覺, 常無別異". 旣無體等, 餘二何寄? ④由是不有同知同緣(⑤), 故言"不同知相緣相⑥故". (⑦) 問. 『瑜伽論』說, "⑧阿賴耶識, 五數相應, (⑨)", ⑩卽是此中能見心染, 何故此中說"不相應"? 答. 此論之意, 約煩惱數差別⑪而轉, 說名"相應", ⑫能見心染, 無煩惱數, 名"不相應". 故不相違. ⑬雖有微細遍

234 『해심밀경解深密經』 권4(T16, 707c18~19). "謂於第八地已上, 從此已去一切煩惱不復現行, 唯有所知障爲依止故."

<table>
<tr><td>應染，何故此中說“不相應”？答．此論之意，約煩惱數差別⑪轉義，說名“相應”，⑫現識之中，無煩惱數，依是義故，名“不相應”．彼新論意，約遍行數，故說“相應”．由是道理，亦不相違也．(⑬)</td><td>行五數，心與法通達無相而取相，故是通法執．而無別討慧數之見，故無別相法我執也．所以得知，阿賴耶亦是法執者．如『解深密經』說，“八地已上，一切煩惱皆不現行，唯有所知障，爲依止故”．而此位中，餘七識感，皆不現行，唯有阿賴耶識現行．故知此識是所知障．若論有種子者，煩惱障種，亦猶未盡．故知彼說正約現行所知障也．</td></tr>
<tr><td colspan="2">※『별기』의 ⑬은 『소』에 없는 부분이다. 여기에서 원효는 ‘아뢰야식阿賴耶識, 현행現行, 소지장所知障’ 등에 대해 자세한 설명을 시도하고 있다. 또 『소』에서는 삭제된 『해심밀경』의 내용까지 인용하고 있다.</td></tr>
</table>

(ㅂ) ‘올바른 이해를 가로막는 방해’와 ‘번뇌로 인한 방해’의 뜻을 밝힘(辨智礙煩惱礙義)

又染心義者，名爲煩惱礙，能障眞如根本智故，無明義者，名爲智礙，能障世間自然業智故．此義云何？以依染心，能見能現，妄取境界，違平等性故．以一切法常靜，無有起相，無明不覺，妄與法違故，不能得隨順世間一切境界種種智故．

『논』(T32, 577c20~25);『회본』(1-764c7~13)

또한 ‘오염된 마음의 면모’(染心義)를 ‘번뇌로 인한 방해’(煩惱礙)라고 부르니 ‘참 그대로를 만나는 근본적인 지혜’(眞如根本智)를 가로막기 때문이고, ‘근본무지의 면모’(無明義)를 ‘올바른 이해를 가로막는 방해’(智礙)라고 부르니 ‘세간에서 진리에 맞는 행위를 하는 지혜’(世間自然業智)를 가로막기 때문이다. 이 뜻은 무엇인가?

‘오염된 마음’(染心)에 의거하여 ‘[불변 · 독자의 실체로서 간주되는] 주관이 되고’(能見) ‘[불변 · 독자의 실체로서 간주되는] 객관을 나타내고는’(能現) ‘그릇된 이해로써 대상을 취하여’(妄取境界) ‘평등한 본연’(平等性)을 위배하는 것이다. [또] ‘모든 현상’(一切法)은 [본래] ‘[온전한 본연으로서] 늘 고요하여’(常靜) ‘분별된 양상’(相)을 일으킴이 없지만, ‘근본무지의 깨닫지 못함’(無明不覺)으로 망령되게 ‘모든 현상’(法)[의 참 그대로]와 어긋나기 때문에 ‘세간의 모든 일에 사실대로 응하는 갖가지 지혜'(世間一切境界種種智)에 따르지 못하는 것이다.

【소】 此下, 第六明二礙義. 顯了門中名爲二障, 隱密門內名爲二礙, 此義具如『二障章』說. 今此文中說隱密門, 於中有二. 初分二礙, "此義"以下, 釋其所以. 初中言"染心義"者, 是顯六種染心也. "根本智"者, 是照寂慧, 違寂靜故, 名煩惱礙也. "無明義者", 根本無明, "世間業智"者, 是後得智. 無明昏迷, 無所分別, 故違世間分別之智, 依如是義, 名爲智礙. 釋所以中, 正顯是義. "以依染心, 能見能現, 妄取境界"者, 略擧轉識現識智識. "違平等性"者, 違根本智能所平等, 是釋煩惱礙義也. "以一切法常靜, 無有起相"者, 是擧無明所迷法性, "無明不覺, 妄與法違故"者, 是顯無明迷法性義. 故"不能得乃至種知"[235]者, 正明違於世間智義也. 上來第二廣釋生滅因緣義竟.

『소』(1-717c20~718a12); 『회본』(1-764c14~765a6, 765a20)

이 아래는 여섯 번째로 '두 가지 방해'(二礙)의 뜻을 밝힌 것이다. '현상으로 드러나는 측면'(顯了門)에서는 '두 가지 장애'(二障)라 하고, '현상으로 드러나지 않는 측면'(隱密門)에서는 '두 가지 방해'(二礙)라고 말하니,[236] 이 뜻은 [『이장의二障義』의] '두 가지 장애를 설명하는 문단'(二障章)의 설명에 자세히 갖추어져 있다. 지금 이 글에서는 '현상으로 드러나지 않는 측면'(隱密門)을 설명하는데, 그 가운데 두 가지가 있다. 처음에는 '두 가지 방해'(二礙)를 구분한 것이고, [다음으로] "이 뜻은 [무엇인가?]"(此義) 이하는 그 까닭을 해석한 것이다.

처음에 말한 "오염된 마음의 면모"(染心義)라는 것은 '여섯 가지 오염된 마

---

235 『대승기신론』의 "不能得隨順世間一切境界種種智故"를 줄인 것이다.

236 '礙'와 '障'은 모두 장애의 뜻이지만, '현상으로 드러나는 측면'(顯了門)과 '현상으로 드러나지 않는 측면'(隱密門)을 구분하여 논하는 원효의 관점을 반영하기 위해 '礙'는 '방해', '障'은 '장애'로 번역한다.

음'(六種染心)을 드러낸 것이다. "근본적인 지혜"(根本智)라는 것은 '[사실 그대로] 이해하여 [분별의 동요를] 그치게 하는 지혜'(照寂慧)[237]이고, [이 조적혜照寂慧의] 평온(寂靜)을 위배하기 때문에 '번뇌로 인한 방해'(煩惱礙)라고 부른다. "근본무지의 면모"(無明義者)라는 것은 '근본적 무지'(根本無明)이고, "세간에서 진리에 맞는 행위를 하는 지혜"(世間業智)라는 것이란 '[깨달음을 성취한] 후에 얻어지는 ['사실 그대로'(如實) 이해하는] 지혜'(後得智)이다. 근본무지(無明)로 혼미하여 [제대로] 판별하는 것이 없기 때문에 '세간을 [제대로] 판별하는 지혜'(世間分別智)를 위배하니, 이와 같은 뜻에 의거하여 '올바른 이해를 가로막는 방해'(智礙)라고 일컫는다. ['두 가지 방해'(二礙)의] 까닭을 해석하는 가운데서 이 뜻[의 핵심]을 곧바로 드러내었다.

"'오염된 마음'에 의거하여 [불변·독자의 실체로서 간주되는] 주관이 되고 '[불변·독자의 실체로서 간주되는] 객관을 나타내고는 그릇된 이해로써 대상을 취한다"(以依染心, 能見能現, 妄取境界)라는 것은, '[불변·독자의 실체로 간주되는 주관

237 조적혜照寂慧: 보살의 지위에서 체득하는 '여섯 가지 지혜'(六慧: 聞慧, 思慧, 修慧, 無相慧, 照寂慧, 寂照慧)의 하나를 '조적혜'라고 하지만, 여기서는 근본지根本智를 설명하는 개념으로 보는 것이 적절해 보인다. 『본업경소本業經疏』에서 원효는, 『보살영락본업경菩薩瓔珞本業經』의 경문에 나오는 적조照寂와 조적照寂의 뜻에 대해 "〈'[분별의 동요를] 그쳐 [사실 그대로] 이해하는 것'(寂照)과 '[사실 그대로] 이해하여 [분별의 동요를] 그치는 것'(照寂)의 뜻은 또 어떤 것입니까?〉(寂照照寂之義, 復云何)라는 것은, '[분별의 동요를] 그쳐 [사실 그대로] 이해할 수 있는 지혜'(寂照慧)는 무엇에 의거해 일어나고 '[사실 그대로] 이해하여 [분별의 동요를] 그치게 하는 지혜'(照寂慧)는 무엇에 의거해 일어나는가 하는 것이니, 이것은 '처음 [지혜]와 나중 [지혜]의 두 가지 지혜'(初後二智)를 통틀어 물은 것이다"(H1, 508c4~5)라고 주석한다. 또 『금강삼매경론金剛三昧經論』에서는 "또한 이 지혜의 작용은, '[차이들을] 평등하게 볼 수 있는 깨달음의 경지'(等覺位)에 있을 때는 '[사실 그대로] 이해하여 [분별의 동요를] 그치게 하는 지혜'(照寂慧)라고 부르니 '[근본무지에 따라] 생겨나고 사라지는 동요 양상'(生滅之動相)에서 아직 벗어나지 못했기 때문이고, '[차이들을] 사실대로 함께 만날 수 있는 깨달음의 경지'(妙覺位)에 이를 때는 '[분별의 동요를] 그쳐 [사실 그대로] 이해할 수 있는 지혜'(寂照慧)라고 부르니 이미 제9식識의 '궁극적인 평온'(究竟靜)으로 돌아갔기 때문이다"(H1, 657b18~21)라고 하여 등각等覺과 묘각妙覺의 경지에 조적혜와 적조혜寂照慧를 각각 배속하고 있다.

으로] 바뀌어 가는 식'(轉識)·'[불변·독자의 실체로 간주되는 대상을] 나타내는 식'(現識)·'[오염된 것과 온전한 것으로] 분별하는 식'(智識)을 간략하게 거론한 것이다.

"평등한 본연을 위배한다"(違平等性)라는 것은 '근본적인 지혜에서 주관과 객관[의 본연]이 평등한 것'(根本智能所平等)을 위배하는 것이니, 이것은 '번뇌로 인한 방해'(煩惱礙)의 뜻을 해석한 것이다.

"모든 현상은 [본래] [온전한 본연으로서] 늘 고요하여 '분별된 양상'을 일으킴이 없다"(以一切法常靜, 無有起相)라는 것은 근본무지(無明)에 의해 미혹하게 된 '현상의 [온전한] 본연'(法性)을 거론한 것이고, "'근본무지의 깨닫지 못함'으로 망령되게 '모든 현상'[의 참 그대로]와 어긋나기 때문이다"(無明不覺, 妄與法違故)라는 것은 근본무지(無明)가 '현상의 [온전한] 본연'(法性)을 미혹케 하는 면모(義)를 드러낸 것이다. 그러므로 "'[세간의 모든 일에 사실대로 응하는] 갖가지 지혜'에 [따르지] 못하는 것이다"(不能得[隨順世間一切境界種]種智[故])라는 것은, '세간에 관한 지혜'(世間智)를 위배하는 면모(義)[의 핵심]을 곧바로 밝힌 것이다.

이상으로 두 번째인 '[근본무지에 따라] 생멸하게 하는 원인과 조건의 뜻'(生滅因緣義)을 자세하게 해석함을 마친다.

【별기】 "又染心義者"已下, 第三朿作二障.[238] 然二障之義, 略有二門. 二,[239] 二棄[240]通障, 十使煩惱, 能使流轉, 障涅槃果, 名煩惱障. 菩薩別障, 法執等惑, 迷所知境, 障菩提果, 名所知障. 此門, 如餘經論所說. 二, 一切動念取相等心, 違如理智寂靜之性, 名煩惱礙, 根本無明, 昏迷不覺, 違如量智覺察之用, 名爲智礙. 念[241]此論中, 約後門義, 故說六種染心名

238 『회본』에는 "'又染心義者'已下, 第三朿作二障"이 없다.
239 한불전 교감주에 따라 '二'를 '一'로 교감하였다.
240 한불전 교감주에 따라 '棄'를 '乘'으로 교감하였다.
241 한불전 교감주에 따라 '念'을 '今'으로 교감하였다.

煩惱礙, 無明住地名爲智礙. 然以相當, 無明應障理智, 染心障於量智, 何不爾者? 未必爾故, 未必之意, 如論自說.

『별기』(1-693c10~22); 『회본』(1-717a7~19)

"또한 오염된 마음의 면모"(又染心義者) 이하는, 세 번째로 '두 가지 장애'(二障)에 연결시켜 말한 것이다. 그런데 '두 가지 장애'(二障)의 면모(義)에는 대략 '두 가지 측면'(二門)이 있다.

첫 번째 [측면(門)]은 [다음과 같은 것이다.] '성문승과 연각승에 모두 해당하는 장애'(二乘通障)인 '열 가지 번뇌'(十使煩惱)[242]는 [고통의 윤회세계에] 떠돌아다니게 하면서 '열반이라는 결실'(涅槃果)을 [체득하지 못하도록] 가로막기에 '번뇌로 인한 장애'(煩惱障)라고 부른다. '보살에게만 해당하는 장애'(菩薩別障)인 '현상에 불변·독자의 실체나 본질이 있다고 하는 집착'(法執)과 같은 미혹은, '대상에 대한 이해'(所知境)를 미혹시켜 '깨달음이라는 결실'(菩提果)을 [체득하지 못하도록] 가로막기에 '대상에 대한 이해를 가로막는 장애'(所知障)라고 부른다. 이 [첫 번째] 측면은 다른 경론經論들에서 말하고 있는 것과 같다.

두 번째 [측면(門)]은 [다음과 같은 것이다.] '[근본무지에 매여] 작동하는 분별'(動念)로 '불변·독자의 실체가 있다는 생각을 취하는'(取相) 모든 마음들은 '[본래의 본연에 대해] 사실 그대로 아는 지혜'(如理智)가 지닌 '[근본무지의 분별로 인한 동요가 없는] 고요한 면모'(寂靜之性)를 위배하기에 '번뇌로 인한 방해'(煩惱

242 십사번뇌十使煩惱: 십사번뇌에서 사使는 번뇌라는 뜻이므로 열 가지 번뇌로 묶어서 이해할 수 있다. 『신화엄경론新華嚴經論』 권26(T36, 900c1~3)과 같은 주석문헌에서는 "明十使煩惱也. 十使者, 一貪, 二瞋, 三癡, 四慢, 五疑, 六身見, 七邊見, 八見取, 九戒禁取, 十邪見" 등으로 열 가지 번뇌를 제시하고 있다. 원효가 이 개념을 거론하면서 번뇌장煩惱障에 대해 논의한 맥락에 따르면, 『주대승입능가경注大乘入楞伽經』 권10(T39, 502c14~18)에서 "通三乘說者略有十種. 一貪, 二瞋, 三癡, 四慢, 五疑, 六身見, 七邊見, 八邪見, 九見取, 十戒禁取. 如是總別十使煩惱中, 疑及邪見二取四種. 唯分別起, 即見所斷煩惱. 餘貪等六, 通分別俱生兼二所斷, 謂見所斷, 及修所斷也"라고 설명한 내용에 주목할 필요가 있을 것이다.

礙)라 부르고, '근본적 무지'(根本無明)는 혼미하여 깨닫지 못해 '[현상/세상사를] 사실대로 아는 지혜'(如量智)가 지닌 '이해하고 성찰하는 작용'(覺察之用)을 위배하기에 '올바른 이해를 가로막는 방해'(智礙)라고 일컫는다.

지금 이 『기신론』에서는 '두 번째 측면'(後門)의 뜻에 의거하였으니, 따라서 '여섯 가지 오염된 마음'(六種染心)은 '번뇌로 인한 방해'(煩惱礙)라 부르고 '근본무지가 자리 잡은 단계'(無明住地)는 '올바른 이해를 가로막는 방해'(智礙)라고 부른다. 그러나 특징(相)에 해당시켜 본다면, 근본무지(無明)는 응당 '[본래의 본연에 대해] 사실 그대로 아는 지혜'(理智/如理智)를 장애해야 하고 '오염된 마음'(染心)은 '[현상/세상사를] 사실대로 아는 지혜'(量智/如量智)를 장애해야 하는데, 왜 [『기신론』에서는] 그렇[게 말하]지 않는가? 반드시 그렇지는 않기 때문이니, 반드시 그렇지는 않다는 뜻은 『기신론』에서 스스로 말한 것과 같다.[243]

---

243 원효의 과문에 따른 『대승기신론』 해당 구절.

ㄴ 釋上生滅因緣

A. 明生滅依因緣義

A) 總標: "復次生滅因緣者, 所謂衆生依心, 意意識轉故."

B) 別釋

(A) 釋依心: "此義云何? 以依阿梨耶識, 說有無明."

(B) 釋意轉

Ⓐ 略明意轉: "不覺而起能見能現, 能取境界, 起念相續, 故說爲意."

Ⓑ 廣顯轉相(廣明)

a. 總標: "此意復有五種名, 云何爲五?"

b. 別釋

a) 業識: "一者, 名爲業識, 謂無明力不覺心動故."

b) 轉識: "二者, 名爲轉識, 依於動心能見相故."

c) 現識: "三者, 名爲現識, 所謂能現一切境界, 猶如明鏡現於色像. 現識亦爾, 隨其五塵對至即現, 無有前後, 以一切時任運而起, 常在前故."

d) 智識: "四者, 名爲智識, 謂分別染淨法故."

e) 相續識: "五者, 名爲相續識, 以念相應不斷故, 住持過去無量世等善惡之業, 令不失故, 復能成熟現在未來苦樂等報無差違故, 能令現在已經之事, 忽然而念, 未來之事, 不覺妄慮."

Ⓒ 結成依心之義

a. 略: "是故三界虛僞, 唯心所作, 離心則無六塵境界."

b. 廣(廣釋)

a) 明諸法不無而非是有: "此義云何? 以一切法皆從心起, 妄念而生, 一切分別即分別自心, 心不見心, 無相可得."

b) 顯諸法不有而非都無(明非有而不無義)

(a) 明非有: "當知世間一切境界, 皆依衆生無明妄心而得住持. 是故一切法, 如鏡中像, 無體可得, 唯心虛妄."

(b) 顯非無: "以心生則種種法生, 心滅則種種法滅故."

(C) 釋意識轉(釋意識): "復次言意識者, 卽此相續識, 依諸凡夫取著轉深, 計我我所, 種種妄執, 隨事攀緣, 分別六塵, 名爲意識, 亦名分離識, 又復說名分別事識. 此識依見愛煩惱增長義故."

B. 顯所依因緣體相(重顯所依因緣體相)

A) 略明因緣甚深

(A) 標甚深: "依無明熏習所起識者, 非凡夫能知, 亦非二乘智慧所覺, 謂依菩薩從初正信發心觀察, 若證法身, 得少分知, 乃至菩薩究竟地, 不能盡知, 唯佛窮了."

(B) 釋(釋深義): "何以故? 是心從本已來, 自性淸淨而有無明, 爲無明所染, 有其染心, 雖有染心而常恒不變."

(C) 結(結甚深): "是故此義, 唯佛能知."

B) 廣顯因緣差別

(A) 明心性因之體相: "所謂心性常無念故, 名爲不變."

(B) 顯無明緣之體相: "以不達一法界故, 心不相應, 忽然念起, 名爲無明."

(C) 明染心諸緣差別

Ⓐ 總標: "染心者有六種, 云何爲六?"

Ⓑ 別釋

a. 執相應染: "一者, 執相應染, 依二乘解脫及信相應地遠離故."

b. 不斷相應染: "二者, 不斷相應染. 依信相應地修學方便, 漸漸能捨, 得淨心地究竟離故."

c. 分別智相應染: "三者, 分別智相應染. 依具戒地漸離, 乃至無相方便地究竟離故."

d. 現色不相應染: "四者, 現色不相應染. 依色自在地能離故."

e. 能見心不相應染: "五者, 能見心不相應染. 依心自在地能離故."

f. 根本業不相應染: "六者, 根本業不相應染. 依菩薩盡地, 得入如來地能離故."

(D) 顯無明治斷位地: "不了一法界義者, 從信相應地觀察學斷, 入淨心地隨分得離, 乃至如來地能究竟離故."

(E) 釋相應不相應義(明相應不相應義)

〈『소』와 『별기』의 구문 대조〉

『소』(1-717c20~718a12)	『별기』(1-693c10~22)
此下, 第六明二礙義. 顯了門中名爲二障, 隱密門內名爲二礙, 此義具如二障章說. 今此文中說隱密門, 於中有二. 初分二礙, "此義"以下, 釋其所以. 初中言"染心義"者, 是顯六種染心也. "根本智"者, 是照寂慧, 違寂靜故, 名煩惱礙也. "無明義者", 根本無明, "世間業智"者, 是後得智. 無明昏迷, 無所分別, 故違世間分別之智, 依如是義, 名爲智礙. 釋所以中, 正顯是義. "以依染心, 能見能現, 妄取境界"者, 略擧轉識現識智識. "違平等性"者, 違根本智能所平等, 是釋煩惱礙義也. "以一切法常靜, 無有起相"者, 是擧無明所迷法性, "無明不覺, 妄與法違故"者, 是顯無明迷法性義. 故"不能得乃至種知"者, 正明違於世間智義也. 上來第二廣釋生滅因緣義竟.	"又染心義者"已下, 第三束作二障. 然二障之義, 略有二門. 一, 二乘通障, 十使煩惱, 能使流轉, 障涅槃果, 名煩惱障. 菩薩別障, 法執等惑, 迷所知境, 障菩提果, 名所知障. 此門, 如餘經論所說. 二, 一切動念取相等心, 違如理智寂靜之性, 名煩惱礙, 根本無明, 昏迷不覺, 違如量智覺察之用, 名爲智礙. 今此論中, 約後門義, 故說六種染心名煩惱礙, 無明住地名爲智礙. 然以相當, 無明應障理智, 染心障於量智, 何不爾者? 未必爾故, 未必之意, 如論自說.
※『기신론』 본문에 대한 『별기』의 내용은 『소』와 거의 대응이 되지 않아, 구문 대조가 매우 어렵다. 『기신론』 본문을 하나씩 주석하는 기존의 서술방식 또한 여기에서는 발견되지 않는다. 『별기』와 『소』 저술에서 나타나는 원효의 『기신론』 해석의 간극을 잘 보여 주는 사례로 보인다.	

Ⓐ 相應: "言相應義者, 謂心念法異, 依染淨差別, 而知相緣相同故."

Ⓑ 不相應: "不相應義者, 謂卽心不覺, 常無別異, 不同知相緣相故."

(F) 辨智礙煩惱礙義(明二礙義)

Ⓐ 分二礙: "又染心義者, 名爲煩惱礙, 能障眞如根本智故, 無明義者, 名爲智礙, 能障世間自然業智故."

Ⓑ 釋其所以: "此義云何? 以依染心, 能見能現, 妄取境界, 違平等性故. 以一切法常靜, 無有起相, 無明不覺, 妄與法違故, 不能得隨順世間一切境界種種智故."

㉰ 입의분立義分에서 말한 '근본무지에 따라 생멸하는 양상'을 자세하게 설명함(廣上立義分中生滅之相)

【소】"復次"以下, 第三廣上立義分中生滅之相. 於中有二. 先明生滅麤細之相, 後顯麤細生滅之義.

『소』(1-718b5~7); 『회본』(1-765a20~23)

"다시"(復次) 이하는, 세 번째로 앞의 '[대승의 현상과 면모에 관한] 뜻을 세우는 부분'(立義分) 중의 '[근본무지에 따라] 생멸하는 양상'(生滅之相)을 자세하게 설명하는 것이다. 여기에는 두 가지가 있다. 먼저 '[근본무지에 따라] 생멸하는 뚜렷하거나 미세한 양상'(生滅麤細之相)을 밝혔고, 이후에는 '뚜렷하거나 미세하게 생멸함의 의미'(麤細生滅之義)를 드러냈다.

ㄱ. 근본무지에 따라 생멸하는 '뚜렷하거나 미세한 양상'을 밝힘(明生滅麤細之相)

復次分別生滅相者有二種. 云何爲二? 一者, 麤, 與心相應故. 二者, 細, 與心不相應故. 又麤中之麤, 凡夫境界, 麤中之細, 及細中之麤, 菩薩境界, 細中之細, 是佛境界.

『논』(T32, 577c26~29); 『회본』(1-765a24~b4)

다시 '[근본무지에 따라] 생멸하는 양상'(生滅相)을 구별하는 것에 두 가지가 있다. 무엇이 두 가지인가? 첫 번째는 '뚜렷한 양상'(麤)이니 '[제6의식意識 차원의] 마음과 서로 응하는 것'(與心相應)이고, 두 번째는 '미세한 양상'(細)이니 '[제6의식意識 차원의] 마음과 서로 응하지 않는 것'(與心不相應)이다. 또 '뚜렷한 양상 가운데서도 뚜렷한 양상'(麤中之麤)[을 아는 수준]은 범부의 경지이고, '뚜렷한 양상 가운데서 미세한 양상'(麤中之細) 및 '미세한 양상 가운데서 뚜렷한 양상'(細中之麤)[을 아는 수준]은 보살의 경지이며, '미세한 양상 가운데서도 미세한 양상'(細中之細)[을 아는 수준]은 부처의 경지이다.

【소】 初中亦二, 一者, 正明麤細, 二者, 對人分別. 初中亦二, 總標別解. 別解中言"一者, 麤, 與心相應故"者, 六種染中, 前之三染, 是心相應, 其相麤顯, 經中說名爲相生滅也. "二者, 細, 與心不相應故"者, 後三染心, 是不相應, 無心心法麤顯之相, 其體微細, 恒流不絶, 經中說名相續生滅. 如『十卷經』云, "識有二種滅, 何等爲二? 一者, 相滅, 二, 相續滅", 生住亦如是. 『四卷經』云, "諸識有二種生住滅,[244] 所謂流注生及相生", 滅[245] 亦如是. 經中直出二種名字, 不別顯相, 故今論主約於相應不相應義, 以辨二種麤細相也. 對人分別中"麤中之麤"者, 謂前三中初二是也, "麤中之細"者, 卽此三中後一是也. 以前中初二俱在意識, 行相是麤, 故凡夫所知也, 前中後一是第七識, 行相不麤, 非凡所了也. 後中初二能現能見能所差別, 故菩薩所知, 最後一者, 能所未分, 故唯佛能了也.

『소』(1-718b8~c3); 『회본』(1-765b5~c1)

먼저 [밝힌 것] 가운데도 두 가지가 있으니, 첫 번째는 '뚜렷하거나 미세함'(麤細)[의 핵심]을 곧바로 밝힌 것이고, 두 번째는 사람에 대응시켜 [그 차이를] 구별한 것이다. ['뚜렷하거나 미세함'(麤細)[의 핵심]을 곧바로 밝힌] 처음의 것 안에도 두 가지가 있으니, '총괄하여 드러내는 것'(總標)과 '하나씩 풀이한 것'(別解)이 그것이다.

하나씩 풀이하는 데에서 말한 "첫 번째는 '뚜렷한 양상'이니 [제6의식意識 차원의] 마음과 서로 응하는 것이다"(一者麤, 與心相應故)라는 것은 '여섯 가지 오염[된 마음]'(六種染[心]) 중에서 앞의 세 가지 오염[된 마음]인데, 이것들은 [제6의식 차원의] 마음과 서로 응하며 그 양상(相)이 뚜렷하게 드러나니, 경

244 원문에는 "諸識有二種生, 謂流注生及相生"이다. 이어 '住'와 '滅'에 대해서도 같은 문장이 이어진다. 따라서 '諸識有二種生住滅'은 '諸識有二種生'의 오기로 보인다. '諸識有二種生'으로 번역한다. 『사권능가경四卷楞伽經』 권1(T16, 483a12~14). "諸識有二種生, 謂流注生及相生. 有二種住, 謂流注住及相住. 有二種滅, 謂流注滅及相滅."

245 '滅'은 '住滅'이어야 한다. 『별기』의 해당부분에는 '住滅'로 되어 있다. 『소』 필사과정에서 '住'가 빠진 것으로 보인다.

전[246]에서는 '양상의 생멸'(相生滅)이라 일컫는다.

"두 번째는 '미세한 양상'이니 '[제6의식意識 차원의] 마음과 서로 응하지 않는 것이다"(二者細, 與心不相應故)라는 것은 뒤의 세 가지 오염된 마음인데, 이것들은 [제6의식意識 차원의 마음과] 서로 응하지 않으며 마음(心)과 '마음 현상'(心法)이 뚜렷하게 나타나는 양상이 없고 그 본연(體)이 미세하면서 항상 흘러 끊어지지 않으니, 경전에서는 '서로 이어 가는 생멸'(相續生滅)이라 일컫는다. 이를테면 『입능가경』에서 "식識에는 두 가지 소멸이 있으니, 무엇이 두 가지인가? 첫 번째는 '양상의 소멸'(相滅)이요, 두 번째는 '서로 이어 감의 소멸'(相續滅)이다"[247]라고 말한 것과 같으니, 생겨남(生)과 머무름(住)도 마찬가지로 설하고 있다. [또] 『사권능가경』에서는 "모든 식識에는 두 가지 생겨남이 있으니, 이른바 '[서로 이어 가면서] 흘러감의 생겨남'([相續]流注生)과 '양상의 생겨남'(相生)이다"[248]라고 말하니, 머무름과 사라짐(滅)도 마찬가지로 설하고 있다.

경전에서는 단지 ['양상(相)'과 '상속相續', 이] 두 가지 명칭만 제시하고 [뚜렷

246 아래에서 '경전적 근거'(經證)로 든 『사권능가경』과 『입능가경』의 내용을 가리키는 것으로 보인다.

247 『입능가경入楞伽經』 권2(T16, 521c25~29). "大慧! 諸識各有二種生住滅. 大慧! <u>諸識二種滅者, 一者相滅, 二者相續滅</u>. 大慧! 諸識又二種住, 一者相住, 二者相續住. 大慧! 諸識有二種生, 一者相生, 二者相續生." 〈산스크리트본의 해당 내용: LAS 37,8-10, dvividho mahāmate vijñānānām utpattisthitinirodho bhavati na ca tārkikā avabudhyante yaduta prabandhanirodho lakṣaṇanirodhaś ca /; 대혜여, 두 가지 식의 발생과 유지와 소멸이 있으니, 세간의 논리가들이 알지 못한다. 곧 상속의 소멸과 특징의 소멸이다.〉

248 『사권능가경四卷楞伽經』 권1(T16, 483a12~14). "諸識有二種生, 謂流注生及相生. 有二種住, 謂流注住及相住. 有二種滅, 謂流注滅及相滅." 〈산스크리트본의 해당 내용: LAS 37,7-12, dvividho mahāmate vijñānānām utpattisthitinirodho bhavati na ca tārkikā avabudhyante yaduta prabandhanirodho lakṣaṇanirodhaś ca / dvividha utpādo vijñānāṃ prabandhotpādo lakṣaṇotpādaś ca / dvividhā sthitiḥ prabandhasthitir lakṣaṇasthitiś ca /; 대혜여, 두 가지 식의 발생과 유지와 소멸이 있으니, 세간의 논리가들이 알지 못한다. 곧 상속의 소멸과 특징의 소멸이다. 두 가지 식의 발생은 상속의 발생과 특징의 발생이다. 두 가지 [식의] 유지는 상속의 유지와 특징의 유지이다.〉

하거나 미세한] 양상(相)을 구별하여 나타내지 않았으니, 그러므로 지금 『기신론』의 저자가 [제6의식意識 차원의 마음과] '서로 응함'(相應)과 '서로 응하지 않음'(不相應)의 뜻에 의거하여 두 가지 '뚜렷하거나 미세한 양상'(麤細相)을 변별한 것이다.

사람에 대응시켜 [그 차이를] 구별하는 가운데 "뚜렷한 양상 가운데서도 뚜렷한 양상"(麤中之麤)은 앞의 세 가지 [오염된 마음] 가운데 처음의 두 가지이고, "뚜렷한 양상 가운데서 미세한 양상"(麤中之細)은 바로 이 세 가지 [오염된 마음] 가운데 끝의 한 가지이다. 앞[의 세 가지] 가운데 처음의 두 가지는 다 [제6]의식에 있고 '작용하는 양상'(行相)이 뚜렷하기 때문에 범부가 아는 것이고, 앞[의 세 가지] 가운데 끝의 한 가지는 제7식이고 '작용하는 양상'(行相)이 뚜렷하지 않아 범부가 알지 못하는 것이다. ['여섯 가지 오염된 마음'(六染心) 가운데] 뒤의 것 [세 가지] 중에서 처음 두 가지는 '[불변·독자의 실체로서 간주되는] 객관을 나타냄'(能現)과 '[불변·독자의 실체로서 간주되는] 주관을 나타냄'(能見)에 의한 '주관과 객관에 대한 [실체적] 차별'(能所差別)이므로 보살이 아는 것이고, 마지막 한 가지는 [불변·독자의 실체로서 간주되는] 주관과 객관으로 아직 나누어지지 않았기 때문에 오직 부처만이 [완전히] 알 수 있다.

【별기】 論五"復次"以下, 廣上立義分中生滅之相. 於中有二. 初明生滅麤細之相, "此二"以下, 次明麤細滅盡之義. 初中亦二, 先正明麤細, 後對人分別. 言"生滅相有二種"[249]者, 此明生滅之法相有麤細, 非謂生滅刹那有著有微. "一者, 麤, 與心相應"者, 六種染中初三, 是心相應, 其相麤顯, 故名相生滅也. "二者, 細, 與心不相應"者, 後之三染, 是不相應, 無麤心數差別之相, 其體微細, 恒流不絶, 故名相續生滅也. 如『十卷經』云, "識有二種滅, 何等爲二? 一者, 相滅, 二者, 相續滅", 生住亦如是說. 『四卷經』云, "諸識有二種生住滅, 所說[250]流注生及相生", 住滅亦如是

249 『대승기신론』 본문은 "分別生滅相者有二種"이다.

說. 經中直出二名, 不別顯相, 故今論主顯其相也. 對人分別中“麤中麤”者, 前三中初二是也, “細中麤”者, 後三中初二是也. “麤中之細”, 前中後一, “細中之細”, 後中後一. 以前中初二俱在意識, 行相是麤, 凡夫所知, 前中後一是第七識, 行相不麤, 非凡所了. 後中初二能所差別, 菩薩所知, 最後一者, 見相未分, 唯佛窮了.

『별기』(1-693c22~694a23)

다섯 번째로 논하는 “다시”(復次) 이하는, 앞의 ‘[대승의 현상과 면모에 관한] 뜻을 세우는 부분’(立義分) 중의 ‘[근본무지에 따라] 생멸하는 양상’(生滅之相)을 자세하게 설명하는 것이다. 여기에는 두 가지가 있다. 먼저 ‘[근본무지에 따라] 생멸하는 뚜렷하거나 미세한 양상’(生滅麤細之相)을 밝혔고, “이 두 가지”(此二) 이하에서는 다음으로 ‘뚜렷하거나 미세하게 사라짐의 의미’(麤細滅盡之義)를 밝혔다. 먼저 [밝힌 것] 가운데도 두 가지가 있으니, 먼저는 ‘뚜렷하거나 미세함’(麤細)[의 핵심]을 곧바로 밝힌 것이고, 나중에는 사람에 대응시켜 [그 차이를] 구별한 것이다.

“생멸하는 양상에 두 가지가 있다”(生滅相有二種)라고 말한 것은, 이것이 ‘생멸하는 현상의 양상’(生滅之法相)에 뚜렷하거나 미세한 것이 있다는 것을 밝힌 것이지, ‘생멸하는 잠깐의 시간’(生滅刹那)에 뚜렷하거나 미세함이 있다는 것을 말한 것이 아니다.

“첫 번째는 ‘뚜렷한 양상’이니 [제6의식意識 차원의] 마음과 서로 응하는 것이다”(一者, 麤, 與心相應)라는 것은 ‘여섯 가지 오염[된 마음]’(六種染[心]) 중에서 앞의 세 가지인데, 이것들은 [제6의식 차원의] 마음과 서로 응하며 그 양상(相)이 뚜렷하게 드러나니, 그러므로 ‘양상의 생멸’(相生滅)이라 부른다.

“두 번째는 ‘미세한 양상’이니 ‘[제6의식意識 차원의] 마음과 서로 응하지 않는 것이다”(二者, 細, 與心不相應)라는 것은 뒤의 세 가지 오염[된 마음]인데, 이것들은 [제6의식 차원의 마음과] 서로 응하지 않으며 ‘마음 현상’(心數)의 뚜렷

250 『사권능가경四卷楞伽經』 본문에 따라 ‘說’을 ‘謂’로 교감하였다.

한 차별적 양상이 없고 그 본연(體)이 미세하면서 항상 흘러 끊어지지 않으니, 그러므로 '서로 이어 가는 생멸'(相續生滅)이라 부른다. 이를테면 『입능가경』에서 "식識에는 두 가지 소멸이 있으니, 무엇이 두 가지인가? 첫 번째는 '양상의 소멸'(相滅)이요, 두 번째는 '서로 이어 감의 소멸'(相續滅)이다"라고 말한 것과 같으니, 생겨남(生)과 머무름(住)도 마찬가지로 설하고 있다. [또] 『사권능가경』에서는 "모든 식識에는 두 가지 생겨남이 있으니, 이른바 '[서로 이어 가면서] 흘러감의 생겨남'([相續]流注生)과 '양상의 생겨남'(相生)이다" 라고 말하니, 머무름과 사라짐(滅)도 마찬가지로 설하고 있다.

경전에서는 단지 ['양상(相)'과 '상속相續', 이] 두 가지 명칭만 제시하고 [뚜렷하거나 미세한] 양상(相)을 구별하여 나타내지 않았으니, 그러므로 지금 『기신론』의 저자가 그 양상을 밝힌 것이다.

사람에 대응시켜 [그 차이를] 구별하는 가운데 "뚜렷한 양상 가운데서도 뚜렷한 양상"(麤中麤)이란 앞의 세 가지 [오염된 마음] 가운데 처음의 두 가지이고, "미세한 양상 가운데서 뚜렷한 양상"(細中麤)이란 뒤의 세 가지 [오염된 마음] 가운데 앞의 두 가지이다. "뚜렷한 양상 가운데서 미세한 양상"(麤中之細)은 앞의 [세 가지 오염된 마음] 가운데 끝의 한 가지이고, "미세한 양상 가운데서도 미세한 양상"(細中之細)은 뒤의 [세 가지 오염된 마음] 가운데 끝의 한 가지이다.

앞[의 세 가지] 가운데 처음의 두 가지는 다 [제6]의식에 있고 '작용하는 양상'(行相)이 뚜렷하기 때문에 범부가 아는 것이고, 앞[의 세 가지] 가운데 끝의 한 가지는 제7식이고 '작용하는 양상'(行相)이 뚜렷하지 않아 범부가 알 수 있는 것이 아니다. ['여섯 가지 오염된 마음'(六染心) 가운데] 뒤의 것 [세 가지] 중에서 처음 두 가지는 '주관과 객관에 대한 [실체적] 차별'(能所差別)이므로 보살이 아는 것이고, 마지막 한 가지는 [불변 · 독자의 실체로서 간주되는] 주관(見[分])과 객관(相[分])으로 아직 나누어지지 않았기 때문에 오직 부처만이 완전하게 안다.

〈『소』와 『별기』의 구문 대조〉

『소』(1-717b5~c3)	『별기』(1-693c22~694a23)
(①)"復次"以下, ②第三廣上立義分中生滅之相. 於中有二. ③先明生滅麤細之相, ④後顯麤細生滅之義. 初中亦二, ⑤一者, 正明麤細, ⑥二者, 對人分別. ⑦初中亦二, 總標別解. 別解中言"一者, 麤, 與心相應⑧故"者, 六種染中, ⑨前之三染, 是心相應, 其相麤顯, ⑩經中說名爲相生滅也. "二者, 細, 與心不相應⑪故"者, ⑫後三染心, 是不相應, ⑬無心心法麤顯之相, 其體微細, 恒流不絶, ⑭經中說名相續生滅. 如『十卷經』云, "識有二種滅, 何等爲二? 一者, 相滅, 二, 相續滅", 生住亦如是(⑮). 『四卷經』云, "諸識有二種生住滅, 所謂流注生及相生", ⑯滅亦如是. 經中直出二種名⑰字, 不別顯相, 故今論主⑱約於相應不相應義, 以辨二種麤細相也. 對人分別中"麤中⑲之麤"者, ⑳謂前三中初二是也, ㉑"麤中之細"者, 即此三中後一是也. 以前中初二俱在意識, 行相是麤, ㉒故凡夫所知也, 前中後一是第七識, 行相不麤, 非凡所了㉓也. 後中初二㉔能現能見能所差別, 故菩薩所知, 最後一者, ㉕能所未分, 故唯佛能了也.	①論五"復次"以下, (②)廣上立義分中生滅之相. 於中有二. ③初明生滅麤細之相, ④"此二"以下, 次明麤細滅盡之義. 初中亦二, ⑤先正明麤細, ⑥後對人分別. ⑦言"生滅相有二種"者, 此明生滅之法相有麤細, 非謂生滅刹那有著有微. "一者, 麤, 與心相應(⑧)"者, 六種染中⑨初三, 是心相應, 其相麤顯, ⑩故名相生滅也. "二者, 細, 與心不相應(⑪)"者, ⑫後之三染, 是不相應, ⑬無麤心數差別之相, 其體微細, 恒流不絶, ⑭故名相續生滅也. 如『十卷經』云, "識有二種滅, 何等爲二? 一者, 相滅, 二者, 相續滅", 生住亦如是⑮說. 『四卷經』云, "諸識有二種生住滅, 所謂流注生及相生", ⑯住滅亦如是說. 經中直出二名(⑰), 不別顯相, 故今論主⑱顯其相也. 對人分別中"麤中(⑲)麤"者, (⑳)前三中初二是也, ㉑"細中麤"者, 後三中初二是也. "麤中之細", 前中後一, "細中之細", 後中後一. 以前中初二俱在意識, 行相是麤, ㉒凡夫所知, 前中後一是第七識, 行相不麤, 非凡所了(㉓). 後中初二㉔能所差別, 菩薩所知, 最後一者, ㉕見相未分, 唯佛窮了.

※『별기』㉑번 문장은 분류하는 방식에서 『소』와 차이를 보이는 부분이다.

ㄴ. '뚜렷하거나 미세하게 생멸함'의 의미를 드러냄(顯麤細生滅之義, 明生滅義)

此二種生滅, 依於無明熏習而有, 所謂依因依緣. 依因者, 不覺義故, 依緣者, 妄作境界義故. 若因滅, 則緣滅, 因滅故, 不相應心滅, 緣滅故, 相應心滅. 問曰, 若心滅者, 云何相續, 若相續者, 云何說究竟滅? 答曰, 所言滅者, 唯心相滅, 非心體滅. 如風依水而有動相. 若水滅者, 則風相斷絶, 無所依止. 以水不滅, 風相相續. 唯風滅故, 動相隨滅, 非是水滅. 無明亦爾, 依心體而動, 若心體滅, 則衆生斷絶. 無所依止. 以體不滅, 心得相續, 唯癡滅故, 心相隨滅, 非心智滅.

『논』(T32, 577c29~578a13); 『회본』(1-765c2~14)

이 두 종류의 생멸[하는 양상]은 '근본무지가 거듭 영향을 끼침'(無明熏習)에 의거하여 있게 되는 것이니, 이른바 원인(因)에 의거하고 조건(緣)에 의거하는 것이다. '원인에 의거한다'(依因)는 것은 '깨닫지 못하는 면모'(不覺義)[에 의거하는 것]이고, '조건에 의거한다'(依緣)는 것은 '허구적으로 지어낸 대상세계의 면모'(妄作境界義)[에 의거하는 것]이다. 만약 원인이 사라지면 곧 조건도 사라지니, 원인이 사라지기 때문에 '[제6의식意識 차원과] 서로 응하지 않는 [오염된] 마음'(不相應心)이 사라지며, 조건이 사라지기 때문에 '[제6의식 차원과] 서로 응하는 [오염된] 마음'(相應心)이 사라진다.

묻는다. 만약 마음이 사라지는 것이라면 어떻게 [분별하는 마음현상을] 서로 이어 갈 것이며, 만약 서로 이어 가는 것이라면 어떻게 [분별하는 마음의] 궁극적인 소멸을 말하겠는가?

답한다. [앞에서] 말한 [마음이] 사라진다는 것은 오직 '[근본무지에 따르는] 마음의 양상'(心相)이 없어지는 것이지 '바탕이 되는 마음'(心體)이 없어지는 것은 아니다. 마치 바람이 물에 의거하여 '움직이는 양상'(動相)이 있는 것과도 같다. 만약 물이 없으면 곧 '바람[에 의해 움직이는] 양상'(風相)도 단절되니, 의지할 곳이 없기 때문이다. [그러나] 물이 없어지지 않았으므로 '바람[에 의해 움직이는] 양상(風相)'은 서로 이어진다. 오직 바람이 사라지기 때문에 [물의] '움직이는 양상'(動相)도 따라서 사라지는 것이지, 물이 사라지는 것은 아니다. 근본무지(無明)도 그와 같아서 '바탕이 되는 마음'(心體)에 의거하여 동요하니, 만약 '바탕이 되는 마음'(心體)이 없어진다면 곧 중생도 없어진다. 의거할 곳이 없기 때문이다. 바탕(體)[이 되는 마음]이 없어진 것이 아니므로 마음[의 현상]은 서로 이어지고, 오직 무지(癡)가 사라지기 때문에 '[근본무지에 따르는] 마음의 양상'(心相)이 [그에] 따라서 사라지지만 '[온전한 본연으로서의] 마음이 지닌 지혜'(心智)가 사라지는 것은 아니다.

ㄱ) 근본무지에 따라 생겨나는 인연을 밝힘(明生緣)

【소】 此下,[251] 第二明生滅義. 於中有二, 先明生緣, 後顯滅義. 初中亦二, 先明通緣, 後顯別因. 通而言之, 麤細二識, 皆依無明住地而起, 故言"二種生滅, 依於無明熏習而有". 別而言之, 依無明因故, 不相應心生, 依境界緣故, 相應心得起, 故言"依因者, 不覺義故, 依緣者, 妄作境界義[252]".

『소』(1-718c4~11); 『회본』(1-765c15~22)

이 아래는 두 번째로 '[근본무지에 따라] 생겨남'(生)과 '[근본무지에 따라 생겨난 것이] 사라짐'(滅)의 뜻을 밝힌 것이다. 여기에는 두 가지가 있으니, 먼저 '[근본무지에 따라] 생겨나는 인연'(生緣)을 밝혔고, 다음에는 '[근본무지에 따라 생겨난 것이] 사라지는 뜻'(滅義)을 드러내었다. ['생겨나는 인연'(生緣)을 밝히는] 앞의 것에도 두 가지가 있으니, 먼저 '공통되는 인연'(通緣)을 밝혔고, 다음에는 '구분되는 원인'(別因)을 드러내었다.

통틀어 말하면, '뚜렷하거나 미세한'(麤細) 두 가지 [분별]식識은 모두 '근본무지가 자리 잡은 단계'(無明住地)에 의거하여 일어나니, 그러므로 "두 종류의 생멸[하는 양상]은 '근본무지가 거듭 영향을 끼침'에 의거하여 있게 된다"

251 『회본』에는 '此下'가 없다.

252 『대승기신론』 본문에 따라 '故'자를 추가하여 번역한다.

(二種生滅, 依於無明熏習而有)라고 말하였다. 구분해서 말하면, '근본무지라는 원인'(無明因)에 의거하기 때문에 '[제6의식意識 차원과] 서로 응하지 않는 [오염된] 마음'(不相應心)이 생겨나고, '대상세계라는 조건'(境界緣)에 의거하기 때문에 '[제6의식 차원과] 서로 응하는 [오염된] 마음'(相應心)이 일어나게 되니, 그러므로 "'원인에 의거한다'는 것은 '깨닫지 못하는 면모'[에 의거하는 것]이고, '조건에 의거한다'는 것은 '허구적으로 지어낸 대상세계의 면모'[에 의거하는 것]이다"(依因者, 不覺義故, 依緣者, 妄作境界義故)라고 말하였다.

【별기】 此下明滅盡義, 將說滅義, 先明智緣. 言"二種生滅, 依無明熏習而有"者, 是總說也. "所謂"以下, 別明因緣, 言"不覺義"者, 根本無明也. "妄作境"[253]者, 現識所現境也. 通而言之, 二種生滅, 皆依無明爲因境界爲緣. 別而論之, 依無明因故, 不相應心起, 依境界緣故, 相應心而起. 今明[254]明滅時, 且依別義故, 言"因滅故, 不相應心滅, 緣[255]故, 相應心滅"也.

『별기』(1-694b1~8); 『회본』에 일부 세주로 있음.

이하에서는 '사라짐의 뜻'(滅盡義)을 밝히는데, 사라짐의 의미를 설명하고자 먼저 '지혜의 조건'(智緣)을 밝힌다. "두 종류의 생멸[하는 양상]은 '근본무지가 거듭 영향을 끼침'에 의거하여 있게 된다"(二種生滅, 依無明熏習而有)라고 말한 것은 총괄적인 설명이다. "이른바"(所謂) 이하는 '원인과 조건'(因緣)을 따로 밝힌 것이고, '깨닫지 못하는 면모'(不覺義)라고 말한 것은 '근본적인 무지'(根本無明)이다. "허구적으로 지어낸 대상세계"(妄作境[界])라는 것은 '[불변·독자의 실체로 간주되는 대상을] 나타내는 식'(現識)이 나타낸 대상세계(境)이다.

253 『대승기신론』 본문은 "妄作境界"이다.
254 '無'자가 누락된 것으로 보인다. '無明'으로 교감하여 해석하였다.
255 『대승기신론』 본문에 따라 '滅'자를 추가한다.

통틀어 말하면, 두 종류의 생멸[하는 양상]은 모두 근본무지(無明)를 원인(因)으로 삼고 대상세계(境界)를 조건(緣)으로 삼는 것에 의거한다. 구분해서 논하면, '근본무지라는 원인'(無明因)에 의거하기 때문에 '[제6의식意識 차원과] 서로 응하지 않는 [오염된] 마음'(不相應心)이 생기고, '대상세계라는 조건'(境界緣)에 의거하기 때문에 '[제6의식 차원과] 서로 응하는 [오염된] 마음'(相應心)이 생겨난다. 이제 근본무지(無明)가 사라질 때에는 '구분되는 측면'(別義)에 의거해야 하므로 "원인이 사라지기 때문에 '[제6의식 차원과] 서로 응하지 않는 [오염된] 마음'이 사라지며, 조건이 사라지기 때문에 '[제6의식 차원과] 서로 응하는 [오염된] 마음'이 사라진다"(因滅故, 不相應心滅, 緣滅故, 相應心滅)라고 말한 것이다.

〈『소』와 『별기』의 구문 대조〉

『소』(1-718c4~11)	『별기』(1-694a23~b8)
①此下, 第二明生滅義. 於中有二, 先明生緣, 後顯滅義. 初中亦二, 先明通緣. 後顯別因. 通而言之, 麤細二識, 皆依無明住地而起, 故言"二種生滅, 依於無明熏習而有". 別而言之, 依無明因故, 不相應心②生, 依境界緣故, 相應心③得起, ④故言"依因者, 不覺義故, 依緣者, 妄作境界義故".	①此下明滅盡義, 將說滅義, 先明智緣. 言"二種生滅, 依無明熏習而有"者, 是總說也. "所謂"以下, 別明因緣, 言"不覺義"者, 根本無明也. "妄作境"者, 現識所現境也. 通而言之, 二種生滅, 皆依無明爲因境界爲緣. 別而論之, 依無明因故, 不相應心②起, 依境界緣故, 相應心③而起. ④今無明滅時, 且依別義故, 言"因滅故, 不相應心滅, 緣滅故, 相應心滅"也.

※『별기』와 『소』의 내용이 매우 달라진 부분이다. 특히 전반부의 내용은 구성과 논술 방식이 모두 다르다.

※『회본』에는 『별기』 가운데 "不覺義者, 根本無明也. 妄作境者, 現識所現境也" 부분만 세주로 수록되어 있다(1-765c22).

【소】 若具義說, 各有二因, 如『四卷經』云, "大慧, 不思議熏, 及不思議變, 是現識因, 取種種塵, 及無始妄想熏, 是分別事識因". 解云, "不思議熏"者, 謂無明能熏眞如. 不可熏處而能熏故, 故名"不可思議熏"也. "不思

議變”者, 所謂眞如受無明熏. 不可變異而變異故, 故名“不思議變”. 此熏及變, 甚微且隱故, 所起現識, 行相微細, 於中亦有轉識業識, 然擧麤兼細, 故但名現識也. “取種種塵”者, 現識所取種種境界, 能動心海起七識浪故. “無始妄想熏”者, 卽彼現識名爲妄想, 從本以來未曾離想, 故名“無始妄想”. 如上文言, “以從本來未曾離念, 故名無始無明”,[256] 此中妄想當知亦爾. 如『十卷經』云, “阿梨耶識知名識相, 所有體相, 如虛空中有毛輪住, 不淨智所行境界[257]”. 由是道理故是妄想. 彼種種塵及此妄想, 熏於自相心海, 令起七識波浪. 妄想及塵, 麤而且顯, 故其所起分別事識, 行相麤顯, 成相應心也. 欲明現識因不思議熏故得生, 依不思議變故得住, 分別事識緣種種塵故得生, 依妄想熏故得住. 今此論中, 但取生緣, 故細中唯說無明熏, 麤中單擧境界緣也.

『소』(1-718c11~719a12); 『회본』(1-765c23~766a24)

만약 뜻을 갖추어 [자세하게] 말하자면, [두 종류의 생멸] 각각에 두 가지 원인(因)이 있으니, 『사권능가경四卷楞伽經』에서 [다음과 같이] 말한 것과 같다.

“대혜여, ‘생각으로는 이루 헤아릴 수 없는 거듭된 영향력’(不思議熏)과 ‘생각으로는 이루 헤아릴 수 없는 변화’(不思議變)는 ‘[불변 · 독자의 실체로 간주되는 대상을] 나타내는 식’(現識)의 원인이고, ‘갖가지 인식의 대상을 [분별하여] 취하는 것’(取種種塵)과 〈시작을 알 수 없는 때부터 ‘잘못 분별하는 생각’(妄想)이 거듭 영향을 끼침〉(無始妄想熏)은 ‘현상을 [불변 · 독자의 실체로 간주하여] 분별하는 식’(分別事識)의 원인이다.”[258]

---

256 『대승기신론』 본문은 “以從本來念念相續, 未曾離念, 故說無始無明”(T32, 576b29~c1)이다.

257 『입능가경』 본문은 “不淨盡智所知境界”이다. 교감하여 번역한다.

258 『능가아발다라보경』 권1(T16, 483a19~21). “大慧! 不思議薰, 及不思議變, 是現識因. 大慧! 取種種塵, 及無始妄想薰, 是分別事識因.” 〈산스크리트본의 해당 내용: LAS 37, 18-38,2, tatra khyātivijñānaṃ mahāmate 'cintyavāsanāpariṇāmahetukaṃ vastupratikalpavijñānaṃ ca mahāmate viṣayavikalpahetukam anādikālaprapañcavāsanāhetukaṃ ca //; 그중에서 대혜여, 현식은 불가사의한 훈습과 전변을 원인으로

뜻을 풀어 보자면, "생각으로는 이루 헤아릴 수 없는 거듭된 영향력"(不思議熏)이라는 것은 근본무지(無明)가 '참 그대로'(眞如)에 거듭 영향을 끼치는 것을 일컫는다. [그 본연의 내용상 '참 그대로'(眞如)는 근본무지가] 거듭 영향을 끼칠 수 없는 곳이지만 [현실적으로는] 거듭 영향을 끼치니, 그러므로 "생각으로 헤아릴 수 없는 거듭된 영향력"(不[可]思議熏)이라고 말한 것이다.

"생각으로는 이루 헤아릴 수 없는 변화"(不思議變)라는 것은, 이른바 '참 그대로'(眞如)가 '근본무지의 거듭 영향을 끼침'(無明熏)을 받는 것이다. ['참 그대로'(眞如)는 본래] 변하여 달라질 수 없지만 [근본무지(無明)의 영향으로] 변하여 달라지니, 그러므로 "생각으로는 이루 헤아릴 수 없는 변화"라고 부른다. 이러한 '거듭 영향을 끼침'(熏)과 '변화'(變)는 매우 미세하고도 은밀하기 때문에 생겨난 '[불변 · 독자의 실체로 간주되는 대상을] 나타내는 식'(現識)의 '작용하는 양상'(行相)도 미세하고, 그 안에 '[불변 · 독자의 실체로 간주되는 주관으로] 바뀌어 가는 식'(轉識)과 '[근본무지에 따라 처음] 움직이는 식'(業識)도 있지만, '뚜렷한 것'(麤)을 드러내면서 '미세한 것'(細)도 겸하는 것이기 때문에 단지 '[불변 · 독자의 실체로 간주되는 대상을] 나타내는 식'(現識)만을 말한 것이다.

"갖가지 인식의 대상을 취하는 것"(取種種塵)이란, '[불변 · 독자의 실체로 간주되는 대상을] 나타내는 식'(現識)이 취하는 갖가지 대상세계이니, 마음이라는 바다를 동요시켜 '일곱 가지 식'(七識)이라는 파도를 일으키기 때문이다.

"시작을 알 수 없는 때부터 '잘못 분별하는 생각'이 거듭 영향을 끼침"(無始妄想熏)이라는 것은, 저 '[불변 · 독자의 실체로 간주되는 대상을] 나타내는 식'(現識)을 '잘못 분별하는 생각'(妄想)이라 부른 것이니, 본래부터 '[잘못] 분별하는 생각'(想)을 떠난 적이 없기 때문에 "시작을 알 수 없는 때부터의 '잘못 분별하는 생각'"(無始妄想)이라고 말하였다. 위의 [『대승기신론』] 본문에서 "본래부터 ['[근본무지에 따라 분별하는] 생각'(念)들이 서로 꼬리를 물고 이어져] 아직 그

하는 것이다. 그리고 대혜여, 분별사식은 대상의 분별을 원인으로 하는 것이고 무한한 과거로부터 희론의 훈습을 원인으로 하는 것이다.〉

생각에서 떠난 적이 없기 때문에 '시작을 말할 수 없는 근본무지'라 말한다"(以從本來[念念相續], 未曾離念, 故名無始無明)라고 말한 것처럼, 여기에서의 '잘못 분별하는 생각'(妄想)도 그와 같음을 알아야 한다.

마치 『십권입능가경十卷入楞伽經』에서, "아리야식阿梨耶識으로 아는 것을 '식識의 양상'(識相)이라 부르는데, 그것이 지닌 본연(體)과 특징(相)은 [눈병으로] 허공에 터럭[처럼 작은] 수레바퀴[같은 모양이] 머물러 있는 것과 같으니, [이것은] '오염되어 완전하지 못한 분별'(不淨盡智)이 아는 대상이다"[259]라고 말한 것과 같으니, 이러한 도리이기 때문에 '잘못 분별하는 생각'(妄想)인 것이다. 저 '갖가지 인식의 대상'(種種塵)과 이 '잘못 분별하는 생각'(妄想)이 〈바다와도 같은 '마음의 자기 양상'〉(自相心海)에 거듭 영향을 끼쳐 [분별하는] '일곱 가지 식'(七識)의 파도를 생겨나게 한다. [그리고] '잘못 분별하는 생각'(妄想)과 대상세계(塵)는 뚜렷하고도 드러나는 것이니, 따라서 거기에서 생겨난 '현상을 [불변·독자의 실체로 간주하여] 분별하는 식'(分別事識)도 [그] '작용하는 양상'(行相)이 뚜렷하게 드러나서 '[제6의식意識 차원과] 서로 응하는 [오염된] 마음'(相應心)을 이룬다.

[『사권능가경』과 『십권능가경』은,] '[불변·독자의 실체로 간주되는 대상을] 나타내는 식'(現識)은 [근본무지(無明)의] '생각으로 이루 헤아릴 수 없는 거듭된 영향

259 『입능가경』 권1(T16, 518b3~4). "阿梨耶識知名識相, 所有體相, 如虛空中有毛輪住, 不淨盡智所知境界." 〈산스크리트본의 해당 내용: LAS 17,2-8, tat kathaṃ bhagavan dharmadvayaṃ prahāṇaṃ bhavati ke cādharmā dharmāḥ kathaṃ sati dvitvaṃ prahāṇadharmāṇāṃ vikalpalakṣaṇapatitānāṃ vikalpasvabhāvābhāvānām abhautibhautikānām <u>ālayavijñānāparijñānād aviśeṣalakṣaṇānāṃ keśoṇḍukasvab-hāvāvasthitānām aśuddhakṣayajñānaviṣayiṇāṃ</u> tat kathaṃ teṣāṃ prahāṇam evaṃbhāvināṃ /; 세존이시여, 어떻게 두 가지 법을 끊습니까? 법과 비법이란 무엇입니까? 끊어야 할 속성이고, 분별이라는 특징에 속하며, 분별을 본성으로 하는 비존재이고, [4]대종과 대종소조로 만들어진 것이 아니고, <u>알라야식을 철저히 인식하지 못하므로 특수한 특징을 가지지 않고, [비문증 환자가 보는 공중의] 털과 같은 본성에 머물며, 청정하지 않은 진지의 대상을 가진 자가</u> 어떻게 두 가지를 가집니까? 이와 같이 수습하는 자는 그것을 어떻게 끊습니까?〉

력'(不思議熏)을 원인으로 하여 생겨나고 '생각으로는 이루 헤아릴 수 없는 변화'(不思議變)에 의거하기 때문에 자리 잡으며, '현상을 [불변 · 독자의 실체로 간주하여] 분별하는 식'(分別事識)은 갖가지 대상세계(塵)와 관계 맺기 때문에 생겨나고 '잘못 분별하는 생각의 거듭 영향을 끼침'(妄想熏)에 의거하기 때문에 자리 잡는다는 것을 밝히려고 한 것이다. 지금 이 『기신론』에서는 ['자리 잡게 하는'(得住) 조건은 빼고] 단지 '생겨나게 하는 조건'(生緣)만을 다루니, 따라서 '미세한 것'(細) 중에서는 오직 '근본무지가 거듭 영향을 끼침'(無明熏)만을 말했고 '뚜렷한 것'(麤) 중에서는 단지 '대상세계라는 조건'(境界緣)만 거론한 것이다.

【별기】 具義而說, 此二種各有二因, 如『四卷經』云, "大慧, 不思議熏, 及不思議變, 是現識因, 取種種塵, 及無始妄想熏, 是分別事識因". 言"不思議熏"者, 所謂無明以能熏眞如, 不可量故. "不思議變"者, 所謂眞如愛[260]無明熏, 不可遍而變故. 此熏及變, 甚微且隱故, 所起現識, 行相微細, 不是相應也. 言"無始妄相"者, 卽此現識, 以從本來未曾離想故. 如上文云, "從本已來未曾離念, 故說無始無明", 無始妄想義亦如是. 言"種種塵"者, 猶是現識所現諸境. 以此二法熏動梨耶自相, 令起七識波浪. 以妄想及境, 熏而且顯故, 所起七識, 成相應心也. 今此論中, 互擧一邊故, 細中唯說無明熏, 麤中單擧境界緣也. 此就從細至麤之義, 以明因緣差別相也.

『별기』(1-694b8~694c1)

뜻을 갖추어 [자세하게] 말하자면, 이 두 종류[의 생멸]에 각각 두 가지 원인(因)이 있으니, 『사권능가경四卷楞伽經』에서 [다음과 같이] 말한 것과 같다.

"대혜여, '생각으로는 이루 헤아릴 수 없는 거듭된 영향력'(不思議熏)과 '생각으로는 이루 헤아릴 수 없는 변화'(不思議變)는 '[불변 · 독자의 실체로 간주되

260 문맥상 '受'로 보는 것이 적절할 것으로 판단하여 한불전의 '愛'자를 '受'로 교정한다.

는 대상을] 나타내는 식'(現識)의 원인이고, '갖가지 감관대상을 [분별하여] 취하는 것'(取種種塵)과 〈시작을 알 수 없는 때부터 '잘못 분별하는 생각'(妄想)이 거듭 영향을 끼침〉(無始妄想熏)은 '현상을 [불변 · 독자의 실체로 간주하여] 분별하는 식'(分別事識)의 원인이다."

"생각으로는 이루 헤아릴 수 없는 거듭된 영향력"(不思議熏)이라고 말한 것은 이른바 근본무지(無明)가 '참 그대로'(眞如)에 거듭 영향을 끼치는 것은 생각으로 헤아려 알 수 없기 때문이다.

"생각으로는 이루 헤아릴 수 없는 변화"(不思議變)라는 것은, 이른바 '참 그대로'(眞如)가 '근본무지의 거듭 영향을 끼침'(無明熏)을 받는 것은 [본래] 두루 [그렇게 할 수] 없는 것이지만 [현실적으로는 '참 그대로'(眞如)에 영향을 끼쳐] 달라지게 하기 때문이다. 이러한 '거듭 영향을 끼침'(熏)과 '변화'(變)는 매우 미세하고도 은밀하기 때문에 생겨난 '[불변 · 독자의 실체로 간주되는 대상을] 나타내는 식'(現識)도 '작용하는 양상'(行相)이 미세하여 [제6의식意識 차원과] 서로 응하는 것이 아니다.

"시작을 알 수 없는 때부터의 '잘못 분별하는 생각'"(無始妄想)이라고 말한 것은 곧 이 '[불변 · 독자의 실체로 간주되는 대상을] 나타내는 식'(現識)이니, 본래부터 '[잘못] 분별하는 생각'(想)을 떠난 적이 없기 때문이다. 위의 [『대승기신론』] 본문에서 "본래부터 ['[근본무지에 따라 분별하는] 생각'(念)들이 서로 꼬리를 물고 이어져] 아직 그 생각에서 떠난 적이 없기 때문에 '시작을 말할 수 없는 근본무지'라 말한다"(以從本已來[念念相續], 未曾離念, 故說無始無明)라고 말한 것처럼, '시작을 알 수 없는 때부터의 잘못 분별하는 생각'(無始妄想)의 뜻도 그와 같다.

"갖가지 감관대상"(種種塵)이라 말한 것은, '[불변 · 독자의 실체로 간주되는 대상을] 나타내는 식'(現識)이 나타낸 모든 대상(境)들이다. ['갖가지 대상세계'(種種塵)와 '잘못 분별하는 생각'(妄想)] 이 두 가지로써 '아리야식의 자기 양상'(梨耶自相)에 거듭 영향을 끼치며 움직이게 하여 [분별하는] '일곱 가지 식'(七識)의 파도를 생겨나게 한다. [그리고] '잘못 분별하는 생각'(妄想)과 대상(境)은 거듭 영향을 끼치면서도 [뚜렷하게] 드러나는 것이기 때문에 거기에서 생겨난 [분별하는] '일곱 가지 식'(七識)은 '[제6의식意識 차원과] 서로 응하는 [오염된] 마음'(相應心)을 이룬다.

지금 이 『기신론』에서는 서로 하나의 측면만을 다루기 때문에, '미세한 것'(細) 중에서는 오직 '근본무지가 거듭 영향을 끼침'(無明熏)만을 말했고 '뚜렷한 것'(麤) 중에서는 단지 '대상세계라는 조건'(境界緣)만 거론한 것이다. 이것은 〈'미세한 것'에서부터 '뚜렷한 것'에 이르는 측면〉(從細至麤之義)에 의거하여 원인(因)과 조건(緣)의 차이(差別相)를 밝힌 것이다.

〈『소』와 『별기』의 구문 대조〉

『소』(1-718c11~719a12)	『별기』(1-694b8~c1)
①若具義說, (②)各有二因, 如『四卷經』云, "大慧, 不思議熏, 及不思議變, 是現識因, 取種種塵, 及無始妄想熏, 是分別事識因". ③解云, (④)"不思議熏"者, ⑤謂無明⑥能熏眞如. ⑦不可熏處而能熏故, 故名"不可思議熏"也. "不思議變"者, 所謂眞如受無明熏. 不可⑧變異而變異故, 故名"不思議變"(⑨). 此熏及變, 甚微且隱故, 所起現識, 行相微細, ⑩於中亦有轉識業識, 然擧麤兼細, 故但名現識也. "取種種塵"者, 現識所取種種境界, 能動心海起七識浪故. (⑪)"無始妄⑫想熏"者, ⑬卽彼現識名爲妄想, 從本以來未曾離想, 故名"無始妄想". 如上文言, "⑭以從本來未曾離念, 故⑮名無始無明", ⑯此中妄想當知亦爾. ⑰如『十卷經』云, "阿梨耶識知名識相, 所有體相, 如虛空中有毛輪住, 不淨智所行境界", 由是道理故是妄想. 彼種種塵及此妄想, 熏於自相心海, 令起七識波浪. 妄想及塵, 麤而且顯, 故其所起分別事識, 行相麤顯, 成相應心也. ⑱欲明現識因不思議熏故得生, 依不思議變故得住, 分別事識緣種種塵故	①具義而說, ②此二種各有二因, 如『四卷經』云, "大慧, 不思議熏, 及不思議變, 是現識因, 取種種塵, 及無始妄想熏, 是分別事識因". (③) ④言"不思議熏"者, ⑤所謂無明⑥以能熏眞如, ⑦不可量故. "不思議變"者, 所謂眞如受無明熏, 不可⑧遍而變⑨故. 此熏及變, 甚微且隱故, 所起現識, 行相微細, ⑩不是相應也. ⑪言"無始妄⑫相"者, ⑬卽此現識, 以從本來未曾離想故. 如上文云, "⑭從本已來未曾離念, 故⑮說無始無明", ⑯無始妄想義亦如是. ⑰言"種種塵"者, 猶是現識所現諸境. 以此二法熏動梨耶自相, 令起七識波浪. 以妄想及境, 熏而且顯故, 所起七識, 成相應心也. ⑱今此論中, 互擧一邊故, 細中唯說無

得生, 依妄想熏故得住. 今此論中, 但取生緣, 故細中唯說無明熏, 麤中單擧境界緣也.	明熏, 麤中單擧境界緣也. 此就從細至麤之義, 以明因緣差別相也.
※『소』에서『십권능가경』의 내용을 인용하여 논하는 ⑰ 부분은『별기』에는 없는 내용이다.	

【별기】又『四卷經』, "大慧, 若覆彼眞識種種不實諸虛妄滅, 則一切相[261]識滅, 是名相滅. 相續滅者, 相續所因滅, 則相續滅, 所依[262]滅及所緣滅, 則相續滅. 所以者何? 是其因[263]故. 依者, 謂無始妄想熏, 緣者, 謂自心現[264]等識境妄想". 此經就通相門故, 作是說, 論約別義故, 如前說也. 若汎論生因緣, 諸識各有四種因緣. 如『十卷經』云, "有四因,[265] 眼識得[266]生. 何等數[267]四? 一者, 不覺自內身, 取境界故, 二者, 無始世來虛妄分別, 色境界熏習[268]故, 三者, 識自性體如是故, 四者, 業[269]見種種色相故",『四卷經』云, "四因緣故, 眼識轉, 謂自心現攝受不覺, 無始虛僞過色習氣計著, 識性自性, 欲見種種色相. 是名四種因緣, 流[270]處藏識轉識浪生". 言"自心現攝受不覺"者, 是明根本無明因. 其色麤相, 現識所現, 不在識外, 自心所攝故, 言"自心現攝受".[271] 言"不覺"者, 無明不覺

261 『회본』에는 '相'이 '根'으로 되어 있다.『능가경』 원문에 따라 '根'으로 번역한다.
262 『회본』에는 '依'가 '從'으로 되어 있다.『능가경』 원문에 따라 '從'으로 번역한다.
263 『회본』에는 '因'이 '所依'로 되어 있다.『능가경』 원문에 따라 '所依'로 번역한다.
264 『회본』에는 '現'이 '見'으로 되어 있다.『능가경』 원문에 따라 '見'으로 번역한다.
265 『회본』에는 '因' 뒤에 '緣'이 첨가되어 있다.『능가경』 원문에 따라 '因緣'으로 번역한다.
266 『회본』에는 '得'이 없다.『능가경』 원문에 따라 '得'이 없는 것으로 번역한다.
267 『별기』의 편집주에 "'數'는 '爲'인 듯하다"라고 한다.『회본』에는 '爲'로 되어 있다.『능가경』 원문에 따라 '爲'로 번역한다.
268 『능가경』 원문에 따라 '執著戱論'을 추가하여 번역한다.
269 『별기』의 편집주에 "'業'은 '樂'인 듯하다"라고 한다.『회본』에는 '樂'으로 되어 있다.『능가경』 원문에 따라 '樂'으로 번역한다.
270 『회본』에는 '流' 앞에 '水'가 첨가되어 있다.『능가경』 원문에 따라 '水'가 첨가된 것으로 번역한다.
271 『회본』에는 '言自心現攝受'가 없다.『별기』에 따른다.

色塵非外，故能生眼識，令取爲外，是爲初因．言“無始虛僞乃至計著”者，是顯無始妄想熏習因．謂現識本來取著色塵，由此習氣，能生眼識，令取色塵也．言“識性”者，是顯自類因．由前眼識自性分別，由此熏習，後生眼識如前自性也．言“欲見種種色相”者，是顯名言熏習因．謂前眼識能見色相，意識緣此能見眼識，意言分別取著，欲見也．如說眼識，其餘諸識，準之可知．

『별기』(1-694c1~695a8);『회본』(1-766b1~c9);『소』에 없음.

또 『사권능가경』에서는 [이렇게 말한다.]

“대혜여, 만약 저 ‘참된 식’(眞識)을 가리는 갖가지 진실하지 못한 모든 허망한 것들이 사라지면 곧 모든 ‘[분별하는 여섯 가지] 인식능력의 식’(根識)이 사라지니, 이것을 ‘[제6의식意識 차원과 서로 응하는 오염된 마음] 양상의 소멸’(相滅)이라 부른다. ‘[제6의식 차원과 서로 응하지 않는 오염된 마음 양상에서의] 서로 이어 감의 소멸’(相續滅)[272]이라는 것은, ‘서로 이어 감’(相續)의 원인[인 깨닫지 못하는 근본무지]가 사라지면 곧 ‘서로 이어 감’(相續)이 사라지고 ‘[서로 이어 감이] 따르는 것’(所從)[인 ‘시작을 알 수 없는 때부터 잘못 분별하는 생각이 거듭 영향을 끼치는 것’(無始妄想熏)]이 사라지거나 ‘[서로 이어 가게 하는] 조건이 되는 것’(所緣)[인 ‘자기 마음이 나타낸 식識을 대상(境)으로 하는 잘못된 분별’(自心見等識境妄想)]이 사라지면 곧 ‘[제6의식 차원과 서로 응하지 않는 오염된 마음 양상에서의] 서로 이어 감’(相續)이 사라진다. 그 까닭은 무엇인가? 이것들은 그 [제6의식 차원과 서로 응하지 않는 오염된 마음 양상에서의 ‘서로 이어 감’(相續)이] 의거하는 것이기 때문이다. [여기서 ‘서로 이어 감’(相續)이] ‘의거하는 것’(依)이란 ‘시작을 알 수 없는 때부터 잘못 분별하는 생각이 거듭 영향을 끼치는 것’(無始妄想熏)을 말하고,

---

272 상멸相滅과 상속멸續生滅: 앞의 ‘생멸상生滅相’을 논의하는 대목에서 원효는 〈“一者麤，與心相應故”者，六種染中，前之三染，是心相應，其相麤顯，經中說名爲相生滅也．“二者細，與心不相應故”者，後三染心，是不相應，無心心法麤顯之相，其體微細，恒流不絶，經中說名相續生滅〉(『소』 1-718b)라고 하여, 육염 중 앞의 삼염三染인 상응염을 ‘상생멸相生滅’이라 하고 뒤의 삼염인 불상응염을 ‘상속생멸相續生滅’이라 구분한 적이 있다.

'['서로 이어 감'(相續)의] 조건'(緣)이라는 것은 '자기 마음이 나타낸 식識을 대상으로 하는 잘못된 분별'(自心見等識境妄想)을 말한다."[273]

이 『사권능가경』에서는 '[오염된 마음이 사라지는] 공통되는 양상의 측면'(通相門)에 의거하기 때문에 이렇게 설명하였고, 『대승기신론』에서는 '[오염된 마음의] 구분되는 면모'(別義)에 의거하기 때문에 앞[274]과 같이 설명하였다.

'[오염된 마음이] 생겨나는 인연'(生因緣)에 대해 대략적으로 논하자면, 모든 [분별하는] 식識에는 각각 네 가지의 인연이 있다. 『십권능가경』에서 "네 가지의 인연이 있어서 '눈에 상응하는 식'(眼識)이 생긴다. 어떤 것들이 네 가지인가? 첫 번째는 '자신의 마음이 드러난 것임'(自內身)을 깨닫지 못하고 '[외부의] 대상세계'(境界)를 취하기 때문이고, 두 번째는 시작을 알 수 없는 때부터의 '허구를 지어내는 분별'(虛妄分別)과 '색깔이나 모양 있는 대상세계로부터의 거듭된 영향'(色境界熏習)으로 '확산된 분별망상'(戲論)에 집착하기 때문이며, 세 번째는 [눈에 상응하는] 식識의 근본 속성(自性體)이 이와 같기 때

---

273 『능가아발다라보경』 권1(T16, 483a21~26). "大慧! 若覆彼眞識種種不實諸虛妄滅, 則一切根識滅. 大慧! 是名相滅. 大慧! 相續滅者, 相續所因滅, 則相續滅, 所從滅及所緣滅, 則相續滅. 大慧! 所以者何? 是其所依故. 依者, 謂無始妄想薰, 緣者, 謂自心見等識境妄想." 〈산스크리트본의 해당 내용: LAS 38,2-7, tatra sarvendriyavijñānanirodho mahāmate yadutālayavijñānasyābhūtaparikalpavāsanāvaicitryanirodhaḥ eṣa hi mahāmate lakṣaṇanirodhaḥ / prabandhanirodhaḥ punar mahāmate yasmāc ca pravartate / yasmād iti mahāmate yadāśrayeṇa yadālambanena ca / tatra yad āśrayam anādikālaprapañcadauṣṭhulyavāsanā yad ālambanaṃ svacittadṛśyavijñānaviṣaye vikalpāḥ /; 그중에서 대혜여, 모든 근식의 소멸 곧 알라야식이 가진 허망분별의 다양한 습기의 소멸이, 대혜여, 특징의 소멸이다. 상속의 소멸은, 대혜여, 어떤 것 때문에 발생한다. 어떤 것 때문이란, 어떤 것을 기반으로 하고 어떤 것을 인식대상으로 하여 발생하기 때문이다. 그중에서 기반이란 무한한 과거로부터의 희론과 추중의 습기다. 인식대상이란 자신의 마음이 현현한 식을 대상으로 하는 분별이다.〉

274 『대승기신론』에서는 "依因者, 不覺義故, 依緣者, 妄作境界義故"라고 하여 마음이 생겨나는 원인을 인과 연으로 구분했고 이 대목을 원효는 '현별인顯別因'이라 제목 붙였다. 『대승기신론』에서는 이 '현별인顯別因'의 대목에 이어 마음이 사라지는 면모에 대해 "若因滅, 則緣滅, 因滅故, 不相應心滅, 緣滅故, 相應心滅"이라고 설명하고 있다.

문이고, 네 번째는 갖가지 '색깔이나 모양 있는 특징'(色相)을 보는 것을 즐기기 때문이다"[275]라고 말하고, 『사권능가경』에서는 "네 가지 인연 때문에 '눈에 상응하는 식'(眼識)으로 바뀌어 가니, [첫 번째는, '취하는 대상세계'(境界)가] 자기마음이 드러낸 것을 껴안아 받아들인 것임을 깨닫지 못하는 것이고, [두 번째는,] 시작을 알 수 없는 때부터의 '허구를 지어내는 허물'(虛僞過)과 '색깔이나 모양 있는 것들로부터의 거듭된 영향력'(色習氣)으로 '분별하여 집착'(計著)하는 것이며, [세 번째는, 눈에 상응하는] 식識의 속성(自性)[에 따르는 것]이고, [네 번째는,] 갖가지 '색깔이나 모양 있는 특징'(色相)을 보고 싶어 하는 것이다. 이를 네 가지 인연이라 부르니, 물이 흐르듯 [변하는] '[모든 가능성이] 함장된 식'(藏識)[인 알라야식/아리야식]에서 '[7가지로] 바뀌어 가는 식'(轉識)[276]의 파도가 생기는 것이다"[277]라고 말하는 것과 같다.

---

275 『입능가경』 권2(T16, 523a16~19). "大慧! 有四因緣, 眼識生. 何等爲四? 一者, 不覺自內身, 取境界故, 二者, 無始世來虛妄分別, 色境界薰習, 執著戲論故, 三者, 識自性體如是故, 四者, 樂見種種色相故." 〈산스크리트본의 해당 내용: LAS 44,3-8, caturbhir mahāmate kāraṇaiś cakṣurvijñānaṃ pravartate / katamaiś caturbhir yaduta svacittadṛśyagrahaṇānabodhato 'nādikālaprapañcadauṣṭhulyarūpavāsanābhiniveśato vijñānaprakṛtisvabhāvato vicitrarūpalakṣaṇakautūhalataḥ / ebhir mahāmate caturbhiḥ kāraṇair oghāntarajalasthānīyād ālayavijñānāt pravṛttivijñānataraṅgaḥ utpadyate /; 대혜여, 네 가지 원인으로 안식이 발생한다. 네 가지란 무엇인가? 자신의 마음의 드러남을 파악한다는 것을 모르기 때문에, 무한한 과거로부터 희론의 뿌리 깊은 악습과 색의 훈습에 집착하기 때문에, 식의 본성 때문에, 다양한 색의 특징을 알고자 하기 때문이다.〉

276 전식轉識: 여기서의 '轉識'은 『대승기신론』에서 말하는 제8식의 세 가지 종류 중 하나인 '주관으로 바뀌어 가는 식'(轉識)이 아니라 유식불교에서 일반적으로 말하는 전칠식前七識을 가리키는 것으로 보인다.

277 『능가아발다라보경』 권1(T16, 484a11~14). "四因緣故, 眼識轉. 何等爲四? 謂自心現攝受不覺, 無始虛僞過色習氣計著, 識性自性, 欲見種種色相. 大慧! 是名四種因緣水流處, 藏識轉識浪生." 〈산스크리트본의 해당 내용: LAS 44,3-8, caturbhir mahāmate kāraṇaiś cakṣurvijñānaṃ pravartate / katamaiś caturbhir yaduta svacittadṛśyagrahaṇānabodhato 'nādikālaprapañcadauṣṭhulyarūpavāsanābhiniveśato vijñānaprakṛtisvabhāvato vicitrarūpalakṣaṇakautūhalataḥ / ebhir mahāmate caturbhiḥ kāraṇair oghāntarajalasthānīyād ālayavijñānāt pravṛttivijñānataraṅgaḥ utpadyate /; 대혜여, 네 가지 원인으로 안식이 발생

“[첫 번째는, ‘취하는 대상세계’(境界)가] 자기마음이 드러낸 것을 껴안아 받아들인 것임을 깨닫지 못하는 것이다”(自心現攝受不覺)라고 말한 것은 ‘근원적인 무지’(根本無明)라는 원인을 밝힌 것이다. 저 ‘색깔이나 모양 있는 것의 뚜렷한 대상’(色麤相)은 ‘[불변 · 독자의 실체로 간주되는 대상을] 나타내는 식’(現識)이 나타낸 것이니, 식 바깥에 있는 것이 아니며 자기의 마음이 껴안은 것이기 때문에 “자기마음이 드러낸 것을 껴안아 받아들인 것”(自心現攝受)이라고 말했다.

“깨닫지 못한다”(不覺)라고 말한 것은, 근본무지(無明)가 ‘색깔이나 모양 있는 대상’(色塵)이 [마음] 바깥에 있지 않음을 깨닫지 못하기 때문에 ‘눈에 상응하는 식’(眼識)을 일으켜 [색깔이나 모양 있는 대상을] 취하여 [마음] 밖에 있는 것으로 여기게 하니, 이것이 첫 번째 원인이다.

“[두 번째는,] 시작을 알 수 없는 때부터의 ‘허구를 지어내는 허물’(虛僞過)이 ‘색깔이나 모양 있는 대상’(色)에 대한 [망상의] 습기로 헤아려 집착한다”(無始虛僞乃至計著)[278]라고 말한 것은, ‘시작을 알 수 없는 때부터 잘못 분별하는 생각이 거듭 영향을 끼침’(無始妄想熏習)이라는 원인을 드러낸 것이다. ‘[불변 · 독자의 실체로 간주되는 대상을] 나타내는 식’(現識)은 본래부터 ‘색깔이나 모양 있는 대상’(色塵)에 집착하니, 이 [집착의] ‘누적된 경향성’(習氣) 때문에 ‘눈에 상응하는 식’(眼識)을 생겨나게 하여 ‘색깔이나 모양 있는 대상’(色塵)을 취하게 하는 것이다.

“[세 번째는 눈에 상응하는] 식識의 속성”(識性)이라고 말한 것은 ‘[결과와] 같은 종류의 원인’(自類因)을 드러낸 것이다. 앞서 [생겨난] ‘눈에 상응하는 식’(眼識)의 속성(自性)인 분별 때문에, 이러한 [속성의] ‘거듭되는 영향력’(熏習)으로 인

한다. 네 가지란 무엇인가? 자신의 마음의 드러남을 파악한다는 것을 모르기 때문에, 무한한 과거로부터 희론의 뿌리 깊은 악습과 색의 훈습에 집착하기 때문에, 식의 본성 때문에, 다양한 색의 특징을 알고자 하기 때문이다. 대혜여, 이 네 가지를 원인으로 폭류와 같은 알라야식으로부터 전식의 파도가 발생한다.〉

278 “無始虛僞乃至計著”에 해당하는 원문인 “無始虛僞過色習氣計著”에 따라 번역했다.

해 뒤이어 생겨난 '눈에 상응하는 식'(眼識)도 앞서 [일어난 '눈에 상응하는 식'(眼識)의] 속성(自性)과 같은 [분별인] 것이다.

"[네 번째는,] 갖가지 '색깔이나 모양 있는 대상'(色相)을 보고 싶어 한다"(欲見種種色相)라고 말한 것은, '언어와 문자로 거듭 영향을 끼침'(名言熏習)이라는 원인을 드러낸 것이다. 앞서 [생겨난] '눈에 상응하는 식'(眼識)이 '색깔이나 모양 있는 대상'(色相)을 보면 [제6]의식意識은 이 〈'보는 주관'인 '눈에 상응하는 식'〉(能見眼識)을 조건으로 삼아 '의미와 언어'(意言)로 분별하고 집착하여 ['색깔이나 모양 있는 대상'(色相)을] 보고자 하는 것이다. '눈에 상응하는 식'(眼識)에 대해 설명한 것과 같이, 나머지 식들도 여기에 준하여 알 수 있다.[279]

ㄴ) 근본무지에 따라 생겨난 것이 사라지는 뜻을 드러냄(顯滅義)

【소】"若因滅"下, 次顯滅義. 於中有二, 一者, 直明, "問曰"以下, 往復除疑. 始中言"若因滅, 則緣滅"者, 隨於何位, 得對治時, 無明因滅, 境界隨滅也. "因滅故, 不相應心滅"者, 三種不相應心, 親依無明因生故, 無明滅時, 亦隨滅也. "緣滅故, 相應心滅"者, 三種相應染心, 親依境界緣起故, 境界滅時, 亦隨滅也. 依是始終起盡道理, 以明二種生滅之義, 非約剎那生滅義也.

『소』(1-719a13~22); 『회본』(1-766c10~19)

"만약 원인이 사라지면"(若因滅) 이하에서는 다음으로 '사라짐의 뜻'(滅義)

279 '두 종류의 생멸[하는 양상]'(二種生滅)의 원인(因)과 조건(緣)에 대한 『소』와 『별기』의 주석내용을 대비하면 다음과 같다.

『소』				『별기』	
因	不覺(無明)	不思議熏	불상응염심(現識) 발생	相續滅	自心現攝受不覺
		不思議變			無始虛僞過色習氣計著
緣	境界	取種種塵	상응염심(分別事識) 발생	相滅	識性自性
		無始妄想熏			欲見種種色相

을 드러낸다. 여기에는 두 가지가 있으니, 첫 번째는 '곧바로 밝힘'(直明)이고, "묻는다"(問曰) 이하는 [두 번째로] '[문답을] 주고받으면서 의심을 없앰'(往復除疑)이다.

처음에서 말한 "만약 원인이 사라지면 곧 조건도 사라진다"(若因滅, 則緣滅)라는 것은, 어떤 수행 경지에 따라 [오염된 마음을] 치유할 때 근본무지(無明)라는 원인이 사라지면 대상세계(境界)[라는 조건][280]도 따라서 사라진다는 것이다.

"원인이 사라지기 때문에 '[제6의식意識 차원과] 서로 응하지 않는 [오염된] 마음'이 사라진다"(因滅故, 不相應心滅)라는 것은, 세 가지의 '[제6의식 차원과] 서로 응하지 않는 [오염된] 마음'(不相應心)은 근본무지(無明)라는 원인(因)에 직접 의거하여 생겨나기 때문에 근본무지(無明)가 사라질 때 [세 가지의 '[제6의식 차원과] 서로 응하지 않는 [오염된] 마음'(不相應心)] 또한 [그에] 따라서 사라진다는 것이다.

"조건이 사라지기 때문에 '[제6의식意識 차원과] 서로 응하는 [오염된] 마음'이 사라진다"(緣滅故, 相應心滅)라는 것은, 세 가지의 '[제6의식 차원과] 서로 응하는 오염된 마음'(相應染心)은 대상세계(境界)라는 조건(緣)에 직접 의거하여 일어나기 때문에 대상세계[에 대한 분별]이 사라질 때 [세 가지의 '[제6의식 차원과] 서로 응하는 [오염된] 마음'(相應心)] 또한 [그에] 따라서 사라진다는 것이다.

이러한 '[연기緣起의 도리에 따라] 앞뒤로 일어나고 사라지는 이치'(始終起盡道理)에 의거하여 [[제6의식意識 차원과] '서로 응하는 오염된 마음'(相應染心)과 '서로 응하지 않는 오염된 마음'(不相應染心)의] 두 가지 '생겨나거나 사라지는 뜻'(生滅之義)을 밝힌 것이지, '잠깐의 시간에 생겨나거나 사라지는 뜻'(刹那生滅義)에 의거한 것이 아니다.

---

280 바로 앞의 『대승기신론』 본문에서 "依因者, 不覺義故, 依緣者, 妄作境界義故"라고 말했다.

〈『소』와 『별기』의 구문 대조〉

『소』(1-719a13~22)	『별기』
"若因滅"下, 次顯滅義. 於中有二, 一者直明, "問曰"以下, 往復除疑. 始中言"若因滅, 則緣滅"者, 隨於何位, 得對治時, 無明因滅, 境界隨滅也. "因滅故, 不相應心滅"者, 三種不相應心, 親依無明因生故, 無明滅時, 亦隨滅也. "緣滅故, 相應心滅"者, 三種相應染心, 親依境界緣起故, 境界滅時, 亦隨滅也. 依是始終起盡道理, 以明二種生滅之義, 非約刹那生滅義也.	내용 없음
※『별기』의 이어지는 내용이 〈"問曰"以下, 往復重明滅不滅義. …〉로 시작하므로 『소』의 '一者, 直明'(『대승기신론』의 "若因滅, 則緣滅, 因滅故, 不相應心滅, 緣滅故, 相應心滅"에 대한 주석 부분)이 없는 셈이 된다.	

【소】 此下, 第二往復除疑, 先問, 後答. 問中言"若心滅者, 云何相續"者, 對外道說而作是問. 如『十卷經』云, "若阿梨耶識滅者, 不異外道斷見戲論, 諸外道說, 離諸境界, 相續識滅, 相續識滅已, 卽滅諸識. 大慧, 若相續識滅者, 無始世來, 諸識應滅". 此意正明諸外道說, 如生無想天, 入無想定時, 離諸境界, 相續識滅, 根本滅故, 末亦隨滅也. 如來破云, "若彼衆生入無想時, 衆生之本相續識滅者, 六七識等種子隨滅, 不應從彼還起諸識, 而從彼出, 還起諸識. 當知入無想時, 其相續識不滅". 如是破也. 今此論中依此而問, 若入無想定滅盡定時, 心體滅者, 云何還續? 故言"若心滅者, 云何相續"也. 若入彼時, 心體不滅還相續者, 此相續相, 何由永滅? 故言"云何說究竟滅"也.

『소』(1-719a22~b15); 『회본』(1-766c19~767a14); 『별기』에 없음.

이 아래는 두 번째인 '[문답을] 주고받으면서 의심을 없앰'(往復除疑)이니, 앞은 물음이고, 뒤는 대답이다.

물음에서 말한 "만약 마음이 사라지는 것이라면 어떻게 [분별하는 마음현상을] 서로 이어 갈 것인가?"(若心滅者, 云何相續)라고 말한 것은, '[불법과는] 다른 가르침을 따르는 사람들'(外道)의 주장에 대해 [그 주장을 다스리기 위해] 이러한 물음을 지은 것이다. 마치 10권으로 된 『입능가경』에서, "만약 아리야식阿梨耶識이 사라지는 것이라면 외도外道의 '아무것도 없다는 견해'(斷見)와 같은 '잘못된 소견'(戱論)과 다르지 않은 것이니, 여러 외도들은 〈모든 대상(境界)에서 떠나면 '[분별을] 서로 이어 가는 식'(相續識)[281]이 사라지고, '[분별을] 서로 이어 가는 식'(相續識)이 사라져 버리고 나면 곧 모든 식識이 사라진다〉고 말한다. 대혜여, 만약 '[분별을] 서로 이어 가는 식'(相續識)이 [그런 방식으로] 사라지는 것이라면, 시작을 알 수 없는 때부터 [이미] 모든 식識은 사라졌어야 한다"[282]라고 말한 것과 같다. 이 [『입능가경』 구절의] 뜻은 여러 외도

281 외도의 상속식: 외도가 말하는 상속식은 대상을 떠나면 사라지는 것이므로 제8식으로서의 상속식이 아니라 6·7식으로서의 상속식일 것으로 보인다.

282 『입능가경』 권2(T16, 522a20~24). "大慧! 若阿梨耶識滅者, 此不異外道斷見戱論. 大慧! 彼諸外道作如是說, 所謂〈離諸境界, 相續識滅, 相續識滅已, 即滅諸識.〉 大慧! 若相續識滅者, 無始世來, 諸識應滅." 〈산스크리트본의 해당 내용: LAS 38,19-39,4, ālayavijñāne punar nirūpyamāṇe nirviśiṣṭas tīrthakarocchedavādenāyaṃ vādaḥ syāt / tīrthakarāṇāṃ mahāmate ayaṃ vādo yaduta viṣayagrahaṇoparamād vijñānaprabandhoparamo bhavati vijñānaprabandhoparamād anādikālaprabandhavyucchittiḥ syāt /; 나아가 알라야식이 남김없이 소멸한다면, 이것은 비불교도의 단견론이 될 것이다. 대혜여, 다음은 비불교도의 주장이다. 곧 "대상을 파악하는 것이 소멸하므로 식의 흐름도 소멸한다." 식의 흐름이 소멸하므로 무한한 과거로부터의 흐름도 끊어질 것이다.〉 이 문장은 본각本覺의 지정상智淨相을 주석할 때 인용된 적이 있다. 『대승기신론』 본문에 "破和合識相, 滅相續心相"이라는 논의가 있기 때문이다. 거기서 원효는 상속식을 화합식과 대비하여 다음과 같이 설명했다. 〈여기서의 '[분별을] 서로 이어 가는 마음양상'(相續心[相])이라는 것은, '['근본무지에 지배받지 않는 본연'과 '근본무지에 지배받는 오염'이] 동거하고 있는 식의 양상'(和合識[相])에서의 '[분별에 따라] 생멸하는 마음'(生滅之心)인데, 단지 '진리 몸'(法身)을 드러내기 위해 "'['근본무지에 지배받지 않는 본연'과 '근본무지에 지배받는 오염'이] 동거하고 있는 식의 양상'(和合識[相])을 깨뜨린다"(破和合識[相])라고 말했고, '[중생에] 응하여 나타나는 몸'(應身)의 '온전한 지혜'(淨智)를 이루기 위해 "[분별을] 서로 이어 가는 마음양상을 소멸시킨다"(滅相續心相)라고 말했다. 그런데 [이 말의 의미는] '[분별을] 서로 이어 가는 마음'(相續心) [자체]를 소멸시킨다는 것이 아니라 단지 '[분별을] 서로 이어 가는 마음의 양상'(相續心之相)을 소멸시킨다는 것이다〉(此中"相續識"者, 猶是和合識內生滅之心, 但爲顯現法, 故說"破和合識", 爲成應身淨智, 故說"滅相續識相". 然不滅相續心, 但滅相續心之相也), 『소』(H1, 711a21~24).

들 주장[의 핵심]을 곧바로 밝힌 것이니, 예컨대 [외도들이] 〈'지각/생각이 멎은 하늘세계'(無想天)에서 태어나 '지각/생각이 멎은 선정'(無想定)[283]에 들었을 때는 모든 대상(境界)에서 떠나 '[분별을] 서로 이어 가는 식'(相續識)이 사라지니, 근본[인 지각/생각(想)]이 사라졌기 때문에 지말支末[인 '분별을 서로 이어 가는 식'(相續識)]도 따라서 사라진 것이다〉[라고 말하]는 것과 같다.

여래如來께서는 [이러한 주장을] 논파하여 [이렇게] 말씀하신다. "만약 저 중생이 '지각/생각이 멎은 선정'(無想定)에 들었을 때 중생의 근본인 '[분별을] 서로 이어 가는 식'(相續識)이 사라지는 것이라면, '여섯 가지 식과 제7말나식'(六·七識) 등이 지닌 [번뇌의] 씨앗(種子)도 그에 따라 사라져서 저 ['지각/생각이 멎은 선정'(無想定)]을 따라 모든 식識이 다시는 일어나지 않아야 하는 것이지만, 저 ['지각/생각이 멎은 선정'(無想定)]으로부터 나오면 또다시 모든 식識을 일으킨다. [그러므로] '지각/생각이 멎은 선정'(無想定)에 들었을 때에도 그 '[분별을] 서로 이어 가는 식'(相續識)은 사라지지 않는다는 것을 알아야 한다."[284] 이와 같이 [외도들의 주장을] 논파하였다.

지금 이 『대승기신론』에서는 이러한 [외도의 주장]에 의거하여, 〈만약 '지각/생각이 멎은 선정'(無想定)이나 '느낌과 지각/생각이 완전히 사라진 선정'(滅盡定)에 들었을 때 '바탕이 되는 마음'(心體)도 사라지는 것이라면, [선정에서 나왔을 때] 어찌 다시 [분별하는 마음현상들을] 이어 가는 것인가?〉라고 물은 것이다. 그러므로 "만약 마음이 사라지는 것이라면 어떻게 [분별하는 마음

---

283 무상정無想定: 아비달마 제법분별의 5위에서 심불상응행법 중의 두 가지 무심정無心定의 하나이며 또 하나는 멸진정滅盡定이다. 『구사론』에 따르면 무상정이든 멸진정이든 심·심소가 소멸되게 하는 점에서는 동일하다. 권5(T29, 24b15~16). "若生無想有情天中, 有法能令心心所滅, 名爲無想." 권5(T29, 25a2~4). "例無想定心心所滅, 如說復有別法, 能令心心所滅, 名無想定. 如是復有別法, 能令心心所滅, 名滅盡定." 무상정으로 색계의 최후지인 제4선천에 들어가고, 멸진정으로 무색계의 최고지인 비상비비상처에 들어간다. 또 『구사론』에 따르면 무상정은 범부나 외도가 드는 선정이고("非聖", T29, 24c2), 멸진정은 성자가 행하는 선정이라고 한다("聖由加行得", T29, 24c28).

284 출전을 찾을 수 없다.

현상을] 서로 이어 갈 것인가?"(若心滅者, 云何相續)라고 말한 것이다. [그리고] 만약 저 [무상정無想定이나 멸진정滅盡定 같은 선정들]에 들었을 때에도 '바탕이 되는 마음'(心體)은 사라지지 않아서 다시 [분별하는 마음현상을] 서로 이어 가는 것이라면, 이 '[분별을] 서로 이어 가는 양상'(相續相)은 무엇에 의거하여 완전히 사라지게 하겠는가? 그러므로 "어떻게 [분별하는 마음의] 궁극적인 소멸을 말하겠는가?"(云何說究竟滅)라고 말한 것이다.

【소】 答中有三, 謂法喩合. 初法中"所言滅"者, 如入無想等時, 說諸識[285]者, 但滅麤識之相, 非滅阿梨耶心體. 故言"唯心相滅". 又復上說"因滅故, 不相應心滅"者, 但說心中業相等滅, 非謂自相心體滅也. 喩中別顯此二滅義. "如風依水而有動相"者, 喩無明風依心而動也. "若水滅者, 則風斷絶, 無所[286]止. 以水不滅, 風相相續"者, 喩於入無想等之時, 心體不滅故, 諸識相續也. 是答初問也. "唯風滅故, 動相隨滅"者, 到佛地時無明永滅故, 業相等動亦隨滅盡, 而其自相心體不滅, 故言"非是水滅"也. 是答後問, 明究竟滅. 合中, 次第合前二義. "非心智滅"者, 神解之性, 名爲心智, 如上文云"智性不壞". 是明自相不滅義也. 餘文可知.

『소』(1-719b15~c6); 『회본』(1-767a14~b6)

대답에는 세 가지가 있으니, 도리(法)와 비유(喩)와 '[비유와의] 합치'(合)이다. [대답의] 처음인 도리(法)에서 "[앞에서] 말한 [마음이] 사라진다는 것"(所言滅)이라 한 것은 [다음과 같은 뜻에서이다.] 가령 〈'지각/생각이 멎은 선정'(無想定) 등에 들었을 때는 모든 식識이 사라진다〉고 하는 것은 단지 '[여섯 가지 식과 제7말나식(六·七識)처럼] [분별이] 뚜렷한 식識의 양상'(麤識之相)을 소멸시킨 것이지 〈아리야식이라는 '바탕이 되는 마음'〉(阿梨耶心體)을 소멸시킨 것이

285 『소』의 편집주에 "어떤 판본에는 '識' 아래에 '滅'이 있다"라고 되어 있다. 『회본』에는 아래에 '滅'이 있다. '滅'이 있어야 의미가 통한다.

286 『대승기신론』 본문에 따라 '依'를 추가한다.

아니다. 그러므로 "오직 '[근본무지에 따르는] 마음의 양상'이 없어지는 것이다"(唯心相滅)라고 말했다. 또 앞에서 "원인이 사라지기 때문에 '[제6의식意識 차원과] 서로 응하지 않는 [오염된] 마음'이 사라진다"(因滅故, 不相應心滅)라고 말한 것은, 단지 마음에서 '[근본무지에 의해 처음] 움직이는 양상'(業相) 등이 사라짐을 말한 것이지 '바탕이 되는 마음 자체'(自相心體)가 사라짐을 말하는 것이 아니다.

비유에서는 ['바탕이 되는 마음'(心體)과 '[근본무지에 따르는] 마음의 양상'(心相)] 이 두 가지에 대한 '사라짐의 뜻'(滅義)을 따로따로 드러낸다. "마치 바람이 물에 의거하여 '움직이는 양상'이 있는 것과도 같다"(如風依水而有動相)라는 것은, '근본무지의 바람'(無明風)은 마음에 의거하여 움직인 것임을 비유한 것이다. "만약 물이 없으면 곧 '바람[에 의해 움직이는] 양상'(風相)도 단절되니, 의지할 곳이 없기 때문이다. [그러나] 물이 없어지지 않았으므로 '바람[에 의해 움직이는] 양상'은 서로 이어진다"(若水滅者, 則風相斷絶, 無所依止. 以水不滅, 風相相續)라는 것은, '지각/생각이 멋은 선정'(無想定) 등에 들었을 때라도 '바탕이 되는 마음'(心體)은 사라지지 않기 때문에 모든 식識은 서로 이어 간다는 것을 비유한 것이다. 이것은 첫 번째 물음에 대답한 것이다. "오직 바람이 사라지기 때문에 [물의] '움직이는 양상'도 따라서 사라지는 것이다"(唯風滅故, 動相隨滅)라는 것은, '부처 경지'(佛地)에 이르렀을 때에는 근본무지(無明)가 완전히 사라지기 때문에 '[근본무지에 의해 처음] 움직이는 양상'(業相) 등의 움직임도 [그에] 따라서 모두 사라지지만 그 '바탕이 되는 마음 자체'(自相心體)는 사라지지 않으니, 그러므로 "물이 사라지는 것은 아니다"(非是水滅)라고 말했다. 이것은 뒤의 물음에 대답하여 ['[근본무지에 의해 처음] 움직이는 양상'(業相) 등의] '궁극적인 소멸'(究竟滅)을 밝힌 것이다.

'[비유와의] 합치'(合)에서는 차례대로 앞의 두 가지 [사라짐의] 뜻에 합치시킨다. "'[온전한 본연으로서의] 마음이 지닌 지혜'가 사라지는 것은 아니다"(非心智滅)라는 것은 '지혜롭게 사실대로 이해하는 면모'(神解之性)를 '[온전한 본연으로서의] 마음이 지닌 지혜'(心智)라고 부르니, 앞의 [『대승기신론』] 본문에서

"[마음이 지닌] '지혜의 면모'는 파괴되지 않는 것이다"(智性不壞)[287]라고 말한 것과 같다. 이것은 〈'[바탕이 되는 마음] 자체(自相[心體])'는 사라지지 않는다는 뜻〉(自相不滅義)을 밝힌 것이다. 나머지 글은 알 수 있을 것이다.

【별기】"問曰"以下, 往復重明滅不滅義. 言"若心體滅, 則衆生斷滅,[288] 無所依止"者, 自相梨耶名爲心體, 其餘諸識說名衆生, 如『十卷經』云, "若相續識滅者, 無始世來, 諸識應滅". 言"唯癡滅故, 心相隨滅, 非心智滅"者, 但心動相滅, 非動相滅, 非動相滅, 非動之心神滅. 卽是業相滅, 自相不滅義也.

『별기』(1-695a8~15); 『회본』에 없음.

"묻는다"(問曰) 이하에서는 [문답을] 주고받으면서 ['바탕이 되는 마음'(心體)과 '[근본무지에 따르는] 마음의 양상'(心相)에 대한] '사라짐과 사라지지 않음의 뜻'(滅不滅義)을 거듭 밝힌다.

"만약 '바탕이 되는 마음'이 없어진다면 곧 중생도 없어진다. 의거할 곳이 없기 때문이다"(若心體滅, 則衆生斷絶, 無所依止)라고 말한 것은, '[바탕이 되는 마음으로서의] 아리야식 자체'(自相梨耶)를 '바탕이 되는 마음'(心體)이라 부르고 그 나머지 모든 식識을 중생이라고 부른 것이니, 10권으로 된 『입능가경』에서 "만약 '[분별을] 서로 이어 가는 식'(相續識)이 [완전히] 사라지는 것이라면, 시작을 알 수 없는 때부터 [이미] 모든 식識은 사라졌어야 한다"[289]라고

287 『대승기신론』(T32, 576c15~16). 과문상으로는 '수염본각隨染本覺'의 '지정상智淨相'을 논의하는 대목이다. "心與無明俱無形相, 不相捨離, 而心非動性, 若無明滅, 相續則滅, 智性不壞故"〈마음(心)과 근본무지(無明)는 둘 다 [독자적인] 모습이 없어 서로 배제하거나 분리되지 않지만 마음은 '움직이는 성질'(動性)[을 본질로 지닌 것]이 아니며, 만약 근본무지(無明)가 소멸하면 [분별하는 마음들이] '서로 이어 가는 것'(相續)도 곧 사라지지만 [마음이 지닌] '지혜의 면모'(智性)는 파괴되지 않는 것이다〉.

288 『대승기신론』 본문은 '斷滅'이 '斷絶'로 되어 있다. '斷絶'로 고친다.

289 『입능가경』 권2(T16, 522a23~24). "若相續識滅者, 無始世來諸識應滅." 〈산스크리트본의 해당 내용: LAS 39,3-4, vijñānaprabandhoparamād anādikālapraband-

말한 것과 같다.

"오직 무지가 사라지기 때문에 '[근본무지에 따르는] 마음의 양상'이 [그에] 따라서 사라지지만 '[온전한 본연으로서의] 마음이 지닌 지혜'가 사라지는 것은 아니다"(唯癡滅故, 心相隨滅, 非心智滅)라고 말한 것은, 단지 '[분별하는] 마음의 움직이는 양상'(心動相)이 사라지는 것이지 '움직이는 양상 [자체]'(動相)가 사라지는 것은 아니며, '움직이는 양상 [자체]'(動相)가 사라지는 것이 아니기에 〈움직이는 '마음의 신묘함'〉(動之心神)이 사라지는 것은 아니라는 것이다. 이것이 〈'[근본무지에 의해 처음] 움직이는 양상'(業相)은 사라지지만 '[바탕이 되는 마음] 자체(自相[心體])'는 사라지지 않는다〉(業相滅, 自相不滅)는 뜻이다.

〈『소』와 『별기』의 구문 대조〉

『소』(1-719b15~c6)	『별기』(1-695a8~15)
答中有三, 謂法喩合. 初法中"所言滅"者, 如入無想等時, 說諸識者, 但滅麤識之相, 非滅阿梨耶心體. 故言"唯心相滅". 又復上說"因滅故, 不相應心滅"者, 但說心中業相等滅, 非謂自相心體滅也. 喩中別顯此二滅義. "如風依水而有動相"者, 喩無明風依心而動也. "若水滅者, 則風斷絶, 無所止. 以水不滅, 風相相續"者, 喩於入無想等之時, 心體不滅故, 諸識相續也. 是答初問也. "唯風滅故, 動相隨滅"者, 到佛地時無明永滅故, 業相等動亦隨滅盡, 而其自相心體不滅, 故言"非是水滅"也. 是答後問, 明究竟滅. 合中, 次第合前二義. "非心智滅"者, 神解之性, 名爲心智, 如上文云"智性不壞". 是明自相不滅義也. 餘文可知.	"問曰"以下, 往復重明滅不滅義. 言"若心體滅, 則衆生斷滅, 無所依止"者, 自相梨耶名爲心體, 其餘諸識說名衆生, 如『十卷經』云, "若相續識滅者, 無始世來, 諸識應滅". 言"唯癡滅故, 心相隨滅, 非心智滅"者, 但心動相滅, 非動相滅, 非動相滅, 非動之心神滅. 卽是業相滅, 自相不滅義也

※ 『소』와 『별기』는 모두 '왕복제의往復除疑'에 해당하는 주석이지만, 완전히 다른 내용을 갖고 있으므로 구문상의 대조는 무의미하다. 다만 주석 내용의 차이점을

---

havyucchittiḥ syāt /; 식의 흐름이 소멸하므로 무한한 과거로부터의 흐름도 끊어질 것이다.〉『소』에서는 물음(問)을 해석하는 자리에서 인용되었다.

거론해 보면 다음과 같다. 1. 『소』에서는 '왕복제의'에 해당하는 『대승기신론』의 내용을 물음에서부터 순서대로 수문해석하고 있지만, 『별기』에서는 '왕복제의'에 해당하는 『대승기신론』의 내용 중 대답에서도 뒷부분인 "若心體滅, 則衆生斷絶, 無所依止"부터 해석한다. 『별기』에는 '문답問答' 중에서 '법法'과 '유喩'에 해당하는 부분이 없고 '합合'에 해당하는 주석만 있는 셈이다. 2. '합'에 해당하는 『별기』의 주석 역시 『소』와는 다른 내용이다. 『소』에서는 『대승기신론』의 "非心智滅"만을 인용하여 주석하지만, 『별기』에서는 "若心體滅, 則衆生斷滅, 無所依止"와 "唯癡滅故, 心相隨滅, 非心智滅"을 인용하여 주석하고 있다.

【소】 問. 此識自相, 爲當一向染緣所起, 爲當亦有不從緣義? 若是一向染緣所起, 染法盡時, 自相應滅, 如其自相不從染緣故不滅者, 則自然有. 又若使自相亦滅同斷見者, 是則自相不滅還同常見. 答. 或有說者, 梨耶心體是異熟法, 但爲業惑[290]之所辨生. 是故業惑[291]盡時, 本識都盡. 然於佛果, 亦有福慧二行所惑[292]大圓鏡智, 相應淨識. 而於二處, 心義是同, 以是義說心至佛果耳. 或有說者, 自相心體擧體, 爲彼無明所起, 而是動靜令起, 非謂辨無令有. 是故此心之動, 因無明起, 名爲業相. 此動之心, 本自爲心, 亦爲自相, 自相義門, 不由無明. 然卽此無明所動之心, 亦有自類相生之義, 故無自然之過. 而有不滅之義, 無明盡時, 動相隨滅, 心隨始覺, 還歸本源.

『소』(1-719c6~23); 『회본』(1-767b6~24)

묻는다. 이 [아리야]식의 자기 양상(自相)은 오로지 '[근본무지와 같은] 오염된 것과의 관계'(染緣)에 의해 일어나는 것인가, '[근본무지와 같은 오염된 것과의] 관계'(緣)에 따르지 않는 면모(義)도 있는 것인가? 만약 [아리야식의 자기 양상(自相)이] 오로지 '[근본무지와 같은] 오염된 것과의 관계'(染緣)에 의해 일어나는

290 '惑'은 '感'의 오기로 보인다. '感'으로 교감하여 번역한다.

291 '惑'은 '感'의 오기로 보인다. '感'으로 교감하여 번역한다.

292 『회본』에는 '惑'이 '感'이라고 되어 있고, 『회본』의 교감주에 "'感'은 『속장경』에 '惑'이라고 되어 있다"라고 했다. 문맥에 따라 '感'으로 교감하여 번역한다.

것이라면 오염된 것이 다 사라질 때 '[아리야식의] 자기 양상'(自相)도 사라져야 할 것이고, 만약 그 '[아리야식의] 자기 양상'(自相)이 '[근본무지와 같은] 오염된 것과의 관계'(染緣)에 따르지 않기 때문에 사라지지 않는 것이라면 [아리야식의 자기 양상(自相)은] '[본래부터] 스스로 그렇게 있는 것'(自然有)일 것이다. 또 만약 '[아리야식의] 자기 양상'(自相)도 사라져서 '아무것도 없다는 견해'(斷見)[가 주장하는 것]과 같은 것이라고 한다면, 그렇다면 '[아리야식의] 자기 양상'(自相)이 사라지지 않는다는 것은 도리어 '항상 있다는 견해'(常見)[가 주장하는 것]과 같을 것이다.

답한다. 어떤 사람은 [다음과 같이] 설명한다. 〈아리야식이라는 '바탕이 되는 마음'〉(梨耶心體)은 '다르게 변해가는 현상'(異熟法)으로서 [이 '다르게 변해감'(異熟)은] 단지 '[근본무지에 의거하는] 행위'(業)와 감응하여 변별적으로 생겨난다. 그러므로 '[근본무지에 의거하는] 행위'(業)와의 감응이 사라질 때는 '근본적인 식'(本識)[인 '다르게 익어 가는'(異熟) 아리야식]도 모두 사라진다. 그런데 '부처 경지'(佛果)에는 또한 〈'복을 베푸는 능력'과 '지혜'라는 두 가지 작용〉(福慧二行)에 감응되는 '완전한 지혜'(大圓鏡智)도 있어 '온전한 식'(淨識)에 서로 응한다.[293] 그러나 ['근본무지에 의거하는 행위'(業)에 감응하는 것과 '복덕과 지혜의 작용'(福慧行)에 감응하는 것] 두 경우에서 '마음의 면모'(心義)는 같은 것이니, 이러한 뜻에 의해 〈마음이 '부처 경지'(佛果)에 이른다〉고 말하는 것이다.

---

293 정식淨識과 대원경지大圓鏡智: 정식이 제9아마라식을 가리키는 것으로 가정한다면, 이 견해를 원효는 유식설이라 말하고 있으므로 여기서의 유식설은 진제의 구舊유식과 '아리야식의 전의轉依로서의 대원경지'만을 말하는 신유식을 포괄하여 말하는 셈이 된다. 제8식이 사라진다면 단멸론에 빠질 것이라는 의문에 대해 대원경지의 개념 및 궁극적으로 구유식의 제9식 개념에 의거하여 대답하고 있는 것으로도 보이기 때문이다. 제8식과 제9식의 차이에 대한 설명으로는 다음과 같은 사례가 있다. 진제역, 『결정장론決定藏論』 권1(T30, 1020b10~18). "斷阿羅耶識即轉凡夫性, 捨凡夫法阿羅耶識滅. 此識滅故一切煩惱滅. 阿羅耶識對治故, 證阿摩羅識. 阿羅耶識是無常, 是有漏法, 阿摩羅識是常, 是無漏法. 得眞如境道故證阿摩羅識. 阿羅耶識爲麤惡苦果之所追逐, 阿摩羅識無有一切麤惡苦果. 阿羅耶識而是一切煩惱根本, 不爲聖道而作根本. 阿摩羅識亦復不爲煩惱根本, 但爲聖道得道得作根本."

[또] 어떤 사람은 [다음과 같이] 설명한다. '바탕이 되는 마음 자체'(自相心體)가 [그] 바탕(體)에 의거하여 [오염된 '자기 양상'(自相)을 드러내는 것은] 저 근본무지(無明)에 의해 일어나는 것이지만, 이것은 '[온전한 마음의] 고요함을 움직여 일어나게 함'(動靜令起)이지 '없는 것으로부터 있게 함'(辨無令有)이 아니다. 그러므로 이 마음의 움직임이 근본무지로 인해 일어난 것을 '[근본무지에 의해 처음] 움직이는 양상'(業相)이라고 부른다. 이 움직이는 마음은 본래 자신이 '[온전한 본연으로서의] 마음'(心)이 되기도 하고 '[드러내는] 자기 양상'(自相)이 되기도 하는데, '자기 양상을 나타내는 측면'(自相義門)이 [전부] 근본무지에 기인하는 것은 아니다.[294] 그렇다면 이 근본무지에 의해 움직여진 마음에는 또한 '자기와 같은 종류의 양상을 생겨나게 하는 면모'(自類相生之義)가 있는 것이니, 따라서 [근본무지에 의해 움직여진 마음은] '[본래부터] 스스로 그렇게 있는 것이라[고 주장하]는 오류'(自然之過)가 없는 것이다. 그러나 [마음에는] '사라지지 않는 면모'(不滅之義)가 있는 것이니, 근본무지가 다 없어질 때는 '[근본무지에 의해] 움직인 양상'(動相)도 그에 따라 없어지고 마음은 '비로소 깨달아 감'(始覺)을 따라 〈다시 '[사실 그대로와 만나는] 본래의 근원'(本源)[인 온전한 지평]으로 되돌아간다〉(還歸本源).

【별기】 問. 此識自相, 爲當一向染緣所起, 爲當亦有不從緣義? 若是一向爲緣所起, 則染緣盡時, 自相亦滅, 若便自相義門, 不從染緣而成, 則此自相, 自然而有. 或有說者, 心體但是業惑[295]所辨, 是異熟法. 故或[296]業盡時, 本識頓盡. 然於佛果, 亦有福慧二行所辨鏡智, 相應淨識. 雖復業惑,[297] 福慧所減[298]之義不同, 而其心義, 二處無異. 由是義說心至佛果

294 자상自相: 마음이 드러내는 자기 양상(自相)은 근본무지(無明)에 의거하는 경우도 있고 '사실대로 보는 지혜'(如實智)에 의거하는 경우도 있다. 『대승기신론』이 펼치는 일심이문一心二門의 통찰이 바로 그 근거이다.

295 '惑'은 '感'의 오기로 보인다.

296 '或'은 '感'의 오기로 보인다.

耳. 或有說者, 自相心體擧體, 爲彼無明所起, 而有是動靜令起, 非是辨無合[299]有. 所以此心之動, 因無明動, 名爲業相. 此動之心, 本自爲心, 名爲自相, 自相義門, 不由無明. 然卽此無明所動之心, 亦有自類相生之義, 是故雖無自然之過, 而有不滅之理. 無明盡時, 業相卽滅, 心隨始覺, 還歸本源.

『별기』(1-695a16~b8)

묻는다. 이 [아리야]식의 자기 양상(自相)은 오로지 '[근본무지와 같은] 오염된 것과의 관계'(染緣)에 의해 일어나는 것인가, '[근본무지와 같은 오염된 것과의] 관계'(緣)에 따르지 않는 면모(義)도 있는 것인가? 만약 [아리야식의 자기 양상(自相)이] 오로지 '[근본무지와 같은 오염된 것과의] 관계'(緣)에 의해 일어나는 것이라면 '오염된 것과의 관계'(染緣)가 다 사라질 때 '[아리야식의] 자기 양상'(自相)도 사라질 것이고, 만약 '자기 양상을 나타내는 측면'(自相義門)이 '[근본무지와 같은] 오염된 것과의 관계'(染緣)에 따르지 않으면서도 이루어진다면 곧 이 '[아리야식의] 자기 양상'(自相)은 '[본래부터] 스스로 그렇게 있는 것'(自然而有)이어야 한다.

어떤 사람은 [다음과 같이] 설명한다. '바탕이 되는 마음'(心體)[인 아리야식]은 단지 '[근본무지에 의거하는] 행위'(業)와 감응하여 변별적으로 생겨나는 것이며 [또한] '다르게 변해가는 현상'(異熟法)이다. 따라서 '[근본무지에 의거하는] 행위'(業)에 감응함이 다 없어질 때는 '근본적인 식'(本識)[인 '다르게 익어 가는'(異熟) 아리야식]도 한꺼번에 없어진다. 그런데 '부처 경지'(佛果)에는 또한 〈'복을 베푸는 능력'과 '지혜'라는 두 가지 작용〉(福慧二行)에 의해 변별적으로 나타나는 '완전한 지혜'([大圓]鏡智)도 있어 '온전한 식'(淨識)에 서로 응한다. 비록 '[근본무지에 의거하는] 행위'(業)에 감응하는 것과 〈'복을 베푸는 능력'과

297 '惑'은 '感'의 오기로 보인다.

298 '減'은 '感'의 오기로 보인다.

299 『소』에 따라 '合'을 '令'으로 교감하여 번역한다.

‘지혜’〉(福慧)에 감응되는 면모(義)는 같지 않지만, 그 ‘마음의 면모’(心義)는 두 경우에서 다름이 없다. 이러한 뜻에 의해 〈마음이 ‘부처 경지’(佛果)에 이른다〉고 말하는 것이다.

[또] 어떤 사람은 [다음과 같이] 설명한다. ‘바탕이 되는 마음 자체’(自相心體)가 [그] 바탕(體)에 의거하여 [오염된 ‘자기 양상’(自相)을 드러내는 것은] 저 근본무지(無明)에 의해 일어나는 것이지만, 이 ‘[온전한 마음의] 고요함을 움직여 일어나게 함’(動靜令起)이 있는 것이지 ‘없는 것으로부터 있게 함’(辨無令有)이 아니다. 그러므로 이 마음의 움직임이 근본무지로 인해 움직이는 것을 ‘[근본무지에 의해 처음] 움직이는 양상’(業相)이라고 부른다. 이 움직이는 마음은 본래 자신이 ‘[온전한 본연으로서의] 마음’(心)이 되기도 하고 ‘[드러내는] 자기 양상’(自相)이라고도 부르는데, ‘자기 양상을 나타내는 측면’(自相義門)이 [전부] 근본무지에 기인하는 것은 아니다. 그렇다면 이 근본무지에 의해 움직여진 마음에는 또한 ‘자기와 같은 종류의 양상을 생겨나게 하는 면모’(自類相生之義)가 있는 것이니, 따라서 비록 [근본무지에 의해 움직여진 마음이] ‘[본래부터] 스스로 그렇게 있는 것이라[고 주장하]는 오류’(自然之過)는 없지만, [마음에는] ‘사라지지 않는 도리’(不滅之理)도 있다. 근본무지가 다 없어질 때는 ‘[근본무지에 의해 처음] 움직이는 양상’(業相)도 곧 없어지고, 마음은 ‘비로소 깨달아 감’(始覺)을 따라 〈다시 [사실 그대로와 만나는] ‘본래의 근원’(本源)[인 온전한 지평]으로 되돌아간다〉(還歸本源).

〈『소』와 『별기』의 구문 대조〉

『소』(1-719c6~23)	『별기』(1-695a16~b8)
問. 此識自相, 爲當一向染緣所起, 爲當亦有不從緣義? 若是一向①染緣所起, 染②法盡時, 自相③應滅, ④如其自相不從染緣⑤故不滅者, 則⑥自然有. ⑦又若使自相亦滅同斷見者, 是則自相不滅還同常見. 答. 或有說者, ⑧梨耶心體是異熟法, 但爲業惑之	問. 此識自相, 爲當一向染緣所起, 爲當亦有不從緣義? 若是一向①爲緣所起, 則染②緣盡時, 自相③亦滅, ④若便自相義門, 不從染緣⑤而成, 則⑥此自相, 自然而有. (⑦) 或有說者, ⑧心體但是業感所辨, 是異熟法. (⑨)故⑩感業盡時, 本識⑪

<table>
<tr><td>所辨生. ⑨是故⑩業惑盡時, 本識⑪都盡. 然於佛果, 亦有福慧二行⑫所感大圓鏡智, 相應淨識. (⑬) ⑭而於二處, 心義是同, ⑮以是義說心至佛果耳. 或有說者, 自相心體舉體, 爲彼無明所起, 而(⑯)是動靜令起, 非⑰謂辨無有. ⑱是故此心之動, 因無明⑲起, 名爲業相. 此動之心, 本自爲心, ⑳亦爲自相, 自相義門, 不由無明. 然卽此無明所動之心, 亦有自類相生之義, ㉑故無自然之過. 而有不滅之㉒義, 無明盡時, ㉓動相隨滅, 心隨始覺, 還歸本源.</td><td>頓盡. 然於佛果, 亦有福慧二行⑫所辨鏡智, 相應淨識. ⑬雖復業感福慧所感之義不同, ⑭而其心義, 二處無異. ⑮由是義說心至佛果耳. 或有說者, 自相心體舉體, 爲彼無明所起, 而⑯有是動靜令起, 非⑰是辨無有. ⑱所以此心之動, 因無明⑲動, 名爲業相. 此動之心, 本自爲心, ⑳名爲自相, 自相義門, 不由無明. 然卽此無明所動之心, 亦有自類相生之義, ㉑是故雖無自然之過, 而有不滅之㉒理. 無明盡時, ㉓業相卽滅, 心隨始覺, 還歸本源.</td></tr>
<tr><td colspan="2">※『소』⑦은 『별기』에 없던 것이 『소』에서 추가된 부분이다.
※『별기』⑬은 『별기』에 있던 내용이 『소』에서 삭제된 부분이다.</td></tr>
</table>

【소】 或有說者. 二師所說, 皆有道理, 皆依聖典之所說故. 初師所說, 得瑜伽意,[300] 後師義者, 得起信意,[301] 而亦不可如言取義. 所以然者, 若如初說而取義者, 卽是法我執, 若如後說而取義者, 是謂人我見. 又若執初義, 墮於斷見, 執後義者, 卽墮常見. 當知二義, 皆不可說. 雖不可說而亦可說, 以雖非然而非不然故.

『소』(1-719c23~720a8); 『회본』(1-767c1~9)

[또] 어떤 사람은 [이렇게] 설명한다.[302] 두 논사가 말한 것에 '모두 [나름의] 타당성이 있으니'(皆有道理), 모두 부처님 경전에서 말한 것에 의거하기 때문이다. 앞의 논사가 말한 것은 『유가사지론』의 뜻을 얻었고, 뒤의 논사가

300 『회본』에는 "初師所說得瑜伽意"의 문장 아래에 각주로 "別記云, 依顯了門"이라고 되어 있다.

301 『회본』에는 "後師義者得起信意"의 문장 아래에 각주로 "別記云. 依隱密門"이라고 되어 있다.

302 원효 자신의 견해이다. 『소』보다 먼저 저술한 『별기』에서는 '評曰'이라고 되어 있기 때문이고, 내용으로 보아도 그러하다.

말한 뜻은 『대승기신론』의 뜻을 얻었으나, 또한 말한 그대로의 뜻을 취해서도 안 될 것이다. 왜냐하면, 만약 앞의 [논사의] 말대로 뜻을 취한다면 바로 '현상에 불변 · 독자의 실체나 본질이 있다고 하는 집착'(法我執)인 것이고, 만약 뒤의 [논사의] 말대로 뜻을 취한다면 '자아에 불변 · 독자의 실체나 본질이 있다고 하는 견해'(人我見)이다. 또 만약 앞의 뜻에 집착한다면 '아무것도 없다는 견해'(斷見)에 떨어지고, 뒤의 뜻에 집착한다면 곧 '항상 있다는 견해'(常見)에 떨어진다. [그러므로] [위에서 밝힌] 두 가지 뜻은 모두 '말로 [다] 드러낼 수 없다'(不可說)는 것을 알아야 한다. [그러나] 비록 '말로 [다] 드러낼 수 없지만 또한 말로 드러낼 수도 있는 것'(不可說而亦可說)이니, 비록 '그러한 것이 아니지만'(非然) '그러한 것이 아닌 것도 아니기'(非不然) 때문이다.

【별기】 評曰, 二師所說, 皆有道理, 皆依聖教之所說故. 何者? 若依顯了門如前說者, 好是得瑜伽論等意故, 若依隱密門如後說者, 好得此起信論等意故. 是不可偏執一隅, 又亦不可如言取義. 何以故? 若如初說現[303]而取義者, 卽是法我見, 若後說而取義者, 卽謂人我執. 故彼二義, 皆不可說. 雖不可說而亦可說, 以雖無所然而非不然故.

『별기』(1-695b8~17)

[두 주장에 대해] 평가해 보자면, 두 논사가 말한 것에 '모두 [나름의] 타당성이 있으니'(皆有道理), 모두 부처님 가르침에서 말한 것에 의거하기 때문이다. [모두 타당한 도리를 지니는 것은] 어째서인가? 만약 '현상으로 드러나는 측면'(顯了門)에 의거하여 앞[의 견해]대로 말하는 것이라면 『유가사지론』과 같은 뜻을 잘 얻은 것이기 때문이고, 만약 '현상으로 드러나지 않는 측면'(隱密門)에 의거하여 뒤[의 견해]대로 말하는 것이라면 이 『대승기신론』과 같은 뜻을 잘 얻은 것이기 때문이다. [그러나] 한쪽에 치우쳐 집착해서는 안 되고,

303 『별기』의 편집주에 "'現'은 잉자剩字인 듯하다"라고 되어 있다. 여기서도 편집주에 따라 '現'을 빼고 번역한다.

또한 말한 그대로 뜻을 취해서도 안 된다. 어째서인가? 만약 앞의 [논사의] 말대로 뜻을 취한다면 바로 '현상에 불변 · 독자의 실체나 본질이 있다고 하는 견해'(法我見)인 것이고, 만약 뒤의 [논사의] 말대로 뜻을 취한다면 '자아에 불변 · 독자의 실체나 본질이 있다고 하는 집착'(人我執)이다. 그러므로 [위에서 밝힌] 저 두 가지 뜻은 모두 '말로 [다] 드러낼 수 없다'(不可說). [그러나] 비록 '말로 [다] 드러낼 수 없지만 또한 말로 드러낼 수도 있는 것'(不可說而亦可說)이니, 비록 '그러한 것은 없지만'(無所然) '그러한 것이 아닌 것도 아니기'(非不然) 때문이다.[304]

---

304 원효의 과문에 따른 『대승기신론』 해당 구절.

ⓒ 釋上生滅相(廣上立義分中生滅之相)

A. 明生滅麤細之相

A) 正明麤細

(A) 總標: "復次分別生滅相者有二種. 云何爲二?"

(B) 別解: "一者, 麤, 與心相應故. 二者, 細, 與心不相應故."

B) 對人分別: "又麤中之麤, 凡夫境界, 麤中之細, 及細中之麤, 菩薩境界, 細中之細, 是佛境界."

B. 顯麤細生滅之義(明生滅義)

A) 明生緣

(A) 明通緣: "此二種生滅, 依於無明熏習而有, 所謂依因依緣."

(B) 顯別因: "依因者, 不覺義故, 依緣者, 妄作境界義故."

B) 顯滅義

(A) 直明: "若因滅, 則緣滅, 因滅故, 不相應心滅, 緣滅故, 相應心滅."

(B) 往復除疑

Ⓐ 問: "問曰, 若心滅者, 云何相續, 若相續者, 云何說究竟滅?"

Ⓑ 答

a. 法: "答曰, 所言滅者, 唯心相滅, 非心體滅."

b. 喩: "如風依水而有動相. 若水滅者, 則風相斷絶, 無所依止. 以水不滅, 風相相續. 唯風滅故, 動相隨滅, 非是水滅."

c. 合: "無明亦爾, 依心體而動, 若心體滅, 則衆生斷絶. 無所依止. 以體不滅, 心得相續, 唯癡滅故, 心相隨滅, 非心智滅."

〈『소』와 『별기』의 구문 대조〉

『소』(1-719c23~720a8)	『별기』(1-695b8~17)
①或有說者, 二師所說, 皆有道理, 皆依聖②典之所說故. (③) ④初師所說, 得瑜伽意, ⑤後師義者, 得起信意, (⑥) ⑦而亦不可如言取義. ⑧所以然者, 若如初說而取義者, 卽是法我⑨執, 若⑩如後說而取義者, ⑪是謂人我⑫見. ⑬又若執初義, 墮於斷見, 執後義者, 卽墮常見. ⑭當知二義, 皆不可說. 雖不可說而亦可說, 以雖⑮非然而非不然故.	①評曰, 二師所說, 皆有道理, 皆依聖②教之所說故. ③何者? ④若依顯了門如前說者, 好是得瑜伽論等意故. ⑤若依隱密門如後說者, 好得此起信論等意故. ⑥是不可偏執一隅, ⑦又亦不可如言取義. ⑧何以故? 若如初說現而取義者, 卽是法我⑨見, 若(⑩)後說而取義者, ⑪卽謂人我⑫執. (⑬) ⑭故彼二義, 皆不可說. 雖不可說而亦可說, 以雖⑮無所然而非不然故.
※『별기』④와 ⑤: 유식학 전반을 현료문으로, 『대승기신론』을 은밀문으로 구분하는 『별기』 내용을 『소』에서는 삭제했다. ※『별기』⑥은 『소』에서 삭제되었다.	

(나) '모든 현상을 생겨나게 할 수 있다'는 말에 따라 거듭 밝힘(因言重明)

【소】 "復次有四種法熏習義故"以下,[305] 廣釋生滅門內有二分中, 初正廣釋竟在於前, 此下第二因言重明. 何者? 如上文言"此識有二種義, 能攝一切法, 生一切法", 然其攝義, 前已廣說, 能生之義, 猶未分明. 是故此下, 廣顯是義. 文中有五. 一者, 擧數總標, 二者, 依數列名, 三者, 總明熏習之義, 四者, 別顯熏習之相, 第五, 明盡不盡義.

『소』(1-720a9~17); 『회본』(1-767c10~18)

"다시 네 가지의 '거듭 영향을 끼치는 면모'가 있기 때문에"(復次有四種法熏習義故) 이하에서는, '[근본무지에 따라] 생멸하는 측면'(生滅門)을 자세히 해석하는 것에 있는 ['[핵심을] 곧바로 자세히 해석함'(正廣釋)과 '['모든 현상을 생겨나게 할 수 있다'(能生一切法)는] 말에 따라 거듭 밝힘'(因言重明)의] 두 가지 부분 가운데 처

305 『회본』에는 "復次有四種法熏習義故以下"가 없다.

음 것인 '[핵심을] 곧바로 자세히 해석함'(正廣釋)이 앞에서 끝났기에, 이 아래부터는 두 번째로 '['모든 현상을 생겨나게 할 수 있다'(能生一切法)는] 말에 따라 거듭 밝힌다'(因言重明). 어째서인가? 앞의 [『대승기신론』] 본문에서 "이 [아리야]식에는 ['깨달음'(覺)과 '깨닫지 못함'(不覺)의] 두 가지 면모가 있어서 모든 현상을 포섭할 수 있고 모든 현상을 생겨나게 할 수 있다"(此識有二種義, 能攝一切法, 生一切法)[306]라고 말한 것에서, 저 '포섭하는 면모'(攝義)는 앞에서 이미 자세하게 설명했지만 '생겨나게 할 수 있는 면모'(能生之義)는 아직 분명하지 않기 때문이다. 그러므로 이 아래부터 이 면모(義)를 자세히 드러낸다.

[자세히 밝히는] 문장에는 다섯 가지가 있다. 첫 번째는 '숫자를 매겨 총괄적으로 제시함'(擧數總標)이고, 두 번째는 '숫자에 따라 명칭을 열거함'(依數列名)이며, 세 번째는 〈'거듭 영향을 끼침'의 뜻을 총괄적으로 밝힘〉(總明熏習之義)이고, 네 번째는 〈'거듭 영향을 끼치는 양상'을 하나씩 드러냄〉(別顯熏習之相)이며, 다섯 번째는 〈['오염시켜 가면서 거듭 영향을 끼침'(染熏習)과 '온전하게 하면서 거듭 영향을 끼침'(淨熏習), 이 '거듭 영향을 끼치는 두 가지'(二種熏)의] 다하거나 다하지 않는 면모를 밝힘〉(明[二種熏]盡不盡義)이다.

【별기】 "復次有四種熏習"[307]以下, 廣釋生滅門中有二, 初正廣釋意[308]在於前, 此下第二因言熏[309]明. 何者? 上言, "此識有二種義, 能攝一切法, 生一切法", 其能攝義, 上已廣說, 能生之義, 猶未分明. 是故此下, 廣明此識二義相熏, 能生一切染淨法義. 於中有三, 初卽總明染淨熏義, 二"云何"以下, 別顯二種熏習之相, 三"復次"以下, 總約二法, 明盡不盡義.

『별기』(1-695b17~c1)

"다시 네 가지의 '거듭 영향을 끼치는 면모'가 있기 때문에"(復次有四種法熏

306 『대승기신론』(T32, 576b10), 『회본』(H1, 747b13).

307 『대승기신론』 본문은 "復次有四種法熏習義故"이다. 본문에 따라 교감하여 번역한다.

308 '意'는 『소』에 따라 '竟'으로 교감하여 번역한다.

309 '熏'은 『소』에 따라 '重'으로 교감하여 번역한다.

習義故) 이하에서는, '[근본무지에 따라] 생멸하는 측면'(生滅門)을 자세히 해석하는 것에 있는 ['[핵심을] 곧바로 자세히 해석함'(正廣釋)과 '['모든 현상을 생겨나게 할 수 있다'(能生一切法)는] 말에 따라 거듭 밝힘'(因言重明)의] 두 가지 가운데 처음 것인 '[핵심을] 곧바로 자세히 해석함'(正廣釋)이 앞에서 끝났기에, 이 아래부터는 두 번째로 '['모든 현상을 생겨나게 할 수 있다'(能生一切法)는] 말에 따라 거듭 밝힌다'(因言重明). 어째서인가? 앞[의 『대승기신론』 본문]에서 "이 [아리야]식에는 ['깨달음'(覺)과 '깨닫지 못함'(不覺)의] 두 가지 면모가 있어서 모든 현상을 포섭할 수 있고 모든 현상을 생겨나게 할 수 있다"(此識有二種義, 能攝一切法, 生一切法)[310]라고 말한 것에서, 저 '포섭할 수 있는 면모'(能攝義)는 앞에서 이미 자세하게 설명했지만 '생겨나게 할 수 있는 면모'(能生之義)는 아직 분명하지 않기 때문이다. 그러므로 이 아래에서는, 이 [아리야]식識[이 지닌 '포섭할 수 있음'(能攝)과 '생겨나게 할 수 있음'(能生)]의 '두 가지 면모'(二義)가 서로 영향을 끼치면서 '모든 오염된 현상과 온전한 현상을 생겨나게 할 수 있는 면모'(能生一切染淨法義)를 자세히 밝힌다.

여기에 세 가지가 있으니, 첫 번째는 바로 '오염된 것과 온전한 것으로써 거듭 영향을 끼치는 면모'(染淨熏義)를 총괄적으로 밝힌 것이고, 두 번째는 "어떻게"(云何) 이하에서 ['오염시켜 가면서 거듭 영향을 끼침'(染熏習)과 '온전하게 하면서 거듭 영향을 끼침'(淨熏習), 이] '거듭 영향을 끼치는 두 가지 양상'(二種熏習之相)을 '하나씩 드러낸 것'(別顯)이며, 세 번째는 "다시"(復次) 이하에서 ['오염시켜 가면서 거듭 영향을 끼침'(染熏習)과 '온전하게 하면서 거듭 영향을 끼침'(淨熏習), 이] 두 가지에 총괄적으로 의거하여 '['오염시켜 가면서 거듭 영향을 끼침'(染熏習)과 '온전하게 하면서 거듭 영향을 끼침'(淨熏習), 이 '거듭 영향을 끼치는 두 가지'(二種熏)의] 다하거나 다하지 않는 면모'(盡不盡義)를 밝힌 것이다.

---

310 『대승기신론』(T32, 576b10), 『회본』(H1, 747b13).

〈『소』와 『별기』의 구문 대조〉

『소』(1-720a9~17)	『별기』(1-695b17~c1)
"復次有四種法熏習①義故"以下, 廣釋生滅門②內有二分中, 初正廣釋竟在於前, 此下第二因言重明. 何者? ③如上文言"此識有二種義, 能攝一切法, 生一切法", ④然其攝義, ⑤前已廣說, 能生之義, 猶未分明. 是故此下, ⑥廣顯是義. ⑦文中有五. 一者, 擧數總標, 二者, 依數列名, 三者, 總明熏習之義, 四者, 別顯熏習之相, 第五, 明盡不盡義.	"復次有四種熏習(①)"以下, 廣釋生滅門②中有二, 初正廣釋意[311]在於前, 此下第二因言熏[312]明. 何者? ③上言, "此識有二種義, 能攝一切法, 生一切法", ④其能攝義, ⑤上已廣說, 能生之義, 猶未分明. 是故此下, ⑥廣明此識二義相熏, 能生一切染淨法義. ⑦於中有三, 初卽總明染淨熏義, 二"云何"以下, 別顯二種熏習之相, 三"復次"以下, 總約二法, 明盡不盡義.
※『별기』⑥: 『별기』에 있던 내용이 『소』에서 삭제된 것이나 마찬가지이다. ※『별기』⑦: 『소』에서 '거수총표擧數總標'와 '의수열명依數列名'이 추가된 것 이외에는 과문에 차이가 거의 없다.	

復次有四種法熏習義故, 染法淨法起不斷絶, 云何爲四? 一者, 淨法, 名爲眞如. 二者, 一切染因, 名爲無明. 三者, 妄心, 名爲業識. 四者, 妄境界, 所謂六塵.

『논』(T32, 578a14~17); 『회본』(1-767c19~22)

다시 네 가지의 '거듭 영향을 끼치는 면모'(熏習義)가 있기 때문에 '오염된 현상'(染法)과 '온전한 현상'(淨法)이 일어나 끊어지지 않으니, 어떤 것이 네 가지인가? 첫 번째는 '온전한 현상'(淨法)이니, '참 그대로'(眞如)라고 부른다. 두 번째는 '모든 오염의 원인'(一切染因)이니, 근본무지(無明)라고 부른다. 세 번째는 '잘못 분별하는 마음'(妄心)이니, '[근본무지에 따라 처음] 움직이는 식'(業識)이라고 부른다. 네 번째는 '잘못 분별된 대상'(妄境

311 '意'는 『소』에 따라 '竟'으로 교감하여 번역한다.

312 『별기』의 편집주에 "'熏'은 '重'인 듯하다"라고 되어 있다. 편집주에 따라 '重'으로 교감하여 번역한다.

界)이니, 이른바 '인식 능력의 여섯 가지 대상'(六塵)이다.

【소】 擧數, 列名, 文相可知.

『소』(1-720a18); 『회본』(1-767c23); 『별기』에 없음.

[첫 번째로는] '숫자를 매겨 [총괄적으로 제시했고]'(擧數[總標]),[313] [두 번째로는] '[숫자에 따라] 명칭을 열거했으니'([依數]列名),[314] 글의 내용은 [어렵지 않게] 알 수 있다.

㉮ '거듭 영향을 끼침'의 뜻을 총괄적으로 밝힘(總明熏習之義)

熏習義者, 如世間衣服, 實無於香, 若人以香而熏習故, 則有香氣, 此亦如是. 眞如淨法, 實無於染, 但以無明而熏習故, 則有染相, 無明染法, 實無淨業, 但以眞如而熏習故, 則有淨用.

『논』(T32, 578a17~21); 『회본』(1-768a1~5)

'거듭 영향을 끼치는 면모'(熏習義)라는 것은, 마치 세간의 의복에 실제로는 향기가 없지만 사람이 향기 나는 것으로써 거듭 영향을 끼치기 때문에 [의복에] 향기가 있게 되는 것과 같으니, 이 ['거듭 영향을 끼치는 면모'(熏習義)]도 이와 같다. '참 그대로인 온전한 현상'(眞如淨法)에는 실제로는 '[근본무지에 따르는] 오염'(染)이 없지만 단지 근본무지(無明)로써 거듭 영향을 끼치기 때문에 '오염된 양상'(染相)이 있게 되고, '근본무지에 오염된 현상'(無明染法)에는 실제로는 '['참 그대로'(眞如)에 따르는] 온전한 행위'(淨業)

313 『소』의 '擧數'는 '인언중명因言重明'의 다섯 가지 과문 중에 첫째인 '거수총표擧數總標'로서, 『대승기신론』 본문으로는 "復次, 有四種法熏習義故, 染法, 淨法起不斷絶. 云何爲四?"에 해당한다.

314 『소』의 '列名'은 '인언중명因言重明'의 다섯 가지 과문 중에 둘째인 '의수열명依數列名'으로서, 『대승기신론』 본문으로는 "一者, 淨法, 名爲眞如. 二者, 一切染因, 名爲無明. 三者, 妄心, 名爲業識. 四者, 妄境界, 所謂六塵"에 해당한다.

가 없지만 단지 '참 그대로'(眞如)로써 거듭 영향을 끼치기 때문에 '온전한 작용'(淨用)이 있게 된다.

【소】 第三之中, 先喩後合. 合中言"眞如淨法"者, 是本覺義, "無明染法"者, 是不覺義. 良由一識含此二義, 更互相熏, 遍生染淨. 此意正釋經本所說不思議熏不思議變義也. 問. 『攝大乘』說, "要具四義, 方得受熏", 故言常法不能受熏, 何故此中說熏眞如? 解云. 熏習之義, 有其二種. 彼論且約可思議熏, 故說常法不受熏也. 此論明其不可思議熏, 故說無明熏眞如, 眞如熏無明. 顯意不同, 故不相違. 然此文中, 生滅門內性淨本覺, 說名眞如, 故有熏義, 非謂眞如門中眞如. 以其眞如門中, 不說能生義.

『소』(1-720a19~b7); 『회본』(1-768a6~19)

세 번째[인 〈'거듭 영향을 끼침'의 뜻을 총괄적으로 밝힘〉(總明熏習之義)] 중에서 앞은 비유(喩)고, 뒤는 '[비유와의] 합치'(合)이다. '[비유와의] 합치'(合) 중에서 말한 "참 그대로인 온전한 현상"(眞如淨法)이라는 것은 '깨달음 본연의 면모'(本覺義)이고, "근본무지에 오염된 현상"(無明染法)이라는 것은 '깨닫지 못함의 면모'(不覺義)이다. 실로 '[아리야식阿梨耶識이라는] 하나의 식識'(一識)은 이 '두 가지 면모'(二義)를 [모두] 품고 있기 때문에 [이 '두 가지 면모'(二義)가] 다시 '서로 거듭 영향을 끼치면서'(相熏) 두루 오염된 현상과 온전한 현상을 생겨나게 한다. 이 뜻은 '[『대승기신론』의] 토대가 되는 경'(經本)[315]에서 말한 '생각으로는 이루 헤아릴 수 없는 거듭된 영향력'(不思議熏)과 '생각으로는 이루 헤아릴 수 없는 변화'(不思議變)의 면모(義)에 관해 [그 핵심을] 곧바로 해석한 것이다.

묻는다. 『섭대승론석』에서는 "네 가지 면모를 갖추어야 비로소 거듭된 영향을 받을 수 있다"[316]라고 말한다. 따라서 '완전한 현상'(常法)은 거듭된

315 『사권능가경』을 가리킨다. 『능가아발다라보경』 권1(T16, 483a19~21). "大慧, 不思議薰, 及不思議變, 是現識因. 大慧, 取種種塵, 及無始妄想薰, 是分別事識因."

영향을 받을 수 없다고 말하는데, 어째서 이 [『대승기신론』]에서는 〈[근본무지(無明)가] ‘참 그대로’(眞如)에 거듭 영향을 끼친다〉(熏眞如)라고 말하는가?

의문을 풀어 주겠다. ‘거듭 영향을 끼치는 면모’(熏習之義)에는 두 가지가 있다. [한 가지는,] 저 『섭대승론석』은 ‘생각으로 헤아릴 수 있는 거듭된 영향력’(可思議熏)[의 측면]에 의거하였기 때문에 〈‘완전한 현상’(常法)은 거듭된 영향을 받지 않는다〉고 말한 것이다. [다른 한 가지는,] 이 『기신론』은 그 ‘생각으로 이루 헤아릴 수 없는 거듭된 영향력’(不可思議熏)[의 측면]을 밝히고 있기 때문에 〈근본무지(無明)가 ‘참 그대로’(眞如)에 거듭 영향을 끼치고, ‘참 그대로’(眞如)가 근본무지에 거듭 영향을 끼친다〉고 말한 것이다. [『섭대승론석』과 『기신론』이] 드러내는 뜻이 같지 않으므로 서로 어긋나지 않는다. 그런데 이 [『기신론』의] 본문에서는 ‘생멸하는 측면’(生滅門) 안에서의 〈본래의 온전함인 ‘깨달음의 본연’〉(性淨本覺)을 ‘참 그대로’(眞如)라고 말하기 때문에 [‘[근본무지에 따라] 생멸하는 측면’(生滅門)에서의 ‘참 그대로’(眞如)에] ‘거듭 영향을 끼치는 면모’(熏[習]義)가 있다는 것이지, ‘참 그대로인 측면’(眞如門)에서의 ‘참 그대로’(眞如)[에 ‘거듭 영향을 끼치는 면모’(熏習義)가 있다는 것은] 아니다. 그 ‘참 그대로인 측면’(眞如門)에서는 ‘[모든 현상을] 생겨나게 하는 면모’(能生義)를 말하지 않기 때문이다.

【별기】 初中言“眞如”者, 是本覺義, “無明”者, 是不覺義. 良由一識含此二義, 更互相熏, 遍生一切. 此是正釋經本之中不思議熏變義也. 餘文可

316 『섭대승론석攝大乘論釋』 권2(T31, 166a7~19). “熏義有四種. 一若相續堅住難壞. 則能受熏. 若疏動則不然. 譬如風不能受熏. 何以故. 此風若相續在一由旬內. 熏習亦不能隨逐. 以散動疏故. 若瞻波花所熏油. 百由旬內熏習則能隨逐. 以堅住故. 二若無記氣則能受熏. 是故蒜不受熏. 以其臭故. 沈麝等亦不受熏. 以其香故. 若物不爲香臭所記則能受熏. 猶如衣等. 三可熏者. 則能受熏. 是故金銀石等皆不可熏. 以不能受熏故. 若物如衣油等. 以能受熏. 故名爲可熏. 四若能所相應則能受熏. 若生無間. 是名相應故得受熏. 若不相應. 則不能受熏. 若異不可熏說是熏體相者. 若異此四義.” 이 내용은 『섭대승론攝大乘論』 및 『섭대승론석』에 나오지 않는다. 위의 내용을 고려하여 재구성한 것으로 보인다.

解. 問.『攝大乘』說, “要具四義, 方能受熏, 故說常法不能受熏”, 何故此中說以無明熏於眞如? 答. 彼論且約可思議熏, 故說常法不能受熏. 此論就於不思議熏, 故說無明熏眞如, 眞如熏無明. 如是二種熏義異故, 二論不相違也.

『별기』(1-695c2~11)

처음에서 말한 “참 그대로[인 온전한 현상]”(眞如[淨法])이라는 것은 ‘깨달음 본연의 면모’(本覺義)이고, “근본무지[에 오염된 현상]”(無明[染法])이라는 것은 ‘깨닫지 못함의 면모’(不覺義)이다. 실로 ‘[아리야식阿梨耶識이라는] 하나의 식識’(一識)은 이 ‘두 가지 면모’(二義)를 [모두] 품고 있기 때문에 [이 ‘두 가지 면모’(二義)가] 다시 ‘서로 거듭 영향을 끼치면서’(相熏) 두루 모든 현상을 생겨나게 한다. 이 뜻은 ‘[『대승기신론』의] 토대가 되는 경’(經本)에서 [말한] ‘생각으로는 이루 헤아릴 수 없는 거듭된 영향력과 변화’(不思議熏變)의 면모(義)에 관해 [그 핵심을] 곧바로 해석한 것이다. 나머지 글들은 [그 뜻을 어렵지 않게] 이해할 수 있을 것이다.

묻는다. 『섭대승론석』에서는 “네 가지 면모를 갖추어야 비로소 거듭된 영향을 받을 수 있으니, 따라서 ‘완전한 현상’(常法)은 거듭된 영향을 받을 수 없다”고 말하였는데, 어째서 이 [『대승기신론』]에서는 〈근본무지(無明)로써 ‘참 그대로’(眞如)에 거듭 영향을 끼친다〉(以無明熏於眞如)라고 말하는가?

답한다. 저 『섭대승론석』은 ‘생각으로 헤아릴 수 있는 거듭된 영향력’(可思議熏)[의 측면]에 의거하였기 때문에 〈‘완전한 현상’(常法)은 거듭된 영향을 받을 수 없다〉고 말하였다. [그리고] 이 『대승기신론』은 ‘생각으로는 이루 헤아릴 수 없는 거듭된 영향력’(不思議熏)[의 측면]에 의거하였기 때문에 〈근본무지(無明)가 ‘참 그대로’(眞如)에 거듭 영향을 끼치고, ‘참 그대로’(眞如)가 근본무지(無明)에 거듭 영향을 끼친다〉고 말하였다. 이와 같이 ‘거듭 영향을 끼치는 두 가지 면모’(二種熏義)가 [서로] 다르기 때문에 [『섭대승론석』과 『기신론』, 이] 두 논서[가 드러내는 뜻]은 서로 어긋나지 않는다.

〈『소』와 『별기』의 구문 대조〉

『소』(1-720a19~b7);『회본』(1-768a6~19)	『별기』(1-695c2~11)
①第三之中, 先喩後合. ②合中言"眞如③淨法"者, 是本覺義, "無明④染法"者, 是不覺義. 良由一識含此二義, 更互相熏, 遍生⑤染淨. 此⑥意正釋經本⑦所說不思議熏⑧不思議變義也. (⑨) 問.『攝大乘』說, "要具四義, 方⑩得受熏, 故⑪言常法不能受熏", 何故此中說(⑫)熏(⑬)眞如? ⑭解云. ⑮熏習之義, 有其二種. 彼論且約可思議熏, 故說常法⑯不受熏也. 此論⑰明其不可思議熏, 故說無明熏眞如, 眞如熏無明. ⑱顯意不同, 故不相違. ⑲然此文中, 生滅門內性淨本覺, 說名眞如, 故有熏義, 非謂眞如門中眞如. 以其眞如門中, 不說能生義.	(①) ②初中言"眞如(③)"者, 是本覺義, "無明(④)"者, 是不覺義. 良由一識含此二義, 更互相熏, 遍生⑤一切. 此⑥是正釋經本⑦之中不思議熏(⑧)變義也. ⑨餘文可解. 問.『攝大乘』說, "要具四義, 方⑩能受熏, 故⑪說常法不能受熏", 何故此中說⑫以無明熏⑬於眞如? ⑭答. (⑮) 彼論且約可思議熏, 故說常法⑯不能受熏. 此論⑰就於不思議熏, 故說無明熏眞如, 眞如熏無明. ⑱如是二種熏義異故, 二論不相違也. (⑲)
※『소』의 문장 ⑲는 『별기』에는 없는 내용을 새로 추가한 부분이다. '생멸하는 측면'(生滅門) 안에서의 〈본래의 온전함인 '깨달음의 본연'〉(性淨本覺)을 '참 그대로'(眞如)라고 부른다는 점을 분명히 하고 있다.	

㉯ 오염과 온전함의 '두 가지 거듭 영향을 끼치는 것'을 하나씩 밝힘(別明二種熏習)

云何熏習, 起染法不斷? 所謂以依眞如法故, 有於無明, 以有無明染法因故, 卽熏習眞如. 以熏習故, 則有妄心, 以有妄心, 卽熏習無明. 不了眞如法故, 不覺念起, 現妄境界. 以有妄境界染法緣故, 卽熏習妄心, 令其念著, 造種種業, 受於一切身心等苦. 此妄境界熏習義則有二種. 云何爲二? 一者, 增長念熏習, 二者, 增長取熏習. 妄心熏習義有二種. 云何爲二? 一者, 業識根本熏習, 能受阿羅漢辟支佛一切菩薩生滅苦故. 二者, 增長分別事識熏習, 能受凡夫業繫苦故. 無明熏習義有二種. 云何爲二? 一者, 根本熏習, 以能成就業識義故. 二者, 所起見愛熏習, 以能成就分別事識義故.

『논』(T32, 578a21~b6); 『회본』(1-768a21~b12)

어떻게 '거듭 영향을 끼쳐'(熏習) '오염된 현상'(染法)을 일으켜 끊어지지 않는가? 이른바 '참 그대로인 현상'(眞如法)[이 있다는 사실]에 의거하기 때문에 근본무지(無明)[를 말할 수]가 있고, '근본무지에 오염된 현상'(無明染法)이라는 원인(因)이 있기 때문에 곧 [그 원인이] '참 그대로'(眞如)[인 현상]에 거듭 영향을 끼친다. [그리고 '참 그대로인 현상'(眞如法)에] 거듭 영향을 끼치기 때문에 곧 '잘못 분별하는 마음'(妄心)이 있게 되고, 잘못 분별하는 마음이 있기 때문에 곧 근본무지에 [다시] 거듭 영향을 끼친다. [또한] [이 '잘못 분별하는 마음'(妄心)에 거듭 영향을 받은 근본무지로 인해] '참 그대로인 현상'(眞如法)을 제대로 알지 못하기 때문에 '깨닫지 못하여 분별하는 생각'(不覺念)이 일어나 '잘못 분별된 대상세계'(妄境界)를 나타낸다. [그리고] '잘못 분별된 대상세계라는 오염된 현상'(妄境界染法)과의 '관계 맺음'(緣)이 있기 때문에 곧 [그 '관계 맺음'(緣)이] '잘못 분별하는 마음'(妄心)에 [다시] '거듭 영향을 끼치고'(熏習) 그 ['잘못 분별하는 마음'(妄心)으로 하여금] '분별하는 생각'(念)에 집착하게 하여 갖가지 [분별에 따르는] 행위(業)를 지어 몸과 마음[으로 겪는] 모든 괴로움을 받는 것이다.

이 '잘못 분별된 대상세계가 거듭 영향을 끼치는 면모'(妄境界熏習義)에는 두 가지가 있다. 무엇이 두 가지인가? 첫 번째는 〈'분별하는 생각'을 더 키우는 데 거듭 영향을 끼치는 것〉(增長念熏習)이고, 두 번째는 '집착을 더 키우는 데 거듭 영향을 끼치는 것'(增長取熏習)이다.

'잘못 분별하는 마음이 거듭 영향을 끼치는 면모'(妄心熏習義)에도 두 가지가 있다. 무엇이 두 가지인가? 첫 번째는 〈'[근본무지에 따라 처음] 움직이는 식'이 근본에 거듭 영향을 끼치는 것〉(業識根本熏習)이니, '[소승의] 성자'(阿羅漢)·'연기緣起의 이치로 혼자 깨달으려는 수행자'(辟支佛)·'[자신의 이로움과 타인의 이로움을 함께 추구하는] 대승의 모든 수행자'(一切菩薩)로 하여금 '[근본무지를 조건으로] 생멸하는 괴로움'(生滅苦)을 받게 하는 것이다. 두 번째는 〈'현상을 [불변·독자의 실체로 간주하여] 분별하는 식'을 더 키우는 데 거듭 영향을 끼치는 것〉(增長分別事識熏習)이니, 보통사람(凡夫)으로 하여금 '행위에 얽힌 괴로움'(業繫苦)을 받게 하는 것이다.

'근본무지가 거듭 영향을 끼치는 면모'(無明熏習義)에도 두 가지가 있다. 무엇이 두 가지인가? 첫 번째는 '근본에 거듭 영향을 끼치는 것'(根本熏習)이니, 〈'[근본무지에 따라 처음] 움직이는 식'의 면모〉(業識義)를 이루게 할 수 있기 때문이다. 두 번째는 〈생겨난 '[잘못 분별하는] 견해'(見)와 애착(愛)에 거듭 영향을 끼치는 것〉(所起見愛熏習)이니, 〈'현상을 [불변 · 독자의 실체로 간주하여] 분별하는 식'의 면모〉(分別事識義)를 이루게 할 수 있기 때문이다.

ㄱ. '오염시켜 가는 거듭 영향을 끼침'을 밝힘(明染熏)

【소】 "云何"以下, 第四別明. 於中有二, 先染後淨. 染中亦二, 先問後答. 答中有二, 略明廣顯. 略中言"依眞如法, 有無明"[317]者, 是顯能熏所熏之體也. "以有無明, 熏習眞如"[318]者, 根本無明熏習義也. "以熏習故, 有妄心"[319]者, 依無明熏有業識心也. 以是妄心還熏無明, 增其不了, 故成轉識及現識等. 故言"不覺念起, 現妄境界". 以是境界還熏現識, 故言"熏習妄心"也. "令其念著"者, 起第七識也, "造種種業"者, 起意識也, "受一切苦"[320]者, 依業受果也.

『소』(1-720b8~19); 『회본』(1-768b13~23)

"어떻게"(云何) 이하는 네 번째인 〈['거듭 영향을 끼치는 양상'을] 하나씩 밝힘〉(別明[熏習之相])이다. 이 중에는 두 가지가 있으니, 먼저는 '오염[시켜 가는 '거듭 영향을 끼침'에 관한 것]'(染[熏習])이고 나중은 '온전[하게 해 주는 '거듭 영향을

317 『대승기신론』 본문은 "以依眞如法故, 有於無明"이다. 원문에 따라 '故'를 추가한다.
318 『대승기신론』 본문은 "以有無明染法因故, 卽熏習眞如"이다.
319 『대승기신론』 본문은 "以熏習故, 則有妄心"이다.
320 『대승기신론』 본문은 "受於一切身心等苦"이다.

끼침'에 관한 것]'(淨[熏習])이다. '오염[시켜 가는 '거듭 영향을 끼침'에 관한 것]'(染[熏習])에도 두 가지가 있는데, 먼저는 물음이고 나중은 대답이다. 대답 가운데도 두 가지가 있으니, '간략히 밝힘'(略明)과 '자세하게 드러냄'(廣顯)이다.

'간략히 밝힘'(略明)에서 말한 "'참 그대로인 현상'[이 있다는 사실]에 의거하기 때문에 근본무지[를 말할 수]가 있다"(依眞如法故, 有於無明)라는 것은, '영향을 주는 것'(能熏)과 '영향을 받는 것'(所熏)의 기본(體)을 드러낸 것이다. "'근본무지[에 오염된 현상'이]라는 원인이 있기 때문에 곧 [그 원인이] '참 그대로'[인 현상]에 거듭 영향을 끼친다"(以有無明[染法因故], [卽]熏習眞如)라는 것은, '근본적인 무지가 거듭 영향을 끼치는 면모'(根本無明熏習義)이다. "['참 그대로인 현상'(眞如法)에] 거듭 영향을 끼치기 때문에 [곧] '잘못 분별하는 마음'이 있다"(以熏習故, [則]有妄心)라는 것은, '근본무지가 거듭 영향을 끼침'(無明熏)에 의거하여 〈'[근본무지에 따라 처음] 움직이는 식'이라고 하는 마음〉(業識心)이 있게 된다는 것이다.

['[근본무지에 따라 처음] 움직이는 식'(業識)이라는] 이 '잘못 분별하는 마음'(妄心)이 다시 근본무지(無明)에 거듭 영향을 끼쳐 '제대로 알지 못함'(不了)을 더욱 키우기 때문에 '[불변·독자의 실체로 간주되는 주관으로] 바뀌어 가는 식'(轉識)과 '[불변·독자의 실체로 간주되는 대상을] 나타내는 식'(現識)을 이루어낸다. 그러므로 "'깨닫지 못하여 분별하는 생각'이 일어나 '잘못 분별된 대상세계'를 나타낸다"(不覺念起, 現妄境界)라고 말하였다.

이 '[잘못 분별된] 대상세계'([妄]境界)가 다시 '[불변·독자의 실체로 간주되는 대상을] 나타내는 식'(現識)에 거듭 영향을 끼치기 때문에 "'잘못 분별하는 마음'에 [다시] 거듭 영향을 끼친다"(熏習妄心)라고 말하였다. "그 ['잘못 분별하는 마음'(妄心)으로 하여금] '분별하는 생각'에 집착하게 한다"(令其念著)라는 것은 제7식을 일으킴이고, "갖가지 [분별에 따르는] 행위를 짓는다"(造種種業)라는 것은 [제6]의식을 일으킴이며, "[몸과 마음으로 겪는] 모든 괴로움을 받는 것이다"(受[於]一切[身心等]苦)라는 것은 행위(業)에 따라 과보를 받는 것이다.

【별기】 第二[321]別明中，先明起染，初略後廣．言“以熏習故，卽有妄心”者，是業識也．以此妄心熏於無明，令彼無明不了無相，故使妄心有能見現諸境相．故言“不覺念起，現妄境界”．“不覺念起”是轉相也，“妄境界”是現相也．以此境界熏前妄心，起七識浪，執著前境，故言“卽熏妄心，合[322]其念著”等．略說竟．

『별기』(1-695c11~18);『회본』에 일부 있음.

두 번째인 '하나씩 밝힘'(別明)에서는 먼저 ['거듭 영향을 끼침'(熏習)에 의해] 오염(染)[된 현상]을 생겨나게 하는 것을 밝혔는데, 처음은 간략하게 나중은 자세하게 하였다. "['참 그대로인 현상'(眞如法)에] 거듭 영향을 끼치기 때문에 곧 '잘못 분별하는 마음'이 있게 된다"(以熏習故, 卽有妄心)라고 말한 것에서, ['잘못 분별하는 마음'(妄心)은] '[근본무지에 따라 처음] 움직이는 식'(業識)[을 가리킨 것]이다.

['[근본무지에 따라 처음] 움직이는 식'(業識)이라는] 이 '잘못 분별하는 마음'(妄心)이 [다시] 근본무지(無明)에 거듭 영향을 끼쳐 저 근본무지로 하여금 '불변 · 독자의 실체'(相)가 없음을 제대로 알지 못하게 하기 때문에 '잘못 분별하는 마음'(妄心)으로 하여금 〈'[불변 · 독자의 실체로 간주되는] 주관'(能見)이 '[불변 · 독자의 실체로 간주되는] 온갖 대상'(諸境相)을 나타내는 양상(相)〉(能見現諸境相)이 있게 한다. 그러므로 "'깨닫지 못하여 분별하는 생각'이 일어나 '잘못 분별된 대상세계'를 나타낸다"(不覺念起, 現妄境界)라고 말하였다. "'깨닫지 못하여 분별하는 생각'이 일어난다"(不覺念起)라는 것은 '[불변 · 독자의 실체로 간주되는 주관으로] 바뀌어 가는 양상'(轉相)이고, "잘못 분별된 대상세계"(妄境界)라는 것은 '[불변 · 독자의 실체로 간주되는 대상을] 나타내는 양상'(現相)이다. 이 '[잘못 분별된] 대상세계'([妄]境界)가 앞서의 '잘못 분별하는 마음'(妄心)에 거듭 영향

321 『소』의 과문으로는 네 번째이지만 『별기』의 과문으로는 두 번째이다. 앞서의 『별기』(1-695b17~c1) 내용에서 거론되고 있다.

322 '合'은 '令'의 오기이다.

을 끼쳐 '일곱 가지 식'(七識)의 파도를 일으키고, ['일곱 가지 식'(七識)이 다시] 앞의 '[잘못 분별된] 대상[세계]'([妄]境[界])에 집착하게 하니, 그러므로 "'잘못 분별하는 마음'에 [다시] 거듭 영향을 끼치고 그 ['잘못 분별하는 마음'(妄心)으로 하여금] '분별하는 생각'에 집착하게 한다"(卽熏妄心, 令其念著) 등으로 말하였다. 간략한 설명은 [여기서] 끝난다.

〈『소』와 『별기』의 구문 대조〉

『소』(1-720b8~19)	『별기』(1-695c11~18)
"云何"以下第四別明. 於中有二, 先染後淨. 染中亦二, 先問後答. 答中有二, 略明廣顯. 略中言"依眞如法, 有無明"者, 是顯能熏所熏之體也. "以有無明, 熏習眞如"者, 根本無明熏習義也. "以熏習故, 有妄心"者, 依無明熏有業識心也. 以是妄心還熏無明, 增其不了, 故成轉識及現識等. 故言"不覺念起, 現妄境界". 以是境界還熏現識, 故言"熏習妄心"也. "令其念著"者, 起第七識也, "造種種業"者, 起意識也, "受一切苦"者, 依業受果也.	第二別明中, 先明起染, 初略後廣. 言"以熏習故, 卽有妄心"者, 是業識也. 以此妄心熏於無明, 令彼無明不了無相, 故使妄心有能見現諸境相. 故言"不覺念起, 現妄境界". "不覺念起"是轉相也, "妄境界"是現相也. 以此境界熏前妄心, 起七識浪, 執著前境, 故言"卽熏妄心, 令其念著"等. 略說竟.
※ 이 부분에 대한 『별기』와 『소』의 내용은 구문 대조가 불가능할 정도로 비슷한 문구가 거의 나타나지 않는다. ※ 『회본』에는 『별기』 가운데 "不覺念起是轉相也, 妄境界是現相也" 부분만 세주로 수록되어 있다(1-768b20).	

【소】 次廣說中, 廣前三義, 從後而說, 先明境界. "增長念"者, 以境界力增長事識中法執分別念也. "增長取"者, 增長四取煩惱障也. 妄心熏習中"業識根本熏習"者, 以此業識能熏無明, 迷於無相, 能起轉相現相相續. 彼三乘人出三界時, 雖離事識分段麤苦, 猶受變易梨耶行苦, 故言"受三乘生滅苦"[323]也. 通而論之, 無始來有, 但爲簡麤細二種熏習, 故約已離麤苦時說也. "增長分別事識熏習"者, 在於凡位, 說分段苦也. 無明熏習

中“根本熏習”者，根本不覺也．“所起見愛熏習”者，無明所起意識見愛，卽是枝末不覺義也．

『소』(1-720b19~c8);『회본』(1-768b24~c13)

다음으로 '자세하게 설명함'(廣說)에서는 앞의 세 가지 뜻을 자세히 설명하는데, 뒤에서부터 설명하여 먼저 '[잘못 분별된] 대상세계[가 거듭 영향을 끼치는 면모]'([妄]境界[熏習義])에 대해 밝혔다. "'분별하는 생각'을 더 키운다"(增長念)라는 것은, '[잘못 분별된] 대상세계'([妄]境界)의 영향력에 의해 '현상을 [불변·독자의 실체로 간주하여] 분별하는 식'([分別]事識) 가운데의 '현상에 불변·독자의 실체나 본질이 있다고 하는 집착에 의한 분별심'(法執分別念)을 더욱 키우는 것이다. "집착을 더 키운다"(增長取)라는 것은, '네 가지에 집착하는'(四取)[324] '번뇌로 인한 장애'(煩惱障)를 더욱 키우는 것이다.

'잘못 분별하는 마음이 거듭 영향을 끼치는 것'(妄心熏習) 가운데 "'[근본무지에 따라 처음] 움직이는 식'이 근본에 거듭 영향을 끼치는 것"(業識根本熏習)이라는 것은, 이 '[근본무지에 따라 처음] 움직이는 식'(業識)이 근본무지(無明)에 거듭 영향을 끼쳐 [저 근본무지로 하여금] '불변·독자의 실체가 없다[는 사실]'(無相)을 알지 못하게 하여 '[불변·독자의 실체로 간주되는 주관으로] 바뀌어 가

---

323 『대승기신론』 본문 "能受阿羅漢辟支佛一切菩薩生滅苦故"를 압축한 것이다.

324 사취四取: '취取'(upādāna)는 번뇌의 별명으로 대상(境界)에 집착하는 행위를 의미한다. 여기에는 네 가지가 있는데, 첫 번째는 '감각적 욕망에 대한 집착'(欲取)이고, 두 번째는 '견해에 대한 집착'(見取)이며, 세 번째는 '[무조건] 지키거나 [무조건] 금해야 한다는 것에 대한 집착'(戒禁取)이고, 네 번째는 '불변·독자의 실체인 자아가 있다는 집착'(我取)을 가리킨다. 이에 대한 기술은 『상윳따 니까야』(제12 인연상응)에서 찾아볼 수 있다. 니까야 원문과 이에 대응하는 『잡아함경雜阿含經』의 원문을 제시하면 다음과 같다. "Katamañ ca bhikkhave upādānaṃ. Cattarimānī bhikkhave upādānāni. kāmupādānaṃ diṭṭhupādānaṃ sīlavabbatupādānaṃ. attavādupādānaṃ. Idam vuccati bhikkhave upādānaṃ"(SN. II ,p.3).;『잡아함경』 권12(T2, 85b8~10). "緣愛取者, 云何爲取? 四取; 欲取, 見取, 戒取, 我取." 한편 『아비달마구사론阿毘達磨俱舍論』 등의 아비달마 논서에서는 네 번째 취取를 '아어취我語取'로 규정하고 있다. 『아비달마구사론』 권20(T29, 107b24~25). "取謂四取. 一欲取, 二見取, 三戒禁取, 四我語取."

는 양상'(轉相)과 '[불변 · 독자의 실체로 간주되는 대상을] 나타내는 양상'(現相)을 일으켜 서로 이어 가게 하는 것이다.

저 '[성문 · 연각 · 보살] 세 종류의 수행자들'(三乘)이 [근본무지에 매인] '[욕망세계(欲界) · 유형세계(色界) · 무형세계(無色界), 이] 세 가지 세계'(三界)에서 벗어날 때에, 비록 '현상을 [불변 · 독자의 실체로 간주하여] 분별하는 식'([分別]事識)에 의한 '일정하게 제한된 수명과 형상을 가지고 받는 뚜렷한 괴로움'(分段[325]麤苦)에서는 벗어나지만 아직 〈[근본무지에 매인] 아리야식에 의한 '바뀌어 변하는 작용 자체의 괴로움'〉(變易梨耶行苦)을 받으니, 따라서 "[성문 · 연각 · 보살] 세 종류의 수행자들로 하여금 '[근본무지를 조건으로] 생멸하는 괴로움'을 받게 한다"(受三乘生滅苦)라고 말하였다. 통틀어 논하자면 [이런 고통들은] 시작을 알 수 없는 때부터 있지만, 단지 뚜렷하거나 미세한 두 종류의 '거듭 영향을 끼침'(熏習)을 분간하기 위하여 〈'뚜렷해진 괴로움'(麤苦)에서 벗어난 때〉(已離麤苦時)에 의거하여 말한 것이다. "'현상을 [불변 · 독자의 실체로 간주하여] 분별하는 식'을 더 키우는 데 거듭 영향을 끼치는 것"(增長分別事識熏習)이라는 것은, '보통사람의 수준'(凡位)에서 '일정하게 제한된 수명과 형상을 가지고 받는 괴로움'(分段苦)을 말한 것이다.

'근본무지가 거듭 영향을 끼치는 것'(無明熏習) 가운데 '근본에 거듭 영향을 끼치는 것'(根本熏習)이라는 것은, '근본적인 깨닫지 못함'(根本不覺)[의 면모]이다. "생겨난 '[잘못 분별하는] 견해'와 애착에 거듭 영향을 끼치는 것"(所起

325 분단分段과 변역變易: 분단과 변역이라는 개념은 '분단생사分段生死'와 '변역생사變易生死'라는 대칭적 용어에서 등장한다. 분단생사는 유위생사有爲生死라고도 하는데, 삼계三界 내의 생사生死로서 육도六道에 윤회하는 중생의 과보가 각기 달라 모습과 수명에 각각 다른 '일정한 제한'(分限)이 있는 생사이다. 이에 비해 변역생사는 무위생사無爲生死라고도 하는데, 삼승三乘의 성인이 무루無漏의 비원력悲願力에 따라 원래의 분단신分段身을 바꾸어 모습과 수명에 제한이 없는 변역신變易身을 얻은 생사이다. 여기서는 분단과 변역 개념을 '일정하게 제한된 수명과 형상을 가지고 받는 뚜렷한 괴로움'(分段麤苦) 및 〈[근본무지에 매인] 아리야식에 의한 '바뀌어 변하는 작용 자체의 괴로움'〉(變易梨耶行苦)이라는 용어로 사용하고 있다.

見愛熏習)이란 근본무지에 의해 생겨난 [제6]의식의 견해(見)와 애착(愛)[에 거듭 영향을 끼치는 것]이니, 다름 아닌 '지말에서 깨닫지 못하는 면모'(枝末不覺義)이다.

【별기】 此下廣釋. 言"增長念"者, 法執分別也, "增長取"者, 四取煩惱也. 言"業識根本熏習"者, 以此業識熏習無明, 迷於無相故, 起能見及境界相, 見相相續, 生死不絶. 此見及相, 在梨耶識. 彼三乘人, 雖離分別事識分段繫業麤苦, 猶受梨耶微細行苦, 故言"三乘生滅苦"[326]也. 言"增長分別事識熏習"者, 所謂意識見愛煩惱之所增長, 故能受三界繫業之果. 故言"凡夫業繫苦"[327]也. 無明熏中言"根本熏習"者, 謂根本無明熏習眞如. 令其動念是名業識, 故言"成就業識義"也. 言"所起見愛熏習"者, 根本無明所起見愛. 熏其意識, 起麤分別, 是名分別事識. 如上文云, "意識現名分別事識, 依見愛煩惱增長義".[328] 故言"成就分別事識".

『별기』(1-695c18~696a11); 『회본』에 일부 있음.

이 아래는 자세하게 해석한 것이다.

"분별하는 생각을 더 키운다"(增長念)라는 것은 '현상에 불변·독자의 실체나 본질이 있다고 하는 집착에 의한 분별'(法執分別)[을 더욱 키우는 것]이고, "집착을 더 키운다"(增長取)라는 것은 '네 가지에 집착하는 번뇌'(四取煩惱)[를 더욱 키우는 것]이다.

"'[근본무지에 따라 처음] 움직이는 식'이 근본에 거듭 영향을 끼치는 것"(業識

326 『대승기신론』 본문 "能受阿羅漢辟支佛一切菩薩生滅苦故"를 압축한 것이다.

327 『대승기신론』 본문은 "能受凡夫業繫苦故"이다.

328 『대승기신론』(T32, 577b24~27)의 "의식意識이라 부르며 또 '[여섯 가지 객관대상을 불변·독자의 실체로] 분리하는 식'(分離識)이라고도 부르고 또한 '현상을 [불변·독자의 실체로 간주하여] 분별하는 식'(分別事識)이라고도 말한다. 이 [의]식[意]識은 '견해[에 미혹된] 번뇌와 [현상에] 애착하는 번뇌'(見愛煩惱)가 증가하여 자라 가는 면모에 의거하기 때문이다"(名爲意識, 亦名分離識, 又復說名分別事識. 此識依見愛煩惱增長義故)라는 구절의 내용을 압축한 것이다.

根本熏習)이라고 말한 것은, 이 '[근본무지에 따라 처음] 움직이는 식'(業識)이 근본무지(無明)에 거듭 영향을 끼쳐 [저 근본무지로 하여금] '불변 · 독자의 실체가 없다[는 사실]'(無相)을 알지 못하게 하기 때문에 '[불변 · 독자의 실체로서 간주되는] 주관'(能見)과 '[불변 · 독자의 실체로서 간주되는] 대상세계'(境界) 양상(相)들을 일으켜 '[불변 · 독자의 실체로 간주되는] 주관으로서의 면모'(見分)와 '[불변 · 독자의 실체로 간주되는] 객관으로서의 면모'(相分)가 서로 이어 가면서 [근본무지에 매인] 생사生死를 끊어지지 않게 한다. 이 '[불변 · 독자의 실체로 간주되는] 주관으로서의 면모'(見[分])와 '[불변 · 독자의 실체로 간주되는] 객관으로서의 면모'(相[分])는 아리야식阿梨耶識[의 범주]에 있다.

저 '[성문 · 연각 · 보살] 세 종류의 수행자들'(三乘)이 비록 '현상을 [불변 · 독자의 실체로 간주하여] 분별하는 식'([分別]事識)에 의한 '일정하게 제한된 수명과 형상을 가지고 행위에 얽매여 받는 뚜렷한 괴로움'(分段繫業麤苦)에서는 벗어나지만 아직 〈'[근본무지에 매인] 아리야식'에 의한 '작용 자체의 미세한 괴로움'〉(梨耶微細行苦)을 받으니, 따라서 "[성문 · 연각 · 보살] 세 종류의 수행자들의 '[근본무지를 조건으로] 생멸하는 괴로움'"(三乘生滅苦)이라고 말하였다.

"'현상을 [불변 · 독자의 실체로 간주하여] 분별하는 식'을 더 키우는 데 거듭 영향을 끼치는 것"(增長分別事識熏習)이라 말한 것은, 이른바 [제6]의식의 견해(見)와 애착(愛)에 의한 번뇌가 더 늘어난 것이니, 그러므로 [근본무지에 매인] '[욕망세계(欲界) · 유형세계(色界) · 무형세계(無色界), 이] 세 가지 세계'(三界)에서의 행위에 얽매인 과보를 받을 수 있게 한다. 따라서 "보통사람들의 '행위에 얽힌 괴로움'"(凡夫業繫苦)이라고 말하였다.

'근본무지가 거듭 영향을 끼치는 것'(無明熏[習]) 가운데서 말한 "근본에 거듭 영향을 끼치는 것"(根本熏習)이라는 것은, '근본적인 무지'(根本無明)가 '참 그대로'(眞如)[인 현상]에 거듭 영향을 끼치는 것이다. 그 ['참 그대로'(眞如)[인 현상]에 거듭 영향을 끼쳐] 움직인 '분별하는 생각'(念)을 '[근본무지에 따라 처음] 움직이는 식'(業識)이라 부르니, 그러므로 "'[근본무지에 따라 처음] 움직이는 식'의 면모를 이루게 한다"(成就業識義)라고 말하였다.

“생겨난 ‘[잘못 분별하는] 견해’와 애착에 거듭 영향을 끼치는 것”(所起見愛熏習)이라 말한 것은, ‘근본적인 무지’(根本無明)에 의해 생겨난 [제6]의식의 견해(見)와 애착(愛)[에 거듭 영향을 끼치는 것]이다. 그 [제6]의식에 거듭 영향을 끼쳐 ‘뚜렷한 분별’(麤分別)을 일으키니, 이것을 ‘현상을 [불변 · 독자의 실체로 간주하여] 분별하는 식’(分別事識)이라고 부른다. 앞의 『기신론』 본문에서 “[제6]의식의 나타남을 ‘현상을 [불변 · 독자의 실체로 간주하여] 분별하는 식’이라고 부르니, 견해[에 미혹된] 번뇌와 [현상에] 애착하는 번뇌’가 증가하여 자라 가는 면모에 의거한다”(意識現名分別事識, 依見愛煩惱增長義)라고 말한 것과 같다. 그러므로 “‘현상을 [불변 · 독자의 실체로 간주하여] 분별하는 식’을 이루게 한다”(成就分別事識)라고 말하였다.

〈『소』와 『별기』의 구문 대조〉

『소』(1-720b19~c8)	『별기』(1-695c18~696a11)
①次廣說中, 廣前三義, 從後而說, 先明境界. (②)“增長念”者, ③以境界力增長事識中法執分別④念也. “增長取”者, ⑤增長四取煩惱⑥障也. ⑦妄心熏習中“業識根本熏習”者, 以此業識能熏無明, 迷於無相, 能起轉相現相相續. ⑧彼三乘人出三界時, 雖離事識分段麤苦, 猶受變易梨耶行苦, 故言“受三乘生滅苦”也. ⑨通而論之, 無始來有, 但爲簡麤細二種熏習, 故約已離麤苦時說也. ⑩“增長分別事識熏習”者, 在於凡位, 說分段苦也. ⑪無明熏習中“根本熏習”者, 根本不覺也. ⑫“所起見愛熏習”者, 無明所起意識見愛, 卽是枝末不覺義也.	①此下廣釋. ②言“增長念”者, (③)法執分別(④)也, “增長取”者, (⑤)四取煩惱(⑥)也. ⑦言“業識根本熏習”者, 以此業識熏習無明, 迷於無相故, 起能見及境界相, 見相相續, 生死不絶. 此見及相, 在梨耶識. ⑧彼三乘人, 雖離分別事識分段繫業麤苦, 猶受梨耶微細行苦, 故言“三乘生滅苦”也. (⑨) ⑩言“增長分別事識熏習”者, 所謂意識見愛煩惱之所增長, 故能受三界繫業之果. 故言“凡夫業繫苦”也. ⑪無明熏中言“根本熏習”者, 謂根本無明熏習眞如. 令其動念是名業識, 故言“成就業識義”也. ⑫言“所起見愛熏習”者, 根本無明所起見愛. 熏其意識, 起麤分別, 是名分別事識. 如上文云, “意識現名分別事識, 依見愛煩惱增長義”. 故言“成就分別事識”.
※ 이 부분은 『별기』와 『소』 사이에 서술의 가감이 크게 드러난다. 따라서 글자 및 단어의 차이를 모두 표시하여 제기하기가 곤란하기 때문에 의미 단위별로 밑줄을 그	

어 논술의 전체적인 차이만을 제시하였다. 물론 『소』의 ③과 ⑨처럼 『별기』에는 없던 문장이 새롭게 서술된 부분도 나타난다.

※ 『회본』에는 『별기』 가운데 〈言"增長分別事識熏習"者, 所謂意識見愛煩惱之所增長, 故能受三界繫業之果. 故言"凡夫業繫苦"也. 無明熏中言"根本熏習"者, 謂根本無明熏習眞如. 令其動念是名業識, 故言"成就業識義"也. 言"所起見愛熏習"者, 根本無明所起見愛. 熏其意識, 起麤分別, 是名分別事識. 如上文云, "意識現名分別事識, 依見愛煩惱增長義". 故言"成就分別事識".〉 부분만 수록되어 있다(1-768c14~22).

ㄴ. '온전하게 하면서 거듭 영향을 끼침'을 밝힘(明淨熏)

云何熏習, 起淨法不斷? 所謂以有眞如法故, 能熏習無明, 以熏習因緣力故, 則令妄心厭生死苦, 樂求涅槃. 以此妄心有厭求因緣故, 卽熏習眞如, 自信己性. 知心妄動, 無前境界, 修遠離法. 以如實知無前境界故, 種種方便, 起隨順行, 不取不念, 乃至久遠熏習力故, 無明則滅. 以無明滅故, 心無有起, 以無起故, 境界隨滅. 以因緣俱滅故, 心相皆盡, 名得涅槃成自然業.

『논』(T32, 578b6~15); 『회본』(1-768c23~769a9)

어떻게 '거듭 영향을 끼쳐'(熏習) '온전한 현상'(淨法)을 일으켜 끊어지지 않는가? 이른바 '참 그대로인 현상'(眞如法)이 있기 때문에 근본무지(無明)에 거듭 영향을 끼칠 수 있고, [이] 거듭 영향을 끼치는 인연의 힘 때문에 곧 '잘못 분별하는 마음'(妄心)으로 하여금 [근본무지에 매인] 생사의 괴로움을 싫어하고 [궁극적 안락인] 열반을 즐겁게 추구하게 한다. [그리고] 이 '잘못 분별하는 마음'(妄心)에 [무명에 매인 생사의 괴로움을] 싫어하고 [열반을] 추구하는 인연이 있게 되므로 곧 '참 그대로'(眞如)에 거듭 영향을 끼쳐 스스로 자신의 '[참 그대로인] 온전한 본연'(性)을 믿게 된다. [그러고는] 〈'마음이 [불변 · 독자의 실체로 나누는] 분별에 따라 움직인 것이어서'(心妄動) 이전의 '[잘못 분별된] 대상세계'([妄]境界)는 [본래] 없다〉는 것을 알아 '[잘못 분별한 세계에서] 멀리 떠나는 도리를 익힌다'(修遠離法).

〈이전의 '[잘못 분별된] 대상세계'는 [본래] 없다는 것〉(無前境界)을 '사실 그대로 알기'(如實知) 때문에 갖가지 '수단과 방법'(方便)으로 '적절한 수행'(隨順行)을 일으킬지라도 '집착하지 않고 분별하지도 않으면서'(不取不念) ['참 그대로'(眞如)에] '오랫동안 거듭 영향을 끼치는 힘'(久遠熏習力)에까지 도달하기 때문에 [마침내] 근본무지(無明)가 소멸한다. [그리고] 근본무지가 소멸하기 때문에 마음에 ['잘못 분별함'(妄念)이] 일어남이 없고, ['잘못 분별하는 마음'(妄心)이] 일어남이 없기 때문에 [잘못 분별된] 대상세계(境界)도 그에 따라 사라진다. [이와 같이] ['오염된 현상'(染法)의] 원인(因)[인 근본무지]와 조건(緣)[인 '잘못 분별하는 마음'(妄心)과 '잘못 분별된 대상세계'(妄境界)]가 모두 소멸했기 때문에 '[근본무지에 따르는] 마음의 양상'(心相)이 모두 사라지니, [이것을] 〈열반을 증득하여 '사실 그대로에 따르는 온전한 행위'를 이룸〉(得涅槃成自然業)이라고 일컫는다.

ㄱ) 진여훈습眞如熏習과 망심훈습妄心熏習에 관해 간략히 밝힘(略明)

【소】"云何"以下, 次明淨熏. 於中有二, 先問後答. 答中亦二, 略明廣顯. 略中先明眞如熏習, 次明妄心熏習. 此中有五. 初言"以此妄心乃至自信己性"[329]者, 是明十信位中信也. 次言"知心妄動, 無前境界, 修遠離法"者, 是顯三賢位中修也. "以如實知無前境界故"者, 是明初地見道, 唯識觀之成也. "種種以下乃至久遠熏習力故",[330] [331] 是顯十地修道位中修萬行也. "無明卽滅"以下, 第五顯於果地證涅槃也.

『소』(1-720c9~19); 『회본』(1-769a10~20)

"어떻게"(云何) 이하는 다음으로 〈온전하게 하면서 '거듭 영향을 끼침'〉(淨熏)을 밝힌다. 그중에는 두 가지가 있으니, 앞은 질문이고 뒤는 대답이

329 『대승기신론』 본문은 "以此妄心有厭求因緣故, 卽熏習眞如, 自信己性"이다.

330 '者'가 누락된 것으로 보인다.

331 『대승기신론』 본문은 "種種方便, 起隨順行, 不取不念, 乃至久遠熏習力故"이다.

다. 대답에도 두 가지가 있으니, '간략하게 밝힘'(略明)과 '자세하게 드러냄'(廣顯)이다. '간략하게 밝힘'(略明)에서는 먼저 〈'참 그대로'(眞如)에 거듭 영향을 끼치는 것〉(眞如熏習)을 밝혔고, 다음으로 〈'잘못 분별하는 마음'(妄心)에 거듭 영향을 끼치는 것〉(妄心熏習)을 밝혔다.

여기에는 다섯 가지가 있다. 처음에 말한 "이 '잘못 분별하는 마음'에 [[무명에 매인 생사의 괴로움을] 싫어하고 [열반을] 추구하는 인연이 있게 되므로 곧 '참 그대로'에 거듭 영향을 끼쳐] 스스로 자신의 '[참 그대로인] 온전한 본연'(性)을 믿게 된다"(以此妄心乃至自信己性)라는 것은, [보살의 수행단계 가운데] '믿음을 세우는 열 가지 단계'(十信位)에서의 '믿음'(信)을 밝힌 것이다.

다음으로 말한 "마음이 [근본무지에 매인] 분별에 따라 움직였고 이전의 '[잘못 분별된] 대상세계'는 [본래] 없다는 것을 알아 '[잘못 분별한 세계에서] 멀리 떠나는 도리를 익힌다"(知心妄動, 無前境界, 修遠離法)라는 것은, '[십주十住 · 십행十行 · 십회향十迴向, 이] 세 가지 지혜로운 경지'(三賢位)에서의 '익힘'(修)을 밝힌 것이다.

[세 번째로 말한] "이전의 '[잘못 분별된] 대상세계'는 [본래] 없다는 것을 사실 그대로 알기 때문에"(以如實知無前境界故)라는 것은, '['열 가지 본격적인 수행경지'(十地)의] 첫 번째 경지'(初地)인 '[진리다운] 이해를 밝혀 가는 수행'(見道)에서 '[모든 현상은] 오로지 분별하는 마음[에 의한 구성]일 뿐이라는 이해'(唯識觀)가 성취됨을 밝힌 것이다.

[네 번째로 말한] "갖가지 ['수단과 방법'(方便)으로 '적절한 수행'(隨順行)을 일으킬지라도 '집착하지 않고 분별하지도 않으면서'(不取不念) ['참 그대로인 현상'(眞如法)에]] '오랫동안 거듭 영향을 끼치는 힘'에까지 도달하기 때문에"(種種以下乃至久遠熏習力故)라는 것은, '열 가지 본격적인 수행경지'(十地)의 '[선정을 토대로 이해를] 거듭 익혀 가는 수행단계'(修道位)에서 '온갖 수행'(萬行)을 익히는 것을 밝힌 것이다.

"근본무지가 소멸한다"(無明卽滅) 이하는 다섯 번째로 '[수행을 원인으로 하여 성취한] 결과의 지위'(果地)에서 열반을 증득함을 밝혔다.

【별기】 起淨法中, 亦先略後廣, 略文可知.

『별기』(1-696a11~12)

'[거듭 영향을 끼치면서] 온전한 현상을 일으키는 것'(淨法[熏習])[에 대한 설명] 가운데도 먼저는 간략하게 밝히고 나중은 자세하게 밝혔는데, 간략하게 밝히는 문장은 [어렵지 않게] 알 수 있다.

〈『소』와 『별기』의 구문 대조〉

『소』(1-720c9~19)	『별기』(1-696a11~12)
"云何"以下, 次明淨熏. 於中有二, 先問後答. 答中亦二, 略明廣顯. 略中先明眞如熏習, 次明妄心熏習. 此中有五. 初言"以此妄心乃至自信己性"者, 是明十信位中信也. 次言"知心妄動, 無前境界, 修遠離法"者, 是顯三賢位中修也. "以如實知無前境界故"者, 是明初地見道, 唯識觀之成也. "種種以下乃至久遠熏習力故", 是顯十地修道位中修萬行也. "無明卽滅"以下, 第五顯於果地證涅槃也.	起淨法中, 亦先略後廣, 略文可知.
※ 『소』에서 『기신론』 본문의 하나하나를 주석하고 있는 것과는 달리, 『별기』에서는 '거듭 영향을 끼치면서 온전한 현상을 발생시키는 것'(淨法熏習)을 설명한 부분이라는 짧은 서술로 마무리하고 있다. 『소』의 주석에서는 '열 가지 본격적인 수행경지'(十地)를 비롯하여 보살의 수행 지위를 폭넓게 적용하고 있다는 점이 주목된다.	

ㄴ) 망심훈습妄心熏習과 진여훈습眞如熏習에 관해 자세히 설명함(廣說)

妄心熏習義有二種. 云何爲二? 一者, 分別事識熏習, 依諸凡夫二乘人等厭生死苦, 隨力所能, 以漸趣向無上道故. 二者, 意熏習, 謂諸菩薩發心, 勇猛速趣涅槃故.

『논』(T32, 578b15~18); 『회본』(1-769a21~b1)

〈'잘못 분별하는 마음'(妄心)에 거듭 영향을 끼치는 뜻〉(妄心熏習義)에는 두 가지가 있다. 무엇이 두 가지인가? 첫 번째는 '현상을 [불변·독자의 실체로 간주하여] 분별하는 식에 거듭 영향을 끼치는 것'(分別事識熏習)이니,

모든 보통사람(凡夫)과 '[성문聲聞, 연각緣覺] 두 부류의 수행자들'(二乘人)이 '[근본무지에 매인] 생사의 괴로움'(生死苦)을 싫어하는 것에 의거하여 능력껏 '가장 높은 진리'(無上道)를 향해 점차 나아가는 것이다. 두 번째는 '[[근본무지에 따라 처음] 움직이는 식'(業識)인] 의意에 거듭 영향을 끼치는 것'(意熏習)이니, 모든 보살이 '[최고의 깨달음을 구하는] 마음을 일으켜'(發心) 용맹하게 속히 열반으로 나아가는 것이다.

(ㄱ) '잘못 분별하는 마음에 거듭 영향을 끼치는 것'을 밝힘(明妄熏)

【소】 次廣說中, 先明妄熏. 於中"分別事識"者, 通而言之, 七識皆名分別事識, 就强而說, 但取意識. 以分別用强, 通緣諸事故. 今此文中, 就强而說. 此識不知諸塵唯識, 故執心外實有境界. 凡夫二乘, 雖有趣向, 而猶計有生死可厭涅槃可欣, 不異分別事識之執. 故名"分別事識熏習". "意熏習"者, 亦名"業識熏習". 通而言之, 五種之識, 皆名爲意, 義如上說. 就本而言, 但取業識, 以最微細, 作諸識本. 故於此中業識名意. 如是業識見相未分. 然諸菩薩, 知心妄動, 無別境界, 解一切法唯是識量, 捨前外執, 順業識義, 故名"業識熏習", 亦名爲"意熏習". 非謂無明所起業識, 卽能發心修諸行也.

『소』(1-720c20~721a10); 『회본』(1-769b2~17)

다음으로 '자세하게 설명한 것'(廣說)에서는 먼저 '잘못 분별[하는 마음]에 거듭 영향을 끼치는 것'(妄[心]熏[習])을 밝힌다. 그중에서 "현상을 [불변·독자의 실체로 간주하여] 분별하는 식"(分別事識)이라는 것은, 통틀어 말하면 일곱 가지 식을 모두 '현상을 [불변·독자의 실체로 간주하여] 분별하는 식'(分別事識)이라고 부르지만, [작용의] 강력함[이라는 측면]에서 말하면 단지 제6의식意識만을 취한다. 분별하는 작용이 강하여 모든 현상들과 공통으로 관계 맺기 때문이다. 지금 이 [『기신론』] 본문에서는 [작용의] 강력함[이라는 측면]에서 말한 것이다. 이 [제6의식으로서의] '[현상을 [불변·독자의 실체로 간주하여] 분별하는] 식'([分別事]識)은 모든 대상세계(塵)가 '오로지 분별하는 마음[에 의한 구성]일 뿐'(唯識)[이라는 사실]을 알지 못하니, 따라서 마음의 밖에 '[독자적 실체로서의] 대상세계'(境界)가 실제로 있다고 집착한다. [또] 보통사람(凡夫)과 '[성문聲聞, 연각緣覺] 두 부류의 수행자들'(二乘)은 비록 [진리를] 향하여 나아감이 있을지라도 아직 '싫어해야 하는 생사'(生死可厭)와 '좋아해야 하는 열반'(涅槃可欣)이 [각기 별개의 것으로] 있다고 분별하기에 '현상을 [불변 · 독자의 실체로 간주하여] 분별하는 식'(分別事識)의 집착과 다르지 않다. 그러므로 "현상을 [불변 · 독자의 실체로 간주하여] 분별하는 식에 거듭 영향을 끼치는 것"(分別事識熏習)이라 부른 것이다.

"의意에 거듭 영향을 끼치는 것"(意熏習)이란, 〈'[근본무지에 따라 처음] 움직이는 식'에 거듭 영향을 끼치는 것〉(業識熏習)이라고도 한다. 통틀어서 말하면, ['[근본무지에 따라 처음] 움직이는 식'(業識) · '[불변 · 독자의 실체로 간주되는 주관으로] 바뀌어 가는 식'(轉識) · '[불변 · 독자의 실체로 간주되는 대상을] 나타내는 식'(現識) · '분별하는 식'(智識) · '[분별을] 서로 이어 가는 식'(相續識), 이] 다섯 가지 식識을 모두 '의意'라고 부르니, [그] 뜻은 앞에서 설명한 것과 같다. [그런데] 근본[이라는 측면]에서 말하자면 단지 '[근본무지에 따라 처음] 움직이는 식'(業識)을 취할 뿐이니, 가장 미세하여 모든 식의 근본이 되기 때문이다. 따라서 이 ['[근본무지에 따라 처음] 움직이는 식'(業識) · '[불변 · 독자의 실체로 간주되는 주관으로] 바뀌어 가는 식'(轉識) · '[불변 · 독자의 실체로 간주되는 대상을] 나타내는 식'(現識) · '분별하는 식'(智識) · '[분별을] 서로 이어 가는 식'(相續識), 이 다섯 가지] 중에서 '[근본무지에 따라 처음] 움직이는 식'(業識)을 의意라고 부른다. 이러한 '[근본무지에 따라 처음] 움직이는 식'(業識)은 〈'[불변 · 독자의 실체로 간주되는] 주관으로서의 면모'(見分)와 '[불변 · 독자의 실체로 간주되는] 객관으로서의 면모'(相分)가 아직 [별개로] 나뉘지 않은 것〉(見相未分)이다. 그리하여 모든 보살은 〈마음이 [불변 · 독자의 실체로 나누는] 분별에 따라 움직인 것이지 [불변 · 독자의 실체로 존재하는] 별도의 대상세계는 없다〉(知心妄動, 無別境界)는 것을 알아 '모든 현상들은 오로지 식이 [분별로] 헤아린 것일 뿐'(一切法唯是識量)이라는 것을 이해하여, '[불변 · 독자의 실체로 존재하는] 외부[대상]에 대한 이전의 집착을 버리고 '[근본무지에 따라 처음] 움직이는 식의 면모'(業識義)에 따르니, 따라서 "'[근본무지에 따라 처음] 움직이는 식'에 거듭 영향을 끼치는 것"(業識熏習)이라 부르고, 또한 "의意에 거듭 영향을 끼치는 것"(意熏習)이라고도 한다. [이것은] 근본무지(無明)가 일으킨 '[처음] 움직이는 식'(業識)을 말하려는 것이 아니라, ['처음 움직이는 식의 면모'(業識義)에 따라] [최고의 깨달음을 구하는] 마음을 일으켜 갖가지 수행을 닦는 것을 말한다.

【별기】 廣明中言"分別事識熏習"者, 通而言之, 七種識皆名分別事識, 義如前說. 就强而言, 但取意識, 以分別用强, 遍緣諸事故. 今此文中, 就强而說. 此識不知諸塵是轉識現, 故執心外實有境界. 凡夫二乘, 雖有趣向, 而計爲生死可厭涅槃可欣, 不異本執. 故名"分別事識熏習". 言"意熏習"者, 通而言之, 上五種識, 皆爲名意, 義如上說. 就本而說, 但取業識, 名之爲"意". 以此識最細, 而作本故. 業識義者, 雖有動念, 見相無別, 唯是識量, 是爲業識. 此諸菩薩, 智[332]心妄動, 無別境界, 解[333]一切法唯是識量, 皆前麤執似業識相, 故名"業識熏習", 亦名"意熏習". 非謂無明所起業識, 卽能覺知唯識道理也.

『별기』(1-696a12~b3)

'자세하게 설명한 것'(廣說)에서 말한 "현상을 [불변·독자의 실체로 간주하여] 분별하는 식에 거듭 영향을 끼치는 것"(分別事識熏習)이란, 통틀어 말하면 일곱 가지 식을 모두 '현상을 [불변·독자의 실체로 간주하여] 분별하는 식'(分別事識)이라 부르니 [그] 뜻은 앞에서 설명한 것과 같다. [그런데] [작용의] 강력함[이라는 측면]에서 말하면 단지 제6의식意識만을 취하니, 분별하는 작용이 강하여 모든 현상들과 두루 관계 맺기 때문이다. 지금 이 [『기신론』] 본문에서는 [작용의] 강력함[이라는 측면]에서 말한 것이다. 이 [제6의식으로서의] '[현상을 [불

332 '智'는 '知'의 오기로 보인다.
333 한불전에는 '餘'로 되어 있으나, 『소』에 따라 '解'로 교감한다.

변 · 독자의 실체로 간주하여] 분별하는] 식'([分別事]識)은 모든 대상세계(塵)가 '[불변 · 독자의 실체로 간주되는 주관으로] 바뀌어 가는 식'(轉識)이 나타낸 것임을 알지 못하니, 따라서 마음의 밖에 '[독자적 실체로서의] 대상세계'(境界)가 실제로 있다고 집착한다. [또] 보통사람(凡夫)과 '[성문聲聞, 연각緣覺] 두 부류의 수행자들'(二乘)은 비록 [진리를] 향하여 나아감이 있을지라도 '생사는 싫어해야 할 것'(生死可厭)이고 '열반은 좋아해야 할 것'(涅槃可欣)이라고 분별하기에 ['현상을 [불변 · 독자의 실체로 간주하여] 분별하는 식'] 본래의 집착과 다르지 않다. 그러므로 "현상을 [불변 · 독자의 실체로 간주하여] 분별하는 식에 거듭 영향을 끼치는 것"이라 부른 것이다.

"의意에 거듭 영향을 끼치는 것"(意熏習)이라 말한 것은, 통틀어서 말하면 위에서 말한 ['[근본무지에 따라 처음] 움직이는 식'(業識) · '[불변 · 독자의 실체로 간주되는 주관으로] 바뀌어 가는 식'(轉識) · '[불변 · 독자의 실체로 간주되는 대상을] 나타내는 식'(現識) · '분별하는 식'(智識) · '[분별을] 서로 이어 가는 식'(相續識), 이] 다섯 가지 식識을 모두 '의意'라고 부르니, [그] 뜻은 앞에서 설명한 것과 같다. [그런데] 근본[이라는 측면]에서 말하자면 단지 '[근본무지에 따라 처음] 움직이는 식'(業識)을 취하여 "의意"라고 부른다. 이 ['[근본무지에 따라 처음] 움직이는] 식은 가장 미세하여 모든 [식의] 근본이 되기 때문이다. '[근본무지에 따라 처음] 움직이는 식의 면모'(業識義)라는 것은, 비록 '[근본무지에 매여] 작동하는 분별'(動念)은 있지만 [아직] 〈'[불변 · 독자의 실체로 간주되는] 주관으로서의 면모'(見分)와 '[불변 · 독자의 실체로 간주되는] 객관으로서의 면모'(相分)가 [별개로] 나뉨이 없고〉(見相無別) 오로지 '식의 헤아림'(識量)일 뿐이니, 이것이 '[근본무지에 따라 처음] 움직이는 식'(業識)이다.

[그리하여] 모든 보살은 〈마음이 [불변 · 독자의 실체로 나누는] 분별에 따라 움직인 것이지 [불변 · 독자의 실체로 존재하는] 별도의 대상세계는 없다〉(知心妄動, 無別境界)는 것을 알아 '모든 현상들은 오로지 식이 [분별로] 헤아린 것일 뿐'(一切法唯是識量)이라는 것을 이해하여 모든 이전의 '뚜렷한 집착'(麤執)이 '[근본무지에 따라 처음] 움직이는 식의 양상'(業識相)과 비슷해지니, 따라서 "'[근

본무지에 따라 처음] 움직이는 식'에 거듭 영향을 끼치는 것"(業識熏習)이라 부르고, 또한 "의意에 거듭 영향을 끼치는 것"(意熏習)이라고도 한다. [이것은] 근본무지(無明)가 일으킨 '[처음] 움직이는 식'(業識)을 말하려는 것이 아니라, ['처음 움직이는 식의 면모'(業識義)에 따라] '오로지 분별하는 마음[에 의한 구성]일 뿐'(唯識)이라는 도리를 깨달아 알 수 있는 것을 말한다. 다름 아닌 ['처음 움직이는 식의 면모'(業識義)에 따라] '[모든 현상은] 오로지 분별하는 마음[에 의한 구성]일 뿐'(唯識)이라는 도리를 깨달아 아는 것을 말한다.

〈『소』와 『별기』의 구문 대조〉

『소』(1-720c20~721a10)	『별기』(1-696a12~b3)
①次廣說中，先明妄熏．於中"分別事識"者，通而言之，七(②)識皆名分別事識，(③) 就强而說，但取意識．以分別用强，④通緣諸事故．今此文中，就强而說．此識不知諸塵⑤唯識，故執心外實有境界．凡夫二乘，雖有趣向，而⑥猶計⑦有生死可厭涅槃可欣，不異⑧分別事識之執．故名"分別事識熏習"．(⑨)"意熏習"者，⑩亦名"業識熏習"．通而言之，(⑪)五種⑫之識，皆⑬名爲意，義如上說．就本而⑭言，但取業識，(⑮) ⑯以最微細，作諸識本．故於此中業識名意．如是業識見相未分．⑰然諸菩薩，⑱知心妄動，無別境界，解一切法唯是識量，⑲捨前外執，順業識義，故名"業識熏習"，亦名⑳爲"意熏習"．非謂無明所起業識，卽能㉑發心修諸行也．	①廣明中言"分別事識熏習"者，通而言之，七②種識皆名分別事識，③義如前說．就强而言，但取意識，以分別用强，④遍緣諸事故．今此文中，就强而說．此識不知諸塵⑤是轉識現，故執心外實有境界．凡夫二乘，雖有趣向，而(⑥)計⑦爲生死可厭涅槃可欣，不異⑧本執．故名"分別事識熏習"．⑨言"意熏習"者，(⑩) 通而言之，⑪上五種(⑫)識，皆⑬爲名意，義如上說．就本而⑭說，但取業識，⑮名之爲"意"．⑯以此識最細，而作本故．業識義者，雖有動念，見相無別，唯是識量，是爲業識．⑰此諸菩薩，⑱智心妄動，無別境界，解一切法唯是識量，⑲皆前麤執似業識相，故名"業識熏習"，亦名(⑳)"意熏習"．非謂無明所起業識，卽能㉑覺知唯識道理也．
※『별기』⑤의 "是轉識現"을 『소』에서는 "唯識"으로 바꾸어 유식唯識의 도리에 초점을 두고 있다.	

(ㄴ) '참 그대로에 거듭 영향을 끼치는 것'을 밝힘(明眞如熏習)

眞如熏習義有二種. 云何爲二? 一者, 自體相熏習, 二者, 用熏習. 自體相熏習者, 從無始世來, 具無漏法, 備有不思議業, 作境界之性. 依此二義, 恒常熏習, 以有力故, 能令衆生厭生死苦, 樂求涅槃, 自信己身有眞如法, 發心修行. 問曰. 若如是義者, 一切衆生悉有眞如, 等皆熏習, 云何有信無信, 無量前後差別? 皆應一時自知有眞如法, 勤修方便, 等入涅槃. 答曰. 眞如本一, 而有無量無邊無明, 從本已來, 自性差別, 厚薄不同故. 過恒沙等上煩惱, 依無明起差別, 我見愛染煩惱, 依無明起差別. 如是一切煩惱, 依於無明所起, 前後無量差別, 唯如來能知故. 又諸佛法有因有緣, 因緣具足乃得成辦. 如木中火性, 是火正因, 若無人知, 不假方便, 能自燒木, 無有是處. 衆生亦爾, 雖有正因熏習之力, 若不值遇諸佛菩薩善知識等, 以之爲緣, 能自斷煩惱入涅槃者, 則無是處. 若雖有外緣之力, 而內淨法未有熏習力者, 亦不能究竟厭生死苦, 樂求涅槃. 若因緣具足者, 所謂自有熏習之力, 又爲諸佛菩薩等慈悲願護故, 能起厭苦之心, 信有涅槃, 修習善根. 以修善根成熟故, 則値諸佛菩薩示敎利喜, 乃能進趣, 向涅槃道.

『논』(T32, 578b19~c14); 『회본』(1-769b18~c20)

〈'참 그대로'에 거듭 영향을 끼치는 뜻〉(眞如熏習義)에는 두 가지가 있다. 무엇이 두 가지인가? 첫 번째는 '[참 그대로'(眞如)의 면모가 지닌] 본연의 특징이 거듭 영향을 끼치는 것'(自體相熏習)이고, 두 번째는 '작용이 거듭 영향을 끼치는 것'(用熏習)이다.

'[참 그대로'(眞如)의 면모가 지닌] 본연의 특징이 거듭 영향을 끼치는 것'(自體相熏習)이란, ['참 그대로'(眞如) 본연의 면모가] 시작을 알 수 없는 때부터 '번뇌가 스며듦이 없는 현상'(無漏法)을 두루 갖추고 '생각으로는 이루 헤아릴 수 없는 행위들'(不思議業)을 갖추어 대상세계(境界)의 '온전한 면모'(性)를 만드는 것이다. 이 '두 가지 면모'(二義)에 의거하여 항상 거듭 영향을 끼쳐 [변화시키는] 힘이 있게 되므로, 중생으로 하여금 '[근본무지에 매인] 생사의 괴로움'(生死苦)을 싫어하고 열반을 즐겁게 추구하게 하며, 자기 자신에게 '참 그대로인 현상'(眞如法)이 있음을 스스로 믿어 [깨달음을 성취하려는] 마음을 내어 수행하게 한다.

묻는다. 만약 이와 같은 뜻이라면, 모든 중생에게는 '참 그대로'(眞如)[의 면모]가 있어 모두가 똑같이 [자신에게] 거듭 영향을 끼칠 것인데, 어찌하여 [중생들 각각에는 자신의 '참 그대로'(眞如)[의 면모]에 대한] 믿음이 있기도 하고 없기도 하는 것이 [그 정도가] 앞서거나 뒤서거나 하면서 무수한 차이들이 있는가? [중생들 모두 '참 그대로'(眞如)[의 면모]가 있으니] 모두가 동시에 [자신에게] '참 그대로'(眞如)[의 면모]가 있다는 것을 스스로 알아 [갖가지] '수행의 수단과 방법'(方便)들을 부지런히 익혀 똑같이 열반에 들어야만 할 것이다.

답한다. '참 그대로'(眞如)[의 면모]는 '[그] 본연이 하나[처럼 통하는 것]'(本一)이지만 한량없고 끝이 없는 근본무지(無明)가 있어서 본래부터 지금까지 [그] '자신의 온전한 면모'(自性)가 [불변·독자의 실체나 본질 관념에 의해] 차별되고 [그 차별의] 두터움과 엷음이 같지 않기 때문이다. 갠지스강의 모래알[의 개수]보다 많은 '[왕성한 근본번뇌인] 상층의 번뇌'(上煩惱)[334]가 근본무지(無明)에 의거하여 차별을 일으키며, 〈'나라는 견해'와 '나에 대한 애착'에 오염된 번뇌〉(我見愛[335]染煩惱)가 근본무지에 의거하여 차별을 일

334 상번뇌上煩惱: 상번뇌란 근본무지(無明)에 의해 생겨난 미혹 가운데 10가지 근본적인 번뇌가 강하고도 왕성하게 일어난 것을 뜻한다. 『승만경勝鬘經』에서는 "世尊! 此四住地力, 一切上煩惱依種, 比無明住地, 算數譬喩所不能及"(T12, 220a6~8)이라고 하여, 사주지四住地의 힘이 바로 상번뇌가 의거하는 종자라고 말한다. 또한 이 사주지 가운데 무명주지無明住地의 힘이 가장 강하다는 점도 거론되고 있다. "如是無明住地力, 於有愛數四住地, 其力最勝, 恒沙等數上煩惱依, 亦令四種煩惱久住. 阿羅漢辟支佛智所不能斷, 唯如來菩提智之所能斷." '상번뇌上煩惱'의 '상上'의 의미를 길장은 『승만보굴勝鬘寶窟』 권2에서 "四住所起煩惱, 麤強名上, 故云一切上煩惱"(T37, 52b11~12)라고 주석하고 있다.

335 아견애我見愛: 아견我見과 아애我愛를 가리킨다. 유식사상에서는 제7식識과 상응하는 4가지 번뇌를 제시하는데 이 가운데 첫 번째와 네 번째 번뇌가 아견과 아애이다. 『유식삼십송唯識三十頌』에 따르면, '자아가 실체로서 존재한다는 견해'(ātmadṛṣṭi, 我見), '자아[의 모습]에 대한 어리석음'(ātmamoha, 我癡), '자아의 실체성에 대한 오

으킨다. 이와 같이 모든 번뇌는 근본무지에 의거하여 일어나 앞서거나 뒤서거나 하면서 한량없이 차별되니, [이러한 일은] 오직 여래만이 알 수 있는 것이다.

또 모든 '부처가 되는 도리'(佛法)에는 [그것이 이루어지는] 원인(因)과 조건(緣)이 있으니, 원인과 조건이 [둘 다] 갖추어져야 [부처가 되는 도리가] 이루어질 수 있다. 마치 나무에 있는 '불에 타는 성질'(火性)이 불의 '직접적 원인'(正因)이지만, 만약 사람이 몰라서 [불을 붙이는] '수단과 방법'(方便)을 빌리지 않는다면 스스로 나무를 태울 수 있는 일은 있을 수 없는 것과 같다. 중생도 그와 같아서, 비록 '직접적 원인'(正因)인 [자신이 지닌 '참 그대로'(眞如)의 면모에 의한] '거듭 영향을 끼치는 힘'(熏習之力)이 있다고 해도, 만약 모든 부처와 보살 및 '일깨워 주는 사람'(善知識)들을 만나 그들을 [관계 맺는] 조건(緣)으로 삼지 않는다면, 스스로 번뇌를 끊고 열반으로 들어갈 수 있는 일은 있을 수가 없다.

[또] 비록 [관계 맺는] '외부 조건'(外緣)의 힘이 있다고 해도, 내면의 '온전한 현상'(淨法)에 아직 '거듭 영향을 끼치는 힘'(熏習之力)이 없는 사람이라면, 역시 '[근본무지에 매인] 생사의 괴로움'(生死苦)을 궁극적으로 싫어하고 열반을 즐겁게 추구할 수가 없다. [그런데] 만약 '원인과 조건'(因緣)을 모두 갖춘 사람이라면, 이른바 스스로 [자신이 지닌 '참 그대로'(眞如)의 면모에 의한] '거듭 영향을 끼치는 힘'(熏習之力)이 있고, 또 모든 부처와 보살 등의 '자비로운 보살핌'(慈悲願護)을 받기 때문에, '[생사의] 괴로움을 싫어하는 마음'(厭苦之心)을 일으키고 열반[의 즐거움]이 있음을 믿어 '[깨달음을 성취하는] 이로운 능력'(善根)을 닦아 익힐 수 있다. [그리고] '[깨달음을 성취하는] 이로운 능력'(善根)을 닦는 것이 무르익기 때문에 모든 부처와 보살이 보여 주고 가르치는 '이로움과 기쁨'(利喜)을 만나게 되고 이에 더 나아가 열반의 길로 향할 수 있다.

만'(ātmamāna, 我慢), '자아에 대한 애착'(ātmasneha, 我愛)이 4번뇌이다.

㉠ 하나씩 밝힘(別明)

A. '참 그대로의 면모가 지닌 본연의 특징'이 거듭 영향을 끼치는 것을 밝힘(明自體相熏習)

【소】 "眞如熏習"中有三, 一者, 擧數總標, 二者, 依數列名, 三者, 辨相. 辨相中有二, 一者, 別明, 二者, 合釋. 初別明中, 先明自體熏習. 於中有二, 一者, 直明, 二者, 遣疑. 初中言"具無漏法, 備有不思議業"者, 是在本覺不空門也, "作境界之性"者, 是就如實空門境說也. 依此本有境智之力, 冥熏妄心, 令起厭樂等也. "問曰"以下, 往復除疑, 問意可知. 答中有二, 初約煩惱厚薄明其不等, 後擧遇緣參差顯其不等. 初中言"過恒沙等上煩惱"者, 迷諸法門, 事中無知, 此是所知障所攝也. "我見愛染煩惱"者, 此是煩惱障所攝也. 答意可知. 又"諸佛"以下, 明緣參差. 有法喩合, 文相可見也.

『소』(1-721a11~b1); 『회본』(1-769c21~770a12); 『별기』에 없음.

"'참 그대로'에 거듭 영향을 끼침"(眞如熏習)[에 관한 설명]에는 세 가지가 있으니, 첫 번째는 '숫자를 매겨 총괄적으로 제시함'(擧數總標)이고, 두 번째는 '숫자에 따라 명칭을 열거함'(依數列名)이며, 세 번째는 '양상을 구별함'(辨相)이다. '양상을 구별함'(辨相)에도 두 가지가 있으니, 첫 번째는 '하나씩 밝힘'(別明)이고, 두 번째는 '종합적인 해석'(合釋)이다. 처음인 '하나씩 밝힘'(別明)에서는 먼저 '['참 그대로'(眞如)의 면모가 지닌] 본연[의 특징]이 거듭 영향을 끼치는 것'(自體[相]熏習)을 밝혔다. 여기에도 두 가지가 있으니, 첫 번째는 '곧바로 밝힘'(直明)이고 두 번째는 '의문을 제거함'(遣疑)이다.

처음에 말한 "'번뇌가 스며듦이 없는 현상'을 두루 갖추고, '생각으로는 이루 헤아릴 수 없는 행위들'을 갖추었다"(具無漏法, 備有不思議業)라는 것은 '깨달음의 본연'(本覺)이 지닌 '아무것도 없는 것이 아닌 측면'(不空門)에 있다는 것이고, "대상세계의 '온전한 면모'를 만든다"(作境界之性)라는 것은 〈사실 그대로인 '불변·독자의 실체가 없는 측면'에서의 대상세계〉(如實空門境)

에 의거하여 말한 것이다. 이 〈본연에 있는 '대상세계를 사실대로 보는 지혜의 힘'〉(本有境智之力)에 의거하여 '잘못 분별하는 마음'(妄心)에 '은근히 거듭 영향을 끼쳐'(冥熏) [생사의 괴로움을] 싫어하고 [열반을 추구하는 것을] 즐거워하는 [마음을] 일으키게 하는 것이다.

"묻는다"(問曰) 이하는 '[문답을] 주고받으면서 의심을 제거한 것'(往復除疑)이니, 질문한 뜻은 [어렵지 않게] 알 수 있다. 대답에는 두 가지가 있으니, 먼저는 '번뇌의 두터움과 얇음'(煩惱厚薄)에 의거하여 그 [자신의 '참 그대로'(眞如)[의 면모]에 대한 중생들의 믿음이] 같지 않음을 밝혔고, 나중은 ['부처가 되는 도리'(佛法)를 이루기 위해 관계 맺어야 하는] 조건(緣)을 만남에 여러 차이가 있음에 의거하여 그 [자신의 '참 그대로'(眞如)[의 면모]에 대한 중생들의 믿음이] 같지 않음을 드러내었다.

처음 가운데 말한 "갠지스강의 모래알[의 개수]보다 많은 '[왕성한 근본번뇌인] 상층의 번뇌'"(過恒沙等上煩惱)라는 것은 온갖 '진리의 문'(法門)에 미혹하여 '[대상세계의] 현상'(事)에 무지한 것이니, 이것은 '대상에 대한 이해를 가로막는 장애'(所知障)에 속한다. "'나라는 견해'와 '나에 대한 애착'에 오염된 번뇌"(我見愛染煩惱)라는 것은 '번뇌로 인한 장애'(煩惱障)에 속하는 것이다.

답변의 뜻은 [어렵지 않게] 알 수 있다. 또 "모든 부처[가 되는 도리]"(諸佛[法]) 이하는 [깨달음을 성취하기 위해 관계 맺어야 하는] 조건(緣)들의 여러 차이를 밝힌 것이다. 이치(法)와 비유(喩)와 '[비유와의] 합치'(合)가 있으니, [각각의] 글의 내용은 [어렵지 않게] 알 수 있다.

B. '외부 조건의 작용'이 거듭 영향을 끼치는 것을 밝힘(明用熏習)

用熏習者, 卽是衆生外緣之力. 如是外緣有無量義, 略說二種. 云何爲二? 一者, 差別緣, 二者, 平等緣. 差別緣者, 此人依於諸佛菩薩等, 從初發意始求道時, 乃至得佛, 於中若見若念, 或爲眷屬父母諸親, 或爲給使, 或爲知友, 或爲怨家, 或起四攝, 乃至一切所作無量行緣, 以起大悲熏習之力, 能令衆生增長善根, 若見若聞得利益故. 此緣有二種, 云何爲二?

一者, 近緣, 速得度故, 二者, 遠緣, 久遠得度故. 是近遠二緣, 分別復有二種, 云何爲二? 一者, 增長行緣, 二者, 受道緣. 平等緣者, 一切諸佛菩薩皆願度脫一切衆生, 自然熏習, 恒常不捨. 以同體智力故, 隨應見聞而現作業, 所謂衆生依於三昧, 乃得平等見諸佛故.

『논』(T32, 578c15~29); 『회본』(1-770a13~b5)

'작용이 거듭 영향을 끼치는 것'(用熏習)이란 바로 '중생의 외부조건과의 관계에서 작용하는 힘'(衆生外緣之力)이다. 이와 같은 외부조건(外緣)에는 한량없는 면모가 있는데, 간략하게 말하면 두 가지이다. 무엇이 두 가지인가? 첫 번째는 '차이 나는 조건들'(差別緣)이고, 두 번째는 '평등한 조건들'(平等緣)이다.

'차이 나는 조건들'(差別緣)이라는 것은 [다음과 같은 것이다.] 이 사람이 모든 부처와 보살 등을 의지하여 처음으로 [깨달음을 성취하려는] 뜻을 내어 비로소 깨달음(道)을 추구할 때부터 부처가 되기에 이르기까지, 그 과정에서 [누군가를] 보거나 생각하거나, [그 누군가가] 혹은 '[자기가] 속한 무리'(眷屬), 부모, 친지들이 되거나, 혹은 심부름꾼이 되거나, 혹은 친구가 되거나, 혹은 원수 집안이 되거나, 혹은 '[중생들을] 이끌어 교화하는 네 가지 방법'(四攝法)을 일으키거나, 또는 지어낸 한량없는 행위의 모든 관계들에 이르기까지, [그 모든 경우에서] '크나큰 연민으로써 거듭 영향을 끼쳐 가는 힘'(大悲熏習之力)을 일으켜서 중생으로 하여금 '[깨달음을 성취하는] 이로운 능력'(善根)을 더욱 늘어나게 하여 보거나 듣거나 이로움을 얻게 할 수 있는 것이다.

이러한 '차이 나는 조건들'(差別緣)에는 두 가지가 있으니, 무엇이 두 가지인가? 첫 번째는 '빨리 건너가게 하는 조건들'(近緣)이니 속히 [깨달음의 피안으로] 건너가기 때문이요, 두 번째는 '느리게 가게 하는 조건들'(遠緣)이니 오랜 시간이 지나야 [깨달음의 피안으로] 건너가기 때문이다. 이 빨리 건너가게 하거나 느리게 가게 하는 두 조건들을 다시 구별하면 두 가지가 있으니, 무엇이 두 가지인가? 첫 번째는 '수행을 향상시키는 조건'

(增長行緣)이요, 두 번째는 '깨달음을 얻게 하는 조건'(受道緣)이다.

'평등한 조건들'(平等緣)이란, 모든 부처와 보살들이 다 모든 중생을 구제하기를 원해서 자연히 거듭 영향을 끼치면서 항상 버리지 않는 것이다. '[중생을] 한 몸으로 여기는 지혜의 힘'(同體智力) 때문에 [중생이] 보거나 듣는 것에 응하면서 [불가사의한] 행위(業)를 짓는 것을 드러내니, 이른바 중생들이 삼매에 의거하여 평등하게 모든 부처를 보게 되는 것이 그것이다.

【소】 用熏習中, 文亦有三, 所謂總標, 列名, 辨相. 第二列名中, "差別緣"者, 爲彼凡夫二乘分別事識熏習而作緣也. 能作緣者, 十信以上乃至諸佛, 皆得作緣也. "平等緣"者, 爲諸菩薩業識熏習而作緣也. 能緣[336]者, 初地以上乃至諸佛, 要依同體智力, 方作平等緣故. 第三辨相中, 先明"差別緣". 於中有二, 合明開釋. 開釋中亦有二, 先開近遠二緣, 後開行解二緣. "增長行緣"者, 能起施戒等諸行故, "受道緣"者, 起聞思修而入道故. 平等緣中有二, 先明能作緣者, "所謂"以下, 釋平等義. "依於三昧, 平等見"[337]者, 十解以上諸菩薩等, 見佛報身無量相好, 皆無有邊離分齊相. 故言"平等見諸佛"也. 若在散心, 不能得見如是相好離分齊相, 以是故言"依於三昧"也. 上來別明體用熏習竟.

『소』(1-721b2~18); 『회본』(1-770b6~24)

'작용이 거듭 영향을 끼치는 것'(用熏習)[에 대한 설명]에서 [그] 문장에 또한 세 가지가 있으니, '총괄적으로 표시함'(總標)과 '명칭을 나열함'(列名) 및 '양상을 구별함'(辨相)이 그것이다.

두 번째인 '명칭을 나열한 것'(列名) 중에서 "차이 나는 조건들"(差別緣)이라는 것은, 저 보통사람(凡夫)과 '[성문聲聞, 연각緣覺] 두 부류의 수행자'(二乘)

336 '能緣'은 '能作緣'의 오기로 보인다. '能作緣'으로 교감한다.

337 『대승기신론』 본문은 "衆生依於三昧, 乃得平等見諸佛故"이다.

의 '현상을 [불변 · 독자의 실체로 간주하여] 분별하는 식'(分別事識)에 거듭 영향을 끼치기 위하여 '[관계하는] 조건들을 만드는 것'(作緣)이다. [그러한] '[관계하는] 조건들을 만드는 자'(能作緣者)는 '믿음을 세우는 열 가지 단계'(十信) 이상 [의 보살]에서부터 모든 부처까지 다 [그] [관계하는] 조건들을 만들 수 있다. [그리고] "평등한 조건들"(平等緣)이라는 것은, 모든 보살의 '[근본무지에 따라 처음] 움직이는 식'(業識)에 거듭 영향을 끼치기 위하여 '[관계하는] 조건들을 만드는 것'(作緣)이다. [그러한] '[관계하는] 조건들을 만드는 자'(能作緣者)는 '['열 가지 본격적인 수행경지'(十地)의] 첫 번째 경지'(初地) 이상부터 모든 부처까지이니, 반드시 '[중생을] 한 몸으로 여기는 지혜의 힘'(同體智力)에 의거해야 비로소 '평등한 조건들'(平等緣)을 만들기 때문이다.

세 번째인 '양상을 구별한 것'(辨相) 가운데 먼저는 "차이 나는 조건들"(差別緣)을 밝힌 것이다. 여기에는 두 가지가 있으니, '합쳐서 밝힘'(合明)과 '펼쳐서 해석함'(開釋)이다. '펼쳐서 해석함'(開釋)에도 두 가지가 있으니, 먼저는 '빨리 가게 하는 조건들'(近緣)과 '느리게 가게 하는 조건들'(遠緣)을 펼친 것이고, 나중은 '수행하게 하는 조건'(行緣)과 '해탈하게 하는 조건'(解緣)을 펼친 것이다. "수행을 향상시키는 조건"(增長行緣)이라는 것은 '베풀기와 나누기'(布施) · '윤리적 행위를 간수하기'(持戒) 등 온갖 수행을 일으키게 할 수 있는 것이고, "깨달음을 얻게 하는 조건"(受道緣)이라는 것은 '듣는 수행'(聞) · '성찰하는 수행'(思) · '익히는 수행'(修)을 일으켜 깨달음(道)에 들어가게 하는 것이다.

'평등한 조건들'(平等緣)에도 두 가지가 있으니, 먼저는 '[관계하는] 조건들을 만드는 자'(能作緣者)를 밝혔고, [나중인] "이른바"(所謂) 이하는 '평등의 뜻'(平等義)을 해석한 것이다. "[중생들이] 삼매에 의거하여 평등하게 [모든 부처를] 보게 된다"(依於三昧, 平等見)라는 것은, '[진리에 대한] 이해가 확고해지는 열 가지 단계'(十解) 이상의 모든 보살들이 '[진리성취의] 결실인 부처 몸'(佛報身)의 '한량없는 모습'(無量相好)은 모두 한계(邊)가 없고 '불변 · 독자의 실체인 제한된 한계'(分齊相)에서 벗어남을 보는 것이다. 그러므로 "평등하게 모든 부처를 본다"(平等見諸佛)라고 말하였다. 만약 '산만한 마음'(散心)에 있다면 이와 같은 〈'[부처의] 모습'(相好)이 '불변 · 독자의 실체인 제한된 한계'(分齊相)에서 벗어나 있다〉는 것을 볼 수 없으니, 이런 까닭에 "삼매에 의거하여"(依於三昧)라고 말하였다.

이상으로 〈'['참 그대로'(眞如)의] 본연'과 '[외부조건(外緣)의] 작용'이 거듭 영향을 끼치는 것〉(體用熏習)을 하나씩 밝힘을 마친다.

【별기】 用熏習中, "差別緣"者, 爲彼凡夫二乘分別事識熏習而作緣也. 能作緣者, 從初發意菩薩乃至諸佛, 皆得作緣. 如文廣說. "平等緣"者, 爲諸菩薩業識熏習而作緣也. 能緣[338]者, 法身菩薩已上, 方得作緣, 要依同體智力故. "依於三昧, 乃得平等見諸佛"者, 十解已上諸菩薩等, 皆業識, 見佛報身無量相好, 皆無有邊離分齊相. 故言"平等見"也. 若在散麤心中, 得見如是不思議相, 則無是處. 故言"依於三昧, 乃得見"也.

『별기』(1-696b3~14)

'작용이 거듭 영향을 끼치는 것'(用熏習)[에 대한 설명]에서 "차이 나는 조건들"(差別緣)이라는 것은, 저 보통사람(凡夫)과 '[성문聲聞, 연각緣覺] 두 부류의 수행자'(二乘)의 '현상을 [불변 · 독자의 실체로 간주하여] 분별하는 식'(分別事識)에 거듭 영향을 끼치기 위하여 '[관계하는] 조건들을 만드는 것'(作緣)이다. [그러한] '[관계하는] 조건들을 만드는 자'(能作緣者)는 '처음으로 깨달음에 뜻을 일으킨 대승의 보살'(初發意菩薩)에서부터 모든 부처까지 다 [그] [관계하는] 조건들을 만들 수 있다. [『대승기신론』] 본문에서 자세하게 설명한 것과 같다.

[그리고] "평등한 조건들"(平等緣)이라는 것은, 모든 보살의 '[근본무지에 따라 처음] 움직이는 식'(業識)에 거듭 영향을 끼치기 위하여 '[관계하는] 조건들을 만드는 것'(作緣)이다. [그러한] '[관계하는] 조건들을 만드는 자'(能作緣者)는 '['본격적인 열 가지 수행경지'(十地)에서] 진리의 몸을 얻은 보살'(法身菩薩) 이상이라

338 '能緣'은 '能作緣'의 오기로 보인다. '能作緣'으로 교감한다.

야 '[관계하는] 조건들을 만들 수 있으니'(作緣) '[평등하게 관계하는 조건들을 만들려면] 반드시 '[중생을] 한 몸으로 여기는 지혜의 힘'(同體智力)에 의거해야 하기 때문이다.

"[중생들이] 삼매에 의거하여 평등하게 모든 부처를 보게 된다"(依於三昧, 乃得平等見諸佛)라는 것은, '[진리에 대한] 이해가 확고해지는 열 가지 단계'(十解) 이상의 모든 보살들이 모두 '[근본무지에 따라 처음] 움직이는 식'(業識)으로 '[진리성취의] 결실인 부처 몸'(佛報身)의 '한량없는 모습'(無量相好)은 모두 한계(邊)가 없고 '불변 · 독자의 실체인 제한된 한계'(分齊相)에서 벗어남을 보는 것이다. 그러므로 "평등하게 [모든 부처를] 본다"(平等見[諸佛])라고 말하였다. 만약 '산만하고 거친 마음'(散麤心)에 있다면, 이와 같이 '생각으로 헤아릴 수 없는 식識의 양상들'(不思識相)을 보는 것은 불가능하다. 이런 까닭에 "[중생들이] 삼매에 의거하여 [평등하게 모든 부처를] 보게 된다"(依於三昧, 乃得見)라고 말하였다.

〈『소』와 『별기』의 구문 대조〉

『소』(1-721b2~18)	『별기』(1-696b3~14)
用熏習中, ①文亦有三, 所謂總標, 列名, 辨相. 第二列名中, "差別緣"者, 爲彼凡夫二乘分別事識熏習而作緣也. 能作緣者, ②十信以上乃至諸佛, 皆得作緣③也. (④) "平等緣"者, 爲諸菩薩業識熏習而作緣也. 能緣者, ⑤初地以上乃至諸佛, 要依同體智力, 方作平等緣故. ⑥第三辨相中, 先明"差別緣", 於中有二, 合明開釋. 開釋中亦有二, 先開近遠二緣, 後開行解二緣. "增長行緣"者, 能起施戒等諸行故, "受道緣"者, 起聞思修而入道故. 平等緣中有二, 先明能作緣者, "所謂"以下, 釋平等義. "依於三昧, ⑦平等見"者, 十解⑧以上諸菩薩等, (⑨) 見佛報身無量相好, 皆無有邊離分齊相. 故言"平等見⑩諸佛"也. 若在散(⑪)心(⑫), ⑬不能得見	用熏習中, (①) "差別緣"者, 爲彼凡夫二乘分別事識熏習而作緣也. 能作緣者, ②從初發意菩薩乃至諸佛, 皆得作緣(③). ④如文廣說. "平等緣"者, 爲諸菩薩業識熏習而作緣也. 能緣者, ⑤法身菩薩已上, 方得作緣, 要依同體智力故. (⑥) "依於三昧, ⑦乃得平等見諸佛"者, 十解⑧已上諸菩薩等, ⑨皆業識, 見佛報身無量相好, 皆無有邊離分齊相. 故言"平等見(⑩)"也. 若在散⑪麤心⑫中, (⑬)得見如是⑭不思識相, 則無是處.

如是⑭相好離分齊相, ⑮以是故言“依於三昧, (⑯)”也. ⑰上來別明體用熏習竟.	(⑮)故言“依於三昧, ⑯乃得見”也. (⑰)
※『소』에서는 ①에서 『기신론』 본문에 서술된 내용의 성격을 세 가지로 파악한 후 이에 따라 『별기』와는 달리 ⑥의 내용을 크게 보완하고 있다.	

㉡ '참 그대로의 본연'과 '외부조건의 작용'이 거듭 영향을 끼치는 것을 합하여 밝힘(合釋體用)

此體用熏習分別, 復有二種, 云何爲二? 一者, 未相應. 謂凡夫二乘初發意菩薩等, 以意意識熏習, 依信力故而能修行, 未得無分別心與體相應故, 未得自在業修行與用相應故. 二者, 已相應. 謂法身菩薩, 得無分別心, 與諸佛智用相應, 唯依法力, 自然修行, 熏習眞如, 滅無明故.

『논』(T32, 578c29~579a7); 『회본』(1-770c1~8)

이 〈'['참 그대로'(眞如)의] 본연'과 '[외부조건(外緣)의] 작용'이 거듭 영향을 끼치는 것〉(體用熏習)을 구별하면 다시 두 가지가 있으니, 무엇이 두 가지인가?

첫 번째는 [〈'참 그대로'(眞如)의 본연과 외부조건(外緣)의 작용〉(體用)이 거듭 영향을 끼치는 것에] '아직 감응하지 못함'(未相應)이다. 보통사람(凡夫)과 '[성문聲聞, 연각緣覺] 두 부류의 수행자'(二乘)와 '처음으로 깨달음에 뜻을 일으킨 대승의 보살'(初發意菩薩)[339] 등은 [〈'참 그대로'(眞如)의 본연과 외부조건의 작용〉이] 의意와 의식意識에 거듭 영향을 끼쳐 [그에 따라 생겨난] [자신이 지닌 '참

339 범부, 이승, 초발의보살, 법신보살 등의 용어가 동일하게 등장하는 또 다른 대목은 시각始覺의 차이를 논하는 자리이다. 『대승기신론』의 해당 대목을 인용하면 다음과 같다. 『대승기신론』(T32, 576b18~26). “此義云何? 如凡夫人, 覺知前念起惡故, 能止後念令其不起. 雖復名覺, 卽是不覺故. 如二乘觀智, 初發意菩薩等, 覺於念異, 念無異相. 以捨麤分別執著相故, 名相似覺. 如法身菩薩等, 覺於念住, 念無住相. 以離分別麤念相故, 名隨分覺. 如菩薩地盡, 滿足方便, 一念相應, 覺心初起, 心無初相. 以遠離微細念故, 得見心性, 心卽常住, 名究竟覺.” 비교해 보면 범부의 불각不覺과 이승·초발의보살의 상사각相似覺은 미상응未相應이고, 법신보살의 수분각隨分覺부터가 이상응已相應이 된다.

그대로'(眞如)의 면모를] 믿는 힘에 의거하기에 ['참 그대로'(眞如)로 돌아가는] 수행을 할 수 있긴 하지만, 〈'[불변·독자의 실체/본질 관념으로] 분별하지 않는 마음'(無分別心)과 '['참 그대로'(眞如)의] 본연'(體)이 서로 감응함〉을 아직 증득하지 못했기 때문이고, 〈'[분별에서] 자유로운 행위를 펼쳐 가는 수행'(自在業修行)과 '[외부조건(外緣)의] 작용'(用)이 서로 감응함〉을 아직 증득하지 못했기 때문이다.

두 번째는 [〈'참 그대로'(眞如)의 본연과 외부조건(外緣)의 작용〉(體用)이 거듭 영향을 끼치는 것에] '이미 감응함'(已相應)이다. '['본격적인 열 가지 수행경지'(十地)에서] 진리의 몸을 얻은 보살'(法身菩薩)은 '[불변·독자의 실체/본질 관념으로] 분별하지 않는 마음'(無分別心)을 증득하여 모든 부처의 '지혜와 작용'(智用)에 서로 감응하였기에, 오로지 '[참 그대로인] 현상의 힘'(法力)에 의거하여 '['참 그대로'(眞如)의] '본연 그대로'(自然) 수행하면서 [자신이 지닌] '참 그대로'(眞如)[의 면모]에 거듭 영향을 끼쳐 근본무지(無明)를 소멸시키기 때문이다.

【소】 此下, 第二合釋體用. 於中有二, 總標, 別釋. 別釋中, 先明未相應中言"意意識熏習"者, "凡夫二乘"名意識熏習, 卽是分別事識熏習. "初發意菩薩等"者, 十解以上名意熏習, 卽是業識熏習之義. 如前說也.

『소』(1-721b19~24); 『회본』(1-770c9~14)

이 아래에서는 두 번째로 '['참 그대로'(眞如)의] 본연'(體)과 '[외부조건(外緣)의] 작용'(用)[이 거듭 영향을 끼치는 것]을 합하여 해석한다. 여기에 두 가지가 있으니, [하나는] '총괄적으로 드러냄'(總標)[340]이고, [다른 하나는] '하나씩 해석함'(別釋)이다.

'하나씩 해석함'(別釋)에서 먼저 '아직 감응하지 못함'(未相應)을 밝히면서 말한 "[〈'참 그대로'(眞如)의 본연과 외부조건(外緣)의 작용〉(體用)이] 의意와 의식意

340 『대승기신론』 본문으로는 "此體用熏習, 分別復有二種"에 해당한다.

識에 거듭 영향을 끼친다"(意意識熏習)라는 것은 [다음과 같은 뜻이다.] "보통사람(凡夫)과 '[성문聲聞, 연각緣覺] 두 부류의 수행자'(二乘)"라는 것은 '의식에 거듭 영향을 끼침'(意識熏習)을 말하는 것이니 바로 〈'현상을 [불변 · 독자의 실체로 간주하여] 분별하는 식'에 거듭 영향을 끼치는 것〉(分別事識熏習)이다. [또] "처음으로 깨달음에 뜻을 일으킨 대승의 보살 등"(初發意菩薩等)이란, '[진리에 대한] 이해가 확고해지는 열 가지 단계'(十解/十住) 이상[부터 십지十地의 초지初地 이전까지의 단계]는 '의意에 거듭 영향을 끼침'(意熏習)을 말하는 것이니 바로 '[근본무지에 따라 처음] 움직이는 식에 거듭 영향을 끼침'(業識熏習)의 뜻이다. 앞[341]에서 말한 것과 같다.

【별기】 未相應中言"意意識熏"者, 菩薩依於業識熏習, 名之爲意, 凡夫二乘[342]分別事識, 名爲意識.

『별기』(1-696b14~16)

'아직 감응하지 못함'(未相應)[에 대한 설명]에서 말한 "[〈'참 그대로'(眞如)의 본연과 외부조건(外緣)의 작용〉(體用)이] 의意와 의식意識에 거듭 영향을 끼친다"(意意識熏[習])라는 것은 [다음과 같은 뜻이다.] [대승의] 보살이 '[근본무지에 따라 처음] 움직이는 식에 거듭 영향을 끼치는 것'(業識熏習)에 의거함을 '의意[에 거듭 영향을 끼침]'(意[熏習])이라 부르고, 보통사람(凡夫)과 '[성문聲聞, 연각緣覺] 두 부류의 수행자'(二乘)가 '현상을 [불변 · 독자의 실체로 간주하여] 분별하는 식[에 거듭 영향을 끼치는 것]'(分別事識[熏習])[에 의거함]을 '의식[에 거듭 영향을 끼침]'(意識[熏習])이라고 부른다.

---

341 앞에 해당하는 『대승기신론』 본문은 다음과 같다. 『대승기신론』(T32, 578b15~18). "妄心熏習義有二種. 云何爲二? 一者分別事識熏習, 依諸凡夫二乘人等厭生死苦, 隨力所能, 以漸趣向無上道故. 二者意熏習, 謂諸菩薩發心, 勇猛速趣涅槃故." 의훈습意熏習에 대해 원효는 업식훈습業識熏習이라고 주석했다. "意熏習者, 亦名業識熏習."

342 '依於'가 생략되어 있다.

〈『소』와 『별기』의 구문 대조〉

『소』(1-721b19~24)	『별기』(1-696b14~16)
①此下, 第二合釋體用. 於中有二, 總標, 別釋. 別釋中, 先明未相應中言"意意識熏②習"者, ③"凡夫二乘"名意識熏習, 卽是分別事識熏習. "初發意菩薩等"者, 十解以上名意熏習, 卽是業識熏習之義. ④如前說也.	(①)未相應中言"意意識熏(②)"者, ③菩薩依於業識熏習, 名之爲意, 凡夫二乘分別事識, 名爲意識. (④)
※ ③을 보면 『소』에서 문장의 재배열을 통해 논지를 선명히 하고 있다. 의훈습意熏習을 '업식훈습業識熏習'으로, 의식훈습意識熏習을 '분별사식훈습分別事識熏習'으로 주석하는 점은 차이가 없다.	

【별기】 此中, 對彼法身菩薩證法身時, 離能見相故, 說地前菩薩名意熏習, 以依業識有能見相故. 若依俗智見報佛義, 則金剛已還皆有見相, 通名業識熏習, 如下說也.

『별기』(1-696b16~20); 『회본』(1-770c15~19); 『소』에 없음.

여기에서는 저 '[본격적인 열 가지 수행경지(十地)에서] 진리의 몸을 얻은 보살'(法身菩薩)이 '진리의 몸'(法身)을 증득할 때 '[불변 · 독자의 실체로 간주되는] 주관[이 자리 잡는] 양상'(能見相)에서 떠나는 것에 대응시키기에 '본격적인 [열 가지] 수행경지 이전의 보살'(地前菩薩)[인 '처음으로 깨달음에 뜻을 일으킨 대승의 보살'(初發意菩薩)의 단계]를 '의意에 거듭 영향을 끼침'(意熏習)이라고 말한 것이니, '[근본무지에 따라 처음] 움직이는 식'(業識)에 의거하여 '[불변 · 독자의 실체로 간주되는] 주관[이 자리 잡는] 양상'(能見相)이 있기 때문이다. 〈'[깨달은 후에] 세상을 [사실대로] 이해하는 지혜'(俗智)[343]로 '[진리성취의] 결실로서의 부처'(報佛)를 보는 측면〉(俗智見報佛義)에 의거하자면, '금강처럼 굳센 선정'(金剛喩定)[344]

343 속지俗智: '[깨달음을 성취한] 후에 얻어지는 ['사실 그대로' 이해하는] 지혜'(後得智)라고도 한다. '본연에 대한 바른 이해'(正體智) 혹은 '근본적인 지혜'(根本智)와 대비되는 개념이다.

344 금강유정金剛喩定: 금강정金剛定, 금강삼매金剛三昧, 금강심金剛心이라고도 한다. 삼승의 수행 중 최후의 선정으로서 일반적으로 52위 중 묘각위 이전의 등각위에 해당하는

아래[의 경지]에는 모두 '[불변 · 독자의 실체로 간주되는] 주관[이 자리 잡는] 양상'([能]見相)이 있으므로 통틀어 '[근본무지에 따라 처음] 움직이는 식에 거듭 영향을 끼치는 것'(業識熏習)이라고 부르니, 아래에서[345] 말한 것과 같다.

【소】"未得無分別心與體相應"者, 未得與諸佛法身之體相應故, "未得自在業與用相應故"[346]者, 未得與佛應化二身之用相應故. 已相應中"法身菩薩"者, 十地菩薩, "得無分別心"者, 與體相應故. "與諸佛智用相應"者, 以有如量智故, "自然修行"者, 八地以上無功用故. 因言重顯有五分中, 第四別明二種熏習, 竟在於前.

『소』(1-721c1~8); 『회본』(1-770c20~771a5); 『별기』에 없음.

"〈'[불변 · 독자의 실체/본질 관념으로] 분별하지 않는 마음'(無分別心)과 '['참 그대로'(眞如)의] 본연'(體)이 서로 감응함〉을 아직 증득하지 못했다"(未得無分別心與體相應)라는 것은 〈모든 부처의 '진리 몸이라는 본연'〉(諸佛法身之體)과 서로 감응하는 것을 아직 증득하지 못했다는 것이고, "〈'[분별에서] 자유로운 행위를 펼쳐 가는 수행'(自在業修行)과 '[외부조건(外緣)의] 작용'(用)이 서로 감응함〉을 아직 증득하지 못했기 때문이다"(未得自在業修行與用相應故)라는 것은 〈'특정하게 응하는 부처 몸'(應身)[347]과 '불특정하게 나타나는 부처 몸'(化

데, 이 선정으로 인해 가장 미세한 번뇌가 끊어져 가장 높은 지위인 불과를 얻는다. 『성유식론』 권10(T31, 54c13~15). "由三大劫阿僧企耶修習無邊難行勝行, 金剛喩定現在前時永斷本來一切麤重, 頓證佛果, 圓滿轉依."

345 『대승기신론』의 다음과 같은 내용이 이에 해당하는 것으로 보인다. "此用有二種, 云何爲二? 一者依分別事識, 凡夫二乘心所見者, 名爲應身. 以不知轉識現故, 見從外來, 取色分齊, 不能盡知故. 二者依於業識, 謂諸菩薩從初發意乃至菩薩究竟地, 心所見者, 名爲報身"(T32, 579b20~25).

346 『대승기신론』 본문은 "未得自在業修行與用相應故"이다. 『소』의 인용문에서는 '修行'이 생략되어 있는데 번역문에는 '修行'을 추가한다.

347 응신應身: 응신(nirmāṇa-kāya)은 응불應佛 · 응신불應身佛 · 응화신應化身 · 응화법신應化法身이라고도 한다. 곧 부처님이 중생을 교화하기 위하여 중생들의 근기根器에 따라 변화하여 몸을 나타내는 것을 뜻한다. 『합부금광명경合部金光明經』 권1에서는 "善

身)[348]의 작용〉(應化二身之用)과 서로 감응하는 것을 아직 증득하지 못했다는 것이다.

[〈'참 그대로'(眞如)의 본연과 외부조건(外緣)의 작용〉(體用)이 거듭 영향을 끼치는 것에] '이미 감응함'(已相應)[에 대한 설명]에서 "[본격적인 열 가지 수행경지(十地)에서] 진리의 몸을 얻은 보살"(法身菩薩)이라는 것은 '본격적인 열 가지 수행경지에 있는 보살'(十地菩薩)이고, "'[불변·독자의 실체/본질 관념으로] 분별하지 않는 마음'(無分別心)을 증득하였다"(得無分別心)라는 것은 ['참 그대로'(眞如)의] 본연(體)에 서로 감응한 것이다. "모든 부처의 '지혜와 작용'(智用)에 서로 감응하였다"(與諸佛智用相應)라는 것은 '[현상/세상사를] 사실대로 아는 지혜'(如量智)가 있기 때문이고, "'['참 그대로'의] 본연 그대로' 수행한다"(自然修行)라는 것은

男子. 是諸佛如來爲諸菩薩, 得通達故, 說於眞諦, 爲通達生死涅槃一味故, 身見衆生怖畏歡喜故, 爲無邊佛法而作本故, 如來相應如如如如智願力故. 是身得現具足三十二相八十種好項背圓光, 是名應身"(T16, 362c28~363a3)이라고 하여 여래如來가 32상相 80종호種好 및 목과 등에 원광圓光을 구족하여 나타난 몸이라고 설명한다. 여래의 응화신과 보신報身을 중생의 관점에서 구분하는 『대승기신론』 권1에서는 "此用有二種, 云何爲二? 一者依分別事識, 凡夫二乘心所見者, 名爲應身. 以不知轉識現故, 見從外來, 取色分齊, 不能盡知故. 二者依於業識, 謂諸菩薩從初發意乃至菩薩究竟地心所見者, 名爲報身"(T32, 579 b20~25)이라고 하여, 보신은 보살菩薩의 마음에서 보이는 부처 몸으로서 8식 차원인 '[근본무지에 따라 처음] 움직이는 식'(業識)에 의거한 것인 데 비해, 보신보다 낮은 단계를 가리키는 응신의 개념은 범부凡夫와 이승二乘의 마음에서 보이는 부처 몸으로서 6식 차원인 '[허깨비처럼 나타난] 현상을 분별하는 식'(分別事識)에 의거한 것이라고 설명한다.

348 화신化身: 화신(nirmāṇa-kāya)은 부처가 중생을 교화하기 위하여 각종 형상으로 변화하여 나타나는 몸이다. 응신應身과 화신은 모두 여래如來가 중생의 바람에 응하여 세상에 나타내는 몸이지만, 응신이 32상相 80종호種好를 갖추어 중생을 교화하는 석가모니 부처님의 몸을 가리키는 데 비해, 화신은 응신의 분신화불分身化佛로서 중생을 교화하기 위해 부처님의 형태가 아닌 모습으로 나타나는 몸을 가리킨다. 『합부금광명경』 권1에서, "云何菩薩了別化身? 善男子! 如來昔在修行地中, 爲一切衆生修種種法, 是諸修法至修行滿, 修行力故, 而得自在, 自在力故, 隨衆生心, 隨衆生行, 隨衆生界, 多種了別不待時不過時, 處所相應, 時相應, 行相應, 說法相應, 現種種身, 是名化身"(T16, 362c22~27)이라고 하여, 여래如來가 수행을 통해 얻은 자재력自在力으로 중생의 때와 장소에 상응하여 갖가지 몸으로 나타나는 것이라고 설명하고 있다.

'[십지十地의] 여덟 번째 경지'(第八地, 不動地) 이상에서는 [수행하면서] '[진리에 맞추려는] 인위적인 작용'(功用)이 없기 때문이다.

'['모든 현상을 생겨나게 할 수 있다'(能生一切法)는] 말[349]에 따라 거듭 밝힌 것'(因言重顯)에 있는 다섯 가지 단락에서, 네 번째인 〈['오염시켜 가면서 거듭 영향을 끼침'(染熏習)과 '온전하게 하면서 거듭 영향을 끼침'(淨熏習), 이] '거듭 영향을 끼치는 두 가지'(二種熏習)를 하나씩 밝힘〉(別明二種熏習)이 여기에서 끝난다.

㉰ '오염시켜 가면서 거듭 영향을 끼침'과 '온전하게 하면서 거듭 영향을 끼침', 이 거듭 영향을 끼치는 두 가지의 다하거나 다하지 않는 면모(明二種熏盡不盡義)

復次染法, 從無始已來, 熏習不斷, 乃至得佛後則有斷, 淨法熏習, 則無有斷, 盡於未來. 此義云何? 以眞如法常熏習故, 妄心則滅, 法身顯現, 起用熏習, 故無有斷.

『논』(T32, 579a8~11); 『회본』(1-771a6~10)

또한 시작이 없는 때로부터 '거듭 영향을 끼치면서 오염된 현상을 일으키는 것'(染法熏習)은 끊어지지 않다가 부처가 되고 난 후에는 끊어짐이 있지만, '거듭 영향을 끼치면서 온전한 현상을 일으키는 것'(淨法熏習)은 미래가 다하도록 끊어짐이 없다. 이 뜻은 어떤 것인가? '참 그대로인 현상'(眞如法)이 항상 거듭 영향을 끼치기 때문에 '잘못 분별하는 마음'(妄心)이 사라지고 '진리의 몸'(法身)이 분명하게 나타나 '[중생들로 하여금 깨달음을 성취하게 하려는 외부조건(外緣)의] 작용으로 거듭 영향을 끼치는 것'(用熏習)을 일으키니, 그러므로 끊어짐이 없는 것이다.

---

349 "이 [아리야]식에는 ['깨달음'(覺)과 '깨닫지 못함'(不覺)의] 두 가지 면모가 있어서 모든 현상을 포섭할 수 있고 모든 현상을 생겨나게 할 수 있다"(此識有二種義, 能攝一切法, 生一切法)는 『대승기신론』 본문(T32, 576b10) 가운데 "모든 현상을 생겨나게 할 수 있다"(能生一切法)라는 말을 지칭한다.

【소】 此下, 第五明二種熏盡不盡義. 欲明染熏違理而起, 故有滅盡, 淨法之熏順理而生, 與理相應, 故無滅盡, 文相可知. 顯示正義分內正釋之中, 大有二分, 第一釋法章門, 竟在於前.

『소』(1-721c9~13); 『회본』(1-771a11~16)

이 아래는 ['모든 것을 생겨나게 할 수 있다는 말에 따라 거듭 밝힘'(因言重明)의] 다섯 번째인 〈['오염시켜 가면서 거듭 영향을 끼침'(染熏習)과 '온전하게 하면서 거듭 영향을 끼침'(淨熏習), 이] '거듭 영향을 끼치는 두 가지'의 다하거나 다하지 않는 면모를 밝힘〉(明二種熏盡不盡義)이다. 〈오염시켜 가면서 '거듭 영향을 끼침'〉(染熏)은 ['참 그대로'(眞如)의] 이치(理)를 위배하여 일어나기 때문에 '다하여 없어짐'(滅盡)이 있고, 〈'온전한 현상'을 일으키는 '거듭 영향을 끼침'〉(淨法之熏)은 ['참 그대로'(眞如)의] 이치(理)에 따라 일어나 [그] 이치와 서로 응하기 때문에 '다하여 없어짐'(滅盡)이 없다는 것을 밝히고자 했으니, '글의 내용'(文相)은 [어렵지 않게] 알 수 있다.

'올바른 뜻을 드러내어 보이는 부분'(顯示正義分) 안의 '[핵심을] 곧바로 해석함'(正釋)에는 크게 두 가지 단락이 있는데, [그중에] 첫 번째인 '[대승의] 현상을 해석하는 문장 부분'(釋法章門)을 앞에서 마쳤다.[350]

【별기】 "復次染法"以下, 第三總明淨[351]盡不盡義, 文相可解.

『별기』(1-696b20~21)

"또한 [시작이 없는 때로부터 '거듭 영향을 끼치면서] 오염된 현상[을 일으키는 것'(染法熏習)]은 [끊어지지 않다가]"(復次染法 [從無始已來, 熏習不斷]) 이하는 세 번째로 〈오염시켜 가면서 '거듭 영향을 끼침'〉(染熏習)과 〈온전하게 하면서 '거듭 영향을 끼침'〉(淨熏習)의 '다하거나 다하지 않는 면모'(盡不盡義)를 총괄적으로 밝혔으니, 글의 내용은 [어렵지 않게] 이해할 수 있다.[352]

---

350 『회본』으로는 제4권을 마쳤다.

351 '淨' 앞에 '染'이 있어야 뜻이 통한다. '染淨'으로 교감하여 번역한다.

352 원효의 과문에 따른 『대승기신론』 해당 구절.

(ㄴ) 因言重顯(因言重明)

㉠ 擧數總標: "復次有四種法熏習義故, 染法淨法起不斷絶, 云何爲四?"

㉡ 依數列名: "一者, 淨法, 名爲眞如. 二者, 一切染因, 名爲無明. 三者, 妄心, 名爲業識. 四者, 妄境界, 所謂六塵."

㉢ 總明熏習之義

A. 喩: "熏習義者, 如世間衣服, 實無於香, 若人以香而熏習故, 則有香氣."

B. 合: "此亦如是. 眞如淨法, 實無於染, 但以無明而熏習故, 則有染相, 無明染法, 實無淨業, 但以眞如而熏習故, 則有淨用."

㉣ 別顯熏習之相(別明二種熏習)

A. 染

A) 問: "云何熏習, 起染法不斷?"

B) 答

(A) 略明: "所謂以依眞如法故, 有於無明, 以有無明染法因故, 卽熏習眞如. 以熏習故, 則有妄心, 以有妄心, 卽熏習無明. 不了眞如法故, 不覺念起, 現妄境界. 以有妄境界染法緣故, 卽熏習妄心, 令其念著, 造種種業, 受於一切身心等苦."

(B) 廣顯(廣說)

Ⓐ 妄境界熏習義: "此妄境界熏習義則有二種. 云何爲二? 一者, 增長念熏習, 二者, 增長取熏習."

Ⓑ 妄心熏習義: "妄心熏習義有二種. 云何爲二? 一者, 業識根本熏習, 能受阿羅漢辟支佛一切菩薩生滅苦故. 二者, 增長分別事識熏習, 能受凡夫業繫苦故."

Ⓒ 無明熏習義: "無明熏習義有二種. 云何爲二? 一者, 根本熏習, 以能成就業識義故. 二者, 所起見愛熏習, 以能成就分別事識義故."

B. 淨(明淨熏)

A) 問: "云何熏習, 起淨法不斷?"

B) 答

(A) 略明

Ⓐ 明眞如熏習: "所謂以有眞如法故, 能熏習無明, 以熏習因緣力故, 則令妄心厭生死苦, 樂求涅槃."

Ⓑ 明妄心熏習

a. 明十信位中信: "以此妄心有厭求因緣故, 卽熏習眞如, 自信己性."

b. 顯三賢位中修: "知心妄動, 無前境界, 修遠離法."

c. 明初地見道唯識觀之成: "以如實知無前境界故."

d. 顯十地修道位中修萬行: "種種方便, 起隨順行, 不取不念, 乃至久遠熏習力故."

e. 顯於果地證涅槃: "無明則滅. 以無明滅故, 心無有起, 以無起故, 境界隨滅. 以因緣俱滅故, 心相皆盡, 名得涅槃成自然業."

(B) 廣顯(廣說)

Ⓐ 明妄熏

a. 分別事識熏習: "妄心熏習義有二種. 云何爲二? 一者, 分別事識熏習, 依諸凡夫二乘人等厭生死苦, 隨力所能, 以漸趣向無上道故."

b. 意熏習: "二者, 意熏習, 謂諸菩薩發心, 勇猛速趣涅槃故."

Ⓑ 明眞如熏習

a. 擧數總標: "眞如熏習義有二種. 云何爲二?"

b. 依數列名: "一者, 自體相熏習, 二者, 用熏習."

c. 辨相

a) 別明

(a) 明自體熏習

ⓐ 直明: "自體相熏習者, 從無始世來, 具無漏法, 備有不思議業, 作境界之性. 依此二義, 恒常熏習, 以有力故, 能令衆生厭生死苦, 樂求涅槃, 自信己身有眞如法, 發心修行."

ⓑ 遣疑(往復除疑)

一. 問: "問曰. 若如是義者, 一切衆生悉有眞如, 等皆熏習, 云何有信無信, 無量前後差別? 皆應一時自知有眞如法, 勤修方便, 等入涅槃."

二. 答

一) 約煩惱厚薄明其不等: "答曰. 眞如本一, 而有無量無邊無明, 從本已來, 自性差別, 厚薄不同故. 過恒沙等上煩惱, 依無明起差別, 我見愛染煩惱, 依無明起差別. 如是一切煩惱, 依於無明所起, 前後無量差別, 唯如來能知故."

二) 後擧遇緣參差顯其不等

(一) 法: "又諸佛法有因有緣, 因緣具足乃得成辦."

(二) 喩: "如木中火性, 是火正因, 若無人知, 不假方便, 能自燒木, 無有是處."

(三) 合: "衆生亦爾, 雖有正因熏習之力, 若不値遇諸佛菩薩善知識等, 以之爲緣, 能自斷煩惱入涅槃者, 則無是處. 若雖有外緣之力, 而內淨法未有熏習力者, 亦不能究竟厭生死苦, 樂求涅槃. 若因緣具足者, 所謂自有熏習之力, 又爲諸佛菩薩等慈悲願護故, 能起厭苦之心, 信有涅槃, 修習善根. 以修善根成熟故, 則値諸佛菩薩示敎利喜, 乃能進趣, 向涅槃道."

(b) 明用熏習

ⓐ 總標: "用熏習者, 卽是衆生外緣之力. 如是外緣有無量義, 略說二種. 云何爲二?"

ⓑ 列名: "一者, 差別緣, 二者, 平等緣."

ⓒ 辨相

〈『소』와 『별기』의 구문 대조〉

『소』(1-721c9~13)	『별기』(1-696b20~21)
①此下, ②第五明二種熏盡不盡義. ③欲明染熏違理而起, 故有滅盡, 淨法之熏順理而生, 與理相應, 故無滅盡, 文相可④知. ⑤顯示正義分內正釋之中, 大有二分, 第一釋法章門, 竟在於前.	①"復次染法"以下, ②第三總明淨盡不盡義, (③) 文相可④解. (⑤)
※『소』에서는 『별기』의 ②를 ③으로 자세하게 서술하여 염법染法과 정법淨法에서의 멸진의 뜻을 각각 분명하게 제시하였다. 또 과문을 위해 『별기』에 없는 문장 ⑤를 추가하였다.	

一. 明差別緣

一) 合明: "差別緣者, 此人依於諸佛菩薩等, 從初發意始求道時, 乃至得佛, 於中若見若念, 或爲眷屬父母諸親, 或爲給使, 或爲知友, 或爲怨家, 或起四攝, 乃至一切所作無量行緣, 以起大悲熏習之力, 能令衆生增長善根, 若見若聞得利益故."

二) 開釋

(一) 開近遠二緣: "此緣有二種, 云何爲二? 一者, 近緣, 速得度故, 二者, 遠緣, 久遠得度故. 是近遠二緣分別."

(二) 開行解二緣: "復有二種, 云何爲二? 一者, 增長行緣, 二者, 受道緣."

二. 明平等緣

一) 明能作緣: "平等緣者, 一切諸佛菩薩皆願度脫一切衆生, 自然熏習, 恒常不捨. 以同體智力故, 隨應見聞而現作業."

二) 釋平等義: "所謂衆生依於三昧, 乃得平等見諸佛故."

b) 合釋(合釋體用)

(a) 總標: "此體用熏習分別, 復有二種, 云何爲二?"

(b) 別釋

ⓐ 明未相應: "一者, 未相應. 謂凡夫二乘初發意菩薩等, 以意意識熏習, 依信力故而能修行, 未得無分別心與體相應故, 未得自在業修行與用相應故."

ⓑ 明已相應: "二者, 已相應. 謂法身菩薩, 得無分別心, 與諸佛智用相應, 唯依法力, 自然修行, 熏習眞如, 滅無明故."

㉣ 明盡不盡義(明二種熏盡不盡義): "復次染法, 從無始已來, 熏習不斷, 乃至得佛後則有斷, 淨法熏習, 則無有斷, 盡於未來. 此義云何? 以眞如法常熏習故, 妄心則滅, 法身顯現, 起用熏習, 故無有斷."

나. 대승의 면모를 해석하는 문장부분(釋義章門)

【소】 此下, 第二釋義章門. 上立義中立二種義, 所謂大義及與乘義. 今此文中, 正釋大義, 兼顯乘義. 於中有二, 一者, 總釋體相二大, 二者, 別解用大之義.

『소』(1-721c14~17); 『회본』(1-771b7~11)

이 아래는 두 번째인 '[대승의] 면모를 해석하는 문장 부분'(釋義章門)이다. 앞의 '[대승의 현상과 면모에 관한] 뜻을 세우는 부분'(立義[分])에서 두 가지 면모(義)를 세웠으니, 이른바 '위대한 면모'(大義)와 '수레로서의 면모'(乘義)이다. 이제 이 글에서는 '위대한 면모'[의 핵심]을 곧바로 해석하고, '수레로서의 면모'(乘義)를 겸하여 드러낸다. 여기에 두 가지가 있으니, 첫 번째는 〈'본연의 위대함'(體大)과 '능력의 위대함'(相大)이라는 두 가지 위대함을 총괄적으로 해석함〉(總釋體相二大)이고, 두 번째는 〈'작용의 위대함'(用大)이라는 면모를 하나씩 해석함〉(別解用大之義)이다.

【별기】 "復次眞如自體"以下, 顯示正義分內正釋之中, 本有二分, 一釋法章門, 竟在於前, 此下, 第二釋義章門. 上立二種義, 今依"復次", 先釋大義. 於中亦二, 先則總釋體大相大, "復次"以下, 次明用大.

『별기』(1-696b22~c2)

"또한 '참 그대로' 자신의 본연[과 능력]"(復次眞如自體[相]) 이하는, '올바른 뜻을 드러내어 보이는 부분'(顯示正義分) 안의 '[핵심을] 곧바로 해석함'(正釋)에는 본래 두 가지 단락이 있는데 [그중에] 첫 번째인 '[대승의] 현상을 해석하는 문장 부분'(釋法章門)은 앞에서 마쳤고, 이 아래는 두 번째로 '[대승의] 면모를 해석하는 문장 부분'(釋義章門)이다. 앞[의 '[대승의 현상과 면모에 관한] 뜻을 세우는 부분'(立義分)]에서 두 가지 면모(義)를 세웠는데, 지금은 "또한"(復次)[이라는 말]에 의거하면서 먼저 '위대한 면모'(大義)를 해석한다. 여기에도 두 가지가 있으니, 먼저 '본연의 위대함'(體大)과 '능력의 위대함'(相大)을 총괄적으로 해석하고, [아래에 나오는] "또한 ['참 그대로'의 작용이란 것은]"(復次[眞如用者]) 이하에서는 다음으로 '작용의 위대함'(用大)을 밝힌다.

〈『소』와 『별기』의 구문 대조〉

『소』(1-721c14~17)	『별기』(1-696b22~c2)
(①) 此下, 第二釋義章門. 上②立義中立二種義, ③所謂大義及與乘義. ④今此文中, 正釋大義, 兼顯乘義. 於中⑤有二, ⑥一者, 總釋體相二大, 二者, 別解用大之義.	①"復次眞如自體"以下, 顯示正義分內正釋之中, 本有二分, 一釋法章門, 竟在於前, 此下, 第二釋義章門. 上(②)立二種義, (③) ④今依"復次", 先釋大義. 於中⑤亦二, ⑥先則總釋體大相大, "復次"以下, 次明用大.
※ 과문을 정확히 하기 위해 『별기』의 문장 ①을 삭제하고 단어 ②와 문장 ③, ④를 추가로 서술하였다.	

가) '본연의 위대함'과 '능력의 위대함'이라는 두 가지 위대함을 총괄적으로 해석함(總釋體相二大)

復次眞如自體相者, 一切凡夫聲聞緣覺菩薩諸佛無有增減, 非前際生, 非後際滅, 畢竟常恒. 從本已來, 性自滿足一切功德, 所謂自體有大智慧光明義故, 偏照法界義故, 眞實識知義故, 自性淸淨心義故, 常樂我淨義故, 淸凉不變自在義故. 具足如是過於恒沙不離不斷不異不思議佛法, 乃至滿足無有所少義故, 名爲如來藏, 亦名如來法身. 問曰. 上說眞如其體平等, 離一切相, 云何復說體有如是種種功德? 答曰. 雖實有此諸功德義, 而無差別之相, 等同一味, 唯一眞如. 此義云何? 以無分別, 離分別相, 是故無二. 復以何義, 得說差別? 以依業識, 生滅相示. 此云何示? 以一切法本來唯心, 實無於念, 而有妄心, 不覺起念, 見諸境界, 故說無明, 心性不起, 卽是大智慧光明義故. 若心起見, 則有不見之相, 心性離見, 卽是偏照法界義故. 若心有動, 非眞識知, 無有自性, 非常非樂非我非淨, 熱惱衰變則不自在, 乃至具有過恒沙等妄染之義. 對此義故, 心性無動, 則有過恒沙等諸淨功德相義示現. 若心有起, 更見前法可念者, 則有所少, 如是淨法無量功德, 卽是一心, 更無所念, 是故滿足, 名爲法身如來之藏.

『논』(T32, 579a12~b8); 『회본』(1-771b12~c14)

또한 〈'참 그대로' 자신의 본연과 능력〉(眞如自體相)이라는 것은 [다음과 같은 것이다.]

['본연의 위대함'(體大)은] 모든 보통사람(凡夫)이든 '[가르침을] 들어서 [혼자] 부처가 되려는 수행자'(聲聞)이든 '연기의 이치를 깨달아 [혼자] 부처가 되려는 수행자'(緣覺)이든 [대승의] 보살이든 모든 부처들이든 간에 [그 본연(體)이] '늘어남이나 줄어듦이 없고'(無有增減) '과거에 생겨난 것도 아니고'(非前際生) '미래에 사라지는 것도 아니며'(非後際滅) 궁극적으로 '언제나 그러한'(常恒) 것이다.

['능력의 위대함'(相大)은] 본래부터 ['참 그대로'(眞如)의] 본연(性)이 스스로 모든 '이로운 능력'(功德)을 가득 채우고 있으니, 이른바 ['참 그대로'(眞如)] '자신의 본연'(自體)에는 '환한 빛과도 같은 위대한 지혜의 면모'(大智慧光明義)가 있기 때문이고, '모든 현상을 ['항상 있음'(有)과 '아무것도 없음'(無)이라는 치우침 없이] 두루 비추어 내는 면모'(徧照法界義)가 있기 때문이며, '참 그대로 아는 면모'(眞實識知義)가 있기 때문이고, '본연이 온전한 마음의 면모'(自性淸淨心義)가 있기 때문이며, 〈[무상無常 · 고苦 · 무아無我 · 염染에서 벗어난] '늘 [본연에] 머무름'(常) · '[참된] 행복'(樂) · '[참된] 자기'(我) · 온전함(淨)의 면모〉(常樂我淨義)가 있기 때문이고, '[번뇌의 열기가 그쳐] 맑고 시원하며 [번뇌에 이끌리지 않아] 동요하지 않고 [번뇌에 속박되지 않아] 자유로운 면모'(淸凉不變自在義)가 있기 때문이다.

갠지스강의 모래알[의 수]보다 많은, 이와 같은 '떠나지도 않고 끊어지지도 않으며 달라지지도 않고 생각으로는 이루 헤아릴 수도 없는'(不離不斷不異不思議) '깨달음의 진리'(佛法)를 남김없이 갖추고 가득 채워 '부족한 것이 없는 면모'(無有所少義)이기 때문에, '여래의 면모가 간직된 창고'(如來藏)라 부르고 '여래의 진리 몸'(如來法身)이라고도 부른다.

묻는다. 앞에서 '참 그대로'(眞如)는 그 본연(體)이 평등하여 '모든 [차별적] 양상에서 떠났다'(離一切相)고 말했는데, 어찌하여 다시 '['참 그대로'(眞如)의] 본연'(體)에 이와 같은 온갖 '이로운 능력'(功德)이 있다고 말하는가?

답한다. 비록 실제로 이러한 '온갖 이로운 능력[을 지닌] 면모'(諸功德義)가 있지만 '[불변 · 독자의 실체나 본질이 있다는 생각에 의거한] 차별의 양상'(差別之相)이 없으니, '똑같이 한 맛처럼 같으며'(等同一味) [모든 '이로운 능력'(功德)의 양상(相)들은] '[불변 · 독자의 실체나 본질이 있다는 생각에 의해 둘로 나뉘지 않고] 오로지 하나처럼 통하는 참 그대로'(唯一眞如)이다. 이 뜻은 어떤 것인가? ['참 그대로'(眞如)의 지평에서는] '[불변 · 독자의 실체나 본질이 있다는 생각으로] 나누어 구분함이 없기'(無分別) 때문에 '[불변 · 독자의 실체나 본질이 있다는 생각으로] 나누어 구분하는 양상'(分別相)에서 벗어나니, 그러므로 ['참 그대로'(眞如)가 지닌 온갖 이로운 능력들의 차이들은] '[불변 · 독자의 실체나 본질에 의해] 둘[로 나뉨]이 없다'(無二).

[그러면] 다시 어떤 뜻을 가지고 '[불변 · 독자의 실체나 본질에 의한] 차별'(差別)을 말할 수 있는가? '[근본무지에 따라 처음] 움직이는 식'(業識)에 의거하여 '생멸하는 [차별] 양상'(生滅相)이 나타나는 것이다. 이 ['생멸하는 [차별] 양상'(生滅相)]은 어떻게 나타나는가? 모든 현상은 본래 '오로지 마음[에 의한 구성]일 뿐'(唯心)이어서 실제로는 '[분별하는] 생각'(念)이 [별개의 실체나 본질로] 없지만, '[근본무지로 인해] 잘못 분별하는 마음'(妄心)이 있게 되어 ['[불변 · 독자의 실체나 본질에 의해 둘로 나뉘지 않고] 오로지 하나처럼 통하는 참 그대로'(唯一眞如)임을] 깨닫지 못하여 '[분별하는] 생각'을 일으켜 모든 대상세계(境界)를 [불변 · 독자의 실체로서 있는 것이라고] 보기 때문에 근본무지(無明)[에 의해 나타나는 '생멸하는 [차별] 양상'(生滅相)]을 말하게 되지만, '마음의 온전한 본연'(心性)[353]은 [근본무지로 인한 분별을] 일으키지 않으니 이것이

---

353 앞의 『대승기신론』에서는 "所謂心性常無念故, 名爲不變"(T32, 577c5)이라고 하여 '심성'을 '무념'과 '불변'으로 설명한 적이 있다.

바로 '환한 빛과도 같은 위대한 지혜의 면모'(大智慧光明義)이다.

[또] 만약 마음이 [불변·독자의 실체로 간주하는 대상세계(境界)를] '본다는 생각'(見)을 일으키면 곧 [아무것도] '보지 못한다는 생각'(不見)의 양상이 [짝지어] 있게 되지만, '마음의 온전한 본연'(心性)은 [대상세계를 불변·독자의 실체로 간주하는] 견해에서 벗어나니 이것이 바로 '모든 현상을 ['항상 있음'(有)과 '아무것도 없음'(無)이라는 치우침 없이] 두루 비추어 내는 면모'(徧照法界義)이다.

[또] 만약 마음에 [근본무지에 의한] 동요가 있으면 '참 그대로 앎'(眞[實]識知)이 아니어서 [마음] '자신의 온전한 본연'(自性)이 없어지며, [그리하여] [그 마음 상태는] '늘 [본연에] 머무름이 아니고'(非常) '[참된] 행복이 아니며'(非樂) '[참된] 자기가 아니고'(非我) '온전함이 아니어서'(非淨) 불타는 고뇌에 묶인 채 쇠퇴하면서 변하여 자유롭지 못하며, 이윽고 갠지스강의 모래알들보다 많은 '분별망상에 오염된 면모'(妄染義)를 갖추게 된다. 이러한 면모에 대비되기 때문에, '마음의 온전한 본연'(心性)에 [근본무지에 의한] 동요가 없으면 곧 갠지스강의 모래알들보다 많은 '온갖 온전한 이로운 능력을 펼치는 양상의 면모'(諸淨功德相義)가 있음이 드러난다.

[또] 만약 마음에 [대상세계(境界)를 불변·독자의 실체로 간주하면서 '보았다는 생각'(見)이] 일어남이 있게 되면 또한 '[불변·독자의 실체로서] 분별되어지는 이전의 것들'(前法可念)을 보는 것에 부족한 것이 있게 되지만, 이와 같은 '온전한 현상이 지닌 무량한 이로운 능력'(淨法無量功德)은 바로 '하나처럼 통하는 마음'(一心)[의 양상들]이어서 다시 '[불변·독자의 실체로서] 분별하는 것이 없기'(無所念) 때문에 ['이로운 능력'(功德)들이] [부족한 것이 없이] 가득 차게 되니, [이것을] '진리 몸인 여래의 면모가 간직된 창고'(法身如來之藏)라고 부른다.

【소】初中言"自體相"者, 總牒體大相大之義也. 次言"一切凡夫乃至諸佛無有增減, 畢竟常住"[354]者, 是釋體大. 上立義中言"一者, 體大, 謂一切法

眞如平等不增減故". 次言"從本以來, 性自滿足"以下, 釋相大義. 上言"二者, 相大, 謂如來藏具足無漏性功德故".[355] 文中有二, 一者, 直明性功德相, 二者, 往復重顯所以. 問意可知. 答中有二, 總答, 別顯. 別顯之中, 先明差別之無二義, 後顯無二之差別義. 此中亦二, 略標, 廣釋. 略標中言"以依業識, 生滅相示"者, 生滅相內有諸過患, 但擧其本, 故名業識. 對此諸患, 說諸功德也. "此云何示"以下, 別對衆過, 以顯德義. 文相可知.

『소』(1-721c18~722a9); 『회본』(1-771c15~772a7)

처음에 말한 "['참 그대로'(眞如)] 자신의 본연과 능력"([眞如]自體相)이라는 것은 ['참 그대로'(眞如)의] '본연의 위대함'(體大)과 '능력의 위대함'(相大)의 면모(義)를 총괄적으로 표시한 것이다. 다음에 말한 "['본연의 위대함'은] 모든 보통 사람이든 ['[가르침을] 들어서 [혼자] 부처가 되려는 수행자'(聲聞)이든 '연기의 이치를 깨달아 [혼자] 부처가 되려는 수행자'(緣覺)이든 [대승의] 보살이든] 모든 부처들이든 간에 [그 본연(體)이] 늘어남이나 줄어듦이 없고 ['과거에 생겨난 것도 아니고'(非前際生) '미래에 사라지는 것도 아니며'(非後際滅)] 궁극적으로 '언제나 그러한' 것이다"(一切凡夫乃至諸佛無有增減, 畢竟常恒)라는 것은 '본연의 위대함'(體大)을 해석한 것이다. 앞의 '면모를 세우는 부분'(立義[分])에서는 "첫 번째는 '[온전한] 본연의 위대함'이니, 모든 현상은 [본래] '참 그대로'로서 평등하여 [그 평등한 본연이] 늘거나 줄지 않기 때문이다"(一者體大, 謂一切法眞如平等不增減故)[356]라고 말했다.

다음으로 말한 "본래부터 ['참 그대로'(眞如)의] 본연이 스스로 [모든 이로운 능

---

354 『대승기신론』 본문은 "一切凡夫聲聞緣覺菩薩諸佛無有增減, 非前際生, 非後際滅, 畢竟常恒"이다. 『소』의 인용문 번역은 이 본문에 따른다.

355 『대승기신론』 본문은 "二者相大, 謂如來藏具足無量性功德故"이다. '無漏性功德'을 본문대로 '無量性功德'으로 교감하여 번역한다.

356 『대승기신론』(T32, 575c25~26). "所言義者, 則有三種. 云何爲三? 一者體大, 謂一切法眞如平等不增減故."

력을] 가득 채우고 있다"(從本以來, 性自滿足[一切功德]) 이하는 '능력이 위대한 면모'(相大義)를 해석한 것이다. 앞[의 '[대승의 현상과 면모에 관한] 뜻을 세우는 부분'(立義分)]에서는 "두 번째는 '능력의 위대함'이니, '여래의 면모가 간직된 창고'[인 중생의 마음]은 제한 없는 '본연의 이로운 능력'을 모두 갖추고 있기 때문이다"(二者相大, 謂如來藏具足無量性功德故)[357]라고 말했다. ['능력의 위대한 면모'(相大義)를 밝히는] 문장에는 두 가지 [내용]이 있으니, 첫 번째는 〈['참 그대로'의] '본연이 지닌 이로운 능력의 양상'(性功德相)을 곧바로 밝힌 것〉(直明性功德相)[358]이고, 두 번째는 〈[문답을] 주고받으면서 ['참 그대로'의 본연에 '온갖 이로운 능력의 양상'이 있는] 까닭을 거듭 드러낸 것〉(往復重顯所以)이다.

'질문의 뜻'(問意)은 [어렵지 않게] 알 수 있다. 대답에는 두 가지가 있으니, '총괄적인 대답'(總答)[359]과 '하나씩 밝힘'(別顯)이다. '하나씩 밝힘'(別顯)에서는 먼저 〈['참 그대로'(眞如)가 지닌 온갖 이로운 능력들의] 차이들이 [불변·독자의 실체나 본질에 의해] 둘[로 나뉨]이 없다는 뜻〉(差別之無二義)을 밝혔고, 나중에는 〈[불변·독자의 실체나 본질에 의해] 둘[로 나뉨]이 없는 것이 [불변·독자의 실체나 본질이 있다는 생각에 의거해] 차별되는 뜻〉(無二之差別義)을 밝혔다.

여기에도 두 가지가 있으니, [하나는] '[핵심을] 간략히 제시함'(略標)이고 [다른 하나는] '자세히 해석함'(廣釋)이다. '[핵심을] 간략히 제시함'(略標)에서 말한 "'[근본무지에 따라 처음] 움직이는 식'에 의거하여 '생멸하는 [차별] 양상'이 나타나는 것이다"(以依業識, 生滅相示)라는 것은, '생멸하는 [차별] 양상'(生滅相)에는 온갖 허물이 있지만 단지 그 [생멸하는 [차별] 양상의] 근본을 거론하였기 때문에 '[근본무지에 따라 처음] 움직이는 식'(業識)이라 한 것이다. 이 [생멸하는 [차

357 『대승기신론』(T32, 575c26~27). "二者相大, 謂如來藏具足無量性功德故."

358 『대승기신론』 본문으로는 "從本已來, 性自滿足一切功德, 所謂自體有大智慧光明義故, 徧照法界義故, 眞實識知義故, 自性淸淨心義故, 常樂我淨義故, 淸凉不變自在義故. 具足如是過於恒沙不離不斷不異不思議佛法, 乃至滿足無有所少義故, 名爲如來藏, 亦名如來法身"에 해당한다.

359 『대승기신론』 본문으로는 "答曰. 雖實有此諸功德義, 而無差別之相, 等同一味, 唯一眞如"에 해당한다.

별] 양상의] 갖가지 허물에 대비시키면서 ['참 그대로'(眞如)의 본연이 지닌] '온갖 이로운 능력'(諸功德)을 말하였다. "이 ['생멸하는 [차별] 양상']은 어떻게 나타나는가?"(此云何示) 이하에서는, 여러 허물에 하나씩 대비시키면서 '이로운 능력의 면모'([功]德義)를 드러낸다. 글의 내용은 [어렵지 않게] 알 수 있다.

【별기】 言"自體相"者, 總擧二種本. 言"一切衆生乃至諸佛無有增減, 畢竟常住",[360] 是釋體大. 上立中云, "一者, 體大, 謂一切法眞如平等不增減故". 言"從本以來, 性自滿足一切功德"以下, 廣釋相大. 上云, "二者, 相大, 謂如來藏具足無漏性功德故".[361]

『별기』(1-696c3~8)

"['참 그대로'(眞如)] 자신의 본연과 능력"([眞如]自體相)이라는 것은 ['본연의 위대함'(體大)과 '능력의 위대함'(相大), 이] 두 가지 ['참 그대로'(眞如)의] 근본(本)을 총괄적으로 제시한 것이다. "['본연의 위대함'은] 모든 보통사람이든 ['[가르침을] 들어서 [혼자] 부처가 되려는 수행자'(聲聞)이든 '연기의 이치를 깨달아 [혼자] 부처가 되려는 수행자'(緣覺)이든 [대승의] 보살이든] 모든 부처들이든 간에 [그 본연(體)이] 늘어남이나 줄어듦이 없고 ['과거에 생겨난 것도 아니고'(非前際生) '미래에 사라지는 것도 아니며'(非後際滅)] 궁극적으로 '언제나 그러한' 것이다"(一切凡夫乃至諸佛無有增減, 畢竟常恒)라고 말한 것은 '본연의 위대함'(體大)을 해석한 것이다. 앞의 '[대승의 현상과 면모에 관한] 뜻을 세우는 부분'(立[義分])에서는 "첫 번째는 '[온전한] 본연의 위대함'이니, 모든 현상은 [본래] '참 그대로'로서 평등하여 [그 평등한 본연이] 늘거나 줄지 않기 때문이다"(一者體大, 謂一切法眞如平等不增減故)라고 말했다.

360 『대승기신론』 본문은 "一切凡夫聲聞緣覺菩薩諸佛無有增減, 非前際生, 非後際滅, 畢竟常恒"이다. 『별기』의 인용문에서는 '一切凡夫'가 '一切衆生'으로, '畢竟常恒'이 '畢竟常住'로 바뀌어 있다. 번역은 『대승기신론』 본문에 따른다.

361 『대승기신론』 본문은 "二者相大, 謂如來藏具足無量性功德故"이다. 『별기』의 인용문에서는 '無量性功德'이 '無漏性功德'으로 바뀌어 있다. 번역은 『대승기신론』 본문에 따른다.

"본래부터 ['참 그대로'(眞如)의] 본연이 스스로 모든 이로운 능력을 가득 채우고 있다"(從本以來, 性自滿足一切功德)라고 말한 이하는 '능력의 위대함'(相大)을 자세히 해석한 것이다. 앞[의 '[대승의 현상과 면모에 관한] 뜻을 세우는 부분'(立義分)]에서는 "두 번째는 '능력의 위대함'이니, '여래의 면모가 간직된 창고'[인 중생의 마음]은 제한 없는 '본연의 이로운 능력'을 모두 갖추고 있기 때문이다"(二者相大, 謂如來藏具足無量性功德故)라고 말했다.

〈『소』와 『별기』의 구문 대조〉

『소』(1-721c18~722a9)	『별기』(1-696c3~8)
①初中言"自體相"者, ②總牒體大相大之義也. ③次言"一切④凡夫乃至諸佛無有增減, 畢竟常住"⑤者, 是釋體大. 上立⑥義中⑦言"一者, 體大, 謂一切法眞如平等不增減故". ⑧次言"從本以來, 性自滿足(⑨)"以下, ⑩釋相大義. 上⑪言"二者, 相大, 謂如來藏具足無漏性功德故". ⑫文中有二, 一者, 直明性功德相, 二者, 往復重顯所以. 問意可知. 答中有二, 總答, 別顯. 別顯之中, 先明差別之無二義, 後顯無二之差別義. 此中亦二, 略標, 廣釋. 略標中言"以依業識, 生滅相示"者, 生滅相內有諸過患, 但擧其本, 故名業識. 對此諸患, 說諸功德也. "此云何示"以下, 別對衆過, 以顯德義. 文相可知.	(①)言"自體相"者, ②總擧二種本. (③)言"一切④衆生乃至諸佛無有增減, 畢竟常住"(⑤), 是釋體大. 上立(⑥)中⑦云, "一者, 體大, 謂一切法眞如平等不增減故". (⑧)言"從本以來, 性自滿足⑨一切功德"以下, ⑩廣釋相大. 上⑪云, "二者, 相大, 謂如來藏具足無漏性功德故". (⑫)
※ ⑫는 '능력이 위대한 면모를 해석함'(釋相大義)의 내용에 대한 자세한 주석인데, 『소』에서 새롭게 추가되었다.	

나) '참 그대로의 작용의 위대한 면모'를 하나씩 해석함(別釋用大之義)

【소】"復次眞如用者"[362]以下, 第二別釋用大之義. 於中有二, 總明, 別釋.

『소』(1-722a10~11); 『회본』(1-772a8~9)

362 『회본』에는 '復次眞如用者'가 없다.

"또한 '참 그대로의 작용'이라는 것은"(復次眞如用者) 이하는, 두 번째로 〈'['참 그대로'(眞如)의] 작용의 위대한 면모'를 하나씩 해석한 것〉(別釋用大之義)이다. 여기에는 두 가지가 있으니, [하나는] '총괄적으로 밝힘'(總明)이고, [또 하나는] '하나씩 해석함'(別釋)이다.

【별기】 "復次眞如用者"以下, 廣釋用大. 上言, "用大, 能生一切善因果故".[363]

『별기』(1-696c8~10)

"또한 '참 그대로의 작용'이라는 것은"(復次眞如用者) 이하는 '['참 그대로'(眞如)의] 작용의 위대함'(用大)을 자세히 해석한 것이다. 앞[의 '[대승의 현상과 면모에 관한] 뜻을 세우는 부분'(立義分)]에서는 "[세 번째는] '작용의 위대함'이니, [세간과 출세간의] 모든 이로운 '원인과 결과'를 일으킬 수 있기 때문이다"([三者]用大, 能生一切[世間出世間]善因果故)라고 말했다.

〈『소』와 『별기』의 구문 대조〉

『소』(1-722a10~11)	『별기』(1-696c8~10)
"復次眞如用者"以下, ①第二別釋用大之義. 於中有二, 總明, 別釋. (②)	"復次眞如用者"以下, ①廣釋用大. ②上言, "用大, 能生一切善因果故".
※ ①에서 보면 『별기』에서는 '用大'의 단락에 대해 '廣釋用大'라고만 과문한 것에 비해 『소』에서는 과문이 자세하다.	

(가) 총괄적으로 밝힘(總明)

復次眞如用者, 所謂諸佛如來, 本在因地, 發大慈悲, 修諸波羅密, 攝化衆生. 立大誓願, 盡欲度脫等衆生界, 亦不限劫數, 盡於未來, 以取一

363 『대승기신론』 본문은 "三者用大, 能生一切世間出世間善因果故"이다. 『별기』의 인용문에서는 '世間出世間'이 생략되어 있다.

切衆生如己身故. 而亦不取衆生相, 此以何義? 謂如實知一切衆生及與己身, 眞如平等無別異故. 以有如是大方便智, 除滅無明, 見本法身, 自然而有不思議業種種之用, 卽與眞如等, 徧一切處. 又亦無有用相可得, 何以故? 謂諸佛如來唯是法身, 智相之身第一義諦, 無有世諦境界. 離於施作, 但隨衆生見聞得益故, 說爲用.

『논』(T32, 579b9~20); 『회본』(1-772a10~22)

또한 '참 그대로의 작용'(眞如用)이라는 것은 [다음과 같은 것이다.] 이른바 모든 부처와 여래는 본래 '[깨달음의] 원인을 마련하는 단계'(因地)에서 '크나큰 자비'(大慈悲)를 일으켜 모든 '['자기도 이롭게 하고 남도 이롭게 하는'(自利利他) 대승의] 구제수행'(波羅密)을 닦아서 중생을 껴안아 교화한다. [그리하여] '크나큰 다짐과 바람'(大誓願)을 세워 중생세계(衆生界)[의 모든 중생]을 남김없이 구제하려 하면서도 시간에 한계를 두지 않고 미래가 다하도록 하니, 모든 중생을 자기의 몸처럼 여기기 때문이다. 그러나 [그러면서도] '중생에 대한 불변 · 독자의 실체관념'(衆生相)을 취하지도 않으니, 이것은 어째서인가? 모든 중생과 자기 자신이 〈'참 그대로'로서 평등하여 [불변 · 독자의 실체로서] 구별되는 차이가 없음〉(眞如平等無別異)을 '사실 그대로 알기'(如實知) 때문이다.

이와 같은 '[불변 · 독자의 실체관념 없이] [깨달음 성취를 위한] 수단과 방법을 사용할 수 있는 위대한 지혜'(大方便智)가 있기 때문에 근본무지(無明)를 없애어 '본연인 진리의 몸'(本法身)을 보아 자연히 '생각으로는 이루 헤아릴 수 없는 행위들'(不思議業)의 갖가지 작용(用)이 있게 되니, 곧 '참 그대로'(眞如)[의 지평]과 같게 된 채 모든 곳에 [그 작용을] 두루 미친다.

[이때에는] 또한 얻을 수 있는 '불변 · 독자의 실체로서의 작용'(用相)도 없으니, 어째서인가? 모든 부처와 여래는 오로지 '진리의 몸'(法身)이고, ['진리 몸'(法身)의] '지혜를 드러내는 양상으로서의 몸'(智相之身)인 '궁극적 진리에 대한 가르침'(第一義諦)에는 '세간적 진리가 추구하는 대상'(世諦境界)이 없기 때문이다. '베풀고 행함'(施作)[에 대한 불변 · 독자의 실체관념]에서

벗어나 단지 중생의 보고 듣는 것에 따라 이로움을 얻게 하기 때문에 작용(用)이라 말하는 것이다.

【소】 初中亦二, 一者, 對果擧因, 二, 牒因顯果. 初擧因中亦有三句, 先行, 次願, 後明方便. 初言"諸佛本在因地乃至攝化衆生"[364]者, 擧本行也. 次言"立大誓願乃至盡於未來"[365]者, 擧本願也. 次言"以取衆生乃至眞如平等"[366]者, 是擧智悲大方便也. "以有"以下, 第二顯果, 於中亦三. 初言"以有如是大方便智"者, 牒前因也. 次言"除滅無明, 見本法身"者, 自利果也. "自然"以下, 正顯用相, 此中三句. 初言"不思議業種種之用"者, 明用甚深也. 次言"則與眞如等, 遍一切處"者, 顯用廣大也. "又亦"以下, 明用無相而隨緣用. 如『攝論』言"譬如摩尼天鼓, 無思成自事", 此之謂也. 總明用竟.

『소』(1-722a11~b2); 『회본』(1-772a23~b14)

처음[인 '참 그대로'(眞如)의 작용을 총괄적으로 밝히는 것]에도 두 가지가 있으니, 첫 번째는 '['참 그대로'(眞如) 작용의] 결과에 대응시켜 ['참 그대로'(眞如) 작용의] 원인을 거론한 것'(對果擧因)이고, 두 번째는 '['참 그대로'(眞如) 작용의] 원인을 표시하여 ['참 그대로'(眞如) 작용의] 결과를 드러낸 것'(牒因顯果)이다. 처음에 '['참 그대로'(眞如) 작용의] 원인을 거론한 것'(擧因)에도 세 가지 구절이 있으니, 먼저 '수행'(行)[을 밝히고] 다음으로 '[다짐과] 바람'([誓]願)[을 밝히며] 마지막으로 '수단과 방법'(方便)을 밝힌다.

처음에 말한 "모든 부처[와 여래는 본래 '[깨달음의] 원인을 마련하는 단계'에서 '크나큰 자비'를 일으켜 모든 '['자기도 이롭게 하고 남도 이롭게 하는'(自利利他) 대승의] 구제수행'을 닦아서] 중생을 껴안아 교화한다"(諸佛本在因地乃至攝化衆生)라는 것

364 『대승기신론』 본문은 "諸佛如來, 本在因地, 發大慈悲, 修諸波羅密, 攝化衆生"이다.

365 『대승기신론』 본문은 "立大誓願, 盡欲度脫等衆生界, 亦不限劫數, 盡於未來"이다.

366 『대승기신론』 본문은 "以取一切衆生如己身故. 而亦不取衆生相, 此以何義? 謂如實知一切衆生及與己身, 眞如平等無別異故"이다.

은, '['참 그대로'(眞如) 작용의] 근본이 되는 수행'(本行)을 거론한 것이다. 다음에 말한 "'크나큰 다짐과 바람'을 세워 중생세계[의 모든 중생]을 남김없이 구제하려 하면서도 시간에 한계를 두지 않고 미래가 다하도록 한다"(立大誓願乃至盡於未來)라는 것은, '['참 그대로'(眞如) 작용의] 근본이 되는 다짐과 바람'(本願)을 거론한 것이다.

다음으로 말한 "모든 중생을 [자기의 몸처럼 여기기 때문이다. 그러나 [그러면서도] '중생에 대한 불변 · 독자의 실체관념'(衆生相)을 취하지도 않으니, 이것은 어째서인가? 모든 중생과 자기 자신이] 〈'참 그대로'로서 평등하여 [[불변 · 독자의 실체로서] 구별되는 차이가 없음〉(眞如平等無別異)을 '사실 그대로 알기'(如實知) 때문이다]"(以取衆生乃至眞如平等)라는 것은, '지혜와 자비의 위대한 수단과 방편'(智悲大方便)을 거론한 것이다.

"[이와 같은 '[불변 · 독자의 실체관념 없이] [깨달음 성취를 위한] 수단과 방법을 사용할 수 있는 위대한 지혜'(大方便智)가] 있기 때문에"(以有) 이하는, 두 번째로 '['참 그대로'(眞如) 작용의] 결과를 드러낸 것'(顯果)이니, 여기에도 세 가지가 있다. 처음에 말한 "이와 같은 '[불변 · 독자의 실체관념 없이] [깨달음 성취를 위한] 수단과 방법을 사용할 수 있는 위대한 지혜'가 있기 때문에"(以有如是大方便智)라는 것은, '앞의 ['참 그대로'(眞如) 작용의] 원인을 표시한 것'(牒前因)이다. 다음에 말한 "근본무지를 없애어 '본연인 진리의 몸'을 본다"(除滅無明, 見本法身)라는 것은, '자기를 이롭게 하는 결과'(自利果)[를 드러낸 것]이다. "자연히"(自然) 이하에서는 '작용의 양상'(用相)을 곧바로 드러내는데, 여기에 세 구절이 있다. 처음에 말한 "생각으로는 이루 헤아릴 수 없는 행위들의 갖가지 작용"(不思議業種種之用)이라는 것은, '['참 그대로'(眞如)의] 작용이 매우 심오함을 밝힌 것'(明用甚深)이다. 다음으로 말한 "곧 '참 그대로'[의 지평]과 같게 된 채 모든 곳에 [그 작용을] 두루 미친다"(則與眞如等, 遍一切處)라는 것은, '['참 그대로'(眞如)의] 작용이 넓고 큼을 드러낸 것'(顯用廣大)이다. "또한"(又亦) 이하는 '['참 그대로'(眞如)의] 작용에 [작용의 실체적] 양상[이라 할 만한 것]이 없지만 [중생의] 조건들에 따라 작용함'(用無相而隨緣用)을 밝힌 것이다. 예컨대, 『섭대승론』에서 말한 "비유하자면 '[저절로 비추어 내는] 보배구슬'(摩尼)이나 '[저절로 울리는] 천상의 북'(天鼓)이 생각으로 꾀하지 않고도 제 일을 이루는 것과 같다"[367]라는 것은 이것을 일컫는 것이다.

['참 그대로'(眞如)의] 작용(用)을 '총괄적으로 밝히는 것'(總明)을 마친다.

〈『소』와 『별기』의 구문 대조〉

『소』(1-722a11~b2)	『별기』
初中亦二, 一者, 對果擧因, 二, 牒因顯果. 初擧因中亦有三句, 先行, 次願, 後明方便. 初言"諸佛本在因地乃至攝化衆生"者, 擧本行也. 次言"立大誓願乃至盡於未來"者, 擧本願也. 次言"以取衆生乃至眞如平等"者, 是擧智悲大方便也. "以有"以下, 第二顯果, 於中亦三. 初言"以有如是大方便智"者, 牒前因也. 次言"除滅無明, 見本法身"者, 自利果也. "自然"以下, 正顯用相, 此中三句. 初言"不思議業種種之用"者, 明用甚深也. 次言"則與眞如等, 遍一切處"者, 顯用廣大也. "又亦"以下, 明用無相而隨緣用. 如『攝論』言"譬如摩尼天鼓, 無思成自事", 此之謂也. 總明用竟.	내용 없음
※『소』의 과문으로 '總明'에 해당하는 주석이 『별기』에는 없다. 『별기』에서는 뒤에서 보듯이 『소』의 과문으로 '別釋'에 해당하는 부분부터 주석이 이루어진다.	

(나) 하나씩 해석함(別釋)

此用有二種, 云何爲二? 一者, 依分別事識, 凡夫二乘心所見者, 名爲應身. 以不知轉識現故, 見從外來, 取色分齊, 不能盡知故. 二者, 依於業識, 謂諸菩薩從初發意乃至菩薩究竟地, 心所見者, 名爲報身. 身有無量色, 色有無量相, 相有無量好, 所住依果亦有無量種種莊嚴. 隨所示現, 卽無有邊, 不可窮盡, 離分齊相, 隨其所應, 常能住持, 不毁不失. 如是功德, 皆因諸波羅密等無漏行熏及不思議熏之所成就, 具足無量樂相, 故說

367 『섭대승론』 권3(T31, 128c2~3). "譬摩尼天鼓, 無思成自事, 如此不分別, 種種佛事成."

爲報身. 又爲凡夫所見者, 是其麤色. 隨於六道, 各見不同, 種種異類, 非受樂相, 故說爲應身. 復次, 初發意菩薩等所見者, 以深信眞如法故, 少分而見, 知彼色相莊嚴等事, 無來無去, 離於分齊, 唯依心現, 不離眞如. 然此菩薩猶自分別, 以未入法身位故. 若得淨心, 所見微妙, 其用轉勝, 乃至菩薩地盡, 見之究竟. 若離業識, 則無見相, 以諸佛法身無有彼此色相迭相見故. 問曰. 若諸佛法身離於色相者, 云何能現色相? 答曰. 卽此法身是色體故, 能現於色. 所謂從本已來, 色心不二. 以色性卽智故, 色體無形, 說名智身, 以智性卽色故, 說名法身徧一切處. 所現之色, 無有分齊, 隨心能示十方世界無量菩薩無量報身無量莊嚴, 各各差別, 皆無分齊, 而不相妨. 此非心識分別能知, 以眞如自在用義故.

『논』(T32, 579b20~c19); 『회본』(1-772b15~c20)

이 ['참 그대로'(眞如)의] 작용에는 두 가지가 있으니, 무엇이 두 가지인가?

첫 번째는 '현상을 [불변 · 독자의 실체로 간주하여] 분별하는 식'(分別事識)에 의거하는 것이니, 보통사람(凡夫)과 '[성문聲聞, 연각緣覺] 두 부류의 수행자'(二乘)의 마음으로 본 것을 '[범부와 이승이 보는] 특정하게 응하는 부처 몸'(應身)[인 '참 그대로'(眞如)의 작용]이라고 부른다. [범부와 이승은] [나타난 응신이] '[불변 · 독자의 실체로 간주되는 주관으로] 바뀌어 가는 식'(轉識)이 나타낸 것임을 알지 못하기 때문에 [마음] 바깥에서 온 것으로 보고 '제한된 한계가 있는 색깔이나 모양 있는 것'(色分齊)을 취하기에 ['참 그대로'(眞如)의 작용을] 온전히 알 수가 없는 것이다.

두 번째는 '[근본무지에 따라 처음] 움직이는 식'(業識)에 의거하는 것이니, 모든 보살이 '처음으로 깨달음에 뜻을 일으킨 [단계]'(初發意)부터 '보살의 궁극적인 [수행] 단계'(菩薩究竟地)에까지 마음으로 본 것을 '[진리성취의] 결실인 부처 몸'(報身)[인 '참 그대로'(眞如)의 작용]이라고 부른다. [이 부처의] 몸에는 '헤아릴 수 없이 많은 모습들'(無量色)이 있고, '[이 헤아릴 수 없이 많은] 모습들'(色)에는 '헤아릴 수 없이 많은 특징들'(無量相)이 있으며, '[이 헤아릴 수 없이 많은] 특징들'(相)에는 '헤아릴 수 없이 많은 탁월함들'(無量好)이 있고, [이 부처가] 머무는 '과보에 의한 환경'(依果)[368]에도 '헤아릴 수 없이 많은 갖가지 수승한 내용들'(無量種種莊嚴)이 있다. [그러므로] [중생구제의 인연에] 따라 ['참 그대로'(眞如)의 작용인 그 몸을] 드러내어 보여 주는 것에 곧 한계가 없어서 끝날 수가 없으면서도 '불변·독자의 실체인 제한된 한계'(分齊相)에서는 벗어나 있으니, 그 감응하는 대상에 따르면서도 언제나 ['참 그대로'(眞如)에] 머무를 수 있어 ['참 그대로'(眞如)인 본연을] 훼손하거나 잃어버리지 않는다. 이와 같은 '이로운 능력'(功德)은 [육바라밀六波羅密 등] 모든 '['자기도 이롭게 하고 남도 이롭게 하는'(自利利他) 대승의] 구제수행'(波羅密)들의 '번뇌가 스며들지 않게 하는 수행의 거듭된 영향력'(無漏行熏)과 ['참 그대로'(眞如)의] '생각으로는 이루 헤아릴 수 없는 거듭된 영향력'(不思議熏)으로 인해 성취된 것이어서 '헤아릴 수 없이 많은 좋은 특징들'(無量樂相)을 두루 갖춘 것이니, 그러므로 '[진리성취의] 결실인 부처 몸'(報身)이라고 말한다.

또 보통사람(凡夫)[및 '성문聲聞, 연각緣覺 두 부류의 수행자'(二乘)]가 보는 것은 '[형태나 색깔이 있는] 뚜렷한 모습'(麤色)이다. '여섯 가지 미혹의 세계'(六道)에 따라 [윤회하면서] 제각기 [그것을] 보는 것이 같지 않으며 [또 그것들이] 갖가지 다른 종류들이기에 ['참 그대로'(眞如)의 작용으로 나타내는 부처 몸의] '좋은 양상들'(樂相)을 수용하는 것이 아니니, 그러므로 '[범부와 이승이 보는] 특정하게 응하는 부처 몸'(應身)[인 '참 그대로'(眞如)의 작용]이라고 말한다.[369]

또한 '처음으로 깨달음에 뜻을 일으킨 보살'(初發意菩薩) 등이 보는 것은 [보신報身이니], [그들은] '참 그대로라는 진리'(眞如法)를 깊이 확신하기

368 의과依果: 의보依報라고도 한다. 정과正果·정보正報와 대비되는 개념이다. 정과란 과거 행위(業)의 과보에 의해 이루어진 중생의 몸과 마음 자체라면, 의과란 그 중생의 몸과 마음이 과보에 의해 의지하게 되는 환경 세계를 말한다.

369 여기까지가 '중첩분별重牒分別'의 '명응신明應身'이다.

때문에 ['참 그대로'(眞如)인 보신을] 조금은 보게 되므로, [이 '처음으로 깨달음에 뜻을 일으킨 보살'(初發意菩薩)들은] 저 [보신報身의] '[형태나 색깔이 있는] 모습'(色相)과 [부처의 보신이 머무는 세상의] '수승한 내용을 지닌 현상'(莊嚴等事)이 〈'생겨났다고 할 것도 없고 사라졌다고 할 것도 없으며'(無來無去), '제한된 한계에서도 벗어났고'(離於分齊), 오로지 마음에 의거하여 나타난 것으로서 '참 그대로'(眞如)에서 벗어나지 않은 것〉임을 안다. 그러나 이 '[처음으로 깨달음에 뜻을 일으킨] 보살'([初發意]菩薩)은 아직도 스스로 [근본무지(無明)에 따라] 분별하니, 아직 '진리 몸의 경지'(法身位)에 들어가지 못했기 때문이다.[370]

만약 '[대승보살의 '열 가지 본격적인 수행경지'(十地) 가운데 첫 번째 경지인] 온전한 마음[의 경지]'(淨心[地])를 얻으면 '보이는 것'(所見)이 미세하고 오묘해지고 그 ['온전한 마음'(淨心)의] 작용이 갈수록 수승해지다가 [십지의 '열 번째 경지'(第十地, 法雲地)까지의] '보살의 [수행] 경지'(菩薩地)를 모두 마치는 데 이르면 ['참 그대로의 작용'(眞如用)인 보신報身을] '보는 것'(見)이 궁극에 이른다. [이때] 만약 '[근본무지에 따라 처음] 움직이는 식'(業識)에서 벗어나면 '[불변·독자의 실체로 간주되는 주관과 객관을] 본다는 양상'(見相)이 없어지니, 모든 부처의 '진리 몸'(法身)에서는 [불변·독자의 실체인] '[형태나 색깔이 있는] 저 모습'(彼色相)과 '[형태나 색깔이 있는] 이 모습'(此色相)들이 번갈아 서로를 보는 일이 없기 때문이다.

묻는다. 모든 부처의 '진리 몸'(法身)이 '[형태나 색깔이 있는] 모습'(色相)에서 벗어난 것이라면, 어떻게 ['참 그대로의 작용'(眞如用)에서] '[형태나 색깔이 있는] 모습'(色相)을 나타낼 수 있겠는가?

답한다. 바로 이 '진리의 몸'(法身)이 '[형태나 색깔이 있는] 모습의 본연'(色體)이기 때문에 ['참 그대로의 작용'(眞如用)을] '[형태나 색깔이 있는] 모습'(色)에

370 여기까지가 '중첩분별重牒分別'의 '현보신상顯報身相'에서 첫 번째인 '명지전소견明地前所見'이다.

서 나타낼 수 있다. 본래부터 '[형태나 색깔이 있는] 모습과 마음은 [불변 · 독자의 실체인] 둘[로 나뉘지] 않는 것이다'(色心不二). 〈'[형태나 색깔이 있는] 모습의 본연'(色性)은 바로 '[형상이 없는] 지혜'(智)이기 때문에 '[형태나 색깔이 있는] 모습의 본연'(色體)에는 형태(形)가 없다〉는 것을 '지혜인 몸'(智身)이라 말하고, '[형상이 없는] 지혜의 본연'(智性)이 바로 '[형태나 색깔이 있는] 모습'(色)이기 때문에 〈'[형상이 없는] 진리 몸'이 [형태나 색깔이 있는 모습으로] 모든 곳에 두루 있다〉(法身徧一切處)고 말한다. [형상이 없는 진리 몸에 의해] 나타난 '[형태나 색깔이 있는] 모습'에는 '제한된 한계'(分齊)가 없어서 마음에 따라 모든 세계에 '헤아릴 수 없이 많은 보살'(無量菩薩)과 〈헤아릴 수 없이 많은 '[진리성취의] 결실인 부처 몸'〉(無量報身)과 '헤아릴 수 없이 많은 수승한 내용'(無量莊嚴)을 나타낼 수 있는데, 각자 차이는 있지만 모두 [불변 · 독자의 실체로서의] '제한된 한계'(分齊)가 없어서 서로 방해하지 않는다. 이것은 '[근본무지에 따르는] 마음과 식의 분별'(心識分別)이 알 수 있는 것이 아니니, '[불변 · 독자의 실체관념에서 벗어난] 참 그대로의 자유로운 작용의 면모'(眞如自在用義)이기 때문이다.

㉮ 하나하나의 작용을 곧바로 드러냄(直顯別用)

【소】 "此用"以下, 第二別釋. 於中有三, 總標, 別解, 往復除疑. 別解中亦有二, 一者, 直顯別用, 二者, 重牒分別. 初中亦二, 先明應身, 後顯報身. 初中言"依分別事識"者, 凡夫二乘未知唯識, 計有外塵, 卽是分別事識之義. 今見佛身, 亦計心外, 順意識義故, 說依分別事識見. 此人不知依自轉識能現色相, 故言"不知轉識現故, 見從外來". 然其所見有分齊色, 卽無有邊離分齊相, 彼人唯取有分齊義, 未解分齊則無有邊. 故言"取色分齊, 不能盡知故"也. 報身中言"依於業識"者, 十解以上菩薩, 能解唯心無外塵義, 順業識義, 以見佛身故, 言依於業識見也. 然此菩薩知其分齊卽無分齊, 故言"隨所示現, 卽無有邊, 乃至不毁不失也".[371] 此

無障礙不思議事, 皆由六度深行之熏, 及與眞如不思議熏之所成就, 依是義故, 名爲報身. 故言乃至"具足無量樂相, 故說爲報[372]也".

『소』(1-722b3~22); 『회본』(1-772c21~773a17)

"이 ['참 그대로'(眞如)의] 작용에는"(此用) 이하는 두 번째로 '['작용의 위대함'(用大)을] 하나씩 해석한 것'(別釋)이다. 여기에 세 가지가 있으니, '총괄적으로 제시한 것'(總標)[373]과 '하나씩 해설한 것'(別解)과 '[문답을] 주고받으면서 의심을 제거한 것'(往復除疑)이다. '하나씩 해설한 것'(別解)에도 두 가지가 있으니, 첫 번째는 '['참 그대로'(眞如)] 하나하나의 작용을 곧바로 드러낸 것'(直顯別用)이고, 두 번째는 '[하나하나의 작용을] 거듭 제시하여 분석한 것'(重牒分別)이다.

ㄱ. 참 그대로의 작용인 '범부와 이승이 보는 특정하게 응하는 부처 몸'을 밝힘(明應身)

첫 번째에도 두 가지가 있으니, 먼저 '[범부와 이승이 보는] 특정하게 응하는 부처 몸'(應身)을 밝혔고, 나중에 '[진리성취의] 결실인 부처 몸'(報身)을 드러냈다. 처음에 말한 "'현상을 [불변·독자의 실체로 간주하여] 분별하는 식'에 의거한다"(依分別事識)라는 것은 [다음과 같은 뜻이다.] 보통사람(凡夫)과 '[성문聲聞, 연각緣覺] 두 부류의 수행자'(二乘)는 아직 '[모든 현상은] 오로지 분별하는 마음[에 의한 구성]일 뿐'(唯識)임을 알지 못하여 '바깥의 대상세계'(外塵)가 [식識이 보는 그대로] 있다고 헤아리니, 이것이 바로 '현상을 [불변·독자의 실체로 간주하여] 분별하는 식'(分別事識)의 면모이다. 지금 '부처의 몸'(佛身)을 보더라도 역시 마음 바깥에 [있는 것이라고] 헤아려 '[제6]의식意識의 [분별하는] 면모'(意識義)에

371 『대승기신론』 본문은 "隨所示現, 卽無有邊, 不可窮盡, 離分齊相, 隨其所應, 常能住持, 不毁不失"이다.

372 『대승기신론』 본문에는 '報' 뒤에 '身'이 있으므로 '身'이 탈락된 것으로 보인다.

373 『대승기신론』 본문으로는 "此用有二種, 云何爲二?"에 해당한다.

따르기 때문에 <'현상을 [불변 · 독자의 실체로 간주하여] 분별하는 식'(分別事識)에 의거하여 ['참 그대로'(眞如)의 작용인 부처 몸을] 본다>(依分別事識見)고 말한다. 이 사람은 자신의 '[불변 · 독자의 실체로 간주되는 주관으로] 바뀌어 가는 식'(轉識)에 의거하여 '[형태나 색깔이 있는] 모습'(色相)을 나타낼 수 있음을 알지 못하니, 그러므로 "'[불변 · 독자의 실체로 간주되는 주관으로] 바뀌어 가는 식'이 나타낸 것임을 알지 못하기 때문에 [마음] 바깥에서 온 것으로 본다"(不知轉識現故, 見從外來)라고 말했다. 그런데 그 ['현상을 [불변 · 독자의 실체로 간주하여] 분별하는 식'(分別事識)에 의거하여] 본 '제한된 한계가 있는 색깔이나 모양 있는 것'(有分齊色)은 [실제로는] 한계(邊)가 없고 '불변 · 독자의 실체인 제한된 한계'(分齊相)에서 벗어난 것이지만, 저 사람은 오로지 '제한된 한계가 있는 면모'(有分齊義)만을 취하고 '제한된 한계'(分齊)가 바로 한계(邊)가 없는 것임을 아직 이해하지 못한다. 그러므로 "'제한된 한계가 있는 색깔이나 모양 있는 것'을 취하기에 ['참 그대로'(眞如)의 작용을] 온전히 알 수가 없는 것이다"(取色分齊, 不能盡知故)라고 말했다.

ㄴ. 참 그대로의 작용인 '진리성취의 결실인 부처 몸'을 드러냄(顯報身)

['참 그대로'(眞如)의 작용인] '[진리성취의] 결실인 부처 몸'(報身)[을 드러내는 곳]에서 말한 "'[근본무지에 따라 처음] 움직이는 식'에 의거한다"(依於業識)라는 것은 [다음과 같은 뜻이다.] '[진리에 대한] 이해가 확고해지는 열 가지 단계'(十解/十住) 이상의 보살들은 <'[모든 현상은] 오로지 분별하는 마음[에 의한 구성]일 뿐'(唯心/唯識) [식識이 보는 그대로의] '바깥 대상세계'(外塵)는 없다는 뜻>(唯心無外塵義)을 이해할 수 있어서 '[근본무지에 따라 처음] 움직이는 식'(業識)의 면모에 따라 '부처의 몸'(佛身)을 보기 때문에 <'[근본무지에 따라 처음] 움직이는 식'에 의거하여 ['참 그대로'의 작용인 부처 몸을] 본다>(依於業識見)고 말한 것이다. 그런데 이 보살들은 그 ['부처 몸'(佛身)의] '제한된 한계[가 있는 색깔이나 모양]'([色]分齊)이 곧 '제한된 한계'(分齊)가 없는 것임을 아니, 그러므로 "[중생구제의 인

연에] 따라 ['참 그대로'(眞如)의 작용인 그 몸을] 드러내어 보여 주는 것에 곧 한계가 없어서 [끝날 수가 없으면서도 '불변 · 독자의 실체인 제한된 한계'에서는 벗어나 있으니, 그 감응하는 대상에 따르면서도 언제나 ['참 그대로'에] 머무를 수 있어 ['참 그대로'인 본연을]] 훼손하거나 잃어버리지 않는다"(隨所示現, 卽無有邊, 乃至不毁不失也)라고 말했다. 이 '걸림이 없고 생각으로는 이루 헤아릴 수 없는 현상'(無障礙不思議事)은 모두 '[대승] 육바라밀 깊은 수행의 거듭된 영향력'(六度深行之熏)과 〈'참 그대로'의 '생각으로는 이루 헤아릴 수 없는 거듭된 영향력'〉(眞如不思議熏) 때문에 성취된 것이니, 이러한 뜻에 의거하기 때문에 '[진리성취의] 결실인 부처 몸'(報身)이라고 부른다. 그러므로 이어서 "헤아릴 수 없이 많은 좋은 특징들을 두루 갖춘 것이니, 그러므로 '[진리성취의] 결실인 부처 몸'이라고 말한다"(具足無量樂相, 故說爲報身)라고 하였다.

【별기】 言"不知轉識現故, 見從外[374]"者, 如上所說五種識內, 第二轉識所現色相, 不離轉識而意識不知如是道理, 謂自心外實有佛身來, 爲我說法也. 言"業識"者, 義如前說.

『별기』(1-696c10~14)

"[범부와 이승(二乘)은] [나타난 응신(應身)이] '[불변 · 독자의 실체로 간주되는 주관으로] 바뀌어 가는 식'이 나타낸 것임을 알지 못하기 때문에 [마음] 바깥에서 온 것으로 본다"(不知轉識現故, 見從外來)라고 말한 것은 [다음과 같은 뜻이다.] 앞에서 말한 ['[근본무지에 따라 처음] 움직이는 식'(業識) · '[불변 · 독자의 실체로 간주되는 주관으로] 바뀌어 가는 식'(轉識) · '[불변 · 독자의 실체로 간주되는 대상을] 나타내는 식'(現識) · '분별하는 식'(智識) · '[분별을] 서로 이어 가는 식'(相續識), 이] 다섯 가지 식識 가운데 두 번째인 '[불변 · 독자의 실체로 간주되는 주관으로] 바뀌어 가는 식'(轉識)에 의해 나타난 '[형태나 색깔이 있는] 모습'(色相)은 '[불변 · 독자의 실체로 간주되는 주관으로] 바뀌어 가는 식'(轉識)에서 벗어나지 않지만 [제6]의식意識은

374 『대승기신론』 본문에는 '外' 뒤에 '來'가 있으므로 '來'가 탈락된 것으로 보인다.

이와 같은 도리를 알지 못하여 〈자신의 마음 바깥에 실제로 있는 '부처의 몸'(佛身)이 와서 자기를 위해 설법한다〉고 말하는 것과 같은 것이다. "'[근본무지에 따라 처음] 움직이는 식'(業識)[에 의거한다]"([依於]業識)라고 말한 것은 뜻이 앞에서 말한 것과 같다.

〈『소』와 『별기』의 구문 대조〉

『소』(1-722b3~22)	『별기』(1-696c10~14)
"此用"以下, 第二別釋. 於中有三, 總標, 別解, 往復除疑. 別解中亦有二, 一者, 直顯別用, 二者, 重牒分別. 初中亦二, 先明應身, 後顯報身. 初中言"依分別事識"者, 凡夫二乘未知唯識, 計有外塵, 卽是分別事識之義. 今見佛身, 亦計心外, 順意識義故, 說依分別事識見. 此人不知依自轉識能現色相, 故①言"不知轉識現故, 見從外來". 然其所見有分齊色, 卽無有邊離分齊相, 彼人唯取有分齊義, 未解分齊則無有邊. 故言"取色分齊, 不能盡知故"也. 報身中言"依於業識"者, 十解以上菩薩, 能解唯心無外塵義, 順業識義, 以見佛身故, 言依於業識見也. 然此菩薩知其分齊卽無分齊, 故言"隨所示現, 卽無有邊, 乃至不毁不失也". 此無障礙不思議事, 皆由六度深行之熏, 及與眞如不思議熏之所成就, 依是義故, 名爲報身. 故言乃至"具足無量樂相, 故說爲報也".	①言"不知轉識現故, 見從外"者, 如上所說五種識內, 第二轉識所現色相, 不離轉識而意識不知如是道理, 謂自心外實有佛身來, 爲我說法也. 言"業識"者, 義如前說.
※ ①의 문장 이외에는 『소』와 『별기』에서 같은 내용이 없다.	

【소】 然此二身, 經論異說. 『同性經』說, "穢土成佛, 名爲化身, 淨土成道, 名爲報身", 『金鼓經』說, "三十二相八十種好等相, 名爲應身, 隨六道相所現之身, 名爲化身", 依『攝論』說, "地前所見, 名變化身, 地上所見, 名受用身". 今此論中, 凡夫二乘所見六道差別之相, 名爲應身, 十解已上菩薩所見離分齊色, 名爲報身. 所以如是有不同者, 法門無量, 非唯一途故, 隨所施設, 皆有道理. 故『攝論』中, 爲說地前散心所見有分齊相, 故屬化身, 今此論中, 明此菩薩三昧所見離分齊相, 故屬報身. 由是道

理, 故不相違也. “又凡夫所見”[375]以下, 第二重牒分別. 先明應身, 文相可知. “復次”以下, 顯報身相. 於中有二, 先明地前所見, 後顯地上所見. 初中言“以深信眞如法故, 少分而見”者, 如十解中, 依人空門, 見眞如理, 是相似解, 故名“少分”也. “若得淨心”以下, 顯地上所見. “若離業識, 則無見相”者, 要依業識, 乃有轉相及與現相, 故離業識, 卽無見相也. “問曰”以下, 往復除疑, 文相可見. 顯示正義之內, 大分有二, 第一正釋所立法義, 竟在於前.

『소』(1-722b22~c21); 『회본』(1-773a17~b18)

그런데 이 ‘[응신應身과 보신報身, 이] 두 가지 [부처] 몸’(二身)을 경론經論에서는 [서로] 다르게 설명한다. 『동성경同性經』에서는 “‘오염된 세상’(穢土)에서 ‘부처를 이루는 것’(成佛)을 ‘[중생의 바람에 응하여 갖가지 모습으로] 나타나는 [부처] 몸’(化身)이라 하고, ‘온전한 세상’(淨土)에서 ‘진리를 성취하는 것’(成道)을 ‘[진리성취의] 결실인 부처 몸’(報身)이라고 부른다”[376]라고 말하고, 『금고경金鼓經』에서는 “‘32가지 수승한 용모’(三十二相)와 ‘80가지 빼어난 특징’(八十種好) 등의 모습[을 갖춘 것]을 ‘[중생의 바람에] 응하여 [특정한 부처님의 모습으로] 나타나는 몸’(應身)이라고 하며, ‘여섯 가지 미혹세계의 양상’(六道相)에 따라 나타낸 몸을 ‘[중생의 바람에 응하여 갖가지 모습으로] 나타나는 [부처] 몸’(化身)이라고 부른다”[377]라고 말하며, 『섭대승론석攝大乘論釋』에 의하면 “‘열 가지 본격

---

375 『대승기신론』 본문은 “又爲凡夫所見者”이다.

376 이 인용문은 원효가 『동성경』의 내용을 그대로 옮긴 것이 아니라 핵심요지만을 뽑은 것이다. 『동성경』의 관련 내용을 모두 옮기면 다음과 같다: 『대승동성경大乘同性經』 권2(T16, 651c2~14). “世尊! 佛身幾種? 佛言. 善丈夫! 略說有三. 何等爲三? 一者報, 二者應, 三者眞身. 海妙深持自在智通菩薩復問佛言. 世尊! 何者名爲如來報身? 佛言. 善丈夫! 若欲身彼佛報者, 汝今當知. 如汝今日見我, 現諸如來淸淨佛刹, 現得道者當得道者, 如是一切卽是報身. 海妙深持自在智通菩薩復問佛言. 世尊! 何者名爲如來應身? 佛言. 善丈夫! 猶若今日踊步揵如來, 魔恐怖如來, 大慈意如來, 有如是等一切彼如來. 穢濁世中現成佛者當成佛者, 如來顯現從兜率下, 乃至住持一切正法一切像法一切末法. 善丈夫! 汝今當知. 如是化事皆是應身.”

377 이 인용문의 내용도 발췌해서 옮긴 것이다. 인용한 전문은 다음과 같다. 『합부금광명

적인 수행경지'(十地) 이전[의 보살](地前)이 보는 것을 '[중생의 바람에 응하여 갖가지 모습으로] 변하여 나타나는 [부처] 몸'(變化身)이라 하고, '열 가지 본격적인 수행경지'(十地) 이상[의 보살](地上)이 보는 것을 '[궁극적인 깨달음을] 누리는 [부처] 몸'(受用身)이라고 부른다"[378]라고 말한다.

지금 이 『기신론』[의 본문]에서는, 보통사람(凡夫)과 '[성문聲聞, 연각緣覺] 두 부류의 수행자'(二乘)[의 마음으로] 보는 〈'여섯 가지 미혹 세계'(六道)에서의 [부처 몸의] 차이 나는 모습들〉(六道差別之相)을 '[중생의 바람에] 응하여 [특정한 부처님의 모습으로] 나타나는 몸'(應身)이라 부르고, '[진리에 대한] 이해가 확고해지는 열 가지 단계'(十解/十住) 이상의 보살이 보는 '제한된 한계에서 벗어난 [형태나 색깔이 있는] 모습'(離分齊色)을 '[진리성취의] 결실인 부처 몸'(報身)이라 부른다.

이와 같이 [설명이 서로] 다름이 있는 까닭은 '진리로 들어가는 문'(法門)이 헤아릴 수 없이 많아 오직 하나의 길[만 있는 것]이 아니기 때문이니, '상황에 따라 설명한 것'(隨所施設)에 '모두 [나름의] 타당성이 있다'(皆有道理). 그러므로 『섭대승론석』에서는 '열 가지 본격적인 수행경지'(十地) 이전[의 보살](地前)이 '흐트러진 마음'(散心)으로 본 것에는 '제한된 한계가 있는 모습'(分齊相)이 있는 것임을 말하기 위해 [그것을] '[중생의 바람에 응하여 갖가지 모습으로] 나타나는 [부처] 몸'(化身)에 배속하였고, 지금 이 『기신론』[의 본문]에서는 이

경合部金光明經』 권1(T16, 362c22~363a3). "云何菩薩了別化身? 善男子! 如來昔在修行地中, 爲一切衆生修種種法, 是諸修法至修行滿, 修行力故而得自在. 自在力故隨衆生心, 隨衆生行, 隨衆生界, 多種了別不待時不過時, 處所相應, 時相應, 行相應, 說法相應, 現種種身, 是名化身. 善男子! 是諸佛如來, 爲諸菩薩得通達故說於眞諦, 爲通達生死涅槃一味故, 身見衆生怖畏歡喜故, 爲無邊佛法而作本故, 如來相應如如如如智願力故, 是身得現具足三十二相八十種好項背圓光, 是名應身."; 『금광명최승왕경金光明最勝王經』 권2(T16, 408b15~26) 참고. 〈산스크리트본의 해당 내용: 상응하는 산스크리트 구문을 못 찾음.〉

378 『섭대승론석』에서는 대승의 '세 가지 부처의 몸'(三身)에 대한 교설이 매우 자세하게 서술되어 있지만, 원효가 인용한 이 구절은 제시하기 어렵다. 원효가 여기서 말하는 전체 대의를 따로 간략하게 규정한 것으로 보인다.

[십지 이전의] 보살이 삼매三昧에 [들어] 본 것은 '제한된 한계가 있는 모습'(分齊相)에서 벗어난 것임을 밝히기 위해 [그것을] '[진리성취의] 결실인 부처 몸'(報身)에 배속하였다. 이러한 도리 때문에 서로 어긋나지 않는다.

㈏ 하나하나의 작용을 거듭 제시하여 분석함(重牒分別)

"또 보통사람 [및 '성문聲聞, 연각緣覺 두 부류의 수행자'(二乘)]가 보는 것은"(又[爲]凡夫所見[者]) 이하는 두 번째인 '[하나하나의 작용을] 거듭 제시하여 분석한 것'(重牒分別)이다. 먼저 '[범부와 이승이 보는] 특정하게 응하는 부처 몸'(應身)을 밝혔는데, 글의 내용은 [어렵지 않게] 알 수 있다. "또한"(復次) 이하는 '[진리성취의] 결실인 부처 몸'(報身)이 지니는 특징(相)을 드러낸 것이다. 여기에는 두 가지가 있으니, 먼저 '열 가지 본격적인 수행경지'(十地) 이전[의 보살](地前)이 보는 것을 밝혔고, 나중에는 '열 가지 본격적인 수행경지'(十地) 이상[의 보살](地上)이 보는 것을 드러내었다.

처음에 말한 "'참 그대로라는 진리'를 깊이 확신하기 때문에 ['참 그대로'(眞如)인 보신報身을] 조금은 보게 된다"(以深信眞如法故, 少分而見)라는 것은, 예컨대 '[진리에 대한] 이해가 확고해지는 열 가지 단계'(十解)에서는 '자아에는 불변·독자의 실체나 본질이 없다는 도리'(人空門)에 의거하여 '참 그대로의 이치'(眞如理)를 보는데 이것은 '['참 그대로'(眞如)와] 가까워진 이해'(相似解)이니, 그러므로 "조금은"(少分)이라고 하였다.

"만약 '[대승보살의 '열 가지 본격적인 수행경지'(十地) 가운데 첫 번째 경지인] 온전한 마음[의 경지]'를 얻으면"(若得淨心)[이라는 말] 이하는, '열 가지 본격적인 수행경지' 이상[의 보살](地上)이 보는 것을 밝힌 것이다. [그리고] "만약 '[근본무지에 따라 처음] 움직이는 식'에서 벗어나면 '[불변·독자의 실체로 간주되는 주관과 객관을] 본다는 양상'이 없어진다"(若離業識, 則無見相)라는 것은, '[근본무지에 따라 처음] 움직이는 식'(業識)에 의거해야만 '[불변·독자의 실체로 간주되는 주관으로] 바뀌어 가는 양상'(轉相)과 '[불변·독자의 실체로 간주되는 대상을] 나타내는 양상'(現相)이 있게 되므로 '[근본무지에 따라 처음] 움직이는 식'(業識)에서 벗어나면 곧 '[불변 · 독자의 실체로 간주되는 주관과 객관을] 본다는 양상'(見相)이 없어진다는 것이다.

"묻는다"(問曰) 이하는 '[문답을] 주고받으면서 의심을 없앤 것'(往復除疑)이니, 글의 내용은 [어렵지 않게] 알 수 있다. '올바른 뜻을 드러내 보임'(顯示正義) 안에는 크게 나누어 두 가지가 있는데, [그] 첫 번째인 〈[대승의] 현상(法)과 면모(義)를 세우는 것[의 핵심]을 '곧바로 해석함'(正釋)〉은 이상으로 마친다.

【별기】 然餘處說, "地前所見, 名變[379]化身, 地上所見, 名受用身", 爲異已證未證故. 今此中說, 凡夫二乘所見, 名爲應身, 十解初心以下[380]所見, 名爲報身. 爲明菩薩深信唯識, 順業識義, 不計外來, 不同凡小故. 又復此中, 就此三賢菩薩依三昧心所見妙相故, 屬報佛[381]攝, 餘經論中, 約此菩薩散心所見麤相故, 屬化身也. 餘文分明, 故則可知. 第三廣釋. 立義分中, 二種乘義, 而此二義是釋用大, 文中已兼顯故, 不須別釋. 如言"諸佛本在因地, 發大慈, 修諸度行",[382] 乃至廣說, 是初乘義也. 如上立中云, "一切諸佛本所乘故". 又說菩薩發心已, 玄[383]見佛差別修證之相, 是後乘義, 上云"一切菩薩皆乘此法到佛地[384]故". "復次"已下, 顯示正義中, 大分有二, 一正顯示分所立法義, 竟在於前.

『별기』(1-696c14~697a7)

그런데 [『섭대승론석』과 같은] 다른 곳에서는 "'열 가지 본격적인 수행경지'(十地) 이전[의 보살](地前)이 보는 것을 '[중생의 바람에 응하여 갖가지 모습으로] 변

379 한불전 교감주에는 '化身' 앞에 '反'자를 첨가하였으나, 『섭론』의 내용에 따라 '反'이 아닌 '變'자를 추가하는 것으로 교감한다.

380 '以下'는 '以上'의 오기로 보인다.

381 '報佛'은 '報身'의 오기로 보인다.

382 『대승기신론』 원문은 "諸佛如來, 本在因地, 發大慈悲, 修諸波羅密"이다.

383 한불전 교감주에 따라 '玄'자를 '現'으로 교감하여 번역한다.

384 『대승기신론』 원문에는 '佛地'가 '如來地'로 되어 있다.

하여 나타나는 [부처] 몸'(變化身)이라 하고, '열 가지 본격적인 수행경지'(十地) 이상[의 보살](地上)이 보는 것을 '[궁극적인 깨달음을] 누리는 [부처] 몸'(受用身)이라고 부른다"라고 말하니, '이미 거론된 경전 근거들'(已證)이나 '아직 거론되지 않은 경전 근거들'(未證)[의 내용]과는 다른 것이 된다.

지금 이 『기신론』에서는 〈보통사람(凡夫)과 '[성문聲聞, 연각緣覺] 두 부류의 수행자'(二乘)[의 마음으로] 보는 것을 '[중생의 바람에] 응하여 [특정한 부처님의 모습으로] 나타나는 몸'(應身)이라 부르고, '[진리에 대한] 이해가 확고해지는 열 가지 단계'(十解/十住)의 '처음 깨달음에 뜻을 일으킨 [대승의 보살]'(初心) 이상이 보는 것을 '[진리성취의] 결실인 부처 몸'(報身)이라 부른다〉고 말한다. [십해十解 이상의] 보살은 '[모든 현상은] 오로지 분별하는 마음[에 의한 구성]일 뿐'(唯識)임을 깊이 믿기에 '[근본무지에 따라 처음] 움직이는 식'(業識)의 면모(義)에 상응하여 [응신應身이나 보신報身이] 밖에서 온 것이라 여기지 않는다는 것을 밝히기 위함이니, [보살들은] 보통사람과 소승[의 수행자들]과는 같지 않기 때문이다.

또 이 [『기신론』]에서는 이 '[십주十住·십행十行·십회향十廻向, 이] 세 가지 단계에 이른 보살'(三賢菩薩)이 '삼매에 들어 있는 마음'(三昧心)으로 보는 '오묘한 모습'(妙相)에 의거하기 때문에 [그것을] '[진리성취의] 결실인 부처 몸'(報身)에 배속시키고, 다른 경론經論에서는 이 보살이 '흐트러진 마음'(散心)으로 보는 '[형태나 색깔이 있는] 뚜렷한 모습'(麤相)에 의거하기 때문에 [그것을] '[중생의 바람에 응하여 갖가지 모습으로] 나타나는 [부처] 몸'(化身)에 배속시킨다. 나머지 글은 [뜻이] 분명하므로 바로 알 수 있을 것이다.

세 번째는 '자세하게 해석한 것'(廣釋)이다. [『기신론』의] '[대승의 현상과 면모에 관한] 뜻을 세우는 부분'(立義分)에는 두 가지 '수레로서의 면모'(乘義)가 있고, 이 '두 가지 면모'(二義)는 '작용의 위대함'(用大)을 해석한 것인데, 글에서 이미 [수레의 두 가지 면모를] 모두 밝혔기 때문에 따로 해석할 필요는 없을 것이다. "모든 부처[와 여래]는 본래 '[깨달음의] 원인을 마련하는 단계'에서 '크나큰 자비'를 일으켜 모든 '['자기도 이롭게 하고 남도 이롭게 하는'(自利利他) 대승의]

구제수행'을 닦아서"(諸佛[如來], 本在因地, 發大慈[悲], 修諸度行) 등으로 자세히 설한 것은 처음[에 말한] '수레로서의 면모'(乘義)이다.[385] 앞의 '[대승의 현상과 면모에 관한] 뜻을 세우는 부분'(立義分)에서 "모든 부처님들이 본래 올라타고 있는 것이다"(一切諸佛本所乘故)라고 말한 것과 같다. 또 보살이 [깨달음을 구하는] 마음을 내고 나서 '부처를 보는 것을 달리하게 되는 수행과 증득의 양상'(見佛差別修證之相)을 나타내는 것을 설한 것은 뒤[에 말한] '수레로서의 면모'(乘義)이니, 앞[의 '[대승의 현상과 면모에 관한] 뜻을 세우는 부분'(立義分)]에서는 "모든 보살들이 다 이러한 [대승의] 현상에 올라타고 '부처의 경지'에 도달하는 것이다"(一切菩薩皆乘此法到佛地故)라고 말하였다.

"또한"(復次) 이하에서는, '올바른 뜻을 드러내 보임'(顯示正義) 안에는 크게 나누어 두 가지가 있는데 [그] 첫 번째인 '[핵심을] 곧바로 드러내 보이는 부분'(正顯示分)에서 세운 [대승의] 현상(法)과 면모(義)[에 대한 설명]이 여기에서 끝난다.

〈『소』와 『별기』의 구문 대조〉

『소』(1-722b22~c21)	『별기』(1-696c14~697a7)
然此二身, 經論異說, 『同性經』說, "穢土成佛, 名爲化身, 淨土成道, 名爲報身". 『金鼓經』說, "三十二相八十種好等相, 名爲應身, 隨六道相所現之身, 名爲化身". 依『攝論』說, "地前所見, 名變化身, 地上所見, 名受用身". ①<u>今此論中, 凡夫二乘所見六道差別之相, 名爲應身, 十解已上菩薩所見離分齊色, 名爲報身</u>. 所以如是有不同者, 法門無量, 非唯一途故, 隨所施設, 皆有道理. 故『攝論』中, 爲說地前散心	然餘處說, "地前所見, 名變化身, 地上所見, 名受用身", 爲異已證未證故. ①<u>今此中說, 凡夫二乘所見, 名爲應身, 十解初心以下所見, 名爲報身</u>. 爲明菩薩深信唯識, 順業識義, 不計外來, 不同凡小故. 又復此中, 就此三賢菩薩依三昧心所見妙相故, 屬報佛攝, 餘經論中, 約此菩薩散心所見麤相故, 屬化身也. 餘文分明, 故則可知. 第三

385 앞의 『소』(H1, 698c22~699a17)에서 『대방등대집경大方等大集經』의 「허공장보살품虛空藏菩薩品」의 내용을 인용하면서, 20개의 구절에서 18가지의 비유를 들어 도리에 대비시켜 '승乘'의 면모(義)를 밝힌 부분을 가리킨다.

所見有分齊相，故屬化身，今此論中，明此菩薩三昧所見離分齊相，故屬報身．由是道理，故不相違也．"又凡夫所見"以下，第二重牒分別．先明應身，文相可知．"復次"以下，顯報身相．於中有二，先明地前所見，後顯地上所見．初中言"以深信眞如法故，少分而見"者，如十解中，依人空門，見眞如理，是相似解，故名"少分"也．"若得淨心"以下，顯地上所見．"若離業識，則無見相"者，要依業識，乃有轉相及與現相，故離業識，卽無見相也．"問曰"以下，往復除疑，文相可見．②<u>顯示正義之內，大分有二，第一正釋所立法義，竟在於前</u>．	廣釋．立義分中，二種乘義，而此二義是釋用大，文中已兼顯故，不須別釋．如言"諸佛，本在因地，發大慈，修諸度行"，乃至廣說，是初乘義也．如上立中云，"一切諸佛本所乘故"．又說菩薩發心已，現見佛差別修證之相，是後乘義，上云"一切菩薩皆乘此法到佛地故"．②<u>"復次"已下，顯示正義中，大分有二，一正顯示分所立法義，竟在於前</u>．
※『소』와『별기』양자 사이에 대조할 만한 부분은 ①, ② 이외에는 드러나지 않는다.	

② 참 그대로인 측면에 들어감을 보여 줌(示入門)

復次，顯示從生滅門，卽入眞如門．所謂推求五陰色之與心，六塵境界，畢竟無念，以心無形相，十方求之，終不可得．如人迷故，謂東爲西，方實不轉，衆生亦爾，無明迷故，謂心爲念，心實不動．若能觀察知心無念，卽得隨順，入眞如門故．

『논』(T32, 579c20~25);『회본』(1-773b19~c1)

다시 '[근본무지에 따라] 생멸하는 측면'(生滅門)으로부터 곧바로 '참 그대로인 측면'(眞如門)으로 들어감을 드러내 보인다. 이른바 '자아를 이루고 있는 요소들의 다섯 가지 더미'(五陰/五蘊)의 '색깔이나 모양이 있는 것들'(色)과 마음(心) 및 '인식 능력의 여섯 가지 대상'(六塵境界)에서 찾아보아도 끝내 '분별하는 생각이 [불변·독자의 실체로서] 없으며'(無念), 마음에도 형상이 없기 때문에 '모든 곳'(十方)에서 찾아보아도 끝내 얻을 수가 없다. 마치 사람이 방향을 모르기 때문에 동쪽을 서쪽이라 여길지라도 방위가 실제로 바뀌지는 않는 것과 같이, 중생도 그와 같아 근본무지(無明)

로 헤매기 때문에 마음을 '분별하며 [움직이는] 생각'(念)이라 여기지만 마음은 실제로는 움직이지 않는다. 만약 잘 관찰하여 마음이 [바로] '분별하는 생각이 [불변·독자의 실체로서] 없는 것'(無念)임을 알면 '곧 [그러한 앎에] 따르게 되어'(卽得隨順) '참 그대로인 측면'(眞如門)으로 들어가는 것이다.

【소】"復次"以下, 第二開示從筌入旨之門. 於中有三, 總標, 別釋, 第三總結. 總標中"推求五陰色之與心"者, 色陰名色, 餘四名心也. 別釋之中, 先釋色觀. 摧折諸色乃至極微, 永不可得, 離心之外, 無可念相, 故言"六塵, 畢竟無念".[386] 非直心外無別色塵, 於心求色, 亦不可得, 故言"心無形相, 十方求之, 終不可得"也. "如人"以下, 次觀心法, 先喩, 後合. 合中言"心實不動"者, 推求動念, 已滅未生, 中無所住, 無所住故, 卽無有起, 故知心性實不動也. "若能"以下, 第三總結. "卽得隨順"者, 是方便觀, "入眞如門"者, 是正觀也.

『소』(1-722c22~723a11); 『회본』(1-773c2~15)

"다시"(復次) 이하는, 두 번째로 '[고기 잡는] 통발(筌)[과 같은 통로인 생멸문]으로부터 [잡을 고기에 해당하는 진여문이라는] 목표(旨)로 들어가는 측면'(從筌入旨之門)을 '펼쳐 보인 것'(開示)이다. 여기에는 세 가지가 있으니, [첫 번째] '총괄적으로 제시함'(總標), [두 번째] '하나씩 해석함'(別釋), 세 번째 '총괄적 결론'(總結)이다.

[첫 번째인] '총괄적으로 제시함'(總標)에서 "'자아를 이루고 있는 요소들의 다섯 가지 더미'의 '색깔이나 모양이 있는 것들'과 마음에서 찾아본다"(推求五陰色之與心)라고 한 것에서, '색깔이나 모양이 있는 것들의 무더기'(色陰)를 '색깔이나 모양이 있는 것들'(色)이라 부르고, 나머지 ['느낌'(受), '개념적 지각'(想), '의도'(行), '의식'(識), 이] 네 가지를 '마음'(心)이라 부른다.

'하나씩 해석함'(別釋)에서는 먼저 '색깔이나 모양이 있는 것들에 대한 관

386 『대승기신론』 본문은 "六塵境界, 畢竟無念"이다.

찰'(色觀)을 해석하였다. 모든 '색깔이나 모양이 있는 것들'(色)을 쪼개어서 '가장 미세한 입자들'(極微)에 이르더라도 [그것들의 불변 · 독자의 실체는] 끝내 얻을 수가 없고, 마음에서 벗어난 외부에 '분별할 수 있는 불변 · 독자의 실체'(可念相)가 [별도로] 없으니, 그러므로 "인식 능력의 여섯 가지 대상에서 [찾아보아도] 끝내 '분별하는 생각'이 [불변 · 독자의 실체로서] 없다"(六塵[境界], 畢竟無念)라고 말한 것이다. 단지 마음 바깥에 '색깔이나 모양이 있는 대상'(色塵)이 [불변 · 독자의 실체로서] 따로 없을 뿐만 아니라, 마음 안에서 '색깔이나 모양이 있는 것들'을 찾아보아도 얻을 수가 없으니, 그러므로 "마음에도 형상이 없기 때문에 모든 곳에서 찾아보아도 끝내 얻을 수가 없다"(心無形相, 十方求之, 終不可得)라고 말하였다.

"마치 사람이"(如人) 이하는 다음으로 ['하나씩 해석함'(別釋)의 두 번째인] '마음을 관찰하는 법'(觀心法)이니, 먼저는 비유(諭)이고 나중은 '[비유와의] 합치'(合)이다. '[비유와의] 합치'(合)에서 말한 "마음은 실제로는 움직이지 않는다"(心實不動)라는 것은, '움직이며 분별하는 생각'(動念)을 찾아보아도 이미 사라졌거나 아직 생겨나지 않았고, 중간에 머물러 있는 것도 없으며, 머물러 있는 것이 없기 때문에 곧 일어난 것도 없으니, 따라서 〈'마음의 본연'(心性)은 실제로는 움직이지 않는다〉(心性實不動)는 것을 알 수 있다.

"만약 잘 [관찰하여]"(若能) 이하는 세 번째인 '총괄적 결론'(總結)이다. "곧 [그러한 앎에] 따르게 된다"(卽得隨順)라는 것은 '수단과 방법을 통한 이해'(方便觀)요, "'참 그대로인 측면'으로 들어간다"(入眞如門)라는 것은 '곧바로 사실대로 이해함'(正觀)이다.

【별기】 此第二開示從答八旨云方,[387] 文相可解.

『별기』(1-697a8)

이것은 두 번째로 '[고기 잡는] 통발(筌)[과 같은 통로인 생멸문]으로부터 [잡을

387 한불전 교감주에 따라, '答八旨云方'을 '筌入旨門'으로 교감하여 번역한다.

고기에 해당하는 진여문이라는] 목표(旨)로 들어가는 측면'(從筌入旨門)을 '펼쳐 보인 것'(開示)이니, 글의 내용은 [어렵지 않게] 이해할 수 있다.[388]

388 원효의 과문에 따른 『대승기신론』 해당 구절.

㉯ 釋義章門

ㄱ. 總釋體相二大

ㄱ) 總牒體大相大之義: "復次眞如自體相者."

ㄴ) 釋體大: "一切凡夫聲聞緣覺菩薩諸佛無有增減, 非前際生, 非後際滅, 畢竟常恒."

ㄷ) 釋相大義

(ㄱ) 直明性功德相: "從本已來, 性自滿足一切功德, 所謂自體有大智慧光明義故, 偏照法界義故, 眞實識知義故, 自性淸淨心義故, 常樂我淨義故, 淸凉不變自在義故. 具足如是過於恒沙不離不斷不異不思議佛法, 乃至滿足無有所少義故, 名爲如來藏, 亦名如來法身."

(ㄴ) 往復重顯所以

㉠ 問: "問曰. 上說眞如其體平等, 離一切相, 云何復說體有如是種種功德?"

㉡ 答

A. 總答: "答曰. 雖實有此諸功德義, 而無差別之相, 等同一味, 唯一眞如."

B. 別顯

A) 明差別之無二義: "此義云何? 以無分別, 離分別相, 是故無二."

B) 顯無二之差別義

(A) 略標: "復以何義, 得說差別? 以依業識, 生滅相示."

(B) 廣釋(別對衆過以顯德義): "此云何示? 以一切法本來唯心, 實無於念, 而有妄心, 不覺起念, 見諸境界, 故說無明, 心性不起, 卽是大智慧光明義故. 若心起見, 則有不見之相, 心性離見, 卽是偏照法界義故. 若心有動, 非眞識知, 無有自性, 非常非樂非我非淨, 熱惱衰變則不自在, 乃至具有過恒沙等妄染之義. 對此義故, 心性無動, 則有過恒沙等諸淨功德相義示現. 若心有起, 更見前法可念者, 則有所少, 如是淨法無量功德, 卽是一心, 更無所念, 是故滿足, 名爲法身如來之藏."

ㄴ. 別解用大之義(別釋用大之義)

ㄱ) 總明

(ㄱ) 對果擧因

㉠ 行(擧本行): "復次眞如用者, 所謂諸佛如來, 本在因地, 發大慈悲, 修諸波羅密, 攝化衆生."

㉡ 願(擧本願): "立大誓願, 盡欲度脫等衆生界, 亦不限劫數, 盡於未來."

㉢ 明方便(擧智悲大方便): "以取一切衆生如己身故. 而亦不取衆生相, 此以何義? 謂如實知一切衆生及與己身, 眞如平等無別異故."

(ㄴ) 牒因顯果

㉠ 牒前因: "以有如是大方便智."

㉡ 明自利果: "除滅無明, 見本法身."

㉢ 正顯用相

A. 明用甚深: "自然而有不思議業種種之用."

B. 顯用廣大: "卽與眞如等, 徧一切處."

C. 明用無相而隨緣用: "又亦無有用相可得, 何以故? 謂諸佛如來唯是法身, 智相之身第一義諦, 無有世諦境界. 離於施作, 但隨衆生見聞得益故, 說爲用."

ㄴ) 別釋

(ㄱ) 總標: "此用有二種, 云何爲二?"

(ㄴ) 別解

㉠ 直顯別用

A. 明應身: "一者, 依分別事識, 凡夫二乘心所見者, 名爲應身. 以不知轉識現故, 見從外來, 取色分齊, 不能盡知故."

B. 顯報身: "二者, 依於業識, 謂諸菩薩從初發意乃至菩薩究竟地, 心所見者, 名爲報身. 身有無量色, 色有無量相, 相有無量好, 所住依果亦有無量種種莊嚴. 隨所示現, 卽無有邊, 不可窮盡, 離分齊相, 隨其所應, 常能住持, 不毁不失. 如是功德, 皆因諸波羅密等無漏行熏及不思議熏之所成就, 具足無量樂相, 故說爲報身."

㉡ 重牒分別

A. 明應身: "又爲凡夫所見者, 是其麤色. 隨於六道, 各見不同, 種種異類, 非受樂相, 故說爲應身."

B. 顯報身相

A) 明地前所見: "復次, 初發意菩薩等所見者, 以深信眞如法故, 少分而見, 知彼色相莊嚴等事, 無來無去, 離於分齊, 唯依心現, 不離眞如. 然此菩薩猶自分別, 以未入法身位故."

B) 顯地上所見: "若得淨心, 所見微妙, 其用轉勝, 乃至菩薩地盡, 見之究竟. 若離業識, 則無見相, 以諸佛法身無有彼此色相迭相見故."

(ㄷ) 往復除疑: "問曰. 若諸佛法身離於色相者, 云何能現色相? 答曰. 卽此法身是色體故, 能現於色. 所謂從本已來, 色心不二. 以色性卽智故, 色體無形, 說名智身, 以智性卽色故, 說名法身徧一切處. 所現之色, 無有分齊, 隨心能示十方世界無量菩薩無量報身無量莊嚴, 各各差別, 皆無分齊, 而不相妨. 此非心識分別能知, 以眞如自在用義故."

(나) 示入門(開示從筌入旨之門)

㉮ 總標: "復次, 顯示從生滅門, 卽入眞如門. 所謂推求五陰色之與心."

㉯ 別釋

〈『소』와 『별기』의 구문 대조〉

『소』(1-722c22~723a11)	『별기』(1-697a8)
①"復次"以下, 第二開示從筌入旨之門. ②於中有三, 總標, 別釋, 第三總結. 總標中"推求五陰色之與心"者, 色陰名色, 餘四名心也. 別釋之中, 先釋色觀, 摧折諸色乃至極微, 永不可得, 離心之外, 無可念相, 故言"六塵, 畢竟無念". 非直心外無別色塵, 於心求色, 亦不可得, 故言"心無形相, 十方求之, 終不可得"也. "如人"以下, 次觀心法, 先喩, 後合. 合中言"心實不動"者, 推求動念, 已滅未生, 中無所住, 無所住故, 卽無有起, 故知心性實不動也. "若能"以下, 第三總結. "卽得隨順"者, 是方便觀, "入眞如門"者, 是正觀也.	①此第二開示從筌入旨門, ②文相可解.
※『별기』의 문장 ②가 『소』에서는 자세한 논술로 추가되어 있음을 알 수 있다. 즉 '총괄적으로 제시함'(總標) · '하나씩 해석함'(別釋) · '총괄적 결론'(總結)의 셋으로 나누어 『기신론』 본문의 의미를 구분하고, 비유와 합치로써 의미를 분명히 하고 있다.	

(2) 잘못된 집착을 치유함(對治邪執)

【소】 對治邪執, 文亦有四. 一者, 總標擧數, 二者, 依數列名, 三者, 依名辨相, 四者, 總顯究竟離執.

『소』(1-723a12~14); 『회본』(1-773c16~18)

'잘못된 집착을 치유하는 것'(對治邪執)은 [그에 대한] 글에도 네 가지가 있다. 첫 번째는 '숫자를 매겨 총괄적으로 제시함'(總標擧數)이고, 두 번째는 '숫자에 따라 명칭을 열거함'(依數列名)이며, 세 번째는 '명칭에 따라 양상을 변별함'(依名辨相)이요, 네 번째는 '집착에서 궁극적으로 떠남을 총괄적으로 드러낸 것'(總顯究竟離執)이다.

ㄱ. 釋色觀: "六塵境界, 畢竟無念, 以心無形相, 十方求之, 終不可得."
ㄴ. 觀心法
ㄱ) 喩: "如人迷故, 謂東爲西, 方實不轉."
ㄴ) 合: "衆生亦爾, 無明迷故, 謂心爲念, 心實不動."
㉰ 總結: "若能觀察知心無念, 卽得隨順, 入眞如門故."

【별기】 對治邪執中有二, 初別明治諸執.

『별기』(1-697a9)

'잘못된 집착을 치유하는 것'(對治邪執)에는 두 가지가 있는데, 첫 번째는 '갖가지 집착을 치유하는 것을 하나씩 밝힌 것'(別明治諸執)이다.

〈『소』와 『별기』의 구문 대조〉

『소』(1-723a12~14)	『별기』(1-697a9)
對治邪執, 文亦有四. 一者, 總標擧數, 二者, 依數列名, 三者, 依名辨相, 四者, 總顯究竟離執.	對治邪執中有二, 初別明治諸執.
※ 『별기』에서는 '잘못된 집착을 치유하는 것'(對治邪執)에 대한 글을 두 부분으로 파악하고 있는 데 비해, 『소』에서는 과문에 의거하여 전체 내용을 네 부분으로 나눌 수 있음을 자세하게 설명하고 있다.	

對治邪執者, 一切邪執, 皆依我見, 若離於我, 則無邪執. 是我見有二種,[389] 云何爲二? 一者, 人我見, 二者, 法我見.

『논』(T32, 579c26~28); 『회본』(1-773c19~22)

'잘못된 집착을 치유한다'(對治邪執)는 것은, 모든 잘못된 집착은 다 '자아를 불변·독자의 실체나 본질로 간주하는 견해'(我見)에 의거하므로 만약 '나[를 불변·독자의 실체로 보는 견해]'(我)에서 벗어나면 곧 '잘못된 집착'(邪執)이 없어지는 것이다. 이 '자아를 불변·독자의 실체나 본질로 간주하는 견해'(我見)에는 두 가지가 있으니, 어떤 것이 [그] 두 가지인가? 첫 번째는 '자아에 불변·독자의 실체나 본질이 있다고 하는 견해'(人我見)이고, 두 번째는 '현상에 불변·독자의 실체나 본질이 있다고 하는 견해'(法我見)이다.

389 『회본』(H1, 773c21)에는 '初總標擧數'라는 설명이 있다.

【소】 列名中言"人我見"者, 計有總相宰主之者, 名人我執. "法我見"者, 計一切法各有體性, 故名法執. 法執卽是二乘所起, 此中人執, 唯取佛法之內, 初學大乘人之所起也.

『소』(1-723a15~19); 『회본』(1-773c23~774a3); 『별기』에 없음.

'[숫자에 따라] 명칭을 열거함'(列名)에서 말한 "자아에 불변·독자의 실체나 본질이 있다고 하는 견해"(人我見)라는 것은 '총괄하면서 마음대로 주관하는 존재'(總相宰主之者)가 있다고 여기는 것이니, '자아에 불변·독자의 실체나 본질이 있다고 하는 집착'(人我執)이라고 부른다. [또] "현상에 불변·독자의 실체나 본질이 있다고 하는 견해"(法我見)라는 것은 '모든 현상'(一切法)에 저마다 '바탕이 되는 불변의 본질'(體性)이 있다고 여기는 것이니, 따라서 '현상에 불변·독자의 실체나 본질이 있다고 하는 집착'(法執)이라고 부른다. '현상에 불변·독자의 실체나 본질이 있다고 하는 집착'(法執)은 바로 '[성문聲聞, 연각緣覺] 두 부류의 수행자'(二乘)들이 일으키는 것이고, 여기 [기신론]에서의 '자아에 불변·독자의 실체나 본질이 있다고 하는 집착'(人[我]執)은 오직 '부처님 가르침'(佛法) 안에 들어선 '처음 대승[의 도리]를 배우는 사람'(初學大乘人)이 일으키는 것이다.

① 명칭에 따라 양상을 변별함(依名辨相)

가. 자아에 불변·독자의 실체나 본질이 있다고 하는 견해를 설명함(明人我見)

人我見者, 依諸凡夫說有五種, 云何爲五? 一者, 聞修多羅說, "如來法身, 畢竟寂寞, 猶如虛空", 以不知爲破著故, 卽謂虛空是如來性. 云何對治? 明虛空相是其妄法. 體無不實, 以對色故. 有是可見相, 令心生滅, 以一切色法, 本來是心, 實無外色. 若無外色者, 則無虛空之相. 所謂一切境界, 唯心妄起故有, 若心離於妄動, 則一切境界滅, 唯一眞心, 無所不偏. 此謂如來廣大性智究竟之義, 非如虛空相故. 二者, 聞修多羅說, "世間諸法, 畢竟體空, 乃至涅槃眞如之法, 亦畢竟空, 從本已來, 自空, 離一切相", 以不知爲破著故, 卽謂眞如涅槃之性, 唯是其空. 云何對治? 明眞如法身自體不空. 具足無量性功德故. 三者, 聞修多羅說, "如來之藏, 無有增減, 體備一切功德之法", 以不解故, 卽謂如來之藏有色心法自相差別. 云何對治? 以唯依眞如義說故, 因生滅染義示現, 說差別故. 四者, 聞修多羅說, "一切世間生死染法, 皆依如來藏而有, 一切諸法, 不離眞如", 以不解故, 謂如來藏自體具有一切世間生死等法. 云何對治? 以如來藏, 從本已來, 唯有過恒沙等諸淨功德, 不離不斷, 不異眞如義故. 以過恒沙等煩惱染法, 唯是妄有, 性自本無, 從無始世來, 未曾與如來藏相應故. 若如來藏體有妄法, 而使證會永息妄者, 則無是處故. 五者, 聞修多羅說, "依如來藏故有生死, 依如來藏故得涅槃", 以不解故, 謂衆生有始, 以見始故, 復謂如來所得涅槃有其終盡, 還作衆生. 云何對治? 以如來藏無前際故, 無明之相, 亦無有始. 若說三界外更有衆生始起者, 卽是外道經說. 又如來藏無有後際, 諸佛所得涅槃, 與之相應, 則無後際故.

『논』(T32, 579c28~580b4); 『회본』(1-774a4~b16)

'자아에 불변 · 독자의 실체나 본질이 있다고 하는 견해'(人我見)는 모든 보통사람(凡夫)들에 의거하여 다섯 가지가 있다고 말하니, 무엇이 다섯인가?

첫 번째는 [다음과 같은 것이다.] [어떤 사람들은] 경전(修多羅)에서 "여래의 '진리의 몸'(法身)은 궁극적으로 고요하고 비어 있으니, 마치 허공과도 같다"라고 하는 말을 듣고서는, [그 말이] 집착을 깨뜨리기 위한 것임을 알지 못하기 때문에 곧 〈허공이 바로 여래의 본질(性)이다〉라고 말한다.

[이런 잘못된 견해는] 어떻게 치유해야 하는가? '[텅 빈] 허공이라는 [독자적] 특징'(虛空相)은 '잘못된 것'(妄法)임을 밝혀 주어야 한다. [허공의] 본연(體)에는 내용이 없지 않으니, '색깔이나 모양 있는 것'(色)을 상대하[여 허공이 성립하]기 때문이다. 이 [색깔이나 모양 있는 것들에 의거한] 볼 수 있는 모습이 있기에 마음으로 하여금 [그것들에 따라] 생멸하게 하지만, 모든 '색깔이나

모양 있는 것'(色)은 본래 마음[의 구성]이기 때문에 실제로는 [마음의] 바깥에 [독자적 실체인] '색깔이나 모양 있는 것'(色)은 없다. 만약 [마음의] 바깥에 [독자적 실체인] '색깔이나 모양 있는 것'(色)이 없다면, 곧 '[텅 빈] 허공이라는 [독자적] 특징'(虛空之相)도 없다. 이른바 모든 대상세계(境界)는 오직 마음이 [근본무지에 따라] '잘못 분별'(妄)하여 일어나기 때문에 존재하는 것이니, 만약 마음이 '잘못된 분별로 움직임'(妄動)에서 벗어난다면 곧 [잘못 분별된] '모든 대상세계'(一切境界)는 사라지고 '오직 하나로 통하는 참 그대로인 마음'(唯一眞心)만이 두루 미치지 않는 곳이 없다. 이것을 〈광대한 '여래 본연의 지혜'〉(如來廣大性智)의 궁극적인 면모라 부르니, '[텅 빈] 허공이라는 [독자적] 특징'(虛空相)과는 같지 않은 것이다.

두 번째는 [다음과 같은 것이다.] [어떤 사람들은] 경전(修多羅)에서 "세상의 모든 현상은 [그] 본연(體)이 '불변 · 독자의 실체가 없는 것'(空)이고, 또한 열반이나 '참 그대로'(眞如)라는 현상까지도 끝내 '불변 · 독자의 실체가 없는 것'(空)이니, 본래부터 [그] 자신이 '불변 · 독자의 실체가 없는 것'(空)이어서 모든 '불변 · 독자의 실체'(相)에서 벗어나 있다"라고 하는 말을 듣고서, [그 말이] 집착을 깨뜨리기 위한 것임을 알지 못하기 때문에 곧 〈'참 그대로'(眞如)나 열반이라는 현상도 오직 공허한 것이다〉라고 말한다.

[이런 잘못된 견해는] 어떻게 치유해야 하는가? '참 그대로인 진리의 몸'(眞如法身)은 [그] '자신의 본연'(自體)이 '공허하지 않다'(不空)는 것을 밝혀 주어야 한다. '본연의 한량없는 이로운 능력'(無量性功德)을 두루 갖추고 있기 때문이다.

세 번째는 [다음과 같은 것이다.] [어떤 사람들은] 경전(修多羅)에서 "'여래의 면모가 간직된 창고'(如來之藏)에는 늘어남이나 줄어듦이 없으며, [그 여래장의] 본연(體)은 갖가지 이로운 능력의 현상들을 갖추고 있다"라고 하는 말을 듣고서, [그 말을] 이해하지 못하기 때문에 곧 〈'여래의 면모가 간직된 창고'(如來之藏)에는 물질현상(色法)과 정신현상(心法) '각각의 본질적 차이'(自相差別)들이 있다〉라고 말한다.

[이런 잘못된 견해는] 어떻게 치유해야 하는가? 오직 '참 그대로인 측면'(眞如義)에 의거하여 말한 것이며, '[근본무지에 따라] 생멸하는 오염의 측면'(生滅染義) 때문에 [여래장의 본연(體)이 지닌 갖가지 능력들을] 드러내어 [그 능력들의] 차이를 말한 것[임을 밝혀 주어야 한다.]

네 번째는 [다음과 같은 것이다.] [어떤 사람들은] 경전(修多羅)에서 "모든 세상의 '[근본무지에 따라] 나고 죽는 오염된 현상'(生死染法)은 다 '여래의 면모가 간직된 창고'(如來藏)에 의거하여 있는 것이고, 모든 현상은 '참 그대로'(眞如)에서 떠나지 않는다"라고 하는 말을 듣고서, [그 말을] 이해하지 못하기 때문에 곧 〈'여래의 면모가 간직된 창고'(如來之藏) 자신의 본연에는 세상의 모든 '[근본무지에 따라] 나고 죽는 오염된 현상'(生死染法)이 두루 갖추어져 있다〉라고 말한다.

[이런 잘못된 견해는] 어떻게 치유해야 하는가? '여래의 면모가 간직된 창고'(如來藏)에는 본래부터 오직 갠지스강의 모래알보다 많은 갖가지 '온전한 이로운 능력'(淨功德)이 있어 [여래장如來藏이 그 능력들로부터] 떠난 것도 아니고 단절된 것도 아니니, '참 그대로인 면모'(眞如義)와 다르지 않기 때문이다[는 것을 밝혀 주어야 한다.] 갠지스강의 모래알보다 많은 '번뇌에 오염된 현상'(煩惱染法)들은 오직 [근본무지에 따른] 망상 때문에 있는 것이지 [번뇌의] 본연(性) 자신에는 본래 [번뇌의 불변 · 독자의 실체가] 없어서, [번뇌에 오염된 현상들은] 시작을 알 수 없는 때로부터 일찍이 '여래의 면모가 간직된 창고'(如來藏)와 서로 응한 적이 없는 것이다. 만약 '여래의 면모가 간직된 창고'(如來藏)의 본연(體)에 '[근본무지에 따라] 왜곡되고 오염된 현상'(妄法)들이 [불변 · 독자의 실체로서] 있다면, ['참 그대로'(眞如)의 이치를] 터득(證)하고 [그 이치와] 결합(會)하여 망상들을 영원히 그치게 한다는 것은 있을 수가 없는 것이다.

다섯 번째는 [다음과 같은 것이다.] [어떤 사람들은] 경전(修多羅)에서 "'여래의 면모가 간직된 창고'(如來藏)에 의거하므로 [근본무지에 따른] 생사生死가 있고, '여래의 면모가 간직된 창고'(如來藏)에 의거하므로 열반涅槃을 증득한다"라고 하는 말을 듣고서, [그 말을] 이해하지 못하기 때문에 곧 〈중생에게 [중생으로서의 삶의] 시작이 있다〉라고 말하고, 시작이 있다고 보기 때문에 다시 〈여래가 증득한 열반에도 끝나서 없어짐이 있어 다시 중생[의 삶]을 짓는다〉라고 말한다.

[이런 잘못된 견해는] 어떻게 치유해야 하는가? '여래의 면모가 간직된 창고'(如來藏)는 '[언제부터 시작되었는지를 알 수 있는] 과거'(前際)가 없기 때문에 '근본무지라는 양상'(無明之相)도 시작이 없다[는 것을 밝혀 주어야 한다.] 만약 '[욕망세계(欲界) · 유형세계(色界) · 무형세계(無色界), 이] 세 가지 세계'(三界) 이외에서 중생[으로서의 삶]이 처음 시작됨이 있다고 말한다면, 이것은 곧 '[불법과는] 다른 가르침을 따르는 사람들'(外道)의 경전에서 말하는 주장이다. 또 '여래의 면모가 간직된 창고'(如來藏)는 [끝남을 말할 수 있는] 미래(後際)가 없으니, 모든 부처가 증득한 열반도 그 [여래장]과 서로 응하여 [끝남을 말할 수 있는] 미래가 없는 것이다.

【소】 第三辨相中, 先明人我見. 於中有二, 總標, 別釋. 別釋之中, 別顯五種, 各有三句. 初出起見之由, 次明執相, 後顯對治. 初執中言"卽謂虛空是如來性"者, 計如來性同虛空相也. 第二中言"乃至涅槃眞如之法, 亦畢竟空"者, 如『大品經』云, "乃至涅槃, 如幻如夢, 若當有法勝涅槃者, 我說亦復如幻如夢"故. 第三中言"因生滅染義示現"者, 如上文言"以依業識, 生滅相示", 乃至廣說故. 第四中言"不離不斷"等者, 如『不增不減疏』中廣說也. 第五中言"若說三界外更有衆生始起者, 卽是外道經說"者, 如『仁王經』之所說故. 上來五執, 皆依法身如來藏等總相之主, 而起執故, 通名人執也.

『소』(1-723a20~b10); 『회본』(1-774b17~c8); 『별기』에 없음.

세 번째인 '[명칭에 따라] 양상을 변별함'(辨相)에서는, 먼저 '자아에 불변 · 독자의 실체나 본질이 있다고 하는 견해'(人我見)를 설명하였다. 여기에는 두 가지가 있으니, '총괄적으로 제시함'(總標)과 '하나씩 해석함'(別釋)이다.

'하나씩 해석함'(別釋)에서는 다섯 가지를 하나씩 밝혔는데, 각각에는 세 구절이 있다. 처음 [구절]은 [그러한] 견해(見)를 일으키는 이유를 나타내었고, 다음 [구절]은 '집착의 양상'(執相)을 밝혔으며, 마지막 [세 번째 구절]은 '[잘못된 집착을] 치유하는 것'(對治)을 드러내었다.

[인아견人我見을 일으키는 다섯 가지 가운데] 첫 번째 집착에서 말한 "곧 〈허공이 바로 여래의 본질(性)이다〉라고 말한다"(卽謂虛空是如來性)라는 것은, '여래의 본연'(如來性)을 '[텅 빈] 허공이라는 [독자적] 특징'(虛空相)과 같다고 여긴 것이다. 두 번째에서 말한 "또한 열반이나 '참 그대로'라는 현상까지도 끝내 '불변 · 독자의 실체가 없는 것'이다"(乃至涅槃眞如之法, 亦畢竟空)라는 것은, 『대품반야경大品般若經』에서 "또한 열반도 허깨비 같고 꿈같으니, 만약 열반보다 뛰어난 어떤 것이 있다고 하더라도 나는 또한 [그것도] 허깨비 같고 꿈같다고 말할 것이다"라고[390] 한 것과 같은 것이다. 세 번째에서 말한 "'[근본무지에 따라] 생멸하는 오염의 측면' 때문에 [여래장의 본연(體)이 지닌 갖가지 능력들을] 드러낸다"(因生滅染義示現)라는 것은, 앞의 [『기신론』] 본문에서 "'[근본무지에 따라 처음] 움직이는 식'에 의거하여 '생멸하는 [차별] 양상'이 나타나는 것이다"(以依業識, 生滅相示)[391] 등으로 자세하게 말한 것과 같은 것이

390 『마하반야바라밀경』 권8(T8, 276b6~8). "我說佛道如幻如夢, 我說涅槃亦如幻如夢. 若當有法勝於涅槃者, 我說亦復如幻如夢." 이 문장은 오온五蘊 · 육바라밀六波羅密 · 사념처四念處 등의 수행법문 및 아라한과阿羅漢果 · 벽지불도辟支佛道 · 불도佛道 등의 수행과정들이 모두 여환여몽如幻如夢이라고 진술을 이어 가다가 마지막에 열반 및 열반보다 뛰어난 어떤 것까지도 여환여몽이라고 결론짓는 대목에서 제시된다.

391 밑줄 친 부분이 인용한 내용이다. "['참 그대로'(眞如)의 지평에서는] '[불변 · 독자의 실체나 본질이 있다는 생각으로] 나누어 구분함이 없기'(無分別) 때문에 '[불변 · 독자의 실체나 본질이 있다는 생각으로] 나누어 구분하는 양상'(分別相)에서 벗어나니, 그러므로 ['참 그대로'가 지닌 온갖 이로운 능력들의 차이들은] '[불변 · 독자의 실체나 본질에 의해] 둘[로 나뉨]이 없다'(無二). [그러면] 다시 어떤 뜻을 가지고 '[불변 · 독자의 실체나 본질에 의한] 차별'(差別)을 말할 수 있는가? '[근본무지에 따라 처음] 움직이는 식'(業識)에 의거하여 '생멸하는 [차별] 양상'(生滅相)이 나타나는 것이다"(以無分別, 離分別相, 是故無二. 復以何義, 得說差別? 以依業識, 生滅相示. T32, 579a24~26).

다. 네 번째에서 말한 "[여래장如來藏이 그 능력들로부터] 떠난 것도 아니고 단절된 것도 아니다"(不離不斷) 등은, 『부증불감소不增不減疏』에서[392] 자세하게 설명한 것과 같다. 다섯 번째에서 말한 "만약 '[욕망세계(欲界)·유형세계(色界)·무형세계(無色界), 이] 세 가지 세계' 이외에서 중생[으로서의 삶]이 처음 시작됨이 있다고 말한다면, 이것은 곧 '[불법과는] 다른 가르침을 따르는 사람들'의 경전에서 말하는 주장이다"(若說三界外更有衆生始起者, 卽是外道經說)라는 것은, 『인왕경仁王經』에서[393] 설명[한 내용]과 같은 것이다.

위에서의 다섯 가지 집착은 모두 '진리의 몸'(法身)이나 '여래의 면모가 간직된 창고'(如來藏)와 같은 '총괄하는 주체'(總相之主)에 의거하여 집착을 일으킨 것이므로, 통틀어서 '자아에 불변·독자의 실체나 본질이 있다고 하는 집착'(人執)이라고 부른다.

나. 현상에 불변·독자의 실체나 본질이 있다고 하는 견해를 밝힘(明法我見)

法我見者, 依二乘鈍根故, 如來但爲說人無我, 以說不究竟, 見有五陰生滅之法, 怖畏生死, 妄取涅槃. 云何對治? 以五陰法, 自性不生, 則無有滅, 本來涅槃故.

『논』(T32, 580b4~7); 『회본』(1-774c9~13)

'현상에 불변·독자의 실체나 본질이 있다고 하는 견해'(法我見)라는 것은, '[성문聲聞, 연각緣覺] 두 부류의 수행자'(二乘)들의 '무딘 능력'(鈍根)에 의거하기 때문에 여래가 단지 [그들을] 위하여 '자아에 불변·독자의 실체나 본질은 없다'(人無我)는 것을 설하였지만 [그] 설명이 [아직] 궁극적이지 않기 때문에 [이승二乘들이] '[자아를 이루고 있는 요소들의] 다섯 가지 더미'(五陰)의 생멸하는 현상(法)들이 있음을 보고는 생사生死를 두려워하여 헛되

392 원효의 저작으로 알려져 있으나 현존하지 않는다.

393 『불설인왕반야바라밀경佛說仁王般若波羅蜜經』 권1(T8, 827a2~3). "三界外別有一衆生界藏者, 外道大有經中說."

이 [오음五陰/五蘊 이외에 생멸하지 않는] 열반을 취하려는 것이다.

[이런 잘못된 견해는] 어떻게 치유해야 하는가? '자아를 이루고 있는 요소들의 다섯 가지 더미'(五陰)라는 현상(法)들은 [그] 본연(自性)이 [불변 · 독자의 실체가] 생겨나는 것이 아니기 때문에 곧 [불변 · 독자의 실체가] 사라지는 것도 없으니, 본래부터 [불변 · 독자의 실체가 없는] 열반인 것이다[는 것을 밝혀 주어야 한다.]

【소】 "法我見"中, 亦有三句. 初明起見之由, "見有"以下, 次顯執相, "云何"以下, 顯其對治. 文相可知.

『소』(1-723b11~13); 『회본』(1-774c14~16); 『별기』에 없음.

"현상에 불변 · 독자의 실체나 본질이 있다고 하는 견해"(法我見)[를 밝히는 것]에도 세 구절이 있다. 처음 [구절]은 견해를 일으키는 이유를 밝혔고, "[오음五陰의 생멸하는 현상들이] 있음을 보고는"(見有) 이하[인 두 번째 구절]은 다음으로 '집착의 양상'(執相)을 드러낸 것이며, "어떻게 [치유해야 하는가?]"(云何) 이하는 [세 번째 구절로서] 그 [집착]을 '치유하는 것'(對治)을 드러낸 것이다. 글의 내용은 [어렵지 않게] 알 수 있다.

② 두 가지 집착에서 궁극적으로 벗어나는 것을 총괄적으로 드러냄(總顯究竟離執)

復次, 究竟離妄執者, 當知染法淨法, 皆悉相待, 無有自相可說. 是故一切法, 從本已來, 非色非心, 非智非識, 非有非無, 畢竟不可說相. 而有言說者, 當知如來, 善巧方便, 假以言說, 引導衆生. 其旨趣者, 皆爲離念, 歸於眞如, 以念一切法, 令心生滅, 不入實智故.

『논』(T32, 580b8~14); 『회본』(1-774c17~23)

그리고 [인아견人我見과 법아견法我見이라는] '헛된 집착'(妄執)에서 궁극적으로 벗어나려는 사람은, '오염된 현상'(染法)과 '온전한 현상'(淨法)이 모두 다 '서로에게 기대어 있어서'(相待) '자신의 불변 · 독자의 실체'(自相)라고 할 만한 것이 없음을 알아야 한다. 그러므로 '모든 현상'(一切法)은 본래부터 [불변·독자의 실체나 본질인] '색깔이나 모양 있는 것'(色)도 아니고 마음(心)도 아니며, [불변·독자의 실체나 본질인] 지혜(智)도 아니고 식識도 아니며, [불변·독자의 실체나 본질인] '있는 것'(有)도 아니고 '없는 것'(無)도 아니어서, 끝내 '[불변·독자의 실체나 본질인 양] 언어로 규정할 수 없는 양상'(不可說相)이다. 그런데도 말을 하는 것은, 여래가 '이롭고 적절한 방편'(善巧方便)으로 언어를 빌려 중생을 이끌어 주는 것임을 알아야 한다. 그 취지는, 모두가 분별(念)에서 벗어나 '참 그대로'(眞如)로 돌아가게 하려는 것이니, '모든 현상'(一切法)을 [불변·독자의 실체나 본질인 양] 분별하여 마음을 [그 분별에 따라] 생멸하게 하면 '사실대로 보는 지혜'(實智)로 들어가지 못하기 때문이다.

【소】 "復次"以下, 第四究竟離執之義, 於中有二. 先明諸法離言道理, 後顯假說言教之意. 文相可見.

『소』(1-723b14~16); 『회본』(1-774c24~775a2)

"그리고"(復次) 이하는 네 번째인 [인아견人我見과 법아견法我見에 대한] 집착에서 궁극적으로 벗어나는 뜻이니, 이 중에는 두 가지가 있다. 먼저 '모든 현상은 언어가 드러내는 [불변·독자의 실체적] 특징에서 벗어나 있다는 도리'(諸法離言道理)를 밝혔고, 나중에는 '언어를 빌려 말로 가르친다'(假說言教)는 뜻을 드러내었다. 글의 내용은 [어렵지 않게] 알 수 있다.

【별기】 "復次"以下, 總說究竟離邪執義. 此中邪執是佛法內學大乘, 凡夫及二乘人所起執也. 言"人法二執"者, 計有總相宰主之者, 名人我執, 計一切法各有體性, 名法我執. 此中, 前五執者, 皆依法身如來藏等總相之主, 以起執著故, 名人執, 後一執者, 計五陰法各有體性故, 名法執. 文相可見.

『별기』(1-697a9~17)

"그리고"(復次) 이하는, '잘못된 집착'(邪執)에서 궁극적으로 벗어나는 뜻을 총괄적으로 말한 것이다. 여기에서 '잘못된 집착'(邪執)이란, 부처님 가르침 안의 대승을 배우는 이들과 보통사람(凡夫) 및 '[성문聲聞, 연각緣覺] 두 부류의 수행자'(二乘)들이 일으키는 집착이다.

"자아와 현상에 대한 두 가지 집착"(人法二執)이란, '총괄하면서 마음대로 주관하는 것'(總相宰主之者)이 있다고 여기는 것을 '자아에 불변·독자의 실체나 본질이 있다고 하는 집착'(人我執)이라 부르고, '모든 현상'(一切法)에는 각자 '바탕이 되는 불변의 본질'(體性)이 있다고 여기는 것을 '현상에 불변·독자의 실체나 본질이 있다고 하는 집착'(法我執)이라고 부른다. 이 중에서 앞[에 나온] '다섯 가지 집착'(五執)은 모두 '진리의 몸'(法身)이나 '여래의 면모가 간직된 창고'(如來藏)와 같은 '총괄하는 주체'(總相之主)에 의거하여 집착을 일으킨 것이므로 '자아에 불변·독자의 실체나 본질이 있다고 하는 집착'(人執)이라 부르고, 나중[에 나오는] 하나의 집착은 '자아를 이루고 있는 요소들의 다섯 가지 더미'(五陰)의 현상(法)들에 각기 '바탕이 되는 불변의 본질'(體性)이 있다고 여기기 때문에 '현상에 불변·독자의 실체나 본질이 있다고 하는 집착'(法執)이라 부르는 것이다. 글의 내용은 [어렵지 않게] 알 수 있다.[394]

---

394 원효의 과문에 따른 『대승기신론』 해당 구절.

나) 對治邪執

(가) 總標擧數: "對治邪執者, 一切邪執, 皆依我見, 若離於我, 則無邪執. 是我見有二種, 云何爲二?"

(나) 依數列名: "一者, 人我見, 二者, 法我見."

(다) 依名辨相

㉮ 明人我見

ㄱ. 總標: "人我見者, 依諸凡夫說有五種, 云何爲五?"

ㄴ. 別釋

ㄱ) 初執

(ㄱ) 出起見之由: "一者, 聞修多羅說, 如來法身, 畢竟寂寞, 猶如虛空, 以不知爲破著故."

(ㄴ) 明執相: "卽謂虛空是如來性."

(ㄷ) 顯對治: "云何對治? 明虛空相是其妄法. 體無不實, 以對色故. 有是可見相, 令心生滅, 以一切色法, 本來是心, 實無外色. 若無外色者, 則無虛空之相. 所謂一切境界, 唯心妄起故有, 若心離於妄動, 則一切境界滅, 唯一眞心, 無所不徧. 此謂如來廣大性智究竟之義, 非如虛空相故."

ㄴ) 第二執

(ㄱ) 出起見之由: "二者, 聞修多羅說, 世間諸法, 畢竟體空, 乃至涅槃眞如之法, 亦畢竟空, 從本已來, 自空, 離一切相, 以不知爲破著故."

(ㄴ) 明執相: "卽謂眞如涅槃之性, 唯是其空."

(ㄷ) 顯對治: "云何對治? 明眞如法身自體不空. 具足無量性功德故."

ㄷ) 第三執

(ㄱ) 出起見之由: "三者, 聞修多羅說, 如來之藏, 無有增減, 體備一切功德之法, 以不解故."

(ㄴ) 明執相: "卽謂如來之藏有色心法自相差別."

(ㄷ) 顯對治: "云何對治? 以唯依眞如義說故, 因生滅染義示現, 說差別故."

ㄹ) 第四執

(ㄱ) 出起見之由: "四者, 聞修多羅說, 一切世間生死染法, 皆依如來藏而有, 一切諸法, 不離眞如, 以不解故."

(ㄴ) 明執相: "謂如來藏自體具有一切世間生死等法."

(ㄷ) 顯對治: "云何對治? 以如來藏, 從本已來, 唯有過恒沙等諸淨功德, 不離不斷, 不異眞如義故. 以過恒沙等煩惱染法, 唯是妄有, 性自本無, 從無始世來, 未曾與如來藏相應故. 若如來藏體有妄法, 而使證會永息妄者, 則無是處故."

ㅁ) 第五執

(ㄱ) 出起見之由: "五者, 聞修多羅說, 依如來藏故有生死, 依如來藏故得涅槃, 以不解故."

(ㄴ) 明執相: "謂衆生有始, 以見始故, 復謂如來所得涅槃有其終盡, 還作衆生."

(ㄷ) 顯對治: "云何對治? 以如來藏無前際故, 無明之相, 亦無有始. 若說三界外更有衆生始起者, 卽是外道經說. 又如來藏無有後際, 諸佛所得涅槃, 與之相應, 則無後際故."

㉯ 明法我見

ㄱ. 明起見之由: "法我見者, 依二乘鈍根故, 如來但爲說人無我, 以說不究竟."

ㄴ. 顯執相: "見有五陰生滅之法, 怖畏生死, 妄取涅槃."

ㄷ. 顯其對治: "云何對治? 以五陰法, 自性不生, 則無有滅, 本來涅槃故."

(라) 總顯究竟離執(究竟離執之義)

㉮ 明諸法離言道理: "復次, 究竟離妄執者, 當知染法淨法, 皆悉相待, 無有自相可說. 是故

〈『소』와 『별기』의 구문 대조〉

『소』(1-723b14~16)	『별기』(1-697a9~17)
①"復次"以下, 第四②究竟離執之義, 於中有二. 先明諸法離言道理, 後顯假說言教之意. ③文相可見.	①"復次"以下, 總說②究竟離邪執義. 此中邪執是佛法內學大乘, 凡夫及二乘人所起執也. 言"人法二執"者, 計有總相宰主之者, 名人我執, 計一切法各有體性, 名法我執. 此中, 前五執者, 皆依法身如來藏等總相之主, 以起執著故, 名人執, 後一執者, 計五陰法各有體性故, 名法執. ③文相可見.
※ 여기에서 『소』와 『별기』의 내용은 ①, ②, ③을 제외하면 대응 구절이 없는 것처럼 보인다. 그러나 이 부분의 『별기』는 『기신론』과 『소』에서 설명한 '잘못된 집착을 치유함'(對治邪執)의 내용 전체에 대한 주석에 해당한다. 그런데 앞에서 논의한 내용과 서술이 중첩되어 있어 『기신론』, 『소』의 해당 단락마다 일대일로 구문을 대조하기가 매우 까다로워 여기에서 한꺼번에 대조하였다.	

(3) '마음을 일으켜 부처가 체득한 깨달음을 향해 나아가는 양상'을 나누어 구별함(分別發趣道相)

【소】 第三發趣分中有二. 一者, 總標大意, 二者, 別開分別.

『소』(1-723b17~18); 『회본』(1-775a3~4); 『별기』에 없음.

세 번째인 '[마음을] 일으켜 [깨달음(道)을 향해] 나아가는 [양상을 구분하여 설명하는] 부분'(發趣分)에는 두 가지가 있다. 첫 번째는 '핵심내용을 총괄적으로 제시함'(總標大意)이고, 두 번째는 '나누어 구별하는 것을 하나씩 펼치는 것'(別開分別)이다.

分別發趣道相者, 謂一切諸佛所證之道, 一切菩薩, 發心修行, 趣向義故.

一切法, 從本已來, 非色非心, 非智非識, 非有非無, 畢竟不可說相."

㉰ 顯假說言教之意: "而有言說者, 當知如來, 善巧方便, 假以言說, 引導衆生. 其旨趣者, 皆爲離念, 歸於眞如, 以念一切法, 令心生滅, 不入實智故.

『논』(T32, 580b15~16); 『회본』(1-775a5~6)

'[마음을] 일으켜 [부처가 체득한] 깨달음(道)을 향해 나아가는 양상을 나누어 구별한다'(分別發趣道相)는 것은, 모든 부처가 체득한 깨달음에 모든 보살이 [자기도 그 깨달음을 구하려는] 마음을 일으키고 수행하여 [그 깨달음을] 향해 나아가는 측면(義)을 일컫는 것이다.

【소】 初中言"一切諸佛所證之道"者, 是擧所趣之道, "一切菩薩"以下, 顯其能趣之行. 欲明菩薩發心, 趣向佛所證道, 故言"分別發趣道相"也.

『소』(1-723b18~21); 『회본』(1-775a7~10); 『별기』에 없음.

처음에 말한 "모든 부처가 체득한 깨달음"(一切諸佛所證之道)이라는 것은 '나아가서 [성취할] 깨달음'(所趣之道)을 거론한 것이고, "모든 보살"(一切菩薩) 이하는 그 [깨달음으로] '나아가는 수행'(能趣之行)을 밝힌 것이다. 보살이 마음을 일으켜 부처가 체득한 깨달음을 향해 나아가는 것을 밝히고자 했기 때문에 "[마음을] 일으켜 [부처가 체득한] 깨달음을 향해 나아가는 양상을 나누어 구별한다"(分別發趣道相)라고 말하였다.

【소】 "略說"[395]以下, 別開分別, 於中有三. 一者, 擧數開章, 二者, 依數列名, 三者, 依名辨相.[396]

『소』(1-723b21~23); 『회본』(1-775a11~13); 『별기』에 없음.

"간략하게 말하면"(略說) 이하는 '나누어 구별하는 것을 하나씩 펼치는 것'(別開分別)인데, 여기에 세 가지가 있다. 첫 번째는 '숫자를 매겨 문장 부분을 펼치는 것'(擧數開章)이요, 두 번째는 '숫자에 따라 명칭을 열거하는 것'

---

395 『회본』에는 '略說'이 없다.

396 한불전의 주석(1권, 723)에 따르면 '相'자 뒤에 '初文可知'가 탈락되었다고 보았다. 그러나 내용상 『기신론』 본문을 먼저 제시한 뒤에 『소』를 대비시키는 것이 적절할 것이므로 '初文可知'는 다음 단락에 맨 위에 첨가한다. 대정장의 『대승기신론소』에는 '初文可知'가 누락되어 있다(T44, 219b29).

(依數列名)이며, 세 번째는 '명칭에 따라 양상을 변별하는 것'(依名辨相)이다.

略說發心有三種, 云何爲三? 一者, 信成就發心, 二者, 解行發心, 三者, 證發心.

『논』(T32, 580b16~18); 『회본』(1-775a14~15)

[깨달음을 향하여] 마음을 일으키는 것을 간략하게 말하면 세 가지가 있으니, 무엇이 세 가지인가? 첫 번째는 '믿음을 성취하여 [깨달음을 향해] 마음을 일으킴'(信成就發心)이고, 두 번째는 '이해와 수행으로 [깨달음을 향해] 마음을 일으킴'(解行發心)이며, 세 번째는 '직접 체득하여 [깨달음을 향해] 마음을 일으킴'(證發心)이다.

【소】 第[397]二中言"信成就發心"者, 位在十住, 兼取十信. 十信位中修習信心, 信心成就, 發決定心, 卽入十住, 故名"信成就發心"也. "解行發心"者, 在十迴向, 兼取十行. 十行位中, 能解法空, 隨順法界, 修六度行, 六度行純熟, 發迴向心, 入向位故, 言"解行發心"也. "證發心"者, 位在初地以上, 乃至十地. 依前二重相似發心, 證得法身, 發眞心也.

『소』(1-723b23~c9); 『회본』(1-775a16~b1); 『별기』에 없음.

첫 문장은 [어렵지 않게] 알 수 있다. 두 번째 문장에서 말한 "믿음을 성취하여 [깨달음을 향해] 마음을 일으킴"(信成就發心)이라는 것은, [대승의 보살수행 단계에서] 그 지위가 '[믿음이 이해로] 안착하는 열 가지 단계'(十住)에 있으면서 '믿음을 세우는 열 가지 단계'(十信)를 아울러 취한다. '믿음을 세우는 열 가지 단계'(十信位)에서 '믿는 마음'(信心)을 '닦고 익혀'(修習) '믿는 마음'(信心)이 성취되어 '확고한 마음'(決定心)을 일으키면 곧 '[믿음이 이해로] 안착하는 열 가지 단계'(十住)로 들어가니, 그러므로 "믿음을 성취하여 [깨달음을 향해] 마음을 일으킴"(信成就發心)이라고 부른 것이다.

397 앞의 역주에서 언급한 '初文可知'를 '第' 앞에 첨가하여 번역하였다.

"이해와 수행으로 [깨달음을 향해] 마음을 일으킴"(解行發心)이라는 것은, '[수행으로 성취한 모든 것을 중생들에게] 돌리는 수행의 열 가지 단계'(十廻向)에 있으면서 '이타적 수행의 열 가지 단계'(十行)를 아울러 취한다. '이타적 수행의 열 가지 단계'(十行位)에서는 '[모든] 현상에는 불변 · 독자의 실체나 본질이 없음'(法空)을 이해할 수 있어 현상세계(法界)에 따르면서 '[자신과 타인을 함께 이롭게 하는] 여섯 가지 보살 수행'(六度行)을 닦고, '[자신과 타인을 함께 이롭게 하는] 여섯 가지 보살 수행'(六度行)이 온전하게 성숙하면 '[이전까지 쌓은 공덕을 모든 중생들에게] 돌리는 마음'(廻向心)을 일으켜 '[수행으로 성취한 모든 것을 중생들에게] 돌리는 행위의 단계'(向位)로 들어가기 때문에, "이해와 수행으로 [깨달음을 향해] 마음을 일으킴"이라고 말하였다.

"직접 체득하여 [깨달음을 향해] 마음을 일으킴"(證發心)이라는 것은, [그] 지위가 '['열 가지 본격적인 수행경지'(十地)의] 첫 번째 경지'(初地) 이상으로부터 '열 번째 경지'(十地)까지에 있다. 앞의 두 가지 〈['열 가지 본격적인 수행경지'에] 가까워지는 '마음 일으킴'〉(相似發心)에 의거하여 '진리의 몸'(法身)을 증득하여 '참된 마음'(眞心)을 일으키는 것이다.

【소】 第三辨相. 文中有三, 如前次第說三心故. 初發心內, 亦有其三, 一明信成就之行, 二顯行成發心之相, 三歎發心所得功德.

『소』(1-723c10~13); 『회본』(1-775b2~6); 『별기』에 없음.

세 번째는 '[명칭에 따라] 양상을 변별하는 것'(辨相)이다. 글에는 세 가지가 있으니, 앞에 나온 차례대로 세 가지 마음[을 일으킴]을 말하기 때문이다. 처음의 '[믿음을 성취하여 깨달음을 향해] 마음을 일으킴'([信成就]發心) 안에도 세 가지가 있으니, 첫 번째는 '믿음을 성취하는 수행'(信成就之行)을 밝힌 것이요, 두 번째는 '수행을 이루어 마음을 일으키는 양상'(行成發心之相)을 드러낸 것이며, 세 번째는 '마음을 일으켜 얻은 이로운 능력'(發心所得功德)을 찬탄한 것이다.

① 믿음을 성취하여 깨달음을 향해 마음을 일으킴(信成就發心)

가. 믿음을 성취하는 수행을 밝힘(明信成之行)

信成就發心者, 依何等人, 修何等行, 得信成就, 堪能發心? 所謂依不定聚衆生. 有熏習善根力故, 信業果報, 能起十善, 厭生死苦, 欲求無上菩提. 得值諸佛, 親承供養, 修行信心, 經一萬劫, 信心成就故. 諸佛菩薩教令發心, 或以大悲故, 能自發心, 或因正法欲滅, 以護法因緣, 能自發心. 如是信心成就得發心者, 入正定聚, 畢竟不退, 名住如來種中, 正因相應. 若有衆生, 善根微少, 久遠已來煩惱深厚, 雖值於佛亦得供養, 然起人天種子, 或起二乘種子. 設有求大乘者, 根則不定, 若進若退, 或有供養諸佛, 未經一萬劫, 於中遇緣, 亦有發心. 所謂見佛色相而發其心, 或因供養衆僧而發其心, 或因二乘之人教令發心, 或學他發心. 如是等發心, 悉皆不定, 遇惡因緣, 或便退失, 墮二乘地.

『논』(T32, 580b18~c5); 『회본』(1-775b7~24)

'믿음을 성취하여 [깨달음을 향해] 마음을 일으킴'(信成就發心)이라는 것은, 어떤 사람들이 어떤 수행을 닦아야 믿음을 성취하여 '[깨달음을 향해] 마음을 일으킴'(發心)을 [제대로] 감당해 내는 것인가? 이른바 '[깨달음의 세계로 갈지, 타락하여 해로운 세계로 갈지] 방향이 정해져 있지 않은 부류의 중생'(不定聚衆生)에 의거하는 것이다. [이 부류의 중생은] '[깨달음으로 나아가는] 이로운 능력'(善根)을 거듭 익히는 힘이 있기 때문에, '행위에 따르는 결과'(業果報)를 믿어 '열 가지 이로운 행위'(十善)를 일으킬 수 있고, '[근본무지에 매인] 생사의 괴로움'(生死苦)을 싫어하여 '가장 높은 깨달음'(無上菩提)을 추구하고자 한다. [그리하여] 모든 부처님들을 만나 직접 뜻을 받들고 공양하면서 '믿는 마음'(信心)을 수행하여 일만 겁劫을 지나 '믿는 마음'(信心)이 성취되는 것이다. [그리고] 모든 부처와 보살들이 가르쳐서 [깨달음을 향한] 마음을 일으키게 하거나, 혹은 '크나큰 연민'(大悲) 때문에 스스로

[깨달음을 향한] 마음을 일으키거나, 혹은 '올바른 진리'(正法)가 사라지려 함에 '진리를 수호하려는 인연'(護法因緣) 때문에 스스로 [깨달음을 향한] 마음을 일으킬 수 있다. 이와 같이 '믿는 마음'(信心)을 성취하여 [깨달음을 향해] 마음을 일으키는 자는 '깨달음의 세계로 방향이 정해진 부류'(正定聚)로 들어가 끝내 물러나지 않으니, [이것을] 〈'여래가 될 수 있는 종자'(如來種)에 자리 잡아 [깨달음의] '올바른 원인'(正因)과 서로 응한다〉고 한다.

만약 어떤 중생이 '[깨달음으로 나아가는] 이로운 능력'(善根)이 매우 작고 아득한 과거부터 번뇌가 매우 두터우면, 비록 부처를 만나고 또 공양할지라도 '인간 세상'(人)이나 '천상 세계'(天)[에 태어날] 종자를 만들거나 혹은 '[성문聲聞, 연각緣覺] 두 부류의 수행자'(二乘)[가 되는] 종자를 만든다.

[또] 설사 대승을 추구하는 자가 있더라도 [깨달음으로 나아가는] 능력(根)이 확실하지 않으면 어떤 때는 나아가고 어떤 때는 물러나면서 혹 모든 부처에게 공양하여 일만 겁을 지나지 않고서도 도중에 인연을 만나 [깨달음을 향한] 마음을 일으키는 경우도 있다. 부처의 모습(色相)을 보고 그 [깨달음을 향한] 마음을 일으키거나, 혹은 여러 출가수행자들에게 공양함으로 인해 그 [깨달음을 향한] 마음을 일으키거나, 혹은 '[성문聲聞, 연각緣覺] 두 부류의 수행자'(二乘)[에 속하는] 사람이 가르쳐 [깨달음을 향한] 마음을 일으키게 하거나, 혹은 다른 것을 배워 [깨달음을 향한] 마음을 일으키는 것이 그것이다. 이와 같이 [깨달음을 향한] 마음을 일으키는 것들은 모두 [깨달음으로의 방향이] 정해지지 않은 것이어서, '해로운 인연'(惡因緣)을 만나면 곧바로 퇴행하여 '[성문, 연각] 두 부류의 수행자'(二乘) 지위로 떨어질 수 있다.

【소】初中亦二, 先問後答. 問中言"依何等人"者, 是問能修之人. "修何等行"者, 問其所修之行. "得信成就, 堪能發心"者, 對發心果, 問其行成也. 答中有二, 一者, 正答所問, 二者, 擧劣顯勝. 正答之內, 對前三問. 初言"依不定聚衆生"者, 是答初問, 顯能修人. 分別三聚, 乃有多門. 今

此文中直明, 菩薩十解以上, 決定不退, 名正定聚, 未入十信, 不信因果, 名邪定聚. 此二中間趣道之人, 發心欲求無上菩提, 而心未決, 或進或退, 是謂十信, 名不定聚. 今依此人, 明所修行也.

『소』(1-723c14~724a2); 『회본』(1-775c1~13); 『별기』에 없음.

첫 구절에도 두 가지가 있으니, 먼저는 질문이고 나중은 대답이다. 질문에서 말한 "어떤 사람들이"(依何等人)라는 것은 수행하는 사람에 대해 물은 것이다. "어떤 수행을 닦아야"(修何等行)라는 것은 그들이 닦는 수행을 물은 것이다. "믿음을 성취하여 '[깨달음을 향해] 마음을 일으킴'을 [제대로] 감당해내는 것인가?"(得信成就, 堪能發心)라는 것은, '[깨달음을 향해] 마음을 일으킨 결과'(發心果)에 대응시켜 그 '[결과를 성취하는] 수행을 이루는 것'(行成)에 대해 물은 것이다.

대답에는 두 가지가 있는데, 첫 번째는 '질문한 것에 곧바로 대답한 것'(正答所問)이고, 두 번째는 '열등한 것을 거론하여 뛰어난 것을 드러내는 것'(擧劣顯勝)이다. '곧바로 대답한 것'(正答)에 [있는 것은] 앞서의 세 가지 질문에 대한 것들이다. 처음에 말한 "[깨달음의 세계로 갈지, 타락하여 해로운 세계로 갈지] 방향이 정해져 있지 않은 부류의 중생에 의거하는 것이다"(依不定聚衆生)라는 것은 첫 번째 질문에 대답한 것이니, 수행하는 사람을 드러낸 것이다.

'[향상하거나, 타락하거나, 아직 방향이 정해지지 않은] 세 부류[의 사람들]'(三聚)을 구별하는 것에는 여러 가지 방식(門)이 있다. 지금 이 글에서는 다만 [다음과 같은 것을] 밝히고 있다. 즉 보살[의 수행경지 중에서] '[진리에 대한] 이해가 확고해지는 열 가지 단계'(十解) 이상인 '확고하여 물러남이 없는 [사람들]'(決定不退)을 '깨달음으로 방향이 정해진 부류'(正定聚)라고 부르고, 아직 '믿음을 세우는 열 가지 단계'(十信)로 들어가지 못해 '원인과 결과'(因果)[에 관한 도리]를 믿지 않는 것을 '해로운 세계로의 타락이 정해진 부류'(邪定聚)라고 부른다. [그리고] 이 [정정취正定聚와 사정취邪定聚] 두 부류의 사이에서 [진리의] 길(道)로 향하는 사람이 [진리를 향한] 마음을 일으켜 '가장 높은 깨달음'(無上菩提)을 구하려고 하지만 마음이 아직 확고하지 않아 나아가기도 하고 물러나기도 하니, 이것을 '믿음을 세우는 열 가지 단계'(十信)라고 하며 [또한] '[깨달음의 세계로 갈지, 타락하여 해로운 세계로 갈지] 방향이 정해져 있지 않은 부류'(不定聚)라고 부른다는 것이다. 지금은 이 [부정취不定聚에 속하는] 사람에 의거하여 [그가] 닦아야 할 수행을 밝힌 것이다.

【소】 "有熏習"以下, 次答第二問, 明不定人所修之行. 言"有熏習善根力"者, 依如來藏內熏習力, 復依前世修善根力故, 今得修信心等行也. 言"信業果報, 能起十善"者, 起福分善也. "厭生死苦, 求無上道"[398]者, 發道分心也. "得值諸佛, 修行信心"[399]者, 正明所修道分善根, 所謂修行十種信心. 其相具如『一道章』說也.

『소』(1-724a2~10); 『회본』(1-775c13~22); 『별기』에 없음.

"['[깨달음으로 나아가는] 이로운 능력'(善根)을] 거듭 익히는 힘이 있기 때문에"(有熏習[善根力故]) 이하[400]는, 다음으로 ['어떤 수행을 닦아야 하는가?'(修何等行)라는] 두 번째 물음에 대답한 것이니, '[깨달음의 세계로 갈지, 타락하여 해로운 세계로 갈지] 방향이 정해져 있지 않은 사람'(不定人)이 닦는 수행을 밝힌 것이다. "'[깨달음으로 나아가는] 이로운 능력'을 거듭 익히는 힘이 있다"(有熏習善根力)라고 말한 것은, '여래의 면모가 간직된 창고'(如來藏)에 있는 '거듭 영향을 끼치는 힘'(熏習力)에 의거하고 또 전생에 닦은 '이로운 능력의 힘'(善根力)에 의거하기 때문에 지금 '믿는 마음'(信心) 등의 수행을 닦을 수 있다는 것이다. "'행위에 따르는 결과'를 믿어 '열 가지 이로운 행위'를 일으킬 수 있다"(信業果報, 能起十善)라고 말한 것은, '[세간에서 말하는] 복福이 될 수 있는[401] 이

---

398 『대승기신론』 본문은 "厭生死苦, 欲求無上菩提"이다. 『소』의 인용에는 '欲'자가 생략되었다.

399 『대승기신론』 본문은 "得值諸佛, 親承供養, 修行信心"이다. 『소』의 인용에는 '親承供養'이 생략되었다.

400 『대승기신론』 본문으로는 "熏習善根力故, 信業果報, 能起十善, 厭生死苦, 欲求無上菩提, 得值諸佛, 親承供養, 修行信心"에 해당한다.

401 복분福分: 뒤에 나오는 '도분道分'의 대칭으로 둘을 합하여 이분二分이라고 한다. 세간

로운 행위'(福分善)를 일으키는 것이다. [또] "'[근본무지에 매인] 생사의 괴로움'을 싫어하여 '가장 높은 깨달음'을 추구하고자 한다"(厭生死苦, [欲]求無上道)라는 것은 '[출세간] 깨달음이 될 수 있는 마음'(道分心)을 일으키는 것이다. [그리고] "모든 부처님들을 만나 [직접 뜻을 받들고 공양하면서] '믿는 마음'을 수행한다"(得値諸佛, [親承供養,] 修行信心)라는 것은 닦아야 하는 '[출세간] 깨달음이 될 수 있는 이로운 능력'(道分善根)을 곧바로 밝힌 것이니, '열 가지 믿는 마음'(十種信心)을 닦는 것을 말한다. 그 [십선十善이나 십신十信 등의] 내용의 자세한 것은 『일도장一道章』에서[402] 설명한 것과 같다.

【소】"逕一萬劫"以下, 答第三問, 明其信心成就之相. 於中有二, 一者, 擧時以明信成發心之緣, 二者, 約聚顯其發心所住之位. 初中言"至[403]一萬劫, 信心成就"者, 謂於十信, 逕十千劫, 信心成就, 卽入十住. 如『本業經』云, "是信想菩薩, 於十千劫, 行十戒法, 當入十住心, 入初住位". 解云, 此中所入初住位者, 謂十住初發心住位, 此位方得不退信心. 是故亦名信入十心, 非謂十解以前十信. 何以得知而其然者? 如『仁王經』云, "習種姓有十心, 已超二乘一切善地. 此習忍已前, 行十善菩薩, 有退有進, 猶如輕毛, 隨風東西. 雖以十千劫, 行十正道, 發菩提心, 乃當入習忍位", 以是文證故, 得知也. 經言十千, 卽此一萬也. 言"佛菩薩敎令發心"[404]等者, 發心之緣, 乃有衆多, 今略出其二[405]種勝緣也.

의 복덕을 초래하는 십선十善(세 가지 신업身業과 네 가지 구업口業과 세 가지 의업意業)의 이로운 수행이므로 '복덕의 부분'(福分)이라 하고, 출세간의 과보를 초래하는 보리심의 수행이므로 '깨달음의 부분'(道分)이라고 한다.

402 『일도장一道章』은 원효저술 목록에 있지만 현존하지 않는다. 『화엄종장소병인명록華嚴宗章疏幷因明錄』 권1에서는 "一道章一卷(元曉述)"(T55, 1134b19)이라고 하여 『일도장』 1권의 서명을 전한다.

403 『대승기신론』 원문에는 '經'으로 되어 있다. '經'으로 교감하여 번역한다.

404 『대승기신론』 원문은 "諸佛菩薩敎令發心"이다. 『소』의 인용에는 '諸'가 생략되었다.

405 한불전 교감주에 "'二'는 다른 판본에 '三'으로 되어 있다"라고 하였다. 다른 판본은 『만

『소』(1-724a10~b3); 『회본』(1-775c22~776a16)

"일만 겁을 지나"(逕一萬劫) 이하는 [〈어떻게 믿음을 성취하여 '[깨달음을 향해] 마음을 일으킴'(發心)을 [제대로] 감당해 내는 것인가?〉라는] 세 번째 물음에 대답한 것이니, 그 '믿는 마음'(信心)이 성취되는 양상을 밝힌 것이다. 여기에 두 가지가 있으니, 첫 번째는 [일만 겁이라는] 시간을 거론하여 '믿음을 성취하여 [깨달음을 향해] 마음을 일으키는 조건'(信成發心之緣)을 밝힌 것이고, 두 번째는 [부정취不定聚, 정정취正定聚 등의] 부류에 의거하여 그 '[깨달음을 향해] 마음을 일으킴이 자리 잡는 단계'(發心所住之位)를 드러낸 것이다.

첫 번째에서 말한 "일만 겁劫을 지나 '믿는 마음'이 성취되는 것이다"(經一萬劫, 信心成就)라는 것은, '믿음을 세우는 열 가지 단계'(十信)에서 열 번의 천 겁을 지나 '믿는 마음'(信心)이 성취되어 곧 '[믿음이 이해로] 안착하는 열 가지 단계'(十住)로 들어가는 것을 일컫는다. 마치 『보살영락본업경』에서 "이 '믿음에 생각이 열린 보살'(信想菩薩)[406]이 열 번의 천겁 동안 '열 가지 계율수행'(十戒法)을 실천하면 '[이해에] 안착하는 열 가지 마음'(十住心)에 들어가서 '[십주十住에] 처음 안착하는 단계'(初住位)에 들어가게 된다"[407]라고 말한 것과 같다.

뜻을 풀이하자면, 여기서 [신상보살信想菩薩이] 들어가는 '[십주十住에] 처음 안착하는 단계'(初住位)라는 것은 '[믿음이 이해로] 안착하는 열 가지 단계'(十

속장』이다. 교감주에 따른다.

406 신상보살信想菩薩의 출전은 다음과 같다. 『보살영락본업경』 권2(T24, 1017a13~17). "從不識始凡夫地, 值佛菩薩教法中起一念信, 便發菩提心. 是人爾時住前, 名信想菩薩, 亦名假名菩薩, 亦名名字菩薩. 其人略行十心, 所謂信心·進心·念心·慧心·定心·戒心·迴向心·護法心·捨心·願心." 여기에 따르면 신상보살은 십주十住 이전이고, 가명보살·명자보살이라고도 하며, 십신十信을 수행하는 자이다.

407 『보살영락본업경』 권2(T24, 1021b24~29). "是信想菩薩, 於十千劫, 行十戒法, 當入十住心. (佛子, 當先爲諸大衆受菩薩戒, 然後爲說瓔珞經同見同行. 爾時衆中有百億人, 即從坐起受持佛戒, 其名梵陀首王共無數天子修十戒滿足,) 入初住位." 괄호는 생략된 내용을 표시한다.

住)에서 처음인 '[이해하는] 마음 일으킴이 자리 잡는 단계'(發心住位)를 말하니, 이 단계에서야 비로소 '물러나지 않는 믿는 마음'(不退信心)을 얻는다. 그러므로 [십주十住에 들어간 마음을] '믿어서 들어간 열 가지 마음'(信入十心)이라고도 부르지만, [이것이] '[진리에 대한] 이해가 확고해지는 열 가지 단계'(十解, 十住) 이전의 [물러남이 있는] '믿음을 세우는 열 가지 단계'(十信)를 말하는 것은 아니다. 어떻게 그런 줄 알 수 있는가? 『인왕경』에서 "'[여래가 될 수 있는] 원인(種)을 확고하게 익히는 경지'(習種性)[408]에는 '[믿음이 이해로 안착하는] 열 가지 마음'(十心)이 있으니, [이 열 가지 마음은] '[성문聲聞, 연각緣覺] 두 부류의 수행자'(二乘)의 [수행으로 성취하는] 모든 '이로운 지위'(善地)를 이미 넘어섰다. 이 '[여래가 될 수 있는 원인을 확고히] 익히는 단계'(習忍) 이전[인 십신十信의 단계]에서 '열 가지 이로운 행위'(十善)를 실천하는 보살은 물러남도 있고 나아감도 있으니, 마치 가벼운 털이 바람을 따라 동쪽으로도 가고 서쪽으로도 가는 것과 같다. [십신十信의 단계에서는] 비록 열 번의 천겁으로 '열 가지 올바른 수행'(十正道)[409]을 행하더라도 '깨달음을 구하는 마음'(菩提心)을 일으켜야만 [십주十住의 단계인] '[여래가 될 수 있는 원인을 확고히] 익히는 단계'(習忍位)에 들어가게 된다"[410]라고 말한 것과 같으니, 이러한 경전적 증거가 있기

---

408 습종성習種姓: 육종성 중의 첫 번째. 『보살영락본업경』 권1(T24, 1012b21~1013a14)에 따르면 육종성은 습종성, 성종성性種性, 도종성道種性, 성종성聖種性, 등각성等覺性, 묘각성妙覺性의 여섯 가지인데, 이 여섯 가지는 『본업경』에서 설명되는 보살 수행의 42위位 체계에 순서대로 대응하는 것으로 보인다. 습종성은 십주, 성종성은 십행, 도종성은 십회향, 성종성은 십지, 등각성은 등각, 묘각성은 묘각에 해당하는데, 예를 들어 습종성에 십인의 보살이 있다고 하면서 다음과 같이 말한다. "所謂習性種中有十人, 其名發心住菩薩, 治地菩薩, 修行菩薩, 生貴菩薩, 方便具足菩薩, 正心菩薩, 不退菩薩, 童眞菩薩, 法王子菩薩, 灌頂菩薩"(T24, 1012c7~10). 한편 '習種姓' 외에 '習種性', '習性種' 등의 표현도 보인다.

409 십정도十正道: '십정도'는 문맥상 앞에 나온 십신위十信位에서 닦는 수행인 '십계법十戒法' 및 '십선十善'의 다른 명칭인 것으로 보인다. 십선은 불살생不殺生, 불투도不偸盜, 불사음不邪淫의 3신업身業과 불망어不妄語, 불양설不兩舌, 불악구不惡口, 불기어不綺語의 4구업口業과 불탐욕不貪欲, 부진에不瞋恚, 불사견不邪見의 3의업意業을 말한다.

때문에 ['물러남이 없는 믿는 마음'(不退信心)과 '물러남이 있는 믿는 마음'의 차이를] 알 수 있다. 『인왕경』에서 '열 번의 천[겁]'(十千)이라고 말한 것은 바로 이 [『대승기신론』에서 말하는] 일만[겁](一萬)이다.

"[모든] 부처와 보살들이 가르쳐서 [깨달음을 향한] 마음을 일으키게 하거나"([諸]佛菩薩教令發心) 등으로 말한 것은, [깨달음을 향한] 마음을 일으키는 [원인이 되는] 조건들이 많고 다양하지만 지금은 대략적으로 ['불보살의 가르침'(佛菩薩教), '크나큰 연민'(大悲), 그리고 '불법을 수호함'(護法)이라는] 세 가지 '뛰어난 조건'(勝緣)을 드러낸 것이다.

【별기】 發趣分中, 信成就發心位, 在十解前, 在不定聚時, 修習信心, 逕一萬劫, 信心成就, 入正定位, 卽是十解. 亦名十住, 亦名十信, 亦名習種性. 如『本業經』云, "是信相[411]善菩薩, 於十千劫, 行十戒法, 當入十信[412]心, 入初住位", 『仁王經』云, "習種性有十心, 已超二乘一切善地. 此習忍已前, 行十善菩薩, 有退有進, 猶如輕毛, 隨風東西. 雖以十千劫, 行十正道, 發菩提心, 乃當入習種性". 彼經云十千, 此論一萬, 同一數也.

『별기』(1-697a17~b3)

'[마음을] 일으켜 [깨달음(道)을 향해] 나아가는 [양상을 구분하여 설명하는] 부분'(發趣分) 가운데 '믿음을 성취하여 [깨달음을 향해] 마음을 일으키는 단계'(信成就發心位)는, '[진리에 대한] 이해가 확고해지는 열 가지 단계'(十解, 十住) 이전[인 십신十信의 단계]에서 '[깨달음의 세계로 갈지, 타락하여 해로운 세계로 갈지] 방향이 정해져 있지 않은 부류'(不定聚)[의 상태]에 있을 때 '믿는 마음'(信心)을 닦

---

410 "『仁王經』云" 이하의 인용문은 『불설인왕반야바라밀경』 권2(T8, 831b7~11)의 "習忍以前, 行十善菩薩, 有退有進, 譬如輕毛, 隨風東西. 是諸菩薩亦復如是, 雖以十千劫, 行十正道, 發三菩提心, 乃當入習忍位, 亦常學三伏忍法, 而不可名字是不定人"의 취지를 요약한 것으로 보인다.

411 『본업경』 원문에 따라 '想'으로 교감한다.

412 '信'은 '住'의 오기로 보인다. 『본업경』 원문이나 『소』에서는 모두 '住'로 되어 있기 때문이다.

고 익혀 일만 겁이 지나면 '믿는 마음'(信心)이 [확고하게] 성취되어 '깨달음의 세계로 방향이 정해진 단계'(正定位)에 들어가니, 이것이 바로 '[진리에 대한] 이해가 확고해지는 열 가지 단계'(十解)이다. [이것을 또한] '[믿음이 이해로] 안착하는 열 가지 단계'(十住)라고도 부르고, [십주十住에 들기 위해 반드시 거쳐야 한다는 점에서] '믿음을 세우는 열 가지 단계'(十信)라고도 부르며,[413] '[여래가 될 수 있는] 원인(種)을 확고하게 익히는 경지'(習種性)라고도 부른다.

『보살영락본업경』에서 "이 '믿음에 생각이 열린 보살'(信想菩薩)이 이 열 번의 천겁 동안 '열 가지 계율수행'(十戒法)을 실천하면 '[이해에] 안착하는 열 가지 마음'(十住心)에 들어가서 '[십주十住에] 처음 안착하는 단계'(初住位)에 들어가게 된다"라고 말하고, 『인왕경』에서는 "'[여래가 될 수 있는] 원인(種)을 확고하게 익히는 경지'(習種性)에는 '[믿음이 이해로 안착하는] 열 가지 마음'(十心)이 있으니, [이 열 가지 마음은] '[성문聲聞, 연각緣覺] 두 부류의 수행자'(二乘)의 [수행으로 성취하는] 모든 '이로운 지위'(善地)를 이미 넘어섰다. 이 '[여래가 될 수 있는 원인을 확고히] 익히는 단계'(習忍) 이전[인 십신十信의 단계]에서 '열 가지 이로운 행위'(十善)를 실천하는 보살은 물러남도 있고 나아감도 있으니, 마치 가벼운 털이 바람을 따라 동쪽으로도 가고 서쪽으로도 가는 것과 같다. [십신의 단계에서는] 비록 열 번의 천겁으로 '열 가지 올바른 수행'(十正道)을 행하더라도 '깨달음을 구하는 마음'(菩提心)을 일으켜야만 [십주의 단계인] '[여래가 될 수 있는 원인을 확고히] 익히는 경지'(習種性)[414]에 들어가게 된다"라고 말한 것과 같다. 저 경전들에서 '열 번의 천[겁]'(十千)이라고 말한 것은 이 『대승기신론』의 일만[겁](一萬)이니, 동일한 수數이다.

---

413 여기 『별기』에서는 "亦名十住, 亦名十信"이라고 하여 십주와 십신을 포괄적으로 동일시하는 데 비해, 『소』에서는 "言信成就發心者, 位在十住, 兼取十信"이라고 하여 그 범주 차이와 연관성을 정밀하게 설명하고 있다.

414 『소』에서는 '習種性'이 '習忍位'로 되어 있다.

〈『소』와 『별기』의 구문 대조〉

『소』(1-724a10~b3)	『별기』(1-697a17~b3)
"逕一萬劫"以下, 答第三問, 明其信心成就之相. 於中有二, 一者, 擧時以明信成發心之緣, 二者, 約聚顯其發心所住之位. 初中言"至一萬劫, 信心成就"者, 謂①<u>於十信, 逕十千劫, 信心成就</u>, 卽入十住. ②<u>如『本業經』云, "是信想菩薩, 於十千劫, 行十戒法, 當入十住心, 入初住位"</u>. 解云, 此中所入初住位者, 謂十住初發心住位, 此位方得不退信心. 是故亦名信入十心, 非謂十解以前十信. 何以得知而其然者? ③<u>如『仁王經』云, "習種姓有十心, 已超二乘一切善地. 此習忍已前, 行十善菩薩, 有退有進, 猶如輕毛, 隨風東西. 雖以十千劫, 行十正道, 發菩提心, 乃當入習忍位"</u>, 以是文證故, 得知也. ④<u>經言十千, 卽此一萬也</u>. 言"佛菩薩教令發心"等者, 發心之緣, 乃有衆多, 今略出其三種勝緣也.	發趣分中, 信成就發心位, 在十解前, 在不定聚時, ①<u>修習信心, 逕一萬劫, 信心成就</u>, 入正定位, 卽是十解. 亦名十住, 亦名十信, 亦名習種性. ②<u>如『本業經』云, "是信想善菩薩, 於十千劫, 行十戒法, 當入十信心, 入初住位"</u>, ③<u>『仁王經』云, "習種性有十心, 已超二乘一切善地. 此習忍已前, 行十善菩薩, 有退有進, 猶如輕毛, 隨風東西. 雖以十千劫, 行十正道, 發菩提心, 乃當入習種性"</u>. ④<u>彼經云十千, 此論一萬, 同一數也</u>.
※『별기』에서는 '發趣分'에 대해 "逕一萬劫" 이하부터 주석이 시작된다. ※ 대동소이한 부분만 대조 표시했다. ②와 ③에서 보듯이 『본업경』과 『인왕경』의 인용은 『소』에서 그대로 채용된다.	

【소】 "如是"以下, 顯其發心所住之位. 言"信心成就, 乃至入正定聚"[415]者, 卽入十解初發心住. 以之故言"畢竟不退"也, 卽時正在習種性位故, 言名"住如來種中"也, 其所修行, 隨順佛性, 是故亦言"正因相應". 上來正答前三問竟. "若有"以下, 擧劣顯勝. 十信位內, 有勝有劣. 勝者, 如前進入十住, 劣者, 如此退墮二乘地. 如『攝大乘論』云, "諸菩薩在十信位中, 修大乘未堅固, 多厭怖生死, 慈悲衆生心猶劣薄, 喜欲捨大乘本願, 修小乘道. 故言欲修行小乘". 大意如是, 文相可知. 上來明信成之行.

415 『대승기신론』 본문은 "如是信心成就得發心者, 入正定聚"이다.

『소』(1-724b3~16); 『회본』(1-776a16~b5); 『별기』에 없음.

"이와 같이"(如是) 이하에서는 그 '[믿음을 성취하여 깨달음을 향해] 마음을 일으킴이 자리 잡는 단계'(發心所住之位)를 드러낸다. "[이와 같이] '믿는 마음'을 성취하여 [[깨달음을 향해] 마음을 일으키는 자는] '깨달음의 세계로 방향이 정해진 부류'(正定聚)로 들어간다"(信心成就, 乃至入正定聚)라고 말한 것은, 바로 '[진리에 대한] 이해가 확고해지는 열 가지 단계'(十解, 十住)의 첫 번째인 '[이해하는] 마음 일으킴이 자리 잡음'(發心住)에 들어간 것이다. 그렇기 때문에 "끝내 물러나지 않는다"(畢竟不退)라고 말했고, 즉시 바로 '[여래가 될 수 있는] 원인(種)을 확고하게 익히는 경지의 단계'(習種性位)에 있게 되기 때문에 "'여래가 될 수 있는 종자'(如來種)에 자리 잡는다"(住如來種中)라고 말했으며, 그 [믿는 마음을 성취하여 [깨달음을 향해] 마음을 일으키는 자가] 수행한 것이 '부처 면모'(佛性)에 상응하기 때문에 또한 "[깨달음의] '올바른 원인'과 서로 응한다"(正因相應)라고 말했다. 앞의 세 가지 물음에 곧바로 대답하는 것이 여기에서 끝난다.

"만약 어떤"(若有) 이하에서는 '열등한 것을 거론하여 뛰어난 것을 드러낸다'(擧劣顯勝). '믿음을 세우는 열 가지 단계'(十信) 안에는 뛰어남도 있고 열등함도 있다. 뛰어난 자는 앞[의 정정취正定聚의 경우]와 같이 '[믿음이 이해로] 안착하는 열 가지 단계'(十住)에 나아가 들어가지만, 열등한 자는 여기서와 같이 '[성문聲聞, 연각緣覺] 두 부류의 수행자의 지위'(二乘地)로 물러나 떨어진다. 『섭대승론석』에서 "모든 보살이 '믿음을 세우는 열 가지 단계'(十信)에서는 대승을 닦는 것이 아직 견고하지 않아서 생사[의 고통]을 싫어하고 두려워함은 많지만 중생을 사랑하고 연민하는 마음은 오히려 희박하니, '대승 본연의 [중생구제를 위한] 다짐과 바람'(大乘本願)을 버리고 '소승의 수행 길'(小乘道)을 닦기를 즐거워한다. 그러므로 〈소승[의 길]을 수행하려 한다〉고 말했다"[416]라고 말하는 것과 같다.

---

416 『섭대승론석』 권15(T31, 265a4~7). "諸菩薩在十信位中. 修大行未堅固. 多厭怖生死. 慈

핵심 내용은 이와 같으니, 글의 내용은 [어렵지 않게] 알 수 있다. 여기까지는 '믿음을 성취하는 수행'(信成之行)을 밝힌 것이다.

나. '수행을 이루어 마음을 일으키는 양상'을 드러냄(顯行成發心之相)

復次信成就發心者, 發何等心? 略說有三種, 云何爲三? 一者, 直心, 正念眞如法故, 二者, 深心, 樂集一切諸善行故, 三者, 大悲心, 欲拔一切衆生苦故. 問曰. 上說法界一相, 佛體無二, 何故不唯念眞如, 復假求學諸善之行? 答曰. 譬如大摩尼寶體性明淨, 而有鑛穢之垢, 若人雖念寶性, 不以方便種種磨治, 終無得淨. 如是衆生眞如之法, 體性空淨, 而有無量煩惱染垢, 若人雖念眞如, 不以方便種種熏修, 亦無得淨. 以垢無量, 徧一切法故, 修一切善行, 以爲對治, 若人修行一切善法, 自然歸順眞如法故. 略說方便有四種, 云何爲四? 一者, 行根本方便, 謂觀一切法自性無生, 離於妄見, 不住生死, 觀一切法因緣和合, 業果不失, 起於大悲, 修諸福德, 攝化衆生, 不住涅槃. 以隨順法性無住故. 二者, 能止方便, 謂慚愧悔過, 能止一切惡法, 不令增長. 以隨順法性離諸過故. 三者, 發起善根增長方便, 謂勤供養禮拜三寶, 讚歎隨喜, 勸請諸佛. 以愛敬三寶淳厚心故, 信得增長, 乃能志求無上之道, 又因佛法僧力所護故, 能消業障, 善根不退. 以隨順法性離癡障故. 四者, 大願平等方便, 所謂發願盡於未來, 化度一切衆生, 使無有餘, 皆令究竟無餘涅槃. 以隨順法性無斷絶故. 法性廣大, 徧一切衆生, 平等無二, 不念彼此, 究竟寂滅故.

『논』(T32, 580c6~581a4); 『회본』(1-776b6~c11)

또한 '믿음을 성취하여 [깨달음을 향해] 마음을 일으킴'(信成就發心)이라는 것은 어떤 마음들을 일으키는 것인가? 간략히 말하자면 세 가지가 있으니, 어떤 것이 세 가지인가? 첫 번째는 ['참 그대로'(眞如)를 만나는] '곧바른

悲衆生心猶劣薄. 喜欲捨大乘本願修小乘道. 故言欲偏行別乘."

마음'(直心)이니 '참 그대로인 현상을 잊지 않고 온전하게 간직하는 것'(正念眞如法)이고, 두 번째는 '깊은 마음'(深心)이니 모든 이로운 행위를 갖추기를 즐기는 것이며, 세 번째는 '크나큰 연민의 마음'(大悲心)이니 모든 중생의 고통을 제거해 주려는 것이다.

묻는다. 앞에서 '모든 현상세계는 하나처럼 통하는 양상'(法界一相)이고 '부처의 본연은 [불변 · 독자의 실체나 본질에 의해] 둘[로 나뉨]이 없다'(佛體無二)고 말했는데, 어째서 오직 '참 그대로'(眞如)만을 간직하지 않고 다시 모든 이로운 행위를 구하고 배우는 것이 필요한가?

답한다. 비유하자면 커다란 보배구슬 '본연의 면모'(體性)는 밝고 깨끗하지만 [광석에는] 광석의 더러운 때가 있어서, 사람이 비록 [구슬의] '보배 면모'(寶性)를 생각한다고 하더라도 '수단과 방법'(方便)을 써서 갖가지로 갈고 다듬지 않으면 끝내 [보배구슬 본연의] 깨끗함을 얻을 수 없는 것과 같다. 이와 같이 중생[이 갖춘] '참 그대로인 현상'(眞如之法)은 [그] '본연적 면모'(體性)가 '불변 · 독자의 실체가 없고 온전한 것'(空淨)이지만 헤아릴 수 없이 많은 번뇌에 오염된 때가 있어서, 사람이 비록 '참 그대로'(眞如)를 생각한다고 하더라도 '수단과 방법'(方便)을 써서 갖가지로 거듭 닦지 않으면 역시 ['참 그대로'(眞如) 본연의] 온전함을 얻을 수가 없다. [번뇌의] 때가 헤아릴 수 없이 많고 모든 현상에 두루 퍼져 있기 때문에 모든 이로운 행위를 닦아서 [그것들을] 치유하는 것이니, 만일 사람이 '모든 이로운 것들'(一切善法)을 '익히고 실천'(修行)하면 자연히 '참 그대로인 현상'(眞如法)으로 돌아가 ['참 그대로'(眞如)에] 따르게 되는 것이다.

[그 수행의] '수단과 방법'(方便)들을 요약해 말하자면 네 가지가 있으니, 무엇이 네 가지인가?

첫 번째는 '근본을 실천하는 수단과 방법'(行根本方便)이니, 〈모든 현상에는 '불변 · 독자의 실체나 본질'(自性)이 생겨남이 없다〉(一切法自性無生)는 것을 이해(觀)하여 [사실대로 이해하지 못하는] '그릇된 견해'(妄見)에서 벗어나기에 〈[삶과 죽음을 불변 · 독자의 실체나 본질로 보는 생각으로] '삶과 죽음'

(生死)에 머무르지 않고〉(不住生死), [또한] 〈모든 현상은 '원인과 조건'(因緣)이 결합[하여 생겨난 것]이다〉(一切法因緣和合)는 것을 이해(觀)하여 '행위의 결과'(業果)를 잃어버리지 않기에 '크나큰 연민'(大悲)을 일으켜 [중생을 위한] 갖가지 '좋은 행위를 하는 능력'(福德)을 닦아 '중생을 껴안아 교화하면서'(攝化衆生) '열반에도 머무르지 않는 것이다'(不住涅槃). [이렇게 하여] '현상의 본연은 [그 본연이 어디에도] 고착됨이 없는 것이다'(法性無住)[는 '참 그대로'(眞如)의 사실]에 따르는 것이다.

두 번째는 '[해로운 것을] 그치게 하는 수단과 방법'(能止方便)이니, '[자기와 남에게] 부끄러워하고'(慚愧) '허물을 뉘우쳐'(悔過) 모든 해로운 것을 그치고 더 자라나지 않게 하는 것이다. [이렇게 하여] '현상의 본연은 일체의 허물에서 벗어나 있다'(法性離諸過)[는 '참 그대로'(眞如)의 사실]에 따르는 것이다.

세 번째는 '이로운 능력을 일으켜 더 자라나게 하는 수단과 방법'(發起善根增長方便)이니, '[부처(佛) · 진리(法) · 수행공동체(僧), 이] 세 가지 보배'(三寶)에 부지런히 공양하고 예배하며 찬탄하고 [삼보의 능력에] '따르며 기뻐하면서'(隨喜) 모든 부처님께 [설법을] 청하는 것이다. [그렇게 하면] '[부처 · 진리 · 수행공동체, 이] 세 가지 보배'를 사랑하고 공경하는 '순박하고 속 깊은 마음'(淳厚心) 때문에 [진리에 대한] 믿음이 더 자라나게 되어 마침내는 '가장 높은 진리'(無上之道)에 뜻을 두어 추구하게 되며, 또 부처(佛)와 진리(法)와 수행공동체(僧)의 힘에 의해 보호받기 때문에 '[번뇌에 매인] 행위의 장애'(業障)를 소멸시키고 '이로운 능력'(善根)을 퇴보시키지 않을 수 있다. [이렇게 하여] '현상의 본연은 무지와 장애에서 벗어나 있다'(法性離癡障)[는 '참 그대로'(眞如)의 사실]에 따르는 것이다.

네 번째는 '[중생구제의] 크나큰 다짐과 바람을 평등하게 펼치는 수단과 방법'(大願平等方便)이니, 이른바 미래가 다하도록 모든 중생을 교화하고 구제하여 남음이 없게 하고 모두 끝내 '완전한 열반의 경지'(無餘涅槃)[417]를 이루게 하려는 '다짐과 바람'(願)을 일으키는 것이다. [이렇게 하여] '현상의 본연은 단절됨이 없다'(法性無斷絶)[는 '참 그대로'(眞如)의 사실]에 따르는 것이다. '현상의 본연'(法性)은 넓고도 커서 모든 중생에 두루 펼쳐져

---

417 무여열반無餘涅槃: 무여열반은 유여열반有餘涅槃에 상대적인 개념이다. 이에 대하여 아비달마불교와 대승불교 사이에 차이점이 있으며, 대승불교의 경전마다 서로 다른 견해를 보인다. 우선 『아비달마대비바사론阿毘達磨大毗婆沙論』 권32에 따르면 "云何有餘依涅槃界? 答. 若阿羅漢諸漏永盡, 壽命猶存, 大種造色相續未斷, 依五根身心相續轉, 有餘依故, 諸結永盡得獲觸證名有餘依涅槃界. 此中壽命者, 謂命根"(T27, 167c13~17)이라고 하여, 아라한은 모든 유루의 번뇌가 사라졌지만 수명이 남아 있어 사대四大가 만드는 색色이 상속하므로 오근五根의 신심身心이 상속하기 때문에 유여열반이라 한다고 설명한다. 신심으로 인한 속박이 남아 있지 않은 열반인 무여열반에 대한 같은 책에서의 설명은 다음과 같다. "云何無餘依涅槃界? 答即阿羅漢諸漏永盡, 壽命已滅大種造色相續已斷, 依五根身心不復轉, 無餘依故, 諸結永盡名無餘依涅槃界"(T27, 168a6~ 9). 한편 대승유식불교의 논서인 『섭대승론석』 권3(T31, 175a2~6)에서는 이에 대하여 다음과 같이 주장한다. "釋曰, 依止即如來法身, 次第漸增生道次第漸減集諦, 是名一向捨. 初地至二地乃至得佛, 故名爲轉. 煩惱業滅故言即無種子, 此顯有餘涅槃, 果報悉滅故言一切皆盡, 此顯無餘涅槃." 유여열반에 대한 생략된 설명 부분에서는, 여래법신如來法身에 의거하여 '수행을 일으키는 것'(生道)은 점차 증가하고 '고통의 원인들'(集諦)은 점차 줄어들어 초지初地에서 불佛에 이르기까지 바뀌어 가는 과정이 일향一向의 사捨와 전轉이어서 그것을 유여열반이라 부르고, 그 과정의 끝에서 번뇌 종자로 인한 과보가 모두 사라진 것을 무여열반이라고 한다. 유여열반은 번뇌업煩惱業과 '번뇌업의 종자種子'를 사라지게 하는 과정을 의미하고, 무여열반은 그 과정의 종료를 의미하는 것으로 보인다. 또한 『승만경』 권1(T12, 221b25~26)에서는 다음과 같이 주장한다. "有有爲生死無爲生死. 涅槃亦如是, 有餘及無餘." 『승만경』에서는 생사生死에 유위생사有爲生死와 무위생사無爲生死가 있는 것과 같이 열반에도 유여열반과 무여열반이 있다고 하면서, 유위생사와 무위생사의 개념을 유여열반과 무여열반의 개념에 연계하여 논의한다. 원효는 이 유위생사와 무위생사가 멸진滅盡한 것이 각각 이승二乘의 유여열반과 대승大乘의 무여열반이라고 설명한다. 밀교 계통의 경전인 『합부금광명경』 권1(T16, 363b7~9)에서는 다음과 같이 주장한다. "依此二身一切諸佛說有餘涅槃, 依法身者說無餘涅槃. 何以故, 一切餘究竟盡故." 곧바로 이어지는 『합부금광명경』 권1의 문장에서는 "依此三身一切諸佛說無住處涅槃, 何以故. 爲二身故不住涅槃, 離於法身無有別佛"(T16, 363b9~11)이라고 하는데, 삼신三身에 의거하는 유여열반과 무여열반을 뭉뚱그려 무주처열반無住處涅槃으로 포괄하고, 응화신應化身에 의거하여 열반에도 머무르지 않는 유여열반과 법신法身에 의거하는 무여열반의 불리不離 관계를 언급하여 이종열반二種涅槃의 대승적 평등성을 밝힌다.

있고 '평등하고 [불변 · 독자의 실체나 본질에 의해] 둘[로 나뉨]이 없으니'(平等無二), [불변 · 독자의 실체인] 저것과 이것으로 분별(念)하지 않으면 '궁극적으로 [근본무지의 분별로 인한 왜곡과 동요가] 그치는 것'(究竟寂滅)이다.

【소】 "復次"以下, 是[418]第二顯發心之相. 於中有二, 一者, 直明, 二者, 往復除疑. 初中言"直心"者, 是不曲義. 若念眞如, 則心平等, 更無別岐, 何有迴曲? 故言"正念眞如法故", 卽是二行之根本也. 言"深心"者, 是窮原義. 若一善不備, 無由歸原, 歸原之成, 必具萬行. 故言"樂集一切諸善行故", 卽是自利行之本也. "大悲心"者, 是普濟義. 故言"欲拔衆生苦故",[419] 卽利他行之本也. 發此三心, 無惡不離, 無善不修, 無一衆生所不度者, 是名無上菩提心也. "問曰"以下, 往復除疑. 問意可見. 答中有二, 直答, 重顯. 初直答中, 有喩有合. "略說"以下, 重顯, 可知.

『소』(1-724b17~c6); 『회본』(1-776c12~777a2); 『별기』에 없음.

"또한"(復次) 이하는 두 번째로 '[믿음을 성취하여 깨달음을 향하는] 마음을 일으키는 양상'([信成]發心之相)을 드러낸 것이다. 여기에는 두 가지가 있으니, 첫 번째는 '곧바로 밝힌 것'(直明)이고, 두 번째는 '[문답을] 주고받으면서 의심을 제거하는 것'(往復除疑)이다.

첫 번째에서 말한 "['참 그대로'(眞如)를 만나는] 곧바른 마음"(直心)이라는 것은 [마음이] '왜곡시키지 않는다는 뜻'(不曲義)이다. 만약 〈[현상(法)의] '참 그대로'[인 양상]을 잊지 않고 간직〉(念眞如)한다면 '마음이 [불변 · 독자의 실체나 본질에 의해 차별되지 않고] 평등平等하여 다시 [불변 · 독자의 실체나 본질로] 달라지는 갈래가 없으니'(心平等, 更無別岐), 어찌 '['참 그대로'(眞如)에서] 일탈하거나 왜곡함이 있겠는가? 그러므로 "'참 그대로인 현상을 잊지 않고 온전하게 간직하는 것이다"(正念眞如法故)라고 말했으니, 이것이 바로 '[자리행自利行과 이

---

418 『회본』에는 '復次以下, 是'가 없다.

419 『대승기신론』 본문은 "欲拔一切衆生苦故"이다. 『소』의 인용에는 '一切'가 생략되었다.

타행利他行이라는] 두 가지 수행'(二行)의 근본이다.

"깊은 마음"(深心)이라고 말한 것은 '근원에 이르도록 추구한다는 뜻'(窮原義)이다. 만약 '이로운 것'(善)이 하나라도 갖추어지지 않는다면 근원[인 본연]으로 돌아가지 못하니, '근원[인 본연]으로 돌아감'(歸原)이 이루어지려면 반드시 '모든 [이로운] 행위'(萬行)를 갖추어야 한다. 그러므로 "모든 이로운 행위를 갖추기를 즐기는 것이다"(樂集一切諸善行故)라고 말했으니, 이것은 바로 '자기를 이롭게 하는 행위'(自利行)의 근본이다.

"크나큰 연민의 마음"(大悲心)이라는 것은 '널리 구제한다는 뜻'(普濟義)이다. 그러므로 "[모든] 중생의 고통을 제거해 주려는 것이다"(欲拔[一切]衆生苦故)라고 말했으니, [이것은] 바로 '남을 이롭게 하는 행위'(利他行)의 근본이다.

['곧바른 마음'(直心), '깊은 마음'(深心), '크나큰 연민의 마음'(大悲心)] 이 세 가지 마음을 일으키면 벗어나지 못하는 악이 없고 닦지 못하는 선이 없으며 한 중생이라도 구제하지 않음이 없으니, 이것을 '가장 높은 깨달음을 구하는 마음'(無上菩提心)이라고 부른다.

"묻는다"(問曰) 이하는 [문답을] 주고받으면서 의심을 제거하는 것이다. 묻는 뜻은 [어렵지 않게] 알 수 있다. 답하는 것에는 두 가지가 있으니, '곧바로 답하는 것'(直答)과 '거듭 드러내는 것'(重顯)이다. [답하는 것에서] 첫 번째인 '곧바로 답하는 것'(直答)에는 비유(喩)와 '[비유와의] 합치'(合)가 있다. "[수행의 '수단과 방법'(方便)들을] 요약해 말하자면"(略說) 이하는 [답하는 것에서 두 번째인] '거듭 드러내는 것'이니, [글의 뜻은 어렵지 않게] 알 수 있다.

다. 직심直心·심심深心·대비심大悲心의 확고한 마음을 일으켜 얻는 이로운 능력을 드러냄(顯發心功德)

菩薩發是心故, 則得少分見於法身. 以見法身故, 隨其願力, 能現八種, 利益衆生, 所謂從兜率天退, 入胎, 住胎, 出胎, 出家, 成道, 轉法輪, 入於涅槃. 然是菩薩未名法身, 以其過去無量世來有漏之業, 未能決斷, 隨其所生, 與微苦相應. 亦非業繫, 以有大願自在力故. 如修多羅中, 或說有"退墮惡趣"者, 非其實退, 但爲初學菩薩未入正位而懈怠者恐怖, 令彼勇猛故. 又是菩薩一發心後, 遠離怯弱, 畢竟不畏墮二乘地, 若聞無量無邊阿僧祇劫勤苦難行乃得涅槃, 亦不怯弱, 以信知一切法, 從本已來, 自涅槃故.

『논』(T32, 581a4~16); 『회본』(1-777a3~15)

['깨달음의 세계로 방향이 정해진 부류'(正定聚)의] 보살은 이 [직심直心 · 심심深心 · 대비심大悲心의 확고한] 마음을 일으키기 때문에 바로 부분적으로 '진리의 몸'(法身)을 보게 된다. [부분적으로나마] '진리의 몸'(法身)을 보기 때문에 그 [중생구제를 위한] '다짐과 바람의 힘'(願力)에 따라 여덟 가지 [모습]을 나타내어 중생을 이롭게 할 수 있으니, 이른바 [석가모니처럼] 도솔천에서 [사바세계로] 내려오고, 모태에 들며, 모태에 자리 잡고, 모태에서 나오며, 출가하고, 깨달음을 성취하며, 진리의 수레바퀴를 굴리고, 열반에 드는 [여덟 가지 모습]이 그것이다.

그러나 이 보살을 아직 '진리의 몸'(法身)이라고 부르지 않는 것은 과거의 헤아릴 수 없이 많은 시간 동안 [지어 온] '번뇌 있는 행위'(有漏之業)를 아직 완전히 끊지는 못하여 태어나는 곳에 따라 미세한 고통과 서로 응하기 때문이다. [그러나 이 보살이] '[번뇌 있는] 행위'(業)에 묶여 있는 것은 아니니, '[중생구제를 위한] 크나큰 다짐과 바람의 자유자재한 힘'(大願自在力) 때문이다.

경전에서 간혹 "[이 보살이] '해로운 환경'(惡趣)으로 [다시] 물러나 떨어진다"라고 말하는 것은, [그 보살이] 실제로 물러난다는 것이 아니라, 단지 [십주十住에 들어가] '처음 배우는 보살'(初學菩薩)이 아직 [십주十住의] '완전한 단계'(正位)에 들어가지 않았는데도 나태한 경우에 [그를] 두렵게 하여 그로 하여금 열심히 수행하도록 하기 위한 것이다.

또 이 보살은 한번 [직심直心 · 심심深心 · 대비심大悲心의 확고한] 마음을 일으킨 후에는 '겁이 나서 마음이 약해지는 것'(怯弱)에서 멀리 떠나 끝내는

'[성문聲聞, 연각緣覺] 두 부류의 수행자 지위'(二乘地)로 떨어질까 두려워하지 않으며, 헤아릴 수 없이 오랜 시간 동안 괴롭고 어려운 수행을 부지런히 해야 열반을 얻게 된다는 말을 들어도 겁이 나서 마음이 약해지지 않으니, 모든 현상은 본래부터 스스로 열반인 것을 [확고히] 믿고 알기 때문이다.

【소】"菩薩發是心故"以下, 第三顯其發心功德. 於中有四, 初顯勝德, 次明微過, 三通權敎, 四歎實行. 初中二句. "則得少分見法身"[420]者, 是明自利功德. 十解菩薩, 依人空門, 見於法界, 是相似見, 故言"少分"也. "隨其願力"以下, 顯利他德. "能現八種, 利益衆生"者, 如『華嚴經』歎十住初發心住云, "此發心菩薩, 得如來一身無量身, 悉於一切世間示現成佛故". "然是"以下, 顯其微過. "如修多羅"以下, 第三會通權敎. 如『本業經』云, "七住以前爲退分. 若不值善知識者, 若一劫乃至十劫, 退菩提心, 如淨目天子 · 法才王子 · 舍利弗等欲入七[421]住, 其間値惡知識因緣故, 退入凡夫不善惡中", 乃至廣說. 今釋此意, 但是權語, 非實退也. "又是菩薩"以下, 第四歎其實行. 永無怯弱, 卽成彼經是權非實也.

『소』(1-724c6~23); 『회본』(1-777a16~b10)

"['깨달음의 세계로 방향이 정해진 부류'(正定聚)의] 보살은 이 [직심直心 · 심심深心 · 대비심大悲心의 확고한] 마음을 일으키기 때문에"(菩薩發是心故) 이하는, 세 번째인 그 [보살이] '[직심 · 심심 · 대비심의 확고한] 마음을 일으켜 [얻는] 이로운 능력'(發心功德)을 드러낸 것이다. 여기에 네 가지가 있으니, 처음에는 [이 보살의] '뛰어난 능력'(勝德)을 드러내고, 다음에는 '미세한 허물'(微過)을 밝히며, 세 번째로는 '수단과 방법으로서의 가르침'(權敎)[의 취지]를 통하게 하고, 네 번째로는 [이 보살이] '실제로 행하는 [능력]'(實行)을 찬탄한다.

---

420 『대승기신론』 본문은 "則得少分見於法身"이다. 『소』의 인용에는 '於'가 생략되어 있다.
421 『대승기신론소』 대정본에는 '七' 앞에 '第'가 있다.

처음[의 '뛰어난 능력'(勝德)을 드러내는 것]에는 두 구절이 있다.[422] [첫 구절에서 말한] "바로 부분적으로 진리의 몸을 보게 된다"(則得少分見於法身)라는 것은 '자기를 이롭게 하는 이로운 능력'(自利功德)을 밝힌 것이다. '[진리에 대한] 이해가 확고해지는 열 가지 단계의 보살'(十解菩薩, 十住菩薩)은 '자아에는 불변·독자의 실체나 본질이 없다는 도리'(人空門)에[만] 의거하여[423] 현상세계(法界)를 보는데, 이것은 '[진리에] 가까워진 봄'(相似見)이기 때문에 "부분적으로 [본다]"(少分)라고 말했다.[424]

"그 [중생구제를 위한] '다짐과 바람의 힘'에 따라"(隨其願力) 이하는 '남을 이롭게 하는 능력'(利他德)을 드러낸 것이다. "여덟 가지 [모습]을 나타내어 중생을 이롭게 할 수 있다"(能現八種, 利益衆生)라는 것은, 『화엄경』에서 '[이해에] 안착하는 열 가지 단계'(十住)의 처음인 '[이해하는] 마음 일으킴이 자리 잡는 단계'(發心住[位])를 찬탄하여 "이 '[이해에 안착하는] 마음을 일으킨 보살'(發心菩薩)은 여래의 '한 몸'(一身)이 '헤아릴 수 없이 많은 몸'(無量身)이라는 것을 터득하니, 모든 세간[의 중생들]에게 [여래의 헤아릴 수 없이 많은 몸을] 다 나타내 보여 부처를 이루게 하기 때문이다"[425]라고 말한 것과 같다.

---

422 원효는 '현승덕顯勝德'의 단락을 "菩薩發是心故, 則得少分見於法身. 以見法身故, 隨其願力能現八種利益衆生. 所謂從兜率天退, 入胎, 住胎, 出胎, 出家, 成道, 轉法輪, 入於涅槃"까지로 보고, 이를 다시 두 구절로 나눈다. 첫 번째 구절인 "菩薩發是心故, 則得少分見於法身. 以見法身故"까지를 '명자리공덕明自利功德'이라 제목 붙이고 핵심 문장으로 "則得少分見於法身"을 거론하는 것으로 보인다. 두 번째 구절인 '현리타덕顯利他德'의 단락은 '현승덕' 단락의 나머지 문장이다.

423 십주에서 인공문人空門에 의거한다는 해설과 연관하여, 앞서 원효는 '해행발심解行發心'을 개괄적으로 주석하는 대목에서 "十行位中, 能解法空, 隨順法界"라고 해설한 적이 있다.

424 앞서 지전地前보살이 보는 불신佛身에 대한 원효의 해설에서 유사한 맥락으로 다음과 같은 문장이 발견된다. "言以深信眞如法故, 少分而見者, 如十解中, 依人空門, 見眞如理, 是相似解, 故名少分也."

425 『화엄경』 권9(T9, 452c4~16). "<u>此初發心菩薩</u>即是佛故, 悉與三世諸如來等, 亦與三世佛境界等, 悉與三世佛正法等, <u>得如來一身無量身</u>, 三世諸佛平等智慧所化衆生, 皆悉同等. 悉能震動一切世界, 悉能普照一切世界, 悉能休息一切世界諸惡道苦, 悉能嚴淨一切世界, <u>悉於一切</u>

"그러나 이 [보살을]"(然是) 이하는 그 [보살의] 미세한 허물을 드러낸 것이다. "경전에서 [간혹 이 보살이 '해로운 환경'(惡趣)으로 다시 물러나 타락한다고 말하는 것은]"(如修多羅) 이하는, 세 번째로 '수단과 방법으로서의 가르침'(權敎)[의 취지]를 '모아서 통하게'(會通) 하는 것이다. 『보살영락본업경』에서 "'[이해에] 안착하는 일곱 번째 단계'(七住)[인 '물러나지 않는 단계'(不退住)] 이전[의 단계]는 [십주十住[426] 아래로] '물러나는 부분'(退分)이다. 만약 '이로운 스승'(善知識)을 만나지 못하기를 1겁에서 10겁에 이르면 '깨달음을 구하는 마음'(菩提心)을 물러나게 하니, 정목천자淨目天子와 법재왕자法才王子와 사리불舍利弗 등이 '[이해에] 안착하는 일곱 번째 단계'(七住)에 들어가고자 했지만 그 [1겁에서 10겁의] 사이에 '해로운 스승'(惡知識)의 인연을 만났기 때문에 물러나 범부凡夫의 이룸지 못하고 해로운 [단계로] 들어간 것과 같다"[427] 등으로 자세히 말한 것과 같다. 지금 [기신론에서는] 이 뜻을 해석하여 〈단지 '수단과 방법으로서의 말'(權語)이지 실제로 물러난 것이 아니다〉[라고 한 것이다.]

"또 이 보살은"(又是菩薩) 이하는, 네 번째로 그 [보살이] '실제로 행하는 [능력]'(實行)을 찬탄한 것이다. [십주十住에 든 보살은] '겁이 나서 마음이 약해지는 것'(怯弱)이 영원히 없으니, [이것은] 바로 [『기신론』 본문에서 언급한] 〈그 경전[의

世界示現成佛, 悉令一切衆生皆得歡喜, 悉令一切衆生解深法界, 悉能護持諸佛種性, 悉得諸佛智慧光明."

426 『본업경』 권1(T24, 1013a16~18)에 따르면 십주는 ① 발심주發心住, ② 치지심주治地心住, ③ 수행심주修行心住, ④ 생귀심주生貴心住, ⑤ 방편심주方便心住, ⑥ 정심주正心住, ⑦ 불퇴심주不退心住, ⑧ 동진심주童眞心住, ⑨ 법왕자심주法王子心住, ⑩ 관정심주灌頂心住이다.

427 『보살영락본업경』 권1(T24, 1014b29~c6). "諸善男子! 若一劫二劫乃至十劫修行十信得入十住, 是人爾時從初一住至第六住中, 若修第六般若波羅蜜正觀現在前, 復值諸佛菩薩知識所護故, 出到第七住常住不退. 自此七住以前名爲退分. 佛子! 若不退者, 入第六般若修行, 於空無我人主者, 畢竟無生, 必入定位. 佛子! 若不值善知識者, 若一劫二劫乃至十劫退菩提心. 如我初會衆中有八萬人退, 如淨目天子, 法才王子, 舍利弗等欲入第七住, 其中值惡因緣故, 退入凡夫不善惡中, 不名習種性人, 退入外道. 若一劫若十劫乃至千劫, 作大邪見及五逆無惡不造, 是爲退相."

말]이 '수단과 방법'(權)이지 실제(實)가 아니다〉라는 것을 입증한다.

【별기】 言"以少分見法身故, 隨其願力, 能現八相, 利益衆生"[428]者, 如『華嚴經』歎十住中初發心住菩薩云, "此發心菩薩, 得如來一身無量身, 悉於一切世間示現成佛故". 又『瑜伽論』云, "彼及所餘於無餘依涅槃界中般涅槃者, 於十方界, 當知究竟不可思議, 數數現作一切有情諸利益事, 是名最極如來祕密. 此祕密勝解行地修行菩薩, 下忍轉時, 隨其勝解, 差別而轉, 從此轉勝乃至九地, 展轉增進, 第十地中, 最善淸淨, 當知如來如是祕密不可思議, 超過一切度量境界". 如是等文, 皆十解以上菩薩能起八相之化物也. 言"如經中, 說或[429]有退墮惡趣者, 非其生[430]實退", 乃[431]廣說者, 如『本業經』云, "七住以前名爲退分. 若不値善知識者, 若一劫乃至十劫, 退菩提心, 如淨目天子 · 法財王子 · 舍利弗等欲入第七住, 其中値惡知識因緣故, 退入凡夫不善惡中". 今釋此意, 但是權語, 非實退也.

『별기』(1-697b3~23)

"부분적으로나마 '진리의 몸'을 보기 때문에 그 [중생구제를 위한] '다짐과 바람의 힘'에 따라 여덟 가지 [모습]을 나타내어 중생을 이롭게 할 수 있다"(以少分見法身故, 隨其願力, 能現八種, 利益衆生)라고 말한 것은, 『화엄경』에서 '[이해에] 안착하는 열 가지 단계'(十住)의 처음인 '[이해하는] 마음 일으킴이 자리 잡는 단계'(發心住[位])를 찬탄하여 "이 '[이해에 안착하는] 마음을 일으킨 보살'(發心菩薩)은 여래의 '한 몸'(一身)이 '헤아릴 수 없이 많은 몸'(無量身)이라

428 『대승기신론』 본문은 "以見法身故, 隨其願力, 能現八種, 利益衆生"이다. 『소』의 인용에는 '少分'이 추가되어 있다.

429 '說或'은 『대승기신론』 본문에는 '或說'이라고 되어 있다. 번역은 『대승기신론』 본문에 따른다.

430 '生'은 『대승기신론』 본문에는 없다. 번역은 『대승기신론』 본문에 따른다.

431 한불전 교감주에는 "'乃' 다음에 '至'가 탈락된 듯하다"라고 되어 있다. 번역은 교감주에 따른다.

는 것을 터득하니, 모든 세간[의 중생들]에게 [여래의 헤아릴 수 없이 많은 몸을] 다 나타내 보여 부처를 이루게 하기 때문이다"라고 말한 것과 같다.

또 『유가사지론』에서는, "저 [깨달음으로 방향을 돌릴 수 있는 소승의 성문'(迴向菩提聲聞)][432]과 그 외에 '어디에도 의존하지 않는 열반의 경지'(無餘依涅槃界)에서 '완전한 열반'(般涅槃)을 이루는 이들은 '모든 세상'(十方界)에서, 궁극의 경지는 모든 중생에게 이로움을 주는 일들을 불가사의하게 수시로 드러내어 짓는 것이며 이것을 '가장 궁극적인 여래의 비밀'(最極如來祕密)이라 부른다는 것을 알아야만 한다. 이처럼 '비밀스럽게 뛰어난 이해를 펼치는 경지'(祕密勝解行地)에서 수행하는 [십해十解 이상의 대승] 보살이 [이전의] 아래 단계에서 바뀌어 갈 때는 그 '뛰어난 이해'(勝解)에 따라 차이를 벌려 가며 바뀌어 가는데, 이로부터 더욱 뛰어난 경지로 나아가다가 [십지十地의] 제9지[인 선혜지善慧地]에 이르고 다시 더 [경지가] 올라가 제10지[인 법운지法雲地]에서 '가장 이롭고 온전한 경지'(最善淸淨)가 되니, 여래의 이와 같은 비밀스럽고 생각으로 이루 가늠할 수 없는 경지는 모든 [생각으로] 헤아릴 수 있는 범주를 넘어선다는 것을 알아야 한다"[433]라고 말한다.

---

432 '彼'를 '迴向菩提聲聞'이라고 본 까닭은 원효가 인용하는 『유가사지론』 권80의 문장의 바로 앞 내용에 있다. 그 내용은 다음과 같다. "問迴向菩提聲聞. 從本已來當言聲聞種性. 當言菩薩種性. 答當言不定種性. 譬如安立有不定聚諸有情類於般涅槃法性聚中. 當知此是不定種性. 復次彼即於此住處轉時. 如無死畏. 如是亦無老病等畏. 如來亦爾. 彼及所餘於無餘依涅槃界中般涅槃者. …"(T30, 749b22~27). 이 문단은 회향보리성문이 소승의 성문인지 대승의 보살인지에 대한 논의에서 비롯함을 알 수 있는데, "復次彼即於此住處轉時"에서 보듯이 '彼'는 회향보리성문을 가리킨다고 하겠다. 덧붙여 회향보리성문은 '부정종성不定種性'이라는 점에서 십신十信의 부정취不定聚중생에 해당하는 개념이라는 점도 주목된다. 『유가사지론』에서 설명하는 회향보리성문의 성격은 다음과 같다. "迴向菩提聲聞者. 謂從本來是極微劣慈悲種姓. 由親近如來住故. 於廣大佛法中起大功德想. 熏修相續. 雖到究竟住無漏界. 而蒙諸佛覺悟引入方便開導. 由此因故便能發趣廣大菩提. 彼於如是廣大菩提. 雖能發趣由樂寂故. 於此加行極成遲鈍. 不如初始發心有佛種性者" (T30, 744a24~b2). 회향보리성문은 '자비심이 매우 미약한 종성'(極微劣慈悲種姓)으로 '적멸만을 즐기고'(樂寂) '가행加行에 있어서는 매우 둔한'(加行極成遲鈍) 자이다.

433 『유가사지론』 권80(T30, 749b27~c10). "彼及所餘於無餘依涅槃界中. 般涅槃者. 於十方

이러한 글들은 모두 '[진리에 대한] 이해가 확고해지는 열 가지 단계'(十解, 十住) 이상의 보살이 여덟 가지 모습으로 중생을 교화하는 일을 일으킬 수 있다[는 것을 말해 준다.]

"경전에서 간혹 〈[이 보살이] '해로운 환경'으로 [다시] 물러나 떨어진다〉라고 말하는 것은, [그 보살이] 실제로 물러난다는 것이 아니다"(如經中, 或說有退墮惡趣者, 非其實退) 등으로 자세히 말한 것은, 『보살영락본업경』에서 "'[이해에] 안착하는 일곱 번째 단계'(七住)[인 '물러나지 않는 단계'(不退住)] 이전[의 단계]는 [십주十住 아래로] '물러나는 부분'(退分)이다. 만약 '이로운 스승'(善知識)을 만나지 못하기를 1겁에서 10겁에 이르면 '깨달음을 구하는 마음'(菩提心)을 물러나게 하니, 정목천자淨目天子와 법재왕자法才王子와 사리불舍利弗 등이 '[이해에] 안착하는 일곱 번째 단계'(七住)에 들어가고자 했지만 그 [1겁에서 10겁의] 사이에 '해로운 스승'(惡知識)의 인연을 만났기 때문에 물러나 범부凡夫의 이룹지 못하고 해로운 [단계로] 들어간 것과 같다"라고 말한 것과 같다. 지금 [『기신론』에서는] 이 뜻을 해석하여 〈단지 '수단과 방법으로서의 말'(權語)이지 실제로 물러난 것이 아니다〉[라고 한 것이다.]

〈『소』와 『별기』의 구문 대조〉

『소』(1-724c6~23)	『별기』(1-697b3~23)
"菩薩發是心故"以下, 第三顯其發心功德. 於中有四, 初顯勝德, 次明微過, 三通權教, 四歎實行. 初中二句. "則得少分見法身"者, 是明自利功德. 十解菩薩, 依人空門, 見於法界, 是相似見, 故言"少分"也. ①"隨其願	言"以少分見法身故, ①隨其願力, 能現八相, 利益衆生"者, 如『華嚴經』歎十住中初發心住菩薩云, "此發心菩薩, 得如來一身無量身, 悉於一切世間示現成佛故". 又『瑜伽論』云, "彼及所餘於無餘依

界當知究竟不可思議. 數數現作一切有情諸利益事. 如首楞伽摩三摩地中說幻師喩. 若商主喩. 若船師喩. 當知此中道理亦爾. 是名最極如來祕密. 於此及餘種種差別如來祕密. 勝解行地修行菩薩下忍轉時. 隨其勝解差別而轉. 從此轉勝進入增上意樂淨地. 如是乃至於九地中. 展轉增進. 勝解淸淨. 第十地中於此勝解最善淸淨. 於彼如來諸祕密中. 是諸菩薩應正隨轉. 當知如來如是祕密. 不可思議不可度量. 超過一切度量境界."

<table>
<tr>
<td>力"以下，顯利他德. "能現八種，利益衆生"者，如『華嚴經』歎十住初發心住云，"此發心菩薩，得如來一身無量身，悉於一切世間示現成佛故". "然是"以下，顯其微過. ②"如修多羅"以下，第三會通權教. 如『本業經』云，"七住以前爲退分. 若不値善知識者，若一劫乃至十劫，退菩提心，如淨目天子·法才王子·舍利弗等欲入七住，其間値惡知識因緣故，退入凡夫不善惡中"，乃至廣說. 今釋此意，但是權語，非實退也. "又是菩薩"以下，第四歎其實行. 永無怯弱，卽成彼經是權非實也.</td>
<td>涅槃界中般涅槃者，於十方界，當知究竟不可思議，數數現作一切有情諸利益事，是名最極如來祕密. 此祕密勝解行地修行菩薩，下忍轉時，隨其勝解，差別而轉，從此轉勝乃至九地，展轉增進，第十地中，最善淸淨，當知如來如是祕密不可思議，超過一切度量境界". 如是等文，皆十解以上菩薩能起八相之化物也. ②言"如經中，說或有退墮惡趣者，非其生實退"，乃廣說者，如『本業經』云，"七住以前名爲退分. 若不値善知識者，若一劫乃至十劫，退菩提心，如淨目天子·法財王子·舍利弗等欲入第七住，其中値惡知識因緣故，退入凡夫不善惡中". 今釋此意，但是權語，非實退也.</td>
</tr>
<tr>
<td colspan="2">※ 대동소이한 부분만 대조 표시했다. ①과 ②에서 보듯이 『화엄경』과 『보살영락본업경』의 인용은 『소』에서 그대로 채용된다.
※ 『별기』의 『유가사지론』의 인용문은 『소』에서는 삭제된다.</td>
</tr>
</table>

② 이해와 수행으로 깨달음을 향해 마음을 일으킴(解行發心)

解行發心者，當知轉勝，以是菩薩從初正信已來，於第一阿僧祇劫，將欲滿故，於眞如法中，深解現前，所修離相. 以知法性體無慳貪故，隨順修行檀波羅密，以知法性無染離五欲過故，隨順修行尸波羅密，以知法性無苦離瞋惱故，隨順修行羼提波羅密，以知法性無身心相離懈怠故，隨順修行毗棃耶波羅密，以知法性常定體無亂故，隨順修行禪波羅密，以知法性體明離無明故，隨順修行般若波羅密.

『논』(T32, 581a17~26); 『회본』(1-777b11~21)

'이해와 수행으로 [깨달음을 향해] 마음을 일으킴'(解行發心)이라는 것은 ['믿음을 성취하여 [깨달음을 향해] 마음을 일으킴'(信成就發心)보다] 더욱 뛰어난 것임을 알아야 하니, 이 보살은 [십신十信의 단계에서] 처음으로 '온전한 믿음'(正信)[을 성취한] 이후 [십주十住와 십행十行을 지나 십회향十廻向의 단계에 들어가서는] '첫 번째 아승지겁'(第一阿僧祇劫)을 다 채우려고 하기 때문에 [십회향의 단계에 들어가서] '참 그대로인 현상'(眞如法)에 대해 '깊은 이해'(深解)가 [눈으로 보듯이] 앞에 나타나 [이제까지] 수행한 것에 대해 [그에 대한] '불변·독자의 실체관념'(相)에서 벗어나기 때문이다.

[그리하여] '현상의 본연에는 [그] 본연에 인색과 탐욕이 없다'(法性體無慳貪)[는 도리]를 알기 때문에 [이 도리에] 응하여 '널리 베풀고 나누는 [대승보살의] 수행'(檀波羅密, 布施波羅密)을 닦으며, '현상의 본연에는 오염이 없어 [색色·성聲·향香·미味·촉觸에 대한] 다섯 가지 [감관] 욕망의 허물에서 벗어나 있다'(法性無染離五欲過)[는 도리]를 알기 때문에 [이 도리에] 응하여 '윤리적 행위를 지니는 [대승보살의] 수행'(尸波羅密, 持戒波羅密)을 닦고, '현상의 본연에는 고통이 없어 분노의 번뇌에서 벗어나 있다'(法性無苦離瞋惱)[는 도리]를 알기 때문에 [이 도리에] 응하여 '치욕을 참아 내는 [대승보살의] 수행'(羼提波羅密, 忍辱波羅密)을 닦으며, 〈현상의 본연에는 [열심히 노력해야 할] 몸과 마음이라는 '불변·독자의 실체'(相)가 없어 나태함에서 벗어나 있다〉(法性無身心相離懈怠)[는 도리]를 알기 때문에 [이 도리에] 응하여 '열심히 노력하는 [대승보살의] 수행'(毗梨耶波羅密, 精進波羅密)을 닦고, '현상의 본연은 항상 안정되어 [그] 본연에 산만함이 없다'(法性常定體無亂)[는 도리]를 알기 때문에 [이 도리에] 응하여 '선정에 드는 [대승보살의] 수행'(禪波羅密, 禪定波羅密)을 닦으며, '현상의 본연은 [그] 본연이 [현상의 '참 그대로'(眞如)에] 밝아 근본무지에서 벗어나 있다'(法性體明離無明)[는 도리]를 알기 때문에 [이 도리에] 응하여 '지혜를 밝히는 [대승보살의] 수행'(般若波羅密, 智慧波羅密)을 닦는다.

【소】 第二解行發心中, 言"第一阿僧祇, 將欲滿故, 於眞如法, 深解現前"[434] 者, 十廻向位, 得平等空, 故"於眞如,[435] 深解現前"也. 地前一阿僧祇, 欲

滿故也，是擧解行所得發心．次言“以知法性無慳貪故，隨順修行檀等行”者，十行位中得法空故，能順法界，修六度行，是顯發心所依解行也．

『소』(1-725a1~7);『회본』(1-777b22~c5)

[첫 번째인 '믿음을 성취하여 [깨달음을 향해] 마음을 일으킴'(信成就發心)에 이어] 두 번째인 '이해와 수행으로 [깨달음을 향해] 마음을 일으킴'(解行發心)에서 말한 "첫 번째 아승지겁을 다 채우려고 하기 때문에 [십회향十廻向의 단계에 들어가서] '참 그대로인 현상'에 대해 깊은 이해가 [눈으로 보듯이] 앞에 나타난다"(第一阿僧祇, 將欲滿故, 於眞如法, 深解現前)라는 것은, '[수행으로 성취한 모든 것을 중생들에게] 돌리는 수행의 열 가지 단계'(十廻向位)에서 [모든 것은] '평등하게 불변·독자의 실체나 본질이 없다'(平等空)[는 도리]를 얻기 때문에 "'참 그대로[인 현상]'에 대해 깊은 이해가 [눈으로 보듯이] 앞에 나타난다"(於眞如[法], 深解現前)라고 한 것이다. 〈'[열 가지] 본격적인 수행경지 이전'(地前)[의 보살]이 '첫 번째 아승지[겁]'([第]一阿僧祇[劫])을 다 채우려고 하기 때문이다〉는 것은 〈이해와 수행으로 얻은 '[십회향十廻向에서의] 마음을 일으킴'〉(解行所得發心)을 거론한 것이다.

다음으로 말한 "'현상의 본연에는 [그] 본연에 인색과 탐욕이 없다'[는 도리]를 알기 때문에 [이 도리에] 응하여 '널리 베풀고 나누는 [대승보살의] 수행' 등을 닦는다"(以知法性無慳貪故, 隨順修行檀等行)라는 것은, '이타적 수행의 열 가지 단계'(十行位)에서 '[모든] 현상에는 불변·독자의 실체나 본질이 없다'(法空)[는 이해]를 얻기 때문에 〈현상세계(法界)에 응하면서 '여섯 가지 보살 수행'(六度行)을 닦을 수 있다〉(能順法界, 修六度行)[는 것이니], 이것은 〈'[깨달음을 향해] 마음을 일으킴'(發心)이 의지하는 '[법공法空의] 이해'(解)와 '[그에 따르는 육바라밀六波羅密] 수행'(行)〉(發心所依解行)을 드러낸 것이다.

---

434 『대승기신론』 본문은 "於第一阿僧祇劫, 將欲滿故, 於眞如法中, 深解現前"이다.

435 『대승기신론』 본문은 '眞如法'이다.

【별기】 言“解行發心”, 位在十行十廻向也.

『별기』(1-697b23~24)

“이해와 수행으로 [깨달음을 향해] 마음을 일으킴”(解行發心)이라고 말한 것은, [그] 경지가 ‘이타적 수행의 열 가지 단계’(十行)와 ‘[수행으로 성취한 모든 것을 중생들에게] 돌리는 수행의 열 가지 단계’(十廻向)에 있다.

〈『소』와 『별기』의 구문 대조〉

『소』(1-725a1~7)	『별기』(1-697b23~24)
第二解行發心中, 言“第一阿僧祇, 將欲滿故, 於眞如法, 深解現前”者, 十廻向位, 得平等空, 故“於眞如, 深解現前”也. 地前一阿僧祇, 欲滿故也, 是擧解行所得發心. 次言“以知法性無慳貪故, 隨順修行檀等行”者, 十行位中得法空故, 能順法界, 修六度行, 是顯發心所依解行也.	言“解行發心”, 位在十行十廻向也.

③ 직접 체득하여 깨달음을 향해 마음을 일으킴(證發心)

【소】 證發心中, 在文有二. 一者, 通約諸地, 明證發心, 二者, 別就十地, 顯成滿德.

『소』(1-725a8~9); 『회본』(1-777c6~7); 『별기』에 없음.

‘직접 체득하여 [깨달음을 향해] 마음을 일으킴’(證發心)에서 [이것을 설명하는] 글에는 두 가지가 있다. 첫 번째는 ‘모든 [열 가지 본격적인] 수행단계’(諸地)에 한꺼번에 의거하여 ‘직접 체득하여 [깨달음을 향해] 마음을 일으킴’(證發心)을 밝힌 것이고, 두 번째는 ‘열 가지 본격적인 수행경지’(十地)에 하나씩 의거하여 [그 각각의 단계에서] ‘완성된 이로운 능력’(成滿[功]德)을 드러낸 것이다.

가. 모든 열 가지 본격적인 수행단계에 한꺼번에 의거하여 직접 체득하여 깨달음을 향해 마음을 일으킴을 밝힘(通約諸地明證發心)

證發心者, 從淨心地, 乃至菩薩究竟地, 證何境界? 所謂眞如. 以依轉識說爲境界, 而此證者無有境界, 唯眞如智, 名爲法身. 是菩薩於一念頃, 能至十方無餘世界, 供養諸佛, 請轉法輪, 唯爲開導利益衆生, 不依文字. 或示超地速成正覺, 以爲怯弱衆生故, 或說我於無量阿僧祇劫, 當成佛道, 以爲懈慢衆生故. 能示如是無數方便不可思議, 而實菩薩種性根等, 發心則等, 所證亦等, 無有超過之法, 以一切菩薩皆經三阿僧祇劫故. 但隨衆生世界不同, 所見所聞根欲性異故, 示所行亦有差別. 又是菩薩發心相者, 有三種心微細之相, 云何爲三? 一者, 眞心, 無分別故, 二者, 方便心, 自然徧行利益衆生故, 三者, 業識心, 微細起滅故.

『논』(T32, 581a26~b12); 『회본』(1-777c8~24)

'직접 체득하여 [깨달음을 향해] 마음을 일으킴'(證發心)이라는 것은, '[십지十地 가운데 첫 번째 단계인] 온전한 마음의 경지'(淨心地)로부터 '[십지의 마지막 열 번째 단계인] '보살수행의 궁극경지'(菩薩究竟地)에 이르기까지 어떤 경지를 '직접 체득'(證)하는가? 이른바 '참 그대로'(眞如)[의 경지]이다. '[불변·독자의 실체로 간주되는 주관으로] 바뀌어 가는 식'(轉識)에 의거하여 '[불변·독자의 실체로 간주되는] 대상세계'(境界)라고 말하기 때문에, 이 ['참 그대로'(眞如)를] 직접 체득한 사람에게는 '[불변·독자의 실체로 간주되는] 대상세계'(境界)가 있지 않고 오직 '참 그대로를 보는 지혜'(眞如智)[만 있을] 뿐이니, [이 경지를] '진리의 몸'(法身)이라고 부른다.

이 ['진리의 몸'(法身)을 직접 체득한] 보살은 한 생각 사이에 시방十方의 모든 세계에 이르러 모든 부처에게 공양하고 '진리의 수레바퀴'(法輪)를 굴리기를 청하니, 오로지 '[진리의 길을] 열어 보이고 [그 길로] 인도하여'(開導) 중생을 이롭게 하기 위한 것이지 문자에 기대려는 것이 아니다. [이 '진리의 몸'(法身)을 직접 체득한 보살이] 어떤 때는 '[수행의] 단계'(地)를 뛰어넘어

'완전한 깨달음'(正覺)을 속히 이루는 것을 보여 주기도 하니 [이것은] '겁이 나서 마음이 약해진 중생'(怯弱衆生)들을 위하기 때문이고, 어떤 때는 〈나는 헤아릴 수 없이 오랜 시간에야 '깨달음의 길'(佛道)을 완성할 것이다〉라고 말하니 [이것은] '나태하고 교만한 중생'(懈慢衆生)들을 위하기 때문이다.

['진리의 몸'(法身)을 직접 체득한 보살들은] 이와 같은 무수한 '수단과 방법'(方便)을 '생각으로는 이루 헤아릴 수 없게'(不可思議) 나타낼 수 있지만, 실제로는 [이] 보살들의 '[여래가 될 수 있는] 원인이 되는 면모의 근본'(種性根)은 같은 것이고 [그들이] '[깨달음을 향해] 마음을 일으킴'(發心)도 같은 것이며 [그들이] '직접 체득한 것'(所證)[인 '참 그대로'(眞如)]도 같은 것이어서 [이것들을] 뛰어넘는 [다른] 것은 있지 않으니, ['진리의 몸'(法身)을 직접 체득한] 모든 보살은 다 '세 번의 아승지겁'(三阿僧祇劫)[이라는 무량한 시간 동안의 수행]을 거쳤기 때문이다. 단지 중생세계가 [서로] 같지 않아 [중생의] '보는 것'(所見) · '듣는 것'(所聞) · 능력(根) · 욕구(欲) · 성품(性)이 다르다는 것에 따르기 때문에 ['진리의 몸'(法身)을 직접 체득한 보살들이 중생을 위해] 행하는 것을 나타내는 것에도 차이가 있는 것이다.

또한 이 ['진리의 몸'(法身)을 직접 체득한] 보살이 '[깨달음을 향해] 마음을 일으키는 양상'(發心相)에는 '마음의 세 가지 미세한 양상'(三種心微細之相)이 있으니, 무엇이 세 가지인가? 첫 번째는 '참된 마음'(眞心)이니 '[불변 · 독자의 실체나 본질이 있다는 생각으로] 나누어 구분함이 없기'(無分別) 때문이고, 두 번째는 '수단과 방법을 쓰는 마음'(方便心)이니 [불변 · 독자의 실체나 본질이 있다는 생각으로 분별함이 없이] 자연스럽게 두루 행하면서 중생을 이롭게 하기 때문이며, 세 번째는 '[근본무지에 따라 처음] 움직이는 식識의 마음'(業識心)이니 [이 보살의 마음은 근본무지에 따라] 미세하게 일어나고 사라지기 때문이다.

【소】 初中有四, 一標位地, 二明證義, "是菩薩"以下, 第三歎德, "發心相"

以下，第四顯相．第二中言“以依轉識說爲境界”者，轉識之相是能見用，對此能見說爲境界，以此諸地所起證智，要依轉識而證眞如故．對所依，假說境界，直就證智，卽無能所，故言“證者無境界”[436]也．第四中言“眞心”者，謂無分別智，“方便心”者，是後得智．“業識心”者，二智所依阿梨耶識．就實而言，亦有轉識及與現識，但今略擧根本細相．然此業識非發心德，但爲欲顯二智起時，有是微細起滅之累，不同佛地純淨之德，所以合說爲發心相耳．

『소』(1-725a10~23);『회본』(1-778a1~15)

['모든 [열 가지 본격적인] 수행단계'(諸地)에 한꺼번에 의거하여 '직접 체득하여 [깨달음을 향해] 마음을 일으킴'(證發心)을 밝히는] 첫 번째에는 네 가지가 있으니, 첫째는 '[수행단계의] 경지'(位地)를 표시한 것[437]이고, 둘째는 '직접 체득한 내용'(證義)을 밝힌 것이며, "이 ['진리의 몸'(法身)을 직접 체득한] 보살은"(是菩薩) 이하는 셋째로 [그] 능력을 찬탄한 것이고, "[이 '진리의 몸'을 직접 체득한 보살이] '[깨달음을 향해] 마음을 일으키는 양상'에는"([是菩薩]發心相) 이하는 넷째로 [마음을 일으키는] 양상(相)을 드러낸 것이다.

[직접 체득한 내용을 밝힌] 두 번째에서 말한 "'[불변 · 독자의 실체로 간주되는 주관으로] 바뀌어 가는 식'에 의거하여 '[불변 · 독자의 실체로 간주되는] 대상세계'라고 말한다"(以依轉識說爲境界)라는 것은, '[불변 · 독자의 실체로 간주되는 주관으로] 바뀌어 가는 식의 양상'(轉識之相)은 '주관 작용'(能見用)이기에 이 주관(能見)에 대비시켜 '대상세계'(境界)라고 말하니, 이 '모든 [열 가지 본격적인] 수행단계'(諸地)에서 발생한 '직접 체득한 지혜'(證智)는 반드시 ['주관 작용'(能見用)인] '[불변 · 독자의 실체로 간주되는 주관으로] 바뀌어 가는 식'(轉識)에 의거하여 '참 그대로'(眞如)를 직접 체득하기 때문이다. 의거하는 것[인 주관으로서의 전

436 『대승기신론』 본문은 "此證者無有境界"이다.

437 『대승기신론』 본문으로는 "證發心者，從淨心地，乃至菩薩究竟地，證何境界?"에 해당한다. 과문으로 주석을 대신한 셈이다.

식轉識]에 대비시켜 '필요에 따라 대상세계라고 말하지만'(假說境界), 오직 '직접 체득한 지혜'(證智)[인 〈'참 그대로'에 대한 지혜〉(眞如智)]에 의거한다면 '[불변 · 독자의 실체로 간주되는] 주관작용과 객관대상'(能所)이 없으니, 그러므로 "[이 '참 그대로'를] 직접 체득한 사람에게는 '[불변 · 독자의 실체로 간주되는] 대상세계'(境界)가 있지 않다"([此]證者無[有]境界)라고 말했다.

['모든 [열 가지 본격적인] 수행단계'(諸地)에 한꺼번에 의거하여 '직접 체득하여 [깨달음을 향해] 마음을 일으킴'(證發心)을 밝히는 네 가지 가운데, '마음을 일으키는 양상'(發心相)을 드러내는] 네 번째에서 말한 "참된 마음"(眞心)이라는 것은 〈'[불변 · 독자의 실체나 본질이 있다는 관점에 의거한] 분별'이 없는 바른 이해〉(無分別智)[를 펼치는 마음]을 일컫고, "수단과 방법을 쓰는 바른 이해"(方便心)라는 것은 '['참 그대로'(眞如)를 직접 체득한] 후에 얻어지는 지혜'(後得智)[를 펼치는 마음]이다.

"[근본무지에 따라 처음] 움직이는 식識의 마음"(業識心)이라는 것은 [무분별지無分別智와 후득지後得智, 이] 두 가지 지혜가 의지하는 아리야식阿梨耶識이다. [식識이 전개되는] 실제에 나아가 말하자면 '[불변 · 독자의 실체로 간주되는 주관으로] 바뀌어 가는 식'(轉識)과 '[불변 · 독자의 실체로 간주되는 대상을] 나타내는 식'(現識)도 있지만, 지금은 단지 [이 세 가지 미세한 양상 중에서] '근본적인 미세한 양상'(根本細相)[인 업식業識]만을 간략히 거론했을 뿐이다. 그런데 이 '[근본무지에 따라 처음] 움직이는 식'(業識)은 [진심眞心이나 방편심方便心과 같이] '[깨달음을 향해] 마음을 일으키는 능력'(發心德)이 아니지만, 단지 [무분별지와 후득지, 이] 두 가지 지혜가 일어날 때 이 '미세하게 일어나고 사라지는 [근본무지에 얽힌] 매임'(微細起滅之累)이 있어서 [십지十地에서 법신法身을 증득한 보살의 이 두 가지 지혜는 아직] '부처 경지'(佛地)의 '완전한 능력'(純淨之德)과는 같지 않다는 것을 드러내고자 하기 때문에 [세 가지] '[깨달음을 향해] 마음을 일으키는 양상'(發心相)[의 하나로] 합하여 말했을 뿐이다.

【별기】 證發心中言, "三者, 業識心, 微細起滅故"者, 欲明菩薩二智起時, 非專無累, 不同佛地. 是故猶有微細動念, 謂根本業不相應染. 恒行不絶,

與二智具故, 言發心有三種相, 非謂業識亦爲發心之行德也. 以起滅爲其相故.

『별기』(1-697b24~c6)

'직접 체득하여 [깨달음을 향해] 마음을 일으킴'(證發心)[에 대한 설명] 가운데 말한 "세 번째는 '[근본무지에 따라 처음] 움직이는 식識의 마음'이니 [이 보살의 마음은 근본무지에 따라] 미세하게 일어나고 사라지기 때문이다"(三者業識心, 微細起滅故)라는 것은, ['진리의 몸'(法身)을 직접 체득한] 보살의 [무분별지無分別智와 후득지後得智, 이] 두 가지 지혜가 일어날 때는 '[근본무지에 얽힌] 매임'(累)이 완전히 없는 것이 아니라서 '부처 경지'(佛地)와는 같지 않다는 것을 밝히려는 것이다. 그러므로 [이 보살의 두 가지 지혜에는] 아직 '미세하게 [근본무지에 따라] 움직이는 마음'(微細動念)이 있으니, '[근본무지에 의한] 애초의 움직임에 [의식 차원에서는] 서로 응하지 않는 오염[된 마음]'(根本業不相應染)을 일컫는 것이다. [이 '근본무지에 따라 움직이는 식의 마음'(業識心)이 미세하게 일어나고 사라지는 것이] 항상 작용하여 끊어지지 않으면서 [무분별지無分別智와 후득지後得智, 이] 두 가지 지혜와 함께하기 때문에 〈'[법신法身을 증득한 보살이 깨달음을 향해] 마음을 일으킴'(發心)에는 세 가지 양상이 있다〉고 말한 것이지 〈'[근본무지에 따라 처음] 움직이는 식'(業識)도 '[깨달음을 향해] 마음을 일으키는 능력'(發心之行德)이 된다〉는 것을 말하는 것이 아니다. [이 업식심業識心은 근본무지에 따라] 일어나고 사라지는 것을 그 양상(相)으로 삼기 때문이다.

〈『소』와 『별기』의 구문 대조〉

『소』(1-725a10~23)	『별기』(1-697b24~c6)
初中有四, 一標位地, 二明證義, "是菩薩"以下, 第三歎德, "發心相"以下, 第四顯相. 第二中言"以依轉識說爲境界"者, 轉識之相是能見用, 對此能見說爲境界, 以此諸地所起證智, 要依轉識而證眞如故. 對所依, 假說境界, 直就證智, 卽無能所, 故言"證者無境界"也. 第四中言"眞心"者,	證發心中言, "三者, 業識心, 微細起滅故"者, 欲明菩薩二智起時, 非專無累, 不同佛地. 是故猶有微細動念, 謂根本業不相

謂無分別智, "方便心"者, 是後得智. "業識心"者, 二智所依阿梨耶識. 就實而言, 亦有轉識及與現識, 但今略擧根本細相. 然此業識非發心德, 但爲欲顯二智起時, 有是微細起滅之累, 不同佛地純淨之德, 所以合說爲發心相耳.	應染. 恒行不絶, 與二智具故, 言發心有三種相, 非謂業識亦爲發心之行德也. 以起滅爲其相故.
※『별기』에서는 업식심業識心에 관한 해설만 행하고 있다.	

나. 열 가지 본격적인 수행경지에 하나씩 의거하여 그 각각의 단계에서 완성된 이로운 능력을 드러냄(別就十地顯成滿德)

【소】"功德成滿"[438]以下, 第二別顯成滿功德. 於中有二, 一者, 直顯勝德, 二者, 往復除疑.

『소』(1-725a24~b1); 『회본』(1-778a16~17)

"[수행하여 얻은 이 보살의] '이로운 능력'이 완성되면"(功德成滿) 이하는, 두 번째로 '완성된 이로운 능력'(成滿功德)을 하나씩 드러낸 것이다. 여기에는 두 가지가 있으니, 첫 번째는 '뛰어난 능력'(勝德)을 곧바로 드러내는 것이고, 두 번째는 '[문답을] 주고받으면서 의심을 없애는 것'(往復除疑)이다.

又是菩薩功德成滿, 於色究竟處, 示一切世間最高大身, 謂以一念相應慧, 無明頓盡, 名一切種智, 自然而有不思議業, 能現十方, 利益衆生.

『논』(T32, 581b13~16); 『회본』(1-778a18~21)

또 [수행하여 얻은] 이 보살의 '이로운 능력'(功德)이 완성되면 '유형적인 것에 의존하는 세계 가운데 최고수준의 세계'(色究竟處)에서 '모든 세상'(一切世間)에 '가장 탁월한 몸'(最高大身)을 보이니, '[근본무지에 따라 분별하는] 첫 생각을 포착하는 지혜'(一念相應慧)로써 근본무지(無明)를 한꺼번에(頓) 없애는 것을 '모든 것을 사실대로 이해하는 지혜'(一切種智)라고 부르는데 [이 지혜에는] 저절로 '생각으로는 이루 헤아릴 수 없는 행위'(不思議業)가

438 『회본』에는 '功德成滿'이 없다.

있게 되어 [그 행위를] '모든 세상'(十方)에 나타내어 중생을 이롭게 할 수 있는 것이다.

【소】 初中言"功德成滿"者, 謂第十地因行成滿也. "色究竟處, 示高大身, 乃至名一切種智"等者, 若依十王果報別門, 十地菩薩第四禪王, 在於色究竟天成道, 則是報佛他受[439]身. 如『十地經』攝報果中云, "九地菩薩作大梵王, 主二千世界, 十地菩薩作魔醯首羅天王, 主三千世界". 『楞伽經』言, "譬如阿梨耶識, 頓分別自心現身器世界等, 報佛如來亦復如是, 一時成就諸衆生界, 置究竟天淨妙宮殿修行淸淨之處". 又下頌言, "欲界及無色, 佛不彼成佛. 色界中上天, 離欲中得道".

『소』(1-725b2~13); 『회본』(1-778a22~b10)

처음에 말한 "[수행하여 얻은 이 보살의] 이로운 능력이 완성된다"(功德成滿)라는 것은, [십지十地의] '열 번째 경지'(第十地)에서 '[성취의] 원인이 되는 수행'(因行)이 완성되는 것을 말한다.

"'유형적인 것에 의존하는 세계 가운데 최고수준의 세계'에서 [모든 세상에] '가장 탁월한 몸'을 보이니, ['[근본무지에 따라 분별하는] 첫 생각을 포착하는 지혜'(一念相應慧)로써 근본무지(無明)를 한꺼번에(頓) 없애는 것을] '모든 것을 [사실 그대로] 아는 지혜'라고 부른다"(色究竟處示高大身, 乃至名一切種智) 등이라고 한 것은 [다음과 같은 뜻이다.] 만약 〈'[욕계欲界 육천六天과 색계色界 중의 사선천四禪天을 다스리는] 열 가지 왕'(十王)이 '[성취한] 과보가 각기 다른 측면'〉(十王果報別門)에 의거해 본다면, '열 가지 본격적인 수행경지의 보살'(十地菩薩)은 '[사선四禪 중에서] 네 번째 선정'(第四禪)의 [성취로 얻은 사선천의] 왕으로 '유형적인 것에 의존하는 세계 가운데 최고수준의 하늘세계'(色究竟天)에서 '깨달음을 완성하니'(成道), 이것이 바로 '[진리성취의] 결실로서의 부처'(報佛)인 '[진리성취의 결과를] 다른 사람들도 누리게 하려고 [나타내는 부처] 몸'(他受用身)[440]이다. 『십

439 한불전 교감주에 따라 '用'자를 넣었다.

지경十地經』의 '[진리성취의] 과보를 포섭함'(攝報果)에서 [다음과 같이] 말하는 것과 같다.

"'[십지十地의] 아홉 번째 경지[에 이른] 보살'(九地菩薩)은 대범천왕大梵天王이 되어 이천세계二千世界[441]에서 주인 노릇을 하고, '[십지十地의] 열 번째 경지[에 이른] 보살'(十地菩薩)은 마혜수라천왕魔醯首羅天王[442]이 되어 삼천세계三千世界[443]에서 주인 노릇을 한다."[444]

---

440 타수용신他受用身: 일반적으로 수용신受用身은 자수용신自受用身과 타수용신의 두 가지로 구분된다. 예를 들어 『성유식론』 권10에서는 "三身雖皆具足無邊功德, 而各有異, 謂自性身唯有眞實常樂我淨, 離諸雜染衆善所依, 無爲功德, 無色心等差別相用. 自受用身具無量種妙色心等眞實功德. 若他受用及變化身, 唯具無邊似色心等利樂他用化相功德"(T31, 58b16~21)이라고 하여, 자성신自性身·수용신·변화신變化身의 삼신三身에서 수용신이 자수용신과 타수용신으로 나뉘어 사신四身으로 확장되는 정황을 볼 수 있다. 특히 타수용신은 형식적으로는 자수용신과 함께 크게 수용신의 범주에 속하지만, 내용적으로는 변화신과 함께 묶여 색심色心의 있음을 통해 남을 이롭게 하고 중생을 교화하는 능력으로 설명된다.

441 이천세계二千世界: 소세계小世界 천 개를 묶어서 일천세계一千世界 혹은 소천세계小天世界라 하며, 일천세계 천 개를 묶어 이천세계 혹은 중천세계中天世界라고 한다. 그리고 가장 작은 단위인 소세계는 수미산須彌山을 중심으로 남섬부주南贍部洲·동승신주東勝身洲·서우화주西牛貨洲·북구로주北拘盧洲의 사대주四大洲 및 구산九山 팔해八海가 둘러싸 있고 위로는 색계천色界天으로부터 아래로는 지하의 풍륜風輪까지 이르는데, 그 사이에 해, 달, 수미산, 사천왕천四天王天·도리천忉利天·염마천焰摩天·도솔천兜率天·화자재천化自在天·타화자재천他化自在天의 육욕천六欲天과 색계色界의 천범천千梵天 등을 포함한다.

442 마혜수라천왕魔醯首羅天王: '유형적인 것에 의존하는 세계'(色界)의 정상에 있는 천신인 대자재천大自在天이다. '마혜수라'는 원어인 산스크리트 'Maheśvara'의 소리를 음역한 것이다.

443 삼천세계三千世界: 고대 인도인의 우주관과 관련된 세계관으로서 삼천대천세계三千大千世界, 대천세계大千世界, 일대삼천대천세계一大三千大千世界라고도 한다. 소세계小世界가 천 개 모인 것이 소천세계小千世界이고, 소천세계가 천 개 모인 것이 중천세계中千世界이며, 중천세계가 천 개 모인 것이 대천세계인데, 대천세계에 대·중·소의 3종으로 천 개 모인 것이 삼천대천세계이다.

444 원효의 인용문은 『십지경』 권7에서 "佛子, 是名略說菩薩第九善慧智地. 若廣說者, 於無量劫說不能盡, 此地菩薩受生多作大梵天王, 具大威勢王二千界"(T10, 566a8~11)라고 한 것

[또] 『입능가경』에서는 [다음과 같이] 말한다.

"비유하면 아리야식이 자신의 마음이 나타낸 신체(身)와 '중생이 몸담은 환경'(器世界) 등을 한꺼번에(頓) 분별하는 것처럼, '[진리성취의] 결실로서의 부처'(報佛)인 여래도 마찬가지로 '모든 중생의 영역'(諸衆生界)을 한 번에 성숙시켜 '[유형적인 것에 의존하는] 세계 가운데 최고수준의 하늘세계'([色]究竟天)의 정묘궁전淨妙宮殿에 있는 '수행이 온전해지는 곳'(修行淸淨之處)에 보낸다."[445]

또한 [『입능가경』의 「총품總品」에 있는] 아래의 게송에서는 [이렇게] 말한다.

"'감관욕망에 의존하는 세계'(欲界)와 '무형인 것에 의존하는 세계'(無色界), 부처는 거기에서 성불하지 않는다네. '유형적인 것에 의존하는 세계'(色界)의 '[가장] 높은 하늘세계'(上天), [그곳에서] 욕망에서 벗어나면서 깨달음(道)을 얻는다네."[446]

과 권9에서 "佛子, 是名略說菩薩第十法雲地. 若廣說者, 假使無量阿僧祇劫不可窮盡, 菩薩住此受生多作大自在天王"(T10, 571c18~20)이라고 한 것을 요약한 것으로 보인다. 8지보살이 대범천왕大梵天王이 되어 천세계千世界의 주인이 된다는 내용은 다음과 같다. "佛子! 是名略說菩薩第八不動智地. 若廣說者, 經無量劫不可窮盡. 菩薩安住於此地已, 受生多作大梵天王, 主千世界威德最勝無所映奪"(T10, 562a15~18). 그런데 위의 문장 가운데 9지와 10지보살에 대한 이야기는 원측圓測이 찬한 『해심밀경소解深密經疏』 권6에도 등장한다. "故十地經云, 八地菩薩, 多作大梵天王, 主千世界. 九地菩薩, 多作大梵天王, 主二千世界. 十地菩薩, 多作摩醯首羅天王, 主三千世界"(X21, 323b1~4).

445 『입능가경入楞伽經』 권2(T16, 525b9~12). "譬如阿梨耶識分別現境自身資生器世間等, 一時而知非是前後. 大慧! 報佛如來亦復如是, 一時成熟諸衆生界, 置究竟天淨妙宮殿修行淸淨之處." 〈산스크리트본의 해당 내용: LAS 56,6-10, tadyathā mahāmate ālayavijñānaṃ svacittadṛśyadehapratiṣṭhābhogaviṣayaṃ yugapad vibhāvayati evam eva mahāmate niṣyandabuddho yugapat sattvagocaraṃ paripācyākaniṣṭhabhavanavimānālayayogaṃ yogināṃ arpayati /; 예를 들면 대혜여, 알라야식이 자신의 마음이 드러난 신체와 기세간과 경험대상을 [순차적이 아니라] 동시에 변별하듯이, 마찬가지로 대혜여, 등류불도 중생의 영역을 일시에 성숙시켜 색구경처 천궁에 있는 요가수행자들의 수행처에 보낸다.〉

446 『입능가경入楞伽經』 권10(T16, 583c12~13). "欲界及無色, 佛不彼成佛, 色界中上天, 離欲成菩提." 〈산스크리트본의 해당 내용: LAS 361,5-6, kāmadhātau tathārūpye na vai

【별기】 言"於色究竟處, 示高大身"者, 如『十卷經』偈云, "欲界及無色, 佛不彼成佛. 色界中上天, 離欲成菩提". 今釋此經意云, 若論實受用身之義, 遍於法界, 無處不在, 而言唯在彼天之身, 而成佛者, 爲菩薩所現色相, 化受用身, 非實報身, 唯在彼天. 爲顯此義, 故言界也.

『별기』(1-697c6~13); 『회본』에 삽입 부분이 있음.

"'유형적인 것에 의존하는 세계 가운데 최고수준의 세계'에서 [모든 세상에] '가장 탁월한 몸'을 보인다"(於色究竟處, 示高大身)라고 말한 것은 『십권 입능가경』의 게송에서 [다음과 같이] 말한 것과 같다.

"'감관욕망에 의존하는 세계'(欲界)와 '무형인 것에 의존하는 세계'(無色界), 부처는 거기에서 성불하지 않는다네. '유형적인 것에 의존하는 세계'(色界)의 '[가장] 높은 하늘세계'(上天), [그곳에서] 욕망에서 벗어나 깨달음을 이룬다네."

이제 이 경전 [『입능가경』]의 뜻을 해석하여 말하자면 [다음과 같다.] 만약 '[진리성취의 결과를 자신이] 그대로 누리는 몸'(實受用身)[447]의 측면에서 논하면 현상세계(法界)에 두루 미쳐 없는 곳이 없지만, 〈오직 저 [색계色界의 가장 높은] 하늘세계에 있는 몸이라야 '부처를 이룬다'(成佛)〉고 말한 것은 〈보살이 나타낸 '몸의 양상'(色相)은 '[진리성취의 결과를] 변화시켜 [다른 이들도] 누리게 하는 몸'(化受用身)[448]이지 '[진리성취의] 결과를 [자신이] 그대로 누리는 몸'(實報身)이 아니므로 오직 저 [색계의 가장 높은] 하늘세계에 있다〉는 것이다. 이러한 뜻을 드러내고자 했기 때문에 [갖가지 하늘] 세계(界)를 말하였다.

---

buddho vibudhyate / rūpadhātv akaniṣheṣu vītarāgeṣu budhyate /10-774/; 욕계에서 그리고 무색계에서 붓다는 성불하지 않는다. 욕망을 벗어난 색계의 색구경천에서 성불한다.〉

447 실수용신實受用身: 자수용신自受用身과 같은 뜻이다. 자수용신은 앞서 각주에 소개한 『성유식론成唯識論』 권10의 설명을 참고할 수 있다. 자성신自性身에는 이 '스스로 누리는 [법락法樂의] 몸'(自受用身)과 '스스로 누리는 청정한 세계'(自受用淨土)인 수용신受用身이 반드시 동반되므로, 자성신인 법신法身에는 색色이 있다고 말할 수 있다.

448 화수용신化受用身: 타수용신他受用身을 의미한다.

〈『소』와 『별기』의 구문 대조〉

『소』(1-725b2~13)	『별기』(1-697c6~13)
初中言"功德成滿"者, 謂第十地因行成滿也. ①"色究竟處, 示高大身, 乃至名一切種智"等者, 若依十王果報別門, 十地菩薩第四禪王, 在於色究竟天成道, 則是報佛他受用身. ②如『十地經』攝報果中云, "九地菩薩作大梵王, 主二千世界, 十地菩薩作魔醯首羅天王, 主三千世界". 『楞伽經』言, "譬如阿棃耶識, 頓分別自心現身器世界等, 報佛如來亦復如是, 一時成就諸衆生界, 置究竟天淨妙宮殿修行淸淨之處". 又下頌言, "欲界及無色, 佛不彼成佛. 色界中上天, 離欲中得道". (③)	①言"於色究竟處, 示高大身"者, ②如『十卷經』偈云, "欲界及無色, 佛不彼成佛. 色界中上天, 離欲成菩提". 今釋此經意云, ③若論實受用身之義, 遍於法界, 無處不在, 而言唯在彼天之身, 而成佛者, 爲菩薩所現色相, 化受用身, 非實報身, 唯在彼天. 爲顯此義, 故言界也.
※ 밑줄 친 ②를 비교해 보면, 『별기』에서는 생략한 『십지경』의 인용문을 『소』에서는 모두 싣고 있어 차이를 보인다. ※ 『별기』 ③은 『소』에서 삭제된 부분이다. 즉 『별기』에서는 자수용신보다 타수용신에 의미가 있음을 설명하고 있는데, 『소』에서는 이를 삭제하고 『능가경』의 해당 구절을 인용하는 것으로 대체하였다. ※ 『회본』(1-778b11~15)에는 다음과 같은 내용이 삽입되어 있다. 〈今釋此經意云, 若論實受用身之義, 遍於法界, 無處不在, 而言唯在彼天之身, 而成佛者, 爲菩薩所現色相, 化受用身, 非實報身, 唯在彼天. 爲顯此義, 故言界也. (別記止此.)〉	

【소】『梵網經』云, "爾時釋迦牟尼佛, 在第四禪魔醯首羅天王宮, 與無量大梵天王不可說不可說菩薩衆, 說蓮華藏世界盧舍那佛所說心地法門品. 是時釋迦身放慧光, 從此天王宮乃至蓮華臺藏世界. 是時釋迦牟尼佛, 卽擎接此世界大衆, 至蓮華臺藏世界百萬億紫金光明宮中, 盧舍那佛坐百萬蓮華赫赫光明座上. 時釋迦佛及諸人衆一時禮敬盧舍那佛, 爾時盧舍那佛卽大歎喜. 是諸佛子諦聽, 善思修行. 我已百萬阿僧祇劫, 修行心地, 以之爲因, 初捨凡夫, 成等正覺, 爲盧舍那, 住蓮華藏世界海. 其臺周徧有千葉, 一葉一世界, 爲千世界. 我化作爲千釋迦, 據千世界, 復就千葉世界, 復有百億四天下, 百億菩薩釋迦, 坐百億菩提樹下. 如是

千葉上佛, 是吾化身, 千百億釋迦, 是千釋迦化身, 吾爲本源, 名爲盧舍那. 偈言, 我今盧舍那, 方坐蓮華臺", 乃至廣說. 此等諸文, 準釋可知.

『소』(1-725b14~c10); 『회본』(1-778b16~c13)

『범망경梵網經』에서 [다음과 같이] 말하였다.

"그때 석가모니 부처가 [사선四禪 중에서] '네 번째 선정'(第四禪)[의 하늘세계]인 마혜수라魔醯首羅 천왕의 궁전에서, 헤아릴 수 없이 많은 '크나큰 하늘세계'(大梵天)의 왕들과, 말로 다 할 수 없이 많은 보살들에게, '커다란 연꽃 속[에 갖추어진 꽃들처럼] [모든 세계가] 갖추어져 있는 세계'(蓮華藏世界)에 있는 노사나盧舍那 부처[449]가 가르친 '마음의 근본에 관한 설법'(心地法門品)에 대해 설명하였다. 이때 석가모니 부처의 몸이 지혜의 빛을 펼치니, 이 마혜수라 천왕의 궁전으로부터 '커다란 연꽃 속[에 갖추어진 꽃들처럼] [모든 세계가] 갖추어져 있는 세계'(蓮華臺藏世界)에까지 이르렀다.

이때 석가모니 부처가 이 세계의 [모든] 대중들을 떠받들고 '커다란 연꽃 속[에 갖추어진 꽃들처럼] [모든 세계가] 갖추어져 있는 세계'(蓮華臺藏世界)의 백만 억 '금빛 찬란한 궁전'(紫金光明宮) 안에 이르니, 노사나 부처가 백만 연꽃들로 찬란하게 빛나는 좌대座臺에 앉아 있었다. 그때 석가모니 부처와 모든 대중들이 동시에 노사나 부처에게 예배하니, 노사나 부처가 크게 찬탄하고 기뻐하면서 [이렇게 말씀하셨다.] 〈모든 불자들이여! 유심히 들어 보아라, [그리고] 잘 생각해 본 후 수행하라. 나는 이미 백만 아승지겁 동안 '마음의 근본'(心地)을 수행하여 그것을 원인으로 삼고서야 비로소 범부에서 벗어나 '부처와 동등한 완전한 깨달음'(等正覺)을 성취하고 노사나 부처가 되어 '연화장세계의 바다'(蓮華藏世界海)에 머물게 되었다. 그 연화장세계 주위에는

---

449 노사나불盧舍那佛: 노사나불의 범어는 'Rocana-buddha'이다. 곧 보신불報身佛(Saṃbhogakāya-buddha)이다. 진리를 증득함으로써 불과佛果를 체득하여 부처의 지혜를 갖춘 부처의 몸을 의미한다. '노사나盧舍那'는 지혜가 광대하고 그 지혜의 광명이 널리 비추는 법신을 가리키며, 비로자나毘盧遮那(Vairocana, 大日如來)를 간략히 부르는 명칭이다(『불광대사전』, p.7867).

천 개의 연꽃잎이 감싸고 있는데, 하나의 잎이 하나의 세계여서 천 개의 세계를 이루고 있었다. 나는 천 명의 석가모니로 몸을 나타내어 일천의 세계에 [각각] 있게 하고, 다시 일천의 연꽃잎의 세계로 나아가니 다시 백억의 '네 대륙[으로 이루어진] 세계'(四天下)가 있고 [그곳에] 백억의 보살과 백억의 석가모니가 백억의 보리수 아래에 앉아 있었다. 이와 같은 천 개 연꽃잎 위에 있는 부처들이 바로 나의 '[중생의 바람에 응하여 갖가지 모습으로] 나타낸 몸'(化身)이고, 천백 억의 석가모니는 바로 일천 석가모니의 '[중생의 바람에 응하여 갖가지 모습으로] 나타낸 몸'(化身)이니, 내가 [그] 본래의 근원이기에 노사나盧舍那라고 부르는 것이다.〉 게송으로 말하길, 〈나는 이제 노사나 부처로서 연화대좌 위에 앉았노라〉"[450] 등으로 자세하게 설하였다.

이와 같은 갖가지 [경전의] 문장들에 의거해 해석해 보면 알 수 있을 것이다.

問曰. 虛空無邊故, 世界無邊, 世界無邊故, 衆生無邊, 衆生無邊故, 心行差別亦復無邊, 如是境界不可分齊, 難知難解. 若無明斷, 無有心想, 云何能了, 名一切種智? 答曰. 一切境界, 本來一心, 離於想念, 以衆生妄

450 이 인용문은 경전의 내용을 그대로 옮긴 것이 아니다. 원효가 필요한 부분만을 발췌하여 옮긴 것으로 보인다. 앞뒤 문장의 순서에도 차이가 나타난다. 관련되는 구절을 모두 옮기면 다음과 같다. 『범망경梵網經』 권1(T32, 997b12~16). "爾時釋迦牟尼佛, 在第四禪地中摩醯首羅天王宮. 與無量大梵天王不可說不可說菩薩衆說蓮花臺藏世界盧舍那佛所說心地法門品. 是時釋迦身放慧光所照. 從此天王宮乃至蓮花臺藏世界."; 권1(T32, 997b23~27). "是時釋迦卽擎接此世界大衆. 還至蓮花臺藏世界百萬億紫金剛光明宮中. 見盧舍那佛坐百萬蓮花赫赫光明座上. 時釋迦佛及諸大衆, 一時禮敬盧舍那佛足下已."; 권1(T32, 997c3~14). "是諸佛子. 諦聽善思修行. 我已百阿僧祇劫修行心地, 以之爲因初捨凡夫成等正覺號爲盧舍那, 住蓮花臺藏世界海. 其臺周遍有千葉, 一葉一世界爲千世界. 我化爲千釋迦據千世界, 後就一葉世界, 復有百億須彌山百億日月百億四天下百億南閻浮提. 百億菩薩釋迦坐百億菩提樹下, 各說汝所問菩提薩埵心地. 其餘九百九十九釋迦, 各各現千百億釋迦亦復如是, 千花上佛是吾化身. 千百億釋迦是千釋迦化身. 吾已爲本原名爲盧舍那佛."; 권1 (T32, 1003c4~6). "復至四禪中摩醯首羅天王宮, 說我本源蓮花藏世界盧舍那佛所說心地法門品."

見境界, 故心有分齊, 以妄起想念, 不稱法性, 故不能決了. 諸佛如來, 離於見想, 無所不徧, 心眞實故, 卽是諸法之性, 自體顯照一切妄法. 有大智用, 無量方便, 隨諸衆生所應得解, 皆能開示種種法義, 是故得名一切種智. 又問曰. 若諸佛有自然業, 能現一切處, 利益衆生者, 一切衆生, 若見其身, 若覩神變, 若聞其說, 無不得利, 云何世間多不能見? 答曰. 諸佛如來法身平等, 徧一切處, 無有作意故, 而說自然, 但依衆生心現. 衆生心者, 猶如於鏡. 鏡若有垢, 色像不現, 如是衆生心若有垢, 法身不現故.

『논』(T32, 581b17~c5); 『회본』(1-778c14~779a8)

묻는다. 허공은 끝이 없기 때문에 세계도 끝이 없고, 세계가 끝이 없으므로 중생도 끝이 없으며, 중생이 끝이 없으므로 '마음 작용의 차이들'(心行差別)도 끝이 없으니, 이와 같이 대상세계(境界)는 '나뉜 한계를 정할 수 없어'(不可分齊) 알기도 어렵고 이해하기도 어렵다. 만약 근본무지(無明)가 끊어지면 '[불변 · 독자의 실체나 본질이 있다는 생각으로] 분별하는 마음'(心想)이 없을 텐데, 어떻게 알 수 있기에 '모든 것을 사실대로 이해하는 지혜'(一切種智)라고 부르는가?

답한다. 모든 대상세계(境界)는 본래 '하나처럼 통하는 마음'(一心)[의 지평에 있는 것]이라서 '[불변 · 독자의 실체나 본질이 있다는 견해로] 분별하는 생각'(想念)에서 벗어나 있지만, 중생들이 [근본무지(無明)에 따라] 대상세계를 '사실과 달리 보기'(妄見) 때문에 마음에 '[불변 · 독자의 실체나 본질에 의해] 나뉜 한계'(分齊)가 있으며, '[불변 · 독자의 실체나 본질이 있다는 관점으로] 분별하는 생각'(想念)을 '잘못 일으켜'(妄起) '현상의 본연'(法性)과 맞지 않기 때문에 제대로 알 수가 없다. [이에 비해] 모든 부처와 여래는 [불변 · 독자의 실체나 본질로서의 대상세계에 대한] 봄(見)과 분별(想)에서 벗어나 [그 아는 것과 이해하는 것이] 미치지 못하는 데가 없으니, '참 그대로인 마음'(心眞實)이기 때문에 [아는 것과 이해하는 것들이] 바로 '모든 현상'(諸法)의 본연(性)[과 맞는 것]이어서 ['참 그대로인 마음'(心眞實)] '자신의 본연'(自體)이 모든 '왜곡되고 오염된 현상들'(妄法)을 ['사실 그대로'(如實)] 드러내어 밝게 비춘다. [이 '참 그대로인 마음'(心眞實)에는] '크나큰 지혜의 작용'(大智用)이 있어 헤아릴 수 없이 많은 '수단과 방법'(方便)으로 모든 중생이 응당 이해할 수 있는 것에 따라 갖가지 '가르침의 내용'(法義)을 다 열어 보여 줄 수 있으니, 이런 까닭에 '모든 것을 사실대로 이해하는 지혜'(一切種智)라고 부르는 것이다.

다시 묻는다. 만약 모든 부처에게 ['참 그대로'(眞如)인] '본연 그대로의 행위'(自然業)가 있어 모든 곳에 [그 '본연 그대로의 행위'(自然業)를] 드러내어 중생을 이롭게 할 수 있는 것이라면, 모든 중생이 그 [부처의] 몸을 보거나 신통변화를 보거나 그 [부처의] 설법을 듣거나 하여 이로움을 얻지 못함이 없을 터인데, 어찌하여 세상에서는 [그런 경우들을] 많이 볼 수 없는가?

답한다. 모든 부처와 여래의 '진리의 몸'(法身)은 평등하여 모든 곳에 두루 미치지만 '[분별로써] 지어내는 생각'(作意)이 없기 때문에 ['참 그대로'(眞如)인] '본연 그대로'(自然)라고 말한 것이니, 다만 중생들의 마음에 의거하여 [그 '진리의 몸'(法身)을] 나타낸다. 중생들의 마음이라는 것은 마치 거울과 같은 것이다. 거울에 만약 때가 있으면 '형상 있는 것의 모습'(色像)이 나타나지 않으니, 이와 같이 중생들의 마음에 만약 [번뇌의] 때가 있으면 '진리의 몸'(法身)은 나타나지 않는 것이다.

【소】"問曰"以下,[451] 第二遣疑, 二番問答, 卽遣二疑. 初答中有三, 先立道理, 次擧非, 後顯是. 初中言"一切境界, 本來一心, 離於想念"者, 是立道理. 謂"一切境界", 雖非有邊, 而非無邊, 不出一心故. 以非無邊故, 可得盡了, 而非有邊故, 非思量境. 以之故言"離想念"也. 第二擧非中言"以衆生妄見境界, 故心有分齊"等者, 明有所見故有所不見也. 第三顯是中言"離於見想, 無所不遍"者, 明無所見故無所不見也. 言"心眞實故, 卽是諸法之性"者, 佛心離想, 體一心原, 離妄想故, 名心眞實, 體一心故, 爲諸法性. 是則佛心爲諸妄法之體, 一切妄法皆是佛心之相, 相現於自

451 『회본』에는 '問曰以下'가 없다.

體, 自體照其相. 如是了知, 有何爲難? 故言"自體顯照一切妄法", 是謂無所見故無所不見之由也.

『소』(1-725c10~726a4); 『회본』(1-779a9~b2); 『별기』에 없음.

"묻는다"(問曰) 이하는 두 번째인 [‘완성된 이로운 능력'(成滿功德)에 대해] ‘[문답을 주고받으면서] 의심을 없애는 것'(遣疑)이니, 두 번에 걸친 질문과 대답으로 두 가지 의심을 제거하였다. 첫 번째 대답에는 세 가지가 있으니, 먼저 도리를 세웠고, 다음에는 잘못(非)을 들추어내었으며, 마지막으로 올바름(是)을 나타내었다.

첫 번째 [대답] 중에서 말한 "모든 대상세계는 본래 ‘하나처럼 통하는 마음'[의 지평에 있는 것]이라서 ‘[불변 · 독자의 실체나 본질이 있다는 견해로] 분별하는 생각'에서 벗어나 있다"(一切境界, 本來一心, 離於想念)라는 것은 도리를 세운 것이다. "모든 대상세계"(一切境界)라는 것은 ‘비록 [불변 · 독자의 실체나 본질에 의해 나뉜] 한계가 있는 것이 아니지만 [차이를 구분하는] 한계가 없는 것도 아니니'(雖非有邊, 而非無邊), ‘하나처럼 통하는 마음'(一心)[의 지평]을 벗어나지 않는 것이다. ‘[차이를 구분하는] 한계가 없는 것이 아니기'(非無邊) 때문에 다 알 수 있고, ‘[불변 · 독자의 실체나 본질에 의해 나뉜] 한계가 있는 것이 아니기'(非有邊) 때문에 ‘[불변 · 독자의 실체나 본질이 있다는 견해로] 생각하여 헤아릴 수 있는 대상이 아니다'(非思量境). 그렇기 때문에 "‘[불변 · 독자의 실체나 본질이 있다는 견해로] 분별하는 생각'에서 벗어나 있다"(離[於]想念)라고 말한 것이다.

두 번째인 ‘잘못을 들추어 냄'(擧非) 중에서 말한 "중생들이 [근본무지(無明)에 따라] 대상세계를 사실과 달리 보기 때문에 마음에 ‘[불변 · 독자의 실체나 본질에 의해] 나뉜 한계'가 있다"(以衆生妄見境界, 故心有分齊) 등은, 〈‘[불변 · 독자의 실체나 본질에 의해 나뉜 것을] 보려는 것'이 있으므로 ‘보지 못하는 것'이 있다〉(有所見故有所不見)는 것을 밝힌 것이다.

세 번째인 ‘올바름을 나타냄'(顯是) 중에서 말한 "[불변 · 독자의 실체나 본질로서의 대상세계(境界)에 대한] 봄과 분별에서 벗어나 [그 아는 것과 이해하는 것이] 미치지 못하는 데가 없다"(離於見想, 無所不遍)라는 것은, 〈‘[불변 · 독자의 실체나 본질에 의해 나뉜 것을] 보려는 것'이 없으므로 '보지 못하는 것'이 없다〉(無所見故無所不見)는 것을 밝힌 것이다. "'참 그대로인 마음'이기 때문에 [아는 것과 이해하는 것들이] 바로 모든 현상의 본연[과 맞는 것]이다"(心眞實故, 卽是諸法之性)라고 말한 것은, '깨달은 마음'(佛心)은 '[불변 · 독자의 실체나 본질이 있다는 견해로 행하는] 분별'(想)에서 벗어나 있고 '하나처럼 통하는 마음의 근원'(一心原/一心源)을 [자신의] 본연(體)으로 삼으니, '[불변 · 독자의 실체나 본질이 있다는 견해로 행하는] 잘못된 분별'(妄想)에서 벗어나 있기 때문에 '참 그대로인 마음'(心眞實)이라 하였고, '하나처럼 통하는 마음'(一心)[의 지평]을 본연으로 삼기 때문에 [아는 것과 이해하는 것들이 다] '모든 현상의 본연'(諸法性)이 된다. 그렇다면 '깨달은 마음'(佛心)은 모든 '왜곡되고 오염된 현상'(妄法)들[을 '사실 그대로'(如實) 드러내는] 본연이 되고 모든 '왜곡되고 오염된 현상들'(妄法)은 다 '깨달은 마음'(佛心)[이 '사실 그대로'(如實) 드러낸] 양상(相)이니, ['왜곡되고 오염된 현상'(妄法)들의] 양상은 '['참 그대로인 마음'(心眞實)] 자신의 본연'(自體)에서 드러나고 '['참 그대로인 마음'(心眞實)] 자신의 본연'(自體)은 그 ['왜곡되고 오염된 현상'(妄法)들의] 양상을 ['사실 그대로'(如實)] 비추어 낸다.

이렇게 알고 나면 [이해하는 데] 무슨 어려움이 있을 것인가? 그러므로 "['참 그대로인 마음'(心眞實)] '자신의 본연'이 모든 '왜곡되고 오염된 현상들'을 ['사실 그대로'(如實)] 드러내어 밝게 비춘다"(自體顯照一切妄法)라고 말했으니, 이것은 〈'[불변 · 독자의 실체나 본질에 의해 나뉜 것을] 보려는 것'이 없으므로 '보지 못하는 것'이 없는〉(無所見故無所不見) 이유를 말한 것이다.

【소】 次遣第二疑. 答中言"鏡若有垢, 色像不現, 如是衆生心若有垢, 法身不現"者, 法身如本質, 化身似影像, 今據能現之本質, 故言"法身不現". 如『攝大乘』顯現甚深中言, "由失故尊不現, 如月相於破器", 釋曰, "諸佛, 於世間不顯現, 而世間說諸佛身常住. 云何不顯現? 譬如於破器中, 水不得住, 水不住故, 於破器中, 實有月, 不得顯現. 如是諸衆生, 無奢摩他軟滑相續, 但有過失相續, 於彼, 實有諸佛亦不顯現. 水譬奢摩他軟

滑性故". 此二論文, 同說佛現及不現義, 然其所喩, 少有不同. 今此論中, 以鏡爲喩"有垢不現"者, 約機而說, 見佛機熟, 說爲無垢, 有障未熟, 名爲"有垢". 非謂煩惱現行, 便名有垢不見, 如善星比丘及調達等, 煩惱心中, 能見佛故. 『攝大乘』中, 破器爲喩, 明有奢摩他乃得見佛者, 是明過去修習念佛三昧相續, 乃於今世, 得見佛身. 非謂今世要於定心乃能見佛, 以散亂心亦見佛故. 如『彌勒所問經論』中言. 又經說"諸禪爲行處", 是故得禪者, 名爲善行諸行. 此論中不必須禪乃初發心, 所以者何? 佛在世時, 無量衆生皆亦發心, 不必有禪故.

『소』(1-726a4~b5); 『회본』(1-779b2~c4); 『별기』에 없음.

다음은 두 번째 의심을 없애는 것이다. 대답 중에서 말한 "거울에 만약 때가 있으면 '형상 있는 것의 모습'이 나타나지 않으니, 이와 같이 중생들의 마음에 만약 [번뇌의] 때가 있으면 '진리의 몸'은 나타나지 않는 것이다"(鏡若有垢, 色像不現, 如是衆生心若有垢, 法身不現[故])라는 것은, '진리의 몸'(法身)은 [거울의] 바탕(本質)이고 '[중생의 바람에 응하여 갖가지 모습으로] 나타내는 [부처] 몸'(化身)은 [거울이 나타내는] 영상과 같은데 지금은 [영상을] 나타낼 수 있는 [거울인] 바탕(本質)에 의거한 것이므로 "진리의 몸은 나타나지 않는다"(法身不現)라고 말하였다. 마치 『섭대승론』의 '[법신法身의] 드러남이 깊고 깊음'(顯現甚深) 중에서 "허물 때문에 세존이 나타나지 않으니, 마치 깨진 그릇 속에 달의 모습[이 나타나지 않는 것]처럼"[452]이라고 하고, [『섭대승론석攝大乘論釋』에서 이 말을] 해석하기를 "모든 부처가 세상[의 사람들]에게 나타나지 않더라도 세상[의 사람들]에게는 모든 부처의 몸이 '[본래 모습을 잃지 않고] 늘 [본연에] 머문다'(常住)고 말한다. [만약 부처의 몸이 상주常住한다면][453] 어째서 [부처가 세상 사람들에게] 나타나지 않는 것인가? 비유하면, 마치 깨진 그릇 속에는 물이 머물러

452 이 인용문은 두 구절로 된 『섭대승론』의 게송 중에서 첫 구절을 다룬 것이다. 게송의 전문을 모두 소개하면 다음과 같다. 『섭대승론석攝大乘論釋』 권14(T31, 260b8~9). "由失尊不現, 如月於破器. 遍滿諸世間, 由法光如日."

453 『섭대승론석』 원문에는 '若身常住'가 있다.

있을 수 없고, 물이 머물러 있지 못하기 때문에 깨진 그릇 속에는 실제로 있는 달[의 모습]이 나타날 수 없는 것과도 같다. 이와 같이 모든 중생들에게는 선정(奢摩他)이 부드럽게 '계속 이어지지'(相續) 못하고 단지 허물만이 계속 이어져서 그들에게는 실제로 있는 모든 부처도 나타나지를 않는다. 물은 선정(奢摩他)의 [끊어지지 않는] 부드러운 성질을 비유한 것이다"[454]라고 한 것과 같다.

[『기신론』의 거울에 낀 때의 비유와 『섭대승론석』의 깨진 그릇 속의 물의 비유로 설명한] 이 두 가지 논서의 문장은 모두 부처의 나타남 및 나타나지 않음의 뜻에 대해서 말하고 있지만 그 비유한 것에는 약간의 차이가 있다. 지금 이 『기신론』 중에서 거울로써 비유하여 "[거울에] 때가 있으면 [모습이] 나타나지 않는다"(有垢不現)라고 한 것은 '[중생들의] 자질'(機)에 의거하여 말한 것이니, '부처를 볼 수 있는 자질'(見佛機)이 성숙한 것을 '[더러운] 때가 없다'(無垢)고 말하고, 장애가 있어 [부처를 보는 자질이] 아직 성숙하지 못한 것을 "[더러운] 때가 있다"(有垢)라고 부른 것이다. [그러나] 번뇌가 나타나 작용하는 것을 곧 '[더러운] 때가 있어 [부처를] 보지 못한다'(有垢不見)고 하는 것은 아니니, 이를테면 선성善星 비구[455]와 조달調達[456] 같은 사람은 번뇌가 있는 마음에서도

454 원문을 거의 그대로 인용하였지만, 부분적으로는 조금 차이가 있어서 인용한 전문을 소개한다. 『섭대승론석』 권14(T31, 260b10~16). "釋曰. 此下一偈明第七顯現甚深. 諸佛於世間不顯現, 而世間說諸佛身常住. 若身常住, 云何不顯現? 譬如於破器中水不得住, 由水不住故. 於破器中實有月不得顯現. 如此諸衆生無奢摩他軟滑相續, 但有過失相續. 於彼實有諸佛亦不顯現, 水譬奢摩他軟滑性故."

455 선성善星(Sunakṣatra): 출가하여 12부경을 독송하여 욕계의 번뇌를 끊고, 제4선정을 얻었다가 나쁜 친구와 사귀어 퇴실하고 사견邪見을 일으켰기에 아비지옥에 떨어졌다고 한다. 석가세존의 태자시절 아들이라는 설도 있다(『불광대사전』, p.4886 참조). 관련 경문을 『열반경』(권31)에서 살펴보면 다음과 같다. "善星比丘是佛菩薩時子, 出家之後受持・讀誦・分別解說十二部經, 壞欲界結, 獲得四禪. 云何如來記說善星是一闡提廝下之人, 地獄劫住, 不可治人? 如來何故, 不先爲其演說正法後爲菩薩? 如來世尊, 若不能救善星比丘, 云何得名有大慈愍有大方便?"(T12, 806c9~15).

456 조달調達(Devadatta): 석가세존의 태자시절 사촌 동생으로, 출가하여 세존의 제자가

부처를 볼 수 있었기 때문이다.

『섭대승론』에서 깨진 그릇을 비유로 삼아 선정(奢摩他)이 있어야 부처를 볼 수 있다고 설명한 것은, 과거부터 거듭 익혀 온 '염불로 이룬 선정삼매'(念佛三昧)가 [금생으로] 이어져 지금의 세상에서 부처의 몸을 볼 수 있는 것을 밝힌 것이다. [그러나] 금생에서 '선정禪定에 든 마음'(定心)에서만 부처를 볼 수 있다고 말하는 것은 아니니, '흐트러진 마음'(散亂心)으로도 부처를 보기 때문이다. 이를테면 『미륵소문경론彌勒所問經論』에서[457] 말한 것과 같다. 또 『미륵보살소문경』에서는 "모든 선정(禪)은 갖가지 ['이로운 행위'(善行)를] '행하는 경지'(行處)가 된다"[458]라고 하였으니, 그러므로 선정을 성취하는 것을 〈모든 [이로운] 행위를 잘 행한다〉(善行諸行)라고 말한다.

이 『기신론』에서는 반드시 선禪[수행]을 하지 않고서도 '처음 [깨달음을 구하려는] 마음을 일으키니'(初發心), 그 까닭은 무엇인가? 부처가 세상에 있을 때에는 헤아릴 수 없이 많은 중생이 또한 모두 [깨달음을 구하려는] 마음을 일으켰지만 반드시 선정(禪)이 [갖추어져] 있지는 않았기 때문이다.[459]

되었다. 석가세존에게 승단을 물려줄 것을 청하여 거절당하자 500여 명의 비구를 규합하여 승단을 이탈하였다. 여러 번 붓다를 살해하려다 실패하였다. 또한 왕자였던 아사세왕阿闍世王(Ajātaśatru)을 계략으로 속여 부왕父王인 빔비사라를 죽이고 왕위에 오르게 하였다.

457 『미륵보살소문경론彌勒菩薩所問經論』 권7(T26, 261b25~c7). "問曰, 應說淨不淨迴向. 如布施中有淨不淨, 此迴向中亦應如是有淨不淨, 云何淨云何不淨? 答曰, 因修行果如餘一切修多羅中廣說, 應知成就慈心者. 問曰, 何故如來說善知迴向方便後, 次說成就慈心? 答曰, 持戒布施是散亂心修道功德, 決定感於欲界果報. 菩薩以迴向方便, 攝取決定欲界果報, 轉求大菩提, 示現彼果, 不定示現善能修習菩薩道故. 又持戒布施是三昧心修道功德, 決定感於禪地果報. 菩薩以迴向方便, 攝取決定禪地果報, 轉求大菩提, 示現彼果, 不定示現善能修習菩薩道故. 是故如來說迴向方便."

458 『미륵보살소문본원경彌勒菩薩所問本願經』 권1(T12, 187b21~28). "佛語彌勒, 菩薩復有十法行, 棄諸惡道不隨惡知識中, 何等爲十? 一者得金剛三昧, 二者所住處有所進益三昧, 三者得善權教授三昧, 四者得有念無念御度三昧, 五者得普遍世間三昧, 六者得於苦樂平等三昧, 七者得寶月三昧, 八者得月明三昧, 九者得照明三昧, 十者得二寂三昧, 於一切諸法具足. 彌勒, 是爲菩薩十法行, 棄諸惡道不墮惡知識中."

459 원효의 과문에 따른 『대승기신론』 해당 구절.

다) 分別發趣道相(發趣分)

(가) 總標大意

㉮ 擧所趣之道: "分別發趣道相者, 謂一切諸佛所證之道."

㉯ 顯其能趣之行: "一切菩薩, 發心修行, 趣向義故."

(나) 別開分別

㉮ 擧數開章: "略說發心有三種, 云何爲三?"

㉯ 依數列名: "一者, 信成就發心, 二者, 解行發心, 三者, 證發心."

㉰ 依名辨相

ㄱ. 信成就發心(初發心)

ㄱ) 明信成就之行(明信成之行)

(ㄱ) 問: "信成就發心者, 依何等人, 修何等行, 得信成就, 堪能發心?"

(ㄴ) 答

㉠ 正答所問(正答前三問)

A. 答初問顯能修人: "所謂依不定聚衆生."

B. 答第二問明不定人所修之行: "有熏習善根力故, 信業果報, 能起十善, 厭生死苦, 欲求無上菩提. 得値諸佛, 親承供養, 修行信心."

C. 答第三問明其信心成就之相

A) 擧時以明信成發心之緣: "經一萬劫, 信心成就故. 諸佛菩薩敎令發心, 或以大悲故, 能自發心, 或因正法欲滅, 以護法因緣, 能自發心."

B) 約聚顯其發心所住之位: "如是信心成就得發心者, 入正定聚, 畢竟不退, 名住如來種中, 正因相應."

㉡ 擧劣顯勝: "若有衆生, 善根微少, 久遠已來煩惱深厚, 雖値於佛亦得供養, 然起人天種子, 或起二乘種子. 設有求大乘者, 根則不定, 若進若退, 或有供養諸佛, 未經一萬劫, 於中遇緣, 亦有發心. 所謂見佛色相而發其心, 或因供養衆僧而發其心, 或因二乘之人敎令發心, 或學他發心. 如是等發心, 悉皆不定, 遇惡因緣, 或便退失, 墮二乘地."

ㄴ) 顯行成發心之相(顯發心之相)

(ㄱ) 直明

㉠ 直心: "復次信成就發心者, 發何等心? 略說有三種, 云何爲三? 一者, 直心, 正念眞如法故."

㉡ 深心: "二者, 深心, 樂集一切諸善行故."

㉢ 大悲心: "三者, 大悲心, 欲拔一切衆生苦故."

(ㄴ) 往復除疑

㉠ 問: "問曰. 上說法界一相, 佛體無二, 何故不唯念眞如, 復假求學諸善之行?"

㉡ 答

A. 直答

A) 喩: “答曰. 譬如大摩尼寶體性明淨, 而有鑛穢之垢, 若人雖念寶性, 不以方便種種磨治, 終無得淨.”

B) 合: “如是衆生眞如之法, 體性空淨, 而有無量煩惱染垢, 若人雖念眞如, 不以方便種種熏修, 亦無得淨. 以垢無量, 徧一切法故, 修一切善行, 以爲對治, 若人修行一切善法, 自然歸順眞如法故.”

B. 重顯: “略說方便有四種, 云何爲四? 一者, 行根本方便, 謂觀一切法自性無生, 離於妄見, 不住生死, 觀一切法因緣和合, 業果不失, 起於大悲, 修諸福德, 攝化衆生, 不住涅槃. 以隨順法性無住故. 二者, 能止方便, 謂慚愧悔過, 能止一切惡法, 不令增長. 以隨順法性離諸過故. 三者, 發起善根增長方便, 謂勤供養禮拜三寶, 讚歎隨喜, 勸請諸佛. 以愛敬三寶淳厚心故, 信得增長, 乃能志求無上之道, 又因佛法僧力所護故, 能消業障, 善根不退. 以隨順法性離癡障故. 四者, 大願平等方便, 所謂發願盡於未來, 化度一切衆生, 使無有餘, 皆令究竟無餘涅槃. 以隨順法性無斷絶故. 法性廣大, 徧一切衆生, 平等無二, 不念彼此, 究竟寂滅故.”

ㄷ) 歎發心所得功德(顯其發心功德)

(ㄱ) 顯勝德

㉠ 明自利功德: “菩薩發是心故, 則得少分見於法身. 以見法身故.”

㉡ 顯利他德: “隨其願力, 能現八種, 利益衆生, 所謂從兜率天退, 入胎, 住胎, 出胎, 出家, 成道, 轉法輪, 入於涅槃.”

(ㄴ) 明微過(顯其微過): “然是菩薩未名法身, 以其過去無量世來有漏之業, 未能決斷, 隨其所生, 與微苦相應. 亦非業繫, 以有大願自在力故.”

(ㄷ) 通權教(會通權敎): “如脩多羅中, 或說有退墮惡趣者, 非其實退, 但爲初學菩薩未入正位而懈怠者恐怖, 令彼勇猛故.”

(ㄹ) 歎實行: “又是菩薩一發心後, 遠離怯弱, 畢竟不畏墮二乘地, 若聞無量無邊阿僧祇劫勤苦難行乃得涅槃, 亦不怯弱, 以信知一切法, 從本已來, 自涅槃故.”

ㄴ. 解行發心

ㄱ) 擧解行所得發心(十廻向位得平等空): “解行發心者, 當知轉勝, 以是菩薩從初正信已來, 於第一阿僧祇劫, 將欲滿故, 於眞如法中, 深解現前, 所修離相.”

ㄴ) 顯發心所依解行(十行位中得法空): “以知法性體無慳貪故, 隨順修行檀波羅密, 以知法性無染離五欲過故, 隨順修行尸波羅密, 以知法性無苦離瞋惱故, 隨順修行羼提波羅密, 以知法性無身心相離懈怠故, 隨順修行毗梨耶波羅密, 以知法性常定體無亂故, 隨順修行禪波羅密, 以知法性體明離無明故, 隨順修行般若波羅密.”

ㄷ. 證發心

4) 믿는 마음을 수행하는 부분(修行信心分)

【소】修[460]行信心分中有三, 一者, 擧人略意, 二者, 就法廣辨行相, 三者,

ㄱ) 通約諸地明證發心

(ㄱ) 標位地: "證發心者, 從淨心地, 乃至菩薩究竟地, 證何境界?"

(ㄴ) 明證義: "所謂眞如. 以依轉識說爲境界, 而此證者無有境界, 唯眞如智, 名爲法身."

(ㄷ) 歎德: "是菩薩於一念頃, 能至十方無餘世界, 供養諸佛, 請轉法輪, 唯爲開導利益衆生, 不依文字. 或示超地速成正覺, 以爲怯弱衆生故, 或說我於無量阿僧祇劫, 當成佛道, 以爲懈慢衆生故. 能示如是無數方便不可思議, 而實菩薩種性根等, 發心則等, 所證亦等, 無有超過之法, 以一切菩薩皆經三阿僧祇劫故. 但隨衆生世界不同, 所見所聞根欲性異故, 示所行亦有差別."

(ㄹ) 顯相: "又是菩薩發心相者, 有三種心微細之相, 云何爲三? 一者, 眞心, 無分別故, 二者, 方便心, 自然徧行利益衆生故, 三者, 業識心, 微細起滅故."

ㄴ) 別就十地顯成滿德(別顯成滿功德)

(ㄱ) 直顯勝德(第十地因行成滿): "又是菩薩功德成滿, 於色究竟處, 示一切世間最高大身, 謂以一念相應慧, 無明頓盡, 名一切種智, 自然而有不思議業, 能現十方, 利益衆生."

(ㄴ) 往復除疑(遣疑)

㉠ 遣第一疑

A. 問: "問曰. 虛空無邊故, 世界無邊, 世界無邊故, 衆生無邊, 衆生無邊故, 心行差別亦復無邊, 如是境界不可分齊, 難知難解. 若無明斷, 無有心想, 云何能了, 名一切種智?"

B. 答

A) 立道理: "答曰. 一切境界, 本來一心, 離於想念."

B) 擧非: "以衆生妄見境界, 故心有分齊, 以妄起想念, 不稱法性, 故不能決了."

C) 顯是: "諸佛如來, 離於見想, 無所不徧, 心眞實故, 卽是諸法之性, 自體顯照一切妄法. 有大智用, 無量方便, 隨諸衆生所應得解, 皆能開示種種法義, 是故得名一切種智."

㉡ 遣第二疑

A. 問: "又問曰. 若諸佛有自然業, 能現一切處, 利益衆生者, 一切衆生, 若見其身, 若覩神變, 若聞其說, 無不得利, 云何世間多不能見?"

B. 答: "答曰. 諸佛如來法身平等, 徧一切處, 無有作意故, 而說自然, 但依衆生心現. 衆生心者, 猶如於鏡. 鏡若有垢, 色像不現, 如是衆生心若有垢, 法身不現故."

460 『회본』에는 '修' 앞에 '第四'가 있다.

示其不退方便.

『소』(1-726b6~8): 『회본』(1-780a7~9)

'믿는 마음을 수행하는 부분'(修行信心分)에는 세 가지가 있으니, 첫 번째는 [수행하는] 사람을 거론하면서 [그] 의미를 간략히 밝힌 것이고, 두 번째는 [수행의] 도리(法)에 나아가 '수행하는 양상'(行相)을 자세하게 구별한 것이며, 세 번째는 그 [수행에서] 퇴보하지 않는 '수단과 방법'(方便)을 제시하는 것이다.

【별기】 此後二分者, 但可依文, 深起信心, 懃息妄想, 不可執言. 分別是非, 以諍論故. 今釋煩不更消息也.

『별기』(1-697c13~15)

이 뒤에 나오는 [수행신심분修行信心分과 권수이익분勸修利益分] 두 가지 부분[에 해당하는 내용들]은, 단지 글에 의거하여 '믿는 마음'(信心)을 깊이 일으키고 '잘못 분별하는 생각'(妄想)을 힘써 그쳐야지 말에 집착해서는 안 된다. [말에 집착하여] 옳고 그름을 가려내려 들면 '[자신의 주장만 내세우며] 다투기'(諍論) 때문이다. 이제 번거롭게 해석하여 다시 자세히 설명하지는 않는다.

〈『소』와 『별기』의 구문 대조〉

『소』(1-726b6~8)	『별기』(1-697c13~15)
修行信心分中有三, 一者, 擧人略意, 二者, 就法廣辨行相, 三者, 示其不退方便.	此後二分者, 但可依文, 深起信心, 懃息妄想, 不可執言. 分別是非, 以諍論故. 今釋煩不更消息也.
※ 이 부분은 『소』에 없는 내용이다. 다음 문장부터 '수행신심분'이 시작되고, '권수이익분'을 끝으로 『기신론』이 마무리되므로, 『별기』에서는 '수행신심분'과 '권수이익분'에 대한 해석이 빠져 있는 셈이다. 이 문장을 끝으로 『별기』는 모두 끝난다. 따라서 이하에서는 『별기』와 『소』의 구문 대조는 생략한다.	

(1) 수행하는 사람을 내세워 핵심내용을 간략히 제시함(擧人略標大意)

已說解釋分, 次說修行信心分. 是中依未入正定衆生, 故說修行信心.

『논』(T32, 581c5~7); 『회본』(1-780a10~11)

이상으로 '해석하는 부분'(解釋分)의 설명을 마치고 다음에는 '믿는 마음을 수행하는 부분'(修行信心分)을 설한다. 여기서는 '깨달음의 세계로 방향이 정해진 [부류]'(正定[聚])에 아직 들어가지 못한 중생들에 의거하였기 때문에 '믿는 마음을 수행함'(修行信心)을 설하는 것이다.

【소】 初中言"依未入正定衆生, 故說修行信心"者,[461] 上說發趣道相中, 言"依不定聚衆生", 今此中言"未入正定", 當知亦是不定聚人. 然不定聚內, 有劣有勝, 勝者乘進, 劣者可退. 爲彼勝人故, 說發趣, 所謂信成就發心, 乃至證發心等, 爲令勝人次第進趣故也. 爲其劣者, 故說修信, 所謂四種信心五門行等, 爲彼劣人信不退故也. 若此劣人修信成就者, 還依發趣分中三種發心進趣. 是故二分所爲有異, 而其所趣道理無別也.

『소』(1-726b8~19); 『회본』(1-780a12~22)

첫 번째[인 '사람을 거론하면서 의미를 간략히 밝힌 것'(擧人略意)] 중에서 말한 "'깨달음의 세계로 방향이 정해진 부류'에 아직 들어가지 못한 중생들에 의거하였기 때문에 '믿는 마음을 수행함'을 설하는 것이다"(未入正定衆生, 故說修行信心)라는 것은 [다음과 같은 뜻이다.]

앞에서 '[마음을] 일으켜 [부처가 체득한] 깨달음을 향해 나아가는 양상[을 나누어 구별함]'([分別]發趣道相)을 설명하는 가운데서는 "'[깨달음의 세계로 갈지, 타락하여 해로운 세계로 갈지] 방향이 정해져 있지 않은 부류의 중생'에 의거한다"(依不定聚衆生)라고 말하였고, 지금 여기서는 "'깨달음의 세계로 방향이 정해진 부류'에 아직 들어가지 못한 [중생들에 의거한다]"([依]未入正定[衆生])라고

461 『회본』에는 '初中言依未入正定衆生, 故說修行信心者'가 '初標大意'라고 되어 있다.

하였으니, 이들 또한 '[깨달음의 세계로 갈지, 타락하여 해로운 세계로 갈지] 방향이 정해져 있지 않은 부류의 사람들'(不定聚人)임을 알아야 한다.

그러나 '[깨달음의 세계로 갈지, 타락하여 해로운 세계로 갈지] 방향이 정해져 있지 않은 부류'(不定聚) 안에는 [자질과 노력이] 뒤떨어지는 [사람도] 있고 뛰어난 [사람도] 있으니, 뛰어난 이는 앞으로 나아가지만 뒤떨어지는 이는 물러날 수 있다. 저 뛰어난 사람을 위하기 때문에 '[마음을] 일으켜 [부처가 체득한 깨달음을 향해] 나아감'(發趣[道])을 말하였으니, 이른바 '믿음을 성취하여 [깨달음을 향해] 마음을 일으킴'(信成就發心) 및 ['이해와 수행으로 [깨달음을 향해] 마음을 일으킴'(解行發心)과] '직접 체득하여 [깨달음을 향해] 마음을 일으킴'(證發心)들은 뛰어난 사람으로 하여금 차례대로 [깨달음을 향해] 나아가게 하기 위한 것이다. [그리고] 저 뒤떨어지는 사람들을 위하기 때문에 '믿음을 거듭 익힘'(修信)을 말하였으니, 이른바 '네 가지 믿음'(四種信心)[462]과 '다섯 가지 방식의 수행'(五門行)[463]들은 저 뒤떨어지는 사람들이 믿음에서 퇴보하지 않도록 하기 위한 것이다. 만약 이 뒤떨어지는 사람들이 수행하여 믿음을 성취하면, 다시 '[마음을] 일으켜 [부처가 체득한 깨달음을 향해] 나아가는 수행부분'(發趣分) 중의 '세 가지로 마음을 일으킴'(三種發心)[464]에 의거하여 앞으로 나아간다. 그러므로

---

462 사종신심四種信心: 바로 이어지는 『대승기신론』(T32, 581c8~14)의 네 가지 믿는 마음이다.

463 오문행五門行: '[널리] 베풀고 나누는 수행'(施門), '윤리적 행위규범을 지켜 가는 수행'(戒門), '참아 내는 수행'(忍門), '[열심히] 노력하는 수행'(進門), 〈'[빠져들지 않고] 그침'(止)과 '[사실대로] 이해함'(觀)의 수행〉(止觀門), 이 다섯 가지 수행을 말한다. 이어지는 『대승기신론』(T32, 581c8~14) 본문에 등장한다.

464 삼종발심三種發心: 대승의 보살수행 단계에서 일으키는 세 종류의 보리심으로서, 신성취발심信成就發心·해행발심解行發心·증발심證發心을 말한다. 원효에 의하면, '믿음을 성취하여 [깨달음을 향해] 마음을 일으킴'(信成就發心)은 그 지위가 '[믿음이 이해로] 안착하는 열 가지 단계'(十住)에 있으면서 '믿음을 세우는 열 가지 단계'(十信)를 아울러 취한다. 또 '이해와 수행으로 [깨달음을 향해] 마음을 일으킴'(解行發心)은 '[수행으로 성취한 모든 것을 중생들에게] 돌리는 수행의 열 가지 단계'(十廻向)에 있으면서 '이타적 수행의 열 가지 단계'(十行)를 아울러 취한다. 그리고 '직접 체득하여 [깨달음을 향

[발취분發趣分과 수행신심분修行信心分, 이] 두 부분에서 행하는 것에는 다름이 있지만 그 [정정취正定聚로] 나아가는 도리에는 차이가 없는 것이다.

(2) '수행의 도리'에 나아가 '수행하는 양상'을 자세하게 구별함(就法廣辨行相)

【소】 "何等"[465]以下, 第二廣釋, 初發二問, 後還兩答.

『소』(1-726b19~20); 『회본』(1-780a23~24)

"어떤"(何等) 이하는 두 번째인 '자세한 해석'(廣釋)이니, 처음에는 두 가지 질문을 하였고, 나중에는 다시 두 가지로 대답하였다.

① 믿음의 종류에 대한 질문에 대답함(答信)

何等信心, 云何修行? 略說信心有四種, 云何爲四? 一者, 信根本, 所謂樂念眞如法故. 二者, 信佛有無量功德, 常念親近供養恭敬, 發起善根, 願求一切智故. 三者, 信法有大利益, 常念修行諸波羅蜜故. 四者, 信僧能正修行自利利他, 常樂親近諸菩薩衆, 求學如實行故.

『논』(T32, 581c8~14); 『회본』(1-780b1~7)

어떤 '믿는 마음'(信心)들이고, 어떻게 수행하는가? 간략하게 말하면 '믿는 마음'(信心)에는 네 가지가 있으니, 무엇이 네 가지인가? 첫 번째는 '근본을 믿는 것'(信根本)이니, 이른바 '참 그대로인 현상'(眞如法)을 즐겨 생각하는 것이다. 두 번째는 부처에게 '헤아릴 수 없이 많은 이로운 능력'(無量功德)이 있음을 믿는 것이니, 늘 [부처를] 생각하고 [부처를] '가까이 하며'(親近) [부처를] 공양하고 공경하면서 '이로운 능력'(善根)을 생겨나게

해] 마음을 일으킴'(證發心)이라는 것은, 그 지위가 '['열 가지 본격적인 수행경지'(十地)의] 첫 번째 경지'(初地) 이상으로부터 '열 번째 경지'(十地)까지에 있다.

465 『회본』에는 '何等'이 없다.

하여 '모든 것을 사실대로 이해하는 지혜'(一切智)를 바라고 구하는 것이다. 세 번째는 [부처님의] 가르침(法)에 '크나큰 이로움'(大利益)이 있음을 믿는 것이니, 항상 모든 '['자기도 이롭게 하고 남도 이롭게 하는'(自利利他) 대승의] 구제수행'(波羅蜜)을 '익히고 실천하는 것'(修行)을 생각하는 것이다. 네 번째는 〈수행공동체(僧)가 '올바로 익히고 실천하여'(正修行) '자기도 이롭게 하고 남도 이롭게 한다'(自利利他)〉는 것을 믿는 것이니, 언제나 ['자기도 이롭게 하고 남도 이롭게'(自利利他) 하는] 모든 보살수행자들을 가까이 하는 것을 즐기면서 '사실 그대로 실천함'(如實行)을 구하여 배우는 것이다.

【소】 答信中言"信根本"者, 眞如之法, 諸佛所歸, 衆行之原, 故曰"根本"也. 餘文可知. 答修行中, 在文有三. 一, 擧數總標, 二, 依數開門, 三, 依門別解.

『소』(1-726b21~24); 『회본』(1-780b8~12)

믿음[의 종류에 대한 질문]에 대답하는 가운데서 말한 "근본을 믿는 것"(信根本)이라는 것은, '참 그대로인 현상'(眞如之法)이 모든 부처가 '돌아가는 곳'(所歸)이며 온갖 수행의 근원이기 때문에 "근본"(根本)이라고 말하였다. 나머지 문장들은 [어렵지 않게] 알 수 있다.

수행에 [대한 질문에] 대해 대답하는 것에는 문장에 세 가지가 있다. 첫 번째는 '숫자를 매겨 총괄적으로 제시하는 것'(擧數總標)이고, 두 번째는 '숫자에 따라 방법을 펼치는 것'(依數開門)이며, 세 번째는 '방법에 따라 하나씩 해설한 것'(依門別解)이다.

② 수행에 대한 질문에 대답함(答修行)

修行有五門, 能成此信,[466] 云何爲五? 一者, 施門, 二者, 戒門, 三者, 忍

466 『회본』에서는 이 문장과 이어지는 문장을 구분하여 풀이하고 있지만, 분량도 적고 내

門, 四者, 進門, 五者, 止觀門.

『논』(T32, 581c14~16); 『회본』(1-780b13, b17~18)

수행에는 다섯 가지 방법(門)이 있어서 이 믿음을 완성할 수 있으니, 무엇이 다섯인가? 첫 번째는 '[널리] 베풀고 나누는 수행'(施門)이고, 두 번째는 '윤리적 행위규범을 지켜가는 수행'(戒門)이며, 세 번째는 '참아 내는 수행'(忍門)이고, 네 번째는 '[열심히] 노력하는 수행'(進門)이며, 다섯 번째는 〈'[빠져들지 않고] 그침'(止)과 '[사실대로] 이해함'(觀)의 수행〉(止觀門)이다.

【소】 初中言"能成此信"者, 有信無行, 卽信不熟, 不熟之信, 遇緣便退, 故修五行以成四信也. 第二開門中言"止觀門"者, 六度之中, 定慧合修, 故合此二爲"止觀門"也.

『소』(1-726c1~5); 『회본』(1-780b14~16, b19~20)

[수행법에 대한 질문에 답하면서] 첫 부분에서 말한 "이 믿음을 완성할 수 있다"(能成此信)라는 것은, 믿음이 있어도 수행이 없으면 믿음이 성숙할 수 없고, 성숙되지 못한 믿음은 '[어려운] 환경'(緣)과 만나면 곧 퇴보하니, 그러므로 '다섯 가지 수행'(五行)을 익혀 '네 가지 믿음'(四信)을 완성한다는 것이다.

두 번째로 '수행 방법'(門)을 펼치는 가운데서 말한 "'[빠져들지 않고] 그침'(止)과 '[사실대로] 이해함'(觀)의 수행법"(止觀門)이라는 것은, '[여섯 가지 대승의] 구제수행'(六度/六波羅蜜)에서는 선정(定)과 지혜(慧)를 함께 닦기 때문에 이 둘을 합쳐서 "'[빠져들지 않고] 그침'과 '[사실대로] 이해함'의 수행법"이라 한 것이다.

【소】 第三別解, 作二分釋, 前四略明. 後一廣說.

『소』(1-726c6~7); 『회본』(1-780b21~22)

용적으로도 굳이 구별할 필요가 없을 것으로 판단하여 두 문장을 하나의 의미단위로 보고 번역하였다. 이에 따르는 원효의 주석도 『회본』에서는 따로 구분되어 있는 단락을 합쳐서 번역하였음을 밝혀 둔다.

세 번째인 '[방법에 따라] 하나씩 해설한 것'([依門]別解)은 두 부분으로 나누어 풀이하였는데, [한 부분인] 앞의 [시문施門 · 계문戒門 · 인문忍門 · 진문進門, 이] 네 가지는 간략하게 밝히고, [또 한 부분인] 뒤의 [지관문止觀門] 한 가지는 자세하게 설명하였다.

가. '널리 베풀고 나누는 수행'(施門) · '윤리적 행위규범을 지켜 가는 수행'(戒門) · '참아 내는 수행'(忍門) · '열심히 노력하는 수행'(進門)을 간략히 밝힘(略明)

云何修行施門? 若見一切來求索者, 所有財物, 隨力施與, 以自捨慳貪, 令彼歡喜. 若見厄難恐怖危逼, 隨己堪任, 施與無畏. 若有衆生來求法者, 隨己能解, 方便爲說, 不應貪求名利恭敬, 唯念自利利他, 迴向菩提故. 云何修行戒門? 所謂不殺不盜不婬, 不兩舌不惡口不妄言不綺語, 遠離貪嫉欺詐諂曲瞋恚邪見. 若出家者, 爲折伏煩惱故, 亦應遠離憒鬧, 常處寂靜, 修習少欲知足頭陀等行. 乃至小罪, 心生怖畏, 慚愧改悔, 不得輕於如來所制禁戒, 當護譏嫌, 不令衆生妄起過罪故. 云何修行忍門? 所謂應忍他人之惱, 心不懷報, 亦當忍於利衰毀譽稱譏苦樂等法故. 云何修行進門? 所謂於諸善事, 心不懈退, 立志堅强, 遠離怯弱, 當念過去久遠已來, 虛受一切身心大苦, 無有利益, 是故應勤修諸功德, 自利利他, 速離衆苦. 復次若人雖修行信心, 以從先世來, 多有重罪惡業障故, 爲邪魔諸鬼之所惱亂, 或爲世間事務種種牽纏, 或爲病苦所惱. 有如是等衆多障礙, 是故應當勇猛精勤, 晝夜六時, 禮拜諸佛, 誠心懺悔, 勸請隨喜, 迴向菩提, 常不休廢, 得免諸障, 善根增長故.

『논』(T32, 581c17~582a12); 『회본』(1-780b23~781a1)

어떻게 '[널리] 베풀고 나누는 수행'(施門)을 익히며 실천하는가? 만약 누구라도 와서 도움을 구하는 자를 본다면 가지고 있는 재물을 능력껏 베풀어 주는 것이니, '아끼고 탐내는 것'(慳貪)을 스스로 버림으로써 [도움을 구하는] 그들을 기쁘게 만드는 것이다. [또] 만약 '불행과 재난'(厄難), 두

려움(恐怖), '위험의 핍박'(危逼)을 [만난 자들을] 본다면, 자기가 감당할 수 있는 것에 따라 [그들의] '두려움을 없애 줌'(無畏)을 실천하는 것이다. [또] 만약 찾아와서 진리를 구하는 중생이 있다면, 자신이 이해하는 것에 따라 [적절한] '수단과 방법'(方便)을 써서 [그를] 위하여 설명해 주는 것이니, 명예와 이익 및 공경을 탐하여 구하지 말고 오직 '자기도 이롭게 하고 남도 이롭게 함'(自利利他)을 생각하면서 [가르쳐 주는 모든 노력을] 깨달음으로 향하게 하는 것이다.

어떻게 '윤리적 행위규범을 지켜 가는 수행'(戒門)을 익히며 실천하는가? 이른바 '[살아있는 것을 의도적으로] 죽이지 않고'(不殺), '주어지지 않는 것을 훔쳐 갖지 않으며'(不盜), '부적절한 성관계를 갖지 않고'(不婬), '[한 입으로] 두말하지 않으며'(不兩舌), '[거친] 욕설을 하지 않고'(不惡口), '거짓말을 하지 않으며'(不妄言), '꾸며 대는 말을 하지 않아'(不綺語), 탐욕(貪)·질투(嫉)·기만(欺)·사기(詐)·아첨(諂)·왜곡(曲)·'정의롭지 못한 분노'(瞋恚)·'사특한 견해'(邪見)에서 멀리 벗어나는 것이다. 만약 출가한 사람이라면 번뇌를 꺾어 굴복시키기 위해서 또한 어지럽고 시끄러운 곳에서 멀리 벗어나 고요한 곳에 늘 머무르면서 '욕심을 적게 하고'(少欲) '만족할 줄 알며'(知足) '의식주에 얽매이지 않고 홀로 닦는'(頭陀)[467] 실천 등을 거듭 익혀야 한다. [또 출가자라면] 사소한 죄라도 두려워하는 마음을 내어 '[자기와 남에게] 부끄러워하여'(慚愧) '고치고 뉘우치면서'(改悔) 여래께서 정한 '피할 것'(禁)과 '준수할 것'(戒)을 가볍게 여기지 않아 '[중생들이] 비난하거나 헐뜯지'(譏嫌) 않게 하여서 중생들로 하여금 [출가자를 비난하여 짓게 되는] 허물과 죄를 잘못 일으키지 않게 하는 것이다.

어떻게 '참아 내는 수행'(忍門)을 익히며 실천하는가? 이른바 다른 이가 괴롭혀도 참아 내어 되갚아 주려는 마음을 품지 않는 것이며, 또한

467 두타頭陀: 팔리어 원어인 'dhūta'의 소리를 옮긴 말이다. '걸식으로 끼니를 해결함' 등의 12가지의 두타행이 전한다.

이익과 손해, 치욕과 명예, 칭찬과 조롱, 괴로움과 즐거움 등의 현상(法)을 참아 내는 것이다.

어떻게 '[열심히] 노력하는 수행'(進門)을 익히며 실천하는가? 이른바 온갖 '좋은 일'(善事)에도 마음이 나태해지거나 퇴행하지 않고 [수행에] 뜻을 세워 굳건히 하여 '겁이 나서 마음이 약해지는 것'(怯弱)에서 멀리 벗어나는 것이니, 시작을 알 수 없는 오랜 과거부터 모든 [종류의] 몸과 마음의 커다란 고통을 헛되게 받으며 이로움이 없었다는 것을 생각하여 갖가지 '이로운 능력'(功德)을 부지런히 익혀 '자기도 이롭게 하고 남도 이롭게'(自利利他) 하면서 온갖 고통에서 빨리 벗어나는 것이다.

또 만약 어떤 이가 비록 '믿는 마음'(信心)을 수행한다고 해도 이전 세상에서부터의 무거운 죄와 악한 행위의 장애가 많이 있기 때문에, [깨달음을 방해하려는] '사특한 방해자'(邪魔)와 갖가지 귀신들에게 괴롭힘을 당하게 되거나, 혹은 세상의 일에 갖가지로 끌려 다니며 얽매이거나, 혹은 질병의 고통에 시달리게 된다. 이와 같은 수많은 장애들이 있기 때문에 반드시 용맹스럽게 부지런히 노력해야 하니, '[하루에] 낮과 밤으로 [모두] 여섯 때'(晝夜六時)에 모든 부처에게 예배하고, 진실한 마음으로 '잘못을 반성하고 뉘우치며'(懺悔), '[설법 듣기를] 간절히 요청하고'(勸請), '[다른 사람의 이익에] 더불어 기뻐하면서'(隨喜), [이런 노력들을] '깨달음으로 돌리는 것'(迴向菩提)을 늘 쉼 없이 하여 온갖 장애에서 벗어나 [깨달음을 성취할 수 있는] '이로운 능력'(善根)을 키우는 것이다.

【소】 初中亦二, 一者, 別明四種修行, "復次若人"以下, 第二, 示修行者除障方便. 此第二中, 亦有二句, 先明所除障礙, 後示能除方法. 方法中言"禮拜諸佛"者, 此總明除諸障方便. 如人負債, 依附於王, 則於債主無如之何, 如是行人禮拜諸佛, 諸佛所護, 能脫諸障也. "懺悔"以下, 別除四障, 四障是何? 一者, 諸惡業障, 懺悔除滅, 二者, 誹謗正法, 勸請滅除, 三者, 嫉妬他勝, 隨喜對治, 四者, 樂著三有, 迴向對治. 由是四障, 能令

行者不發諸行, 不趣菩提, 故修如是四行對治. 是義具如『瑜伽論』說. 又此懺悔等四種法, 非直能除諸障, 亦乃功德無量, 故言"免諸障, 善根增長". 是義廣說, 如『金鼓經』也.

『소』(1-726c8~23); 『회본』(1-781a2~17)

[시문施門 · 계문戒門 · 인문忍門 · 진문進門을 간략히 밝히는] 첫 부분에도 두 가지 [내용이] 있으니, 첫 번째는 네 가지 수행[의 방법]을 하나씩 밝힌 것이고, "또 만약 어떤 이가"(復次若人) 이하는 두 번째로 수행자가 장애를 없애는 '수단과 방법'(方便)을 제시한 것이다. 이 두 번째 [단락] 안에도 두 구절이 있으니, 먼저는 제거되는 장애를 밝혔고 나중은 제거하는 방법을 보여 준 것이다.

방법 가운데서 말한 "모든 부처에게 예배한다"(禮拜諸佛)라는 것은, 온갖 장애를 제거하는 '수단과 방법'(方便)을 총괄적으로 밝힌 것이다. 마치 어떤 사람이 빚을 지고 있어도 왕에게 부탁하면 채권자에게는 어찌할 방도가 없는 것과 같이, 이처럼 수행하는 사람이 모든 부처에게 예배하면 모든 부처의 가호를 받아 온갖 장애에서 벗어날 수 있는 것이다.

"[진실한 마음으로] 잘못을 반성하고 뉘우친다"(懺悔) 이하는 '네 가지 장애'(四障)를 하나씩 제거하는 것이니, 네 가지 장애란 무엇인가? 첫 번째는 온갖 '해로운 행위'(惡業)[로 인한] 장애이니 참회로 없애고, 두 번째는 '올바른 진리'(正法)를 비방하는 것[으로 인한 장애]이니 '[설법 듣기를] 간절히 요청함'(勸請)으로 없애며, 세 번째는 다른 사람의 뛰어남을 질투하는 것[으로 인한 장애]이니 '[다른 사람의 이익에] 더불어 기뻐하는 것'(隨喜)으로 다스리고, 네 번째는 '[욕망세계(欲界) · 유형세계(色界) · 무형세계(無色界), 이] 세 가지 세계'(三有)를 즐기면서 집착하는 것이니 '[모든 노력을 깨달음으로] 돌리는 것'(迴向)으로 다스린다.

이 '네 가지 장애'(四障)로 인해 수행자로 하여금 온갖 수행을 시작하지 못하게 하여 깨달음(菩提)으로 나아가지 못하게 하니, 그러므로 이러한 네 가지 행위들을 익혀 [네 가지 장애들을] 다스리는 것이다. 이러한 내용(義)은 『유가사지론瑜伽師地論』의 설명[468] 같은 데에 갖추어져 있다. 또한 이 참회를 비롯한 네 가지 수행방법(法)은 단지 온갖 장애를 제거할 수 있을 뿐만 아니라 또한 [그로 인해 성취하는] '이로운 능력'(功德)도 헤아릴 수 없이 많으니, 따라서 "온갖 장애에서 벗어나 [깨달음을 성취할 수 있는] 이로운 능력을 키우는 것이다"([得]免諸障, 善根增長)라고 말하였다. 이런 내용(義)에 대한 자세한 설명은 『금고경金鼓經』[469][의 설명]과 같다.

---

468 『유가사지론』 권79의 다음과 같은 내용에 해당한다. "菩薩略有四上品障, 若不淨除, 終不堪能入菩薩地及地漸次. 何等爲四? 一者, 於諸菩薩毘奈耶中起染污犯. 二者, 毁謗大乘相應妙法. 三者, 未積集善根. 四者, 有染愛心. 爲欲對治如是四障, 復有四種淨除障法. 何等爲四? 一者, 遍於十方諸如來所, 深心懇責發露悔過. 二者, 遍爲利益一切十方諸有情類, 勸請一切如來說法. 三者, 遍於十方一切有情所作功德, 皆生隨喜. 四者, 凡所生起一切善根皆悉迴向阿耨多羅三藐三菩提"(T30, 737b13~23). 여기서는 보살지菩薩地에 들어가지 못하게 하는 사장四障(四上品障)과 이 사장을 치유하는 사종정제장법四種淨除障法을 논의하는데, 본문에서 원효가 사장 및 사장의 치유에 관해 설명하는 내용과 유사한 설명 양상을 보인다. 이를 표로 나타내면 다음과 같다.

『기신론소』		『유가사지론』	
四障	四行對治	四障	四種淨除障法
諸惡業障	懺悔	於諸菩薩毘奈耶中起染污犯	遍於十方諸如來所, 深心懇責發露悔過.
誹謗正法	勸請	毁謗大乘相應妙法	遍爲利益一切十方諸有情類, 勸請一切如來說法.
嫉妬他勝	隨喜	未積集善根	遍於十方一切有情所作功德, 皆生隨喜.
樂著三有	迴向	有染愛心	凡所生起一切善根皆悉迴向阿耨多羅三藐三菩提.

이에 따르면 본문에서 사장 중 첫 번째인 제악업장諸惡業障은 『유가사지론』의 보살계菩薩戒에 대해 염오染汚의 죄업을 범한 것이고, 세 번째인 질투타승嫉妬他勝은 『유가사지론』의 스스로 선근善根을 적집積集하지 못하여 일어난다는 것에 해당한다.

469 동일하지는 않지만 관련되는 내용이 『금광명경金光明經』 제5 「업장멸품業障滅品」에 보인다. 『소』에서 설명한 부분과 상응하는 내용을 소개하면 다음과 같다. 『합부금광명경』 권2(T16, 369b10~15). "又有四種對治滅業障法. 何者爲四? 一者於十方世界一切如來, 至心親近懺悔一切罪. 二者爲十方一切衆生, 勸請諸佛說諸妙法. 三者隨喜十方一切衆生所有成就功德. 四者所有一切功德善根, 悉以迴向阿耨多羅三藐三菩提." 〈산스크리트본의 해당 내용: 현존하는 산스크리트본에 없는 품.〉

나. '빠져들지 않고 그침'(止)과 '사실대로 이해함'(觀)의 수행법을 자세히 설명함(廣說)

【소】 止觀門中, 在文有二, 一者, 略明, 二者, 廣說.

『소』(1-726c24~727a1); 『회본』(1-781a18~19)

〈'[빠져들지 않고] 그침'(止)과 '[사실대로] 이해함'(觀)의 수행〉(止觀門)[을 설명하는 곳]에서는 문장에 두 가지가 있으니, 첫 번째는 '간략하게 밝히는 것'(略明)이고, 두 번째는 '자세하게 설명한 것'(廣說)이다.

가) 간략하게 밝힘(略明)

云何修行止觀門? 所言止者, 謂止一切境界相, 隨順奢摩他觀義故. 所言觀者, 謂分別因緣生滅相, 隨順毗鉢舍那觀義故. 云何隨順? 以此二義, 漸漸修習, 不相捨離, 雙現前故.

『논』(T32, 582a12~16); 『회본』(1-781a20~24)

어떻게 〈'[빠져들지 않고] 그침'(止)과 '[사실대로] 이해함'(觀)의 수행〉(止觀門)을 익히며 실천하는가? '[빠져들지 않고] 그침'(止)이라는 것은 〈모든 '[불변·독자의 실체로 간주하는] 대상[을 수립하는] 양상'(境界相)[에 빠져드는 것]을 그치는 것〉(止一切境界相)을 말하니, 〈'[빠져들지 않고] 그침을 통해 [사실대로 이해하면서] 바르게 봄'(奢摩他觀, 止觀)의 측면(義)〉(奢摩他觀義, 止觀義)에 따르는 것이다. '[사실대로] 이해함'(觀)이라는 것은 '원인과 조건에 따라 생겨나고 사라지는 양상'(因緣生滅相)을 이해(分別)하는 것을 말하니, 〈'[사실대로] 이해함을 통해 [빠져들지 않고 그쳐서] 바르게 봄'(毗鉢舍那觀, 觀觀)의 측면〉(毗鉢舍那觀義, 觀觀義)에 따르는 것이다. 어떻게 따르는가? 이 두 가지 측면을 점차 익히면서 서로 배제(捨)하거나 분리(離)되지 않게 하여 쌍으로 [함께] 나타나게 하는 것이다.

【소】 初略中言"謂止一切境界相"者, 先由分別, 作諸外塵, 今以覺慧, 破外

塵相, 塵相旣止, 無所分別. 故名爲"止"也. 次言"分別生滅相"者, 依生滅門, 觀察法相, 故言"分別". 如『瑜伽論』菩薩地云, "此中菩薩, 卽於諸法, 無所分別, 當知名止, 若於諸法勝義理趣, 及諸無量安立理趣世俗妙智, 當知名觀".[470] 是知依眞如門, 止諸境相, 故無所分別, 卽成無分別智, 依生滅門, 分別諸相, 觀諸理趣, 卽成後得智也. "隨順奢摩他觀義, 隨順毘鉢舍那觀義"[471]者, 彼云奢摩他, 此翻云止, 毘鉢舍那, 此翻云觀. 但今譯此論者, 爲別方便及與正觀, 故於正觀仍存彼語. 若具存此語者, 應云隨順止觀義, 及隨順觀觀義. 欲顯止觀雙運之時, 卽是正觀, 故言止觀及與觀觀. 在方便時, 止諸塵相, 能順正觀之止, 故言"隨順止觀". 又能分別因緣相故, 能順正觀之觀, 故言"隨順觀觀". "云何隨順"以下, 正釋此義. "漸漸修習"者, 是明能隨順之方便, "現在前"者, 是顯所隨順之正觀也. 此中略明止觀之義, 隨相而論, 定名爲止, 慧名爲觀, 就實而言, 定通止觀, 慧亦如是.

『소』(1-727a2~b2); 『회본』(1-781b1~c2)

처음인 '간략하게 밝히는 것'(略[明])에서 말한 "모든 '[불변 · 독자의 실체로 간주하는] 대상[을 수립하는] 양상'[에 빠져드는 것]을 그치는 것을 말한다"(謂止一切境界相)라는 것은 [다음과 같은 뜻이다.] 앞서 [불변 · 독자의 실체나 본질이 있다는 견해에 따르는] 분별 때문에 '[불변 · 독자의 실체로 간주하는] 온갖 대상들'(諸外塵)을 지어내다가 지금은 '[사실대로] 깨닫는 지혜'(覺慧)로써 '[불변 · 독자의 실체로 간주하는] 대상들[을 수립하는] 양상'(外塵相)을 깨뜨리니, '[불변 · 독자의 실체로 간주하는] 대상들[을 수립하는] 양상'(塵相)이 이미 그쳐 [불변 · 독자의 실체로 간주하여] 분별되는 것이 없다. 그러므로 "[빠져들지 않고] 그침"(止)이라고 부른다.

---

470 『유가사지론』 권45(T30, 539c24~26). 본문은 "此中菩薩, 卽於諸法, 無所分別, 當知名止. 若於諸法勝義理趣如實眞智, 及於無量安立理趣世俗妙智, 當知名觀"이다. 『소』의 인용문에는 밑줄 친 '如實眞智'과 '於'가 빠져 있다. 번역에는 빠진 내용을 반영한다.

471 『대승기신론』 본문 "所言止者, 謂止一切境界相, 隨順奢摩他觀義故. 所言觀者, 謂分別因緣生滅相, 隨順毗鉢舍那觀義故"에서 밑줄 부분만 추려서 인용한 것이다.

다음으로 말한 "'[원인과 조건에 따라] 생겨나고 사라지는 양상'을 이해한다"(分別[因緣]生滅相)라는 것은 [다음과 같은 뜻이다.] '[근본무지에 따라] 생멸하는 측면'(生滅門)에 의거하여 '현상의 [연기적緣起的] 양상'(法相)들을 관찰하는 것이니, 그러므로 "이해한다"(分別)라고 하였다. 이를테면 『유가사지론』「보살지菩薩地」에서 [다음과 같이] 말한 것과 같다.

"이 중에서 보살은 '모든 현상'(諸法)에 대해 [불변·독자의 실체나 본질이 있다는 견해로] 분별하는 것이 없으니 [이것을] '[빠져들지 않고] 그침'(止)이라 부른다는 것을 알아야 하고, 만약 '모든 현상'에서 〈'[사실대로 보는] 탁월한 내용의 이해'(勝義理)로써 이르는 '사실 그대로 이해하는 참된 지혜'(如實眞智)〉(勝義理趣如實眞智)와 〈갖가지 한량없이 많은 '언어에 담은 이해'(安立理)[472]로 도달

472 승의리勝義理와 안립리安立理: 승의勝義는 세속世俗의 대칭이고 안립安立은 비안립非安立의 대칭이므로 본문에서 제시된 승의와 안립은 비안립과 안립 또는 승의와 세속이라는 짝개념으로 대체될 수 있다. 승의의 범어인 'paramārtha'는 최고의 전체적 진리(the highest or whole truth), 탈속적 앎(spiritual knowledge) 등의 뜻이고 세속의 범어인 'saṃvṛti'는 위장(dissimulation), 차단(obstruction) 등의 뜻으로서 승의리를 가리어 왜곡하는 지평을 가리킨다(*Sanskrit English Dictionary*, pp.588, 1116 참조). 승의(非安立)와 안립(世俗)의 대비에 관해 『성유식론술기』 권9에서는 "有差別名言者名安立, 無差別離名言者非安立也"(T43, 568a11~12)라고 간명하게 설명하기도 한다. 이에 따르면 유차별有差別이어서 언어(名言)로 설명될 수 있는 것이 안립의 지평이고 무차별無差別이어서 언어로 설명될 수 없는 것이 비안립의 지평이다. 한편 『유가사지론』 권67에서는 진여眞如를 내관內觀하는 성문승聲聞乘과 대승大乘의 수행 차이를 승의(非安立)와 안립(世俗)의 개념에 의거하여 대비하기도 하는데, 다음과 같다. "云何聲聞乘相應作意修? … 由安立諦作意門, 內觀眞如, 緣有量有分別法爲境. … 云何大乘相應作意修? … 由安立非安立諦作意門, 內觀眞如, 緣無量無分別法爲境"(T30, 668c4~14). 이에 따르면 성문승상응작의수聲聞乘相應作意修는 안립제작의문安立諦作意門으로 진여를 내관한 것으로서 유량유분별법有量有分別法을 대상으로 삼고, 대승상응작의수大乘相應作意修는 안립제작의문뿐 아니라 비안립제작의문非安立諦作意門까지에 의거하여 진여를 내관한 것으로서 무량무분별법無量無分別法을 대상으로 삼는다. 본문에서 '[사실대로] 이해함'(觀)의 내용으로 승의리와 안립리를 통틀어 포섭하는 설명은 안립문安立門뿐 아니라 비안립문非安立門까지에 의거하는 대승의 수행에 부합하고, 안립문에만 의거하는 성문승의 수행에는 해당하지 않는 것으로 보인다.

하는 '세속을 사실대로 이해하는 오묘한 지혜'(世俗妙智)〉(無量安立理趣世俗妙智)라면 [이것을] '[사실대로] 이해함'(觀)이라 부른다는 것을 알아야 한다."[473]

그러므로 '참 그대로인 측면'(眞如門)에 의거하여 온갖 '[불변 · 독자의 실체로 간주하는] 대상들[을 수립하는] 양상'(境相)을 그치므로 [불변 · 독자의 실체로 간주하여] 분별되는 것이 없어 곧 〈'[불변 · 독자의 실체나 본질이 있다는 관점에 의거한] 분별'이 없는 바른 이해〉(無分別智)를 이루고, '[근본무지에 따라] 생멸하는 측면'(生滅門)에 의거하여 '갖가지 [연기적으로 생멸하는] 양상들'(諸相)을 이해(分別)하므로 갖가지 [현상들이] '[연기의] 이치대로 나아감'(理趣)을 관찰하여 곧 '[깨달음을 성취한] 후에 얻어지는 ['사실 그대로'(如實) 이해하는] 지혜'(後得智)를 이룬다는 것을 알아야 한다.

"〈'[빠져들지 않고] 그침을 통해 [사실대로 이해하면서] 바르게 봄'(奢摩他觀, 止觀)의 측면(義)〉에 따르고, 〈'[사실대로] 이해함을 통해 [빠져들지 않고 그쳐서] 바르게 봄'(毗鉢舍那觀, 觀觀)의 측면〉에 따른다"(隨順奢摩他觀義, 隨順毘鉢舍那觀義)라는 것은 [다음과 같은 뜻이다.] 그들 [인도인]이 사마타奢摩他(samatha)라고 말한 것을 이들 [중국인]은 '지止'로 번역하였고, 비발사나毘鉢舍那(vipassanā)[474]

473 『유가사지론』 권45(T30, 539c24~26). "此中菩薩, 卽於諸法, 無所分別, 當知名止. 若於諸法勝義理趣如實眞智, 及於無量安立理趣世俗妙智, 當知名觀." 〈산스크리트본의 해당 내용: BoBh[W] 260,11-14; BoBh[D] 177,17-19, tatra yā bodhisattvasyaiṣā dharmāṇām evam avikalpanā. so 'sya śamatho draṣṭavyaḥ. yac ca tad yathābhūtajñānaṃ pāramārthikaṃ yac ca tad apramāṇavyavasthānanayajñānaṃ dharmeṣu. iyam asya vipaśyanā draṣṭavyā.; 그중에서 보살이 모든 현상에 대해 분별하지 않는 것이 그의 사마타라고 보아야 한다. 그리고 모든 현상에 대한 승의적이고 여실한 그 인식과 무량한 언어적 확립 방식의 인식이 그의 비파샤나라고 보아야 한다.〉

474 사마타奢摩他(samatha)와 위빠사나毘鉢舍那(vipassanā): 사마타는 산스크리트어 'śamatha'(팔리어 samatha)의 발음을 옮긴 것으로 한역漢譯으로는 사마타奢摩他라고 하며 '지止'와 상응하는 개념이다. 그리고 위빠사나는 산스크리트어 'vipaśyanā'(팔리어 vipassanā)의 발음을 옮긴 것으로 한역으로는 비발사나毘婆舍那라고 하며 '관觀'과 상응하는 개념이다. 그리하여 사마타/위빠사나를 흔히 '지관止觀'이라고도 부른다. 사마타는 동사어근 '√śam'(고요하다)에서 파생한 남성명사로서 고요(quiet), 평정(tranquillity), 격정의 부재(absence of passion) 등의 뜻이다(*Sanskrit English*

는 이들 [중국인]이 '관觀'으로 번역하였다. 다만, 지금 이 『기신론』을 번역한 이는 '수단과 방법[을 통한 이해]'(方便[觀])와 '곧바로 사실대로 이해함'(正觀)을 구별하려 했기 때문에 '곧바로 사실대로 이해함'(正觀)에 대해서는 그들의 언어[인 산스크리트]를 그대로 쓴 것이다. 만약 모두 이쪽 [중국]의 언어를 갖추어 쓴다면 〈'[빠져들지 않고] 그침을 통해 [사실대로 이해하면서] 바르게 봄'(止觀)의 측면에 따르고, 또한 '[사실대로] 이해함을 통해 [빠져들지 않고 그쳐서] 바르게 봄'(觀觀)의 측면에 따른다〉(隨順奢摩他觀義, 隨順毘鉢舍那觀義)라고 말해야 한다. '[빠져들지 않고] 그침'(止)과 '[사실대로] 이해함'(觀)을 쌍으로 [함께] 운용할 때 바로 '곧바로 사실대로 이해함'(正觀)이 [성취된다]라는 것을 드러내고자 하기 때문에 '[빠져들지 않고] 그침을 통해 [사실대로 이해하면서] 바르게 봄'(止觀)과 '[사실대로] 이해함을 통해 [빠져들지 않고 그쳐서] 바르게 봄'(觀觀)이라고 말한 것이다.

'수단과 방법'(方便)[에 의거하는] 때에는 모든 '[불변·독자의 실체로 간주하는] 대상들[을 수립하는] 양상'(塵相)을 그쳐야 '곧바로 사실대로 이해하는 그침'(正觀之止)에 따를 수 있으니, 따라서 "'[빠져들지 않고] 그침을 통해 [사실대로 이해하면서] 바르게 봄'[의 측면(義)]에 따른다"(隨順止觀[義])라고 말했다. 또 '[원인과

Dictionary, p.1054 참조). 『불광대사전』(p.1473)의 설명에 따르면, 지관과 병칭될 경우의 사마타(止)는 마음을 한 곳으로 거두어들여 흐트러지거나 요동하는 것을 그치게 하고 망상 분별이 생겨나는 것을 막아서 그치게 하는 것을 의미한다. 그리고 위빠사나는 동사어근 '√paś'(보다)의 앞에 접두어 'vi'(분리)가 첨가된 여성 명사로서 '바른 앎'(right knowledge)의 뜻이다(*Sanskrit English Dictionary*, p.974 참조). 『불광대사전』(p.1473)의 설명에 따르면, 위빠사나(觀)는 '바른 지혜'(正智)를 열어 '모든 현상'(諸法)을 '살펴 이해하다'(觀照)는 뜻이다. 그런데 앞서 '진여문眞如門·생멸문生滅門과 지행止行·관행觀行' 항목의 역주에서도 언급했듯이, 『대승기신론』와 원효의 관점은 이러한 일반적 관점과 달라 주목된다. 특히 지止를 '산만하거나 동요하지 않는 집중상태'라고 보는 통념과 많이 다르다. 그리고 이러한 『대승기신론』과 원효의 관점은 정학/선 이해의 새로운 길을 제시하고 있다. 붓다가 설한 사마타/위빠사나, 혹은 지관의 의미와 내용이 무엇인가에 대해서는 전통적 관점에 매이지 않는 새로운 탐구가 요청되는데, 『대승기신론』과 원효가 제시하는 관점은 이러한 탐구의 유익한 길잡이가 된다.

조건에 따라] 생겨나고 사라지는 양상을 이해'(分別[因緣]生滅相)할 수 있기 때문에 '곧바로 사실대로 이해하는 이해'(正觀之觀)에 따를 수 있으니, 따라서 "'[사실대로] 이해함을 통해 [빠져들지 않고 그쳐서] 바르게 봄'[의 측면(義)]에 따른다"(隨順觀觀[義])라고 말했다.

"어떻게 따르는가?"(云何隨順) 이하는 이 뜻을 곧바로 해석한 것이다. "점차 익힌다"(漸漸修習)라는 것은 〈따를 수 있는 '수단과 방법'〉(能隨順之方便)을 밝힌 것이고, "[쌍으로 함께] 나타나게 한다"([雙]現前)라는 것은 〈따르게 된 '곧바로 사실대로 이해함'〉(所隨順之正觀)을 밝힌 것이다.

여기서는 '[빠져들지 않고] 그침'(止)과 '[사실대로] 이해함'(觀)의 뜻을 간략하게 밝혔는데, 특징(相)에 따라 논하면 선정(定)은 '[빠져들지 않고] 그침'(止)이라 부르고 지혜(慧)는 '[사실대로] 이해함'(觀)이라 부르게 되며, [수행의] 실제 내용(實)에 의거해 말하면 선정(定)은 '[빠져들지 않고] 그침'(止)과 '[사실대로] 이해함'(觀)에 [모두] 통하고 지혜도 그러하다.

【소】 如『瑜伽論』聲聞地云, "復次如是心一境性, 或是奢摩他品, 或是毘鉢舍那品. 若於九種心住中心一境性, 名奢摩他品, 若於四種慧行中心一境性, 名毘鉢舍那品. 云何名爲九種心住? 謂有苾芻令心內住, 等住, 安住, 近住, 調順, 寂靜, 最極寂靜, 專住一趣, 及與等持, 如是名爲九種心住. 云何內住? 謂從外一切所緣境界, 攝錄其心, 繫在於內, 不外散亂, 故名內住. 云何等住? 謂卽最初所繫縛心, 其性麤動, 未能令其等遍住故, 次卽於此所緣境界, 以相續方便澄淨方便, 挫令微細, 遍攝令住, 故名等住. 云何安住? 謂若此心雖復如是內住等住, 然由失念, 於外散亂, 還復攝錄安置內境, 故名安住. 云何近住? 謂彼先應如是如是親近念住. 由此念故, 數數作意, 內住其心, 不令此心遠住於外, 故名近住.

『소』(1-727b2~b21); 『회본』(1-781c2~20)

이를테면 『유가사지론瑜伽師地論』 「성문지聲聞地」에서 [다음과 같이] 말하는 것과 같다.[475]

"또한 이와 같은 '마음이 한결같아진 상태'(心一境性)[476]는 '[빠져들지 않고] 그치는 수행의 영역'(奢摩他品)이기도 하고 '[사실대로] 이해하는 수행의 영역'(毘鉢舍那品)이기도 하다. 만약 '선정에 든 마음의 아홉 가지 내용'(九種心住)에 속하는 '마음이 한결같아진 상태'(心一境性)라면 '[빠져들지 않고] 그치는 수행의 영역'(奢摩他品)이라 부르고, '지혜 작용의 네 가지'(四種慧行)에 속하는 '마음이 한결같아진 상태'(心一境性)라면 '[사실대로] 이해하는 수행의 영역'(毘鉢舍那品)이라 부른다.

어떤 것을 [사마타 영역인] '선정에 든 마음의 아홉 가지 내용'(九種心住)이라고 하는가? 어떤 수행자가 마음을 '[대상에 이끌려 나가게 하지 않고] 안으로 자리 잡게 하는 것'(內住)과 '[안으로 자리 잡은 마음상태를] 고르게 유지해 가는 것'(等住)과 '[안으로 자리 잡은 마음상태를] 확고하게 유지해 가는 것'(安住)과 '[대

---

475 이하의 『유가사지론瑜伽師地論』「성문지聲聞地」의 인용문은 긴 분량이어서 독자들의 편의를 위해 인용문 원문을 단락으로 끊어 번역하는 형식을 취했다.

476 심일경성心一境性: '마음이 한결같아진 상태'(心一境性)는 초기불교 경전에서 사선四禪을 구성하는 주요 내용으로 등장한다. 사선에 관한 니까야/아함의 정형구문들에서는 심일경성이 등장하는 경우와 등장하지 않는 경우가 모두 목격된다. 심일경성은 아비달마 논서 이후 선정禪定의 특징을 설명하는 말 중에서 대표적인 술어로 간주된다. 이 말의 팔리어 원어는 'cittekaggatā'인데, 어원에 따른 뜻은 '마음(citta)이 하나인(eka) 최상에(agga) [도달한] 상태(-tā)'로 파악할 수 있다. 산스크리트어로는 'cittaikgaratā'이다. 『청정도론』이 종합하고 있는 일련의 교학/수행 전통에서는 이 말의 의미를 '대상에 대한 고도의 집중상태'로 이해하는데, 이후의 불교전통에서는 이러한 『청정도론』 류類의 관점이 큰 영향을 미친 것으로 보인다. 선정의 의미를 '마음이 하나의 대상에 몰입된 상태'로 이해하는 전통이 뿌리내린 것이다. 그러나 니까야/아함이 전하는 심일경성이라는 말에는 원래 '대상에 대한 집중'이라는 의미가 없다. 불교의 선禪 수행이나 선정을 '대상 집중'으로 파악하는 것은 불교내부 특정집단의 특정한 해석학적 선택으로 보아야 한다. 만약 붓다 자신이 '심일경성'이라는 말을 사용한 것이 사실이라면(니까야/아함의 사선 정형구에 '심일경성'이라는 용어가 있는 경우도 있고 없는 경우도 있다는 것은 이 용어가 후학들에 의해 추가되었을 가능성을 고려하게 한다), 그 말의 의미와 내용은 달리 해석할 여지가 충분하다. 이것은 〈붓다가 설한 선禪 수행 내지 선정이란 어떤 것인가?〉라고 하는 근원적 문제이기도 한데, 통념처럼 뿌리내린 '대상 집중'이라는 선관禪觀은 원천에서부터 재음미할 필요가 있어 보인다.

상에 이끌려 나가게 하지 않는 마음을 챙기는 데] 익숙해지는 것'(近住)과 '[갖가지 양상에 이끌려 나가지 않는 것을] 순조롭게 하는 것'(調順)과 '[해로운 생각과 갖가지 번뇌에 이끌려 나가지 않아] 평온하게 하는 것'(寂靜)과 '[해로운 생각과 그에 따른 번뇌에 이끌리는 즉시 돌이켜] 평온하게 하는 것을 고도화시키는 것'(最極寂靜)과 '[힘을 더하여 삼매를] 흠결 없이 끊어지지 않게 유지해 가는 것'(專住一趣)과 '[더 이상 힘들이지 않고도 삼매를] 한결같이 유지해 가는 것'(等持) ―이러한 것들을 '선정에 든 마음의 9가지 내용'(九種心住)이라고 부른다.

어떤 것을 '[대상에 이끌려 나가게 하지 않고] 안으로 자리 잡게 하는 것'(內住)이라고 하는가? 관계 맺는 외부의 모든 대상 세계로부터 [대상세계로 이끌려 나가는] 그 마음을 붙들어(攝錄)[477] 안에 묶어둠으로써 [마음이] 밖으로 흐트러지지 않게 하는 것이니, 그러므로 '[대상에 이끌려 나가게 하지 않고] 안으로 자리 잡게 하는 것'(內住)이라고 부른다.

어떤 것을 '[안으로 자리 잡은 마음상태를] 고르게 유지해 가는 것'(等住)이라고 하는가? [대상에 이끌려 나가게 하지 않게] 묶어 둔 최초의 마음은 그 특성이 '거칠게 움직이는 것'(麤動)이어서 아직 그 [대상에 이끌려 나가지 않는 마음을] 고르게 두루 안착시키지 못하기 때문에, 다음으로 이 [마음이] 관계 맺는 대상세계에서 '[대상에 이끌려 나가지 않는 마음을] 지속시켜 가는 수단과 방법'(相續方便) 및 '[대상에 이끌리지 않는 마음을] 명료하게 하는 수단과 방법'(澄淨方便)[478]으로 [대상에 이끌려 나가려고 동요하는 마음을] 꺾어 미세하게 하고 [그 마음을] 두루 포섭하여 안착시키는 것이니, 그러므로 '[안으로 자리 잡은 마음상태를] 고르게 유지해 가는 것'(等住)이라고 부른다.

어떤 것을 '[안으로 자리 잡은 마음상태를] 확고하게 유지해 가는 것'(安住)이

---

477 섭록攝錄: 『한어대사전』에서 〈【攝錄】 拘捕. 『漢書 · 敘傳上』: "諸所賓禮皆名豪, 懷恩醉酒, 共諫伯宜頗攝錄盜賊, 具言本謀亡匿處." 『魏書 · 氐傳』: "公熙果有潛謀, 將爲叛亂. 子建仍報普惠, 令其攝錄"〉이라고 하는 것에 따라 '체포하다', '붙들다'의 뜻으로 번역했다.

478 징정澄淨: 『유가론기瑜伽論記』 권7(T42, 463a15~16)의 "始終無間名爲相續方便, 離亂寂靜名澄淨"에 따라 번역했다.

라고 하는가? 이 마음을 비록 이와 같이 '[대상에 이끌려 나가게 하지 않고] 안으로 자리 잡게 하고'(內住) '[안으로 자리 잡은 마음상태를] 고르게 유지해 가더라도'(等住) [그런] 마음을 [챙기지 못하고] 잃어버리면 [마음이 다시 대상에 이끌려] 밖으로 흩어져 어지러워지므로 다시금 [대상에 이끌려 나가는 마음을] 다잡아 챙겨 '[밖으로 끌려가지 않고] 안에 머무는 경지'(內境)에 확고하게 안착시키는 것이니, 그러므로 '[안으로 자리 잡은 마음상태를] 확고하게 유지해 가는 것'이라고 부른다.

어떤 것을 '[대상에 이끌려 나가게 하지 않는 마음을 챙기는 데] 익숙해지는 것'(近住)이라고 하는가? 그 [수행자]는 먼저 이렇게 반복하여 '마음이 [대상에 끌려 나가지 않고 안으로] 자리 잡는 것'(念住)에 익숙해져야 하는 것이다. 이 [익숙해진] 마음 때문에 수시로 뜻을 일으켜 그 마음을 안으로 머물게 하고 이 마음을 [대상을 따라] 멀리 밖으로 머물게 하지 않으니, 그러므로 '[대상에 이끌려 나가게 하지 않는 마음을 챙기는 데] 익숙해지는 것'(近住)이라고 부른다.[479]

479 『유가사지론』 권30(T30, 450c14~451a2). "復次如是心一境性, 或是奢摩他品, 或是毘鉢舍那品. 若於九種心住中心一境性, 是名奢摩他品, 若於四種慧行中心一境性, 是名毘鉢舍那品. 云何名爲九種心住? 謂有苾芻令心內住, 等住, 安住, 近住, 調順, 寂靜, 最極寂靜, 專注一趣, 及以等持, 如是名爲九種心住. 云何內住? 謂從外一切所緣境界, 攝錄其心, 繫在於內, 令不散亂. 此則最初繫縛其心, 令住於內不外散亂, 故名內住. 云何等住? 謂即最初所繫縛心, 其性麤動, 未能令其等住遍住故, 次即於此所緣境界, 以相續方便澄淨方便, 挫令微細, 遍攝令住, 故名等住. 云何安住? 謂若此心雖復如是內住等住, 然由失念, 於外散亂, 復還攝錄安置內境, 故名安住. 云何近住? 謂彼先應如是如是親近念住. 由此念故, 數數作意, 內住其心, 不令此心遠住於外, 故名近住." 밑줄 친 부분은 원효의 인용문에서 생략되었다. 〈산스크리트본의 해당 내용: ŚrBh 363,12-367,10, samādhir iti sā khalv eṣā ekāgratā śamathapakṣyā vipa- śyanāpakṣyā ca / tatra yā navākārāyāṃ cittasthitau sā śamathapakṣyā, yā punaś caturvidhe prajñādhāre sā vipaśyanāpakṣyā/ tatra navākārā cittasthitiḥ katamā / iha bhikṣur adhyātmam eva cittaṃ sthāpayati / saṃsthāpayati / avasthāpayaty [/] upasthāpayati / damayati / śamayati / vyupaśamayati / ekotīkaroti / samādhatte [/] kathaṃ sthāpayati / sarvabāhyebhya ālambanebhyaḥ pratisaṃkṣipyādhyātmam avikṣepāyopanibandhayati / yas tatprathamopanibaddho 'vikṣepāya iyaṃ sthāpanā / kathaṃ saṃsthāpayati / tatprathamopanibaddhaṃ yad eva cittaṃ tad balam audārikam asaṃsthitam aparisaṃsthitaṃ tasminn evālambane pravarddhanayogena prasādayogena sābhinigrahaṃ sūkṣmīkurvvan

【소】云何調順? 謂種種相令心散亂, 所謂五塵三毒男女等相. 故彼先應取彼諸相爲過患想. 由如是相[480]增上力故, 於彼諸相, 折挫其心, 不令流散, 故名調順. 云何寂靜? 謂有種種欲恚害等諸惡尋司,[481] 貪欲不善[482]等諸隨煩惱, 令心擾動, 故彼先應取彼諸法爲過患想. 由此[483]增上力故,

---

abhisaṃkṣipan saṃsthāpayati / katham avasthāpayati / sacec cittam evam sthāpayataḥ / smṛtisaṃpramoṣād bahirdhā vikṣipyate / sa punar api tathaiva pratisaṃharati / evam avasthāpayati / ji ltar na nye bar 'jog par byed pa yin zhe na / dang po kho nar de lta de ltar dran pa nye bar gzhag ste / gnas shing sems de yang dag par 'jog par byed pa na / ji nas kyang de'i sems de'i phyi rol du mi 'phro bar byed de / de ltar na nye bar 'jog par byed pa yin no /(근주는 현존 범본에서 누락되어 있어서 티베트어역본 5537 161b3-5; D.4036 132b7-133a1로 대신함.); 삼매란 샤마타품에 속하는 심일경성과 비파샤나에 속하는 심일경성이다. 그중에서 9종심주에 [있는 심일경성이] 샤마타에 속하는 것이다. 그리고 4종혜행에 [있는 심일경성이] 비파샤나에 속하는 것이다. 그중에서 9종심주란 무엇인가? 이 세상에서 비구가 마음을 안으로만 머물게 하고(內住), 고르게 머물게 하고(等住), 견고하게 머물게 하고(安住), 가까이 머물게 하고(近住), 조련하고(調順), 가라앉히고(寂靜), 고요하게 하고(最極寂靜), 하나의 대상에 집중하게 하고(專注一趣), 삼매에 들게 한다(等持). 어떻게 [안으로 마음을] 머물게 하는가? 모든 외적 인식대상으로부터 [마음을] 거두어 안으로 산란하지 않게 묶는다. 그 최초의 산란이 없이 묶인 [마음]이 [내]주다. 어떻게 [마음을] 고르게 머물게 하는가? 최초로 묶인 바로 마음은 그 힘이 거칠고 견고하지 않고 고정되지 않는다. 바로 그 대상에 대해 증가시키는 방식과 명료하게 하는 방식으로 붙잡은 [마음]을 미세하게 하고 응축시키면서 고르게 머물게 한다. 어떻게 [마음을] 견고하게 머물게 하는가? 만약 마음이 이와 같이 머문다 하더라도 주의집중을 놓쳐 버리기 때문에 [마음이] 밖으로 산란한다. 그는 다시 [마음을] 그와 같이 [외적 대상으로부터] 후퇴시킨다. 이와 같이 [마음을] 견고하게 머물게 한다. 어떻게 [마음을] 가깝게 머물게 하는가? 먼저 그와 같이 주의집중을 가깝게 머물게 한다. 머물면서 그 마음을 바르게 머물게 할 때 그 마음은 그 외부로 흩어지지 않는다. 그와 같이 [마음을] 가까이 머물게 한다.〉

480 '相'은 『유가사지론』 원문에 '想'이라고 되어 있다. 『회본』에도 '想'이라고 되어 있다. 번역은 '想'에 따른다.

481 '司'는 『유가사지론』 원문에 '思'라고 되어 있다. 『회본』에도 '思'라고 되어 있다. 번역은 '思'에 따른다.

482 '不善'은 『유가사지론』 원문에 '蓋'라고 되어 있다. 『회본』에도 '蓋'라고 되어 있다. 번역은 '蓋'에 따른다.

483 '此'는 『유가사지론』 원문에 '如是想'이라고 되어 있다. 『회본』에도 '如是想'이라고 되어

於彼, 心不流散, 故名寂靜. 云何[484]最極靜? 謂失念故, 卽彼二種暫現行時, 隨所生起, 然不忍受, 尋卽反吐, 故名最極靜. 云何名爲專住一趣? 謂有加行有功用, 無缺無間三摩地相續而住, 故名專住一趣. 云何等持? 謂數修數習數多修習爲因緣故, 得無加行無功用, 任運轉道, 故名等持. 又如是得奢摩他者, 復卽由是四種作意, 方能修習毗鉢舍那, 故此亦是毗鉢舍那品.

『소』(1-727b21~c14); 『회본』(1-781c21~782a16)

어떤 것을 '[갖가지 양상에 이끌려 나가지 않는 것을] 순조롭게 하는 것'(調順)이라고 하는가? 갖가지 양상(相)들이 마음을 흩트려 어지럽게 하니, 이른바 '[색色 · 성聲 · 향香 · 미味 · 촉觸, 이] 다섯 가지 감관의 대상들'(五塵)[이 나타내는 양상]과 '[탐貪 · 진瞋 · 치痴, 이] 세 가지 독[이 되는 마음]'(三毒)[이 나타내는 양상]과 '남성과 여성'(男女)[이 나타내는 양상] 등의 양상들이 그것이다. 그러므로 그 [수행자]는 우선 저 [오진五塵 · 삼독三毒 · 남녀男女 등의] 모든 양상들을 붙드는 것을 '허물과 고통'(過患)으로 여기는 생각을 해야 한다. 이러한 생각을 '키워 가는 힘'(增上力) 때문에 저 모든 양상들에서 그 [양상들을 붙들고 나아가려는] 마음을 꺾어 [마음이 그 양상들에] '휩쓸려 흐트러지지'(流散) 않도록 하니, 그러므로 '[갖가지 양상에 이끌려 나가지 않는 것을] 순조롭게 하는 것'(調順)이라고 부른다.

어떤 것을 '[해로운 생각과 갖가지 번뇌에 이끌려 나가지 않아] 평온하게 하는 것'(寂靜)이라고 하는가? 갖가지 탐욕(欲) · 성냄(恚) · 해침(害) 등의 온갖 '해로운 생각'(惡尋思)들이 있기에 '탐욕의 장애'(貪欲蓋) 등 모든 '[해로운 생각에] 따라 일어나는 번뇌'(隨煩惱)가 마음을 요동시키므로, 그 [수행자]는 우선 저 모든 [해로운] 현상들을 붙드는 것을 '허물과 고통'(過患)으로 여기는 생각을

있다. 번역은 '如是想'에 따른다.

484 '云何' 뒤에 『유가사지론』 원문에는 '名爲'가 있다. 『회본』에도 '名爲'가 있다. 번역은 『유가사지론』에 따른다.

해야 한다. 이러한 생각을 '키워 가는 힘'(增上力) 때문에 저 [해로운 생각과 갖가지 번뇌]에 마음이 '휩쓸려 흐트러지지'(流散) 않으니, 그러므로 '[해로운 생각과 갖가지 번뇌에 이끌려 나가지 않아] 평온하게 하는 것'(寂靜)이라고 부른다.

어떤 것을 '[해로운 생각과 그에 따르는 번뇌에 이끌리는 즉시 돌이켜] 평온하게 하는 것을 고도화시키는 것'(最極[寂]靜)이라고 하는가? [〈해로운 생각과 그에 따르는 번뇌〉에 휩쓸려 흐트러지지 않는] 마음을 놓치기 때문에 곧바로 저 [해로운 생각과 그에 따르는 번뇌] 두 가지가 잠시 나타나 움직일 때에는, 생겨난 것에 따르면서도 [그것들을] 받아들이지 않고 따라가는 즉시 돌이키어 뱉어 내는 것이니, 그러므로 '[해로운 생각과 그에 따르는 번뇌에 이끌리는 즉시 돌이켜] 평온하게 하는 것을 고도화시키는 것'(最極[寂]靜)이라고 부른다.

어떤 것을 '[힘을 더하여 삼매를] 흠결 없이 끊어지지 않게 유지해 가는 것'(專住一趣)이라고 하는가? '힘을 더해 가는 수행'(加行)과 '능력 발휘'(功用)가 있어 흠결 없고 끊어짐이 없는 삼매(三摩地, samādhi)가 이어지며 유지되는 것이니, 그러므로 '[힘을 더하여 삼매를] 흠결 없이 끊어지지 않게 유지해 가는 것'(專住一趣)이라고 부른다.

어떤 것을 '[더 이상 힘들이지 않고도 삼매를] 한결같이 유지해 가는 것'(等持)이라고 하는가? [전주일취專住一趣의 경지를] 수시로 닦고 수시로 익혀 수시로 많이 닦고 익히는 것을 '원인과 조건'(因緣)으로 삼기에 '힘을 더해 가는 수행'(加行)과 '능력 발휘'(功用)가 필요 없는 경지가 되어[485] '힘들이지 않고 운용하면서'(任運) [삼매를 고르게 유지하며] '[깨달음의] 길을 자유롭게 걸어가니'(轉道), 그러므로 '[더 이상 힘들이지 않고도 삼매를] 한결같이 유지해 가는 것'(等持)이라고 부른다.

또 이와 같이 ['선정에 든 마음의 아홉 가지 내용'(九種心住)으로] '[빠져들지 않고] 그치는 수행'(奢摩他, samatha, 止)을 성취한 자는 다시 ['지혜작용의 네 가지'(四種

485 앞의 진여훈습의 단락에서 "八地以上, 無功用故"라고 설명한 것에 착안하면 '等持'는 제8 부동지不動地 이상의 단계를 말하는 것으로 보인다.

慧行)로 이어지는] '네 가지 생각 일으킴'(四種作意)[486]에 의거해야 비로소 '[사실대로] 이해하는 수행'(毗鉢舍那, vipassanā, 觀)을 닦을 수 있으니, 그러므로 이 ['[빠져들지 않고] 그치는 수행의 영역'(奢摩他品)]은 '[사실대로] 이해하는 수행의 영역'(毗鉢舍那品)이기도 하다.[487]

---

486 사종작의四種作意: 아래 주석에 제시된 『유가사지론』 원문의 생략된 부분에 사종작의에 대한 언급이 보이는데, 다음과 같다. "即於如是九種心住. 當知復有四種作意, 一力勵運轉作意, 二有間缺運轉作意, 三無間缺運轉作意, 四無功用運轉作意. 於內住等住中, 有力勵運轉作意, 於安住近住, 調順寂靜. 最極寂靜中, 有有間缺運轉作意. 於專注一趣中, 有無間缺運轉作意. 於等持中, 有無功用運轉作意. 當知如是四種作意, 於九種心住中是奢摩他品." 여기에 따르면 사종작의는 내주와 등주에 있는 '역려운전작의力勵運轉作意', 안주와 근주와 조순과 적정과 최극적정에 있는 '유간결운전작의有間缺運轉作意', 전주일취에 있는 '무간결운전작의無間缺運轉作意', 등지에 있는 '무공용운전작의無功用運轉作意'의 네 가지이다. 사종작의는 사마타 수행의 원칙인 "止一切境界相"의 부정적 맥락으로부터 다시 적극적 맥락으로 전환하는 계기가 되는 것으로, 사마타 수행과 비발사나 수행의 매개 역할을 하는 것으로 보인다.

487 『유가사지론』 권30(T30, 451a2~b12). "云何調順? 謂種種相令心散亂, 所謂色聲香味觸相, 及貪瞋癡男女等相. 故彼先應取彼諸相爲過患想. 由如是想增上力故, 於彼諸相, 折挫其心, 不令流散, 故名調順. 云何寂靜? 謂有種種欲恚害等諸惡尋思, 貪欲蓋等諸隨煩惱, 令心擾動, 故彼先應取彼諸法爲過患想. 由如是想增上力故, 於諸尋思及隨煩惱, 止息其心不令流散, 故名寂靜. 云何名爲最極寂靜? 謂失念故, 即彼二種暫現行時, 隨所生起諸惡尋思及隨煩惱, 能不忍受, 尋即斷滅除遣變吐, 是故名爲最極寂靜. 云何名爲專注一趣? 謂有加行有功用, 無缺無間三摩地相續而住, 是故名爲專注一趣. 云何等持? 謂數修數習數多修習爲因緣故, 得無加行無功用, 任運轉道, 由是因緣, 不由加行不由功用, 心三摩地, 任運相續, 無散亂轉, 故名等持. 當知此中由六種力, 方能成辦九種心住. 一聽聞力, 二思惟力, 三憶念力, 四正知力, 五精進力, 六串習力. 初由聽聞思惟二力, 數聞數思增上力故, 最初令心於內境住, 及即於此相續方便澄淨方便等遍安住. 如是於內繫縛心已, 由憶念力, 數數作意, 攝錄其心, 令不散亂, 安住近住. 從此已後, 由正知力, 調息其心, 於其諸相諸惡尋思諸隨煩惱, 不令流散, 調順寂靜. 由精進力, 設彼二種暫現行時, 能不忍受, 尋即斷滅除遣變吐, 最極寂靜, 專注一趣. 由串習力, 等持成滿, 即於如是九種心住. 當知復有四種作意, 一力勵運轉作意, 二有間缺運轉作意, 三無間缺運轉作意, 四無功用運轉作意. 於內住等住中, 有力勵運轉作意, 於安住近住, 調順寂靜. 最極寂靜中, 有有間缺運轉作意. 於專注一趣中, 有無間缺運轉作意. 於等持中, 有無功用運轉作意. 當知如是四種作意, 於九種心住中是奢摩他品. 又即如是獲得內心奢摩他者, 於毘鉢舍那勤修習時, 復即由是四種作意, 方能修習毘鉢舍那. 故此亦是毘鉢舍那品." 밑줄 친 부분은 원효의 인용문에서 생략되었다. 〈산스크리트본의 해당 내용: ŚrBh 363,12-367,10,

kathaṃ damayati / yair nimittair asya taccittaṃ vikṣipyate / tadyathā gatvarasaṃspraṣṭavyanimittai rāgadveṣamohastrīpuruṣanimitaiś ca / tatrānena pūrvvam evādīnavasaṃjñodgṛhītā bhavati / tām adhipatiṃ kṛtvā teṣu nimitteṣu tasya cittasya prasaraṃ na dadāti / evaṃ damayati / kathaṃ śamayati / yair vitarkaiḥ kāmavitarkādibhiḥ / yaiś copakleśaiḥ / kāmacchandanivaraṇādibhiḥ / tasya cetasaḥ saṃkṣobho bhavati / tatrānena pūrvam evādīnavasaṃjñodgṛhītā bhavati / tām adhipatiṃ kṛtvā tasya cetasaḥ teṣu vitarkopakleśeṣu prasaraṃ na dadāty / evaṃ śamayati / kathaṃ vyupaśamayati / smṛtisampramoṣāt tadubhayasamudācāre saty utpannotpannān vitarkopakleśān nādhivāsayati / prajahāti / evaṃ vyupaśamayati / katham ekotīkaroti / sābhisaṃskāraṃ nicchidraṃ nirantaraṃ samādhipravāham avasthāpayaty evam ekotīkaroti / kathaṃ samādhatte / āsevanānvayād bhāvanānvayād bahulīkārānvayād anābhogavāhanaṃ svarasavāhanaṃ mārgaṃ labhate / yenānabhisaṃskāreṇānābhogenāsya cittasamādhipravāhasyāvikṣepeṇa pravarttate / evaṃ samādhatte / tatra ṣaḍvidhabalair navākārā cittasthitiḥ sampadyate / tadyathā śrutacintābalena / smṛtibalena / vīryabalena / paricayabalena ca / tatra śrutacintābalena tāvat yacchrutaṃ, yā cintām adhipatiṃ kṛtvā cittam ādita ālambane sthāpayati / tatraiva ca prabandhayogena saṃsthāpayati / tatropanibaddhaṃ cittaṃ smṛtibalena pratisarann avasthāpayati / upasthāpayati / tataḥ saṃprajanyabalena nimittavitarkopakleśeṣu prasaram ananuprayacchan damayati śamayati / vīryabalena tadubhayasamudācāraṃ ca nādhivāsayati ekotīkaroti / paricayabalena samādhatte / tatra navākārāyāṃ cittasthitau catvāro manaskārā veditavyāḥ / balavāhanaḥ sacchidravāhano nicchidravāhano 'nābhogavāhanaś ca / tatra sthāpayataḥ, saṃsthāpayato balavāhano manaskāraḥ / avasthāpayata, upasthāpayato, damayataḥ, śamayataḥ, vyupaśamayataḥ, sacchidravāhano manaskāraḥ / ekotīkurvvato nicchidravāhano manaskāraḥ / samādadhataḥ / anābhogavāhano manaskāro bhavati / evam ete manaskārāyāṃ cittasthitau śamathapakṣyā bhavanti / yaḥ punar evam adhyātmaṃ cetaḥ śamathasya lābhī vipaśyanāyāṃ prayujyate / tasyaita eva catvāro manaskārā vipaśyanāpakṣyā bhavanti //; 어떻게 [마음을] 조련하는가? 무상한 [색성향미]촉이라는 관념상과 탐진치남녀라는 관념상에 의해 그에게는 그것을 [인식하는] 마음의 산란이 있다. 그것에 대해 그는 먼저 [그 관념상의] 과오를 인식하는 자가 된다. 그것을 위주로 하여 그 관념상에 그 마음이 흘러가는 것을 막는다. 이와 같이 [마음을] 조련한다. 어떻게 [마음을] 가라앉히는가? 감각적 욕망의 대상에 대한 심사尋思 등의 심사와 감각적 욕망의 대상에 대한 욕구라는 덮개(貪欲蓋) 등의 수번뇌에 의해 그의 마음이 혼란하게 된다. 그것에 대해 그는 먼저 [그 심사와 수번뇌의] 오류를 인식하는 자가 된다. 그것을 위주로 하여 그 마음이 그 심사와 수번뇌로 흐르는 것을 막는다. 이와 같이 [마음을] 조련한다. 어떻게 [마음을] 고요하게 하는가? 주의집중을 놓쳐 그 둘(=심사와 수번뇌)이

【소】 云何四種毗鉢舍那? 謂有苾芻依止內心奢摩他故, 於諸法中, 能正思擇, 最極思擇, 周遍尋思, 周遍伺察, 是名四種. 云何名爲能正思擇? 謂於淨行所緣境界, 或於善巧所緣境界, 或於善行所緣,[488] 能正思擇盡所有性. 云何名爲最極思擇? 謂卽於彼所緣境界, 最極思擇如所有性. 云何名爲周遍尋思? 謂於彼所緣境界, 由慧俱行, 有分別作意, 取彼相狀, 周遍尋思. 云何名爲周遍思[489]察? 謂卽於彼境,[490] 審諦推求, 周遍伺察",

---

표면화할 때, 반복해서 발생하는 심사와 수번뇌를 머물게 하지 않고 끊는다. 이와 같이 [마음을] 고요하게 한다. 어떻게 [마음을] 하나의 대상에 집중하게 하는가? 노력을 통해 중단되지 않고 끊임없이 삼매의 흐름에 [마음을] 견고하게 머물게 한다. 이와 같이 [마음을] 하나의 대상에 집중하게 한다. 어떻게 [마음을] 삼매에 들게 하는가? [이전의 여덟 단계를] 지속적으로 수행하고 반복적으로 수행하며 많이 수행했기 때문에, 노력이 없이 저절로 [행해지는] 길을 얻는다. 의도가 없고 노력이 없이 그에게는 마음의 삼매에 드는 것이 산란이 없이 이루어진다. 이와 같이 [마음을] 삼매에 들게 한다. 그중에서 여섯 가지 힘에 의해 9종심주를 완성한다. 곧 청문과 사유의 힘, 주의집중의 힘, [정지正知(samprajanya)의 힘], 정진의 힘, 습관의 힘이다. 그중에서 먼저 청문과 사유의 힘에 의해 들은 것과 사유한 것을 위주로 하여 마음을 최초로 인식대상에 [안으로] 머물게 한다. 그리고 바로 그것에 대해 지속하는 방식으로 고르게 머물게 한다. 그 [인식대상]에 묶인 마음을 주의집중의 힘으로 흐르게 하면서 견고하게 머물게 하고, 가까이 머물게 한다. 그 후 정지의 힘으로 관념상에 대한 심사와 수번뇌로 흐르는 것을 허용하지 않으면서 [마음을] 조련하고 가라앉힌다. 정진의 힘으로 그 둘이 표면화하는 것을 막고 [마음을] 하나의 대상에 집중하게 한다. 습관의 힘으로 [마음을] 삼매에 들게 한다. 그 9종심주에 대해 네 가지 작의가 있다고 알아야 한다. 힘을 들여 하는 작의(力勵運轉作意), 중단이 있는 작의(有間缺運轉作意), 중단이 없는 작의(無間缺運轉作意), 노력이 없이 이루어지는 작의(無功用運轉作意)다. 그중에서 [마음을 내적으로] 머물게 하는 자, 고르게 머물게 하는 자에게는 역려운전작의가 있다. [마음을] 견고하게 머물게 하는 자, 가까이 머물게 하는 자, 조련하는 자, 가라앉히는 자, 고요하게 하는 자에게는 유간결운전작의가 있다. [마음을] 하나의 대상에 집중하게 하는 자에게는 무간결운전작의가 있다. 삼매에 든 자에게는 무공용운전작의가 있다. 이상과 같은 이것들이 작의를 가진 심주에서 샤마타에 속하는 것들이다. 나아가 이와 같이 내적으로 마음의 샤마타를 얻은 자는 비파샤나에서 노력한다. 그에게는 비파샤나에 속하는 네 가지 작의가 있다.〉

488 '善行所緣'은 『유가사지론』 원문에 '淨戒所緣境界'라고 되어 있다. 『회본』에는 '淨惑所緣境界'라고 되어 있다. 번역은 『유가사지론』 원문에 따른다.

乃至廣說. 尋此文意, 乃說聲聞止觀法門. 然以此法, 趣大乘境, 卽爲大乘止觀之行. 故其九種心住, 四種慧行, 不異前說. 大乘境者, 次下文中, 當廣分別, 依文消息也. 止觀之相, 略義如是.

『소』(1-727c14~728a7); 『회본』(1-782a16~b9)

어떤 것을 네 가지 '[사실대로] 이해하는 수행'(毗鉢舍那, 觀)이라고 하는가? 어떤 수행자가 마음에 내면화된 '[빠져들지 않고] 그치는 수행'(奢摩他)에 의거하기 때문에 '모든 현상'(諸法)에서 '제대로 판단하고'(正思擇), '궁극적으로 판단하며'(最極思擇), '두루 사유하고'(周遍尋思), '[사유한 것에 대해] 두루 성찰'(周遍伺察)[491]할 수 있는 것을 말하니, 이것을 네 가지 ['[사실대로] 이해하는 수행'(毗鉢舍那, 觀)]이라고 부른다.

어떤 것을 '제대로 판단한다'(能正思擇)고 하는가? '온전한 행위를 짓게 하는 대상'(淨行所緣境界)이나 '숙지해야 할 대상'(善巧所緣境界)이나 '청정한 계율을 짓게 하는 대상'(淨戒所緣境界)에 대해 [그들] '[현상들 각각의] 특징적 차이 면모'(盡所有性)[492]를 제대로 판단하는 것을 일컫는다.

---

489 '思'는 『유가사지론』 원문에 '司'라고 되어 있다. 『회본』에도 '司'라고 되어 있다. 번역은 『유가사지론』 원문에 따른다.

490 '境'은 『유가사지론』 원문에 '所緣境界'라고 되어 있다. 『회본』에도 '所緣境界'라고 되어 있다. 번역은 『유가사지론』 원문에 따른다.

491 심사와 사찰에 대해 『유가사지론』 권1(T30, 280c8~11)에서 "尋求分別者, 謂於諸法, 觀察尋求所起分別, 伺察分別者, 謂於已所尋求已所觀察, 伺察安立所起分別"이라고 설명한 것을 참고하여 '사유'와 '[사유한 것에 대해] 성찰함'이라고 번역해 보았다.

492 진소유성盡所有性과 여소유성如所有性: 『해심밀경』 권3에서는 진소유성과 여소유성에 관해 "善男子, 盡所有性者, 謂諸雜染清淨法中, 所有一切品別邊際, 是名此中盡所有性. 如五數蘊, 六數內處, 六數外處. 如是一切如所有性者, 謂即一切染淨法中所有眞如, 是名此中如所有性"(T16, 699c16~19)이라고 설명한다. 이에 따르면 진소유성은 모든 잡염청정법雜染清淨法들 중에서 모든 것에 대해 범주별로 그 한계(邊際)를 구분한 것으로서 오온五蘊 및 육수내처六數內處와 육수외처六數外處를 합한 12처十二處 등 모든 현상을 설명하는 부처님의 법문法門들이고, 여소유성은 모든 염정법染淨法에 갖춰진 진여眞如를 말한다. 『유가사지론』 권26에서도 유사한 설명이 보이는데, "云何名爲盡所有性? 謂色蘊外更無餘色, 受想行識蘊外更無有餘受想行識, 一切有爲事皆五法所攝, 一切諸法界處

어떤 것을 '궁극적으로 판단한다'(最極思擇)고 하는가? 바로 그 관계 맺는 대상들에 대해 '참 그대로인 면모'(如所有性)를 궁극적으로 판단하는 것을 일컫는다. 어떤 것을 '두루 사유한다'(周遍尋思)고 하는가? 그 관계 맺는 대상들에 대해 지혜가 함께 작용함에 따라 '이해·판단하려는 생각을 일으킴'(分別作意)이 있게 되어 그 [대상들의] '양상의 특징'(相狀)을 취하여 [그들에 대해] 두루 사유하는 것을 일컫는다. 어떤 것을 '[사유한 것에 대해] 두루 성찰한다'(周遍伺察)고 하는가? 바로 그 관계 맺는 대상들[의 양상의 특징에 대해 사유한 것]에 대해 자세히 살피고 탐구하면서 두루 성찰하는 것을 일컫는다"[493] 등으로 자세히 말하고 있다.

所攝, 一切所知事四聖諦攝, 如是名爲盡所有性. 云何名爲如所有性? 謂若所緣是眞實性是眞如性"(T30, 427b29~c5)이라고 설명한다. 이에 따르면 진소유성은 일체유위사一切有爲事를 포섭하는 오온, 일체제법一切諸法을 포섭하는 12처·18계十八界 및 일체소지사一切所知事를 포섭하는 사성제四聖諦 등의 법문들을 말하고, 여소유성은 그 대상이 현상의 진실성眞實性이고 진여성眞如性인 경우이다.

493 『유가사지론』 권30(T30, 451b13~23). "云何四種毘鉢舍那? 謂有苾芻依止內心奢摩他故. 於諸法中能正思擇最極思擇, 周遍尋思周遍伺察, 是名四種毘鉢舍那. 云何名爲能正思擇? 謂於淨行所緣境界, 或於善巧所緣境界, 或於淨戒所緣境界, 能正思擇盡所有性. 云何名爲最極思擇? 謂即於彼所緣境界, 最極思擇如所有性. 云何名爲周遍尋思? 謂即於彼所緣境界, 由慧俱行有分別作意, 取彼相狀周遍尋思. 云何名爲周遍伺察? 謂即於彼所緣境界, 審諦推求周遍伺察." 〈산스크리트본의 해당 내용: ŚrBh 363,12-367,10, caturvidhā vipaśyanā katamā / bhikṣur dharmān vicinoti / pravicinoti / parivitarkayati / parimīmāṃsām āpadyate / yadutādhyātmaṃ cetaḥ śamathaṃ niśritya [/] kathaṃ ca vicinoti / caritaviśodhanaṃ vā ālambanaṃ / kauśalyālambanaṃ vā, kleśaviśodhanaṃ vā / yāvadbhāvikatayā vicinoti / yathāvadbhāvikatayā pravicinoti / savikalpena manaskāreṇa prajñāsahagatena nimittīkurvvann eva parivitarkayati / santīrayaty adhimīmāṃsām āpadyate /; 네 가지 비파샤나란 무엇인가? 비구는 내적인 마음의 샤마타에 의지하여 교법을 고찰하고(正思擇) 깊이 고찰하며(最極思擇) 사유하고(周遍尋思) 숙고한다(周遍伺察). 어떻게 [교법을] 고찰하는가? 행위를 정화하는 인식대상(淨行所緣) 혹은 숙지해야 할 인식대상(善巧所緣), 혹은 번뇌를 정화하는 [인식대상(淨惑所緣)]에 대해 전체성(盡所有性)이라는 측면에서 고찰하고, 진실성(如所有性)이라는 측면에서 깊이 고찰한다. 분석력을 동반한 유분별의 작의에 의해 관념상을 지으면서 사유한다. [바로 그 대상에 대해] 추찰한다, 곧 숙고한다.〉

이 [『유가사지론』] 문장의 뜻을 살펴보면 〈'[가르침을] 들어서 [혼자] 부처가 되려는 수행자'(聲聞)가 행하는 '[빠져들지 않고] 그침'(止)과 '[사실대로] 이해함'(觀)의 수행〉(聲聞止觀法門)을 설명하는 것이다.[494] 그러나 이 이치로써 '대승의 경지'(大乘境)로 나아가면 바로 〈대승이 행하는 '[빠져들지 않고] 그침'과 '[사실대로] 이해함'의 수행〉(大乘止觀之行)이 된다. 그러므로 그 [성문聲聞 지관止觀의] '선정에 든 마음의 아홉 가지 내용'(九種心住)과 '지혜작용의 네 가지'(四種慧行)는 [대승지관大乘止觀에서도] 앞의 설명과 달라지지 않는다. 대승의 경지에 대해서는 다음 아래 글에서 자세히 분석하면서 문장에 의거하여 설명할 것이다. '[빠져들지 않고] 그침'(止)과 '[사실대로] 이해함'(觀)의 수행이 지니는 특징(相)은 [그] 대략적인 면모(義)가 이와 같다.

나) 자세히 설명함(廣辨)

【소】 "若修"以下, 第二廣辨, 於中有二. 先明別修, 後顯雙運. 別修之內, 先止, 後觀. 先明止中, 卽有四段. 一, 明修止方法, 二, 顯修止勝能, 三, 辨魔事, 四, 示利益.

『소』(1-728a8~11); 『회본』(1-782b10~13)

"만약 ['[빠져들지 않고] 그침'(止)을] 닦는 [자라면]"(若修) 이하는 두 번째인 '자세히 설명하는 것'(廣辨)이니, 여기에 두 가지가 있다. 먼저 [지止와 관觀을] 각각 수행하는 것을 밝히고, 나중에 [지와 관을] 쌍으로 운용하는 것을 드러낸다.

[지止와 관觀을] 각각 수행하는 [것을 밝히는 단락]에서는 먼저 '[빠져들지 않고] 그침'(止)[의 수행을 밝히고], 나중에 '[사실대로] 이해함'(觀)[의 수행을 드러낸다.] 먼저인 '[빠져들지 않고] 그침'(止)[의 수행]을 밝히는 데서는 곧 네 단락이 있다.

494 여기에 인용된 『유가사지론』의 문장은 품명으로는 「본지분중성문지本地分中聲聞地」에 속해 있다.

첫 번째로 '[빠져들지 않고] 그침'(止)을 닦는 방법을 밝히고, 두 번째로 '[빠져들지 않고] 그침'(止)을 닦아 [얻는] 뛰어난 능력을 드러내며, 세 번째로 [수행과정에서 생겨날 수 있는] '방해하는 현상'(魔事)들을 설명하고, 네 번째로 ['[빠져들지 않고] 그침'(止)의 수행으로 얻는] 이로움을 보여 준다.

(가) 지止와 관觀을 각각 수행하는 것을 밝힘(別明止觀)

㉮ '빠져들지 않고 그침'의 수행에 대해 하나씩 밝힘(別明止門)

ㄱ. '빠져들지 않고 그침'을 닦는 방법을 밝힘(明修止方法)

若修止者, 住於靜處, 端坐, 正意, 不依氣息, 不依形色, 不依於空, 不依地水火風, 乃至不依見聞覺知, 一切諸想, 隨念皆除, 亦遣除想. 以一切法本來無相, 念念不生, 念念不滅. 亦不得隨心外念境界, 後以心除心. 心若馳散, 卽當攝來, 住於正念. 是正念者, 當知唯心, 無外境界, 卽復此心亦無自相, 念念不可得. 若從坐起, 去來進止, 有所施作, 於一切時, 常念方便, 隨順觀察, 久習淳熟, 其心得住. 以心住故, 漸漸猛利, 隨順得入眞如三昧, 深伏煩惱, 信心增長, 速成不退. 唯除疑惑, 不信, 誹謗, 重罪業障, 我慢, 懈怠, 如是等人, 所不能入.

『논』(T32, 582a16~29); 『회본』(1-782b14~c3)

만약 '[빠져들지 않고] 그침'(止)을 닦는 자[495]라면 [다음과 같이 해야 한다.]

고요한 곳에 자리 잡고 단정히 앉아서 뜻을 바르게 하면서, 호흡에도 의존하지 않고, '모양이나 색깔 있는 것'(形色)에도 의존하지 않으며, 허공(空)에도 의존하지 않고, '땅·물·불·바람'(地水火風)[이라는 육신의 구성요소]에도 의존하지 않으며, '[안식眼識에 의한] 봄과 [이식耳識에 의한] 들음과

495 원효는 이 대목을 '명능입인明能入人'이라고 과문하므로 '者'를 인칭으로 이해했다.

[비식鼻識 · 설식舌識 · 신식身識에 의한] 느낌과 [의식意識에 의한] 앎'(見聞覺知)[496] 에도 의존하지 않아, 모든 '[대상과 양상을 좇아가 붙드는] 생각'(想)을 '[그] 생각에 따르면서도 모두 [붙들지 않고] 놓아 버리며'(隨念皆除), '[놓는 주체인] 놓아 버리는 생각'(除想)마저도 [붙들지 않고] 놓아 버린다.

['[빠져들지 않고] 그침'(止)을 닦는 자는] 모든 현상에는 본래부터 '불변 · 독자의 실체'(相)가 없어서 생각마다 [그 실체가] 생겨나지도 않고 생각마다 [그 실체가] 사라지지도 않는다[는 것을 알아야 한다.] 또한 [대상을 좇아가는] 마음에 따라 바깥으로 대상세계를 분별하지 말아야 하고, 그 후에 [대상세계의 양상을 붙들어 취하는 것을 허물과 고통이라고 생각하는] 마음으로 [해로운 생각과 갖가지 번뇌의] 마음을 제거해야 한다.

만약 마음이 [잠깐이라도 바깥 대상들을] '좇아가 흐트러지면'(馳散) 곧 '붙들어 와서'(攝來) '[모든 대상과 양상에 빠져들지 않는] 온전한 생각'(正念)에 자리 잡게 해야 한다. 이 '[모든 대상과 양상에 빠져들지 않는] 온전한 생각'(正念)을 챙기는 것은, [모든 것이] '오로지 마음[에 의한 구성]'(唯心)이기에 '[불변 · 독자의 실체인] 외부 대상세계가 없으며'(無外境界), 또한 다시 이 마음에도 '불변 · 독자의 자기 실체'(自相)가 없어서, '생각마다 [불변 · 독자의 실체인 외부대상이나 마음을] 얻을 수 없다'(念念不可得)는 것을 알아야 한다.

[또] ['[빠져들지 않고] 그침'(止)을 닦는 자는] 앉은 자리에서 일어나서 가거나(去) 오거나(來) 나아가거나(進) 멈추면서(止) 펼치는 모든 행위의 모든 때에 항상 ['[빠져들지 않고] 그침'(止)을 돕는] '수단과 방법'(方便)을 생각하여 '[그 수단과 방법에] 따르면서 [모든 것을] 관찰하니'(隨順觀察), [이러한 수행을] 오랫동안 익혀 충분히 성숙해지면 '그 마음이 ['[빠져들지 않고] 그침'(止)에] 자리 잡는다'(其心得住).

'마음이 ['[빠져들지 않고] 그침'(止)에] 자리 잡기'(心住) 때문에 [그 '[빠져들지

---

496 『아비달마구사석론阿毘達磨俱舍釋論』 권12(T29, 242c16~18)의 "若眼識所證爲見, 耳識所證爲聞, 意識所證爲知, 鼻舌身識所證爲覺"에 따라 번역했다.

않고] 그침'(止)이] '점점 힘차고 예리해져서'(漸漸猛利) '참 그대로와 만나는 삼매'(眞如三昧)에 따라 들어가게 되며, [그리하여] 번뇌를 깊은 수준에서 굴복시키고 '[네 가지] 믿는 마음'(信心)을 더욱 키워 '물러나지 않는 경지'(不退)를 빨리 이룬다.

오직 '의심과 미혹'(疑惑)[에 빠진 자], '믿지 않음'(不信)[에 빠진 자], '비난과 헐뜯음'(誹謗)[에 빠진 자], '무거운 죄가 되는 행위의 장애'(重罪業障)[에 빠진 자], '[내가 남보다 우월하다는] 교만'(我慢)[에 빠진 자], '해이함과 나태'(懈怠)[에 빠진 자]들은 ['[빠져들지 않고] 그침'(止)을 닦는 자에서] 제외하니, ['[빠져들지 않고] 그침'(止)을 닦는 수행 길은] 이와 같은 사람들이 들어갈 수 없는 곳이다.

【소】 初方法中, 先明能入人, 後簡不能者. 初中言"住靜處"者, 是明緣具, 具而言之, 必具五緣. 一者, 閒居靜處, 謂住山林. 若住聚落, 必有喧動故. 二者, 持戒淸淨, 謂離業障. 若不淨者, 必須懺悔故. 三者, 衣食具足, 四者, 得善知識, 五者, 息諸緣務. 今略擧初, 故言"靜處".

『소』(1-728a12~18); 『회본』(1-782c4~11)

['[빠져들지 않고] 그침'(止)[의 수행]을 밝히는 네 단락 가운데] 첫 번째인 '[[빠져들지 않고] 그침'을 닦는] 방법[을 밝히는 것]'([明修止]方法)에서는, 먼저 ['참 그대로인 삼매'(眞如三昧)에] 들어갈 수 있는 사람을 밝히고, 나중에는 ['참 그대로인 삼매'(眞如三昧)에] 들어갈 수 없는 사람을 가려 낸다.

['참 그대로인 삼매'(眞如三昧)에 들어갈 수 있는 사람을 밝히는 것에서] 처음에 말한 "고요한 곳에 자리 잡는다"(住[於]靜處)라는 것은 [지止 수행을 위한] 조건을 갖추는 것을 밝힌 것인데, 자세하게 말하자면 반드시 '다섯 가지 조건'(五緣)을 갖추어야 한다. 첫 번째는 조용한 곳에서 한적하게 사는 것이니, 산림山林에 자리 잡는 것을 말한다. [많은 사람들이] 모여 사는 마을에 자리 잡으면 반드시 [수행을 방해하는] 소란스러움이 있기 때문이다. 두 번째는 계율을 온전히 지키는 것이니, '행위로 인한 장애'(業障)에서 벗어나는 것을 말한다. 만약 [계율을] 온전히 지키지 못하는 경우는 반드시 참회하는 것이다. 세 번째

는 의복과 음식을 적절히 갖추는 것이고, 네 번째는 '일깨워 주는 사람'(善知識)을 만나는 것이며, 다섯 번째는 갖가지 '관계하던 일'(緣務)들을 그만두는 것이다. [이들 가운데] 지금은 간략하게 첫 번째 [조건]만 거론한 것이니, 그러므로 "고요한 곳[에 자리 잡는다]"라고 말했다.

【소】 言"端坐"者, 是明調身, 言"正意"者, 是顯調心. 云何調身? 委悉而言. 前安坐處, 每令安穩, 久久無妨. 次當正脚, 若半跏坐, 以左脚置右髀上, 牽來近身, 令左脚指與右髀齊, 若欲全跏, 卽改上右脚必置左髀上, 次左脚置右髀上. 次解寬衣帶, 不坐時落. 次當安手, 以左手掌置右手上, 累手相對, 頓置左脚上, 牽來近身, 當心而安. 次當正身. 前當搖動其身幷諸支節, 依七八反, 如自按摩法, 勿令手足差異. 正身端直, 令肩骨相對, 勿曲勿聳. 次正頭頸, 令鼻與臍相對, 不偏不邪, 不仰不卑, 平面正住. 今總略說故, 言"端坐"也.

『소』(1-728a18~b8); 『회본』(1-782c11~783a2)

"단정히 앉는다"(端坐)라고 말한 것은 '몸을 가다듬는 것'(調身)을 밝힌 것이고, "뜻을 바르게 한다"(正意)라고 말한 것은 '마음을 가다듬는 것'(調心)을 밝힌 것이다. '몸을 가다듬는다'(調身)는 것은 어떤 것인가? 자세히 말해 보자.

먼저 앉는 자리를 편안하게 해야 하니, [앉는 자리를] 늘 편안하게 하여 오래 [수행해도] 방해가 없게 한다. 다음에는 다리를 바르게 해야 하니, '한 다리를 다른 다리 위에 포개어 앉는 자세'(半跏趺坐)를 한다면 왼쪽 다리를 오른쪽 넓적다리 위에 두고서 몸 가까이로 끌어당겨 왼쪽 다리의 발가락이 오른쪽 넓적다리와 가지런하게 하고, '두 다리를 서로 포개어 앉는 방법'(結跏趺坐)을 하고자 한다면 바로 앞에서 말한 [아래에 있던] 오른쪽 다리를 바꾸어 반드시 왼쪽 넓적다리 위에 둔 다음에 왼쪽 다리를 오른쪽 넓적다리 위에 둔다. 다음에는 허리띠를 풀어 느슨하게 하되 앉은 상태에서 흘러내리지 않게 한다.

다음에는 손을 편안하게 해야 하니, 왼손바닥을 오른손 위에 두고 손을 서로 포개어 왼쪽 다리 위에 가지런히 두고서 몸 가까이로 끌어당겨 중심을 잡고 편안히 둔다. 다음에는 몸통을 바르게 해야 한다. 먼저 몸통과 모든 사지의 관절들을 흔들고 움직여 일곱 여덟 번 반복하기를 스스로 안마하는 것처럼 하되 팔과 다리에 [횟수] 차이를 두지 않게 한다. [그리고] 몸통을 바르게 하고 곧게 펴며 양 어깨뼈를 가지런하게 하되 [어깨뼈를 앞으로] 구부리거나 [어깨뼈가 위로] 솟아오르게 하지 말아야 한다.

다음에는 머리와 목을 바르게 해야 하니, 코와 배꼽을 일직선으로 하여 [머리가 한쪽으로] 치우치거나 기울지 않고 [머리가] 들리거나 수그리지 않게 하여 수평으로 잘 자리 잡게 한다. 지금 [『대승기신론』에서는] 총괄하여 간략히 말했기 때문에 "단정히 앉는다"(端坐)라고 말한 것이다.

【소】 云何調心者? 末世行人, 正願者少, 邪求者多, 謂求名利, 現寂靜儀, 虛度歲月, 無由得定. 離此邪求, 故言"正意". 直欲定心與理相應, 自度度他, 至無上道, 如是名爲"正意"也.

『소』(1-728b8~12); 『회본』(1-783a2~7)

'마음을 가다듬는다'(調心)는 것은 어떤 것인가? 말세末世의 수행자들은 바르게 원하는 사람은 적고 삿되게 구하는 사람은 많으니, 명예와 사익私益을 추구하면서도 [겉으로는] 고요한 모습을 보이면서 헛되이 세월을 보내어 선정[의 안정]을 얻을 근거가 없는 것이다. 이 삿된 추구에서 벗어나기 때문에 "뜻을 바르게 한다"(正意)라고 말했다. 오직 '선정에 든 마음'(定心)과 '[사실 그대로를 밝히는] 이치'(理)가 서로 응하여 자기도 구제하고 남도 구제하면서 '최고의 진리'(無上道)에 이르기를 원하니, 이와 같은 것을 '뜻을 바르게 한다'(正意)고 말한다.

【소】 "不依"以下, 正明修止次第, 顯示九種住心. 初言"不依氣息, 乃至不依見聞覺知"者, 是明第一內住之心. 言氣息者, 數息觀境, 言形色者, 骨瑣等相, 空地水等, 皆是事定所緣境界, 見聞覺知, 是擧散心所取六塵.

於此諸塵, 推求破壞, 知唯自心, 不復託緣故, 言"不依", 不依外塵, 卽是內住也. 次言"一切諸相,[497] 隨念皆除"者, 是明第二等住之心. 前雖別破氣息等相, 而是初修, 其心麤動故, 破此塵, 轉念餘境. 次卽於此一切諸相, 以相續方便澄淨方便, 挫令微細, 隨念皆除, 皆除馳想, 卽是等住也.

『소』(1-728b12~c1); 『회본』(1-783a7~21)

"[호흡에도] 의존하지 않는다"(不依) 이하에서는 '[빠져들지 않고] 그침'(止)을 닦는 차례를 곧바로 밝히는데, '선정에 든 마음의 아홉 가지 내용'(九種住心/九種心住)을 드러내 보인다.[498]

처음에 말한 "호흡에도 의존하지 않고, ['모양이나 색깔 있는 것'(形色)에도 의존하지 않으며, 허공(空)에도 의존하지 않고, '땅 · 물 · 불 · 바람'(地水火風)[이라는 육신의 구성요소]에도 의존하지 않으며,] '[안식眼識에 의한] 봄과 [이식耳識에 의한] 들음과 [비식鼻識 · 설식舌識 · 신식身識에 의한] 느낌과 [의식意識에 의한] 앎'(見聞覺知)에도 의존하지 않는다"(不依氣息, 乃至不依見聞覺知)라는 것은, [구종심주九種心住의] 첫 번째인 '[대상에 이끌려 나가게 하지 않고] 안으로 자리 잡게 하는 마음'(內住之心)을 밝힌 것이다. '호흡'(氣息)이라고 말한 것은 '호흡을 헤아리며 알아차리는 수행'(數息觀)의 대상이고, '모양이나 색깔 있는 것'(形色)이라고 말한 것은 '백골이나 뼛가루'(骨瑣) 등의 모습이며, '허공 · 땅 · 물'(空地水) 등은 모두 〈'현상[측면에서의] 선정'이 관계 맺는 대상〉(事定[499]所緣境界)이고, '봄과 들음과 느낌과 앎'(見聞覺知)은 '흐트러진 마음이 취하는 [색色 · 성聲 · 향香 · 미味 ·

497 『대승기신론』 본문에 따라 '相'을 '想'으로 교감한다.

498 원효는 『대승기신론』의 "不依氣息, 不依形色, 不依於空, 不依地水火風, 乃至不依見聞覺知, 一切諸想, 隨念皆除, 亦遣除想. 以一切法本來無相, 念念不生, 念念不滅. 亦不得隨心外念境界, 後以心除心, 心若馳散, 卽當攝來, 住於正念. 是正念者, 當知唯心, 無外境界, 卽復此心亦無自相, 念念不可得. 若從坐起, 去來進止, 有所施作, 於一切時, 常念方便, 隨順觀察, 久習淳熟, 其心得住. 以心住故, 漸漸猛利, 隨順得入眞如三昧"를 9종심주九種心住에 배대하는 방식으로 해설한다.

499 사정事定: 이정理定의 상대. 『대승의장』 권9(T44, 650a7~9). "就定中義別有二. 一者事定, 繫意住緣, 二者理定, 慧心不動. 彼經偏說理定爲禪."

촉觸 · 법法, 이] 인식 능력의 여섯 가지 대상'(散心所取六塵)에 의거한 것이다. [호흡, 형색, 지수화풍, 견문각지 등] 이러한 모든 대상들을 탐구하여 [그들의 불변 · 독자의 실체성을] 파괴하고서 '오직 자신의 마음[에 의한 구성]일 뿐'(唯自心)임을 알아 다시는 [그들을] 의존하는 조건으로 삼지 않기 때문에 "의존하지 않는다"(不依)라고 말했으니, [이처럼] '바깥 대상에 의존하지 않음'(不依外塵)이 바로 [구종심주九種心住 가운데 첫 번째인] '[대상에 이끌려 나가게 하지 않고] 안으로 자리 잡게 하는 것'(內住)이다.

다음으로 말한 "모든 '[대상과 양상을 좇아가 붙드는] 생각'을 [그] 생각에 따르면서도 모두 [붙들지 않고] 놓아 버린다"(一切諸想, 隨念皆除)라는 것은, [구종심주九種心住의] 두 번째인 '[안으로 자리 잡은 마음상태를] 고르게 유지해 가는 마음'(等住之心)을 밝힌 것이다. 이전 [단계]에서는 비록 호흡 등에 관한 '불변 · 독자의 실체관념'(相)을 하나씩 깨뜨리지만 이것은 '첫 단계 수행'(初修)이어서 그 마음이 [아직] 거칠고 동요하기 때문에 이 대상들[에 관한 실체관념]을 깨뜨리지만 [다시] 다른 대상들로 분별(念)을 옮겨 간다. [그러므로] 다음에는 이 모든 '불변 · 독자의 실체관념'에 대해 '[대상에 이끌려 나가지 않는 마음을] 지속시켜 가는 수단과 방법'(相續方便) 및 '[대상에 이끌리지 않아] 평온해지는 수단과 방법'(澄淨方便)으로 [그들을] 꺾어 미세하게 만들고는 '[대상과 양상을 좇아가 붙드는] 생각'(念)에 따르면서도 모두 놓아 버리니, [이처럼] 〈'[바깥 대상을] 좇아가는 생각'(馳想)을 모두 놓아 버림〉(皆除馳想)이 바로 '[안으로 자리 잡은 마음상태를] 고르게 유지해 가는 것'(等住)이다.

【소】 次言"亦遣除想"者, 是明第三安住之心. 前雖皆除外馳之想, 而猶內存能除之想, 內想不滅, 外想還生, 是故於內不得安住. 今復遣此能除之想, 由不存內, 則能忘外. 忘外而靜, 卽是安住也. 次言"以一切法本來無相, 念念不生, 念念不滅"者, 是明第四近住之心. 由先修習念住力故, 明知內外一切諸法, 本來無有能想可想, 推其念念不生不滅, 數數作意而不遠離, 不遠離住, 卽是近住也.

『소』(1-728c1~11); 『회본』(1-783a21~b7)

다음에 말한 "'[놓는 주체인] 놓아 버리는 생각'마저도 [붙들지 않고] 놓아 버린다"(亦遣除想)라는 것은, [구종심주九種心住의] 세 번째인 '[안으로 자리 잡은 마음상태를] 확고하게 유지해 가는 마음'(安住之心)을 밝힌 것이다. 이전 [단계]에서는 비록 '바깥으로 좇아가는 생각'(外馳之想)을 모두 놓아 버리지만 아직 안으로는 '[놓는 주체인] 놓아 버리는 생각'(能除之想)을 두고 있으니, '내부에 둔 [놓는 주체라는] 생각'(內想)이 없어지지 않으면 '바깥으로 좇아가는 생각'(外想)이 다시 생겨나므로 [대상에 이끌려 나가지 않는 마음을] 내면에서 확고하게 유지해 갈 수가 없다. [그러므로] 지금 다시 이 '[놓는 주체인] 놓아 버리는 생각'(能除之想)마저도 놓아 버리니, [놓은 주체라는 생각을] 안에 두지 않으므로 곧 바깥[대상을 좇아가는 생각]을 [아예] 잊어버릴 수 있다. [이처럼] '바깥[대상을 좇아가는 생각]을 [아예] 잊어버려 평온해짐'(忘外而靜)이 바로 '[안으로 자리 잡은 마음상태를] 확고하게 유지해 가는 것'(安住)이다.

다음에 말한 "['[빠져들지 않고] 그침'(止)을 닦는 자는] 모든 현상에는 본래부터 '불변·독자의 실체'가 없어서 생각마다 [그 실체가] 생겨나지도 않고 생각마다 [그 실체가] 사라지지도 않는다[는 것을 알아야 한다]"(以一切法本來無相, 念念不生, 念念不滅)라는 것은, [구종심주九種心住의] 네 번째인 '[대상에 이끌려 나가게 하지 않는 마음을 챙기는 데] 익숙해지는 마음'(近住之心)을 밝힌 것이다. 먼저 '마음이 [대상에 끌려 나가지 않고 안으로] 자리 잡는 힘'(念住力)을 닦고 익혔기 때문에, [마음] 안팎의 모든 현상에는 본래부터 '분별하는 주관[에 해당하는 불변·독자의 실체]'(能想)도 없고 '분별 가능한 대상[에 해당하는 불변·독자의 실체]'(可想)도 없다는 것을 분명히 알고, 그 [불변·독자의 실체]들이 생각마다 [본래] 생겨나지도 않고 사라지지도 않는다고 알아, 수시로 [모든 현상에는 본래 불변·독자의 실체가 없다고 아는] '생각을 일으켜'(作意) [그러한 생각에서] 멀리 벗어나지 않으니, [그런 생각에서] 멀리 벗어나지 않고 자리 잡는 것이 바로 '[대상에 이끌려 나가게 하지 않는 마음을 챙기는 데] 익숙해지는 것'(近住)이다.

【소】次言“亦不得隨心外念境界”者，是明第五調順之心．諸外塵相念[500]心散亂，依前修習安住近住，深知外塵有諸過患，卽取彼相爲過患想．由是想力，折挫其心，令不外散，故名調順也．次言“後以心除心”者，是明第六寂靜之心．諸分別想，令心發動，依前調順，彌覺其患，卽取此相爲過患想．由此想力，轉除動心，動心不起，卽是寂靜也．次言“心若馳散，乃至念念不可得”者，是明第七最極寂靜之心，於中有二．初言“心若馳散，卽當攝來，乃至唯心，無外境界”者，是明失念暫馳散外塵，而由念力，能不忍受也．次言“卽復此心亦無自相，念念不可得”者，是明失念還存內心，而由修力，尋卽反吐也．能於內外，不受反吐，是故名爲最極寂靜．

『소』(1-728c11~729a3);『회본』(1-783b7~c1)

다음에 말한 “또한 [대상을 좇아가는] 마음에 따라 바깥으로 대상세계를 분별하지 말아야 한다”(亦不得隨心外念境界)라는 것은 [구종심주九種心住의] 다섯 번째인 ‘[갖가지 양상에 이끌려 나가지 않는 것을] 순조롭게 하는 마음’(調順之心)을 밝힌 것이다. 모든 외부 대상의 양상(相)들이 마음을 흩뜨려 어지럽게 하니, 앞에서 닦고 익힌 ‘[안으로 자리 잡은 마음상태를] 확고하게 유지해 가는 것’(安住)과 ‘[대상에 이끌려 나가게 하지 않는 마음을 챙기는 데] 익숙해지는 것’(近住)에 의거하여 외부 대상에는 갖가지 허물과 우환이 있다는 것을 깊이 알아저 [외부대상의] 양상(相)을 ‘허물과 우환으로 여기는 생각’(過患想)을 취한다. [그리고] 이러한 생각의 힘으로 인해 그 [외부대상의 양상들을 좇아가려는] 마음을 꺾어 [마음으로 하여금] 외부[대상의 양상들]로 흩어지지 않게 하니, 그러므로 ‘[갖가지 양상에 이끌려 나가지 않는 것을] 순조롭게 하는 것’(調順)이라고 부른다.

다음으로 말한 “그 후에 [대상세계의 양상을 붙들어 취하는 것을 허물과 고통이라고 생각하는] 마음으로 [해로운 생각과 갖가지 번뇌의] 마음을 제거해야 한다”(後

500 ‘念’을 ‘令’으로 교감한다. 앞서 인용된『유가사지론』의 ‘調順’ 대목에서는 “云何調順? 謂種種相令心散亂”이라고 진술하고 있는데, 여기 “種種相‘令’心散亂”의 문장을 원효는 “諸外塵相令心散亂”으로 이어 가고 있다.

以心除心)라는 것은, [구종심주九種心住의] 여섯 번째인 '[해로운 생각과 갖가지 번뇌에 이끌려 나가지 않아] 평온하게 하는 마음'(寂靜之心)을 밝힌 것이다. 모든 '[대상이나 양상에 불변 · 독자의 실체나 본질이 있다는 생각으로] 분별하는 생각'(分別想)이 마음으로 하여금 [번뇌로] 동요하게 하니, 앞에서 [닦고 익힌] '[갖가지 양상에 이끌려 나가지 않는 것을] 순조롭게 하는 것'(調順)에 의거하여 그 [갖가지 양상에 이끌려 나가는 것의] 우환을 더욱 자각하여 이 [대상의] 양상을 '허물과 우환으로 여기는 생각'(過患想)을 취한다. [그리고] 이러한 생각의 힘으로 인해 '[번뇌로] 동요하는 마음'(動心)을 다시 제거하고 '[번뇌로] 동요하는 마음'(動心)을 일어나지 않게 하니, 바로 이것이 '[해로운 생각과 갖가지 번뇌에 이끌려 나가지 않아] 평온하게 하는 것'(寂靜)이다.

다음에 말한 "만약 마음이 [잠깐이라도 바깥 대상들을] 좇아가 흐트러지면 [곧 끌고 와서 '[모든 대상과 양상에 빠져들지 않는] 온전한 생각'(正念)에 자리 잡게 해야 한다. 이 '[모든 대상과 양상에 빠져들지 않는] 온전한 생각'을 챙기는 사람은, [모든 것이] '오로지 마음[에 의한 구성]'(唯心)이기에 '[불변 · 독자의 실체인] 외부 대상세계가 없으며'(無外境界), 또한 다시 이 마음에도 '불변 · 독자의 자기 실체'(自相)가 없어서,] '생각마다 [불변 · 독자의 실체인 외부대상이나 마음을] 얻을 수 없다'는 것을 알아야 한다"(心若馳散, 乃至念念不可得)라는 것은, [구종심주九種心住의] 일곱 번째인 '[해로운 생각과 그에 따른 번뇌에 이끌리는 즉시 돌이켜] 평온하게 하는 것을 고도화시키는 마음'(最極寂靜之心)을 밝힌 것이니, 여기에는 두 가지가 있다. 첫 번째 부분에서 말한 "만약 마음이 [잠깐이라도 바깥 대상들을] 좇아가 흐트러지면 곧 끌고 와서 ['[모든 대상과 양상에 빠져들지 않는] 온전한 생각'에 자리 잡게 해야 한다. 이 '[모든 대상과 양상에 빠져들지 않는] 온전한 생각'을 챙기는 사람은,] [모든 것이] '오로지 마음[에 의한 구성]'이기에 [불변 · 독자의 실체인] 외부 대상세계가 없다[는 것을 알아야 한다]"(心若馳散, 卽當攝來, 乃至唯心, 無外境界)라는 것은, '[모든 대상과 양상에 빠져들지 않는] [온전한] 생각'([正]念)을 잃어 잠시 '외부대상을 좇아가 흩어지지만'(馳散外塵) '[모든 대상과 양상에 빠져들지 않는] [온전한] 생각의 힘'([正]念力) 때문에 [외부대상을 좇아가는 것을] 받아들이지 않을 수 있는 것을 밝힌 것이다. 다음[인 두 번째] 부분에서 말한 "또한 다시 이 마음에도 '불변 · 독자의 자기실체'가 없어서, '생각마다 [불변 · 독자의 실체인 외부대상이나 마음을] 얻을 수 없다'[는 것을 알아야 한다]"(卽復此心亦無自相, 念念不可得)라는 것은, '[모든 대상과 양상에 빠져들지 않는] [온전한] 생각'([正]念)을 잃어 다시 '[불변 · 독자의 실체로 간주하는] 내부의 마음'(內心)을 두지만, [정념正念을] 익힌 힘 때문에, [불변 · 독자의 실체로 간주하는 마음을] 생각하면 곧 [그런 생각을] 돌이키어 뱉어 내는 것을 밝힌 것이다. [마음] 안에서나 바깥에서나 [불변 · 독자의 실체를] 인정하지 않고 돌이키어 토해 낼 수 있으니, 그러므로 '[해로운 생각과 그에 따른 번뇌에 이끌리는 즉시 돌이켜] 평온하게 하는 것을 고도화시키는 것'(最極寂靜)이라 부른다.

【소】 次言"若從坐起, 去來, 乃至淳熟, 其心得住"者, 是明第八專住一趣. 謂有加行有功用心故, 言"常念方便, 隨順觀察"也, 無間無缺定心相續故, 言"久習淳熟, 其心得住", 卽是專住一趣相也. 次言"以心住故, 漸漸猛利, 隨順得入眞如三昧"者, 是明第九等持之心. 由前淳熟修習力故, 得無加行無功用心, 遠離沈浮, 任運而住, 故名等持. 等持之心, 住眞如相故, 言"得入眞如三昧".

『소』(1-729a3~13); 『회본』(1-783c1~11)

다음에 말한 "['[빠져들지 않고] 그침'(止)을 닦는 자는] 앉은 자리에서 일어나서 가거나 오거나 [나아가거나 멈추면서 펼치는 모든 행위의 모든 때에 항상 ['[빠져들지 않고] 그침'(止)을 돕는] '수단과 방법'을 생각하여 '[그 수단과 방법에] 따르면서 [모든 것을] 관찰하니', [이러한 수행을] 오랫동안 익혀] 충분히 성숙해지면 그 마음이 ['[빠져들지 않고] 그침'에] 자리 잡는다"(若從坐起, 去來, 乃至淳熟, 其心得住)라는 것은, [구종심주九種心住의] 여덟 번째인 '[힘을 더하여 삼매를] 흠결 없이 끊어지지 않게 유지해 가는 것'(專住一趣)을 밝힌 것이다. '힘을 더해 가는 수행'(加行)과 '능력을 발휘하려는 마음'(功用心)이 있기 때문에 "항상 ['[빠져들지 않고] 그침'을 돕는] '수단과 방법'을 생각하여 '[그 수단과 방법에] 따르면서 [모든 것을] 관찰한다”(常念方便, 隨順觀察)라고 말했고, ‘끊어짐이 없고 흠결 없는 선정의 마음’(無間無缺定心)이 이어지기 때문에 “오랫동안 익혀 충분히 성숙해지면 그 마음이 [‘[빠져들지 않고] 그침’에] 자리 잡는다”(久習淳熟, 其心得住)라고 말한 것이니, 바로 이것이 ‘[힘을 더하여 삼매를] 흠결 없이 끊어지지 않게 유지해 가는 양상’(專住一趣相)이다.

다음으로 말한 “마음이 [‘[빠져들지 않고] 그침’(止)에] 자리 잡기 때문에 [그 ‘[빠져들지 않고] 그침’이] 점점 힘차고 예리해져서 ‘참 그대로와 만나는 삼매’에 따라 들어가게 된다”(以心住故, 漸漸猛利, 隨順得入眞如三昧)라는 것은, [구종심주九種心住의] 아홉 번째인 ‘[더 이상 힘들이지 않고도 삼매를] 한결같이 유지해 가는 마음’(等持之心)을 밝힌 것이다. 앞[의 전주일취專住一趣]에서 ‘닦고 익히는 힘’(修習力)을 충분히 성숙시켰기 때문에 〈[더 이상] ‘힘을 더해 가는 수행’과 ‘능력을 발휘하려는 마음’이 필요 없는 경지〉(無加行無功用心)를 얻어 [힘을 더하거나 능력을 발휘하려는 마음이 있을 때의] 오르락내리락[하는 기복]에서 멀리 벗어나 ‘힘들이지 않고 운용하면서 [확고하게] 자리 잡으니’(任運而住), 그러므로 ‘[더 이상 힘들이지 않고도 삼매를] 한결같이 유지해 가는 것’(等持)이라고 부른다. [이] ‘[더 이상 힘들이지 않고도 삼매를] 한결같이 유지해 가는 마음’(等持之心)이 ‘참 그대로인 양상’(眞如相)에 자리 잡기 때문에 “‘참 그대로와 만나는 삼매’에 들어가게 된다”(得入眞如三昧)라고 말했다.

【소】 “深伏煩惱, 信心增長, 速成不退”者, 略顯眞如三昧力用, 由此進趣, 得入種性不退位故. 上來所說, 名能入者, “唯除”以下, 簡不能者. 修止方法, 竟在於前.

『소』(1-729a13~16); 『회본』(1-783c11~15)

“번뇌를 깊은 수준에서 굴복시키고 ‘[네 가지] 믿는 마음’을 더욱 키워 ‘물러나지 않는 경지’를 빨리 이룬다”(深伏煩惱, 信心增長, 速成不退)라는 것은 〈‘참 그대로와 만나는 삼매’가 지닌 힘의 작용〉(眞如三昧力用)을 간략히 드러낸 것이니, 이 [진여삼매眞如三昧가 지닌 힘의 작용]에 의거하여 앞으로 나아가

〈‘[여래가 될 수 있는] 능력’(種性)[501]이 [이전 수준으로] 퇴행하지 않는 단계〉(種性不退位)에 들어가기 때문이다.

이상에서 말한 것은 ‘[진여삼매眞如三昧에] 들어갈 수 있는 사람’(能入者)을 말한 것이고, “오직 … 제외한다”(唯除) 이하는 ‘[진여삼매에] 들어갈 수 없는 사람’(不能者)을 가려낸 것이다. 〈‘[빠져들지 않고] 그침’(止)을 닦는 방법〉(修止方法)은 여기에서 끝난다.

ㄴ. ‘빠져들지 않고 그침’을 닦아 얻는 뛰어난 능력을 밝힘(明修止勝能)

復次依是三昧故, 則知法界一相, 謂一切諸佛法身與衆生身平等無二, 卽名一行三昧. 當知眞如, 是三昧根本, 若人修行, 漸漸能生無量三昧.

『논』(T32, 582b1~4); 『회본』(1-783c16~19)

또한 이 [참 그대로와 만나는] 삼매에 의거하기 때문에 ‘모든 것이 하나처럼 통하는 양상’(法界一相)을 알게 되니, ‘모든 부처의 진리 몸’(一切諸佛法身)과 ‘중생의 몸’(衆生身)이 ‘평등하고 [불변·독자의 실체나 본질에 의해] 둘[로 나뉨]이 없음’(平等無二)을 [드러내는 것을] 바로 ‘[모든 것을] 하나처럼 통하는 것으로 보게 하는 삼매’(一行三昧)라고 부른다. ‘참 그대로’(眞如)가 이 삼매의 근본이라는 것을 알아야 하니, 만약 사람이 [이 진여삼매眞如三昧를] 수행하면 헤아릴 수 없이 많은 삼매를 점점 생겨나게 할 수 있다.

501 종성種性: 『대승기신론』에서 ‘종성’의 용어가 나오는 대목은 ‘분별발취도상’의 3종 발심 중에서 최종적 발심인 ‘증발심證發心’을 밝히는 단락이다. 원효의 설명에 따르면 증발심 보살은 법신을 증득하여 능소의 차별이 없는 진여지眞如智를 발하는데(以此諸地所起證智, 要依轉識而證眞如故, 對所依假說境界, 直就證智, 卽無能所故), ‘종성’은 이 증발심 보살에 대한 설명어로 『대승기신론』(T32, 581b5~6)에서 다음과 같이 나온다. “[‘진리의 몸’(法身)을 직접 체득한 보살들은] 이와 같은 무수한 ‘수단과 방법’(方便)을 ‘생각으로는 이루 헤아릴 수 없게’(不可思議) 나타낼 수 있지만, 실제로는 [이] 보살들의 ‘[여래가 될 수 있는] 원인이 되는 면모의 근본’(種性根)은 같은 것이다”(能示如是無數方便不可思議, 而實菩薩種性根等). 3종 발심의 최종적 발심인 증발심과 9종심주의 최종적 선정인 진여삼매를 동렬에 놓고 (여래의) 종성을 거론하고 있다.

【소】"復次"以下, 第二明修止勝能. 是明依前眞如三昧, 能生一行等諸三昧. 所言"一行三昧"者, 如『文殊般若經』言, "云何名一行三昧? 佛言. 法界一相, 繫緣法界, 是名一行三昧. 入一行三昧者, 盡知恒沙諸佛法界無差別相. 阿難, 所聞佛法, 得念總持, 辯才智慧, 於聲聞中雖爲最勝, 猶住量數, 卽有限礙. 若得一行三昧, 諸經法門一一分別, 皆悉了知, 決定無礙, 晝夜常說, 智慧辯才, 終不斷絶. 若比阿難多聞辯才, 百千等分不及其一", 乃至廣說. 眞如三昧能生此等無量三昧, 故言"眞如, 是三昧根本"也. 修止勝能, 竟在於前.

『소』(1-729a16~b5); 『회본』(1-783c20~784a11)

"또한"(復次) 이하에서는 두 번째로 〈'[빠져들지 않고] 그침'(止)을 닦아 성취하는 뛰어난 능력〉(修止勝能)을 밝힌다. 이것은 앞의 '참 그대로와 만나는 삼매'(眞如三昧)에 의거하여 '[모든 것을] 하나처럼 통하는 것으로 보게 하는 [삼매]'(一行[三昧]) 등 갖가지 삼매를 생겨나게 할 수 있다는 것을 밝힌 것이다.

"[모든 것을] 하나처럼 통하는 것으로 보게 하는 삼매"(一行三昧)라고 말한 것은 『문수반야경文殊般若經』에서 [다음과 같이] 말한 것과 같은 것이다.

"어떤 것을 '[모든 것을] 하나처럼 통하는 것으로 보게 하는 삼매'(一行三昧)라고 부르는가? 부처님이 말씀하셨다. 〈'모든 것'(法界)은 '하나처럼 통하는 양상'(一相)이니, '[하나처럼 통하는 양상인] 모든 것'(法界)과 만나는 것을 '[모든 것을] 하나처럼 통하는 것으로 보게 하는 삼매'(一行三昧)라고 부른다. '[모든 것을] 하나처럼 통하는 것으로 보게 하는 삼매'(一行三昧)에 들어간 자는 갠지스강의 모래알만큼이나 많은 모든 부처와 '[하나처럼 통하는 양상인] 모든 것'(法界)이 '[서로] 다르지 않은 양상'(無差別相)이라는 것을 남김없이 알게 된다. 아난阿難은 [직접] 들은 부처님의 법문을 외워 모두 받아 지닐 수 있어서 [그의] 말솜씨와 지혜가 '[가르침을] 들어서 [혼자] 부처가 되려는 수행자'(聲聞) 중에서 가장 뛰어나지만 아직 [듣고 외운 법문의] 수량에 머물러 있어서 곧 한계와 걸림이 있다. [그런데] 만약 '[모든 것을] 하나처럼 통하는 것으로 보게 하는 삼매'(一行三昧)를 얻는다면, 모든 경전의 설법을 하나하나 나누어도 모두

다 [하나로 통합을] 분명히 알아 반드시 걸림이 없게 되고, 낮과 밤으로 항상 말하여도 지혜와 말솜씨가 끝내 단절되지 않는다. 만약 [일행삼매一行三昧를 얻은 자의 지혜와 말솜씨를] 아난의 '많이 들은 것'(多聞)과 말솜씨(辯才)에 비교해 본다면 [아난의 것은 일행삼매를 얻은 자의] 백분의 일, 천분의 일에도 미치지 못한다〉"[502] 등으로 자세히 말하고 있다.

'참 그대로와 만나는 삼매'(眞如三昧)는 이와 같은 헤아릴 수 없이 많은 삼매三昧를 생겨나게 할 수 있으니, 그러므로 "'참 그대로'가 이 삼매의 근본이다"(眞如, 是三昧根本)라고 말했다. 〈'[빠져들지 않고] 그침'(止)을 닦아 성취하는 뛰어난 능력〉(修止勝能)[에 관한 설명]은 여기에서 끝난다.

ㄷ. 수행과정에서 생겨날 수 있는 방해하는 현상들을 밝힘(明起魔事)

【소】 "或有"以下, 第三明起魔事. 於中有二, 略明, 廣釋.

『소』(1-729b6~7); 『회본』(1-784a11~12)

[아래의] "혹 어떤"(或有) 이하에서는 세 번째로 [수행 과정에서] 생겨날 수 있는 '방해하는 현상'(魔事)들을 밝힌다. 여기에는 두 가지가 있으니, '간략히

502 『문수사리소설반야바라밀경文殊師利所說般若波羅蜜經』 권2(T8, 731a25~b13). "文殊師利言, '世尊! 云何名一行三昧?' 佛言, '法界一相, 繫緣法界, 是名一行三昧. 若善男子, 善女人, 欲入一行三昧, 當先聞般若波羅蜜, 如說修學, 然後能入一行三昧. 如法界緣, 不退不壞, 不思議, 無礙無相. 善男子, 善女人, 欲入一行三昧, 應處空閑, 捨諸亂意, 不取相貌, 繫心一佛, 專稱名字. 隨佛方所, 端身正向, 能於一佛念念相續, 即是念中, 能見過去, 未來, 現在諸佛. 何以故? 念一佛功德無量無邊, 亦與無量諸佛功德無二, 不思議佛法等無分別, 皆乘一如, 成最正覺, 悉具無量功德, 無量辯才. 如是入一行三昧者, 盡知恒沙諸佛, 法界, 無差別相. 阿難所聞佛法, 得念總持, 辯才智慧, 於聲聞中雖爲最勝, 猶住量數, 則有限礙. 若得一行三昧, 諸經法門, 一一分別, 皆悉了知, 決定無礙, 晝夜常說, 智慧辯才, 終不斷絕. 若比阿難多聞辯才, 百千等分不及其一.'" 밑줄은 생략된 부분이다. 생략된 부분 중에서 "繫心一佛" 이하 관련 내용에 따르면 일행삼매는 '법계일상'의 의미 외에 수행방식의 의미, 말하자면 '일불'에 집중하여 염불함으로써 무량불과 무량공덕으로 나아가는 삼매의 수행 방식과 관련된 의미도 있다.

밝히는 것'(略明)과 '자세히 해석하는 것'(廣釋)이다.

ㄱ) 지止 수행을 방해하는 현상들을 치유하는 방법에 대해 간략히 설명함(略說魔事對治)

或有衆生無善根力, 則爲諸魔外道鬼神之所惑亂. 若於坐中, 現形恐怖, 或現端正男女等相, 當念唯心, 境界則滅, 終不爲惱.

『논』(T32, 582b4~7); 『회본』(1-784a13~16)

혹 어떤 중생에게 [지止 수행을 위한] '좋은 능력'(善根力)이 없으면 '온갖 방해하는 것들'(諸魔)과 '[불법佛法과는] 다른 가르침'(外道)과 귀신들(鬼神)에게 현혹되고 [수행이] 어지러워진다. 만약 좌선坐禪하는 중에 [그런 것들이] 모습을 나타내어 두렵게 하거나 혹은 단정한 남자와 여자 등의 모습들을 나타낸다면 '오로지 마음[에 의해 나타난 것]일 뿐'(唯心)임을 생각해야 하니, [그렇게 생각하면] 대상들이 사라져 마침내 괴로움을 당하지 않게 된다.

【소】略中亦二, 先明魔嬈, 後示對治. 初中言"諸魔"者, 是天魔也, "鬼"者, 堆惕鬼也, "神"者, 精媚神也. 如是鬼[503]嬈, 亂佛法, 令墮邪道, 故名"外道". 如是諸魔乃至鬼神等, 皆能變作三種五塵, 破人善心. 一者, 作可畏事, 文言"坐中, 現形恐怖"故. 二者, 作可愛事, 文言"或現端正男女"故. 三, 非違非順事, 謂現平品五塵, 動亂行人之心, 文言"等相"故. 當念以下, 次明對治. 若能思惟如前諸塵, 唯是自心分別所作, 自心之外, 無別塵相, 能作是念, 境相卽滅. 是明通遣諸魔鬼神之法.

『소』(1-729b8~19); 『회본』(1-784a17~b5)

'간략히 밝히는 것'(略)에도 두 가지가 있으니, 먼저 '방해하는 것들이 괴롭히는 내용'(魔嬈)을 밝히고, 나중에는 [그것을] '다스리는 방법'(對治)을 제시한다.

---

503 『회본』에는 '鬼' 뒤에 '神'이 삽입되어 있다. 대정장본에는 '神'이 없다. 원효는 귀와 신을 구분하여 주석하고 있으므로 번역은 『회본』에 따른다.

처음에 말한 "모든 방해하는 것들"(諸魔)이라는 것은 '[수행을 방해하는] 신적 존재들'(天魔)[504]이고, "귀鬼"라는 것은 '무섭게 하는 귀신'(堆惕鬼)이며, "신神"이라는 것은 '[12간지干支에 따라 장난하는 12간지 짐승] 귀신'(精媚神)이다. 이와 같은 귀신들이 괴롭혀 '부처의 진리'(佛法)를 어지럽히고 '잘못된 가르침'(邪道)에 떨어지게 하니, 그러므로 "[불법佛法과는] 다른 가르침"(外道)이라 부른다.

이와 같은 '갖가지 신적 존재들'(諸魔) 및 귀신들은 모두 [수행을 방해하는] 세 가지의 '다섯 감관대상들'(五塵)을 지어내어 [지止를 수행하는] 사람의 '[수행에] 이로운 마음'(善心)을 파괴할 수 있다. 첫 번째는 두려워할 만한 현상을 지어내는 것이니, 본문에서 "좌선坐禪하는 중에 [그런 것들이] 모습을 나타내어 두렵게 한다"(坐中, 現形恐怖)라고 말한 것이다.[505] 두 번째는 애착할 만한 현상을 지어내는 것이니, 본문에서 "혹은 단정한 남자와 여자 등의 모습들을 나타낸다"(或現端正男女)라고 말한 것이다.[506] 세 번째는 '좋아하지도 싫어하지도 않을 현상'(非違非順事)[을 지어내는 것]이니, '평범한 다섯 가지의 감관대상'(平品五塵)을 나타내어 수행자의 마음을 동요시키고 어지럽히는 것을 말하며, 본문에서 "… 등의 모습들"(等相)이라고 말한 것이다.

"['오로지 마음[에 의해 나타난 것]일 뿐'(唯心)임을] 생각해야 한다"(當念) 이하에서는 다음으로 [방해를] '다스리는 방법'(對治)을 밝혔다. 만약 앞에서와 같은 모든 감관대상(塵)이 오직 자기 마음의 분별이 지어낸 것이라고 생각할 수

504 천마天魔: 『대지도론』 권56(T25, 458c3~5). "魔有四種. 一者, 煩惱魔, 二者, 五衆魔, 三者, 死魔, 四者, 自在天子魔." 『대지도론』에서 보듯이 마魔에는 4종류가 있는데, 앞의 3가지는 자기 몸과 마음에서 발동하는 내마內魔이고, 마지막의 자재천자마는 외마外魔라고 한다. 천마는 파순波旬이라는 이름의 마왕과 그 권속을 통칭하는데, 욕계 제6천인 타화자재천에서 머무르다가 수행을 어지럽히기 위해 내려오는 외마이다(『불광대사전』, p.1879 참조).

505 귀鬼, 즉 퇴척귀堆惕鬼의 역할을 가리키는 것으로 보인다.

506 신神, 즉 정미신精媚神의 역할을 가리키는 것으로 보인다. 아래 주석에서 원효는 12간지의 동물들이 모습을 바꾸어 남녀의 모습으로 나타나기도 한다고 설명한다.

있다면 자기 마음을 떠나 별도로 [그러한] '감관대상의 양상'(塵相)이 없게 되니, 이러한 생각을 지을 수 있다면 [수행을 방해하는] '대상적 양상'(境相)은 곧바로 사라질 것이다. 이것은 [수행을 방해하는] '갖가지 신적 존재들'(諸魔) 및 귀신들을 통틀어 없애는 방법을 밝힌 것이다.

【소】 別門而言, 各有別法, 謂治諸魔者, 當誦大乘諸治魔呪, 咀念誦之. 堆惕鬼者, 或如虫蝎, 緣人頭面攢刺瘤瘤, 或復擊攊人兩掖下, 或乍抱持於人, 或言說音聲喧喧, 及作諸獸之形, 異相非一, 來惱行者, 則應閉目, 一心憶而作如是言. "我今識汝. 汝是此閻浮提中食火臭香偸臘吉支. 卽[507]見汝喜, 汝破戒種. 我今持戒, 終不畏汝". 若出家人, 應誦戒律, 若在家人, 應誦菩薩戒本. 若誦三歸五戒等, 鬼便却行, 匍匐而出也. 精媚神者, 謂十二時狩, 能變化作種種形色, 或作少男女相, 或作老宿之形, 及可畏身等, 非一衆多, 惱亂行者. 其欲惱人, 各當其時來, 若其多於寅時來者, 必是虎兕等, 多於卯時來者, 必是免[508]獐等, 乃至多於丑時來者, 必是牛類等. 行者, 恒用此時, 則知其狩精媚, 說其名字, 呵嘖, 卽當謝滅. 此等, 皆如禪經廣說. 上來略說, 魔事對治.

『소』(1-729b20~c15); 『회본』(1-784b5~c2)

'[하나씩] 구별하는 측면'(別門)에서 [지止 수행을 '방해하는 현상'(魔事)을 없애는 방법을] 말하면, 각 현상에는 [그에 맞는] 별도의 방법이 있으니 [다음과 같은 것들이다.] '[지止 수행을 방해하는] 신적 존재들을 다스리려는'(治諸魔) 자는 대승의 갖가지 '[방해하는] 신적 존재들을 다스리는 주문'(治魔呪)을 외우되 반드시 물리치려는 생각으로 외워야 한다. '무섭게 하는 귀신'(堆惕鬼)이라는 것은,

---

507 '卽'은 '邪'의 오기일 수도 있다. 만약 오기가 아니라면 "지금 네가 좋아하는 것을 보아하니"(卽見汝喜)로 번역되고, '邪'의 오기라면 "너는 삿된 견해를 좋아하여"(邪見汝喜)라고 번역된다. 두 가지 모두 가능하나, 여기서는 "지금 네가 좋아하는 것을 보아하니"라고 번역한다.

508 '免'은 '兎'의 오기로 보인다.

혹 벌레나 전갈 같은 것이 사람의 머리나 얼굴에 달라붙어 찔러서 짜릿하게 하는 것 같거나, 혹은 또 [어떤 것이] 양쪽 겨드랑이 밑을 세차게 비비거나, 혹은 [어떤 것이] 잠시 사람을 꽉 끌어안거나, 혹은 말하는 소리가 시끄럽거나, 또는 온갖 짐승의 모습을 지어내는데 [모두] 다른 모습이고 같지 않으니, [이러한 현상들이] 와서 수행자를 괴롭히면 눈을 감고 [다음과 같은 내용을] '한결같은 마음'(一心)으로 새기면서 이와 같이 말해야 한다.

"나는 지금 너를 알고 있다. 너는 이 '인간이 살아가는 세상'(閻浮提)에서 '불을 먹고 향기를 맡으면서 사는 귀신'(偸臘吉支)이다. 지금 네가 즐기는 것들을 보아하니, 너는 계율의 씨앗을 파괴하고 있다. [그런데] 나는 지금 계율을 지키고 있으니 끝내 너를 두려워하지 않는다."

만약 출가한 수행자라면 [출가 수행자가 지키는] 계율을 소리 내어 외워야 하고, 재가在家의 수행자라면 [보살 수행자가 지키는 계율인] 『보살계본菩薩戒本』을 소리 내어 외워야 한다. 만약 〈부처님(佛)·'부처님의 가르침'(法)·'부처님 가르침에 따라 수행하는 수행공동체'(僧), 이 세 가지에 의지할 것을 다짐하는 말〉(三歸依)과 '다섯 가지 윤리적 행위의 지침'(五戒) 등을 소리 내어 외우면 귀신들은 바로 물러나 기어 나갈 것이다.

'[12간지干支에 따라 장난하는 12간지 짐승] 귀신'(精媚神)이라는 것은 12[간지의] 시간[에 각각 해당하는] 짐승들이 [자신을] 변화시켜 갖가지 모습(形色)을 만들어 내는 것이니, 때로는 젊은 남녀의 모습을 만들어 내고, 때로는 '나이가 지긋하고 원숙한 수행자'(老宿)의 모습을 만들어 내며, 또는 두려워할 만한 모습을 만들어 내는 등, 하나가 아닌 여러 가지로 다양하게 [모습을 만들어] 수행자를 괴롭히고 혼란시킨다. 그 [짐승 귀신들]이 사람을 괴롭히고자 하면 각자 [해당하는] 시간에 맞추어 오는데, 만약 그들 대부분이 인시寅時에 오는 것들이라면 반드시 호랑이나 코뿔소 등일 것이고, 대부분이 묘시卯時에 오는 것들이라면 반드시 토끼나 노루들일 것이며, 또는 대부분이 축시丑時에 오는 것들이라면 반드시 소 종류 등일 것이다. 수행자가 항상 [짐승 귀신들이 오는] 시간을 이용하면 그 [시간의] 짐승[이 변하여 지어낸] 귀신임을 알 것이니,

[그리하여] 그의 이름을 말하면서 꾸짖으면 곧바로 물러나 사라질 것이다. 이와 같은 것들은 모두 '선禪을 설하는 경전들'(禪經)에서 자세하게 설명한 것과 같다.[509]

이상으로 '[지止 수행을] 방해하는 현상들을 다스리는 방법'(魔事對治)에 대해 간략히 설명하였다.

ㄴ) 자세하게 해석함(廣釋)

或現天像, 菩薩像, 亦作如來像, 相好具足. 或說陀羅尼, 或說布施持戒忍辱精進禪定智慧. 或說平等空, 無相無願, 無怨無親, 無因無果, 畢竟空寂, 是眞涅槃. 或令人知宿命過去之事, 亦知未來之事, 得他心智辯才無礙, 能令衆生貪著世間名利之事. 又令使人數瞋數喜, 性無常準, 或多慈愛, 多睡多病, 其心懈怠. 或卒起精進, 後便休廢, 生於不信, 多疑多慮. 或捨本勝行, 更修雜業, 若著世事, 種種牽纏. 亦能使人得諸三昧少分相似, 皆是外道所得, 非眞三昧. 或復令人若一日若二日若三日乃至七日住於定中, 得自然香美飮食, 身心適悅, 不飢不渴, 使人愛著. 或亦令人食無分齊, 乍多乍少, 顔色變異. 以是義故, 行者常應智慧觀察, 勿令此心墮於邪網, 當勤正念, 不取不著, 則能遠離是諸業障. 應知外道所有三昧, 皆不離見愛我慢之心, 貪著世間名利恭敬故. 眞如三昧者, 不住見相, 不住得相, 乃至出定, 亦無懈慢, 所有煩惱, 漸漸微薄. 若諸凡夫不習此三昧法, 得入如來種性, 無有是處. 以修世間諸禪三昧, 多起味著, 依

---

509 예를 들어 『수능엄삼매경首楞嚴三昧經』 권2에서는 "舍利弗, 若使惡魔今得聞說首楞嚴三昧名字, 以此因緣, 當得出過一切魔事"(T15, 637c7~8)라고 하여 악마에게 수능엄삼매의 이름을 듣게 하면 일체의 마사에서 벗어날 수 있다라 하고, 『등집중덕삼매경等集衆德三昧經』 권3에서는 "又問魔曰, 何謂一切魔行爲菩薩行? 答曰, 菩薩皆當入諸魔心之所行故也. 不以起爲起, 不隨魔事之所教也, 覺了魔行化衆生行, 觀其所行不修彼行, 獨於魔衆而示現不行魔行. 又當修學魔之治化, 雖在魔中而無魔事"(T12, 984a28~b4)라고 하여 일체의 마행魔行을 보살행菩薩行으로 삼는 방법에 관해 설명하기도 한다.

於我見, 繫屬三界, 與外道共. 若離善知識所護, 則起外道見故.

『논』(T32, 582b7~c1); 『회본』(1-784c3~785a6)

때로는 천신天神의 형상이나 보살의 형상을 나타내기도 하고 여래의 형상을 나타내기도 하는데, [모두] '수승한 용모(相)와 빼어난 특징(好)'(相好)을 갖추고 있다. 때로는 주문(陀羅尼)을 설해 주고, 때로는 '베풀기와 나누기'(布施), '윤리적 행위를 간수하기'(持戒), 참아 내기(忍辱), 노력하기(精進), '선정[을 수행하기]'(禪定), '지혜[를 연마하기]'(智慧)[의 육바라밀]을 설하기도 한다. 또 때로는 〈'평등하게 비어 있고'(平等空) '차이도 없으며'(無相) '바랄 것도 없고'(無願) '원망하는 것도 없으며'(無怨) '가까이 할 것도 없고'(無親) '원인도 없으며'(無因) '과보도 없어'(無果) [모든 것이] 끝내 '비어 고요하니'(空寂), 이것이 참된 열반이다〉라고 설하기도 한다.

혹은 [지止 수행하는] 사람으로 하여금 과거 전생前生의 일을 알게 하거나 미래의 일을 알게 하기도 하고, '다른 사람의 마음을 읽는 능력'(他心智)과 '말 잘하는 능력'(辯才)이 걸림이 없음을 얻게 하여, [그런 능력들을 얻은] 중생이 세상의 명예와 이익에 관련된 일을 탐하고 집착하게 만들기도 한다. 또 [지止 수행하는] 사람으로 하여금 자주 화내고 자주 기쁘게 하여 성격에 일정함이 없게 하며, 혹은 자애가 [너무] 많게 하기도 하고, 잠이 [너무] 많거나 병이 [너무] 많게 하여 그의 마음을 게으르게 한다. [또] 혹은 갑자기 정진하다가 곧 그만두게 하기도 하고, [수행에 대한] 불신을 일으켜 의심이 많고 생각이 많게 하기도 한다. 혹은 '근본[에 속하는] 뛰어난 수행'(本勝行)을 버리고서 다시 잡다한 행위를 익히게 하거나, 세간의 일에 집착하여 갖가지로 끌려 다니고 얽매이게 만든다.

또 [지止 수행하는] 사람으로 하여금 갖가지 '삼매와 조금 비슷한 것'(三昧少分相似)을 얻게 하는데, [이는] 모두 '[불법佛法과는] 다른 길'(外道)로 얻은 것이지 참된 삼매가 아니다. 혹은 [지 수행하는] 사람으로 하여금 하루나 이틀, 사흘 내지 이레 동안 선정禪定에 머물러 저절로 향기롭고 맛있는 음식을 얻어 몸과 마음이 쾌적하여 배고프지도 않고 목마르지도 않게 하여, 그로 하여금 [그 선정이나 음식에] 애착하게 만든다. 혹은 또 [지止 수행하는] 사람으로 하여금 식사에 절제가 없게 하니, 갑자기 많이 먹거나 갑자기 적게 먹어 안색이 [수시로] 바뀌고 달라지게 한다.

['수행을 방해하는 현상'(魔事)이 발생하는 것은] 이러한 이치(義)이기 때문에, 수행자는 늘 지혜로 관찰하여 이 마음을 '해로운 그물'(邪網)에 떨어지지 않게 하고, '[모든 대상과 양상에 빠져들지 않는] 온전한 생각'(正念)을 부지런히 챙겨 [그 방해하는 현상들을] '붙잡지도 않고'(不取) [그것들에] '달라붙지도 않아야'(不著) 곧 이러한 갖가지 '행위의 장애'(業障)에서 멀리 벗어날 수 있다.

'[불법佛法과는] 다른 가르침을 따르는 사람들'(外道)이 지닌 삼매는 모두 '견해에 대한 애착'(見愛)과 '[남보다 낫다거나 같다거나 못하다 하면서] 비교하여 자기를 규정하는 마음'(我慢之心)에서 벗어나지 못했음을 알아야 하니, [그 삼매는] 세상의 명예와 이익, 공경을 탐하여 집착하기 때문이다. '참 그대로와 만나는 삼매'(眞如三昧)라는 것은, '보았다는 생각'(見相)에도 머물지 않고 '얻었다는 생각'(得相)에서 머물지 않으며 또한 선정禪定에서 나올지라도 해이함(懈)이나 '비교하는 마음'(慢)이 없어 가지고 있던 번뇌를 점점 희미하고 엷어지게 한다.

만약 모든 범부가 이 '[참 그대로와 만나는] 삼매'([眞如]三昧)의 [수행]법을 익히지 않고서도 '여래의 면모'(如來種性)로 들어간다는 것은 있을 수가 없다. [진여삼매眞如三昧가 아닌] 세간의 갖가지 선禪의 삼매를 닦으면 [그 삼매의] 맛에 대한 집착을 많이 일으켜 [삼매를 닦는] '[불변 · 독자의] 내가 있다는 견해'(我見)에 의거하여 '[욕망세계(欲界) · 유형세계(色界) · 무형세계(無色界), 이] 세 가지 세계'(三界)에 얽매여서 '[불법佛法과는] 다른 길'(外道)과 함께하기 때문이다. 만약 '이로운 스승'(善知識)들이 지키고 있는 [진여삼매에 대한] 가르침에서 벗어나면, 곧 '[불법과는] 다른 길'을 따르는 견해를 일으키게 되는 것이다.

【소】 "或現"以下,[510] 第二廣釋, 於中有三. 一者, 廣顯魔事差別, "以是義

故"以下, 第二明其對治, "應知外道"以下, 第三簡別眞僞. 初中卽明五雙十事. 一者, 現形說法爲雙. 二者, 得通起辯爲雙, 謂從"或令人"以下, 乃至"名利之事"也. 三者, 起惑作業爲雙, 謂"又令使人"以下, 乃至"種種牽纏"也. 四者, 入定得禪爲雙, 謂從"亦能使"以下, 乃至"使人愛著"也. 五者, 食差顔變爲雙, 文處可見也.

『소』(1-729c15~730a1); 『회본』(1-785a7~16)

"때로는 [천신天神의 형상이나 보살의 형상을] 나타내기도 한다"(或現) 이하는 두 번째인 '자세하게 해석한 것'(廣釋)인데, 여기에는 세 가지가 있다. 첫 번째는 '[수행 과정에서 생겨날 수 있는] 방해하는 현상'(魔事)들의 차이를 자세하게 드러내었고, "이러한 이치이기 때문에"(以是義故) 이하는 두 번째로 그 ['방해하는 현상'(魔事)]을 다스리는 방법을 밝혔으며, "[불법佛法과는] 다른 가르침을 따르는 사람들이 [지닌 삼매는] … 알아야 한다"(應知外道) 이하는 세 번째로 '참[된 삼매]와 거짓[된 삼매]를 가려낸 것'(簡別眞僞)이다.

첫 번째[인 '방해하는 현상'(魔事)들의 차이를 자세하게 드러낸 것]에서는 '다섯 쌍으로 된 열 가지 현상'(五雙十事)을 밝혔다. 첫 번째는 '모습을 드러내는 것'(現形)과 '설법하는 것'(說法)이 쌍이 된다. 두 번째는 '신통을 얻는 것'(得通)과 '말 잘하는 능력을 일으키는 것'(起辯)이 쌍을 이루니, "혹은 [지止 수행하는] 사람으로 하여금 [과거 전생前生의 일을 알게 하거나]"(或令人)에서부터 "세상의 명예와 이익[에 관련된 일을 탐하고 집착하게 만들기도 한다]"(名利之事)까지가[511] 그것이다. 세 번째는 '의혹을 일으키는 것'(起惑)과 '[잡다한] 행위를 짓는 것'(作業)이 쌍을 이루는데, "또 [지 수행하는] 사람으로 하여금 [자주 화내고 자주 기쁘게 하여] …"(又令使人)에서부터 "갖가지로 끌려 다니고 얽매이게 만든다"(種種牽纏)까지가[512] 그것이다. 네 번째는 '[참되지 않은] 선정에 들어가는 것'(入

510 『회본』에는 '或現以下'가 없다.

511 이 부분에 해당하는 『기신론』의 본문은 다음과 같다. "或令人知宿命過去之事, 亦知未來之事, 得他心智辯才無礙, 能令衆生貪著世間名利之事."

512 이 부분에 해당하는 『기신론』의 본문은 다음과 같다. "又令使人數瞋數喜, 性無常準, 或

定)과 '[참되지 않은] 선정을 얻는 것'(得禪)이 쌍을 이루니, "또 [지止 수행하는] 사람으로 하여금 [갖가지 '삼매와 조금 비슷한 것'을 얻게 하는데]"(亦能使)에서부터 "그로 하여금 [그 선정이나 음식에] 애착하게 만든다"(使人愛著)까지가[513] 그것이다. 다섯 번째는 '식사의 [극심한] 차이'(食差)와 '안색의 [급격한] 변화'(顔變)가 쌍을 이루고 있는데, [해당하는] 글에서 [어렵지 않게] 알 수 있다.

【소】 問. 如見菩薩像等境界, 或因宿世善根所發, 云何簡別, 判其邪正? 解云. 實有是事, 不可不愼. 所以然者, 若見諸魔所爲之相, 謂是善相, 悅心取著, 則因此邪僻, 得病發狂. 若得善根所發之境, 謂是魔事, 心疑捨離, 卽退失善利, 終無進趣. 而其邪正, 實難取別. 故以三法, 驗之可知, 何事爲三? 一, 以定研磨. 二, 依本修治. 三, 智慧觀察. 如經言, "欲知眞金, 三法試之. 謂燒, 打, 磨. 行人亦爾". 難可別識, 若欲別之, 亦須三試. 一則當與共事. 共事不知, 當與久共處. 共處不知, 智慧觀察. 今藉此意, 以驗邪正, 謂如定中境相發時, 邪正難了者, 應當深入定心, 於彼境中, 不取不捨, 但平等定住. 若是善根之所發者, 定力逾深, 善根彌發. 若魔所爲, 不久自壞. 第二依本修治者, 且如本修不淨觀禪, 今則依本修不淨觀. 若如是修, 境界增明者, 則非僞也. 若以本修治, 漸漸壞滅者, 當知是邪也. 第三智慧觀察者, 觀所發相, 推驗根原, 不見生處, 深知空寂, 心不住著, 邪當自滅, 正當自現. 如燒眞金, 其光自色[514]若, 是僞不亦[515]爾. 此中定譬於磨, 本猶於打, 智慧觀察類以火燒, 以此三驗, 邪正可知也.

『소』(1-730a1~b2); 『회본』(1-785a16~b19)

多慈愛, 多睡多病, 其心懈怠. 或卒起精進, 後便休廢, 生於不信, 多疑多慮. 或捨本勝行, 更修雜業, 若著世事, 種種牽纏."

513 이 부분에 해당하는 『기신론』의 본문은 다음과 같다. "亦能使人得諸三昧少分相似, 皆是外道所得, 非眞三昧. 或復令人若一日若二日若三日乃至七日住於定中, 得自然香美飮食, 身心適悅, 不飢不渴, 使人愛著."

514 한불전 교감주에 따라 '色'을 '自'로 교감하여 번역한다

515 한불전 교감주에 따라 '亦'을 '不'로 교감하여 번역한다.

묻는다. 이를테면 보살의 형상과 같은 대상(境界)을 보는 것은 '과거 전생의 세상'(宿世)[부터 지금까지 길러 온] '좋은 능력'(善根) 때문에 일어난 것일 수도 있으니, 어떻게 가려내어 그 [나타난 대상의] 잘못됨(邪)과 올바름(正)을 판별할 것인가?

해설한다. 실제로 이러한 일(事)이 있으니 신중하지 않을 수 없다. 그 이유는 [다음과 같다.] '[방해하는] 신적 존재들'(諸魔)이 지어낸 모습(相)을 보았을 때 이를 '좋은 모습'(善相)이라 하면서 기쁜 마음으로 '붙잡고 달라붙으면'(取著), 이러한 '잘못 기울어짐'(邪僻)에 의해 병을 얻어 미쳐 날뛴다. [이와 달리] '좋은 능력'(善根)이 일으킨 대상(境)을 얻었는데도 이를 '방해하는 현상'(魔事)이라고 하면서 마음으로 의심하여 버리거나 멀리한다면 '좋은 이로움'(善利)을 잃어 끝내 '[향상하여] 나아감'(進趣)이 없게 된다. [사정이] 이러하여 그 [나타난 대상]의 '잘못됨과 올바름'(邪正)은 사실 가려내기가 어렵다. 그렇기 때문에 세 가지 방법(法)으로 검증해 보면 알 수 있으니, 무엇이 [그] 세 가지인가? 첫 번째는 '선정으로써 확인해 보는 것'(以定研磨)이고, 두 번째는 '본래 닦던 수행에 의거하여 다스려 보는 것'(依本修治)이며, 세 번째는 '지혜로써 관찰해 보는 것'(智慧觀察)이다. 이를테면 경에서 [다음과 같이] 말한 것과 같다.

"진짜 금인지 알고 싶으면 세 가지 방법(法)으로 그것을 시험해볼 일이다. [진짜 금을 가려내기 위해] 불로 녹여 보고, 두드려 보고, 갈아 보는 방법이다. 수행자도 마찬가지이다."[516]

판별해 내기 어려운 것을 판별하고 싶다면 역시 세 가지로 시험해 보아야 한다. 첫 번째는 함께 일을 해 보아야 한다. 함께 일을 해 보고도 모르겠으면 [두 번째로] 오랫동안 함께 살아 보아야 한다. 함께 살아 보고도 모르겠으면 [세 번째로] 지혜로써 관찰해 본다. 이제 이런 뜻에 의거하여 '잘못됨과

516 이는 『대반열반경』 권13의 다음 부분을 인용한 것이다. "大仙! 譬如眞金三種試已, 乃知其眞, 謂燒, 打, 磨. 試彼苦行者, 亦當如是"(T12, 692a7~8).

올바름'(邪正)을 검증해 보자면 [다음과 같다.] 선정(定)[에 들어 있는] 도중 [어떤] 대상이 나타날 때, [그 현상이] 잘못된 것인지 올바른 것인지를 판단하기 어려운 것이라면, 선정에 든 마음에 더욱 깊이 들어가 그 [나타난 대상을] 붙잡으려 하지도 않고 [애써] 버리려 하지도 않은 채 그저 '한결같이 선정을 유지해야 한다'(平等定住). 만약 [나타난 현상이] '좋은 능력'(善根)에서 생겨난 것이라면, 선정의 힘은 더욱 깊어지고 '좋은 능력'(善根)은 더욱 발휘될 것이다. [반대로] 만약 [나타난 현상이] '방해하는 것'(魔)이 지어낸 것이라면 오래지 않아 저절로 없어질 것이다.

두 번째인 '본래 닦던 수행에 의거하여 다스려 보는 것'(依本修治)이란 [다음과 같은 것이다.] 만약에 본래 '[신체를] 부정하다고 관찰하는 선'(不淨觀禪)을 닦아 왔다면 [대상이 나타난] 지금 곧 본래 닦던 부정관不淨觀에 의거[하여 나타난 대상을 관찰]한다. 만약 이와 같이 [부정관을] 수행하는데도 [나타난] 대상이 더 분명해지는 것이라면 거짓이 아닌 것이다. 만약 본래 닦던 수행으로 다스려서 점점 [나타난 대상이] 없어지는 것이라면, [나타난 대상은] 잘못된 것이라고 알아야 한다.

세 번째인 '지혜로써 관찰해 보는 것'이란 [다음과 같은 것이다.] '나타난 모습'(所發相)을 관찰하여 근원을 따져 보면 '생겨난 곳'(生處)을 볼 수 없으니, [그 대상이] '실체가 없다는 것'(空寂)을 깊이 알아 마음이 [그 대상에] 머물러 집착하지 않으면 '잘못된 것'(邪)은 저절로 사라지고 '올바른 것'(正)은 저절로 드러날 것이다. 마치 '진짜 금'(眞金)을 불로 녹여 보면 그 빛깔이 자기 [빛깔]과 [여전히] 같지만, 이것이 가짜 [금]이라면 그렇지 않은 것과도 같다.

이 [세 가지 방법] 중에서 '선정[으로써 확인해 보는 것]'([以]定[研磨])은 '[금을] 갈아 보는 것'(磨)에 비유한 것이고, '본래 [닦던 수행에 의거하여 다스려 보는 것]'([依]本[修治])은 '[금을] 두드려 보는 것'(打)과 같으며, '지혜로써 관찰해 보는 것'(智慧觀察)은 '[금을] 불로 녹여 보는 것'(燒)과 유사하니, 이 세 가지로써 검증해 보면 '잘못된 것'(邪)인지 '올바른 것'(正)인지를 알 수 있다.

【소】 問. 若魔能令我心得定, 定止[517]邪正, 如何簡別? 解云. 此處微細, 甚難可知. 且依先賢之說, 略示邪正之歧. 依如前說九種心住門, 次第修習, 至第九時, 覺其支體運運而動. 當動之時, 卽覺其身如雲如影, 若有若無, 或從上發, 或從下發, 或從腰發, 微微徧身. 動觸發時, 功德無量, 略而說之, 有十種相. 一靜定, 二空虛, 三光淨, 四喜悅, 五猗樂, 六善心生起, 七知見明了, 八無諸累縛, 九其心調柔, 十境界現前. 如是十法, 與動俱生, 若具分別, 則難可盡. 此事旣過, 復有餘[518]**觸, 次第而發. 言**

517 대정장 『대승기신론소』 원문(T44, 224a26)에는 '止'로 되어 있으나, 문맥으로 볼 때 한불전에서 '之'로 교감한 것이 적절하다고 보아 한불전의 교감에 따라 '之'로 번역한다. 『회본』(H1, 785b20)에는 주석도 없이 '之'로 되어 있다.

518 "復有餘" 이하는 현재 신수대장경과 한국불교전서에 있는 『대승기신론소』와 『회본』의 내용이 완전히 다르다. 현재 통용되는 『소』에서는 문장의 내용으로 볼 때 "復有餘"와 "觸次第而發" 사이에 커다란 착간이 있는 것으로 보인다. 반면에 『회본』이 채택하고 있는 『소』 판본의 내용에서는 그러한 착간이 보이지 않는다. 현 통용본 『소』에서 보이는 착간 내용을 모두 제시하면 다음과 같다. 〈三智慧觀察. 言"當勤正念, 不取不著"者, 總顯三中前之二法. 今於此中大乘止門, 唯修理定, 更無別趣, 故初定硏, 幷依本修, 更無別法. 所以今說, 當依本修大乘止門, 正念而住. "不取不著"者, 邪不干正, 自然退沒. 當知若心取著, 則棄正而成邪, 若不取著, 則因邪而顯正. 是知邪正之分, 要在著與不著. 不著之者, 無障不離, 故言"遠離是諸業障"也. 應知外道以下, 第三簡其眞僞, 於中有二. 初擧內外以別邪正, 先邪後正, 文相可知. "若諸"以下, 次對理事以簡眞僞, 於中初顯理定是眞. 行者要修眞如三昧, 方入種性不退位中, 除此更無能入之道, 故言"不習無有是處". 然種性之位, 有其二門. 一十三住門, 初種性住, 種性者, 無始來有, 非修所得, 義出『瑜伽』及『地持』論. 二六種性門, 初習種性, 次性種性者, 位在三賢, 因習所成. 出『本業經』及『仁王經』. 於中委悉, 如一道義中廣說也. 今此中言"如來種性"者, 說第二門習種性位也. "以修世間"以下, 次顯事定之僞, 謂不淨觀安那槃念等, 皆名世間諸三昧也. 若人不依眞如三昧, 直修此等事三昧者, 隨所入境, 不離取著, 取著法者, 必著於我, 故屬三界, 與外道共也. 如『智度論』云, "諸法實相, 其餘一切皆是魔事", 此之謂也. 上來第三明魔事竟. "復次"以下第四利益. 後世利益, 不可具陳, 故今略示現在利益. 總標別顯, 文相可知. 別明止門竟在於前. "復次"以下, 第二明觀. 於中有三, 初明修觀之意, 次顯修觀之法, 其第三者, 總結勸修. 第二之中, 顯四種觀. 一法相觀, 謂無〉(H1, 730b15~731a4). 이 착간 내용이 원래 이어져야 할 자리는 『소』상에서 H1, 731c22이다. 말하자면 착간 내용의 마지막 대목인 "一法相觀, 謂無"(H1, 731a3~4)가 "常苦流轉不淨"(H1, 731c22)으로 이어지면 올바로 교정된다. 착간을 교정한 부분은 원문에서 굵게 표시해 두었다. 현재의 "復有餘"와 "觸, 次第而發" 사이에 위의 착간 부분이 끼어듦으로

餘觸者, 略有八種, 一動, 二痒, 三涼, 四暖, 五輕, 六重, 七澁, 八滑. 然此八觸, 未必具起, 或有但發二三觸者. 發時亦無定次, 然多初發動觸. 此是依麤顯正定相.

『소』(1-730b2 이하); 『회본』(1-785b19~c13)

써 빚어지는 전체 착간 상황을 개괄하면 "三智慧觀察. 言當勤正念不取不著者 … 此是如前三種驗中, 正爲"(H1, 730b15~731c22)가 전체 착간 내용에 해당하며, 착간 교정은 전체 착간 내용 중에서 "觸, 次第而發. 言餘觸者 … 此是如前三種驗中, 正爲"(H1, 731a4~731c22)의 부분을 착간의 시작 지점인 "此事既過, 復有餘"(H1, 730b14) 이하에 이어 붙이면 된다. 그런데 『회본』에는 이러한 착간이 보이지 않는다. 현존 『회본』은 편찬자가 자신이 입수한 『소』와 『별기』 판본을 자신의 관점에 맞추어 종합적 재편집을 시도한 것인데, 『회본』으로는 『소』와 『별기』의 차이를 정확하게 확인할 수 없다는 문제점을 안고 있다. 원효는 기신론 연구의 초기성과를 『별기』에 간략하게 정리한 후, 불교의 번뇌론과 수행론을 정밀하게 연구하여 그 성과를 『이장의』에 담는 등, 이후의 심화된 불교이해에 의거하여 다시 본격적 기신론 주석인 『소』를 저술하였다. 따라서 기신론에 관한 원효의 연구와 해설은 두 단계에 걸쳐 발전해 간 것인데, 이러한 변화의 내용과 의미를 제대로 탐구하기 위해서는 『회본』에 의지하지 말고 『별기』와 『소』를 그대로 대비한 새로운 종합저본이 필요하다. 이에 본 번역작업에서는 그러한 요청을 반영한 『신회본』을 편찬하여 번역하였다. 그런데 종래의 『회본』이 비록 이러한 문제점을 지니고는 있지만, 편찬자가 활용한 『별기』와 『소』 판본의 내용을 확인시켜 준다는 점은 주목되어야 한다. 현재 신수대장경과 한국불교전서에 등재된 『별기』는 1659년(萬治 2년)에 간행된 판본(일본 宗教大學 藏本)이고, 『소』는 1696년(元祿 9년)에 간행된 판본(일본 宗教大學 藏本)이다. 그리고 현존 『회본』은 누군가에 의해 편집된 것이다. 『별기』와 『소』의 경우, 국내에서 확인할 수 있는 『회본』 이외의 판본은 별도로 존재하지 않는 것으로 보인다. 일본 판본보다 약 200여년 앞서는 『소』가 국내에 있다고 하여 소장자를 수소문하여 판본을 직접 확인해 보았으나, 원효의 『소』가 아니라 법장의 『대승기신론의기』였다. 따라서 현재로서는 신수대장경과 한국불교전서의 판본으로 채택된 일본 소장본 『소』와 대조해 볼 수 있는 것은 『회본』 편찬에 사용된 『소』일 뿐이다. 그리고 양본을 대조해 볼 때, 지금 문제가 되고 있는 부분은 『회본』에서 확인되는 『소』의 내용이 정확해 보인다. 현재 통용되는 일본 소장본 『소』의 해당 부분은 착간이라는 점, 그리고 『회본』이 채택한 『소』의 내용을 통해 그 착간을 교정할 수 있다는 점을 확인한 것은 중요한 서지학적 성과이다. 기존에 방치되고 있던 서지학적 문제점을 발굴하고 해결할 수 있었기 때문이다. 이 번역에서는 착간으로 보이는 통용본 『소』의 내용을 『회본』의 해당 내용으로 대체하여 교정한 후 전체 착간이 끝나는 지점까지는 『회본』의 문장에 따라 번역한다.

묻는다. 만약 '[방해하는] 신적 존재'(魔)가 나의 마음으로 하여금 선정을 얻게 한다면, [그] 선정이 '잘못된 것'(邪)인지 '올바른 것'(正)인지를 어떻게 가려낼 수 있는가?

해설한다. [잘못된 선정인지 올바른 선정인지를 가려내는] 이 점은 미세한 것이라서 알기가 매우 어렵다. 일단 선현들의 말씀에 의지하여 '잘못됨과 올바름'(邪正)이 나뉘는 지점을 간략하게 제시해 보겠다.

앞에서 설명한 '선정에 든 마음의 아홉 가지 내용'(九種心住)의 방법(門)에 의지하여 차례대로 닦고 익혀 가다가 아홉 번째 [단계]에 이르면, 팔다리와 몸뚱이가 움찔움찔하면서 움직이는 것을 느낄 것이다. [이렇게] 움직이는 때를 맞닥뜨리면 곧 자신의 몸이 마치 구름 같기도 하고 그림자 같기도 하여 있는 것 같기도 하고 없는 것 같기도 한 듯 느끼는데, [그런 느낌이] 위로부터 생겨나기도 하고 아래로부터 생겨나기도 하며 허리로부터 생겨나기도 하면서 아주 약하게 온몸에 퍼진다. 움직이는 촉감이 일어날 때 [얻게 되는] '이로운 능력'(功德)이 헤아릴 수 없지만, 간략하게 말하면 10가지 양상(相)이 있다.

첫 번째는 '고요한 선정'(靜定), 두 번째는 '텅 비어 있음'(空虛), 세 번째는 '빛나는 청정'(光淨), 네 번째는 '기쁨'(喜悅), 다섯 번째는 '쾌적한 즐거움'(猗樂),[519] 여섯 번째는 '선한 마음'(善心)이 일어남, 일곱 번째는 '앎과 봄'(知見)이 분명해짐, 여덟 번째는 온갖 '번뇌에 속박됨'(累縛)이 없어짐, 아홉 번째는 그 마음이 '고르고 부드러워짐'(調柔), 열 번째는 [어떤] 대상(境界)이 [눈]앞에 나타남이다. 이와 같은 10가지 현상(法)이 [선정 가운데 몸에서 느끼는] 움직임과 함께 생겨나니, 만약 [그런 현상들을] 모두 구분하려면 다 가려내기가 어렵다. 이러한 현상(事)이 지나가고 나면 다시 '나머지 다른 촉감'(餘觸)이 있

519 의猗: 여기서 '쾌적한'으로 번역한 글자는 '의猗'이다. '猗'는 '깨달음을 이루는 일곱 가지 보배'(七覺支) 중의 '경안각지輕安覺支'를 '의각지猗覺支'로 옮긴 옛 번역의 사례에서 발견된다. 여기서는 이에 따라 '猗'를 '輕安'과 같은 의미로 파악하여 '쾌적한'이라고 번역하였다.

어서 차례로 발생한다. ['움직이는 촉감'(動觸)의 10가지 현상에 이어 나타나는] '나머지 다른 촉감'(餘觸)이라는 것에는 대략 여덟 가지가 있으니, 첫 번째는 움직임(動), 두 번째는 가려움(痒), 세 번째는 서늘함(涼), 네 번째는 따스함(暖), 다섯 번째는 가벼움(輕), 여섯 번째는 무거움(重), 일곱 번째는 까칠함(澁), 여덟 번째는 매끄러움(滑)이다. 그런데 이 여덟 가지 촉감은 반드시 모두 일어나지는 않으니, 어떤 때는 단지 두세 가지 촉감만 일어나기도 한다. [촉감이] 일어날 때에도 정해진 차례가 없지만, 대부분 처음에는 '움직임의 촉감'(動觸)이 발생한다. 이상은 '뚜렷한 것'(麤)을 기준으로 올바른 선정에서 [나타나는] 양상(相)을 드러낸 것이다.

次辨邪相. 邪相略出十雙, 一增減, 二定亂, 三空有, 四明闇, 五憂喜, 六苦樂, 七善惡, 八愚智, 九脫縛, 十强柔. 一增減者, 如動觸發時, 或身動手起, 脚亦隨動, 外人見其兀兀如睡, 或如著鬼, 身手足紛動, 此爲增相. 若其動觸發時, 若上若下, 未及遍身, 卽便壞滅, 因此都失境界之相, 坐時蕭索, 無法持身, 此爲減相. 二定亂者, 動觸發時, 識心及身, 爲定所縛, 不得自在, 或復因此便入邪定, 乃至七日, 此是定過. 若動觸發時, 心意[520]亂擧, 緣餘[521]異境, 此爲亂過也. 三空有者, 觸發之時, 都不見身, 謂證空定, 是爲空過. 若觸發時, 覺身堅[522]實, 猶如木石, 是爲有過也. 四明闇者, 觸發之時, 見外種種光色, 乃至日月星辰, 是爲明過. 若觸發時, 身心闇昧, 如入闇室, 是爲闇過也. 五憂喜者, 觸發之時, 其心熱惱, 憔悴不悅, 是爲憂失. 若觸發時, 心大踊悅, 不能自安, 是爲喜失也. 六苦樂者, 觸發之時, 覺身支體處處

---

520 한불전과 대정장의 『대승기신론소』에 있는 주석에 따라 '意' 뒤에 있는 '餘'를 삭제하였다.

521 한불전과 대정장의 『대승기신론소』에 있는 주석에 의거하여 '餘'를 추가하였다.

522 한불전의 『대승기신론소』와 대정장의 『대승기신론소』에는 모두 '賢'자로 되어 있지만, 문맥으로 볼 때 『회본』에서 채택하고 있는 것처럼 '堅'자로 보는 것이 적절하다고 보아 교감하였다.

痛惱, 是爲苦失. 若觸發時, 知大快樂, 貪著纏縛, 是爲樂失也. 七善惡者, 觸發之時, 念外散善, 破壞三昧, 是爲善失. 若觸發時, 無慚愧等諸惡心生, 是惡失也. 八愚智者, 觸發之時, 心識迷惑, 無所覺了, 是爲愚失. 若觸發時, 知見明利, 心生邪覺, 是爲智失也. 九縛脫者, 或有五蓋及諸煩惱, 覆障心識, 是爲縛失. 或謂證空得果, 生增上慢, 是爲脫失也. 十强柔者, 觸發之時, 其身剛强, 猶如瓦石, 難可廻轉, 是爲强失. 若觸發時, 心志軟弱, 易可敗壞, 猶如軟渥, 不堪爲器, 是爲柔失也.

『회본』(1-785c13~786b2)

다음으로 '[선정에서 나타나는] 잘못된 양상'(邪相)을 판별한다. '[선정에서 나타나는] 잘못된 양상'(邪相)은 대략 10가지 쌍으로 [모습을] 나타내니, 첫 번째는 늘어남(增)과 줄어듦(減), 두 번째는 [마음의] 집중(定)과 흐트러짐(亂), 세 번째는 '비어 있음'(空)과 '가득 차 있음'(有), 네 번째는 밝음(明)과 어둠(闇), 다섯 번째는 근심(憂)과 환희(喜), 여섯 번째는 괴로움(苦)과 즐거움(樂), 일곱 번째는 유익함(善)과 해로움(惡), 여덟 번째는 어리석음(愚)과 지혜로움(智), 아홉 번째는 풀려남(脫)과 속박(縛), 열 번째는 강함(强)과 부드러움(柔)이다.

첫 번째인 늘어남(增)과 줄어듦(減)이라는 것은 [다음과 같은 것이다.] 예컨대 [선정 가운데서] '움직이는 촉감'(動觸)이 일어날 때 [자신은] 어떤 때는 몸이 움직이고 손이 올라가고 다리도 따라서 움직이지만 외부인은 그가 움직이지 않는 것이 마치 잠자는 것 같다고 보며, 어떤 때는 귀신이 달라붙은 것처럼 몸과 손발이 어지럽게 움직이니, 이것이 '늘어나는 양상'(增相)이다. [그리고] 만약 그 '움직이는 촉감'(動觸)이 일어날 때 [그 촉감이] 올라가는 듯하기도 하고 내려가는 듯하기도 하다가 몸에 두루 퍼지기 전에 문득 사라지고, 이로 인해 '대상의 모습'(境界之相)을 모두 놓쳐 버려, [좌선하며] 앉았을 때 [의지할 곳이 없이] 홀로라서 몸을 지탱할 방법이 없으니, 이것이 '줄어드는 양상'(減相)이다.

두 번째인 [마음의] 집중(定)과 흐트러짐(亂)이라는 것은 [다음과 같은 것이다.] '움직임의 촉감'(動觸)이 일어날 때 마음(識心)과 몸이 선정에 얽매여 자유로

울 수 없게 되면 혹 이로 인해 '잘못된 선정'(邪定)에 들어 7일에 이르기[까지 계속되기도 하는데,] 이는 '집중 양상이라는 잘못'(定過)이다. [그리고] 만약 '움직이는 촉감'(動觸)이 일어날 때 '마음과 생각'(心意)이 어지럽게 올라와서 다른 대상들(境)에 얽혀 든다면, 이것은 '흐트러지는 양상이라는 잘못'(亂過)이다.

세 번째인 '비어 있음'(空)과 '가득 차 있음'(有)이라는 것은 [다음과 같은 것이다.] [움직이는] 촉감이 일어날 때에 몸을 전혀 보지 못하고서 '비어 있는 선정'(空定)을 체험했다고 말하니, 이것은 '비어 있는 양상이라는 잘못'(空過)이다. [그리고] 만약 [움직이는] 촉감이 일어날 때 몸이 견실한 것이 마치 나무나 돌과 같이 느껴진다면, 이것은 '가득 차 있는 양상이라는 잘못'(有過)이다.

네 번째인 밝음(明)과 어둠(闇)이라는 것은 [다음과 같은 것이다.] [움직이는] 촉감이 일어날 때에 외부의 여러 가지 빛이나 색깔 나아가 해, 달, 별 따위를 본다면, 이것은 '밝은 양상이라는 잘못'(明過)이다. [그리고] 만약 [움직이는] 촉감이 일어날 때에 몸과 마음이 어두운 것이 마치 캄캄한 방에 들어간 것 같다면, 이것은 '어두운 양상이라는 잘못'(闇過)이다.

다섯 번째인 근심(憂)과 환희(喜)라는 것은 [다음과 같은 것이다.] [움직이는] 촉감이 일어날 때에 그 마음이 애타게 괴롭고 근심하여 기쁘지 않다면, 이것은 '근심하는 양상이라는 잘못'(憂失)이다. [그리고] 만약 [움직이는] 촉감이 일어날 때에 마음이 크게 뛸 듯이 기뻐 스스로 안정할 수 없다면, 이것은 '환희하는 양상이라는 잘못'(喜失)이다.

여섯 번째인 괴로움(苦)과 즐거움(樂)이라는 것은 [다음과 같은 것이다.] [움직이는] 촉감이 일어날 때에 몸의 각 부분이 곳곳마다 아프고 괴롭다면, 이것은 '괴로운 양상이라는 잘못'(苦失)이다. [그리고] 만약 [움직이는] 촉감이 일어날 때에 크게 좋고 즐거워서 탐욕과 집착에 얽매인다면, 이것은 '즐거운 양상이라는 잘못'(樂失)의 허물이다.

일곱 번째인 유익함(善)과 해로움(惡)이라는 것은 [다음과 같은 것이다.] [움직이는] 촉감이 일어날 때에 외부의 산만한 유익함을 생각하여 삼매를 파괴한다면, 이것은 '[외부의 산만한] 유익한 것을 좇는 양상이라는 잘못'(善失)이다.

[그리고] 만약 [움직이는] 촉감이 일어날 때에 '잘못을 뉘우침'(慚愧)이 없는 등 온갖 해로운 마음이 생겨난다면, 이것은 '해로운 마음이 생겨나는 양상이라는 잘못'(惡失)이다.

여덟 번째인 어리석음(愚)과 지혜로움(智)이라는 것은 [다음과 같은 것이다.] [움직이는] 촉감이 일어날 때에 '마음과 생각'(心意)이 미혹하여 명료하게 깨닫는 것이 없다면, 이것은 '어리석은 양상이라는 잘못'(愚失)이다. [그리고] 만약 [움직이는] 촉감이 일어날 때에 '앎과 봄'(知見)이 [지나치게] 밝고 예리해서 마음에 '잘못된 깨달음'(邪覺)이 생겨난다면, 이것은 '지혜로운 양상이라는 잘못'(智失)이다.

아홉 번째인 풀려남(脫)과 속박(縛)이라는 것은 [다음과 같은 것이다.] [움직이는 촉감이 일어날 때] 혹 '다섯 가지 장애'(五蓋) 및 온갖 번뇌가 있어 '마음과 의식'(心識)을 덮어 장애한다면, 이것은 '속박하는 양상이라는 잘못'(縛失)이다. [그리고] 혹 〈'비어 있음'(空)을 체득하여 깨달음을 얻었다〉(證空得果)고 말하면서 '남보다 낫다는 교만'(增上慢)[523]을 일으킨다면, 이것은 '풀려나는 양상이라는 잘못'(脫失)이다.

열 번째인 강함(强)과 부드러움(柔)이라는 것은 [다음과 같은 것이다.] [움직이는] 촉감이 일어날 때에 그 몸이 굳세고 강함이 마치 기와나 돌과 같아서 [몸을] 돌리기가 어렵다면, 이것은 '강한 양상이라는 잘못'(强失)이다. [그리고] 만약 [움직이는] 촉감이 일어날 때에 '마음의 의지'(心志)가 연약해져 무너져 내리기가 쉬운 것이 마치 [진흙이 너무] 부드럽고 물러서 그릇이 될 수가 없는 것과 같다면, 이것은 '부드러운 양상이라는 잘못'(柔失)이다.

此二十種邪定之法，隨其所發，若不識別，心生愛著，因或失心狂亂，或

---

523 증상만增上慢(abhi-māna): 자신을 남과 비교하면서 항상 자신이 최고라는 교만으로 남을 얕보는 사람이다. 예컨대 실제로는 덕이 없으면서도 있다고 착각하고, 깨닫지 못하고도 깨달았다고 생각해 오만하게 행동한다.

哭或笑，或驚漫走，或時自欲投巖起[524]火，或時得病，或因致死．又復隨有如是發一邪法，若與九十五種外道鬼神法中一鬼神法相應，而不覺者，卽念彼道，行於彼法．因此便入鬼神法門，鬼加其勢，或發諸邪定及諸辯才，知世吉凶，神通奇異，現希有事，感動衆人．世人無知，但見異人，謂是賢聖，深心信伏，然其內心專行鬼法．當知是人遠離聖道，身壞命終，墮三惡趣，如九十六外道經廣說．行者若覺是等邪相，應以前法，驗而治之．然於其中，亦有是非，何者？若其邪定一向魔作者，用法治之，魔去之後，則都無復毫釐禪法．若我得入正定之時，魔入則[525]其中，現諸邪相者，用法却之，魔邪旣滅，我定心明淨，猶如雲除日顯．若此等相，雖似魔作，而用法治，猶不去者，當知因自罪障所發，則應勤修大乘懺悔，罪滅之後，定當自顯．此等障相，甚微難別，欲求道者，不可不知．且止傍論，還釋本文．

『회본』(1-786b3~c2)

[증감增減, 정란定亂, 공유空有, 명암明闇, 우희憂喜, 고락苦樂, 선악善惡, 우지愚智, 탈박脫縛, 강유强柔라는] 이 20가지 '잘못된 선정 현상'(邪定之法)들에 대해, 그것이 발생한 것을 따라가면서 [그것들을 잘못된 선정禪定 현상이라고] 식별하지 못하여 마음에 [그 현상들에 대한] 애착이 생겨나면, 그로 인해 제정신을 잃어 광란에 빠지기도 하고, 울기도 하고 웃기도 하며, 놀라서 이리저리 마구 달려가기도 하고, 어떤 때는 스스로 바위에 몸을 던지거나 불에 들어가려 하기도 하며, 어떤 때는 병을 얻기도 하고, 어떤 때는 그로 인해 죽음에 이르기도 한다. 또한 이와 같이 발생한 [20가지 잘못된 선정 현상들 중의 어느] 한 가지 잘못된 현상을 따라가면서, 만약 '95가지 [불법佛法과는] 다른 가르침들'(九十五種外道)[526][에서 말하는] 귀신현상들 가운데 어느 한 귀신현상에 상응하면

---

524 『소』의 교감주에는 "'起'는 어떤 판본에는 '赴'라고 되어 있다"라고 한다. 『회본』에는 '赴'라고 되어 있다. 번역은 교감주에 따른다.

525 대정장본과 『회본』에는 '則'이 없다. 번역은 대정장본과 『회본』에 따른다.

526 95종 외도와 96종 외도: 부처 재세 전후로 불법과 다른 가르침들을 일반적으로 95종 또는 96종 외도라고 하는데, 이 문단의 뒤에서 보듯이 원효 역시 양자를 혼용한다. 96종

서도 [그런 사실을] 알지 못한다면, 바로 [불법佛法과는 다른] 저 가르침을 생각하여 그 [가르침의] 도리를 행하는 것이다. 이로 인해 곧 [그] 귀신현상의 길에 들어가게 되고 귀신(鬼)은 그 세력을 더하게 되어, 모든 잘못된 선정禪定과 갖가지 [탁월한] 말재주(辯才)를 생겨나게 하거나 세상일들의 길흉을 알게 하기도 하고, 신통과 기이한 능력으로 보기 드문 현상을 나타내어 많은 사람들을 감동시키기도 한다. 세상 사람들은 무지하여 단지 [그가] 남과 다르다는 것만을 보고 [그를 일컬어] 현인이나 성자라고 하면서 마음 깊이 믿고 복종하지만, 그의 속마음은 오로지 귀신현상만을 펼치고 있는 것이다. 이 사람은 '고귀한 깨달음의 길'(聖道)에서 멀리 벗어나 있어서 몸이 무너지고 목숨이 끝나면 '[지옥地獄 · 아귀餓鬼 · 축생畜生, 이] 세 가지 해로운 삶의 길'(三惡趣)에 떨어진다는 것을 알아야 하니, '96가지 [불법佛法과는] 다른 가르침들에 대한 경전'(九十六種外道經)에서 자세히 말한 것과 같다.

수행자가 만약 이러한 '[선정에서 나타나는] 잘못된 양상'(邪相)들을 느끼게 된다면 앞[에서 말한] ['선정으로써 확인해 보는 것'(以定研磨)과 '본래 닦던 수행에 의거하여 다스려 보는 것'(依本修治)과 '지혜로써 관찰해 보는 것'(智慧觀察)의 세 가지] 방법으로 검증하여 다스려야 한다. 그런데 그 [검증하여 다스리는 것] 가운데에서도 옳고 그름이 있으니, 어떤 것인가? 만약 그 잘못된 선정禪定이 오로지 '[수행을] 방해하는 것들'(魔)이 만들어 낸 것이라면, [앞의 세 가지] 방법으로 다스려서 '방해하는 것들'(魔)이 사라진 후에는 곧바로 털끝만큼의 '선정의 현상'(禪法)도 다시는 없을 것이다. [그러나] 만약 내가 '올바른 선정'(正定)에 들

외도는 육사六師 외도인 부란나가섭富蘭那迦葉, 말가리구사리자末伽梨拘賒梨子, 산사야비라지자刪闍夜毘羅胝子, 아기다시사흠바라阿耆多翅舍欽婆羅, 가라구태가전연迦羅鳩馱迦旃延, 니건타야제자尼犍陀若提子 및 각각의 15제자를 합산한 것이다(『불광대사전』, p.126 참조). 한편 『번역명의집翻譯名義集』 권2(T54, 1084a6~9)에서는 "準九十六外道經, 於中一道是正, 即佛也, 九十五皆邪. 華嚴大論, 九十六皆邪者, 以大斥小故. 百論云, 順聲聞道者, 皆悉是邪"라고 하는데, 이에 따라 미루어 보자면 '95종 외도'라는 용어에는 96종에서 '일도一道'를 '불佛'이라고 헤아리는 뜻이 있고, '96종 외도'라는 용어에는 '성문도聲聞道'까지 외도에 포함시켜 소승을 배척하는 뜻이 있는 것으로 보인다.

어 있을 때 '[수행을] 방해하는 것들'(魔)이 그 [선정 안에] 들어와 갖가지 삿된 양상들을 나타낸 것이라면, [앞의 세 가지] 방법으로 그 [삿된 양상]들을 물리쳐 '[수행을] 방해하는 것들'(魔)과 '삿된 양상들'(邪)이 다 사라지면 나의 '선정에 든 마음'(定心)은 밝고 청정한 것이 마치 구름이 걷히고 해가 드러난 것과 같을 것이다. [또한] 만약 [선정 가운데 나타나는] 이러한 양상들이 '[수행을] 방해하는 것들'(魔)이 만들어 낸 것 같아서 [앞의 세 가지] 방법으로 다스렸지만 여전히 제거되지 않는 것이라면, ['방해하는 것들'(魔)에 의해 일어난 것이 아니라] '자신의 죄업으로 인한 장애'(自罪障)에 의해 일어난 것이라고 알아 곧바로 대승大乘의 참회를 부지런히 닦아야 하니, '죄업[으로 인한 장애]'(罪[障])가 사라진 후에는 [올바른] 선정이 저절로 드러날 것이다. [선정을] 방해하는 이러한 양상들은 매우 미세하여 가려내기가 어렵지만, 진리를 추구하려는 사람이라면 몰라서는 안 된다. 부차적인 논의는 그만두고 다시 본문을 해석하겠다.

上來廣辨魔事差別, "以是"已下, 第二明治. 言"智慧觀察"者, 依自隨分所有覺慧, 觀諸魔事, 察而治之. 若不觀察, 卽墮邪道, 故言"勿令墮於邪網". 此是如前三種驗中, 正爲第三智慧觀察.

『회본』(1-786c3~7)

여기까지는 '[지止 수행에서 생겨날 수 있는] 방해하는 현상'(魔事)들의 차이를 자세히 분석했고, "이러한 [이치이기] 때문에"(以是) 이하에서는 두 번째로 [지止 수행에서 생겨날 수 있는 '방해하는 현상'(魔事)을] 다스리는 방법을 밝힌다.

"지혜로 관찰한다"(智慧觀察)라고 말한 것은, 자기 역량에 따라 갖춘 지혜에 의거하여 모든 '수행을 방해하는 현상'(魔事)을 [제대로] 이해하고(觀) [그 허물들을] 가려내어(察) 다스리는 것이다. 만약 [지혜로] 이해하고 가려내지 않으면 곧바로 '잘못된 길'(邪道)에 떨어지니, 따라서 "해로운 그물에 떨어지지 않게 한다"(勿令墮於邪網)라고 말했다. 이것은 앞의 ['선정으로써 확인해 보는 것'(以定研磨)과 '본래 닦던 수행에 의거하여 다스려 보는 것'(依本修治)과 '지혜로써 관찰해 보는 것'(智慧觀察), 이] 세 가지 검증 [방법] 중에서 바로 세 번째인 '지혜로써 관찰해 보는 것'(智慧觀察)이다.

言"當勤正念, 不取不著"者, 總顯三中前之二法. 今於此中大乘止門, 唯修理定, 更無別趣, 故初定研, 幷依本修, 更無別法. 所以今說, 當依本修大乘止門, 正念而住. "不取不著"者, 邪不干正, 自然退沒. 當知若心取著, 則棄正而成邪, 若不取著, 則因邪而顯正. 是知邪正之分, 要在著與不著. 不著之者, 無障不離, 故言"遠離是諸業障"也.

『소』(1-730b15~23); 『회본』(1-786c8~17)

"'[모든 대상과 양상에 빠져들지 않는] 온전한 생각'을 부지런히 챙겨 [그 방해하는 현상들을] 붙잡지도 않고 [그것들에] 달라붙지도 않는다"(當勤正念, 不取不著)라고 말한 것은, [선정 수행에서 일어나는 현상들의 '잘못됨과 올바름'(邪正)을 검증하는] 세 가지 [방법] 중에서 앞의 두 가지 방법(法)[인 '선정(定)으로써 확인해 보는 것'(以定研磨)과 '본래 닦던 수행에 의거하여 다스려 보는 것'(依本修治)]을 총괄적으로 나타낸 것이다. 지금 여기 [『대승기신론』]에서 [설하는] 〈대승의 '[빠져들지 않고] 그침' 수행〉(大乘止門)은 오직 '진리[측면에서의] 선정'(理定)만을 닦는 것이고 다시 다른 수행법으로 나아가는 것이 없으니, 그러므로 먼저 '선정으로써 확인해 보고'(定研) 아울러 '본래 닦던 수행에 의거하[여 다스려 보]는 것'(依本修)이지 다시 별다른 방법(法)은 없다. 그러므로 지금 〈본래 닦던 대승의 '[빠져들지 않고] 그침'(止) 수행에 의거하여 '[모든 대상과 양상에 빠져들지 않는] 온전한 생각'(正念)으로 머물러야 한다〉고 말하는 것이다.

"[그 방해하는 현상들을] 붙잡지도 않고 [그것들에] 달라붙지도 않는다"(不取不著)라는 것은, 잘못됨(邪)이 올바름(正)을 침범하지 못하고 저절로 물러나 없어지게 하는 것이다. 만약 마음이 [방해하는 현상들을] 붙잡거나 [그것들에] 달라붙게 되면 곧 올바름을 버리고 잘못됨을 이루게 되며, 만약 [방해하는 현상들을] 붙잡지도 않고 [그것들에] 달라붙지도 않으면 곧 잘못됨에 기인하여 올바름을 드러내게 된다. 그러므로 잘못됨과 올바름이 나뉘는 것은 [그] 요점이 [나타난 현상에] 집착함과 집착하지 않음에 있다는 것을 알 수 있다. [나타난 현상에] 달라붙지 않은 자는 벗어나지 못하는 장애가 없으니, 그러므로 "이러한 갖가지 '행위의 장애'에서 멀리 벗어난다"(遠離是諸業障)라고 말하였다.

"應知外道"以下, 第三簡其眞僞, 於中有二. 初擧內外, 以別邪正, 先邪後正, 文相可知. "若諸"以下, 次對理事, 以簡眞僞, 於中初顯理定是眞. 行者要修眞如三昧, 方入種性不退位中, 除此更無能入之道, 故言"不習無有是處".[527] 然種性之位, 有其二門. 一, 十三住門, 初種性住, 種性者, 無始來有, 非修所得, 義出『瑜伽』及『地持』論. 二, 六種性門, 初習種性, 次性種性者, 位在三賢, 因習所成. 出『本業經』及『仁王經』. 於中委悉, 如『一道義』中廣說也. 今此中言"如來種性"者, 說第二門習種性位也. "以修世間"以下, 次顯事定之僞, 謂不淨觀安那槃念等, 皆名世間諸三昧也. 若人不依眞如三昧, 直修此等事三昧者, 隨所入境, 不離取著, 取著法者, 必著於我, 故屬三界, 與外道共也. 如『智度論』云, "諸法實相, 其餘一切皆是魔事", 此之謂也. 上來第三明魔事竟.

『소』(1-730b24~c19); 『회본』(1-786c17~787a13)

"[불법佛法과는] 다른 가르침을 따르는 사람들이 [지닌 삼매는] … 알아야 한다"(應知外道) 이하는, ['자세하게 해석한 것'(廣釋) 세 가지 가운데] 세 번째인 '참[된 삼매]와 거짓[된 삼매]를 가려낸 것'(簡其眞僞)인데, 그중에는 두 가지가 있다. 처음은 [불교수행인] 안과 [불교수행이 아닌] 밖을 거론하여 '잘못됨과 올바름'(邪正)을 구별한 것인데, 앞[의 내용]은 잘못됨(邪)이고 뒤[의 내용]은 올바름(正)이니 글의 내용은 [어렵지 않게] 알 수 있다.

"만약 모든 [범부가] …"(若諸) 이하는 다음으로 진리(理)와 현상(事)에 대비시켜 '참과 거짓'(眞僞)을 가려낸 것이니, 그중에서 처음에는 '진리[측면에서

527 『대승기신론』 본문은 "不習此三昧法, 得入如來種性, 無有是處"이다.

의] 선정'(理定)[인 진여삼매]가 참[된 삼매]임을 드러낸다. 수행자는 반드시 '참 그대로와 만나는 삼매'(眞如三昧)를 닦아야 비로소 '[여래가 될 수 있는] 능력이 [이전 수준으로] 퇴행하지 않는 단계'(不退位)에 들어가게 되니, 이 [진여삼매]를 제외하고는 ['여래가 될 수 있는 능력'(種性)이 '이전 수준으로 퇴행하지 않는 단계'(不退位)에] 들어갈 수 있는 길이란 없기 때문에 "[이 '[참 그대로와 만나는] 삼매'의 [수행]법을] 익히지 않고서도 ['여래의 면모'(如來種性)로 들어간다는 것은] 있을 수가 없다"(不習無有是處)라고 말하였다.

그런데 '[여래] 면모'(種性)의 지위(位)에는 두 가지 측면(門)이 있다. 첫 번째는 '['여래 면모'(如來種性)의] 13가지 측면'(十三住門)[528]인데, [그 13가지 중의] 첫 번째인 '[여래의] 면모에 자리 잡음'(種性住)에서 '[여래의] 면모'(種性)라는 것은 시작을 알 수 없는 때부터 있었던 것으로 닦아서 얻는 것이 아니니, [이와 같은] 뜻은 『유가사지론瑜伽師地論』[529]과 『보살지지경菩薩地持經』[530]에 나온다.

---

528 13주十三住: 보살의 수행계위를 『유가사지론』에서는 13단계로 구분한다. 즉 『유가사지론』 권47에서는 "云何菩薩十二住等? 嗢拕南曰, 種性勝解行, 極喜增上戒, 增上心三慧, 無相有功用, 無相無功用, 及以無礙解, 最上菩薩住, 最極如來住"(T30, 552c28~553a4)라고 하여 ① 종성주種性住(種性), ② 승해행주勝解行住(勝解行), ③ 극환희주極歡喜住(極喜), ④ 증상계주增上戒住(增上戒), ⑤ 증상심주增上心住(增上心), ⑥ 각분상응증상혜주覺分相應增上慧住, ⑦ 제제상응증상혜주諸諦相應增上慧住, ⑧ 연기유전지식상응증상혜주緣起流轉止息相應增上慧住(三慧), ⑨ 유가행유공용무상주有加行有功用無相住(無相有功用), ⑩ 무가행무공용무상주無加行無功用無相住(無相無功用), ⑪ 무애해주無礙解住(無礙解), ⑫ 최상성만보살주最上成滿菩薩住(最上菩薩住)의 보살 십이주十二住와 마지막으로 ⑬ 여래주如來住(最極如來住)까지 거론하는데, ③~⑫까지의 십주十住가 각각 십지十地에 해당한다.

529 『유가사지론』 권47(T30, 553a20~b2). "云何菩薩種性住, 云何菩薩住種性住? 謂諸菩薩住種性住, 性自仁賢, 性自成就菩薩功德菩薩所應衆多善法, 於彼現行亦有顯現. 由性仁賢逼遣方便令於善轉, 非由思擇有所制約有所防護. 若諸菩薩住種性住, 任持一切佛法種子, 於自體中於所依中, 已具足有一切佛法一切種子. 又諸菩薩住種性住, 性離麤垢, 不能現起上煩惱纏. 由此纏故, 造無間業或斷善根, 如種性品所說種種住種性相. 於此菩薩種性住中, 亦應廣說應如實知, 是名菩薩種性住."

530 『보살지지경菩薩地持經』 권9(T30, 939c29~940a6). "云何種性住? 是菩薩性自賢善, 性自能行功德善法, 性賢善故, 率意方便. 諸善法生, 不待思惟. 然後能得種性菩薩. 是一切佛

['여래 면모'(如來種性)의 지위가 지니는 두 가지 측면 가운데] 두 번째는 '['여래 면모'(如來種性)의] 여섯 가지 측면'(六種性門)[531]인데, [그중에] 첫 번째인 '익힌 [여래

法種子, 一切佛法種子在於身中, 離麤煩惱. 種性住菩薩, 雖起上煩惱纏, 終不能行五無間業, 及斷善根種性, 義如種性品說.是名種性住." 〈산스크리트본의 해당 내용: BoBhD 218.06-17, katamaś ca bodhisattvasya gotravihāraḥ / kathaṃ ca bodhisattvo gotrastho viharati / iha bodhisattvo gotravihārī prakṛtibhadrasantānatayā prakṛtyā bodhisattvaguṇair bodhisattvārhaiḥ kuśalair dharmaiḥ samanvāgato bhavati / tatsamudācāre saṃdṛśyate / prakṛtibhadratayaiva na haṭhayogena tasmin kuśale pravarttate / api tu pratisaṃkhyānataḥ sāvagrahaḥ sambhṛto bhavati / sarveṣāṃ ca buddhadharmāṇāṃ gotravihārī bodhisattvo bījadharo bhavati / sarvabuddhadharmāṇām asya [sarva]bījāny ātmabhāvagatāny āśrayagatāni vidyante / audārikamalavigataś ca bodhisattvo gotravihārī bhavati / abhavyaḥ sa tadrūpaṃ kleśaparyavasthānaṃ* sammukhīkartum / yena paryavasthānena paryavasthitaḥ 'anyatamad ānantaryakarma samudācaret / kuśalamūlāni vā samucchindyāt / yaś ca vidhir gotrasthasya gotrapaṭale' nirdiṣṭaḥ / sa gotravihāriṇo bodhisattvasya vistareṇa veditavyaḥ / [iti] ayam ucyate bodhisattvasya gotravihāraḥ /(*안성두, 2015, 346n263에 따라 [saṃ]kleśa°를 kleśa°로 교정하여 읽는다.) 안성두 2015. 345~346; 보살에게 종성에 주함(種性住)이란 무엇이며, 어떻게 보살은 종성에 안주하는가? 이 세상에서 종성에 안주하는 보살은 본성적으로 어진 마음의 흐름의 상태이기 때문에 본성적으로 보살에게 어울리는 보살의 공덕들과 선법들을 갖추고 있으며, 그것이 현행할 때에 드러나게 된다. 그것은 본성적으로 바로 어진 상태이기 때문에 결렬하게 선 속에 생겨나지만, 그럼에도 간택에 의해 제약을 수반하고 은폐된 것은 아니다. 종성에 주하는 보살은 모든 붓다의 속성들의 종자를 보존하게 된다. 그에게 신체 속에 있고 의지체 속에 있는 모든 붓다의 속성들의 일체 종자는 존재한다. 또한 종성에 주하는 보살은 거친 때를 여의고 있다. 그 [번뇌]의 분출에 의해 분출된 자는 무간업을 현행시키게 될 것이고 선근들을 끊게 될 것이지만, 그에게는 그런 형태의 번뇌의 분출이 현전할 수 없다. 종성품에서 종성의 주하는 자의 방식이 설해졌는데, 그것은 종성에 주하는 보살의 [방식]이라고 알아야 한다. 이것이 보살에게 종성에 주함이라고 설해진다.〉

531 육종성六種性: 『보살영락본업경菩薩瓔珞本業經』 등에서 보살이 불과佛果에 이르는 과정에서의 계위를 여섯 가지로 구분한 것이다. 『보살영락본업경』 권1 「현성학관품賢聖學觀品」에 따르면 육종성은 ① 습종성習種性, ② 성종성性種性, ③ 도종성道種性, ④ 성종성聖種性, ⑤ 등각성等覺性, ⑥ 묘각성妙覺性의 여섯 가지로 나뉜다. 『불광대사전』(p.1695)에 따르면, ① 습종성은 십주위十住位로서 공관空觀을 수습하고 견혹見惑과 사혹思惑을 무너뜨리고 없애는 지위이고, ② 성종성은 십행위十行位로서 공空에 머물

의] 면모'(習種性)와 두 번째인 '바탕이 된 [여래의] 면모'(性種性)는 그 지위가 '[십주十住 · 십행十行 · 십회향十迴向, 이] 세 가지 단계에 이른 보살'(三賢)에 있고, 닦아서(修) 이루어지는 것이다. [이 뜻은] 『본업경本業經』[532]과 『인왕경仁王經』[533]에 나온다. 그 상세한 내용은 『일도의一道義』[534]에서 자세하게 설명한 것과 같다. 지금 여기서 "여래의 면모"(如來種性)[535]라고 말한 것은 ['여래

지 않고 중생을 교화하고 일체의 법성法性을 분별하는 지위이며, ③ 도종성은 십회향위十迴向位로서 보살이 중도中道의 묘관妙觀을 닦고 익혀서 일체의 불법佛法에 통달하는 지위이고, ④ 성종성은 십지위十地位로서 중도의 묘관에 의거하여 일분一分의 무명無明을 깨트리고 성위聖位를 증득하여 들어가는 지위이며, ⑤ 등각성은 등각위等覺位로서 묘각에는 한 단계 미치지 못할지라도 앞의 40위보다는 뛰어난 지위이고, ⑥ 묘각성은 묘각위妙覺位로서 불과佛果의 지위에 도달하여 일체의 번뇌를 끊고 지혜가 원만하고 미묘해져서 열반의 이치를 깨닫는 지위이다.

532 『보살영락본업경』 권1(T24, 1012b25~26). "佛子, 性者, 所謂習種性性種性道種性聖種性等覺性妙覺性."

533 『불설인왕반야바라밀경佛說仁王般若波羅蜜經』 권2(T8, 831a29~b26). "善男子, 其法師者是習種性菩薩, 若在家婆差 · 憂婆差, 若出家比丘 · 比丘尼, 修行十善, 自觀己身, 地 · 水 · 火 · 風 · 空 · 識分分不淨. 復觀十四根, 所謂五情 · 五受 · 男 · 女 · 意 · 命等, 有無量罪過故, 即發無上菩提心, 常修三界一切念念皆不淨, 故得不淨忍觀門, 住在佛家, 修六和敬, 所謂三業同戒 · 同見 · 同學, 行八萬四千波羅蜜道.　善男子, 習忍以前行十善菩薩, 有退有進, 譬如輕毛, 隨風東西. 是諸菩薩亦復如是, 雖以十千劫行十正道, 發三菩提心, 乃當入習忍位, 亦常學三伏忍法, 而不可名字是不定人. 是定人者, 入生空位, 聖人性故, 必不起五逆 · 六重 · 二十八輕. 佛法經書作返逆罪, 言非佛說, 無有是處, 能以一阿僧祇劫, 修伏道忍行, 始得入僧伽陀位. 復次, 性種性行十慧觀, 滅十顛倒, 及我人知見分分假僞, 但有名, 但有受, 但有法, 不可得, 無定相, 無自他相故, 修護空觀, 亦觀亦行百萬波羅蜜, 念念不去心, 以二阿僧祇劫行正道法, 住波羅陀位. 復次, 道種性住堅忍中, 觀一切法無生 · 無住 · 無滅, 所謂五受三界二諦無自他相, 如實性不可得故, 而常入第一義諦, 心心寂滅而受生三界. 何以故? 業習果報未壞盡, 故順道生.復以三阿僧祇劫, 修八萬億波羅蜜, 當得平等聖人地故, 住阿毘跋致正位."

534 원효의 저술인 『일도장』을 말한다. 일실逸失되어 전하지 않는다.

535 본서의 번역에서 '여래종성如來種性'에 대한 한글번역어로는 '여래의 면모'와 '여래가 될 수 있는 능력'을 문장의 전후 맥락에 따라 선택적으로 채택하고 있다. 그런데 『대승기신론』 본문에서는 "若諸凡夫不習此三昧法, 得入如來種性, 無有是處"라고 하여 진여삼매를 통해서 여래종성에 들어갈 수 있다고 하는데, 이 여래종성의 개념에 대해 원효는 "今此中言如來種性者, 說第二門習種性位也"라 설명하고 이 '습종성위習種性位'에 대해

면모'(如來種性)의 지위가 지니는 두 가지 측면 가운데] 두 번째 측면[인 '[여래 면모]의 6가지 측면'(六種性門)]의 [첫 번째인] '익힌 [여래의] 면모'(習種性)의 지위를 말한 것이다.

"[진여삼매眞如三昧가 아닌] 세간[의 갖가지 선禪의 삼매]를 닦으면…"(以修世間) 이하는 다음으로 '현상[측면에서의] 선정'(事定)이 잘못된 것임을 밝힌 것이니, [사정事定이란] '[신체를] 부정하다고 관찰하는 수행'(不淨觀)과 '호흡하는 과정을 살펴보는 수행'(安那槃念) 등을 일컫는데, 모두 '세간의 갖가지 삼매'(世間諸三昧)라고 부른다. 만약 [수행하는] 사람이 '참 그대로와 만나는 삼매'(眞如三昧)에 의지하지 않고 단지 이와 같은 '현상[측면에서의] 삼매'(事三昧)만을 닦는다면 [이런 삼매에] 따라 들어간 경지(境)는 '붙잡고 달라붙음'(取著)에서 벗어나지 못하니, 〈현상(法)을 붙잡고 달라붙는 자〉(取著法者)는 반드시 '[불변·독자의] 자아'(我)에 집착하기 때문에 '[근본무지에 매인] [욕망세계(欲界)·유형세계(色界)·무형세계(無色界), 이] 세 가지 세계'(三界)에 엮이어 '[불법佛法과는] 다른 가르침을 따르는 사람들'(外道)과 똑같은 부류가 된다. 이를테면 『대지도론大智度論』에서 말한 "'모든 현상의 사실 그대로인 모습'(諸法實相), 그 [이외의] 나머지 모든 것들은 다 '방해하는 현상'(魔事)이다"라는 것은 이[러한 뜻]을 말한 것이다.

"初習種性, 次性種性者, 位在三賢"이라고 설명한다. 그러므로 여래종성은 '[십주十住·십행十行·십회향十廻向, 이] 세 가지 단계에 이른 보살'(三賢)의 지위에 있는 것이 된다. 앞의 '분별발취도상' 단락의 논의에서 십신十信 단계의 수행자는 아직 부정취不定聚의 중생일 뿐이고 신성취발심信成就發心에 의거하여 '[십주, 십행, 십회향의] 세 가지 단계[에 이른 보살]'(三賢)의 지위에 들어갈 때 '깨달음의 세계로 방향이 정해진 부류'(正定聚)가 된다는 점에 착안하면, 지금 수행신심분에서 언급되는 여래종성의 지위는 신심이 성취되어 정정취의 지위에 들어간 자라고 고쳐 말할 수도 있겠다. 이러한 원효의 설명은 『대승기신론』의 수행신심분 첫머리에서 "次說修行信心分. 是中依未入正定衆生, 故說修行信心"이라고 하여 수행신심분이 부정취중생을 위한 것이라고 설명하는 것과도 상통한다. 적어도 수행신심분에서 언급되는 여래종성의 개념 범위는 정정취正定聚인 삼현三賢보살의 지위를 기점으로 삼아야 한다는 것이 원효 해석의 요지로 보인다.

이상으로, 세 번째인 〈'[수행과정에서 생겨날 수 있는] 방해하는 현상'(魔事)에 대해 밝히는 것〉을 마친다.

ㄹ. 지止 수행의 이로움을 나타냄(示利益)

復次精勤, 專心修學此三昧者, 現世當得十種利益, 云何爲十? 一者, 常爲十方諸佛菩薩之所護念, 二者, 不爲諸魔惡鬼所能恐怖, 三者, 不爲九十五種外道鬼神之所惑亂, 四者, 遠離誹謗甚深之法, 重罪業障漸漸微薄, 五者, 滅一切疑諸惡覺觀, 六者, 於如來境界, 信得增長, 七者, 遠離憂悔, 於生死中, 勇猛不怯, 八者, 其心柔和, 捨於憍慢, 不爲他人所惱, 九者, 雖未得定, 於一切時一切境界, 處則能減損煩惱, 不樂世間, 十者, 若得三昧, 不爲外緣一切音聲之所驚動.

『논』(T32, 582c2~13); 『회본』(1-787a14~b1)

다시 부지런히 노력하여 마음을 다하여 이 [진여]삼매를 배워 익히는 자는 금생에 열 가지 이익을 얻을 것이니, 열 가지란 무엇인가? 첫 번째는 언제나 '온 세상'(十方)의 모든 부처와 보살들이 보호하는 대상이 되는 것이고, 두 번째는 [향상 수행을] 방해하는 갖가지 신적 존재들과 나쁜 귀신들이 두렵게 할 수 있는 대상이 되지 않는 것이며, 세 번째는 95가지의 '[불법佛法과는] 다른 가르침을 말하는 사람들과 귀신들'(外道鬼神)이 현혹시키거나 혼란스럽게 하는 대상이 되지 않는 것이고, 네 번째는 심오한 가르침(法)을 비방하는 것에서 멀리 벗어나게 되어 '무거운 죄악의 행위로 인한 장애'(重罪業障)가 점점 미미하고 희박하게 되는 것이며, 다섯 번째는 모든 의혹과 온갖 해로운 '사유와 숙고'(覺觀)를 없애는 것이고, 여섯 번째는 여래[가 도달한] 경지(境界)에 대하여 믿음이 더욱 늘어나는 것이며, 일곱 번째는 근심과 후회에서 멀리 벗어나 삶과 죽음 속에서 용맹하여 비겁하지 않는 것이고, 여덟 번째는 그 마음이 부드럽고 조화로우며 교만을 버려 다른 이들이 괴롭히는 대상이 되지 않는 것이며, 아홉 번째는 비록 아직 선정(定)을 얻지 못했을지라도 모든 때 모든 곳에서 [거기에] 처하면 곧 번뇌를 줄이고 '세속적인 것'(世間)을 즐기지 않을 수 있는 것이고, 열 번째는 만약 삼매를 얻으면 바깥에서 생기는 모든 소리가 놀라게 하거나 동요시킬 수 있는 대상이 되지 않는 것이다.

"復次"以下,[536] 第四利益. 後世利益, 不可具陳, 故今略示現在利益. 總標別顯, 文相可知. 別明止門, 竟在於前.

『소』(1-730c20~22); 『회본』(1-787b2~4)

"다시"(復次) 이하는 네 번째인 [지止 수행의] 이익이다. 내생의 이익은 다 늘어놓을 수 없기 때문에 지금은 금생의 이익만을 간략히 나타낸 것이다. [10가지 숫자로] 총괄적으로 제시하고 [다시 그 10가지 내용을] 하나씩 드러내었는데, [각] 글의 내용은 [어렵지 않게] 알 수 있다. 이상으로 '[빠져들지 않고] 그침의 수행'(止門)에 대해 하나씩 밝히는 것을 여기서 마친다.

㈏ '사실대로 이해함의 수행'을 밝힘(明觀)

復次, 若人唯修於止, 則心沈沒, 或起懈怠, 不樂衆善, 遠離大悲, 是故修觀. 修習觀者, 當觀一切世間有爲之法, 無得久停, 須臾變壞, 一切心行, 念念生滅, 以是故苦. 應觀過去所念諸法, 恍惚如夢, 應觀現在所念諸法, 猶如電光, 應觀未來所念諸法, 猶如於雲, 忽爾而起. 應觀世間一切有身, 悉皆不淨, 種種穢汚, 無一可樂. 如是當念. 一切衆生, 從無始世來, 皆因無明所熏習故, 令心生滅, 已受一切身心大苦, 現在卽有無量逼迫, 未來所苦亦無分齊, 難捨難離, 而不覺知. 衆生如是, 甚爲可愍. 作此思惟, 卽應勇猛立大誓願. 願令我心離分別故, 徧於十方, 修行一切諸善功德, 盡其未來, 以無量方便, 救拔一切苦惱衆生, 令得涅槃第一義樂.

---

536 『회본』에는 '復次以下'가 없다.

以起如是願故, 於一切時一切處, 所有衆善, 隨己堪能, 不捨修學, 心無懈怠. 唯除坐時專念於止, 若餘一切, 悉當觀察應作不應作.

『논』(T32, 582c14~583a3); 『회본』(1-787b5~24)

그런데 만약 사람이 오직 '[빠져들지 않고] 그침'(止)만을 닦으면 마음이 가라앉고 혹 해이함이나 나태함을 일으켜 갖가지 선행善行을 좋아하지 않고 [고통 받는 중생에 대한] '크나큰 연민'(大悲)에서 멀리 떠나게 되니, 이런 까닭에 '[사실대로] 이해함'(觀)을 닦는 것이다.

'[사실대로] 이해함'(觀)을 닦아 익히는 자는, 세상의 모든 '[조건들에 의존하여] 이루어진 현상'(有爲法)은 오랫동안 [그대로] 머물러 있을 수 없고 잠깐 사이에도 변하여 없어지는 것이며, 모든 '마음 작용'(心行)은 생각마다 발생과 소멸[을 거듭]하니, 그러므로 '괴로운 것'(苦)이라고 이해해야 한다. [또한] 과거에 생각했던 '모든 것'(諸法)은 [사라진] 꿈처럼 실체 없는 것이라고 이해해야 하고, 현재 생각하는 '모든 것'(諸法)은 번갯불같이 [잠깐이라고] 이해해야 하며, 미래에 생각할 '모든 것'(諸法)은 구름처럼 홀연히 생겨[났다 사라지는 것이라고] 이해해야 한다. [또] 세상에 있는 모든 신체란 다 깨끗하지 못한 것으로서 갖가지로 더러워 즐길 만한 것이 하나도 없다고 이해해야 한다.

[그리고] 이렇게 생각해야 한다. 〈모든 중생은 시작을 알 수 없는 때부터 지금까지 모두 근본무지(無明)에 의해 거듭 영향을 받았기 때문에 마음을 [근본무지에 따라] 생멸하게 하여, 이미 온갖 몸과 마음의 큰 고통을 받았으며, 현재에도 헤아릴 수 없는 핍박이 있고, 미래에 받을 괴로움도 한계(分齊)가 없어 [괴로움을] 버리기도 어렵고 [괴로움에서] 벗어나기도 어렵지만 [그런 줄을] 알지 못한다. 중생은 이와 같은 것이어서 매우 가련하다〉고.

이러한 생각을 하고 곧바로 용맹하게 [다음과 같은] '크나큰 다짐과 바람'(大誓願)을 세워야 한다. 〈원하오니, 나의 마음이 분별에서 벗어나 '모든 곳'(十方)에서 두루 모든 [유형의] 뛰어난 '이로운 능력'(功德)을 닦아 행하고, 미래가 다하도록 헤아릴 수 없이 많은 '수단과 방법'(方便)으로 고뇌하는 모든 중생들을 구해 내며, [그들로 하여금] '열반이라는 궁극적 행복'(涅槃第一義樂)을 얻게 하소서〉[라고.]

이와 같은 바람(願)을 일으키기 때문에, 모든 때 모든 곳에서 갖가지 '이로운 것'(善)을 자기가 감당할 능력에 따라 버리지 않고 배우고 익히되 마음에 해이함과 나태함이 없는 것이다. 앉아 있을 때 '[빠져들지 않고] 그침'(止) 수행에 전념하는 것만을 빼고는, 나머지 모든 경우에는 언제나 '해야 할 것'(應作)과 '하지 말아야 할 것'(不應作)을 [잘] 이해해야 한다.

【소】 **"復次"以下, 第二明觀. 於中有三, 初明修觀之意, 次顯修觀之法, 其第三者, 總結勸修. 第二之中, 顯四種觀. 一法相觀, 謂無**[537]常苦流轉不淨. 文相可知.

『소』(1-731a1~4, 731c22~732a1); 『회본』(1-787c1~4)

"그런데"(復次) 이하는 두 번째로 '[사실대로] 이해함'(觀)의 수행을 밝힌 것이다. 여기에는 세 가지가 있으니, 처음은 '[사실대로] 이해함'(觀)을 닦는 의미를 밝힌 것이고, 다음은 '[사실대로] 이해함'(觀)을 닦는 방법(法)을 드러낸 것이며, 세 번째는 수행을 권장하며 총괄적으로 결론 맺는 것이다.

두 번째[인 '[사실대로] 이해함'(觀)을 닦는 방법] 중에서는 네 가지 '[사실대로] 이해함'(觀)의 수행을 밝혔다. 첫 번째는 '현상의 특성에 대한 이해'(法相觀)이니, '[유위법有爲法이 잠깐 사이에도 변하고 없어져] 머물지 못한다는 것'(無常)과 '괴로운 것이라는 것'(苦)과 '[과거 · 현재 · 미래가 모두] 흘러 바뀐다는 것'(流轉)과 '[모든 신체가] 깨끗하지 못하다는 것'(不淨)을 [사실대로 이해하는 것을] 일컫는다. 글의 내용은 [어렵지 않게] 알 수 있다.

【소】 "如是當念"以下, 第二明大悲觀, "作是[538]思惟"以下, 第三明誓願觀,

537 여기에서 『소』의 착간이 끝나므로 다시 출처를 밝힌다.

"以起如是"以下, 第四明精進觀. 依此四門, 略示修觀也. "唯除坐時"以下, 第三總結勸修. 上來第一別明止觀.

『소』(1-732a2~6); 『회본』(1-787c4~9)

"[그리고] 이렇게 생각해야 한다"(如是當念) 이하에서는 두 번째로 '크나큰 연민을 일으키는 이해'(大悲觀)를 밝혔고, "이러한 생각을 하고"(作是思惟) 이하에서는 세 번째로 '다짐을 세우고 바람을 지니게 하는 이해'(誓願觀)를 밝혔으며, "이와 같은 [바람(願)을] 일으키기 때문에"(以起如是) 이하에서는 네 번째로 '노력하게 하는 이해'(精進觀)를 밝혔다. 이 '네 가지 방법'(四門)에 의거하여 '[사실대로] 이해함'(觀)을 닦는 것을 간략히 제시하였다.

"앉아 있을 때 ['[빠져들지 않고] 그침'(止) 수행에 전념하는 것]만을 빼고는"(唯除坐時) 이하는 세 번째인 '수행을 권장하며 총괄적으로 결론 맺는 것'(總結勸修)이다.

여기까지가 [지止와 관觀에 대한 '자세한 설명'(廣說)의] 첫 번째인 〈'[빠져들지 않고] 그침'과 '[사실대로] 이해함'을 하나씩 밝힌 것〉(別明止觀)이다.

(나) '빠져들지 않고 그침'(止)과 '사실대로 이해함'(觀)을 합하여 닦음(合修)

若行若住, 若臥若起, 皆應止觀俱行. 所謂雖念諸法自性不生, 而復卽念因緣和合善惡之業, 苦樂等報, 不失不壞, 雖念因緣善惡業報, 而亦卽念性不可得. 若修止者, 對治凡夫住著世間, 能捨二乘怯弱之見, 若修觀者, 對治二乘不起大悲狹劣心過, 遠離凡夫不修善根. 以此義故, 是止觀二門, 共相助成, 不相捨離, 若止觀不具, 則無能入菩提之道.

『논』(T32, 583a3~11); 『회본』(1-787c10~19)

[수행자는] 가거나 머물거나 눕거나 일어나거나 모든 경우에 〈'[빠져들지 않고] 그침'(止)과 '[사실대로] 이해함'(觀)을 함께 행하여야 한다〉(止觀俱

538 『대승기신론』 원문에는 '此'이다.

行). 비록 〈모든 현상(法)에는 '[불변 · 독자의] 자기 실체나 본질'(自性)이 생겨나지 않는다〉(諸法自性不生)는 것을 생각하더라도 또한 다시 곧바로 〈'원인과 조건이 결합하여 생겨난 이롭거나 해로운 행위'(因緣和合善惡之業)와 [그에 따른] '괴롭거나 즐거운 과보들'(苦樂等報)이 상실되지도 훼손되지도 않는다〉는 것을 생각하며, [또한] 비록 '원인과 조건에 따라 생겨나는 이롭거나 해로운 행위의 과보'(因緣善惡業報)를 생각하더라도 또한 곧바로 [생겨난 과보의] 〈'[불변 · 독자의] 실체나 본질'(性)은 얻을 수 없다〉(性不可得)는 것을 생각하는 것을 말한다.

만약 '[빠져들지 않고] 그침'(止)을 닦는 사람이라면 '세속적인 것'(世間)에 머물러 집착하는 범부 중생[의 마음]을 치유하고 '[성문聲聞, 연각緣覺] 두 부류의 수행자'(二乘)의 '겁내고 나약한 견해'(怯弱之見)를 버리게 할 수 있으며, 만약 '[사실대로] 이해함'(觀)을 닦는 사람이라면 '크나큰 연민'(大悲)을 일으키지 못하는 '[성문聲聞, 연각緣覺] 두 부류 수행자'(二乘)의 '좁고 못난 마음'(狹劣心)의 허물을 치유하고 '[깨달음을 성취하는] 이로운 능력'(善根)을 닦지 않는 범부 중생[의 허물]에서 멀리 벗어난다.

이러한 뜻이기 때문에 이 〈'[빠져들지 않고] 그침'(止)과 '[사실대로] 이해함'(觀)이라는 두 가지 방법〉(止觀二門)은 함께 서로 도와서 이루어지는 것이어서 서로 배제하거나 분리되지 않으니, 만약 '[빠져들지 않고] 그침'(止)과 '[사실대로] 이해함'(觀)을 모두 갖추지 않으면 깨달음의 길에 들어갈 수가 없는 것이다.

【소】 "若行"以下, 第二合修, 於中有三. 一, 總標俱行, 第二, 別明行相, 三者, 總結. 第二之中, 顯示二義, 先明順理俱行止觀, 後顯對障俱行止觀. 初中言"雖念諸法自性不生"者, 依非有門, 以修止行也. "而復卽念業果不失"[539]者, 依非無門, 以修觀行也. 此順不動實際建立諸法. 故能不捨

539 『대승기신론』 본문은 "而復卽念因緣和合善惡之業, 苦樂等報, 不失不壞"이다.

止行, 而修觀行, 良由法雖非有, 而不墮無故也. 次言"雖念善惡業報, 而卽念性不可得"[540]者, 此順不壞假名而說實相. 故能不廢觀行, 而入止門, 由其法雖不無, 而不常有故也.

『소』(1-732a6~18); 『회본』(1-787c20~788a7)

"가거나"(若行) 이하는 두 번째로 ['[빠져들지 않고] 그침'(止)과 '[사실대로] 이해함'(觀)을] 합하여 닦는 것[에 관한 설명]이니, 여기에는 세 가지가 있다. 첫 번째는 〈['[빠져들지 않고] 그침'과 '[사실대로] 이해함'을] '함께 수행함'을 총괄적으로 제시한 것〉(總標俱行)이고, 두 번째는 〈['[빠져들지 않고] 그침'과 '[사실대로] 이해함' 각각의] 수행 양상을 나누어 밝힌 것〉(別明行相)이며, 세 번째는 '총괄하여 끝맺음'(總結)이다.

두 번째에서는 두 가지 뜻을 드러내 보여 주니, 먼저 〈'[빠져들지 않고] 그침'(止)과 '[사실대로] 이해함'(觀)을 이치에 따라 함께 수행하는 것〉(順理俱行止觀)을 밝혔고, 나중에 〈'[빠져들지 않고] 그침'과 '[사실대로] 이해함'을 [범부凡夫와 이승二乘의] 장애에 대응하여 함께 수행하는 것〉(對障俱行止觀)을 드러냈다. 처음에 말한 "비록 〈모든 현상에는 '[불변·독자의] 자기 실체나 본질'이 생겨나지 않는다〉는 것을 생각하더라도"(雖念諸法自性不生)라는 것은 '[불변·독자의 실체나 본질이] 있지 않은 측면'(非有門)에 의거하여 '[빠져들지 않고] 그치는 수행'(止行)을 닦는 것이다. "또한 다시 곧바로 〈행위의 과보가 상실되지 않는다〉는 것을 생각한다"(而復卽念業果不失)라는 것은 '[인연과 그 과보가] 없지 않은 측면'(非無門)에 의거하여 '[사실대로] 이해하는 수행'(觀行)을 닦는 것이다. 이것은 〈'[불변·독자의 실체나 본질이 없는] 사실 그대로의 지평'(實際)을 훼손하지 않으면서도 [인연에 따라 전개되는] '모든 현상'(諸法)을 건립하는 것〉(不動實際建立諸法)에 따른 것이다. 그러므로 '[빠져들지 않고] 그치는 수행'(止行)을 버리지 않으면서 '[사실대로] 이해하는 수행'(觀行)을 닦을 수 있으니, 참으로 [모든] 현상(法)은 비록 '[불변·독자의 실체나 본질로서] 있는 것은 아니지만'(非

540 『대승기신론』 본문은 "雖念因緣善惡業報, 而亦卽念性不可得"이다.

有) '[아무것도] 없음'(無)에 떨어지지도 않기 때문이다.

다음에 말한 "비록 [원인과 조건에 따라 생겨나는] 이롭거나 해로운 행위의 과보를 생각하더라도 [또한] 곧바로 〈[생겨난 과보의] '[불변 · 독자의] 실체나 본질'은 얻을 수 없다〉는 것을 생각한다"(雖念[因緣]善惡業報, 而[亦]卽念性不可得)라는 것은, 〈[인연에 따라 생겨난 것을 지칭하는] '임시방편으로 세운 명칭'(假名)을 파괴하지 않으면서 [불변 · 독자의 실체나 본질이 없는] '사실 그대로의 면모'(實相)를 말하는 것〉(不壞假名而說實相)에 따른 것이다. 그러므로 '[사실대로] 이해하는 수행'(觀行)을 없애지 않으면서 '[빠져들지 않고] 그치는 수행'(止門)에 들어갈 수 있으니, 그 [모든] 현상(法)은 비록 [아주] 없는 것은 아니지만 '[불변 · 독자의 실체나 본질로서] 항상 있는 것'(常有)도 아니기 때문이다.

【소】 "若修"以下, 對障分別. 若修止者, 離二種過. 一者, 正除凡夫住著之執, 遣彼所著人法相故. 二者, 兼治二乘怯弱之見, 見有五陰怖畏苦故. 若修觀者, 亦離二過. 一者, 正除二乘狹劣之心, 普觀衆生, 起大悲故. 二者, 兼治凡夫懈怠之意, 不觀無常, 懈怠發趣故. "以是義故"以下, 第三總結俱行. 一則順理無偏, 必須俱行, 二卽並對二障, 必應雙遣. 以是二義, 不相捨離故, 言"共相助成"等也. 止觀二行, 旣必相成, 如鳥兩翼, 似車二輪. 二輪不具, 卽無運載之能, 一翼若闕, 何有翔空之勢? 故言"止觀不具, 則無能入菩提之道"也. 修行信心分中有三, 一者, 擧人略標大意, 二者, 就法廣辨行相, 此之二段, 竟在於前.

『소』(1-732a18~b10); 『회본』(1-788a7~b1)

"만약 ['[빠져들지 않고] 그침'(止)을] 닦는 [사람이라면]"(若修) 이하에서는 [범부凡夫와 이승二乘의] 장애에 대응하여 나누어 구별했다.

만약 '[빠져들지 않고] 그침'(止)을 닦는 사람이라면 두 가지 허물에서 벗어난다. 첫 번째는 [세속적인 것에] '머물러 집착하는 범부의 고집'(凡夫住著之執)을 곧바로 제거하는 것이니, 그가 집착하는 '자아와 현상에 변하지 않는 실체가 있다고 하는 생각'(人法相)을 없애기 때문이다. 두 번째는 '[성문聲聞, 연각緣覺] 두 부류 수행자'(二乘)의 '겁내고 나약한 견해'(怯弱之見)를 아울러 치유하는 것이니, [이승二乘의] 견해에 〈'자아를 이루고 있는 요소들의 다섯 가지 더미'(五陰)를 두려워하여 괴로워함〉(五陰怖畏苦)이 있기 때문이다.

만약 '[사실대로] 이해함'(觀)을 닦는 사람이라면 역시 두 가지 허물에서 벗어난다. 첫 번째는 '[성문聲聞, 연각緣覺] 두 부류 수행자'(二乘)의 '좁고 못난 마음'(狹劣之心)을 곧바로 제거하는 것이니, 중생[의 고통]을 두루 이해하여 '크나큰 연민'(大悲)을 일으키기 때문이다. 두 번째는 범부의 '해이하고 나태한 의지'(懈怠之意)를 아울러 치유하는 것이니, [범부는] '[모든 것은] 변한다는 것'(無常)을 이해하지 못하여 '[마음을] 일으켜 [깨달음을 향해] 나아감'(發趣)에 해이하고 나태하기 때문이다.

"이러한 뜻이기 때문에"(以是義故) 이하는 세 번째로 '['[빠져들지 않고] 그침'(止)과 '[사실대로] 이해함'(觀)을] 함께 수행하는 것'([止觀]俱行)을 총괄적으로 결론지은 것이다. 첫 번째는 ['[불변·독자의] 자기 실체나 본질'(自性)은 없지만 인연에 따른 현상은 있다는] 이치에 따라 ['[빠져들지 않고] 그침'(止)과 '[사실대로] 이해함'(觀) 가운데 어느 한쪽에] 치우침 없이 반드시 ['[빠져들지 않고] 그침'(止)과 '[사실대로] 이해함'(觀)을] 함께 수행해야 한다는 것이고, 두 번째는 [세속적인 것에 집착하는 범부凡夫와 크나큰 연민을 일으키지 못하는 이승二乘의] 두 가지 장애에 모두 대응하여 반드시 쌍으로 없애야 한다는 것이다. 이 두 가지 뜻은 서로 배제하거나 분리되지 않기 때문에 "함께 서로 도와서 이루어지는 것이다"(共相助成) 등이라고 말했다. '[빠져들지 않고] 그침'(止)과 '[사실대로] 이해함'(觀)의 두 가지 수행이 처음부터 반드시 '서로 [도와서] 이루어지는 것'(相成)은 마치 새의 양 날개와 같고 수레의 두 바퀴와 흡사한 것이다. 두 바퀴가 갖추어지지 않으면 곧 실어 나르는 능력이 없을 것이고, 한쪽 날개가 없으면 어떻게 공중에 날아오를 힘이 있겠는가? 그러므로 "'[빠져들지 않고] 그침'과 '[사실대로] 이해함'을 모두 갖추지 않으면 깨달음의 길에 들어갈 수가 없는 것이다"(止觀不具, 則無能入菩提之道)라고 말했다.

'믿는 마음을 수행하는 부분'(修行信心分)에는 세 가지 [단락]이 있는데, [세 가지 중에서] 첫 번째인 '[수행하는] 사람을 내세워 핵심내용을 간략히 제시한 것'(擧人略標大意)과 두 번째인 '[수행의] 도리에 나아가 수행하는 양상을 자세하게 구별한 것'(就法廣辨行相) 이 두 단락이 여기서 끝난다.

(3) 수행에서 퇴보하지 않는 수단과 방법을 제시함(示不退方便)

復次衆生初學是法, 欲求正信, 其心怯弱, 以住於此娑婆世界, 自畏不能常値諸佛, 親承供養. 懼謂信心難可成就, 意欲退者, 當知如來有勝方便, 攝護信心. 謂以專意念佛因緣, 隨願得生他方佛土, 常見於佛, 永離惡道. 如修多羅說, "若人專念西方極樂世界阿彌陀佛, 所修善根廻向, 願求生彼世界, 卽得往生, 常見佛故, 終無有退". 若觀彼佛眞如法身, 常勤修習, 畢竟得生, 住正定故.

『논』(T32, 583a12~21); 『회본』(1-788b2~11)

또 중생이 처음으로 이 가르침(法)을 배워서 올바른 믿음을 구하려 해도 그 마음이 겁을 내고 나약해지니, 이 '중생의 세상'(娑婆世界)에 살기 때문에 항상 모든 부처를 만나서 직접 공양을 받들어 올리지 못하는 것을 스스로 두려워한다. [그래서] 〈[대승의 가르침을] 믿는 마음은 성취하기 어렵다〉고 두려워하면서 [믿는 마음을 성취하려는] 의지를 거두려고 하는 자는, 여래에게 뛰어난 '수단과 방법'(方便)이 있어 '믿는 마음'(信心)을 지켜 준다는 것을 알아야 한다. '부처님을 생각하는 것'(念佛)에 전념하는 인연으로 바람(願)에 따라 '부처님이 계시는 다른 세상'(他方佛土)에 태어나 언제나 부처님을 뵙고 [설법을 들어] '해로운 길'(惡道)에서 완전히 벗어나는 것이 그것이다. 마치 경전에서 "만약 사람이 서방西方 극락세계[에 계시는] 아미타 부처님[541]을 마음을 다해 생각하고, 닦아 온 '이로운 능력'

541 아미타불阿彌陀佛(Amita-buddha): 서방극락정토西方極樂淨土에 머물면서 법法을 설하는 부처로서 대승불교에서 설한다. 아미타란 이름은 산스크리트의 아미타유스(Amitāyus, 무한한 수명을 가진 것) 또는 아미타브하(Amitābha, 무한한 광명을 가진

(善根)[의 힘]을 되돌려 그 [극락] 세계에 태어나기를 원하고 바라면, [그 극락 세계에] 태어나 언제나 부처를 만날 수 있기 때문에 끝내 퇴보함이 없다" 라고 말한 것과 같다. 만약 저 [아미타] 부처님의 '참 그대로인 진리의 몸'(眞如法身)을 생각(觀)하면서 [그 생각을] 언제나 부지런히 닦고 익히면 마침내 [아미타 부처님이 계신 극락세계에] 왕생하여 '깨달음의 세계로 방향이 정해진 부류'(正定/正定聚)에 안착하는 것이다.

【소】"復次衆生"以下,[542] 第三示修行者不退方便. 於中有二, 先明初學者畏退墮, 後示不退轉之方便. 此中有三, 一者, 明佛有勝方便, 二者, 別出修多羅說, "若觀"以下, 第三釋經所說意趣. "若觀法身, 畢竟得生"[543]者, 欲明十解以上菩薩, 得少分見眞如法身, 是故能得畢竟往生. 如上信成就發心中言"以得少分見法身故",[544] 此約相似見也. 又復初地已上菩薩, 證見彼佛眞如法身, 以之故言"畢竟得生". 如『楞伽經』歎龍樹菩薩云, "證得歡喜地, 往生安樂國故". 此中論意, 約上輩人明畢竟生, 非謂未見法身, 不得往生也. "住正定"者, 通論有三. 一者, 見道以上, 方名正定, 約無漏道爲正定故. 二者, 十解以上, 名爲正定, 住不退位爲正定故. 三者, 九品往生, 皆名正定, 依勝緣力得不退故. 於中委悉, 如『無量壽料簡』中說.

것)라는 말에서 온 것으로 한문으로 아미타阿彌陀라고 음역하였고, 무량수無量壽·무량광無量光 등이라 의역하였다. 『정토삼부경淨土三部經』에 따르면, 아미타불은 과거에 법장法藏보살이 깨달음을 얻어 중생을 제도하겠다는 원願을 세우고 오랫동안 수행한 결과 그 원을 성취하여 지금부터 10겁劫 전에 부처가 되어 현재 극락세계에 머물고 있다고 한다.

542 『회본』에는 '復次衆生以下'가 없다.

543 『대승기신론』 본문은 "若觀彼佛眞如法身, 常勤修習, 畢竟得生"이다.

544 이에 해당하는 『대승기신론』 본문은 "菩薩發是心故, 則得少分見於法身. 以見法身故, 隨其願力, 能現八種, 利益衆生, 所謂從兜率天退, 入胎, 住胎, 出胎, 出家, 成道, 轉法輪, 入於涅槃"(T32, 581a4~8)에서 밑줄 부분이다.

『소』(1-732b10~c4); 『회본』(1-788b12~c6)

"또 중생이"(復次衆生) 이하는, 세 번째로 수행하는 자가 퇴보하지 않는 '수단과 방법'(方便)을 제시한 것이다. 여기에는 두 가지가 있으니, 먼저는 처음 공부하는 이가 '두려워하고(畏) [의지를] 거두는(退) 상태'(畏退)로 전락하게 됨을 밝혔고, 나중은 퇴보하지 않는 '수단과 방법'(方便)을 제시한 것이다. 이 [불퇴전不退轉의 방편을 말한 글]에 세 가지가 있으니, 첫 번째는 부처님에게 뛰어난 '수단과 방법'(方便)이 있음을 밝힌 것이고, 두 번째는 경에서 설한 내용을 따로 나타낸 것이며, "만약 [저 [아미타] 부처님의 '참 그대로인 진리의 몸'(眞如法身)을] 생각(觀)하면서"(若觀) 이하는 세 번째로 경전에서 말한 취지를 해석한 것이다.

"만약 [저 [아미타] 부처님의 '참 그대로인'] '진리의 몸'을 생각하면서 [[그 생각을] 언제나 부지런히 닦고 익히면] 마침내 [아미타 부처님이 계신 극락세계에] 왕생한다"(若觀[彼佛眞如]法身, [常勤修習,] 畢竟得生)라는 것은, '[진리에 대한] 이해가 확고해지는 열 가지 단계'(十解) 이상의 보살은 '참 그대로인 진리의 몸'(眞如法身)을 부분적으로 보게 되기 때문에 마침내 [아미타 부처님이 계신 극락세계에] 왕생할 수 있다는 것을 밝히려는 것이다. [이것은] 앞[에 나온 기신론 본문]의 '믿음을 성취하여 [깨달음을 향해] 마음을 일으킴'(信成就發心) 중에서 말한 "부분적으로 진리의 몸을 보게 되기 때문에"(以得少分見法身故)[545]라는 것과 같으니, 이는 '[진리에] 가까워진 봄'(相似見)에 의거한 것이다.

또한 '[십지十地의] 첫 번째 경지'(初地) 이상의 보살은 저 [아미타] 부처의 '참 그대로인 진리의 몸'(眞如法身)을 '직접 체득하여 보니'(證見), 따라서 "마침내 [아미타 부처님이 계신 극락세계에] 왕생한다"(畢竟得生)라고 말하였다. 마치 『능

545 "앞에서"에 해당하는 『기신론』의 본문의 내용(T32, 581a4~5)은 "['깨달음의 세계로 방향이 정해진 부류'(正定聚)의] 보살은 이 [직심直心·심심深心·대비심大悲心의 확고한] 마음을 일으키기 때문에 바로 부분적으로 '진리의 몸'(法身)을 보게 된다. [부분적으로나마] '진리의 몸'을 보기 때문에 …"(菩薩發是心故, 則得少分見於法身. 以見法身故, …) 부분이다.

가경』에서 용수보살을 찬탄하면서 "[십지十地의 초지初地인] '환희하는 경지'(歡喜地)를 증득하여 [극락세계인] '안락한 나라'(安樂國)에 왕생하는 것이다"[546] 라고 말한 것과 같다. 여기에서 『기신론』 [본문의] 뜻은 [법신法身을 부분적으로 본] 위의 [십해十解 이상의] 사람들에 의거하여 '마침내 [극락세계에] 왕생함'(畢竟生)을 밝힌 것이지, '진리의 몸'(法身)을 [증득하여] 보지 못하면 [극락에] 왕생할 수 없다는 것을 말하는 것은 아니다.

"'깨달음의 세계로 방향이 정해진 부류'에 안착한다"(住正定)라는 것은 통틀어 논하면 세 가지가 있다. 첫 번째는 '[진리다운] 이해를 밝혀가는 수행'(見道) [단계] 이상이라야 비로소 '깨달음의 세계로 방향이 정해진 부류'(正定/正定聚)라 부르니, '번뇌가 스며들지 않게 하는 수행'(無漏道)을 기준으로 '깨달음의 세계로 방향이 정해진 부류'(正定/正定聚)로 간주하기 때문이다. 두 번째는 '[진리에 대한] 이해가 확고해지는 열 가지 단계'(十解) 이상을 '깨달음의 세계로 방향이 정해진 부류'(正定/正定聚)라 부르니, '[이전 수준으로] 퇴행하지 않는 단계'(不退位)에 안착하는 것을 '깨달음의 세계로 방향이 정해진 부류'(正定/正定聚)로 간주하기 때문이다. 세 번째는 '아홉 가지 [차별화된 모습으로 극락세계에] 왕생함'(九品往生)[547]의 모든 경우를 '깨달음의 세계로 방향이 정해진 부류'(正定/正定聚)라 부르니, '수승한 인연의 힘'(勝緣力)에 의거하여 '[이전 수준으로] 퇴행하지 않음'(不退)을 얻기 때문이다. 이에 대한 자세한 내용

546 『입능가경入楞伽經』 권9(T16, 569a27). "證得歡喜地, 往生安樂國." 〈산스크리트본의 해당 내용: LAS 286,14-15, prakāśya loke madyānaṃ mahāyānam anuttaraṃ / āsādya bhūmiṃ muditāṃ yāsyate 'sau sukhāvatīṃ /10-166/; 그 [용수보살]은 세간에서 나의 승乘인 최고의 대승을 설한 후 환희지에 올라 극락에 갔다.〉 『대승입능가경大乘入楞伽經』(T16, 627c17~22). "大慧, 汝應知. 善逝涅槃後, 未來世當有, 持於我法者, 南天竺國中, 大名德比丘, 厥號爲龍樹, 能破有無宗, 世間中顯我, 無上大乘法, 得初歡喜地, 往生安樂國."

547 구품왕생九品往生: 중생들이 극락정토에 갈 수 있는 9가지 방법이다. 모든 중생을 상품上品 · 중품中品 · 하품下品의 3품으로 나누고, 다시 각 품을 상생上生 · 중생中生 · 하생下生으로 분류하여 총 9가지로 나눈 뒤 이들이 각각 극락정토에 가는 방법을 밝힌 것이다.

은 『무량수요간無量壽料簡』에서 해설한 것과 같다.[548]

548 원효의 과문에 따른 『대승기신론』 해당 구절.

(4) 修行信心分

① 擧人略意(擧人略標大意): "已說解釋分, 次說修行信心分. 是中依未入正定衆生, 故說修行信心."

② 就法廣辨行相(廣釋)

가. 發二問: "何等信心, 云何修行?"

나. 還兩答

가) 答信: "略說信心有四種, 云何爲四? 一者, 信根本, 所謂樂念眞如法故. 二者, 信佛有無量功德, 常念親近供養恭敬, 發起善根, 願求一切智故. 三者, 信法有大利益, 常念修行諸波羅蜜故. 四者, 信僧能正修行自利利他, 常樂親近諸菩薩衆, 求學如實行故."

나) 答修行

(가) 擧數總標: "修行有五門, 能成此信, 云何爲五?"

(나) 依數開門: "一者, 施門, 二者, 戒門, 三者, 忍門, 四者, 進門, 五者, 止觀門."

(다) 依門別解

㉮ 略明(前四)

ㄱ. 別明四種修行

ㄱ) 施門: "云何修行施門? 若見一切來求索者, 所有財物, 隨力施與, 以自捨慳貪, 令彼歡喜. 若見厄難恐怖危逼, 隨己堪任, 施與無畏. 若有衆生來求法者, 隨己能解, 方便爲說, 不應貪求名利恭敬, 唯念自利利他, 迴向菩提故."

ㄴ) 戒門: "云何修行戒門? 所謂不殺不盜不婬, 不兩舌不惡口不妄言不綺語, 遠離貪嫉欺詐諂曲瞋恚邪見. 若出家者, 爲折伏煩惱故, 亦應遠離憒閙, 常處寂靜, 修習少欲知足頭陀等行. 乃至小罪, 心生怖畏, 慚愧改悔, 不得輕於如來所制禁戒, 當護譏嫌, 不令衆生妄起過罪故."

ㄷ) 忍門: "云何修行忍門? 所謂應忍他人之惱, 心不懷報, 亦當忍於利衰毁譽稱譏苦樂等法故."

ㄹ) 進門: "云何修行進門? 所謂於諸善事, 心不懈退, 立志堅强, 遠離怯弱, 當念過去久遠已來, 虛受一切身心大苦, 無有利益, 是故應勤修諸功德, 自利利他, 速離衆苦."

ㄴ. 示修行者除障方便

ㄱ) 明所除障礙: "復次若人雖修行信心, 以從先世來, 多有重罪惡業障故, 爲邪魔諸鬼之所惱亂, 或爲世間事務種種牽纏, 或爲病苦所惱. 有如是等衆多障礙."

ㄴ) 示能除方法

(ㄱ) 總明除諸障方便: "是故應當勇猛精勤, 晝夜六時, 禮拜諸佛."

(ㄴ) 別除四障: "誠心懺悔, 勸請, 隨喜, 迴向菩提, 常不休廢, 得免諸障, 善根增長故."

㉯ 廣說(後一): 止觀門

ㄱ. 略明(略明止觀之相): "云何修行止觀門? 所言止者, 謂止一切境界相, 隨順奢摩他觀義故. 所言觀者, 謂分別因緣生滅相, 隨順毗鉢舍那觀義故. 云何隨順? 以此二義, 漸漸修習, 不相捨離, 雙現前故."

ㄴ. 廣說(廣辨)

ㄱ) 明別修(別明止觀)

(ㄱ) 止(別明止門)

㉠ 明修止方法(方法)

A. 明能入人

A) 明緣具: "若修止者, 住於靜處."

B) 明調身: "端坐."

C) 顯調心: "正意."

D) 正明修止次第顯示九種住心

(A) 明第一內住之心: "不依氣息, 不依形色, 不依於空, 不依地水火風, 乃至不依見聞覺知."

(B) 明第二等住之心: "一切諸想, 隨念皆除."

(C) 明第三安住之心: "亦遣除想."

(D) 明第四近住之心: "以一切法本來無相, 念念不生, 念念不滅."

(E) 明第五調順之心: "亦不得隨心外念境界."

(F) 明第六寂靜之心: "後以心除心."

(G) 明第七最極寂靜之心: "心若馳散, 卽當攝來, 住於正念. 是正念者, 當知唯心, 無外境界, 卽復此心亦無自相, 念念不可得."

(H) 明第八專住一趣: "若從坐起, 去來進止, 有所施作, 於一切時, 常念方便, 隨順觀察, 久習淳熟, 其心得住."

(I) 明第九等持之心: "以心住故, 漸漸猛利, 隨順得入眞如三昧."

E) 略顯眞如三昧力用: "深伏煩惱, 信心增長, 速成不退."

B. 簡不能者: "唯除疑惑, 不信, 誹謗, 重罪業障, 我慢, 懈怠, 如是等人, 所不能入."

㉡ 顯修止勝能(明修止勝能): "復次依是三昧故, 則知法界一相, 謂一切諸佛法身與衆生身平等無二, 卽名一行三昧. 當知眞如, 是三昧根本, 若人修行, 漸漸能生無量三昧."

㉢ 辨魔事(明起魔事)

A. 略明(略說魔事對治)

A) 明魔嬈: "或有衆生無善根力, 則爲諸魔外道鬼神之所惑亂. 若於坐中, 現形恐怖, 或現端正男女等相."

B) 示對治(明對治): "當念唯心, 境界則滅, 終不爲惱."

B. 廣釋

A) 廣顯魔事差別(明五雙十事)

(A) 現形說法爲雙: "或現天像, 菩薩像, 亦作如來像, 相好具足. 或說陀羅尼, 或說布施持戒忍辱精進禪定智慧. 或說平等空, 無相無願, 無怨無親, 無因無果, 畢竟空寂, 是眞涅槃."

(B) 得通起辯爲雙: "或令人知宿命過去之事, 亦知未來之事, 得他心智辯才無礙, 能令衆生貪著世間名利之事."

(C) 起惑作業爲雙: "又令使人數瞋數喜, 性無常準, 或多慈愛, 多睡多病, 其心懈怠. 或卒起精進, 後便休廢, 生於不信, 多疑多慮. 或捨本勝行, 更修雜業, 若著世事, 種種牽纏."

(D) 入定得禪爲雙: "亦能使人得諸三昧少分相似, 皆是外道所得, 非眞三昧. 或復令人若一日若二日若三日乃至七日住於定中, 得自然香美飮食, 身心適悅, 不飢不渴, 使人愛著."

(E) 食差顔變爲雙: "或亦令人食無分齊, 乍多乍少, 顔色變異."

B) 明其對治(明治): "以是義故, 行者常應智慧觀察, 勿令此心墮於邪網, 當勤正念, 不取不著, 則能遠離是諸業障."

C) 簡別眞僞

(A) 擧內外以別邪正

Ⓐ 邪: "應知外道所有三昧, 皆不離見愛我慢之心, 貪著世間名利恭敬故."

Ⓑ 正: "眞如三昧者, 不住見相, 不住得相, 乃至出定, 亦無懈慢, 所有煩惱, 漸漸微薄."

(B) 對理事以簡眞僞

Ⓐ 顯理定是眞: "若諸凡夫不習此三昧法, 得入如來種性, 無有是處."

Ⓑ 顯事定之僞: "以修世間諸禪三昧, 多起味著, 依於我見, 繫屬三界, 與外道共. 若離善知識所護, 則起外道見故."

㉢ 示利益(略示現在利益)

A. 總標: "復次精勤, 專心修學此三昧者, 現世當得十種利益, 云何爲十?"

B. 別顯: "一者, 常爲十方諸佛菩薩之所護念, 二者, 不爲諸魔惡鬼所能恐怖, 三者, 不爲九十五種外道鬼神之所惑亂, 四者, 遠離誹謗甚深之法, 重罪業障漸漸微薄, 五者, 滅一切疑諸惡覺觀, 六者, 於如來境界, 信得增長, 七者, 遠離憂悔, 於生死中, 勇猛不怯, 八者, 其心柔和, 捨於憍慢, 不爲他人所惱, 九者, 雖未得定, 於一切時一切境界, 處則能減損煩惱, 不樂世間, 十者, 若得三昧, 不爲外緣一切音聲之所驚動."

(ㄴ) 觀(明觀)

㉠ 明修觀之意: "復次, 若人唯修於止, 則心沈沒, 或起懈怠, 不樂衆善, 遠離大悲, 是故修觀."

㉡ 顯修觀之法(顯四種觀)

A. 明法相觀: "修習觀者, 當觀一切世間有爲之法, 無得久停, 須臾變壞, 一切心行, 念念生滅, 以是故苦. 應觀過去所念諸法, 恍惚如夢, 應觀現在所念諸法, 猶如電光, 應觀未來所念諸法, 猶如於雲, 忽爾而起. 應觀世間一切有身, 悉皆不淨, 種種穢汚, 無一可樂."

B. 明大悲觀: "如是當念. 一切衆生, 從無始世來, 皆因無明所熏習故, 令心生滅, 已受一切身心大苦, 現在卽有無量逼迫, 未來所苦亦無分齊, 難捨難離, 而不覺知. 衆生如是, 甚爲可愍."

C. 明誓願觀: "作此思惟, 卽應勇猛立大誓願. 願令我心離分別故, 徧於十方, 修行一切諸善功德, 盡其未來, 以無量方便, 救拔一切苦惱衆生, 令得涅槃第一義樂."

D. 明精進觀: "以起如是願故, 於一切時一切處, 所有衆善, 隨己堪能, 不捨修學, 心無懈怠."

㉢ 總結勸修: "唯除坐時專念於止, 若餘一切, 悉當觀察應作不應作."

ㄴ) 顯雙運(合修)

(ㄱ) 總標俱行: "若行若住, 若臥若起, 皆應止觀俱行."

(ㄴ) 別明行相

㉠ 明順理俱行止觀: "所謂雖念諸法自性不生, 而復卽念因緣和合善惡之業, 苦樂等報, 不失不壞. 雖念因緣善惡業報, 而亦卽念性不可得."

㉡ 顯對障俱行止觀(對障分別): "若修止者, 對治凡夫住著世間, 能捨二乘怯弱之見, 若修觀者, 對治二乘不起大悲狹劣心過, 遠離凡夫不修善根."

(ㄷ) 總結(總結俱行): "以此義故, 是止觀二門, 共相助成, 不相捨離, 若止觀不具, 則無能入菩提之道."

③ 示其不退方便(示修行者不退方便)

가. 明初學者畏退墮: "復次衆生初學是法, 欲求正信, 其心怯弱, 以住於此娑婆世界, 自畏不能常値諸佛, 親承供養. 懼謂信心難可成就, 意欲退者."

나. 示不退轉之方便

가) 明佛有勝方便: "當知如來有勝方便, 攝護信心. 謂以專意念佛因緣, 隨願得生他方佛土, 常見於佛, 永離惡道."

나) 別出修多羅說: "如修多羅說, 若人專念西方極樂世界阿彌陀佛, 所修善根廻向, 願求生彼世界, 卽得往生, 常見佛故, 終無有退."

다) 釋經所說意趣: "若觀彼佛眞如法身, 常勤修習, 畢竟得生, 住正定故."

5) 수행의 이로움을 권하는 부분(勸修利益分)

已說修行信心分, 次說勸修利益分. 如是摩訶衍, 諸佛秘藏, 我已總說.

『논』(T32, 583a21~23); 『회본』(1-788c8~9)

'믿는 마음을 수행하는 부분'(修行信心分)을 설해 마쳤으니, 다음으로는 '수행의 이로움을 권하는 부분'(勸修利益分)을 설한다. 이와 같은 대승[의 가르침]이 모든 부처님들의 '깊은 가르침'(秘藏)이니, 나는 전부 설해 마쳤다.

【소】 勸修分中, 在文有六. 一者, 總結前說. 二者, "若有衆生"以下, 擧益勸修. 三者, "假使有人"以下, 信受福勝. 四者, "其有衆生"以下, 毁謗罪重. 五者, "當知"以下, 引證. 六者, "是故"以下, 結勸.

『소』(1-732c5~9); 『회본』(1-788c7)[549]

'수행[의 이로움]을 권하는 부분'(勸修[利益]分) 안에 있는 글에는 여섯 가지가 있다. 첫 번째는 앞에서 설명한 것을 총괄적으로 갈무리한 것이다. 두 번째인 "만약 어떤 중생이"(若有衆生) 이하는 이로움을 들어 수행을 권하는 것이다. 세 번째인 "가령 어떤 사람으로 하여금"(假使有人) 이하는 〈믿고(信) 받아 지니는(受) 이로움(福)이 뛰어나다(勝)〉는 것[을 밝힌 것]이다. 네 번째인

549 이 부분은 『대승기신론소』와 『회본』의 편집이 다르다. 『소』에서는, '수행의 이로움을 권하는 부분'(勸修利益分)이 여섯 가지로 되어 있다는 점을 먼저 들고, 각각의 특징적인 면모를 개괄하고 난 뒤 두 번째에서 여섯 번째에 해당하는 『기신론』「권수이익분」의 내용을 하나씩 다시 설명하는 방식으로 이어지고 있다. 이에 반해 『회본』에서는 『소』의 서술방식을 따르지 않고, 여섯 가지를 총괄하는 『소』의 설명을 해체해 버리고, 해당하는 논의 내용에 맞추어 다시 하나씩 배당하여 서술하는 방식을 취한다. 이렇게 되면, 여섯 가지로 나뉘어져 있는 「권수이익분」의 특징 하나하나를 분석적으로 파악하는 데는 도움이 되지만, 「권수이익분」의 의미를 먼저 총괄적으로 이해하고 난 뒤 『기신론』 본문에 따라 세부적인 의미를 하나씩 파악해 들어가는 원효의 서술방식을 훼손하는 결과를 낳게 된다. 「권수이익분」은 분량도 그리 많지 않기 때문에, 여기서는 『소』의 서술방식을 그대로 존중하여 여섯 가지 부분의 총론을 먼저 하나로 묶어 번역하였다.

“어떤 중생이”(其有衆生) 이하는 훼손하고 비방하는 죄가 무겁다는 것[을 밝힌 것]이다. 다섯 번째인 “알아야 한다”(當知) 이하는 ‘확언해 주는 것’(引證)이다. 여섯 번째인 “이 때문에”(是故) 이하는 권유로 끝맺은 것이다.

若有衆生欲於如來甚深境界, 得生正信, 遠離誹謗, 入大乘道, 當持此論, 思量修習, 究竟能至無上之道. 若人聞是法已, 不生怯弱, 當知此人, 定紹佛種, 必爲諸佛之所授記. 假使有人能化三千大千世界滿中衆生, 令行十善, 不如有人, 於一食頃, 正思此法, 過前功德, 不可爲喩. 復次若人受持此論, 觀察修行, 若一日一夜, 所有功德, 無量無邊, 不可得說. 假令十方一切諸佛, 各於無量無邊阿僧祇劫, 歎其功德, 亦不能盡. 何以故? 謂法性功德無有盡故, 此人功德亦復如是, 無有邊際. 其有衆生, 於此論中, 毁謗不信, 所獲罪報, 經無量劫, 受大苦惱. 是故衆生, 但應仰信, 不應誹謗, 以深自害, 亦害他人, 斷絶一切三寶之種, 以一切如來, 皆依此法, 得涅槃故, 一切菩薩, 因之修行, 入佛智故. 當知過去菩薩, 已依此法, 得成淨信, 現在菩薩, 今依此法, 得成淨信, 未來菩薩, 當依此法, 得成淨信. 是故衆生, 應勤修學.

『논』(T32, 583a23~b14); 『회본』(1-788c11~15, 788c19~789a2, 789a6~11, 789a16~18, 789a20)

만약 어떤 중생이 여래의 깊고 깊은 경지(境界)에 대해 올바른 믿음을 내고 비방에서 멀리 벗어나 대승大乘의 길에 들어가고자 하면, 반드시 이 『대승기신론』을 지녀 [그 이치에 대해] 성찰(思量)하고 [그 이치를] ‘닦고 익혀야’(修習) 마침내 ‘가장 높은 깨달음’(無上之道)에 이를 수 있다. 만약 [어떤] 사람이 이 가르침을 듣고서 겁내거나 나약한 마음을 내지 않는다면, 이 사람은 반드시 ‘부처님 [깨달음의] 종자’(佛種)를 이어 모든 부처에 의해 ‘부처가 되리라는 보증’(授記)을 받게 될 것임을 알아야 한다. 가령 어떤 사람으로 하여금 ‘끝없는 모든 세계’(三千大千世界)[550]를 가득 채운 [정도의 많은] 중생들을 교화시켜 [그들로 하여금] ‘열 가지 이로운 행위’(十善)를 행하게 할지라도, [그것은] 어떤 사람이 한 끼 먹는 시간 동안이라도 이 [『대승기신론』의] 이치(法)를 '제대로 사유하는 것'(正思)만 못하니, '[수없이 많은 중생들을 교화하여 십선十善을 행하게 하는] 앞의 공덕보다 [잠깐이라도 『대승기신론』의 이치를 제대로 생각하는 것이 훨씬] 뛰어난 것'(過前功德)은 비유로도 말할 수가 없다.

또 만약 어떤 사람이 이 논論을 '받아 지니고'(受持) '이해하고 성찰'(觀察)하며 '닦고 실천'(修行)하기를 하루 낮밤 동안이라도 한다면 [그로 인해] 지니게 되는 '이로운 능력'(功德)은 '한량없고 끝이 없어'(無量無邊) 말로 다 할 수가 없다. 가령 '모든 곳의 모든 부처들'(十方一切諸佛)이 저마다 한량없고 끝이 없는 '아득하게 긴 세월'(阿僧祇劫)[551] 동안 그 '이로운 능력'을 찬탄하더라도 다할 수가 없다. 어째서인가? '현상의 [온전한] 본연이 지닌 이로운 능력'(法性功德)은 끝이 없기 때문이니, 이 사람의 '이로운 능력'도 이와 같은 것이어서 한계(邊際)가 없는 것이다.

그 어떤 중생이 이 『대승기신론』을 비방하고 믿지 않는다면 [그가] 얻게 되는 '나쁜 행위의 과보'(罪報)로 '헤아릴 수 없는 긴 세월'(無量劫)을 지나도록 크나큰 고뇌를 받을 것이다. 그러므로 중생은 다만 우러러 믿어야지 비방을 해서는 안 될 것이니, [비방을 하면] 심하게 자신을 해치고 다른 사람들도 해쳐 '[부처(佛)·진리(法)·수행공동체(僧), 이] 세 가지 보배'(三寶)의 모든 종자를 끊어 버리기 때문이며, 모든 여래가 다 이 [『대승기신론』의] 도리(法)에 의거하여 열반을 얻기 때문이고, 모든 보살이 이에 따라 수행修行하여 '부처의 지혜'(佛智)로 들어가기 때문이다.

---

550 삼천대천세계三千大千世界: 삼천세계三千世界, 대천세계大千世界, 일대삼천대천세계一大三千大千世界라고도 한다. 소세계小世界가 천 개 모인 것이 소천세계小千世界이고, 소천세계가 천 개 모인 것이 중천세계中千世界이며, 중천세계가 천 개 모인 것이 대천세계인데, 대천세계에 대·중·소의 3종으로 천 개 모인 것이 삼천대천세계이다.

551 아승지겁阿僧祇劫: 보살이 수행을 하여 불과佛果를 완전히 이루는데 필요한 시간을 의미한다. 아승지阿僧祇(asaṃkhya)는 의역하면 '헤아릴 수 없는 수'이며, 겁劫 또한 매우 오랜 시간을 가리키는 말이다.

과거의 보살들도 이미 이 [『대승기신론』의] 도리(法)에 의거하여 '온전한 믿음'(淨信)을 이룰 수 있었고, 현재의 보살들도 지금 이 [『대승기신론』의] 도리에 의거하여 '온전한 믿음'(淨信)을 이룰 수 있으며, 미래의 보살들도 이 [『대승기신론』의] 도리에 의거하여 '온전한 믿음'(淨信)을 이룰 수 있을 것이라는 것을 알아야 한다. 그러므로 중생들은 반드시 [이 『대승기신론』의 가르침을] 부지런히 닦고 배워야 한다.

【소】 第二文中, 卽有二意, 先正勸修, "究竟"以下, 示其勝利. 此中二句, 初示所得果勝, 後明能修人勝. 第三段中有二, 先明一食之頃正思福勝, 後顯一日一夜修行功德無邊. 第四段中有四, 先明毁謗罪重, "是故"以下, 第二試勸, "以深"以下, 第三釋罪重意, "一切如來"以下, 第四轉釋斷三寶種之意. 餘之文, 可見.[552] 一部之論有三分中, 正辨論宗, 竟在於前.

『소』(1-732c9~18); 『회본』(1-788c16~18, 789a3~5, 789a12~15, 789a22~23)

['수행의 이로움을 권하는 부분'(勸修利益分)의 여섯 가지 내용 중의] 두 번째 글에는 두 가지 뜻이 있으니, 먼저는 수행을 곧바로 권유한 것이고, [나중인] "마침내"(究竟) 이하는 그 [수행의] '뛰어난 이로움'(勝利)을 제시한 것이다. 이 [뛰어난 이로움을 제시한 것] 중에 두 구절이 있으니, 처음 [구절]은 얻게 되는 결과가 뛰어나다는 것을 나타내었고,[553] 나중 [구절]은 수행하는 사람의 뛰어남을 밝혔다.[554] 세 번째 단락 안에도 두 가지가 있으니, 먼저는 '한 끼 먹는 시간만큼이라도 [『대승기신론』의 이치를] 제대로 생각하는 이로움의 뛰어남'(一食之頃正思福勝)을 밝힌 것이고, 나중은 '하루 낮밤 동안만 수행해도 [그로 인해 얻는] 이로운 능력이 한계가 없음'(一日一夜修行功德無邊)을 드러낸 것이다.

552 『회본』에는 '餘之文, 可見'이 없다.

553 "가장 높은 깨달음에 이를 수 있다"(能至無上之道)라는 것이 그에 해당한다.

554 "이 사람은 반드시 '부처님 [깨달음의] 종자'(佛種)를 이어 모든 부처에 의해 '부처가 되리라는 보증'(授記)을 받게 된다"(此人定紹佛種, 必爲諸佛之所授記)라는 것이 그에 해당한다.

네 번째 단락 안에는 네 가지가 있으니, 먼저는 [『대승기신론』의 가르침을] '비방하는 죄가 무거움'(毁謗罪重)을 밝힌 것이고, "그러므로"(是故) 이하는 두 번째인 '권하는 것'(試勸)이며, "심하게 [자신을 해치고 다른 사람들도 해쳐]"(以深) 이하는 세 번째인 〈죄가 무겁다〉(罪重)는 [말의] 뜻을 설명한 것이고, "모든 여래"(一切如來) 이하는 네 번째인 〈[부처(佛) · 진리(法) · 수행공동체(僧), 이] 세 가지 보배(三寶)의 종자를 끊어 버린다〉(斷三寶種)는 [말의] 뜻을 다시 설명한 것이다.

[권수이익분勸修利益分의 여섯 부분 중에 다섯 번째와 여섯 번째에 해당하는] 나머지 문장은 [어렵지 않게] 알 수 있다. 한권의 『대승기신론』에 있는 ['귀경술의歸敬述意', '정립논체正立論體', '총결회향總結迴向'] 세 부분 가운데 [두 번째인] '『대승기신론』의 핵심(論宗/論體)[555]을 곧바로 분석함'(正辨論宗)이 여기에서 끝난다.[556]

---

555 정변논종正辨論宗: 원효는 『대승기신론』에 대해 주석하면서 가장 크게 '표종체標宗體', '석제명釋題名', '의문현의依文顯意'의 세 단락으로 나누고("將說此論, 略有三門. 初標宗體, 次釋題名, 其第三者, 依文顯義." H1, 698b3~4), 『대승기신론』 본문에 대한 본격적 주석이 시작되는 세 번째 '의문현의'의 단락을 다시 '귀경술의歸敬述意', '정립논체正立論體', '총결회향總結迴向'의 세 단락으로 나눈다("第三消文. 文有三分. 初三行偈, 歸敬述意, 論曰以下, 正立論體, 最後一頌, 總結迴向." H1, 700a2~4). "一部之論有三分"이라고 할 때의 '삼분'은 이 '귀경술의', '정립논체', '총결회향'의 세 단락을 가리킨다. '의문현의'의 두 번째인 '정립논체' 단락은 대체로 ① 인연분因緣分, ② 입의분立義分, ③ 해석분解釋分, ④ 수행신심분修行信心分을 거쳐 ⑤ 권수이익분勸修利益分의 단락에서 마치는 구성이므로 원효는 '권수이익분'을 마치는 지금의 자리가 곧 '의문현의' 단락의 두 번째인 '정립논체' 단락이 종료되는 자리와 동일함을 환기시키는 것으로 보인다. 그리고 "一部之論有三分中, 正辨論宗, 竟在於前"에서 '정변논종'은 '정립논체'의 다른 표현이라고 하겠다.

556 원효의 과문에 따른 『대승기신론』 해당 구절.

(5) 勸修利益分(勸修分)

① 總結前說: "已說修行信心分, 次說勸修利益分. 如是摩訶衍, 諸佛秘藏, 我已總說."

② 擧益勸修

가. 正勸修: "若有衆生欲於如來甚深境界, 得生正信, 遠離誹謗, 入大乘道, 當持此論, 思量修習."

나. 示其勝利

3. 총괄하여 끝맺고 모든 공덕을 중생에게 되돌리는 게송(總結廻向偈)

諸佛甚深廣大義, 我今隨分總持說.
廻此功德如法性, 普利一切衆生界.

『논』(T32, 583b15~16); 『회본』(1-789a24~b1)

모든 부처님들의 깊고 깊으며 넓고 큰 뜻을
내 이제 역량 따라 모두 갖추어 말했나이다.
이 공덕功德을 '현상의 [온전한] 본연과 같아짐'(如法性)으로 되돌리니
모든 중생들의 세계를 널리 이롭게 하소서.

【소】 此後一頌, 第三總結. 於中上半, 結前五分, 下之二句, 廻向六道.

『소』(1-732c18~19); 『회본』(1-789b2~3)

이 마지막 게송 하나는 ['귀경술의歸敬述意', '정립논체正立論體', '총결회향總結廻

가) 示所得果勝: "究竟能至無上之道."
나) 明能修人勝: "若人聞是法已, 不生怯弱, 當知此人, 定紹佛種, 必爲諸佛之所授記."
③ 信受福勝
가. 明一食之頃正思福勝: "假使有人能化三千大千世界滿中衆生, 令行十善, 不如有人, 於一食頃, 正思此法, 過前功德, 不可爲喩."
나. 顯一日一夜修行功德無邊: "復次若人受持此論, 觀察修行, 若一日一夜, 所有功德, 無量無邊, 不可得說. 假令十方一切諸佛, 各於無量無邊阿僧祇劫, 歎其功德, 亦不能盡. 何以故? 謂法性功德無有盡故, 此人功德亦復如是, 無有邊際."
④ 毁謗罪重
가. 明毁謗罪重: "其有衆生, 於此論中, 毁謗不信, 所獲罪報, 經無量劫, 受大苦惱."
나. 試勸: "是故衆生, 但應仰信, 不應誹謗."
다. 釋罪重意: "以深自害, 亦害他人, 斷絶一切三寶之種."
라. 轉釋斷三寶種之意: "以一切如來, 皆依此法, 得涅槃故, 一切菩薩, 因之修行, 入佛智故."
⑤ 引證: "當知過去菩薩, 已依此法, 得成淨信, 現在菩薩, 今依此法, 得成淨信, 未來菩薩, 當依此法, 得成淨信."
⑥ 結勸: "是故衆生, 應勤修學."

向' 가운데] 세 번째인 '총괄하여 끝맺고 [모든 공덕을 중생에게 되돌린 것]'(總結[廻向])이다. 이 [게송] 가운데 앞의 절반[인 두 구절]은 앞에서 말한 [인연분因緣分 · 입의분立義分 · 해석분解釋分 · 수행신심분修行信心分 · 권수이익분勸修利益分, 이] 다섯 부분을 갈무리한 것이고, 뒤의 두 구절은 [『대승기신론』을 지은 공덕을] '여섯 가지 미혹의 세계'(六道)로 '되돌린 것'(廻向)이다.[557]

557 원효의 과문에 따른 『대승기신론』 해당 구절.
3. 總結廻向
1) 結前五分: "諸佛甚深廣大義, 我今隨分總持說."
2) 廻向六道: "廻此功德如法性, 普利一切衆生界."

【부록】 원효의 과문과 해당 『대승기신론』의 구절 종합

1. 전체 과문표(대략)

Ⅰ. 標宗體												
Ⅱ. 釋題名												
Ⅲ. 依文顯義	1. 歸敬述意											
	2. 正立論體	1) 總標許說										
		2) 擧數開章										
		3) 依章別解	(1) 因緣分									
			(2) 立義分									
			(3) 解釋分	① 結前起後								
				② 正釋	가. 擧數總標							
					나. 依數開章							
					다. 依章別解	가) 顯示正義	(가) 正釋義	㉮ 釋法章門	ㄱ. 總釋			
									ㄴ. 別解	ㄱ) 眞如門		
										ㄴ) 生滅門	(ㄱ) 正廣釋	㉠ 釋上立義分中是心生滅
												㉡ 釋上生滅因緣
												㉢ 釋上生滅相
											(ㄴ) 因言重顯	
								㉯ 釋義章門				
							(나) 示入門					
						나) 對治邪執						
						다) 分別發趣道相						
			(4) 修行信心分									
			(5) 勸修利益分									
	3. 總結廻向											

2. 부분별 상세 과문표와 『대승기신론』의 해당 구절

1) 'Ⅰ. 標宗體'에서 'Ⅲ. 依文顯義'의 '1. 歸敬述意'까지의 과문표와 『대승기신론』 해당 구절

<table>
<tr><td>Ⅰ. 標宗體</td><td colspan="5"></td></tr>
<tr><td rowspan="5">Ⅱ. 釋題名</td><td rowspan="3">1. 言大乘</td><td>1) 總說</td><td colspan="3"></td></tr>
<tr><td rowspan="2">2) 分別</td><td>(1) 依經說</td><td colspan="2"></td></tr>
<tr><td>(2) 依論明</td><td colspan="2"></td></tr>
<tr><td>2. 言起信</td><td colspan="4"></td></tr>
<tr><td>3. 言論</td><td colspan="4"></td></tr>
<tr><td rowspan="10">Ⅲ. 依文顯義</td><td rowspan="10">1. 歸敬述意</td><td rowspan="8">1) 正歸三寶</td><td>(1) 能歸相</td><td colspan="2"></td></tr>
<tr><td rowspan="7">(2) 顯所歸德</td><td rowspan="3">① 歎佛報</td><td>가. 歎心德</td></tr>
<tr><td>나. 歎色德</td></tr>
<tr><td>다. 擧人結歎</td></tr>
<tr><td rowspan="2">② 顯法寶</td><td>가. 擧佛取法</td></tr>
<tr><td>나. 正出法寶體相</td></tr>
<tr><td rowspan="2">③ 歎僧寶</td><td>가. 擧德取人</td></tr>
<tr><td>나. 正歎行德</td></tr>
<tr><td rowspan="2">2) 述造論意</td><td>(1) 明爲下化衆生</td><td colspan="2"></td></tr>
<tr><td>(2) 顯爲上弘佛道</td><td colspan="2"></td></tr>
</table>

Ⅰ. 標宗體

Ⅱ. 釋題名

1. 言大乘

1) 總說

2) 分別

(1) 依經說

(2) 依論明

2. 言起信

3. 言論

Ⅲ. 依文顯義

1. 歸敬述意

1) 正歸三寶(歸敬三寶)

(1) 能歸相: "歸命."

(2) 顯所歸德

① 歎佛報

가. 歎心德: "盡十方, 最勝業徧知."

나. 歎色德: "色無礙自在."

다. 擧人結歎: "救世大悲者."

② 顯法寶

가. 擧佛取法: "及彼身體相."

나. 正出法寶體相: "法性眞如海."

③ 歎僧寶

가. 擧德取人: "無量功德藏."

나. 正歎行德: "如實修行等."

2) 述造論意(述造論大意)

(1) 明爲下化衆生: "爲欲令衆生, 除疑捨邪執."

(2) 顯爲上弘佛道: "起大乘正信, 佛種不斷故."

2) 'Ⅲ. 依文顯義', '2. 正立論體'에서 '(1) 因緣分'까지의 과문표와『대승기신론』해당 구절

<table>
<tr><td rowspan="13">2.
正立
論體</td><td>1) 總標許說</td><td colspan="6"></td></tr>
<tr><td>2) 擧數開章</td><td colspan="6"></td></tr>
<tr><td rowspan="11">3) 依章別解</td><td rowspan="11">(1)
因緣分</td><td>① 牒章名</td><td colspan="4"></td></tr>
<tr><td rowspan="10">② 顯因緣</td><td rowspan="5">가. 直顯
因緣</td><td>가) 問</td><td colspan="2"></td></tr>
<tr><td rowspan="4">나) 答</td><td>(가) 總標</td><td></td></tr>
<tr><td rowspan="2">(나) 別釋</td><td>㉮ 總相因</td></tr>
<tr><td>㉯ 別相因</td></tr>
<tr><td>(다) 總結</td><td></td></tr>
<tr><td rowspan="5">나. 遣疑</td><td>가) 問</td><td colspan="2"></td></tr>
<tr><td rowspan="4">나) 答</td><td>(가) 略答</td><td></td></tr>
<tr><td rowspan="2">(나) 廣釋</td><td>㉮ 明佛在世時說聽俱勝</td></tr>
<tr><td>㉯ 顯如來滅後根緣參差</td></tr>
<tr><td>(다) 略結答</td><td></td></tr>
</table>

2. 正立論體(正辨論宗)

1) 總標許說: "論曰. 有法能起摩訶衍信根, 是故應說."

2) 擧數開章: "說有五分, 云何爲五? 一者因緣分, 二者立義分, 三者解釋分, 四者修行信心分, 五者勸修利益分."

3) 依章別解

(1) 因緣分

① 牒章名: "初說因緣分."

② 顯因緣

가. 直顯因緣

가) 問: "問曰, 有何因緣而造此論?"

나) 答

(가) 總標: "答曰: 是因緣有八種, 云何爲八?"

(나) 別釋(別解八因緣)

㉮ 總相因: "一者因緣總相, 所謂爲令衆生離一切苦得究竟樂, 非求世間名利恭敬故."

㉯ 別相因: "二者爲欲解釋如來根本之義, 令諸衆生正解不謬故. 三者爲令善根成熟衆生, 於摩訶衍法堪任不退信故. 四者爲令善根微少衆生修習信心故. 五者爲示方便消惡業障善護其心, 遠離癡慢出邪網故. 六者爲示修習止觀, 對治凡夫二乘心過故. 七者爲示專念方便生於佛前必定不退信心故. 八者爲示利益勸修行故."

(다) 總結: "有如是等因緣, 所以造論."

나. 遣疑

가) 問: "問曰, 修多羅中具有此法, 何須重說?"

나) 答

(가) 略答: "答曰, 修多羅中雖有此法, 以衆生根行不等, 受解緣別."

(나) 廣釋(廣顯)

㉮ 明佛在世時說聽俱勝: "所謂如來在世, 衆生利根, 能說之人色心業勝, 圓音一演異類等解, 則不須論."

㉯ 顯如來滅後根緣參差(明佛滅後根行參差): "若如來滅後, 或有衆生能以自力廣聞而取解者, 或有衆生亦以自力少聞而多解者, 或有衆生無自心力因於廣

論而得解者, 亦有衆生復以廣論文多爲煩, 心樂總持少文而攝多義能取解者."

(다) 略結答(結答): "如是, 此論爲欲總攝如來廣大深法無邊義, 故應說此論."

3) '(2) 立義分' 과문표와 『대승기신론』 해당 구절

(2) 立義分	① 結前起後		
	② 正說立二章門	가. 立法(立法章門)	가) 就體總立
			나) 依門別立
		나. 立義(立義章門)	가) 明大義
			나) 顯乘義

(2) 立義分

① 結前起後: "已說因緣分, 次說立義分."

② 正說立二章門

가. 立法(立法章門)

가) 就體總立: "摩訶衍者總說有二種. 云何爲二? 一者法, 二者義. 所言法者, 謂衆生心, 是心則攝一切世間法出世間法, 依於此心顯示摩訶衍義."

나) 依門別立: "何以故? 是心眞如相, 卽示摩訶衍體故, 是心生滅因緣相, 能示摩訶衍自體相用故."

나. 立義(立義章門)

가) 明大義: "所言義者, 則有三種. 云何爲三? 一者體大, 謂一切法眞如平等不增減故. 二者相大, 謂如來藏具足無量性功德故. 三者用大, 能生一切世間出世間善因果故."

나) 顯乘義: "一切諸佛本所乘故, 一切菩薩皆乘此法到如來地故."

4) '(3) 解釋分', '가) 顯示正義', '㉮ 釋法章門'의 'ㄱ) 眞如門'까지의 과문표와 『대승기신론』 해당 구절

<table>
<tr><td rowspan="23">(3) 解釋分</td><td colspan="12">① 結前起後</td></tr>
<tr><td rowspan="22">② 正釋</td><td colspan="11">가. 擧數總標</td></tr>
<tr><td colspan="11">나. 依數開章</td></tr>
<tr><td rowspan="20">다. 依章別解</td><td rowspan="20">가) 顯示正義</td><td rowspan="20">(가) 正釋義</td><td rowspan="20">㉮ 釋法章門</td><td colspan="7">ㄱ. 總釋</td></tr>
<tr><td rowspan="19">ㄴ. 別解</td><td rowspan="19">ㄱ) 眞如門</td><td rowspan="11">(ㄱ) 釋眞如</td><td colspan="4">㉠ 略標</td></tr>
<tr><td rowspan="9">㉡ 廣釋</td><td rowspan="6">A. 顯眞如體</td><td colspan="2">A) 當眞實性以顯眞如</td></tr>
<tr><td rowspan="2">B) 對分別性以明眞如絶相</td><td>(A) 擧遍計所執之相</td></tr>
<tr><td>(B) 對所執相顯無相性</td></tr>
<tr><td rowspan="3">C) 就依他性以顯眞如離言</td><td>(A) 約依他性法以明離言絶慮</td></tr>
<tr><td>(B) 依離絶之義以顯平等眞如</td></tr>
<tr><td>(C) 釋平等離絶所以</td></tr>
<tr><td rowspan="3">B. 釋眞如名</td><td colspan="2">A) 標立名之意</td></tr>
<tr><td colspan="2">B) 正釋名</td></tr>
<tr><td colspan="2">C) 結名</td></tr>
<tr><td colspan="4">㉢ 往復除疑</td></tr>
<tr><td rowspan="8">(ㄴ) 釋如相</td><td colspan="4">㉠ 擧數總標</td></tr>
<tr><td colspan="4">㉡ 依數開章</td></tr>
<tr><td rowspan="6">㉢ 依章別解</td><td rowspan="3">A. 明空</td><td colspan="2">A) 略明</td></tr>
<tr><td colspan="2">B) 廣釋</td></tr>
<tr><td colspan="2">C) 總結</td></tr>
<tr><td rowspan="3">B. 釋不空</td><td colspan="2">A) 牒空門</td></tr>
<tr><td colspan="2">B) 顯不空</td></tr>
<tr><td colspan="2">C) 明空不空無二差別</td></tr>
</table>

(3) 解釋分

① 結前起後: "已說立義分, 次說解釋分."

② 正釋

가. 擧數總標: "解釋分有三種, 云何爲三?"

나. 依數開章: "一者, 顯示正義, 二者, 對治邪執, 三者, 分別發趣道相."

다. 依章別解

가) 顯示正義

(가) 正釋義(正釋所立法義)

㉮ 釋法章門

ㄱ. 總釋: "顯示正義者, 依一心法, 有二種門. 云何爲二? 一者, 心眞如門, 二者, 心生滅門. 是二種門, 皆各總攝一切法, 此義云何? 以是二門不相離故."

ㄴ. 別解(別釋)

ㄱ) 眞如門

(ㄱ) 釋眞如(顯體)

㉠ 略標: "心眞如者, 卽是一法界大總相法門體."

㉡ 廣釋

A. 顯眞如體

A) 當眞實性以顯眞如: "所謂心性不生不滅."

B) 對分別性以明眞如絶相

(A) 擧遍計所執之相: "一切諸法, 唯依妄念而有差別."

(B) 對所執相顯無相性: "若離心念, 則無一切境界之相."

C) 就依他性以顯眞如離言

(A) 約依他性法以明離言絶慮: "是故一切法從本已來, 離言說相, 離名字相, 離心緣相."

(B) 依離絶之義以顯平等眞如: "畢竟平等, 無有變異, 不可破壞, 唯是一心, 故名眞如."

(C) 釋平等離絶所以: "以一切言說, 假名無實, 但隨妄念, 不可得故."

B. 釋眞如名

A) 標立名之意: "言眞如者, 亦無有相, 謂言說之極, 因言遣言."

B) 正釋名: "此眞如體無有可遣, 以一切法悉皆眞故, 亦無可立, 以一切法皆同如故."

C) 結名: "當知一切法不可說不可念, 故名爲眞如."

㉢ 往復除疑: "問曰, 若如是義者, 諸衆生等, 云何隨順而能得入? 答曰, 若

知一切法雖說無有能說可說，雖念亦無能念可念，是名隨順，若離於念，名爲得入.”

(ㄴ) 釋如相(明眞如相)

㉠ 擧數總標: “復次眞如者, 依言說分別, 有二種義. 云何爲二?”

㉡ 依數開章: “一者, 如實空, 以能究竟顯實故, 二者, 如實不空, 以有自體具足無漏性功德故.”

㉢ 依章別解

A. 明空

A) 略明: “所言空者, 從本已來一切染法不相應故, 謂離一切法差別之相. 以無虛妄心念故.”

B) 廣釋: “當知眞如自性, 非有相, 非無相, 非非有相, 非非無相, 非有無俱相. 非一相, 非異相, 非非一相, 非非異相, 非一異俱相.”

C) 總結: “乃至總說, 依一切衆生以有妄心, 念念分別, 皆不相應, 故說爲空. 若離妄心, 實無可空故.”

B. 釋不空

A) 牒空門: “所言不空者, 已顯法體空無妄故.”

B) 顯不空: “即是眞心常恒不變, 淨法滿足, 故名不空.”

C) 明空不空無二差別: “亦無有相可取, 以離念境界, 唯證相應故.”

5) ‘가) 顯示正義’, ‘㉮ 釋法章門’, ‘ㄴ) 生滅門’, ‘(ㄱ) 正廣釋’, ‘㉠ 釋上立義分中是心生滅’의 과문표와 『대승기신론』 해당 구절

<table>
<tr><td rowspan="8">ㄴ) 生滅門</td><td rowspan="8">(ㄱ) 正廣釋</td><td rowspan="8">㉠ 釋上立義分中是心生滅</td><td rowspan="3">A. 就體總明</td><td colspan="6">A) 標體</td><td></td></tr>
<tr><td colspan="6">B) 辯相</td><td></td></tr>
<tr><td colspan="6">C) 立名</td><td></td></tr>
<tr><td rowspan="5">B. 依義別解</td><td colspan="6">A) 開義總標略明功能</td><td></td></tr>
<tr><td rowspan="4">B) 依義別釋廣顯體相</td><td colspan="5">(A) 問數發起</td><td></td></tr>
<tr><td colspan="5">(B) 依數列名</td><td></td></tr>
<tr><td rowspan="2">(C) 別解</td><td rowspan="2">Ⓐ 釋覺義</td><td rowspan="2">a. 略明二覺</td><td rowspan="2">a) 明本覺</td><td>(a) 明本覺體</td><td></td></tr>
<tr><td>(b) 釋本覺義</td><td></td></tr>
</table>

								b) 釋始覺	(a) 顯亦對本覺不覺起義				
									(b) 對不覺釋始覺義				
							b. 廣釋二覺	a) 釋始覺	(a) 總標滿不滿義				
									(b) 別解始覺差別	ⓐ 明四相	一. 總說		
											二. 分別		
										ⓑ 消文	一. 不覺		
											二. 相似覺		
											三. 隨分覺		
											四. 究竟覺		
									(c) 總明始覺不異本覺	ⓐ 重明究竟覺相	一. 直顯究竟相		
											二. 擧非覺顯是覺		
											三. 對境廣顯智滿		
										ⓑ 正明不異本覺			
								b) 廣本覺	(a) 明隨染本覺	ⓐ 總標			
										ⓑ 列名			
										ⓒ 辨相	一. 辨智淨相	一) 法	(一) 直明
													(二) 重顯前說滅不滅義
												二) 喩	
												三) 合	
											二. 釋不思議業相		
									(b) 顯性淨本覺	ⓐ 總標			
										ⓑ 別解	一. 如實空鏡		
											二. 因熏習鏡		
											三. 法出離鏡		
											四. 緣熏習鏡		
						Ⓑ 解不覺	a. 明根本不覺	a) 明不覺依本覺立	(a) 法				
									(b) 喩				
									(c) 合				
								b) 顯本覺亦待不覺	(a) 明眞覺之名待於妄想				
									(b) 明所說眞覺必待不覺				
							b. 廣顯枝末不覺	a) 明細相	(a) 總標				
									(b) 別釋	ⓐ 無明業相			

										ⓑ 能見相	
										ⓒ 境界相	
								b) 顯麤相	(a) 總標		
									(b) 別釋	ⓐ 智相	
										ⓑ 相續相	
										ⓒ 執取相	
										ⓓ 計名字相	
										ⓔ 起業相	
										ⓕ 業繫苦相	
							c. 總結本末不覺				
				C) 明同異相	(A) 總標						
					(B) 列名						
					(C) 次第辨相	Ⓐ 明同相	a. 引喩				
							b. 合喩				
							c. 引證				
						Ⓑ 明異相	a. 喩				
							b. 合				

ㄴ) 生滅門(釋生滅門)

(ㄱ) 正廣釋

㉠ 釋上立義分中是心生滅

A. 就體總明

A) 標體: "心生滅者, 依如來藏故有生滅心."

B) 辯相: "所謂不生不滅, 與生滅和合, 非一非異."

C) 立名: "名爲阿梨耶識."

B. 依義別解

A) 開義總標, 略明功能: "此識有二種義, 能攝一切法, 生一切法."

B) 依義別釋, 廣顯體相

(A) 問數發起: "云何爲二?"

(B) 依數列名: "一者, 覺義, 二者, 不覺義."

(C) 別解

Ⓐ 釋覺義

a. 略(略明二覺)

a) 明本覺

(a) 明本覺體: "所言覺義者. 謂心體離念. 離念相者, 等虛空界, 無所不徧, 法界一相, 卽是如來平等法身. 依此法身說名本覺."

(b) 釋本覺義: "何以故? 本覺義者, 對始覺義說, 以始覺者卽同本覺."

b) 釋始覺

(a) 顯亦對本覺不覺起義: "始覺義者, 依本覺故而有不覺."

(b) 對不覺釋始覺義: "依不覺故說有始覺."

b. 廣(廣釋二覺)

a) 釋始覺

(a) 總標滿不滿義: "又以覺心源故, 名究竟覺, 不覺心源故, 非究竟覺."

(b) 別解始覺差別

ⓐ 明四相

一. 總說

二. 分別

ⓑ 消文(約於四相以別四位)

一. 初位(不覺): "此義云何? 如凡夫人, 覺知前念起惡故, 能止後念令其不起. 雖復名覺, 卽是不覺故."

二. 第二位(相似覺): "如二乘觀智, 初發意菩薩等, 覺於念異, 念無異相. 以捨麤分別執著相故, 名相似覺."

三. 第三位(隨分覺): "如法身菩薩等, 覺於念住, 念無住相. 以離分別麤念相故, 名隨分覺."

四. 第四位(究竟覺): "如菩薩地盡, 滿足方便, 一念相應, 覺心初起, 心無初相. 以遠離微細念故, 得見心性, 心卽常住, 名究竟覺. 是故脩多羅說, 若有衆生能觀無念者, 則爲向佛智故."

(c) 總明始覺不異本覺

ⓐ 重明究竟覺相

一. 直顯究竟相: "又心起者, 無有初相可知, 而言知初相者, 卽謂無念."

二. 擧非覺顯是覺(擧非顯是): "是故一切衆生不名爲覺, 以從本來念念相續, 未曾離念, 故說無始無明."

三. 對境廣顯智滿(對境顯智): "若得無念者, 則知心相生住異滅. 以無念等故."

ⓑ 正明不異本覺(正明無異): "而實無有始覺之異, 以四相俱時而有, 皆無自立, 本來平等同一覺故."

b) 廣本覺

(a) 明隨染本覺

ⓐ 總標: "復次本覺隨染分別, 生二種相, 與彼本覺不相捨離, 云何爲二?"

ⓑ 列名: "一者, 智淨相, 二者, 不思議業相."

ⓒ 辨相

一. 辨智淨相

一) 法

(一) 直明: "智淨相者, 謂依法力熏習, 如實修行, 滿足方便故, 破和合識相, 滅相續心相, 顯現法身, 智淳淨故."

(二) 重顯前說滅不滅義: "此義云何? 以一切心識之相, 皆是無明, 無明之相, 不離覺性, 非可壞, 非不可壞."

二) 喩: "如大海水, 因風波動, 水相風相不相捨離, 而水非動性, 若風止滅, 動相則滅, 濕性不壞故."

三) 合: "如是衆生自性淸淨心, 因無明風動, 心與無明俱無形相, 不相捨離, 而心非動性, 若無明滅, 相續則滅, 智性不壞故."

二. 釋不思議業相: "不思議業相者, 以依智淨, 能作一切勝妙境界, 所謂無量功德之相, 常無斷絶, 隨衆生根, 自然相應, 種種而現, 得利益故."

(b) 顯性淨本覺(明性淨本覺之相)

ⓐ 總標: "復次覺體相者, 有四種大義, 與虛空等, 猶如淨鏡. 云何爲四?"

ⓑ 別解

一. 如實空鏡: "一者, 如實空鏡, 遠離一切心境界相, 無法可現, 非覺照義故."

二. 因熏習鏡: "二者, 因熏習鏡, 謂如實不空. 一切世間境界, 悉於中現, 不出不入, 不失不壞, 常住一心. 以一切法卽眞實性故. 又一切染法所不能染, 智體不動, 具足無漏, 熏衆生故."

三. 法出離鏡: "三者, 法出離鏡, 謂不空法. 出煩惱礙智礙, 離和合相, 淳淨明故."

四. 緣熏習鏡: "四者, 緣熏習鏡, 謂依法出離故, 徧照衆生之心, 令修善根, 隨念示現故."

Ⓑ 解不覺(釋不覺)

a. 明根本不覺

a) 明不覺依本覺立

(a) 法: "所言不覺義者, 謂不如實知眞如法一故, 不覺心起而有其念. 念無自相, 不離本覺."

(b) 喩: "猶如迷人依方故迷, 若離於方則無有迷."

(c) 合: "衆生亦爾, 依覺故迷, 若離覺性則無不覺."

b) 顯本覺亦待不覺

(a) 明眞覺之名待於妄想: "以有不覺妄想心故, 能知名義, 爲說眞覺."

(b) 明所說眞覺必待不覺: "若離不覺之心, 則無眞覺自相可說."

b. 廣顯枝末不覺

a) 明細相

(a) 總標: "復次依不覺故, 生三種相, 與彼不覺相應不離, 云何爲三?"

(b) 別釋

ⓐ 無明業相: "一者, 無明業相. 以依不覺故心動, 說名爲業. 覺則不動, 動則有苦, 果不離因故."

ⓑ 能見相: "二者, 能見相. 以依動故能見, 不動則無見."

ⓒ 境界相: "三者, 境界相. 以依能見故, 境界妄現, 離見則無境界."

b) 顯麤相(明麤相)

(a) 總標: "以有境界緣故, 復生六種相. 云何爲六?"

(b) 別釋

ⓐ 智相: "一者, 智相, 依於境界, 心起分別愛與不愛故."

ⓑ 相續相: "二者, 相續相, 依於智故, 生其苦樂, 覺心起念, 相應不斷故."

ⓒ 執取相: "三者, 執取相, 依於相續, 緣念境界, 住持苦樂, 心起著故."

ⓓ 計名字相: "四者, 計名字相, 依於妄執, 分別假名言相故."

ⓔ 起業相: "五者, 起業相, 依於名字, 尋名取著, 造種種業故."

ⓕ 業繫苦相: “六者, 業繫苦相, 以依業受果, 不自在故.”

c. 總結本末不覺: “當知無明能生一切染法, 以一切染法, 皆是不覺相故.”

C) 明同異相

(A) 總標: “復次覺與不覺有二種相, 云何爲二?”

(B) 列名: “一者, 同相, 二者, 異相.”

(C) 次第辨相

Ⓐ 明同相

a. 引喩: “同相者, 譬如種種瓦器, 皆同微塵性相.”

b. 合喩: “如是無漏無明種種業幻, 皆同眞如性相.”

c. 引證: “是故修多羅中, 依於此眞如義故, 說一切衆生本來常住, 入於涅槃菩提之法, 非可修相, 非可作相, 畢竟無得. 亦無色相可見, 而有見色相者, 唯是隨染業幻所作, 非是智色不空之性, 以智相無可見故.”

Ⓑ 明異相

a. 喩: “言異相者, 如種種瓦器, 各各不同.”

b. 合: “如是無漏無明, 隨染幻差別, 性染幻差別故.”

6) ‘가) 顯示正義’, ‘㉮ 釋法章門’, ‘ㄴ) 生滅門’, ‘(ㄱ) 正廣釋’, ‘㉡ 釋上生滅因緣’의 과문표와 『대승기신론』 해당 구절

<table>
<tr><td rowspan="13">㉡
釋上
生滅
因緣</td><td rowspan="13">A.
明生滅依
因緣義</td><td>A) 總標</td><td colspan="5"></td></tr>
<tr><td rowspan="12">B) 別釋</td><td>(A) 釋依心</td><td colspan="4"></td></tr>
<tr><td rowspan="11">(B) 釋意轉</td><td>Ⓐ 略明意轉</td><td colspan="3"></td></tr>
<tr><td rowspan="6">Ⓑ 廣顯轉相</td><td>a. 總標</td><td colspan="2"></td></tr>
<tr><td rowspan="5">b. 別釋</td><td>a) 業識</td><td></td></tr>
<tr><td>b) 轉識</td><td></td></tr>
<tr><td>c) 現識</td><td></td></tr>
<tr><td>d) 智識</td><td></td></tr>
<tr><td>e) 相續識</td><td></td></tr>
<tr><td rowspan="4">Ⓒ 結成依心
之義</td><td>a. 略</td><td colspan="2"></td></tr>
<tr><td rowspan="3">b. 廣</td><td>a) 明諸法不
無而非是有</td><td></td></tr>
<tr><td rowspan="2">b) 顯諸法不
有而非都無</td><td>(a) 明非有</td></tr>
<tr><td>(b) 顯非無</td></tr>
</table>

			(C) 釋意識轉			
	B. 顯所依因緣體相	A) 略明因緣甚深	(A) 標甚深			
			(B) 釋			
			(C) 結			
		B) 廣顯因緣差別	(A) 明心性因之體相			
			(B) 顯無明緣之體相			
			(C) 明染心諸緣差別	Ⓐ 總標		
				Ⓑ 別釋	a. 執相應染	
					b. 不斷相應染	
					c. 分別智相應染	
					d. 現色不相應染	
					e. 能見心不相應染	
					f. 根本業不相應染	
			(D) 顯無明治斷位地			
			(E) 釋相應不相應義	Ⓐ 相應		
				Ⓑ 不相應		
			(F) 辨智礙煩惱礙義	Ⓐ 分二礙		
				Ⓑ 釋其所以		

㉡ 釋上生滅因緣

A. 明生滅依因緣義

A) 總標: "復次生滅因緣者, 所謂衆生依心, 意意識轉故."

B) 別釋

(A) 釋依心: "此義云何? 以依阿梨耶識, 說有無明."

(B) 釋意轉

Ⓐ 略明意轉: "不覺而起能見能現, 能取境界, 起念相續, 故說爲意."

Ⓑ 廣顯轉相(廣明)

a. 總標: "此意復有五種名, 云何爲五?"

b. 別釋

a) 業識: "一者, 名爲業識, 謂無明力不覺心動故."

b) 轉識: "二者, 名爲轉識, 依於動心能見相故."

c) 現識: "三者, 名爲現識, 所謂能現一切境界, 猶如明鏡現於色像. 現識亦爾, 隨其五塵對至即現, 無有前後, 以一切時任運而起, 常在前故."

d) 智識: "四者, 名爲智識, 謂分別染淨法故."

e) 相續識: "五者, 名爲相續識, 以念相應不斷故, 住持過去無量世等善惡之業, 令不失故, 復能成熟現在未來苦樂等報無差違故, 能令現在已經之事, 忽然而念, 未來之事, 不覺妄慮."

Ⓒ 結成依心之義

a. 略: "是故三界虛僞, 唯心所作, 離心則無六塵境界."

b. 廣(廣釋)

a) 明諸法不無而非是有: "此義云何? 以一切法皆從心起, 妄念而生, 一切分別即分別自心, 心不見心, 無相可得."

b) 顯諸法不有而非都無(明非有而不無義)

(a) 明非有: "當知世間一切境界, 皆依衆生無明妄心而得住持. 是故一切法, 如鏡中像, 無體可得, 唯心虛妄."

(b) 顯非無: "以心生則種種法生, 心滅則種種法滅故."

(C) 釋意識轉(釋意識): "復次言意識者, 卽此相續識, 依諸凡夫取著轉深, 計我我所, 種種妄執, 隨事攀緣, 分別六塵, 名爲意識, 亦名分離識, 又復說名分別事識. 此識依見愛煩惱增長義故."

B. 顯所依因緣體相(重顯所依因緣體相)

A) 略明因緣甚深

(A) 標甚深: "依無明熏習所起識者, 非凡夫能知, 亦非二乘智慧所覺, 謂依菩薩從初正信發心觀察, 若證法身, 得少分知, 乃至菩薩究竟地, 不能盡知, 唯佛窮了."

(B) 釋(釋深義): "何以故? 是心從本已來, 自性淸淨而有無明, 爲無明所染, 有其染心, 雖有染心而常恒不變."

(C) 結(結甚深): "是故此義, 唯佛能知."

B) 廣顯因緣差別

(A) 明心性因之體相: "所謂心性常無念故, 名爲不變."

(B) 顯無明緣之體相: "以不達一法界故, 心不相應, 忽然念起, 名爲無明."

(C) 明染心諸緣差別

Ⓐ 總標: "染心者有六種, 云何爲六?"

Ⓑ 別釋

a. 執相應染: "一者, 執相應染, 依二乘解脫及信相應地遠離故."

b. 不斷相應染: "二者, 不斷相應染. 依信相應地修學方便, 漸漸能捨, 得淨心地究竟離故."

c. 分別智相應染: "三者, 分別智相應染. 依具戒地漸離, 乃至無相方便地究竟離故."

d. 現色不相應染: "四者, 現色不相應染. 依色自在地能離故."

e. 能見心不相應染: "五者, 能見心不相應染. 依心自在地能離故."

f. 根本業不相應染: "六者, 根本業不相應染. 依菩薩盡地, 得入如來地能離故."

(D) 顯無明治斷位地: "不了一法界義者, 從信相應地觀察學斷, 入淨心地隨分得離, 乃至如來地能究竟離故."

(E) 釋相應不相應義(明相應不相應義)

Ⓐ 相應: "言相應義者, 謂心念法異, 依染淨差別, 而知相緣相同故."

Ⓑ 不相應: "不相應義者, 謂即心不覺, 常無別異, 不同知相緣相故."

(F) 辨智礙煩惱礙義(明二礙義)

Ⓐ 分二礙: "又染心義者, 名爲煩惱礙, 能障眞如根本智故, 無明義者, 名爲智礙, 能障世間自然業智故."

Ⓑ 釋其所以: "此義云何? 以依染心, 能見能現, 妄取境界, 違平等性故. 以一切法常靜, 無有起相, 無明不覺, 妄與法違故, 不能得隨順世間一切境界種種智故."

7) '가) **顯示正義**', '㉮ **釋法章門**', 'ㄴ) **生滅門**', '(ㄱ) **正廣釋**', 'ⓒ **釋上生滅相**'의 과문표와 『대승기신론』 해당 구절

<table>
<tr><td rowspan="10">ⓒ 釋上生滅相</td><td rowspan="3">A. 明生滅麤細之相</td><td rowspan="2">A) 正明麤細</td><td>(A) 總標</td><td colspan="2"></td></tr>
<tr><td>(B) 別解</td><td colspan="2"></td></tr>
<tr><td>B) 對人分別</td><td colspan="3"></td></tr>
<tr><td rowspan="7">B. 顯麤細生滅之義</td><td rowspan="2">A) 明生緣</td><td>(A) 明通緣</td><td colspan="2"></td></tr>
<tr><td>(B) 顯別因</td><td colspan="2"></td></tr>
<tr><td rowspan="5">B) 顯滅義</td><td>(A) 直明</td><td colspan="2"></td></tr>
<tr><td rowspan="4">(B) 往復除疑</td><td>Ⓐ 問</td><td></td></tr>
<tr><td rowspan="3">Ⓑ 答</td><td>a. 法</td></tr>
<tr><td>b. 喩</td></tr>
<tr><td>c. 合</td></tr>
</table>

㉢ 釋上生滅相(廣上立義分中生滅之相)

A. 明生滅麤細之相

A) 正明麤細

(A) 總標: "復次分別生滅相者有二種. 云何爲二?"

(B) 別解: "一者, 麤, 與心相應故. 二者, 細, 與心不相應故."

B) 對人分別: "又麤中之麤, 凡夫境界, 麤中之細, 及細中之麤, 菩薩境界, 細中之細, 是佛境界."

B. 顯麤細生滅之義(明生滅義)

A) 明生緣

(A) 明通緣: "此二種生滅, 依於無明熏習而有, 所謂依因依緣."

(B) 顯別因: "依因者, 不覺義故, 依緣者, 妄作境界義故."

B) 顯滅義

(A) 直明: "若因滅, 則緣滅, 因滅故, 不相應心滅, 緣滅故, 相應心滅."

(B) 往復除疑

Ⓐ 問: "問曰, 若心滅者, 云何相續, 若相續者, 云何說究竟滅?"

Ⓑ 答

a. 法: "答曰, 所言滅者, 唯心相滅, 非心體滅."

b. 喩: "如風依水而有動相. 若水滅者, 則風相斷絶, 無所依止. 以水不滅, 風相相續. 唯風滅故, 動相隨滅, 非是水滅."

c. 合: "無明亦爾, 依心體而動, 若心體滅, 則衆生斷絶. 無所依止. 以體不滅, 心得相續, 唯癡滅故, 心相隨滅, 非心智滅."

8) '가) 顯示正義', '㉮ 釋法章門', 'ㄴ) 生滅門', '(ㄴ) 因言重顯'의 과문표와『대승기신론』해당 구절

<table>
<tr><td rowspan="7">(ㄴ) 因言重顯</td><td>㉠ 擧數總標</td><td colspan="5"></td></tr>
<tr><td>㉡ 依數列名</td><td colspan="5"></td></tr>
<tr><td rowspan="2">㉢ 總明熏習之義</td><td>A. 喩</td><td colspan="4"></td></tr>
<tr><td>B. 合</td><td colspan="4"></td></tr>
<tr><td rowspan="3">㉣ 別明二種熏習</td><td rowspan="3">A. 染</td><td>A) 問</td><td colspan="3"></td></tr>
<tr><td rowspan="2">B) 答</td><td>(A) 略明</td><td colspan="2"></td></tr>
<tr><td>(B) 廣顯</td><td>Ⓐ 妄境界熏習義</td><td></td></tr>
</table>

					Ⓑ 妄心熏習義							
					Ⓒ 無明熏習義							
		B. 淨	A) 問									
			B) 答	(A) 略明	Ⓐ 明眞如熏習							
					Ⓑ 明妄心熏習	a. 明十信位中信						
						b. 顯三賢位中修						
						c. 明初地見道唯識觀之成						
						d. 顯十地修道位中修萬行						
						e. 顯於果地證涅槃						
				(B) 廣顯	Ⓐ 明妄熏	a. 分別事識熏習						
						b. 意熏習						
					Ⓑ 明眞如熏習	a. 擧數總標						
						b. 依數列名						
						c. 辨相	a) 別明	(a) 明自體熏習	ⓐ 直明			
									ⓑ 遣疑	一. 問		
										二. 答	一) 約煩惱厚薄明其不等	
											二) 後擧遇緣參差顯其不等	(一) 法
												(二) 喩
												(三) 合
								(b) 明用熏習	ⓐ 總標			
									ⓑ 列名			
									ⓒ 辨相	一. 明差別緣	一) 合明	
											二) 開釋	(一) 開近遠二緣
												(二) 開行解二緣
										二. 明平等緣	一) 明能作緣	
											二) 釋平等義	
							b) 合釋	(a) 總標				
								(b) 별釋	ⓐ 明未相應			
									ⓑ 明已相應			
	㉤ 明盡不盡義											

(ㄴ) 因言重顯(因言重明)

㉠ 擧數總標: "復次有四種法熏習義故, 染法淨法起不斷絶, 云何爲四?"

㉡ 依數列名: "一者, 淨法, 名爲眞如. 二者, 一切染因, 名爲無明. 三者, 妄心, 名爲業識. 四者, 妄境界, 所謂六塵."

㉢ 總明熏習之義

A. 喩: "熏習義者, 如世間衣服, 實無於香, 若人以香而熏習故, 則有香氣."

B. 合: "此亦如是. 眞如淨法, 實無於染, 但以無明而熏習故, 則有染相, 無明染法, 實無淨業, 但以眞如而熏習故, 則有淨用."

㉣ 別顯熏習之相(別明二種熏習)

A. 染

A) 問: "云何熏習, 起染法不斷?"

B) 答

(A) 略明: "所謂以依眞如法故, 有於無明, 以有無明染法因故, 卽熏習眞如. 以熏習故, 則有妄心, 以有妄心, 卽熏習無明. 不了眞如法故, 不覺念起, 現妄境界. 以有妄境界染法緣故, 卽熏習妄心, 令其念著, 造種種業, 受於一切身心等苦."

(B) 廣顯(廣說)

Ⓐ 妄境界熏習義: "此妄境界熏習義則有二種. 云何爲二? 一者, 增長念熏習, 二者, 增長取熏習."

Ⓑ 妄心熏習義: "妄心熏習義有二種. 云何爲二? 一者, 業識根本熏習, 能受阿羅漢辟支佛一切菩薩生滅苦故. 二者, 增長分別事識熏習, 能受凡夫業繫苦故."

Ⓒ 無明熏習義: "無明熏習義有二種. 云何爲二? 一者, 根本熏習, 以能成就業識義故. 二者, 所起見愛熏習, 以能成就分別事識義故."

B. 淨(明淨熏)

A) 問: "云何熏習, 起淨法不斷?"

B) 答

(A) 略明

Ⓐ 明眞如熏習: "所謂以有眞如法故, 能熏習無明, 以熏習因緣力故, 則令妄心厭生死苦, 樂求涅槃."

Ⓑ 明妄心熏習

a. 明十信位中信: "以此妄心有厭求因緣故, 卽熏習眞如, 自信己性."

b. 顯三賢位中修: "知心妄動, 無前境界, 修遠離法."

c. 明初地見道唯識觀之成: "以如實知無前境界故."

d. 顯十地修道位中修萬行: "種種方便, 起隨順行, 不取不念, 乃至久遠熏習力故."

e. 顯於果地證涅槃: "無明則滅. 以無明滅故, 心無有起, 以無起故, 境界隨滅. 以因緣俱滅故, 心相皆盡, 名得涅槃成自然業."

(B) 廣顯(廣說)

Ⓐ 明妄熏

a. 分別事識熏習: "妄心熏習義有二種. 云何爲二? 一者, 分別事識熏習, 依諸凡夫二乘人等厭生死苦, 隨力所能, 以漸趣向無上道故."

b. 意熏習: "二者, 意熏習, 謂諸菩薩發心, 勇猛速趣涅槃故."

Ⓑ 明眞如熏習

a. 擧數總標: "眞如熏習義有二種. 云何爲二?"

b. 依數列名: "一者, 自體相熏習, 二者, 用熏習."

c. 辨相

a) 別明

(a) 明自體熏習

ⓐ 直明: "自體相熏習者, 從無始世來, 具無漏法, 備有不思議業, 作境界之性. 依此二義, 恒常熏習, 以有力故, 能令衆生厭生死苦, 樂求涅槃, 自信己身有眞如法, 發心修行."

ⓑ 遣疑(往復除疑)

一. 問: "問曰. 若如是義者, 一切衆生悉有眞如, 等皆熏習, 云何有信無信, 無量前後差別? 皆應一時自知有眞如法, 勤修方便, 等入涅槃."

二. 答

一) 約煩惱厚薄明其不等: "答曰. 眞如本一, 而有無量無邊無明, 從本已來, 自性差別, 厚薄不同故. 過恒沙等上煩惱, 依無明起差別, 我見愛染煩惱, 依無明起差別. 如是一切煩惱, 依於無明所起, 前後無量差別, 唯如來能知故."

二) 後擧遇緣參差顯其不等

(一) 法: "又諸佛法有因有緣, 因緣具足乃得成辦."

(二) 喩: "如木中火性, 是火正因, 若無人知, 不假方便, 能自燒木, 無有是處."

(三) 合: "衆生亦爾, 雖有正因熏習之力, 若不値遇諸佛菩薩善知識等, 以之爲緣, 能自斷煩惱入涅槃者, 則無是處. 若雖有外緣之力, 而內淨法未有熏習力者, 亦不能究竟厭生死苦, 樂求涅槃. 若因緣具足者, 所謂自有熏習之力, 又爲諸佛菩薩等慈悲願護故, 能起厭苦之心, 信有涅槃, 修習善根. 以修善根成熟故, 則値諸佛菩薩示敎利喜, 乃能進趣, 向涅槃道."

(b) 明用熏習

ⓐ 總標: "用熏習者, 卽是衆生外緣之力. 如是外緣有無量義, 略說二種. 云何爲二?"

ⓑ 列名: "一者, 差別緣, 二者, 平等緣."

ⓒ 辨相

一. 明差別緣

一) 合明: "差別緣者, 此人依於諸佛菩薩等, 從初發意始求道時, 乃至得佛, 於中若見若念, 或爲眷屬父母諸親, 或爲給使, 或爲知友, 或爲怨家, 或起四攝, 乃至一切所作無量行緣, 以起大悲熏習之力, 能令衆生增長善根, 若見若聞得利益故."

二) 開釋

(一) 開近遠二緣: "此緣有二種, 云何爲二? 一者, 近緣, 速得度故, 二者, 遠緣, 久遠得度故. 是近遠二緣分別."

(二) 開行解二緣: "復有二種, 云何爲二? 一者, 增長行緣, 二者, 受道緣."

二. 明平等緣

一) 明能作緣: "平等緣者, 一切諸佛菩薩皆願度脫一切衆生, 自然熏習, 恒常不捨. 以同體智力故, 隨應見聞而現作業."

二) 釋平等義: "所謂衆生依於三昧, 乃得平等見諸佛故."

b) 合釋(合釋體用)

(a) 總標: "此體用熏習分別, 復有二種, 云何爲二?"

(b) 別釋

ⓐ 明未相應: "一者, 未相應. 謂凡夫二乘初發意菩薩等, 以意意識熏習, 依信力故而能修行, 未得無分別心與體相應故, 未得自在業修行與用相應故."

ⓑ 明已相應: "二者, 已相應. 謂法身菩薩, 得無分別心, 與諸佛智用相應, 唯依法力, 自然修行, 熏習眞如, 滅無明故."

㉤ 明盡不盡義(明二種熏盡不盡義): "復次染法, 從無始已來, 熏習不斷, 乃至得佛後則有斷, 淨法熏習, 則無有斷, 盡於未來. 此義云何? 以眞如法常熏習故, 妄心則滅, 法身顯現, 起用熏習, 故無有斷."

9) '가) 顯示正義', '㉯ 釋義章門' 및 '가) 顯示正義', '(나) 示入門'까지의 과문표와 『대승기신론』 해당 구절

<table>
<tr><td rowspan="23">(가)
正釋義</td><td rowspan="23">㉯ 釋義章門</td><td rowspan="8">ㄱ.
總釋體相二大</td><td>ㄱ) 總牒體大相大之義</td><td colspan="6"></td></tr>
<tr><td>ㄴ) 釋體大</td><td colspan="6"></td></tr>
<tr><td rowspan="6">ㄷ) 釋相大義</td><td>(ㄱ) 直明性功德相</td><td colspan="5"></td></tr>
<tr><td rowspan="5">(ㄴ) 往復重顯所以</td><td>㉠ 問</td><td colspan="4"></td></tr>
<tr><td rowspan="4">㉡ 答</td><td>A. 總答</td><td colspan="3"></td></tr>
<tr><td rowspan="3">B. 別顯</td><td>A) 明差別之無二義</td><td colspan="2"></td></tr>
<tr><td rowspan="2">B) 顯無二之差別義</td><td>(A) 略標</td><td></td></tr>
<tr><td>(B) 廣釋</td><td></td></tr>
<tr><td rowspan="15">ㄴ.
別解用大之義</td><td rowspan="8">ㄱ) 總明</td><td rowspan="3">(ㄱ) 對果擧因</td><td>㉠ 行</td><td colspan="4"></td></tr>
<tr><td>㉡ 願</td><td colspan="4"></td></tr>
<tr><td>㉢ 明方便</td><td colspan="4"></td></tr>
<tr><td rowspan="5">(ㄴ) 牒因顯果</td><td>㉠ 牒前因</td><td colspan="4"></td></tr>
<tr><td>㉡ 明自利果</td><td colspan="4"></td></tr>
<tr><td rowspan="3">㉢ 正顯用相</td><td>A. 明用甚深</td><td colspan="3"></td></tr>
<tr><td>B. 顯用廣大</td><td colspan="3"></td></tr>
<tr><td>C. 明用無相而隨緣用</td><td colspan="3"></td></tr>
<tr><td rowspan="7">ㄴ) 別釋</td><td>(ㄱ) 總標</td><td colspan="5"></td></tr>
<tr><td rowspan="5">(ㄴ) 別解</td><td rowspan="2">㉠ 直顯別用</td><td>A. 明應身</td><td colspan="3"></td></tr>
<tr><td>B. 顯報身</td><td colspan="3"></td></tr>
<tr><td rowspan="3">㉡ 重牒分別</td><td>A. 明應身</td><td colspan="3"></td></tr>
<tr><td rowspan="2">B. 顯報身相</td><td>A) 明地前所見</td><td colspan="2"></td></tr>
<tr><td>B) 顯地上所見</td><td colspan="2"></td></tr>
<tr><td>(ㄷ) 往復除疑</td><td colspan="5"></td></tr>
<tr><td>(나)
示入門</td><td>㉮ 總標</td><td colspan="8"></td></tr>
</table>

	㉯ 別釋	ㄱ. 釋色觀		
		ㄴ. 觀心法	ㄱ) 喩	
			ㄴ) 合	
	㉰ 總結			

㉯ 釋義章門

ㄱ. 總釋體相二大

ㄱ) 總牒體大相大之義: "復次眞如自體相者."

ㄴ) 釋體大: "一切凡夫聲聞緣覺菩薩諸佛無有增減, 非前際生, 非後際滅, 畢竟常恒."

ㄷ) 釋相大義

(ㄱ) 直明性功德相: "從本已來, 性自滿足一切功德, 所謂自體有大智慧光明義故, 徧照法界義故, 眞實識知義故, 自性淸淨心義故, 常樂我淨義故, 淸凉不變自在義故. 具足如是過於恒沙不離不斷不異不思議佛法, 乃至滿足無有所少義故, 名爲如來藏, 亦名如來法身."

(ㄴ) 往復重顯所以

㉠ 問: "問曰. 上說眞如其體平等, 離一切相, 云何復說體有如是種種功德?"

㉡ 答

A. 總答: "答曰. 雖實有此諸功德義, 而無差別之相, 等同一味, 唯一眞如."

B. 別顯

A) 明差別之無二義: "此義云何? 以無分別, 離分別相, 是故無二."

B) 顯無二之差別義

(A) 略標: "復以何義, 得說差別? 以依業識, 生滅相示."

(B) 廣釋(別對衆過以顯德義): "此云何示? 以一切法本來唯心, 實無於念, 而有妄心, 不覺起念, 見諸境界, 故說無明, 心性不起, 卽是大智慧光明義故. 若心起見, 則有不見之相, 心性離見, 卽是徧照法界義故. 若心有動, 非眞識知, 無有自性, 非常非樂非我非淨, 熱惱衰變則不自在, 乃至具有過恒沙等妄染之義. 對此義故, 心性無動, 則有過恒沙等諸淨功德相義示現. 若心有起, 更見前法可念者, 則有所少, 如是淨法無量功德, 卽是一心, 更無所念, 是故滿足, 名爲法身如來之藏."

ㄴ. 別解用大之義(別釋用大之義)

ㄱ) 總明

(ㄱ) 對果擧因

㉠ 行(擧本行): "復次眞如用者, 所謂諸佛如來, 本在因地, 發大慈悲, 修諸波羅密, 攝化衆生."

㉡ 願(擧本願): "立大誓願, 盡欲度脫等衆生界, 亦不限劫數, 盡於未來."

㉢ 明方便(擧智悲大方便): "以取一切衆生如己身故. 而亦不取衆生相, 此以何義? 謂如實知一切衆生及與己身, 眞如平等無別異故."

(ㄴ) 牒因顯果

㉠ 牒前因: "以有如是大方便智."

㉡ 明自利果: "除滅無明, 見本法身."

㉢ 正顯用相

A. 明用甚深: "自然而有不思議業種種之用."

B. 顯用廣大: "卽與眞如等, 徧一切處."

C. 明用無相而隨緣用: "又亦無有用相可得, 何以故? 謂諸佛如來唯是法身, 智相之身第一義諦, 無有世諦境界. 離於施作, 但隨衆生見聞得益故, 說爲用."

ㄴ) 別釋

(ㄱ) 總標: "此用有二種, 云何爲二?"

(ㄴ) 別解

㉠ 直顯別用

A. 明應身: "一者, 依分別事識, 凡夫二乘心所見者, 名爲應身. 以不知轉識現故, 見從外來, 取色分齊, 不能盡知故."

B. 顯報身: "二者, 依於業識, 謂諸菩薩從初發意乃至菩薩究竟地, 心所見者, 名爲報身. 身有無量色, 色有無量相, 相有無量好, 所住依果亦有無量種種莊嚴. 隨所示現, 卽無有邊, 不可窮盡, 離分齊相, 隨其所應, 常能住持, 不毁不失. 如是功德, 皆因諸波羅密等無漏行熏及不思議熏之所成就, 具足無量樂相, 故說爲報身."

㉡ 重牒分別

A. 明應身: "又爲凡夫所見者, 是其麤色. 隨於六道, 各見不同, 種種異類, 非受樂相, 故說爲應身."

B. 顯報身相

A) 明地前所見: "復次, 初發意菩薩等所見者, 以深信眞如法故, 少分而見, 知彼色相莊嚴等事, 無來無去, 離於分齊, 唯依心現, 不離眞如. 然此菩薩猶自分別, 以未入法身位故."

B) 顯地上所見: "若得淨心, 所見微妙, 其用轉勝, 乃至菩薩地盡, 見之究竟. 若離業識, 則無見相, 以諸佛法身無有彼此色相迭相見故."

(ㄷ) 往復除疑: "問曰. 若諸佛法身離於色相者, 云何能現色相? 答曰. 卽此法身是色體故, 能現於色. 所謂從本已來, 色心不二. 以色性卽智故, 色體無形, 說名智身, 以智性卽色故, 說名法身徧一切處. 所現之色, 無有分齊, 隨心能示十方世界無量菩薩無量報身無量莊嚴, 各各差別, 皆無分齊, 而不相妨. 此非心識分別能知, 以眞如自在用義故."

(나) 示入門(開示從筌入旨之門)

㉮ 總標: "復次, 顯示從生滅門, 卽入眞如門. 所謂推求五陰色之與心."

㉯ 別釋

ㄱ. 釋色觀: "六塵境界, 畢竟無念, 以心無形相, 十方求之, 終不可得."

ㄴ. 觀心法

ㄱ) 喩: "如人迷故, 謂東爲西, 方實不轉."

ㄴ) 合: "衆生亦爾, 無明迷故, 謂心爲念, 心實不動."

㉰ 總結: "若能觀察知心無念, 卽得隨順, 入眞如門故."

10) '(3) 解釋分'의 '나) 對治邪執'의 과문표와 『대승기신론』 해당 구절

<table>
<tr><td rowspan="12">나) 對治邪執</td><td>(가) 總標擧數</td><td colspan="4"></td></tr>
<tr><td>(나) 依數列名</td><td colspan="4"></td></tr>
<tr><td rowspan="10">(다) 依名辨相</td><td rowspan="10">㉮ 明人我見</td><td>ㄱ. 總標</td><td colspan="2"></td></tr>
<tr><td rowspan="9">ㄴ. 別釋</td><td rowspan="3">ㄱ) 初執</td><td>(ㄱ) 出起見之由</td></tr>
<tr><td>(ㄴ) 明執相</td></tr>
<tr><td>(ㄷ) 顯對治</td></tr>
<tr><td rowspan="3">ㄴ) 第二執</td><td>(ㄱ) 出起見之由</td></tr>
<tr><td>(ㄴ) 明執相</td></tr>
<tr><td>(ㄷ) 顯對治</td></tr>
<tr><td rowspan="3">ㄷ) 第三執</td><td>(ㄱ) 出起見之由</td></tr>
<tr><td>(ㄴ) 明執相</td></tr>
<tr><td>(ㄷ) 顯對治</td></tr>
</table>

				ㄹ) 第四執	(ㄱ) 出起見之由
					(ㄴ) 明執相
					(ㄷ) 顯對治
				ㅁ) 第五執	(ㄱ) 出起見之由
					(ㄴ) 明執相
					(ㄷ) 顯對治
		㉯ 明法我見	ㄱ. 明起見之由		
			ㄴ. 顯執相		
			ㄷ. 顯其對治		
	(라) 總顯究竟離執	㉮ 明諸法離言道理			
		㉯ 顯假說言教之意			

나) 對治邪執

(가) 總標擧數: "對治邪執者, 一切邪執, 皆依我見, 若離於我, 則無邪執. 是我見有二種, 云何爲二?"

(나) 依數列名: "一者, 人我見, 二者, 法我見."

(다) 依名辨相

㉮ 明人我見

ㄱ. 總標: "人我見者, 依諸凡夫說有五種, 云何爲五?"

ㄴ. 別釋

ㄱ) 初執

(ㄱ) 出起見之由: "一者, 聞修多羅說, 如來法身, 畢竟寂寞, 猶如虛空, 以不知爲破著故."

(ㄴ) 明執相: "卽謂虛空是如來性."

(ㄷ) 顯對治: "云何對治? 明虛空相是其妄法. 體無不實, 以對色故. 有是可見相, 令心生滅, 以一切色法, 本來是心, 實無外色. 若無外色者, 則無虛空之相. 所謂一切境界, 唯心妄起故有, 若心離於妄動, 則一切境界滅, 唯一眞心, 無所不徧. 此謂如來廣大性智究竟之義, 非如虛空相故."

ㄴ) 第二執

(ㄱ) 出起見之由: "二者, 聞修多羅說, 世間諸法, 畢竟體空, 乃至涅槃眞如之法, 亦畢竟空, 從本已來, 自空, 離一切相, 以不知爲破著故."

(ㄴ) 明執相: "卽謂眞如涅槃之性, 唯是其空."

(ㄷ) 顯對治: "云何對治? 明眞如法身自體不空. 具足無量性功德故."

ㄷ) 第三執

(ㄱ) 出起見之由: "三者, 聞修多羅說, 如來之藏, 無有增減, 體備一切功德之法, 以不解故."

(ㄴ) 明執相: "卽謂如來之藏有色心法自相差別."

(ㄷ) 顯對治: "云何對治? 以唯依眞如義說故, 因生滅染義示現, 說差別故."

ㄹ) 第四執

(ㄱ) 出起見之由: "四者, 聞修多羅說, 一切世間生死染法, 皆依如來藏而有, 一切諸法, 不離眞如, 以不解故."

(ㄴ) 明執相: "謂如來藏自體具有一切世間生死等法."

(ㄷ) 顯對治: "云何對治? 以如來藏, 從本已來, 唯有過恒沙等諸淨功德, 不離不斷, 不異眞如義故. 以過恒沙等煩惱染法, 唯是妄有, 性自本無, 從無始世來, 未曾與如來藏相應故. 若如來藏體有妄法, 而使證會永息妄者, 則無是處故."

ㅁ) 第五執

(ㄱ) 出起見之由: "五者, 聞修多羅說, 依如來藏故有生死, 依如來藏故得涅槃, 以不解故."

(ㄴ) 明執相: "謂衆生有始, 以見始故, 復謂如來所得涅槃有其終盡, 還作衆生."

(ㄷ) 顯對治: "云何對治? 以如來藏無前際故, 無明之相, 亦無有始. 若說三界外更有衆生始起者, 卽是外道經說. 又如來藏無有後際, 諸佛所得涅槃, 與之相應, 則無後際故."

㉯ 明法我見

ㄱ. 明起見之由: "法我見者, 依二乘鈍根故, 如來但爲說人無我, 以說不究竟."

ㄴ. 顯執相: "見有五陰生滅之法, 怖畏生死, 妄取涅槃."

ㄷ. 顯其對治: "云何對治? 以五陰法, 自性不生, 則無有滅, 本來涅槃故."

(라) 總顯究竟離執(究竟離執之義)

㉮ 明諸法離言道理: "復次, 究竟離妄執者, 當知染法淨法, 皆悉相待, 無有自相可說. 是故一切法, 從本已來, 非色非心, 非智非識, 非有非無, 畢竟不可說相."

㉯ 顯假說言教之意: "而有言說者, 當知如來, 善巧方便, 假以言說, 引導衆生. 其旨趣者, 皆爲離念, 歸於眞如, 以念一切法, 令心生滅, 不入實智故."

11) '(3) 解釋分'의 '다) 分別發趣道相'의 과문표와 『대승기신론』 해당 구절

다) 分別發趣道相	(가) 總標大意	㉮ 擧所趣之道						
		㉯ 顯其能趣之行						
	(나) 別開分別	㉮ 擧數開章						
		㉯ 依數列名						
		㉰ 依名辨相	ㄱ. 信成就發心	ㄱ) 明信成就之行	(ㄱ) 問			
					(ㄴ) 答	㉠ 正答所問	A. 答初問顯能修人	
							B. 答第二問明不定人所修之行	
							C. 答第三問明其信心成就之相	A) 擧時以明信成發心之緣
								B) 約聚顯其發心所住之位
						㉡ 擧劣顯勝		
				ㄴ) 顯行成發心之相	(ㄱ) 直明	㉠ 直心		
						㉡ 深心		
						㉢ 大悲心		
					(ㄴ) 往復除疑	㉠ 問		
						㉡ 答	A. 直答	A) 喩
								B) 合
							B. 重顯	
				ㄷ) 歎發心所得功德	(ㄱ) 顯勝德	㉠ 明自利功德		
						㉡ 顯利他德		
					(ㄴ) 明微過			
					(ㄷ) 通權敎			
					(ㄹ) 歎實行			
			ㄴ. 解行發心	ㄱ) 擧解行所得發心				
				ㄴ) 顯發心所依解行				
			ㄷ. 證發心	ㄱ) 通約諸地明證發心	(ㄱ) 標位地			
					(ㄴ) 明證義			
					(ㄷ) 歎德			
					(ㄹ) 顯相			
				ㄴ) 別就十地顯成滿德	(ㄱ) 直顯勝德			
					(ㄴ) 往復除疑	㉠ 遣第一疑	A. 問	
							B. 答	A) 立道理

										B) 擧非
										C) 顯是
								㉡ 遣第二疑	A. 問	
									B. 答	

다) 分別發趣道相(發趣分)

(가) 總標大意

㉮ 擧所趣之道: "分別發趣道相者, 謂一切諸佛所證之道."

㉯ 顯其能趣之行: "一切菩薩, 發心修行, 趣向義故."

(나) 別開分別

㉮ 擧數開章: "略說發心有三種, 云何爲三?"

㉯ 依數列名: "一者, 信成就發心, 二者, 解行發心, 三者, 證發心."

㉰ 依名辨相

ㄱ. 信成就發心(初發心)

ㄱ) 明信成就之行(明信成之行)

(ㄱ) 問: "信成就發心者, 依何等人, 修何等行, 得信成就, 堪能發心?"

(ㄴ) 答

㉠ 正答所問(正答前三問)

A. 答初問顯能修人: "所謂依不定聚衆生."

B. 答第二問明不定人所修之行: "有熏習善根力故, 信業果報, 能起十善, 厭生死苦, 欲求無上菩提. 得値諸佛, 親承供養, 修行信心."

C. 答第三問明其信心成就之相

A) 擧時以明信成發心之緣: "經一萬劫, 信心成就故. 諸佛菩薩敎令發心, 或以大悲故, 能自發心, 或因正法欲滅, 以護法因緣, 能自發心."

B) 約聚顯其發心所住之位: "如是信心成就得發心者, 入正定聚, 畢竟不退, 名住如來種中, 正因相應."

㉡ 擧劣顯勝: "若有衆生, 善根微少, 久遠已來煩惱深厚, 雖値於佛亦得供養, 然起人天種子, 或起二乘種子. 設有求大乘者, 根則不定, 若進若退, 或有供養諸佛, 未經一萬劫, 於中遇緣, 亦有發心. 所謂見佛色相而發其心, 或因供養衆僧而發其心, 或因二乘之人敎令發心, 或學他發心. 如是等發心, 悉皆不定, 遇惡因緣, 或便退失, 墮二乘地."

ㄴ) 顯行成發心之相(顯發心之相)

(ㄱ) 直明

㉠ 直心: "復次信成就發心者, 發何等心? 略說有三種, 云何爲三? 一者, 直心, 正念眞如法故."

㉡ 深心: "二者, 深心, 樂集一切諸善行故."

㉢ 大悲心: "三者, 大悲心, 欲拔一切衆生苦故."

(ㄴ) 往復除疑

㉠ 問: "問曰. 上說法界一相, 佛體無二, 何故不唯念眞如, 復假求學諸善之行?"

㉡ 答

A. 直答

A) 喩: "答曰. 譬如大摩尼寶體性明淨, 而有鑛穢之垢, 若人雖念寶性, 不以方便種種磨治, 終無得淨."

B) 合: "如是衆生眞如之法, 體性空淨, 而有無量煩惱染垢, 若人雖念眞如, 不以方便種種熏修, 亦無得淨. 以垢無量, 徧一切法故, 修一切善行, 以爲對治, 若人修行一切善法, 自然歸順眞如法故."

B. 重顯: "略說方便有四種, 云何爲四? 一者, 行根本方便, 謂觀一切法自性無生, 離於妄見, 不住生死, 觀一切法因緣和合, 業果不失, 起於大悲, 修諸福德, 攝化衆生, 不住涅槃. 以隨順法性無住故. 二者, 能止方便, 謂慚愧悔過, 能止一切惡法, 不令增長. 以隨順法性離諸過故. 三者, 發起善根增長方便, 謂勤供養禮拜三寶, 讚歎隨喜, 勸請諸佛. 以愛敬三寶淳厚心故, 信得增長, 乃能志求無上之道, 又因佛法僧力所護故, 能消業障, 善根不退. 以隨順法性離癡障故. 四者, 大願平等方便, 所謂發願盡於未來, 化度一切衆生, 使無有餘, 皆令究竟無餘涅槃. 以隨順法性無斷絶故. 法性廣大, 徧一切衆生, 平等無二, 不念彼此, 究竟寂滅故."

ㄷ) 歎發心所得功德(顯其發心功德)

(ㄱ) 顯勝德

㉠ 明自利功德: "菩薩發是心故, 則得少分見於法身. 以見法身故."

㉡ 顯利他德: "隨其願力, 能現八種, 利益衆生, 所謂從兜率天退, 入胎, 住胎, 出胎, 出家, 成道, 轉法輪, 入於涅槃."

(ㄴ) 明微過(顯其微過): "然是菩薩未名法身, 以其過去無量世來有漏之業, 未能決斷, 隨其所生, 與微苦相應. 亦非業繫, 以有大願自在力故."

(ㄷ) 通權敎(會通權敎): "如修多羅中, 或說有退墮惡趣者, 非其實退, 但爲初學菩薩未入正位而懈怠者恐怖, 令彼勇猛故."

(ㄹ) 歎實行: "又是菩薩一發心後, 遠離怯弱, 畢竟不畏墮二乘地, 若聞無量無邊阿僧祇劫勤苦難行乃得涅槃, 亦不怯弱, 以信知一切法, 從本已來, 自涅槃故."

ㄴ. 解行發心

ㄱ) 擧解行所得發心(十廻向位得平等空): "解行發心者, 當知轉勝, 以是菩薩從初正信已來, 於第一阿僧祇劫, 將欲滿故, 於眞如法中, 深解現前, 所修離相."

ㄴ) 顯發心所依解行(十行位中得法空): "以知法性體無慳貪故, 隨順修行檀波羅密, 以知法性無染離五欲過故, 隨順修行尸波羅密, 以知法性無苦離瞋惱故, 隨順修行羼提波羅密, 以知法性無身心相離懈怠故, 隨順修行毗梨耶波羅密, 以知法性常定體無亂故, 隨順修行禪波羅密, 以知法性體明離無明故, 隨順修行般若波羅密."

ㄷ. 證發心

ㄱ) 通約諸地明證發心

(ㄱ) 標位地: "證發心者, 從淨心地, 乃至菩薩究竟地, 證何境界?"

(ㄴ) 明證義: "所謂眞如. 以依轉識說爲境界, 而此證者無有境界, 唯眞如智, 名爲法身."

(ㄷ) 歎德: "是菩薩於一念頃, 能至十方無餘世界, 供養諸佛, 請轉法輪, 唯爲開導利益衆生, 不依文字. 或示超地速成正覺, 以爲怯弱衆生故, 或說我於無量阿僧祇劫, 當成佛道, 以爲懈慢衆生故. 能示如是無數方便不可思議, 而實菩薩種性根等, 發心則等, 所證亦等, 無有超過之法, 以一切菩薩皆經三阿僧祇劫故. 但隨衆生世界不同, 所見所聞根欲性異故, 示所行亦有差別."

(ㄹ) 顯相: "又是菩薩發心相者, 有三種心微細之相, 云何爲三? 一者, 眞心, 無分別故, 二者, 方便心, 自然徧行利益衆生故, 三者, 業識心, 微細起滅故."

ㄴ) 別就十地顯成滿德(別顯成滿功德)

(ㄱ) 直顯勝德(第十地因行成滿): "又是菩薩功德成滿, 於色究竟處, 示一切世間最高大身, 謂以一念相應慧, 無明頓盡, 名一切種智, 自然而有不思議業, 能現十方, 利益衆生."

(ㄴ) 往復除疑(遣疑)

㉠ 遣第一疑

A. 問: "問曰. 虛空無邊故, 世界無邊, 世界無邊故, 衆生無邊, 衆生無邊故, 心行差別亦復無邊, 如是境界不可分齊, 難知難解. 若無明斷, 無有心想, 云何能了, 名一切種智?"

B. 答

A) 立道理: "答曰. 一切境界, 本來一心, 離於想念."

B) 擧非: "以衆生妄見境界, 故心有分齊, 以妄起想念, 不稱法性, 故不能決了."

C) 顯是: "諸佛如來, 離於見想, 無所不徧, 心眞實故, 卽是諸法之性, 自體顯照一切妄法. 有大智用, 無量方便, 隨諸衆生所應得解, 皆能開示種種法義, 是故得名一切種智."

㉡ 遣第二疑

A. 問: "又問曰. 若諸佛有自然業, 能現一切處, 利益衆生者, 一切衆生, 若見其身, 若覩神變, 若聞其說, 無不得利, 云何世間多不能見?"

B. 答: "答曰. 諸佛如來法身平等, 徧一切處, 無有作意故, 而說自然, 但依衆生心現. 衆生心者, 猶如於鏡. 鏡若有垢, 色像不現, 如是衆生心若有垢, 法身不現故."

12) '(4) 修行信心分'의 과문표와 『대승기신론』 해당 구절

<table>
<tr><td rowspan="11">(4) 修行信心分</td><td>① 擧人略意</td><td colspan="8"></td></tr>
<tr><td rowspan="10">② 就法廣辨行相</td><td>가. 發二問</td><td colspan="7"></td></tr>
<tr><td rowspan="9">나. 還兩答</td><td>가) 答信</td><td colspan="6"></td></tr>
<tr><td rowspan="8">나) 答修行</td><td>(가) 擧數總標</td><td colspan="5"></td></tr>
<tr><td>(나) 依數開門</td><td colspan="5"></td></tr>
<tr><td rowspan="6">(다) 依門別解</td><td rowspan="6">㉮ 略明</td><td rowspan="4">ㄱ. 別明四種修行</td><td>ㄱ) 施門</td><td colspan="2"></td></tr>
<tr><td>ㄴ) 戒門</td><td colspan="2"></td></tr>
<tr><td>ㄷ) 忍門</td><td colspan="2"></td></tr>
<tr><td>ㄹ) 進門</td><td colspan="2"></td></tr>
<tr><td rowspan="2">ㄴ. 示修行者除障方便</td><td>ㄱ) 明所除障礙</td><td colspan="2"></td></tr>
<tr><td>ㄴ) 示能除方法</td><td>(ㄱ) 總明除諸障方便</td><td></td></tr>
</table>

			(ㄴ) 별除四障					
㉯ 廣說	ㄱ. 略明							
	ㄴ. 廣說	ㄱ) 明別修	(ㄱ) 止	㉠ 明修止方法	A. 明能入人	A) 明緣具		
						B) 明調身		
						C) 顯調心		
						D) 正明修止次第顯示九種住心	(A) 內住	
							(B) 等住	
							(C) 安住	
							(D) 近住	
							(E) 調順	
							(F) 寂靜	
							(G) 最極寂靜	
							(H) 專住一趣	
							(I) 等持	
						E) 略顯眞如三昧力用		
					B. 簡不能者			
				㉡ 顯修止勝能				
				㉢ 辨魔事	A. 略明	A) 明魔嬈		
						B) 示對治		
					B. 廣釋	A) 廣顯魔事差別	(A) 現形說法爲雙	
							(B) 得通起辯爲雙	
							(C) 起惑作業爲雙	
							(D) 入定得禪爲雙	
							(E) 食差顏變爲雙	
						B) 明其對治		
						C) 簡別眞僞	(A) 擧內外以別邪正	Ⓐ 邪
								Ⓑ 正
							(B) 對理事以簡眞僞	Ⓐ 顯理定是眞
								Ⓑ 顯事定之僞
				㉣ 示利益	A. 總標			
					B. 別顯			

								(ㄴ) 觀	㉠ 明修觀之意	
									㉡ 顯修觀之法	A. 明法相觀
										B. 明大悲觀
										C. 明誓願觀
										D. 明精進觀
									㉢ 總結勸修	
							ㄴ) 顯雙運	(ㄱ) 總標俱行		
								(ㄴ) 別明行相	㉠ 明順理俱行止觀	
									㉡ 顯對障俱行止觀	
								(ㄷ) 總結		
	③ 示其不退方便	가. 明初學者畏退墮								
		나. 示不退轉之方便	가) 明佛有勝方便							
			나) 別出修多羅說							
			다) 釋經所說意趣							

(4) 修行信心分

① 擧人略意(擧人略標大意): "已說解釋分, 次說修行信心分. 是中依未入正定衆生, 故說修行信心."

② 就法廣辨行相(廣釋)

가. 發二問: "何等信心, 云何修行?"

나. 還兩答

가) 答信: "略說信心有四種, 云何爲四? 一者, 信根本, 所謂樂念眞如法故. 二者, 信佛有無量功德, 常念親近供養恭敬, 發起善根, 願求一切智故. 三者, 信法有大利益, 常念修行諸波羅蜜故. 四者, 信僧能正修行自利利他, 常樂親近諸菩薩衆, 求學如實行故."

나) 答修行

(가) 擧數總標: "修行有五門, 能成此信, 云何爲五?"

(나) 依數開門: "一者, 施門, 二者, 戒門, 三者, 忍門, 四者, 進門, 五者, 止觀門."

(다) 依門別解

㉮ 略明(前四)

ㄱ. 別明四種修行

ㄱ) 施門: "云何修行施門? 若見一切來求索者, 所有財物, 隨力施與, 以自捨慳貪, 令彼歡喜. 若見厄難恐怖危逼, 隨己堪任, 施與無畏. 若有衆生來求法者, 隨己能解, 方便爲說, 不應貪求名利恭敬, 唯念自利利他, 迴向菩提故."

ㄴ) 戒門: "云何修行戒門? 所謂不殺不盜不婬, 不兩舌不惡口不妄言不綺語, 遠離貪嫉欺詐諂曲瞋恚邪見. 若出家者, 爲折伏煩惱故, 亦應遠離憒閙, 常處寂靜, 修習少欲知足頭陀等行. 乃至小罪, 心生怖畏, 慚愧改悔, 不得輕於如來所制禁戒, 當護譏嫌, 不令衆生妄起過罪故."

ㄷ) 忍門: "云何修行忍門? 所謂應忍他人之惱, 心不懷報, 亦當忍於利衰毁譽稱譏苦樂等法故."

ㄹ) 進門: "云何修行進門? 所謂於諸善事, 心不懈退, 立志堅强, 遠離怯弱, 當念過去久遠已來, 虛受一切身心大苦, 無有利益, 是故應勤修諸功德, 自利利他, 速離衆苦."

ㄴ. 示修行者除障方便

ㄱ) 明所除障礙: "復次若人雖修行信心, 以從先世來, 多有重罪惡業障故, 爲邪魔諸鬼之所惱亂, 或爲世間事務種種牽纏, 或爲病苦所惱. 有如是等衆多障礙."

ㄴ) 示能除方法

(ㄱ) 總明除諸障方便: "是故應當勇猛精勤, 晝夜六時, 禮拜諸佛."

(ㄴ) 別除四障: "誠心懺悔, 勸請, 隨喜, 迴向菩提, 常不休廢, 得免諸障, 善根增長故."

㉯ 廣說(後一): 止觀門

ㄱ. 略明(略明止觀之相): "云何修行止觀門? 所言止者, 謂止一切境界相, 隨順奢摩他觀義故. 所言觀者, 謂分別因緣生滅相, 隨順毗鉢舍那觀義故. 云何隨順? 以此二義, 漸漸修習, 不相捨離, 雙現前故."

ㄴ. 廣說(廣辨)

ㄱ) 明別修(別明止觀)

(ㄱ) 止(別明止門)

㉠ 明修止方法(方法)

A. 明能入人

A) 明緣具: "若修止者, 住於靜處."

B) 明調身: "端坐."

C) 顯調心: "正意."

D) 正明修止次第顯示九種住心

(A) 明第一內住之心: "不依氣息, 不依形色, 不依於空, 不依地水火風, 乃至不依見聞覺知."

(B) 明第二等住之心: "一切諸想, 隨念皆除."

(C) 明第三安住之心: "亦遣除想."

(D) 明第四近住之心: "以一切法本來無相, 念念不生, 念念不滅."

(E) 明第五調順之心: "亦不得隨心外念境界."

(F) 明第六寂靜之心: "後以心除心."

(G) 明第七最極寂靜之心: "心若馳散, 卽當攝來, 住於正念. 是正念者, 當知唯心, 無外境界, 卽復此心亦無自相, 念念不可得."

(H) 明第八專住一趣: "若從坐起, 去來進止, 有所施作, 於一切時, 常念方便, 隨順觀察, 久習淳熟, 其心得住."

(I) 明第九等持之心: "以心住故, 漸漸猛利, 隨順得入眞如三昧."

E) 略顯眞如三昧力用: "深伏煩惱, 信心增長, 速成不退."

B. 簡不能者: "唯除疑惑, 不信, 誹謗, 重罪業障, 我慢, 懈怠, 如是等人, 所不能入."

㉡ 顯修止勝能(明修止勝能): "復次依是三昧故, 則知法界一相, 謂一切諸佛法身與衆生身平等無二, 卽名一行三昧. 當知眞如, 是三昧根本, 若人修行, 漸漸能生無量三昧."

㉢ 辨魔事(明起魔事)

A. 略明(略說魔事對治)

A) 明魔嬈: "或有衆生無善根力, 則爲諸魔外道鬼神之所惑亂. 若於坐中, 現形恐怖, 或現端正男女等相."

B) 示對治(明對治): "當念唯心, 境界則滅, 終不爲惱."

B. 廣釋

A) 廣顯魔事差別(明五雙十事)

(A) 現形說法爲雙: "或現天像, 菩薩像, 亦作如來像, 相好具足. 或說陀羅尼, 或說布施持戒忍辱精進禪定智慧. 或說平等空, 無相無願, 無怨無親, 無因無果, 畢竟空寂, 是眞涅槃."

(B) 得通起辯爲雙: "或令人知宿命過去之事, 亦知未來之事, 得他心智辯才無礙, 能令衆生貪著世間名利之事."

(C) 起惑作業爲雙: "又令使人數瞋數喜, 性無常準, 或多慈愛, 多睡多病, 其心懈怠. 或卒起精進, 後便休廢, 生於不信, 多疑多慮. 或捨本勝行, 更修雜業, 若著世事, 種種牽纏."

(D) 入定得禪爲雙: "亦能使人得諸三昧少分相似, 皆是外道所得, 非眞三昧. 或復令人若一日若二日若三日乃至七日住於定中, 得自然香美飮食, 身心適悅, 不飢不渴, 使人愛著."

(E) 食差顔變爲雙: "或亦令人食無分齊, 乍多乍少, 顔色變異."

B) 明其對治(明治): "以是義故, 行者常應智慧觀察, 勿令此心墮於邪網, 當勤正念, 不取不著, 則能遠離是諸業障."

C) 簡別眞僞

(A) 擧內外以別邪正

Ⓐ 邪: "應知外道所有三昧, 皆不離見愛我慢之心, 貪著世間名利恭敬故."

Ⓑ 正: "眞如三昧者, 不住見相, 不住得相, 乃至出定, 亦無懈慢, 所有煩惱, 漸漸微薄."

(B) 對理事以簡眞僞

Ⓐ 顯理定是眞: "若諸凡夫不習此三昧法, 得入如來種性, 無有是處."

Ⓑ 顯事定之僞: "以修世間諸禪三昧, 多起味著, 依於我見, 繫屬三界, 與外道共. 若離善知識所護, 則起外道見故."

㉣ 示利益(略示現在利益)

A. 總標: "復次精勤, 專心修學此三昧者, 現世當得十種利益, 云何爲十?"

B. 別顯: "一者, 常爲十方諸佛菩薩之所護念, 二者, 不爲諸魔惡鬼所能恐怖, 三者, 不爲九十五種外道鬼神之所惑亂, 四者, 遠離誹謗甚深之法, 重罪業障漸漸微薄, 五者, 滅一切疑諸惡覺觀, 六者, 於如來境界, 信得增長, 七者, 遠離憂悔, 於生死中, 勇猛不怯, 八者, 其心柔和, 捨於憍慢, 不爲他人所惱, 九者, 雖未得定, 於一切時一切境界, 處則能減損煩惱, 不樂世間, 十者, 若得三昧, 不爲外緣一切音聲之所驚動."

(ㄴ) 觀(明觀)

㉠ 明修觀之意: "復次, 若人唯修於止, 則心沈沒, 或起懈怠, 不樂衆善, 遠離大悲, 是故修觀."

㉡ 顯修觀之法(顯四種觀)

A. 明法相觀: "修習觀者, 當觀一切世間有爲之法, 無得久停, 須臾變壞, 一切心行, 念念生滅, 以是故苦. 應觀過去所念諸法, 恍惚如夢, 應觀現在所念諸法, 猶如電光, 應觀未來所念諸法, 猶如於雲, 忽爾而起. 應觀世間一切有身, 悉皆不淨, 種種穢汚, 無一可樂."

B. 明大悲觀: "如是當念. 一切衆生, 從無始世來, 皆因無明所熏習故, 令心生滅, 已受一切身心大苦, 現在卽有無量逼迫, 未來所苦亦無分齊, 難捨難離, 而不覺知. 衆生如是, 甚爲可愍."

C. 明誓願觀: "作此思惟, 卽應勇猛立大誓願. 願令我心離分別故, 徧於十方, 修行一切諸善功德, 盡其未來, 以無量方便, 救拔一切苦惱衆生, 令得涅槃第一義樂."

D. 明精進觀: "以起如是願故, 於一切時一切處, 所有衆善, 隨己堪能, 不捨修學, 心無懈怠."

㉢ 總結勸修: "唯除坐時專念於止, 若餘一切, 悉當觀察應作不應作."

ㄴ) 顯雙運(合修)

(ㄱ) 總標俱行: "若行若住, 若臥若起, 皆應止觀俱行."

(ㄴ) 別明行相

㉠ 明順理俱行止觀: "所謂雖念諸法自性不生, 而復卽念因緣和合善惡之業, 苦樂等報, 不失不壞. 雖念因緣善惡業報, 而亦卽念性不可得."

㉡ 顯對障俱行止觀(對障分別): "若修止者, 對治凡夫住著世間, 能捨二乘怯弱之見, 若修觀者, 對治二乘不起大悲狹劣心過, 遠離凡夫不修善根."

(ㄷ) 總結(總結俱行): "以此義故, 是止觀二門, 共相助成, 不相捨離, 若止觀不具, 則無能入菩提之道."

③ 示其不退方便(示修行者不退方便)

가. 明初學者畏退墮: "復次衆生初學是法, 欲求正信, 其心怯弱, 以住於此娑婆世界, 自畏不能常値諸佛, 親承供養. 懼謂信心難可成就, 意欲退者."

나. 示不退轉之方便

가) 明佛有勝方便: "當知如來有勝方便, 攝護信心. 謂以專意念佛因緣, 隨願得生他方佛土, 常見於佛, 永離惡道."

나) 別出修多羅說: "如修多羅說, 若人專念西方極樂世界阿彌陀佛, 所修善根迴向, 願求生彼世界, 卽得往生, 常見佛故, 終無有退."

다) 釋經所說意趣: "若觀彼佛眞如法身, 常勤修習, 畢竟得生, 住正定故."

13) '(5) 勸修利益分' 과문표와 『대승기신론』 해당 구절

(5) 勸修利益分	① 總結前說		
	② 擧益勸修	가. 正勸修	
		나. 示其勝利	가) 示所得果勝
			나) 明能修人勝
	③ 信受福勝	가. 明一食之頃正思福勝	
		나. 顯一日一夜修行功德無邊	
	④ 毁謗罪重	가. 明毁謗罪重	
		나. 試勸	
		다. 釋罪重意	
		라. 轉釋斷三寶種之意	
	⑤ 引證		
	⑥ 結勸		

(5) 勸修利益分(勸修分)

① 總結前說: "已說修行信心分, 次說勸修利益分. 如是摩訶衍, 諸佛秘藏, 我已總說."

② 擧益勸修

가. 正勸修: "若有衆生欲於如來甚深境界, 得生正信, 遠離誹謗, 入大乘道, 當持此論, 思量修習."

나. 示其勝利

가) 示所得果勝: “究竟能至無上之道.”

나) 明能修人勝: “若人聞是法已, 不生怯弱, 當知此人, 定紹佛種, 必爲諸佛之所授記.”

③ 信受福勝

가. 明一食之頃正思福勝: “假使有人能化三千大千世界滿中衆生, 令行十善, 不如有人, 於一食頃, 正思此法, 過前功德, 不可爲喩.”

나. 顯一曰一夜修行功德無邊: “復次若人受持此論, 觀察修行, 若一日一夜, 所有功德, 無量無邊, 不可得說. 假令十方一切諸佛, 各於無量無邊阿僧祇劫, 歎其功德, 亦不能盡. 何以故? 謂法性功德無有盡故, 此人功德亦復如是, 無有邊際.”

④ 毁謗罪重

가. 明毁謗罪重: “其有衆生, 於此論中, 毁謗不信, 所獲罪報, 經無量劫, 受大苦惱.”

나. 試勸: “是故衆生, 但應仰信, 不應誹謗.”

다. 釋罪重意: “以深自害, 亦害他人, 斷絶一切三寶之種.”

라. 轉釋斷三寶種之意: “以一切如來, 皆依此法, 得涅槃故, 一切菩薩, 因之修行, 入佛智故.”

⑤ 引證: “當知過去菩薩, 已依此法, 得成淨信, 現在菩薩, 今依此法, 得成淨信, 未來菩薩, 當依此法, 得成淨信.”

⑥ 結勸: “是故衆生, 應勤修學.”

14) ‘3. 總結廻向’ 과문표와 『대승기신론』 해당 구절

3. 總結廻向	1) 結前五分
	2) 廻向六道

3. 總結廻向

1) 結前五分: “諸佛甚深廣大義, 我今隨分總持說.”

2) 廻向六道: “廻此功德如法性, 普利一切衆生界.”

원효의 삶을 증언하는 기록들(三大傳記)

1. 서당화상비誓幢和上碑(9세기 初)

음리화音里火 삼천당주三千幢主인 급찬級湌 고금□高金□이 [이 비문을] 새긴다.

… [화상은] 처음부터 [홀로] 적막하게 살지 않았으니, 부처의 자비로움이 마치 그림자가 형상을 따르는 것과 같았다. [그의 삶은] 진실로 [중생과] 공감할 수 있는 마음에서 비롯하였기 때문에 [중생들에] 응하는 이치가 반드시 있었다. 위대하도다! 설사 법계法界를 당겨 [만물의 본래 모습을] 총괄하고자 한들, 법계에 불변의 실체가 없음을 아는 경지(法空座)에 올라 진리를 전하는 [불빛을] 밝혀 다시 진리의 수레바퀴를 굴리는 일을 누가 능히 할 수 있겠는가? 바로 우리 서당화상誓幢和上이 그 사람이다. … 이에 의거하여 [화상의] 마을 이름을 '깨달음의 땅'(佛地)이라 하였다. … 사람들은 '깨달음의 땅'(佛地)으로 알았지만 나는 구릉으로 보았다. … [화상의] 어머니가 처음에 별이 떨어져 품속으로 들어오는 꿈을 꾸고서 임신하였다. … 달이 차기를 기다려 해산하려 할 때 갑자기 오색구름이 특별히 어머니의 거처를 덮었다. … 문무대왕의 나라 다스림이 일찍이 천명天命에 부응하여 이루어져 나라가 평안하였고 임금이 되어 큰 정치를 여니, 그 공이 이루 말할 수 없었고, 꿈틀거리는 미물에 이르기까지 그의 덕화가 미치지 않은 곳이 없었다. … 대사의 덕은 숙세宿世로부터 심은 것이기에 실로 태어나면서부터 도道를 알았다. 자신의 마음으로 스스로 깨달았고, 배울 때에 정해진 스승을 좇지 않았다. 성품은 고고하면서 자애로웠다. … 중생들의 고통을 제거하여 재앙

에서 구제하고자 큰 서원을 발하였고, 미세한 도리를 연구하고 이치를 분석하여 일체의 지혜로운 마음을 … 하였다.

왕성 서북쪽에 작은 절 하나가 있었다. … 비결서(讖記)와 (?)外書 등은 세상의 배척을 받았다. [화상의 저술] 가운데 『십문화쟁론十門和諍論』은, 여래가 세상에 계실 적에는 '온전한 가르침'(圓音)에 의지하였지만, 중생들이 … 빗방울처럼 흩뿌리고 헛된 주장들이 구름처럼 내달리며, 나는 맞고 다른 사람은 틀리다고 말하기도 하고, 나는 타당한데 다른 사람은 타당하지 않다고 주장하여, [그 상이한 견해들의 배타적 주장이] 황하黃河와 한수漢水처럼 큰 강물을 이루었다. … [공空을 싫어하고 유有를 좋아하는 것은 마치] 산을 [버리고] 골짜기를 돌아가는 것과 같고, 유有를 싫어하고 공空을 좋아하는 것은 나무를 버리고 큰 숲으로 달려가는 것과 같다. 비유하자면, 청색과 남색은 바탕을 같이하고, 얼음과 물은 근원을 같이하며, 거울은 모든 형상을 받아들이고, 물이 [수천 갈래로] 나누어지는 것과 같다. … [유有와 공空에 관한 주장들을] '통하게 하고 화합하게 하여'(通融) 서술하고는 『십문화쟁론』이라고 이름하였다. 수많은 사람들이 (이 책에) 동의하며 모두 '훌륭하다!'고 칭송하였다. 또 『화엄종요華嚴宗要』는 진리는 비록 근본적으로 하나이지만 … [당나라에 왔던 진나陳那 Dignāga의 문도가 『십문화쟁론』을 읽고는] 찬탄하여 덩실덩실 춤을 추었다. [『십문화쟁론』을] 범어로 번역하여 곧 (?)사람에게 부쳐 보냈으니, 이것은 [바로] 그 나라(천축) 삼장三藏법사가 [『십문화쟁론』을] 보배처럼 귀하게 여기었던 까닭에서였음을 말하는 것이다. 산승山僧이 술을 휴대했다. … 토지의 신을 서서 기다리며 다시 [자리를] 옮기지 않았으니, 이는 마음으로 그윽이 [토지의 신을 만나] 움직이지 않았음을 보여 주는 것이다. 어떤 여인이 세 번 절하자 천신이 그 여인을 가로막았으니, [이것은] 또한 [원효대사가] 애욕에 빠지지 않았음을 나타낸 것이다. … 강의를 하다가 문득 물병을 찾아서 서쪽을 [향해 뿜으면서] 말하기를, "내가 보니, 당나라의 성선사聖善寺가 [화재를] 당했구나"라고 했다. … 물을 부은 곳이 이로부터 못이 되었으니, 고선사高仙寺의 대사가 있던 방 앞의 작은 못이 바로 이것이다. 남쪽으로 법을 강연하고 봉우리에 (?)하여 허공에 올랐다. … 대사가 신비하게 아는 것은 헤아릴 수가 없고, 조짐을 아는 것은 더욱 아득하였다. (?) 돌아와 혈사穴寺로 옮겨 살았다. 사당(神廟)이 멀지 않았는데 [그 사당의] 신神이 기뻐하지 않음을 보고, 자신의 능력을 감추고자 하였다. 그리하여 대낮에 … 다른 곳을 교화하였다.

수공垂供 2년(686) 3월 30일, 혈사穴寺에서 입적하니 70세였다. 곧 절의 서쪽 봉우리에 임시로 감실龕室을 만들었다. 채 며칠 지나지도 않아 말 탄 무리가 떼를 지어 몰려와 유골을 가져가려 하였다. … 만선화상萬善和上이 기록한 글에 이르기를 "불법에 능한 사람이 9인 있어 모두 대(?)로 불렸다"고 했다. 대사가 초개사初盖寺에 있을 때 현풍玄風을 도운 대장大匠들이다. 대사가 말하길 ….

대력大曆 연간(766-780)의 어느 봄에 대사의 후손인 한림翰林 설중업薛仲業이 사행使行으로 바다를 건너 일본으로 갔다. 그 나라의 재상(上宰)이 [그와] 이야기를 하다가 그가 대사의 어진 후손임을 알고서 서로 크게 기뻐하였다. … 많은 사람들이 정토왕생을 기약하면서 대사의 '영험한 글들'(靈章)을 머리에 이고 잠시도 내려놓지 않았는데, 대사의 [어진] 후손을 보고는 … 3일 전에 와서 글을 지어 [대사를] '찬탄하는 글'(頌文)을 얻게 되었다. 1년이 지나서는 비록 직접 만나 예를 다하지는 않았지만 친히 (?) 받들어 … .

봉덕사奉德寺의 대덕大德인 삼장三藏법사 신장神將이 있었는데, (?) 자화慈和와 함께 마음이 공적空寂한 줄 알았고 모든 것에 실체의 생겨남이 없음을 보았다. 수행자와 속인(道俗)이 모두 '승려 가운데의 용이고 진리의 (?)'라 부르며 받들었다. … 성인을 만나 깃발로 삼아 의지하여 쓰러짐이 없었는데, 보고 싶어도 그럴 수가 없다. 더욱이 [일본 사람이 지은] 대사를 '찬탄하는 글'(頌文)을 보고 그에 의거하여 (?)을 찾아 기미라도 보나니, 어찌 (?)을 알아 다시 (?) 얻음이 있을 것인가? 이로써 정원貞元 연중(785-804)에 몸소 … 상심하여 괴롭고 (?)는 두 배나 더하니, 곧 몸과 마음을 채찍질하여 '누추한 집'(泥堂葺居)을 … 대사의 거사居士 형상을 만들었다. 3월에 이르러

… 산에 폭주하고 옆의 들로 구름처럼 달려가서 [대사의] 거사 형상을 바라보고 정성스러운 마음으로 절을 한 후에 대사를 찬탄하는 강연을 하였다. … 각간角干 김언승金彦昇께서는 바다와 산악의 정기와 하늘과 땅의 수승한 기운을 이었다. 친히 … 그 산에 있는 대덕大德을 보고 (?)을 받들어 바야흐로 글을 새김에 (?) 마음은 목숨에 맡기고 뜻은 경건하게 하여 불법을 존경하고 사람을 귀중히 여겨 … 대사의 신령한 자취는 문자가 아니고서는 그 일을 진술할 수가 없고, 기록이 없으면 어찌 그 연유를 드러낼 수 있으리오. 그리하여 스님으로 하여금 비문을 짓게 하고 … 스스로 헤아려 보니 무능하고 학문도 익지 않아 마침내 사양하였으나 (?) 면하지 못하여 함부로 … 이르렀으니, 티끌같이 무수한 세월이 흘러도 스러지지 않고 겨자씨처럼 많은 세월이 흐르도록 오래 있으리라.

그 '고하는 말'(詞)은 다음과 같다.

위대하구나, '진리 바탕'(法體)이여! 드러나지 않는 곳이 없도다. 시방세계에 … '세 가지 신통'(三明, 숙명통 · 천안통 · 누진통)을 (?). 고선高仙대사는 불지촌에서 [태어나] 일생동안 말을 (?) 바른 이치를 깊이 탐구했다. 이 세상과 저 (?) … 붉은 활이 그를 겨누었고(죽일 것 같은 비판이 그에게 쏟아졌고) 모래알처럼 많은 분별없는 비난들(狂言)이 … 환속하여 거사가 되었다. 국가를 구제하고 문무를 겸하였다. (?) 그 할아버지를 (?)하였다. (?) 이기지 못하여 손으로는 춤을 추며 슬피 … 장엄한 법문은 성스러움을 (?) 명쾌한 설법은 신이함에 통하였다. 다시 혈사穴寺에서 수행하였으니, (?) 끝내 왕궁을 멀리하며 (?)토굴 생활을 끊지 않고 걸으면서 도를 즐겼다. … 자취와 글을 남겨 모두 큰 은혜를 입었다. 대사가 (?)을 당하니, (?) 울음을 머금었고 (?)월에 (?) 매번 (?)이 되면 모여들어 펼쳐 읽으며 … (?)를 새겼다. 혈사穴寺의 법당 동쪽 가까운 산에 (?).

서당화상비誓幢和上碑 판독 원문[1]

音里火 三千幢主 級湌 高金□鐫

… 初無適莫 慈迦如影隨形 良由能感之心故 所應之理必然 大矣哉 設欲抽法界 括 … 相印 登法空座 作傳燈之□ 再轉法輪者 誰其能之 則我 誓幢和上 其人也 俗 … 佛地聖體 高仙據此 村名佛地 □是一途 他將佛地我見丘陵 何者 只如驟 … □ 母初得夢 流星入懷 便□有□ 待其月滿 分解之時 忽有五色雲 □特覆母居 … 文武大王之理國也 早應天成 家邦□晏 恩開大造 功莫能宣 爲蠢動之乾坤 作黔 … □啓 □獨勝歡 大師 德惟宿植 道實生知 因心自悟 學□從師 性復孤誕 □情 … 昏衢 拔苦濟厄 既發僧那之願 硏微析理 □□薩云之心矣 王城西北 有一小寺 … □讖記□□外書等 見斥於世□ 就中 十門論者 如來在世 已賴圓音 衆生等 … 雨驟空空之論雲奔 或言我是 言他不是 或說我然 說他不然 遂成河漢矣 大 … 山而投廻谷 憎有愛空 猶捨樹以赴長林 譬如靑藍共體 氷水同源 鏡納萬形 水分 … 通融 聊爲序述 名曰十門和諍論 衆莫不允 僉曰善哉 華嚴宗要者 理雖元一 隨 … □□□□ 讚歎婆娑 翻爲梵語 便附□人 此□言其三藏寶重之由也 山僧提酒 … □ 后土立待 更不曾移 此顯冥心之倦也 女人三禮 天神遮之 又表非入愛法 來□□□ 村主 … 心法未曾 □悉□觀□□□□□下之言 □□正講 忽索甁水 □西□之言曰 我見 大唐聖善寺 被 … □□□□□□□□□□灌水之處 從此池成 此□高仙寺 大師房前 小池是也 倭南演法 □峰騰空 … □而□□ 大師神測未形 知機復遠 □□□歸 移居穴寺 緣以神廟非遙 見神不喜 意欲和光 故白日 … 通化他方 以垂拱二年三月卅日 終於穴寺 春秋七十也 卽於寺之西峰 權宜龕室 未經數日 馬騎成群 取將髑髏 … □萬善和上 識中傳□ 佛法能者 有九人 皆稱大□ 大師

1 김상현의 판독문(『원효연구』, 민족사, 2000). 생전에 김상현 교수가 제공한 자료를 그대로 게재한다.

在初盖 是毗讚玄風之大匠也 大師曰 我 … □ 大曆之春 大師之孫 翰林字仲業 □使滄溟□□日本 彼國上宰 因□語知如是 大師賢孫 相歡之甚傾 … 諸人□□期淨刹 頂戴 大師靈章 曾無□捨 及見□孫□瞻□□論 三昨來造 得頌文 已經一紀 雖不躬申頂禮 親奉 … 知神□有□□聲者 有奉德寺 大德法師 三藏神將 理□□ 與慈和 知心空寂 見法無生 道俗咸稱 僧龍法□ 奉尋 … 行遇聖人 攀旆靡絶 追戀無從 尤見□人頌文據尋□□□見幾焉 寧知日□ 更有□叔哉 以此貞元年中 躬 … □□□□ 是傷心乃苦□□倍增 便策身心 泥堂葺屋 二□□□□□□□池之□□造 大師居士之形至于三月 □…□山輻湊 傍野雲趍 覩像觀形 誠心頂禮 然後講讚 □□□□□□□□□□□□ 角干 金彦昇公 海岳精乾坤秀 承親 … 三千 心超六月德義資□ □光□物 見彼山中 大德奉□ □□□□□□□□□ 方銘 □心委命志在虔誠 尊法重人 … 之靈跡 非文無以陳其事 無記安可表其由 所以令僧作□ □□□□ □求自揆 無能學不經 遂辭不□免 輒諟 … □趣矣 塵年不朽 芥劫長在

其詞曰 偉哉法體 無處不形 十方 … 三明 高仙大師 佛地而□ 一代□言深窮正理 此界他□ □□□□□□□□□□□□□ 赤弓向彼 恒沙狂言 … □□□ 還爲居士 淡海之□ 溟東相府 匡國匡家 允文允武 □□□□ 其祖父□□□欲□ 不勝手舞 惆悵 … 海□ □□□身 莊談□聖 快說通身 再修穴□□□□□ 長辭帝闕 不斷□窟 經行樂道 寂 … 覺 遺跡遺文 盡蒙盡渥 大師□當□ □□□□□含啼□月□ 每至□□成臻 啓讀日 … 銘□□穴寺堂東 近山慈改□□恒□

2. 신라국新羅國 황룡사黃龍寺 원효전元曉傳(찬녕贊寧, 918-999, 『송고승전宋高僧傳』 권4)

원효의 성은 설薛씨로 해동 상주湘州 사람이다. 관채지년丱綵之年(15세)

에 홀연히 불문佛門에 들어갔다. 스승을 따라 배우고 돌아다님에 일정함이 없었다. 온갖 이론들을 용감하게 공격하고 글쓰기를 종횡무진하여 우뚝하고 굳세었으니, 앞으로 나아갈 뿐 물러서는 일이 없었다. 삼학三學(계학 · 정학 · 혜학 혹은 유 · 불 · 도 삼학)에 널리 통하여 그 나라에서는 일만 사람을 대적할 사람이라고 했다. 도리에 정통하고 입신入神의 경지에 도달함이 이와 같았다.

일찍이 의상 법사와 함께 당나라에 들어가고자 했다. 삼장법사 현장玄奘 자은慈恩의 문하를 사모해서였다. 그러나 입당入唐의 인연이 어긋났기에 푸근한 마음으로 여러 곳을 돌아다녔다. 얼마 아니 되어, 말을 미친 듯이 하고 상식에 어긋나는 행위를 보였는데, 거사居士와 함께 술집이나 기생집에도 드나들고, [양나라 때의 신이한 승려였던] 지공誌公 화상처럼 금 칼과 쇠 지팡이를 지니는가 하면, 혹은 소疏를 지어 『화엄경』을 강의하기도 하였고, 혹은 사당祠堂에서 거문고를 뜯기도 하며, 혹은 여염집에서 잠자며, 혹은 산속이나 물가에서 좌선坐禪하는 등, 계기를 따라 마음대로 하되 도무지 일정한 규범이 없었다. 그때 국왕이 '백고좌 인왕경 대법회'(百座仁王大會)를 마련하여 두루 덕이 높은 승려들을 찾았다. 본주本州에서 명망이 높아 그를 천거했는데, 여러 승려들이 그 [원효의] 사람 됨됨이를 미워하여 왕에게 나쁘게 말하여 받아들여지지 않았다.

얼마 아니 되어, 왕의 부인이 머리에 악성 종창을 앓았는데, 의원의 치료가 효험이 없었다. 왕과 왕자, 그리고 신하들이 산천의 영험 있는 사당에 기도하여 이르지 않은 곳이 없었다. 무당이 말하기를, 〈타국으로 사람을 보내어 약을 구해야만 이 병이 곧 나을 것입니다〉라고 했다. 이에 왕이 사인使人을 당나라에 보내어 의술을 찾도록 했다. 파도 높은 바다 가운데에 이르렀을 때, 한 노인이 홀연히 나타나 파도로부터 배 위로 뛰어올라 사신을 맞아 바다로 들어갔다. 바라보니 궁전이 장엄하고 화려했다. 금해鈐海라는 용왕이 있어서 사인에게 말했다. 〈그대 나라의 부인은 청제靑帝의 셋째 딸이다. 우리 궁중에는 전부터 『금강삼매경』이 있는데, 이각二覺이 원통

圓通하여 보살행을 보여 준다. 지금 부인의 병을 의탁해 좋은 인연으로 삼아 이 경을 부촉하여, 그 나라에 내어 놓아 유포하고자 한다.〉 이에 30장 정도의 순서가 뒤섞인 흩어진 경을 가져다가 사인에게 주면서, 〈이 경이 바다를 건너는 중에 좋지 못한 일이 있을까 두렵다〉고 했다. 용왕은 사람을 시켜 사인의 장딴지를 찢고 그 속에 경을 넣어 봉하고 약을 바르도록 하니 전과 다름없이 되었다. 용왕이 말했다. 〈대안성자大安聖者로 하여금 경을 차례로 엮어서 꿰매게 하고, 원효법사에게 소疏를 지어 강석講釋하기를 청하면, 부인의 병은 틀림없이 나을 것이다. 가령 설산 아가타약의 효력이라도 이보다 더하지는 못할 것이다.〉 그러고는 용왕이 바다 표면으로 보내주어 마침내 배를 타고 귀국했다.

그때 왕이 이 소식을 듣고 환희하였다. 이에 대안성자를 불러 경의 차례를 맞추게 하라고 했다. 대안은 이해하기 어려운 사람으로 모습도 복장도 특이하였고, 항상 거리에 있으면서 구리로 만든 발우를 두드리면서 '크게 평안하라! 크게 평안하라!'(大安大安)라며 노래를 했기에 대안大安이라고 불리었다. 왕이 대안에게 명령하니 대안이 말하기를, 〈다만 그 경을 가지고 오시오. 왕의 궁전에 들어가기를 원하지 않소이다〉라고 했다. 대안이 경을 받아 배열하여 8품品을 이루니, 모두 부처님 뜻에 맞아떨어졌다. 대안이 말했다. 〈속히 원효가 강의하게 하시오. 다른 사람은 안 됩니다.〉

원효가 이 경을 받은 것은 바로 그의 고향인 상주湘州에서였다. 그는 사인에게 말했다. 〈이 경은 본각本覺과 시각始覺의 이각二覺으로써 핵심(宗)을 삼습니다. 나를 위해 '소가 끄는 수레'(角乘)를 준비하고, 책상을 두 뿔 사이에 두고 붓과 벼루도 준비하시오.〉 그리고 그는 처음부터 끝까지 소가 끄는 수레에서 소疏를 지어 5권을 만들었다. 왕이 날짜를 택하여 황룡사에서 강연하도록 했다. 그때 박덕한 무리가 새로 지은 소를 훔쳐 갔다. 이 사실을 왕에게 아뢰어 3일을 연기하고 다시 3권을 만들었는데 이를 약소略疏라고 한다. 경전을 강의하는 날이 되어 왕과 신하, 그리고 도 닦는 사람들과 속인 등 많은 사람이 구름처럼 법당을 가득 에워싼 속에서 원효의 강론이 시작되었다. 그의 강론에는 위풍이 있었고, 논쟁이 모두 해결될 수 있었다. 그를 찬양하는 박수소리가 법당을 가득 채웠다. 원효는 다시 말했다. 〈지난 날 백 개의 서까래를 구할 때에는 내 비록 참여하지 못했지만, 오늘 아침 대들보를 놓을 때에는 오직 나만이 가능하구나.〉 이때 모든 명성 있는 승려들이 고개를 숙이고 부끄러워하며 가슴 깊이 참회했다.

처음 원효는 그 행적에 일정함이 없고, 교화함에도 고정되지 않았는데, 혹은 쟁반을 던져 대중을 구하고, 혹은 물을 뿜어 불을 끄며, 혹은 여러 곳에 몸을 나타내고, 혹은 여섯 곳에서 입멸入滅을 알렸으니, 또한 [대접을 타고 물을 건너며 신통이 자재했던 진나라 때의 승려인] 배도盃渡나 [검술을 익히고 칼을 매단 석장을 짚고 다니며 일정한 거처 없이 맨발로 떠돌아다니던 양나라 때의 신이한 승려인] 지공誌公과 같은 사람인가? 그 이해에는 본연(性)을 보는 것이 밝지 않음이 없었다. 소疏에는 광약廣略 이본二本이 있어 본토本土에서는 다 유통되었는데, 중국에는 약본略本이 유입되었다. 뒷날 경전을 번역하는 삼장법사가 [소疏를] 바꾸어 논論으로 하였다. 덧붙여 말한다. "바다 용의 궁전은 어디로부터 『금강삼매경』의 원본을 가지게 되었는가?" [의문을] 통하게 말한다. "경에서는 [이렇게] 말한다. 〈용왕의 궁전 안에 칠보탑이 있는데, 모든 부처님께서 설하신 온갖 깊은 뜻들이 따로 있는 칠보로 장식된 상자에 가득 담겨 있으니, 12인연, 총지, 삼매 등이 그것이다.〉 진실로 이 경을 합하여 세간에 유통시키고 다시 대안과 원효의 신이함을 드러내었으니, 그리하여 왕비의 병으로 하여금 가르침을 일으키는 큰 실마리가 되게 하였다."

新羅國黃龍寺元曉傳

釋元曉 姓薛氏 東海湘州人也 丱㔩之年惠然入法 隨師稟業遊處無恒 勇擊義圍雄橫文陣 仡仡然桓桓然 進無前却 蓋三學之淹通 彼土謂爲萬人之敵 精義入神爲若此也 嘗與湘法師入唐 慕奘三藏慈恩之門 厥緣既差息心遊往 無何發言狂悖 示跡乖疎 同居士入酒肆倡家 若誌公持金刀鐵錫 或

製疏以講雜華 或撫琴以樂祠宇 或閭閻寓宿 或山水坐禪 任意隨機都無定檢 時國王置百座仁王經大會 遍搜碩德 本州以名望擧進之 諸德惡其爲人譖王不納 居無何 王之夫人腦嬰癰腫 醫工絶驗 王及王子臣屬禱請山川靈祠無所不至 有巫覡言曰 苟遣人往他國求藥 是疾方瘳 王乃發使泛海入唐募其醫術 溟漲之中忽見一翁 由波濤躍出登舟 邀使人入海覩宮殿嚴麗 見龍王王名鈐海 謂使者曰 汝國夫人是靑帝第三女也 我宮中先有金剛三昧經 乃二覺圓通示菩薩行也 今託仗夫人之病爲增上緣 欲附此經出彼國流布耳 於是將三十來紙 重沓散經付授使人 復曰 此經渡海中恐罹魔事 王令持刀裂使人腨腸而內于中 用蠟紙纏縢以藥傅之 其腨如故 龍王言 可令大安聖者銓次綴縫 請元曉法師造疏講釋之 夫人疾愈無疑 假使雪山阿伽陀藥力亦不過是 龍王送出海面 遂登舟歸國 時王聞而歡喜 乃先召大安聖者黏次焉 大安者不測之人也 形服特異恒在廛 擊銅鉢唱言大安大安之聲故號之也 王命安 安云 但將經來不願入王宮閾 安得經排來成八品 皆合佛意 安曰 速將付元曉講 餘人則否 曉受斯經正在本生湘州也 謂使人曰 此經以本始二覺爲宗 爲我備角乘將案几 在兩角之間 置其筆硯 始終於牛車造疏成五卷 王請剋日於黃龍寺敷演 時有薄徒竊盜新疏 以事白王 延于三日 重錄成三卷 號爲略疏 洎乎王臣道俗雲擁法堂 曉乃宣吐有儀解紛可則 稱揚彈指聲沸于空 曉復唱言曰 昔日採百椽時雖不預會 今朝橫一棟處唯我獨能 時諸名德俯顔慚色伏膺懺悔焉 初曉示跡無恒化人不定 或擲盤而救衆 或噀水而撲焚 或數處現形 或六方告滅 亦盃渡誌公之倫歟 其於解性覽無不明矣 疏有廣略二本 俱行本土 略本流入中華 後有飜經三藏改之爲論焉

系曰 海龍之宮自何而有經本耶 通曰 經云 龍王宮殿中有七寶塔 諸佛所說 諸深義別有七寶篋滿中盛之 謂十二因緣總持三昧等 良以此經合行世間 復顯大安曉公神異 乃使夫人之疾爲起敎之大端者也

(贊寧,『宋高僧傳』卷四)

3. 굴레를 벗은 원효(元曉不羈, 일연一然, 1206-1289, 『삼국유사三國遺事』 권4)

'성스러운 스승'(聖師) 원효의 속성은 설薛씨다. 할아버지는 잉피공仍皮公인데 또는 적대공赤大公이라고도 하며, 지금 적대연赤大淵 옆에 잉피공의 사당이 있다. 아버지는 담날내말談捺乃末이다.

처음에 압량군押梁郡 남쪽(지금의 장산군章山郡이다), 불지촌佛地村 북쪽 율곡栗谷 사라수娑羅樹 아래에서 태어났다. 마을 이름이 불지佛地인데, 혹은 발지촌發智村이라고도 한다(속어로 불등을촌弗等乙村이라고 한다).

사라수에 관해서는 민간에 이런 이야기가 있다. [담날의] 집은 밤나무골 서남쪽에 있었는데, [원효의] 어머니가 만삭이 되어 마침 이 골짜기 밤나무 밑을 지나다가 홀연히 분만하고, 창황 중에 집으로 돌아가지 못하고, 우선 남편의 옷을 나무에 걸어 놓고 그 가운데를 자리로 하였다. 따라서 그 나무를 사라수라고 했다. 그 나무의 밤도 보통 나무와는 달랐으므로 지금도 사라밤이라고 한다.

예부터 전하기를, [사라사의] 주지가 절의 종 한 사람에게 하루저녁의 끼니로 밤 두 개씩을 주었다. 종은 관가에 소송을 제기하였다. 이상하게 생각한 관리가 그 밤을 가져다가 조사해 보았더니 한 개가 발우 하나에 가득 찼다. 이에 도리어 한 개씩만 주라는 결정을 내렸다. 이 때문에 율곡이라고 부르게 되었다. 성사는 출가하고 나서 그의 집을 희사하여 절을 삼아 초개사初開寺라고 하고, 밤나무 옆에도 절을 짓고 사라사娑羅寺라고 했다.

성사의 『행장行狀』에는 서울 사람이라고 했으나 이것은 할아버지를 따른 것이고, 『당승전唐僧傳』에서는 본래 하상주下湘州 사람이라고 했다.

살펴보면 이렇다.

인덕麟德 2년(665) 중에 문무왕이 상주上州와 하주下州의 땅을 나누어 삽량주歃良州를 두었는데, 곧 하주는 지금의 창녕군昌寧郡이고, 압량군은 본래 하주의 속현이다. 상주는 지금의 상주尙州로 혹은 상주湘州라고도 쓴다. 불지촌은 지금의 자인현慈仁縣에 속해 있으니, 곧 압량군에서 나뉜 곳이다.

성사의 아명은 서당誓幢이다(당幢은 속어로 털이다). 처음에 어머니가 유성이 품속으로 들어오는 꿈을 꾸고 이로 인하여 태기가 있었는데, 해산하려고 할 때에는 오색구름이 땅을 덮었다. 진평왕 39년 대업大業 13년 정축(617)이었다.

태어날 때부터 총명이 남달라 스승을 따라서 배우지 않았다. 그가 '사방으로 다니며 수행한 시말'(遊方始末)과 '널리 교화를 펼쳤던 크나큰 업적'(弘通茂跡)은 『당전唐傳』과 『행장行狀』에 자세히 실려 있다. 여기서는 자세히 기록하지 않고, 다만 『향전鄕傳』에 실린 한두 가지 특이한 일을 쓴다.

[원효가] 어느 날 상례에서 벗어나 거리에서 노래를 불렀다. "누가 자루 빠진 도끼를 허락하려는가. 나는 하늘 받칠 기둥을 다듬고자 한다." 사람들이 모두 그 뜻을 알지 못했는데, 태종太宗이 그것을 듣고서 말했다. "이 스님께서 아마도 귀부인을 얻어 훌륭한 아들을 낳고 싶어 하는구나. 나라에 큰 현인이 있으면, 그보다 더한 이익이 없을 것이다." 그때 요석궁(지금의 학원學院)에 홀로 사는 공주가 있었다. 궁중의 관리를 시켜 원효를 찾아서 궁중으로 맞아들이게 했다. 궁리가 칙명을 받들어 원효를 찾으려 하는데, 벌써 남산으로부터 내려와 문천교蚊川橋(사천沙川인데, 민간에서는 모천牟川 또는 문천蚊川이라 한다. 또 다리 이름은 유교楡橋라고 한다)를 지나가다가 만났다. [원효는] 일부러 물에 떨어져 옷을 적셨다. 궁리가 스님을 요석궁으로 인도하여 옷을 말리게 하니, 그곳에서 유숙하게 되었는데, 공주가 과연 태기가 있어 설총을 낳았다. 설총은 나면서부터 명민하여 경서와 역사서에 두루 통달했다. 그는 신라 십현新羅十賢 중의 한 분이다. 우리말로써 중국 및 주변 나라들의 각 지방 풍속과 물건이름 등에 통달하고 육경문학六經文學을 훈해訓解하였으므로, 지금까지 우리나라에서 경학을 공부하는 이들이 전수하여 끊이지 않는다.

원효가 이미 파계하여 설총을 낳은 이후로는 속복俗服으로 바꾸어 입고, 스스로 소성거사小性居士라고 했다. 우연히 광대들이 놀리는 큰 박을 얻었는데 그 모양이 괴이했다. 원효는 그 모양대로 도구를 만들어 『화엄경』의 "일체에 걸림이 없는 사람은 하나처럼 통하는 길에서 삶과 죽음의 속박으로부터 벗어난다"라는 문구에서 따서 무애無碍라고 이름 짓고, 노래를 지어 세상에 퍼뜨렸다. 일찍이 이것을 가지고 천촌만락千村萬落에서 노래하고 춤추면서 교화하고, 읊조리며 돌아다녔으므로, 가난하고 무지몽매한 무리들까지도 모두 부처의 이름을 알게 되었고, 모두 '나무南無'(나무아미타불)를 부르게 되었으니, 원효의 법화가 컸던 것이다.

그가 탄생한 마을 이름을 불지촌佛地村이라고 하고, 절 이름을 초개사初開寺라고 하며, 스스로 원효元曉라 일컬은 것은 모두 '깨달음의 해가 처음 빛을 비추다'(佛日初輝)라는 뜻이다. 원효란 말도 또한 방언이니, 당시의 사람들은 모두 향언鄕言으로 시단始旦이라 했다.

일찍이 분황사芬皇寺에 살면서 『화엄소華嚴疏』를 짓다가 「제40회향품第四十廻向品」에 이르자 마침내 붓을 놓았으며, 또 일찍이 송사로 인해서 몸을 백송百松으로 나누었으므로 모두 그의 경지(位階)를 [화엄의 십지十地 가운데] 초지初地라고 한다.

해룡海龍의 권유에 따라 길에서 조서를 받아 『금강삼매경』의 소疏를 지으면서 붓과 벼루를 소의 두 뿔 위에 놓아두었으므로 이를 각승角乘이라 했는데, 또한 본각本覺과 시각始覺의 숨은 뜻을 나타낸 것이다. 대안법사大安法師가 배열하여 종이를 붙인 것은 음音을 안 것이고, [원효가 소를 지은 것은 그 음에 따라] 노래를 부른 것이다.

성사께서 입적하자 설총이 유해를 부수어 소상塑像의 진용眞容을 조성하여 분황사에 봉안하고, 공경·사모하여 지극한 슬픔의 뜻을 표했다. 설총이 그때 옆에서 절을 하니 소상이 홀연히 돌아보았는데, 지금도 여전히 돌아본 채로 있다. 원효가 살던 혈사穴寺 옆에 설총의 집터가 있다고 한다.

그의 행적을 기리노라(贊).

각승角乘은 처음으로 『금강삼매경』을 열었고
표주박 가지고 춤추며 온갖 거리 교화했네.

달 밝은 요석궁에 봄 잠 깊더니
문 닫힌 분황사엔 돌아보는 모습만 허허롭네.

元曉不覊

聖師元曉 俗姓薛氏 祖仍皮公 亦云赤大公 今赤大淵側有仍皮公廟 父談捺乃末 初示生于押梁郡南(今章山郡) 佛地村北 栗谷娑羅樹下 村名佛地或作發智村(俚云 弗等乙村) 娑羅樹者 諺云 師之家本住此谷西南 母旣娠而月滿 適過此谷栗樹下 忽分産 而倉皇不能歸家 且以夫衣掛樹 而寢處其中 因號樹曰娑羅樹 其樹之實亦異於常 至今稱娑羅栗 古傳 昔有主寺者 給寺奴一人 一夕饌栗二枚 奴訟于官 官吏怪之 取栗檢之 一枚盈一鉢乃反自判給一枚 故因名栗谷 師旣出家 捨其宅爲寺 名初開 樹之旁置寺曰娑羅 師之行狀云 是京師人 從祖考也 唐僧傳云 本下湘州之人 按麟德二年間 文武王割上州下州之地 置歃良州 則下州乃今之昌寧郡也 押梁郡本下州之屬縣 上州則今尙州 亦作湘州也 佛地村今屬慈仁縣 則乃押梁之所分開也 師生小名誓幢 第名新幢(幢者俗云毛也) 初母夢流星入懷 因而有娠 及將産 有五色雲覆地 眞平王三十九年 大業十三年丁丑歲也 生而穎異 學不從師 其遊方始末 弘通茂跡 具載唐傳與行狀 不可具載 唯鄕傳所記有一二段異事 師嘗一日風顚唱街云 誰許沒柯斧 我斫支天柱 人皆未喩 時太宗聞之曰 此師殆欲得貴婦 産賢子之謂也 國有大賢 利莫大焉 時瑤石宮(今學院是也)有寡公主 勅宮吏覓曉引入 宮吏奉勅將求之 已自南山來過蚊川橋(沙川 俗云牟川 又蚊川 又橋名楡橋也)遇之 佯墮水中濕衣袴 吏引師於宮 褫衣曬晾 因留宿焉 公主果有娠 生薛聰 聰生而睿敏 博通經史 新羅十賢中一也 以方音通會華夷方俗物名 訓解六經文學 至今海東業明經者 傳受不絶 曉旣失戒生聰 已後易俗服 自號小姓居士 偶得優人舞弄大瓠 其狀瑰奇 因其形製爲道具 以『華嚴經』一切無㝵人 一道出生死命名曰無㝵 仍作歌流于世 嘗持此 千村萬落且歌且舞 化詠而歸 使桑樞

瓮牖玃猴之輩 皆識佛陀之號 咸作南無之稱 曉之化大矣哉 其生緣之村名佛地 寺名初開 自稱元曉者 蓋初輝佛日之意爾 元曉亦是方言也 當時人皆以鄉言稱之始旦也 曾住芬皇寺 纂『華嚴疏』至「第四十廻向品」終乃絶筆 又嘗因訟 分軀於百松 故皆謂位階初地矣 亦因海龍之誘 承詔於路上撰『三昧經疏』置筆硯於牛之兩角上 因謂之角乘 亦表本始二覺之微旨也 大安法師排來而粘紙 亦知音唱和也 旣入寂 聰碎遺骸 塑眞容 安芬皇寺以表敬慕終天之志 聰時旁禮 像忽廻顧 至今猶顧矣 曉嘗所居穴寺旁 有聰家之墟云 讚曰 角乘初開三昧軸 舞壺終掛萬街風 月明瑤石春眠去 門掩芬皇顧影空

(一然,『三國遺事』卷四)

원효의 생애 연보年譜

불기 佛紀	서기 西紀	왕력	원효 나이	원효 행장	주변 및 관련 사항
1161	617	진평왕39	1	압량군 불지촌(현 경북 경산)에서 출생. 속성은 설薛씨, 어릴 적 이름은 서당誓幢. 할아버지는 잉피공仍皮公, 아버지는 담날내말談捺乃末	
1162	618	진평왕40	2		수나라 멸망 당나라 건국
1169	625	진평왕47	9		의상 출생
1171	627	진평왕49	11		원측이 당나라에 유학
1176	632	선덕여왕1	16	출가함. 출가 이후 사미승 시절에 낭지朗智에게 배우고, 이후 보덕普德, 혜공惠空 등으로부터 배우며 수행함	
1178	634	선덕여왕3	18		경주 분황사芬皇寺 창건. 백제 홍왕사興王寺 창건
1180	636	선덕여왕5	20		자장이 당나라에 유학(혹은 638년)
1184	640	선덕여왕9	24		중국 화엄종 초조 두순이 입적
1186	642	선덕여왕11	26		백제가 신라성 40여 곳을 공략. 대야성 공략. 고구려 연개소문이 영류왕을 죽이고 보장왕을 세움. 김춘추가 고구려에 가서 도움을 구하였으나 실패함
1187	643	선덕여왕12	27		선덕여왕의 요청에 따라 자장이 1700여 권의 경론을 가지고 급히 귀국. 불경과 함께 가지고 온 불두골佛頭骨, 불치佛齒 등 불사리 백개를 황룡사黃龍寺, 태화사太和寺, 통도사通度寺에 나누어 봉안. 의상이 경주 황복사에서 19세에 출가
1189	645	선덕여왕14	29		자장의 건의에 따라 황룡사9층목탑 조성. 당나라 현장이 17년간의 인도 유학을 마치고 장안으로 귀국
1191	647	선덕여왕16/ 진덕여왕1	31		자장이 통도사에 계단戒壇 설치. 비담의 반란. 선덕여왕 임종

불기 佛紀	서기 西紀	신라	원효 나이	원효 행장	주변 및 관련 사항
1194	650	진덕여왕4	34	현장에 의해 주도되고 있는 새로운 불교학풍(신유식)을 접하기 위해 의상과 함께 육로를 통해 당나라에 가려다가 요동에서 고구려 수비군에게 체포되어 실패하고 겨우 탈출함. 이 무렵 원효와 의상이 보덕스님에게서 『유마경』, 『열반경』을 배웠을 것으로 추정됨. 포항 항사사恒沙寺에 주석하고 있던 혜공惠空과 교류하며 배웠던 것도 이 무렵의 일로 추정됨	고구려의 고승 보덕普德이 완산주(현 전주) 고대산(현 고덕산)으로 이주함
1204	660	태종무열왕7	44		백제가 멸망함
1205	661	문무왕1	45	의상과 함께 제2차 당나라 유학을 떠남. 남양만 당항성으로 가는 중도인 직산(현 성환과 천안 사이)의 무덤(土龕)에서 자다가 깨달음을 얻어 당나라 유학을 포기함	의상은 원효와 헤어진 후 당나라로 들어가 화엄종 지엄의 제자가 됨
1206	662	문무왕2	46	소정방이 김유신에게 보낸 철군 암호를 해독해 줌	
1212	668	문무왕8	52		나당연합군에 의해 고구려 멸망. 삼국 통일. 중국 화엄종 지엄 입적
1215	671	문무왕11	55	행명사에서 『판비량론』저술	의상 귀국
1220	676	문무왕16	60		의상이 부석사를 창건. 중국 선종 6조 혜능이 광주 법성사法性寺에 감
1226	682	신문왕2	66		중국 법상종 규기가 자은사에서 입적
1230	686	신문왕6	70	혈사에서 입적. 설총이 유해로 원효상을 조성하여 분황사에 봉안	
1323	779	혜공왕15			손자 설중업이 신라 사신의 일원으로 일본에 감. 일본의 상재上宰가 설중업이 원효의 손자임을 알고는 기뻐하며 원효를 찬탄하는 시를 써 줌
1645	1101	고려 숙종6		대국국사 의천의 건의로 원효에게 '화쟁국사和諍國師' 시호諡號를 추증	

번역어 색인

ㄱ

ㄴ

ㄷ

ㅁ

ㅂ

ㅅ

ㅇ

ㅈ

ㅊ

ㅌ

ㅍ

ㅎ

352
화신化身 [보살이 보는] 불특정하게 나타나는/나타내는 부처 몸. [중생의 바람에 응하여 갖가지 모습으로] 나타나는/나타내는 [부처] 몸 259, 355, 360
화회和會 서로 만나 통하게 함 102
환귀본원還歸本源 다시 [사실 그대로와 만나는] 본래의 근원[인 온전한 지평]으로 되돌아감 210, 212
환희지歡喜地 [십지十地의 초지初地인] 환희하는 경지 449
회통會通 모아서 통하게 함 112, 114, 335
회향迴向 [모든 노력을 깨달음으로] 돌리는 것 375
후득지後得智 ['본연에 대한 바른 이해'(正體智, 根本智)에 의거하여 대상에 대해] 뒤이어 얻어지는 바른 이해. ['참 그대로'(眞如)를 직접 체득한] 후에 얻어지는 바른 이해. ['본연에 대한 바른 이해'(正體智)에 의거하여 대상에 대해] 뒤이어 얻어지는 바른 이해. [깨달음을 성취한] 후에 얻어지는 [사실 그대로 이해하는] 지혜 171, 346, 380
후제後際 [끝남을 말할 수 있는] 미래 304
훈습熏習 거듭 익힘. 거듭 영향을 끼침. 거듭되는 영향력. 익힌 버릇 198, 225, 235
훈습력熏習力 거듭 익히는 힘. 거듭된 영향력 318
훈습의熏習義 거듭 영향을 끼치는 면모 219
훈습지력熏習之力 ['참 그대로인 면모'(眞如)의] 거듭 영향을 끼치는 힘 246
훈진여熏眞如 '참 그대로'(眞如)에 거듭 영향을 끼침 222
희론戱論 근거 없는 말장난. 확산된 분별 망상. 근거 없는 주장 196, 202
희실喜失 환희하는 양상이라는 잘못 426